Michael Häder

Empirische Sozialforschung

Michael Häder

Empirische Sozialforschung

Eine Einführung

2., überarbeitete Auflage

VS VERLAG FÜR SOZIALWISSENSCHAFTEN

Bibliografische Information der Deutschen Nationalbibliothek
Die Deutsche Nationalbibliothek verzeichnet diese Publikation in der
Deutschen Nationalbibliografie; detaillierte bibliografische Daten sind im Internet über
<http://dnb.d-nb.de> abrufbar.

1. Auflage 2006
2., überarbeitete Auflage 2010

Lektorat: Frank Engelhardt

VS Verlag für Sozialwissenschaften ist Teil der Fachverlagsgruppe Springer Science+Business Media.
www.vs-verlag.de

Umschlaggestaltung: KünkelLopka Medienentwicklung, Heidelberg
Druck und buchbinderische Verarbeitung: Ten Brink, Meppel
Gedruckt auf säurefreiem und chlorfrei gebleichtem Papier
Printed in the Netherlands

ISBN 978-3-531-16923-1

Inhaltsverzeichnis

1 Die Struktur dieses Buches: Eine Einleitung

Die Methoden der Empirischen Sozialforschung sind hochspezialisiert und vermögen es, eine breite Aufgabenpalette abzudecken. Sie reichen von der Forschungslogik über die Auswahlverfahren bis zur statistischen Datenanalyse. Der vorliegende Band enthält das Grundwissen zu allen relevanten Methoden der Empirischen Sozialforschung und nennt weiterführende Veröffentlichungen. Zu zahlreichen einzelnen Problemen liegt eine umfangreiche Spezialliteratur vor, auf die an den entsprechenden Stellen hingewiesen wird.

Daneben wird in diesem Band an zahlreichen Beispielen demonstriert, wie dieses Grundwissen bei der Erforschung sozialer Sachverhalte eingesetzt werden kann. Schließlich kann ein Text zwar Informationen zu den Methoden und Techniken transportieren. Um beim Leser jedoch Fähigkeiten im Umgang mit den Methoden zu erreichen, müssen diese aber von ihm angewandt und geübt werden. Der Band besitzt den folgenden Aufbau:

Zunächst wird im *zweiten Abschnitt* versucht, den Leser gegenüber dem Gebrauch der empirischen Methoden zu sensibilisieren. In zahlreichen Experimenten hat sich gezeigt, dass selbst scheinbar unbedeutende Details der für die Erforschung sozialer Sachverhalte eingesetzten Methoden entscheidend die Ergebnisse der Forschungen mitbestimmen. Mit anderen Worten hängt ein Forschungsbefund nicht nur vom beforschten Sachverhalt ab, sondern auch von den für seine Erforschung eingesetzten Methoden. Damit wird es für jeden Anwender relevant, sich mit den Voraussetzungen und Möglichkeiten der entsprechenden Methoden zu befassen.

Der *dritte Abschnitt* widmet sich dann zunächst der Theorie der Methoden. Ähnlich wie in einem Kochbuch, wo einleitend auch theoretisch etwas zur Kunst des richtigen Würzens und zum pfleglichen Umgang mit den wichtigsten Zutaten gesagt wird, so sollen und müssen auch hier Aspekte der Logik der Forschung diskutiert werden. Soziale Probleme, die mithilfe bestimmter Begriffe ausgedrückt werden, erfahren in Form von Hypothesen eine erste Bearbeitung. Sie werden dann auf der Grundlage gewonnener empirischer Befunde in Theorien und in Gesetzen weiter verdichtet. Alle diese Schritte sind näher zu betrachten.

Dem schließt sich im *vierten Abschnitt* die Beschreibung der Forschungs- und Untersuchungsplanung an. Ein Interesse an der Bearbeitung eines bestimmten Problems vorausgesetzt, bedarf es nun eines geeigneten Designs, um es einer Lösung näher zu bringen. So vielfältig wie die Probleme sind, die von der Empirischen Sozialforschung bearbeitet werden, so unterschiedlich sind auch deren Methoden und Instrumente, die sie zur Lösung solcher Probleme bereithält. Um eine Fragestellung mit einer möglichst maßgeschneiderten Methodik bearbeiten zu können, müssen beispielsweise geeignete Messinstrumente entwickelt und deren Leistungsvermögen ermittelt werden. Es ist aber beispielsweise auch zu entscheiden, wie viele Untersuchungen überhaupt erforderlich sind, um zu einer befriedigenden Lösung zu gelangen.

Empirische Untersuchungen möchten mit ihren Resultaten in der Regel Aussagen über eine ganze Reihe von Elementen treffen. Besonders bekannt geworden sind hier Wahlprognosen, welche aufgrund des Studiums einer nur relativ kleinen Anzahl an Personen vorab zum Ausgang der Wahl angestellt werden. Dazu sind in der Praxis geeignete Auswahlstrategien für die zu befragenden Personen zu finden und umzusetzen, um später belastbare Aussagen treffen zu können und – wie geschehen – Fehldiagnosen zu verhindern. Der Problematik von Auswahlverfahren ist der *fünfte Abschnitt* gewidmet.

Bei der eigentlichen Erhebung der Daten kommen dann drei Hauptstrategien zum Einsatz: eine bestimmte Art und Weise der Befragung, eine Form der Beobachtung oder / und eine Variante der Inhaltsanalyse. Dabei ist es sowohl denkbar, dass eine dieser Methoden exklusiv eingesetzt wird. Es ist aber auch möglich, dass das Erhebungsdesign einen Mix aus verschiedenen Techniken vorsieht. Diese drei Erhebungsmethoden werden in ihrer jeweiligen Vielfalt im *sechsten Abschnitt* ausführlich vorgestellt.

Oft ist es nicht ausreichend, für die Lösung eines sozialwissenschaftlichen Problems nur eine einzelne Methode ausschließlich einzusetzen. In komplexen Untersuchungsanordnungen werden deshalb verschiedene Methoden und Techniken mit ihren jeweiligen Vorteilen und Grenzen aufeinander abgestimmt und möglichst passgenau zur Anwendung gebracht. Beispiele für solche Ansätze werden im *siebten Abschnitt* beschrieben.

Eine eigene Gruppe von Methoden bilden inzwischen die Pretests. In Voruntersuchungen müssen die für eine empirische Erhebung vorgesehenen Instrumente und Strategien zunächst auf ihre Leistungsfähigkeit überprüft werden, bevor sie in einem größeren Maßstab eingesetzt werden können. Die Empirische Sozialforschung verfügt über diffizile Verfahren, um die für eine Erhebung vorgesehenen Instrumente zu überprüfen. Solche Pretestdesigns werden im *achten Abschnitt* vorgestellt.

Der *neunte Abschnitt* widmet sich der Phase, die sich an die Datenerhebung anschließt. Um wissenschaftlichen Kriterien zu genügen, müssen die Untersuchungen nachvollziehbar aufbereitet werden, mögliche Fehler sind aufzufinden und zu korrigieren. Dem schließt sich die mathematisch-statistische Datenauswertung an. Auch an dieser Stelle wird wieder versucht, beispielhaft mögliche Strategien für diese Phase einer sozialwissenschaftlichen Untersuchung aufzuzeigen.

Den Abschluss eines Projekts der Empirischen Sozialforschung und auch dieser Betrachtungen bildet die Dokumentation der Untersuchung. Im *zehnten Abschnitt* wird dazu beschrieben, welche Informationen erforderlich sind, um die Befunde einer Erhebung für Dritte nachvollziehbar zu beschreiben. Replikationsstudien besitzen eine eigene Bedeutung im Methodenarsenal. Voraussetzung auch für solche Studien ist die Darstellung aller wesentlichen Schritte einer Forschung. Schließlich zeichnet sich Wissenschaft nicht zuletzt dadurch aus, dass sie ihr Vorgehen offen legt.

Mein Dank gilt an dieser Stelle Frau Grit Jüttler (M.A.) sowie Frau Laura Menze für ihre ausdauernde und akribische Unterstützung bei der Fertigstellung des Manuskripts sowie meiner Frau, Dr. Sabine Häder, für die vielen wertvollen Hinweise und Ratschläge, für die nützlichen Gespräche und für alle weiteren Hilfestellungen während der Arbeit an diesem Buch.

2 Die Bedeutung des Methodenwissens für das Verständnis empirischer Daten

2.1 Zur Notwendigkeit, über die Methoden der Forschung nachzudenken

Viele Menschen konsumieren im Alltag zu Unterhaltungszwecken wahrscheinlich recht gern die Ergebnisse (pseudowissenschaftlich-)empirischer Umfragestudien. So kann man sich zum Beispiel im Internet an einer Umfrage zum Weltraumtourismus beteiligen und dazu die folgende Frage beantworten: „Mit SpaceShipOne ist das erste privat finanzierte Raumflugzeug in den Orbit geflogen. Nun sind in den USA oder Australien Weltraumbahnhöfe geplant. Abgehobene Tourismuspläne oder realistische Marktlücke?“ Nach der eigenen Stimmabgabe erfährt man, dass 27 Prozent der antwortbereiten Besucher dieser Internetseite meinen, Weltraumtourismus sei Umweltverschmutzung und Geldverschwendung. Dies müsste verboten oder eingeschränkt werden. 54 Prozent von den 268 Personen, die bis dahin abgestimmt haben, denken: Weltalltourismus sei eine Urlaubsvariante für wohlhabende Abenteurer und nicht bezahlbar für Otto Normalverbraucher. Schließlich entschieden sich 19 Prozent der Beteiligten (unter anderem auch der Autor) für die Vorgabe, „Eine Reise ins Weltall ist traumhaft und ergibt außerdem neue Möglichkeiten für die Tourismusbranche.“[1]

Etwas weniger Menschen haben auch beruflich – und das soll an dieser Stelle heißen ernsthafter – mit Ergebnissen aus empirischen Studien zu tun. Insbesondere für den zuletzt genannten Personenkreis ist es wichtig, genau zu wissen, wie solche Daten zustande gekommen sind und was sie auszusagen vermögen. An vier zunächst scheinbar trivialen Beispielen soll gezeigt werden, womit ein Datenkonsument zu rechnen hat.

2.1.1 Erstes Beispiel: Die Bewertung der CDU

Im Rahmen des ersten Beispiels wird in einer Studie einer Reihe von Personen eine Frage nach der Bewertung der CDU gestellt. Der Fragetext lautet: „Alles in allem, was halten Sie ganz allgemein von der CDU? Bitte antworten Sie anhand dieser Skala.“ Die Skala besteht aus einer elfstufigen Leiter, deren unteres Ende mit „überhaupt nichts“ und deren oberes Ende mit „sehr viel“ beschriftet sind. In dem methodischen Experiment (vergleiche Schwarz/Bless 1992, Porst 2000) wurde exakt diese Frage drei verschiedenen Testgruppen (A, B und C) gestellt. Die Ergebnisse unterschieden sich – trotz identischer Frageformulierung – jedoch beträchtlich, wie dies Tabelle 2.1.1 zeigt.

---

1 http://www.zeit.de/ zuletzt besucht am 22.06.04, aktueller Stand um 20.04 Uhr.

Tabelle 2.1.1: Ergebnisse des ersten Methodentests, Mittelwerte auf einer elfstufigen Skale

Version	A	B	C
Mittelwert	3.4	5.2	6.5

Zunächst ist es naheliegend, die Ursache dieser recht unterschiedlichen Befunde auf die jeweils befragten Personen zurückzuführen. So mag sich Gruppe A vor allem aus Ablehnern und Gruppe C vor allem aus Anhängern der CDU zusammensetzen. Diese Vermutung ist jedoch nicht richtig. Auch können zahlreiche weitere Annahmen ausgeschlossen werden, beispielsweise, dass die Interviewer ein bestimmtes Interesse an den Ergebnissen der Untersuchung hatten und deshalb bewusst suggestiv auf die Befragten einwirkten oder dass die Umfragen zu unterschiedlichen Zeitpunkten stattfanden. Die richtige Erklärung für die unterschiedlichen Befunde erschließt sich aus Tabelle 2.1.2. Danach wurde in den Versionen A, B und C lediglich leicht die Reihenfolge der Fragen verändert.

Tabelle 2.1.2: Frage, die im Fragebogen jeweils *vor* der Frage nach der Bewertung der CDU gestellt worden war

Version	A	B	C
Fragetext der Vorfrage	Wissen Sie zufällig, welches Amt Richard von Weizsäcker ausübt, das ihn außerhalb des Parteigeschehens stellt?	Ohne Vorfrage	Wissen Sie zufällig, welcher Partei Richard von Weizsäcker seit mehr als 20 Jahren angehört?

Weiter unten (vergleiche Abschnitt 6.1.2) wird noch zu untersuchen sein, wie sich ein solches theoretisch Phänomen erklären lässt beziehungsweise wie es zustande gekommen ist. Hier ist zunächst festzuhalten, dass die drei in diesem Test berichteten Sympathiewerte gegenüber der CDU nur wenig über die dieser Partei entgegengebrachte Zuneigung aussagen. So hat sich gezeigt, dass solche Daten nicht ohne weiteres interpretiert werden können. Eine Voraussetzung, um Umfrageergebnisse richtig verstehen zu können, ist damit das Studium der bei dieser Erhebung eingesetzten Methodik. So gibt es für jeden Datenkonsumenten gute Gründe, sich nicht nur die ihm berichteten Zahlen anzuschauen, sondern sich beispielsweise auch nach der Fragereihenfolge zu erkundigen, wenn er von den Sympathiewerten einer Partei oder eines Politikers liest oder hört.

2.1.2 Zweites Beispiel: Die Fernsehdauer

Im zweiten Beispiel (vergleiche Schwarz et al. 1985) wird in einer Erhebung nach der Dauer des Fernsehkonsums gefragt. Der Text der Frage lautete: „Wie viele Stunden sehen Sie an einem normalen Werktag fern? Bitte benutzen Sie für Ihre Antwort das folgende Schema.“ Auch bei diesem methodischen Test kamen wieder zwei Varianten (A und B) zum

Einsatz. Tabelle 2.1.3 zeigt die beiden verschiedenen, jeweils den Zielpersonen vorgelegten Antwortschemata und die dabei ermittelten empirischen Befunde.

Tabelle 2.1.3 Für die Beantwortung der Frage nach dem Fernsehkonsum vorgesehene Antwortvorgaben und dabei gefundene Verteilungen (in Prozent)

Variante A		Variante B	
bis 1/2 Stunde	7.4		
½ bis 1 Stunde	17.7		
1 bis 1 ½ Stunden	26.5		
1 ½ bis 2 Stunden	14.7		
2 bis 2 ½ Stunden	17.7	bis 2 ½ Stunden	62.5
mehr als 2 ½ Stunden	16.2	2 ½ bis 3 Stunden	23.4
		3 bis 3 ½ Stunden	7.8
		3 ½ bis 4 Stunden	4.7
		4 bis 4 ½ Stunden	1.6
		mehr als 4 ½ Stunden	0.0
N = 65		N = 68	

Vergleicht man nun die auf diese Weise gefundenen Ergebnisse, so stellt man ein weiteres Mal fest, dass sie sich – abhängig von der eingesetzten Methode – stark voneinander unterscheiden. So sehen in der Version A 16.2 Prozent der Befragten mehr als 2 ½ Stunden fern, in der Version B sind es dagegen 37.5 Prozent. Bei diesem Beispiel können ebenfalls wieder Effekte, die sich beispielsweise aus einer unterschiedlichen Zusammensetzung der Untersuchungspopulation ergeben, ausgeschlossen werden.

Auch hier soll zunächst darauf verzichtet werden, zu fragen, aufgrund welcher Mechanismen in der einen Gruppe mehr als doppelt so viele Langzeitfernsehzuschauer ermittelt worden sind wie in der anderen. An dieser Stelle ist zu konstatieren, dass man nicht nur – wie im ersten Beispiel – nach der Reihenfolge fragen sollte, in der die Fragen gestellt wurden, sondern auch nach den genauen Antwortvorgaben, die man den Befragten präsentiert hat, um die Ergebnisse einer Umfrage interpretieren zu können. So hat also der berichtete Fernsehkonsum nicht nur etwas mit der vor dem Fernsehgerät verbrachten Zeitdauer zu tun, sondern resultiert auch daraus, wie man bei einer entsprechenden Frage die Antwortvorgaben gestaltet.

2.1.3 Drittes Beispiel: Die Leitern

Im dritten Beispiel spielen die den befragten Personen vorgelegten Antwortskalen wiederum eine wichtige Rolle. Bei diesem Experiment (vergleiche Institut für Demoskopie Allensbach, IfD-Studie 5.007 vom Juli 1988, zitiert nach Petersen 2002:205) lautete die Fragestellung: „Wie erfolgreich waren Sie bisher in Ihrem Leben? Sagen Sie es bitte nach dieser Leiter hier! Es geht so: 0/-5 bedeutet überhaupt nicht erfolgreich und 10/+5 bedeutet, Sie waren bisher außerordentlich erfolgreich. Welche zahl nehmen Sie?“ Es sind den Zielpersonen auf einem Vorlageblatt zwei unterschiedliche Leitern präsentiert worden. Die eine

Hälfte der Befragten erhielt Version A (n = 480) und die andere (n = 552) Version B. Die Skalen hatten folgendes Aussehen (vergleiche die Abbildung 2.1.4).

In der Gruppe, der die Version A vorgelegt wurde, lag der Mittelwert der Antworten bei 6.4 und in der anderen Gruppe (Version B) bei 7.3. Mit anderen Worten: Für eine Einstufung zwischen + 4 und 0 haben sich in Version B 34 Prozent der Befragten entschieden und für die (scheinbar) analogen Vorgaben – 1 bis – 5 nur 13 Prozent.

Abbildung 2.1.4 Die für die Frage nach dem eigenen Erfolg im Leben benutzten Antwortleitern

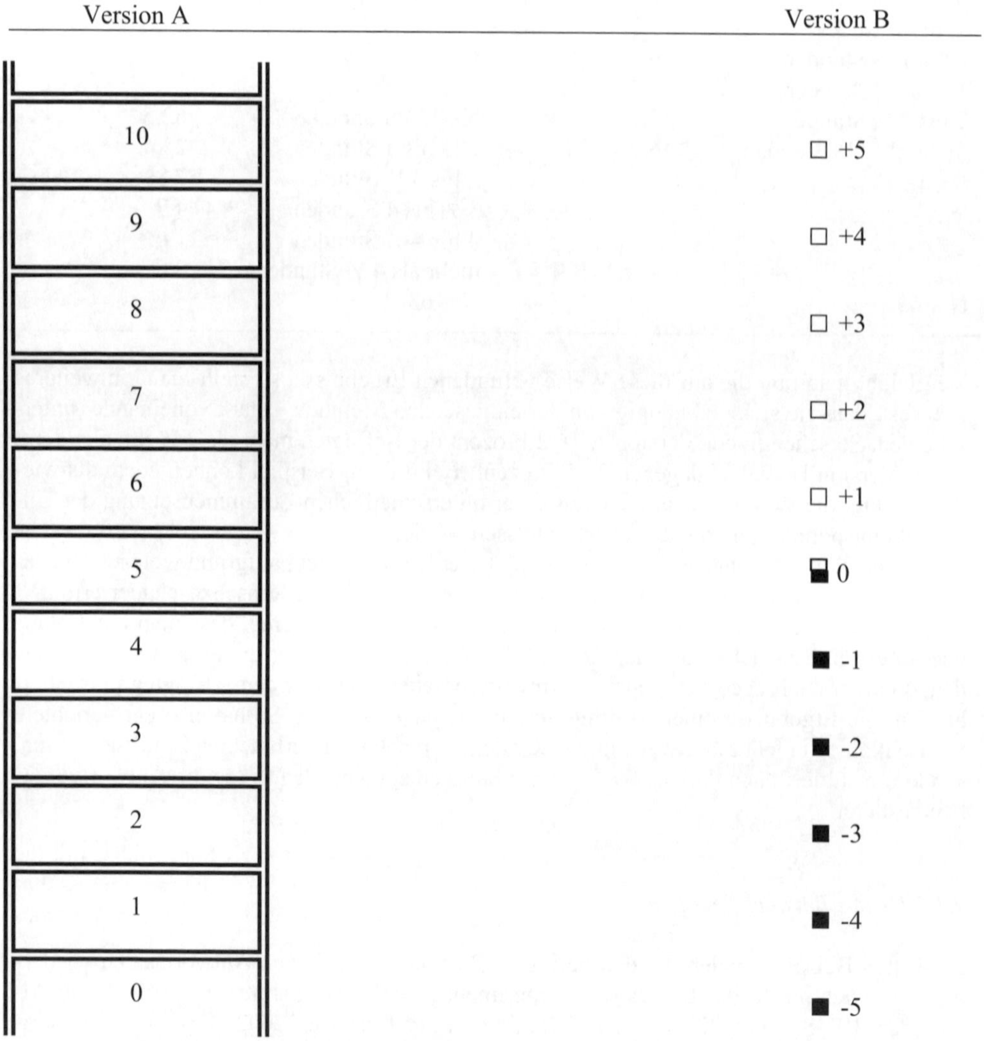

Dieses dritte Beispiel zeigt ein weiteres Mal, wie die Ergebnisse einer Befragung von den dabei zur Anwendung gelangten Instrumenten abhängig sind. Ohne eine genauere Kenntnis des verwendeten Vorlageblatts mit den Antwortvorgaben kann damit keine angemessene Interpretation der empirischen Befunde erfolgen. Selbst die Feststellung, die Untersuchungspersonen hätten sich in Bezug auf den im Leben wahrgenommenen Erfolg auf einer elfstufigen Skala jeweils selbst eingestuft, ist zu pauschal und noch nicht ausreichend, um das Resultat dieser Befragung nachvollziehen zu können. Offenbar bestimmt hier nicht nur der Grad an subjektiv empfundenen Erfolg im Leben die Antwort, sondern auch die den Zielpersonen präsentierte Skala.

Auch dieses Experiment wird an späterer Stelle (vergleiche Abschnitt 6.1.2) noch detailliert besprochen werden.

2.1.4 Viertes Beispiel: Verboten und nicht erlaubt

Letztlich wird noch ein viertes Beispiel vorgestellt. In einer amerikanischen Studie wurde in zwei Varianten eine fast identische Fragestellung eingesetzt (vergleiche Rugg 1941). In Variante A lautete diese: „Glauben Sie, dass die USA öffentliche Angriffe auf die Demokratie verbieten sollte?“ Der nur wenig geänderte Fragetext bei Variante B hieß. „Glauben Sie, dass die USA öffentliche Angriffe auf die Demokratie nicht erlauben sollte?“ Beide Varianten unterscheiden sich damit lediglich durch die Verwendung der Begriffe „verboten“ beziehungsweise „nicht erlaubt“. Unterstellt man einmal, dass diese umgangssprachlich nicht selten als Synonyme benutzt werden, so sollten auch identische Antwortverteilungen erwartet werden. Dass dies jedoch nicht so ist, zeigt die Tabelle 2.1.5.

Tabelle 2.1.5 Randverteilungen auf die Frage nach den adäquaten Reaktionen auf öffentliche Angriffe auf die Demokratie (Angaben in Prozent, n = 1.032)

	Variante A	Variante B
Ja	54	75
Nein	45	25

Während in der Variante A 54 Prozent der Befragten der Meinung sind, man sollte Angriffe auf die Demokratie verbieten, steigt in der Variante B der Anteil an Personen, die meinen, solche Angriffe auf die Demokratie sollten nicht erlaubt sein, auf 75 Prozent.

Dieses vierte Beispiel zeigt ein weiteres Mal den hohen Grad an Sensibilität, mit der Befragte auf scheinbar einfache und unbedeutende Veränderungen in einem empirischen Erhebungsstandard reagieren. Die Ersetzung des Begriffs „verboten“ durch den Ausdruck „nicht erlaubt“ führt hier wiederum zu deutlich anderen Randverteilungen.

Im Verlauf dieser Abhandlung werden immer wieder solche für den ungeschulten Sozialforscher überraschenden Befunde geschildert werden. Diese betreffen dann nicht nur die Gestaltung von Umfragen, sondern den gesamten sozialwissenschaftlichen Erhebungsprozess. So wollte beispielsweise ein Befragungsinstitut das Ergebnis einer Wahl vorhersagen. Es interviewte zu diesem Zweck 2.400.000 Personen. Ein anderes Institut verfolgte das gleiche Ziel und befragte eine deutlich kleinere Personenzahl. Auch hier war das Resultat überraschend: danach vermochte die kleinere Stichprobe eine bessere (richtige) Aussage zu treffen als die große (vergleiche dazu Abschnitt 6).

Aus diesen Beispielen soll nun versucht werden, ein Fazit zu ziehen. Dieses könnte angesichts der geschilderten, scheinbar unbeherrschbaren Befunde lauten, Sozialforschung möglichst nicht empirisch zu betreiben, das heißt auf die Nutzung von empirisch gewonnenen Daten zu verzichten. Die Ergebnisse von Umfragen erscheinen schließlich – so diese Beispiele – in einem zu großen Maße manipulierbar zu sein, als dass man ihnen trauen könnte. Es ist jedoch naheliegend, an dieser Stelle eher eine andere Schlussfolgerung zu präferieren. Diese muss zunächst den komplizierten und fragilen Charakter der Methoden der Empirischen Sozialforschung konstatieren und sich dann vor diesem Hintergrund für ein gründliches Studium des Funktionierens der einzelnen sozialwissenschaftlichen Instrumente einsetzen. So waren die Beispiele an dieser Stelle dafür gedacht, Sensibilität und Problembewusstsein zu wecken. Die Nutzung der empirischen Methoden ist ohne gründliches Nachdenken über deren Funktionieren nicht vertretbar. Intuition oder Oberflächlichkeit sind dagegen – dies haben diese wenigen Beispiele bereits gezeigt – keine guten Berater bei der Erstellung und Nutzung empirischer Methoden. Die Konzipierung sozialwissenschaftlicher Studien erfordert damit professionelles Können.

Die Frage, ob nicht solche logischen Reflexionen eher geeignet sind, „den schlafwandlerisch sicher vor sich hin trippelnden Tausendfüßler unseres Denkens durch unnötige Zwischenfragen ins Stolpern zu bringen?“ (Bayer 1999), kann zumindest was unsere Thematik betrifft, eindeutig mit Nein beantwortet werden. Offenbar ist es eine Illusion, anzunehmen, Sozialforschung würde mit einer schlafwandlerischen Sicherheit betrieben werden können und das methodenkritische Hinterfragen der Befunde sei aus diesem Grund kontraproduktiv. Ein Blick auf verschiedene Wissenschaftsdisziplinen zeigt außerdem recht schnell, dass es einen immensen Bedarf an empirischem Wissen über menschliches Verhalten und über gesellschaftliche Phänomene in zahlreichen Wissensgebieten gibt. Hier sei nur auf einige verwiesen:

1. Die Soziologie ist beispielsweise beim Studium der sozialen Mobilität, bei der Untersuchung von Klassenstrukturen, von Berufsprestige und bei der Analyse des Wertewandels unbedingt auf Daten angewiesen, welche es vermögen, konkret über die zugrundeliegenden sozialen Zusammenhänge Auskunft zu geben. Nur mithilfe von detaillierten Informationen können Theorien abgeleitet und überprüft werden. Für die Gewinnung dieser Informationen bedarf es entsprechender empirischer Methoden.
2. In der Politikwissenschaft ist keine Wahlforschung, keine Forschung zum Links- oder Rechtsextremismus, zum Politikverdruss oder auch zum Vertrauen in die Institutionen eines politischen Systems denkbar, ohne auf Daten und damit auf die Methoden der Empirischen Sozialforschung zurück zu greifen.
3. Besonders die Ökonomie und hier die Volkswirtschaftslehre haben in der Vergangenheit zu Innovationen auf dem Gebiet der empirischen Methoden beigetragen. So ist das Wissen über die Entwicklung der Lebenshaltungskosten, des Konjunkturklimas, der Einkommensverteilung und der Vermögen, von Armut, territorialer Mobilität und von Arbeitslosigkeit ohne die entsprechenden Daten undenkbar.

4. Der Bedarf der Betriebswirtschaftslehre an empirischen Fakten ist ebenfalls vielfältig. Zu nennen sind Informationen über die Arbeitszufriedenheit und über Fluktuationsabsichten innerhalb einer Belegschaft. Immer häufiger werden in Unternehmen Mitarbeiterbefragungen eingesetzt, um innerbetriebliche Prozesse besser beherrschen zu können. Einen besonderen Stellenwert haben empirische Daten in der Marktforschung gewonnen.
5. Nicht wegzudenken sind die empirischen Methoden auch aus der Psychologie und der Sozialpsychologie. Erinnert sei nur an Intelligenztests und die gesamte sich daran anschließende Persönlichkeitsdiagnostik. Auch die klinische Psychologie kann ihre Aufgaben nicht ohne empirische Methoden erledigen.
6. Spätestens vor dem Hintergrund der Ergebnisse der viel beachteten PISA-Studien zu den Lernerfolgen von Schülern in verschiedenen Ländern müssen auch die Pädagogik und die Erziehungswissenschaft eingestehen, dass sich Themenfelder wie Sozialisation oder eben die Wirksamkeit von verschiedenen Unterrichtsmethoden nur mithilfe entsprechender empirischer Methoden und unter Zuhilfenahme ausgefeilter Stichprobendesigns erarbeiten lassen.
7. In der Medizin gehören empirische Studien zum Gesundheitsverhalten der Bevölkerung, über Verhaltensweisen im Zusammenhang mit der Bekämpfung von AIDS, zu den Determinanten des Ernährungsverhaltens, zum Zusammenhang zwischen Lebensstil und Krankheit, zu den Motiven für oder gegen einen Arztbesuch und so weiter zum Alltag.
8. In der Rechtswissenschaft werden mittels kriminologischer Untersuchungen Opfer- und Täterprofile erstellt. Umfragen zur Notwehrgesetzgebung (vergleiche Abschnitt 4.1) fördern die Übereinstimmung beziehungsweise eher die Nichtübereinstimmung zwischen der praktizierten Rechtssprechung und der vorhandenen Bevölkerungsmeinung zutage.
9. Die Geschichtswissenschaft analysiert die Inhalte historischer Texte sowie zahlreicher weiterer Quellen und bedient sich dafür ebenfalls empirischer Methoden.
10. In der Geographie werden Untersuchungen zur Stadtentwicklung, zur Raumplanung, zu Wanderungsbewegungen durchgeführt, die ohne das Instrumentarium der Empirischen Sozialforschung nicht denkbar wären.
11. In der Demographie spielen Sachverhalte wie der Kinderwunsch und bevorzugte partnerschaftliche Lebensformen eine zentrale Rolle. Den Zugang zu solchen Sachverhalten verschaffen wiederum die Methoden der Empirischen Sozialforschung, wie etwa Bevölkerungsbefragungen.
12. Die Theologie nähert sich nicht nur dem Problem der distanzierten Kirchlichkeit mit empirischen Mitteln (vergleiche Kretzschmar 2001), auch die Entwicklung von Strukturen für die gemeindepädagogische Arbeit wird beispielsweise mithilfe empirisch erhobener Informationen unterstützt (vergleiche Steinhäuser 2002).
13. In der Linguistik werden unter Anwendung der Konversationsanalyse Aspekte unserer Alltagssprache wie beispielsweise die Art des Argumentierens und des verbalen Austragens von Konflikten untersucht (vergleiche Deppermann 1999).
14. Nicht zuletzt sind die Technikwissenschaften beispielsweise im Rahmen von Akzeptanzstudien gegenüber modernen Technologien oder Erzeugnissen auf die Methoden der Empirischen Sozialwissenschaften angewiesen (vergleiche dazu zum Beispiel Rammert 1994).

Diese Aufzählung ließe sich weiterführen. Allen genannten Disziplinen ist gemeinsam, dass rein theoretisches Denken – quasi ausschließlich am Schreibtisch produziertes Wissen – nicht ausreichend ist, um die jeweils anstehenden Probleme zu lösen. Ein profundes Wissen über das Funktionieren der Methoden der Empirischen Sozialforschung ist sowohl für die unterschiedlichen Konsumenten von empirischen Daten als auch für die Produzenten solcher Angaben notwendig. Lediglich intuitives Arbeiten führt zu Vermutungen, welche den Qualitätsanforderungen nicht genügen.

2.2 Einige Grundbegriffe

Bisher wurden wie selbstverständlich solche Begriffe wie Empirische Sozialforschung, Methoden und auch Theorie benutzt. Im Weiteren sollen diese nun kurz erläutert werden. Später (vergleiche Abschnitt 3.3) werden dann auch noch die konkreten Regeln für das Definieren von Begriffen besprochen.

2.2.1 Empirische Sozialforschung

Unter *Empirischer Sozialforschung* wird allgemein eine Gesamtheit von Methoden, Techniken und Instrumenten zur wissenschaftlich korrekten Durchführung von Untersuchungen des menschlichen Verhaltens und weiterer sozialer Phänomene verstanden. Wie im vorangegangenen Abschnitt dargestellt, wird die Empirische Sozialforschung im Kontext einer ganzen Reihe unterschiedlicher Wissensgebiete betrieben. Damit handelt es sich bei der Empirischen Sozialforschung um eine Querschnittsdisziplin. Dies leuchtet schnell ein, wenn man sich beispielsweise vorstellt, dass bestimmte Grundregeln, nach denen eine Inhaltsanalyse betrieben wird, für alle Untersuchungsobjekte die gleichen sind, unabhängig davon, ob es sich um mittelalterliche Kirchenbücher, um Parteigrogramme aus der Weimarer Republik oder um die Ebay-Angebote im Internet des 21. Jahrhunderts handelt.

Gemeinsames Anliegen der Empirischen Sozialforschung ist die Sammlung von Erkenntnissen über die soziale Realität.

2.2.2 Methoden

Ein Bestandteil der Empirischen Sozialforschung sind die *Methoden.* Methoden stellen Systeme von Handlungsanweisungen und Regeln dar, um bestimmte Erkenntnisse realisieren zu können, beziehungsweise um bestimmte Resultate zu erzielen. Methoden dienen damit stets der Erreichung eines bestimmten Ziels, zum Beispiel der Gewinnung von Informationen. Da – wie bei der Bestimmung des Begriffs Empirische Sozialforschung gezeigt – solche Methoden nicht a priori an ganz bestimmte Inhalte gebunden sind, handelt es sich zumeist um formale Regeln.

Dieser formale Charakter lässt sich zum Beispiel an den Auswahlmethoden gut darstellen. So ist es relativ egal, ob aus einer Grundgesamtheit von Personen im Rahmen einer Wahlstudie oder aus einer Grundgesamtheit von Endprodukten eines Industriebetriebes im Rahmen einer Qualitätskontrolle eine Zufallsauswahl gezogen werden soll. Wenn das Ziel darin besteht, Informationen über die Beschaffenheit der Untersuchungsgesamtheit einzuholen, ist es nebensächlich, um welche Art von Elementen es sich handelt. Bei beiden Ansätzen sind formal die gleichen Überlegungen anzustellen, wenn es beispielsweise um die Irrtumswahrscheinlichkeit geht, welche bei den auf dieser Grundlage getroffenen Aussagen angenommen werden muss.

Ein weiterer Gedanke ist wichtig: In der Empirischen Sozialforschung werden zahlreiche ursprünglich aus dem Alltag stammende Methoden eingesetzt. Dies kann, da es ja auch um die Sammlung von Informationen über den Alltag geht, nicht verwundern. Als Beispiele sollen die individuelle Kommunikation – in der Sozialforschung wird von persönlich-mündlichen Befragungen gesprochen – die Beobachtungstechniken – beispielsweise während eines Urlaubs in einer fremden Umgebung – und die Inhaltsanalysen – im Alltag ebenfalls bekannt durch das Studium von Annoncen in einer Zeitung – erwähnt werden. Befragungen, Beobachtungen und Inhaltsanalysen stellen auch in der Empirischen Sozialforschung die drei Grundmethoden für die Datenerhebung dar (vergleiche Abschnitt 6).

2.2.3 Techniken

Die konkreten Ausgestaltungen der genannten Methoden werden als *Techniken* bezeichnet. So existieren zahlreiche Varianten von Inhaltsanalysen, die jeweils bestimmte Aspekte, nach der etwa ein Text oder ein Bild untersucht werden kann, in den Mittelpunkt stellen. Ähnliches gilt für Beobachtungen und Befragungen. Besonders bei letzteren können zahlreiche verschiedene Techniken zum Einsatz kommen. So wird im Rahmen von persönlich-mündlichen beziehungsweise Face-to-Face Interviews für die Marktforschung mit Warenproben oder mit Vorlagekarten gearbeitet. Bei anderen Techniken der Befragung erfolgt beispielsweise ein jeweils spezifischer Zugang zum Untersuchungsobjekt. So kann man von einer postalischen und einer telefonischen Befragungstechnik sprechen.

2.2.4 Methodologie

Der Begriff *Methodologie*, synonym werden auch die Begriffe *Methodenlehre, Forschungslogik* und *Wissenschaftstheorie* benutzt, beinhaltet die metawissenschaftlichen Erörterungen über die Wissenschaft. Im Rahmen der Methodologie wird zum Beispiel geprüft, ob die gewählten Methoden dem vorausgesetzten Zweck angemessen sind und weshalb dies so ist. Die Methodologie sucht nach Vorschlägen für eine verbesserte sozialwissenschaftliche Praxis, um den Erkenntnisfortschritt zu fördern, sie fragt beispielsweise auch nach der Voraussetzungslosigkeit der Forschung.

Um die Begriffe Methoden, Techniken und Methodologie zu verstehen, kann eine Analogie zu einer Werkzeugkiste hilfreich sein. Alle in der Werkzeugkiste enthaltenen Instrumente dienen jeweils einem bestimmten Zweck beziehungsweise ermöglichen es, ein bestimmtes Resultat zu erzielen. Ein nicht adäquater Umgang mit den Werkzeugen würde wenig hilfreich sein. Deshalb gibt es entsprechende Anleitungen und Hinweise – quasi eine Methodologie – wofür die einzelnen Methoden (Access-Panel, persönlich mündliche oder postalische Befragung) benutzt werden können. Auch will der richtige Umgang mit den verschiedenen Werkzeugen gelernt und geübt sein. Weiterhin unterscheidet sich das Sägen von Beton vom Zersägen eines Sperrholzbretts. Es existieren verschiedene Techniken, welche dazu eingesetzt werden können, um etwas zu zerlegen.

Eine weitere Analogie zur Werkzeugkiste könnte aus einem Hinweis auf eine Gefahr zur Trivialisierung bestehen. Da die Methoden aus dem Alltag stammen, könnte die falsche Vermutung aufkommen, jeder könne sie auch auf Anhieb beherrschen, ohne zuvor die Gebrauchsanweisung zu lesen.

2.2.5 Theorie

Unter *Theorie* wird ein System beziehungsweise ein Netzwerk von Aussagen verstanden, um Erkenntnisse über einen Bereich von Sachverhalten zu ordnen, um Tatbestände zu erklären und um diese vorherzusagen. Wenn an dieser Stelle von einem System von Aussagen gesprochen wird, so ist damit gemeint, dass die einzelnen Aussagen logisch konsistent miteinander verknüpft sind. Theorien existieren beispielsweise über die unterschiedlichen Determinanten des Wahlverhaltens bestimmter sozialer Gruppen. Dabei werden etwa der erwartete Nutzen einer Entscheidung für eine bestimmte Partei oder die langfristige Bindung einer Person an eine bestimmte Partei in Rechnung gestellt. Lerntheorien enthalten Aussagen darüber, dass Verhaltensweisen häufiger dann auftreten, wenn diese in der Vergangenheit auf ganz bestimmte Weise belohnt worden sind. Damit besteht ein wesentlicher Unterschied zwischen Methode und Theorie darin, dass letztere keine Anweisungen zum Handeln enthalten. Methoden beinhalten Handlungsanweisungen zur Realisierung eines bestimmten Ziels, Theorien nicht.

Theorien tragen dazu bei, die Wirklichkeit zu erklären, die Ursachen für bestimmte Phänomene, wie etwa die Wahlentscheidung für eine politische Partei, aufzudecken. Schließlich wird von Theorien auch erwartet, dass sie es erlauben, zukünftiges Verhalten vorherzusagen. Wenn also ein bestimmtes Verhalten belohnt wird, so ist der Lerntheorie zufolge zu erwarten, dass dieses Verhalten auch zukünftig häufiger auftritt als ein Verhalten, welches nicht belohnt wird. Weiterhin zeichnen sich Theorien dadurch aus, dass sie sich bereits in der Praxis bewährt haben. Sie besitzen damit einen bestimmten empirischen Wahrheitsgehalt, sind damit jedoch noch nicht unbedingt auch völlig fehlerfrei. Die Aufgabe der Forschung und der Wissenschaft ist es nun, solche Theorien auszuarbeiten, diese zu überprüfen und sie schließlich zu verbessern.

2.2.6 Empirie

Bei der Empirie handelt es sich ebenfalls um eine spezifische Form von Aussagen zur Beschreibung der Wirklichkeit. Im Unterschied zur Theorie haben sich diese jedoch noch nicht (ausreichend umfassend) in der Praxis bewährt. Der Übergang von empirischem oder Erfahrungswissen zu theoretischem Wissen ist fließend. Theorie und Empirie stehen – wie später noch gezeigt werden wird (vergleiche Abschnitt 3), in einem dialektischen Verhältnis.

2.2.7 Qualitative und quantitative Daten

Daten sind alle Informationen, die mithilfe sozialwissenschaftlicher Methoden gewonnen worden sind. Dabei können zwei Arten unterschieden werden: So kann man einen Sachverhalt, zum Beispiel die Zufriedenheit mit dem eigenen Leben, mithilfe von Zahlen beschreiben. So bedeutet dann zum Beispiel der Wert eins, dass jemand mit seinem Leben sehr unzufrieden ist und der Wert sieben, dass es sich um eine Person handelt, die mit ihrem Leben sehr zufrieden ist. Man kann aber auch eine ausführlichere verbale Auskunft bei einem Menschen über dessen Zufriedenheit mit dem Leben einholen, beispielsweise durch die Bitte an eine Person, einfach zu erzählen, wie es ihr geht. Auch in diesem Fall soll dann von Daten gesprochen werden.

„Die Menge aller Merkmalsmessungen bezeichnet man als (quantitative) *Daten* einer Untersuchung. Werden Merkmale oder Merkmalsausprägungen verbal beschrieben, spricht man von *qualitativen* Daten“ (Bortz/Döring 2002:6; Hervorhebungen wie im Original).

2.2.8 Variable

Bei Variablen handelt es sich um bestimmte Merkmale von Objekten. Diese Merkmale können wiederum jeweils bestimmte Ausprägungen annehmen. So wäre eine Variable zum Beispiel das Geschlecht einer Person. Diese Variable kann die Ausprägungen männlich und weiblich annehmen. Wichtig ist zunächst, dass die Ausprägungen einer Variablen erschöpfend benannt werden. Diese Forderung ist erfüllt, wenn unterstellt wird, dass es neben den Ausprägungen „männlich“ und „weiblich“ keine weiteren gibt, um das Geschlecht einer Person zu benennen. Auch müssen die Ausprägungen einer Variablen überschneidungsfrei festgelegt werden. Dies ist der Fall, wenn sich für jede Person genau sagen lässt, ob sie männlich oder weiblich ist, ein Dazwischen ist damit ausgeschlossen.

Weiter wird eine Unterscheidung zwischen abhängigen und unabhängigen Variablen vorgenommen. Die abhängige Variable ist jene, für die im Rahmen einer Studie nach einer Erklärung gesucht werden soll. Die unabhängigen Variablen dienen demgegenüber dazu, solche Erklärungen zu liefern.

Bei binären Variablen handelt es sich um Merkmale, die lediglich zwei Ausprägungen annahmen können. Das Geschlecht ist so eine typische binäre Variable. Aber auch eine Wahlentscheidung kann zu einer solchen binären Variablen umgeformt werden. So unterscheidet man die Wähler (Ausprägung eins) und die Nichtwähler (Ausprägung 0) einer bestimmten Partei.

3 Wissenschaftstheorie

3.1 Das Anliegen der Wissenschaftstheorie

Um sich in der Welt zurecht finden zu können, benötigen die Menschen Erklärungen und Anleitungen für ihr Handeln. Solche Anleitungen und Erklärungen liefern ihnen die impliziten und die expliziten Theorien. Wie bereits (vergleiche Abschnitt 2) gezeigt, handelt es sich bei Theorien allgemein ausgedrückt um Aussagesysteme, mit deren Hilfe Erkenntnisse über einen Bereich von Sachverhalten geordnet, Tatbestände erklärt und vorhergesagt werden können. Nun sollen diese Theorien weiter unterteilt werden in explizite und hier in implizite.

Die Hausfrau, die viel Liebe und Mühe in die Zubereitung eines Festmahles investiert hat, verkündet bei der Präsentation ihrer Kochkünste (aus impliziten Theorien abgeleitete) Einsichten wie etwa: „Liebe Gäste, esst nur langsam, denn dann schafft ihr mehr von diesem köstlichen Essen![1]“ Und auf Nachfrage: „Das hat schon meine Mutter immer gesagt.“ Diese Theorie wurde also von Generation zu Generation vererbt – schließlich ist langsames Essen eine Frage des Genusses und es stellt ein Lob für die Köchin dar, wenn alles aufgegessen wird. Auch scheint langsames Essen bisher kaum jemandem geschadet zu haben. Diese implizite Theorie mag somit sogar in sich widerspruchsfrei sein, hilfreich ist sie ohnehin. Weiterhin erklärt sie bestimmte Tatbestände beziehungsweise sagt voraus, welche (erwünschten) Folgen langsames Essen hat. Also, weshalb nicht weiterhin dieser impliziten Theorie folgen und in aller Ruhe das Essen genießen?

Der Zugbegleiter eines ICE, der es für seine Pflicht hält, den Mitreisenden die nach der Abfahrt von Frankfurt am Main Hauptbahnhof nicht mehr zu übersehende Verspätung seines Zuges zu erklären, ruft über den Zugfunk aus: „Unser Zug hat wegen der verspäteten Bereitstellung in Frankfurt am Main 13 Minuten Verspätung.“ Auch hier liegt ganz offenbar eine Theorie zur Erklärung eines Sachverhaltes (der Verspätung) vor. Es wird die Ursache dafür festgestellt, weshalb der Zug derzeit Verspätung hat. Als Ursache für die derzeitige Verspätung wird die vorangegangene Verspätung angegeben. Auch hier handelt es sich letztlich um eine alltägliche Interpretation eines Phänomens mithilfe einer impliziten Theorie[2]. Es wird also zu fragen sein, welche Erwartungen nun aber an wissenschaftliche Erklärungen geknüpft werden können.

Zu den im Alltagsleben eingesetzten Erklärungen und Anleitungen zählen außerdem nicht zuletzt auch die „journalistischen Verkürzungen der Wirklichkeit“ in den Medien (Atteslander 1984:14). Auch diese Darstellungen unterliegen nicht den strengen Anforde-

---

1 Auf die mögliche Ergänzung, schlechtes Wetter am nächsten Tag sei die Folge eines nicht vollständig verzehrten Mahles, soll an dieser Stelle nur verwiesen werden.

2 Offenbar sind der Bahn AG inzwischen gewisse Defizite in Bezug auf die Durchsagen ihrer Zugbegleiter aufgefallen, so dass ein eigenes Schulungsprogramm zur Steigerung der Qualität von Zugdurchsagen aufgelegt worden ist. Dies vermeldet die Frankfurter Allgemeine Sonntagszeitung vom 29. August 2004 auf der Seite 35.

rungen, welche an explizite Theorien geknüpft werden. Es wird damit zu zeigen sein, welche Struktur solche expliziten, wissenschaftlichen Anleitungen haben sollten.

Auch die Wissenschaft ist darum bemüht, Sachverhalte zu erklären und, daraus abgeleitet, Handlungsanleitungen zu liefern. Die Wissenschaft benutzt jedoch eine ganz bestimmte Vorgehensweise, welche sie von der Hausfrau oder dem Zugbegleiter unterscheidet. Bevor diese genauer betrachtet werden, soll zunächst aber auf einige Parallelen eingegangen werden.

Wissenschaftlichen und alltäglichen Interpretationen der Wirklichkeit geht es gemeinsam darum, Vorgänge in der komplexen Welt zu interpretieren und dann möglichst einfach darzustellen. Diese Darstellungen werden schließlich dazu benutzt, um Anleitungen für die (bessere) Gestaltung des Lebens zu erhalten. Dieses Anliegen wissenschaftlicher und alltäglicher Erklärungen sorgt mitunter für Irritationen, vor allem dann, wenn nicht deutlich zwischen expliziten und impliziten Theorien unterschieden wird und wenn der Charakter beziehungsweise die Entstehungsgeschichte einer Theorie nicht deutlich gemacht werden. Auch kann es vorkommen, dass wissenschaftliche Erklärungen eine fehlerhafte, beispielsweise alltägliche Struktur aufweisen. Damit ist nochmals auf die Notwendigkeit zu verweisen, Regeln zu benennen, nach denen wissenschaftliche Theorien ausgearbeitet werden und Kriterien zu entwickeln, um wissenschaftliche Theorien zu beschreiben. Genau dieser Aufgabe widmet sich die Wissenschaftstheorie (vergleiche auch Chalmers 2001).

Erstens treten wissenschaftliche Darstellungen der Wirklichkeit und damit explizite Theorien mit dem Anspruch auf, nachvollziehbar und kritisierbar zu sein – die Hausfrau und schon der Zugbegleiter erwarten natürlich keine Kritik. So reicht es für implizite Theorien aus, wenn diese in irgendeiner Form hilfreich, scheinbar widerspruchsfrei und plausibel sind. Wissenschaftliche Theorien müssen dagegen dokumentiert werden, um so stets überprüfbar zu bleiben. Wie bereits gezeigt wurde (vergleiche Abschnitt 2.1), werden die Befunde sozialwissenschaftlicher Erhebungen unter anderem auch von der dafür benutzten Methode beeinflusst. Um nachvollziehbar zu sein, muss die Methode, die zur Ausarbeitung der Theorie eingesetzt wurde ebenfalls offengelegt werden.

Zweitens ist auch die Vorgehensweise wissenschaftlichen Arbeitens selbst wieder Gegenstand wissenschaftlicher Betrachtungen. Demgegenüber unterstellen wir, dass die geschilderten impliziten Theorien eher spontan, unsystematisch und nur wenig empirisch überprüft sind. Die Wissenschaftstheorie beziehungsweise die Methodologie beschäftigt sich mit der Frage, wie wissenschaftliche Arbeit zu erfolgen hat, um Befunde zu erbringen, die mit der Realität übereinstimmen. Die Übergänge zwischen expliziten und impliziten Theorien sind aufgrund des gemeinsamen Anliegens beider Theoriearten auf den ersten Blick nicht besonders deutlich. Daraus kann eine gewisse Gefahr resultieren. Nur wer den methodologischen Regeln folgt, kann aber für sich in Anspruch nehmen, auch zu einer richtigen Darstellung der Realität zu gelangen.

Die Wissenschaftstheorie beschäftigt sich also mit der Logik des Forschens, sie arbeitet die Spielregeln aus, an welchen sich Personen zu orientieren haben, die wissenschaftlich tätig sind. Die Wissenschaftstheorie geht damit über das einfache Festlegen von Rezepten für das Handeln hinaus: sie begründet diese Regeln auch. Sie sagt nicht nur, auf welche Art und Weise wissenschaftlich geforscht werden soll, sondern auch, weshalb dies so am besten zu erfolgen hat. Damit ist Wissenschaftstheorie teilweise mit einem guten Kochbuch vergleichbar. Hier wird nicht nur gesagt, wie man ein Essen zubereitet sondern auch, weshalb bestimmte Prozeduren so zu befolgen sind, wie sie dort beschrieben wurden, etwa um die Vitamine zu schonen oder um den natürlichen Geschmack aller Zutaten zu unterstreichen.

Wissenschaft sollte immer dann tätig werden, wenn die impliziten Alltagstheorien nicht mehr ausreichen, um ein befriedigendes Ergebnis bei der Lösung eines Problems zu erzielen, wenn dieses Alltagswissen überfordert ist, um bestimmte Fragen zu beantworten und schließlich, wenn die Objekte, zu denen Informationen benötigt werden, zu kompliziert sind.

Drei Aspekte sind vor allem relevant, wenn es um das Auffinden von solchen Aussagen geht (vergleiche Patzelt 1986:59ff.). Dies sind die *Perspektivität*, die *Selektivität* und die *Normativität*. Die Perspektivität legt fest, auf welche Weise ein bestimmter Gegenstand betrachtet werden soll. Bei der Betrachtung eines Tisches durch einen Tischler mag vor allem die Qualität des dort verarbeiteten Holzes eine Rolle spielen. Sieht sich nun ein Physiker denselben Tisch an, so werden ihm unter Umständen vor allem die dort untergebrachten Atome und deren Bewegungen vor Augen treten. Noch anders dürfte diese Perspektive bei einem hungrigen Esser aussehen, der an diesen Tisch erwartungsvoll Platz nimmt (vergleiche auch Dahrendorf 1971). Aussagen sind weiterhin selektiv. So werden immer nur Ausschnitte aus der komplexen Wirklichkeit beziehungsweise vom betrachteten Objekt wahrgenommen und zum Ausdruck gebracht. Ähnlich wie bei einer Fotografie kommen stets nur bestimmte Details auf ein Bild. Schließlich sind Aussagen mit einer bestimmten Normativität verbunden. Hier sei nochmals an die Hausfrau erinnert, die mit ihrer Bemerkung ihren Gästen eine bestimmte Essgeschwindigkeit empfohlen hat.

Aussagen aus dem Alltag und solche aus der Wissenschaft unterscheiden sich nun dadurch, dass letztere diese drei Aspekte *bewusst* vollziehen. Auch Aussagen aus dem Alltag sind mit einer bestimmten Perspektive verbunden, sind selektiv und enthalten – wie gesehen – Normen. Jedoch fließen diese unbewusst und unhinterfragt in solche Aussagen ein. In der Wissenschaft wird über diese Aspekte jedoch bewusst reflektiert: Welche Perspektive ist beispielsweise die geeignetste, um eine Frage zu beantworten beziehungsweise um ein Problem zu lösen. Dazu werden die hierbei getroffenen Entscheidungen bewusst gestaltet und kontrolliert.

Wissenschaft zeichnet sich weiterhin durch das Bestreben aus, wahre Aussagen zu finden. Damit wird auch gesagt, dass dieses Streben nach Wahrheit systematisch und regelgeleitet zu erfolgen hat. Beim wissenschaftlichen Arbeiten wird unterstellt, dass Aussagen, zum Beispiel in Hypothesen, durchaus auch nicht wahr sein könnten. Wichtig ist nun aber, dass es für die Überprüfung des Wahrheitsgehalts wieder konkrete Regeln gibt, die das wissenschaftliche Arbeiten bestimmen.

Der Bedarf nach methodologischen Regeln für richtiges wissenschaftliches Arbeiten ist damit vielfältig. Sie sollen in diesem Abschnitt, der Logik des Forschungsprozesses folgend, im Einzelnen behandelt werden:

- Zunächst ist die Problemstellung beziehungsweise das Erkenntnisziel einer wissenschaftlichen Arbeit zu benennen (Abschnitt 3.2).
- Um dieses Erkenntnisziel zu kommunizieren und um dann im Weiteren die vorliegende Problemstellung zu lösen, werden Begriffe benötigt. Deren Definition stellt einen wichtigen Abschnitt der Forschung dar (Abschnitt 3.3).Für die Gewinnung neuer Erkenntnisse ist die Formulierung entsprechender Vermutungen in Form von Hypothe-

sen ein weiterer wichtiger Schritt. Solche Hypothesen können vielfältig strukturiert sein (Abschnitt 3.4).

- Bei der empirischen Forschung kommt es dann darauf an, die in den Hypothesen enthaltenen Annahmen mit der Wirklichkeit zu konfrontieren. Dafür ist es erforderlich, die komplexe Fragestellung entsprechend zu zerlegen beziehungsweise zu operationalisieren. Das führt dazu, dass sie empirisch bearbeitbar wird (Abschnitt 3.5).
- Für die Beschreibung der Wirklichkeit und damit auch für die Gestaltung der wissenschaftlichen Arbeit ist die empiriegestützte Ausarbeitung von Modellen und die Formulierung von Gesetzen und expliziten Theorien ein weiterer wesentlicher Schritt. Die einzelnen zuvor gesammelten empirischen Informationen werden dazu wieder synthetisiert (Abschnitt 3.6). Damit ist dann das Ziel der wissenschaftlichen Arbeit erreicht.
- Diese methodologischen Regeln sind schließlich nicht völlig unumstritten. Es finden vielmehr Diskussionen statt, die deren Sinn hinterfragen und deren Reichweite thematisieren. Ein kurzer Einblick in diese Diskussionen wird in den Abschnitten 3.7 und 3.8 gegeben.

3.2 Probleme und deren Formulierung

3.2.1 Probleme als Ziel-Mittel-Konflikte

Ein Forschungsprozess beginnt in der Regel mit der Wahrnehmung eines Problems, oder mit anderen Worten: Probleme fungieren als Auslöser eines Forschungsprozesses. Es wird deshalb zu erörtern sein, was unter einem Problem zu verstehen ist, wie ein Problem beschaffen sein muss und welche weiteren Bedingungen erfüllt sein müssen, um tatsächlich einen Forschungsprozess auszulösen, denn offenbar ziehen nicht alle Probleme auch eine wissenschaftliche Bearbeitung nach sich. Weiterhin soll diskutiert werden, welche Arten von Problemen sich unterscheiden lassen.

Ausgangspunkt ist die Feststellung, dass Probleme immer dann auftreten, wenn es zwischen der gewollten Realisierung eines Ziels und den Möglichkeiten, die zur Realisierung dieses Ziels vorhanden sind – hier ist vor allem das zur Verfügung stehende Wissen zu nennen – zu Konflikten kommt.

Probleme resultieren damit aus Ziel-Mittel-Konflikten. Wie noch zu zeigen sein wird, können Ziel-Mittel-Konflikte aufgrund unterschiedlicher Konstellationen zustande kommen. Dabei ist es denkbar, dass solche Konflikte sehr verschiedene Bereiche betreffen. Drei Beispiele sollen dies zeigen:

1. In einer Firma wurden Leitungspositionen neu besetzt. Nun soll der Effekt ermittelt werden, der von dieser Neubesetzung auf die Arbeitszufriedenheit der Mitarbeiter ausgegangen ist. Dafür werden Informationen über das aktuelle Niveau der Zufriedenheit aller Mitarbeiter in dieser Firma benötigt. Um das Ziel – die Wirkung einer innerbetrieblichen Veränderung zu ermitteln – realisieren zu können, fehlen bestimmte Mittel – aktuelle Informationen über das Niveau der Arbeitszufriedenheit der Mitarbeiter. Damit liegt hier ein Problem vor.
2. Das deutsche Notwehrrecht gilt bei Rechtswissenschaftlern als besonders schneidig (siehe dazu rechtsvergleichend Wittemann 1997). Dieses Urteil beruht einmal darauf,

dass das Recht in Deutschland unabhängig von einer Güterabwägung gewährt wird, die das verteidigte Gut zu dem beim Angreifer verletzten Gut in Beziehung setzt. Auch eine Pflicht zum Ausweichen vor einem rechtswidrigen Angriff wird verneint. Grundlage dieser Merkmale des deutschen Notwehrrechts ist der Gedanke, dass das Recht dem Unrecht nicht zu weichen braucht und deshalb das Notwehrrecht nicht nur dem Schutz der angegriffenen Güter, sondern zugleich der „Rechtsbewährung" dient. Es sollen nun Informationen darüber eingeholt werden, ob und inwieweit die praktizierte Rechtsprechung zu Notwehr von der Bevölkerung geteilt wird oder nicht. Hier besteht das Ziel darin zu ermitteln, ob die Rechtsprechung das Verhalten der Menschen lenkt oder dieses lediglich bewertet.

3. Es scheinen – glaubt man einmal bestimmten Medien – diverse Möglichkeiten zu existieren, um beispielsweise auf Kosten anderer selbst ein bequemes Leben zu führen. Diese sind jedoch vielen Menschen nicht geläufig. Auch hier handelt es sich um einen Ziel-Mittel-Konflikt. Für die Erreichung eines bestimmten Ziels – das bequeme Leben – fehlen vielen Personen die entsprechenden Mittel. Dies ist damit ebenfalls ein Problem.

Es ist zu vermuten, dass nicht alle diese Ziel-Mittel-Konflikte in eine wissenschaftliche Untersuchung münden werden. Damit soll unterschieden werden zwischen Problemen, die eine wissenschaftliche Forschung initiieren können auf der einen Seite und Fragestellungen, für die dies nicht zutrifft, auf der anderen Seite. Um eine solche Unterscheidung vornehmen zu können, werden bestimmte Kriterien benötigt, die es dann erlauben, die Probleme entsprechend zu differenzieren. Ein solches Kriterium ist, ob für die Lösung des Ziel-Mittel-Konflikts bereits ausreichend Algorithmen zur Verfügung stehen oder nicht. Im Falle von 1. ist anzunehmen, dass die vorhandenen methodischen und betriebssoziologischen Routinen ausreichen, um das aktuelle Niveau der Arbeitszufriedenheit einer Belegschaft empirisch zu ermitteln und dieses gegebenenfalls mit einer zu einem früheren Zeitpunkt erhobenen Messung zu vergleichen. Hierzu zählen etwa das Wissen darüber, wie man in einem Unternehmen eine Stichprobe zieht, wie ein Fragebogen aufgebaut zu sein hat und auf welche Weise die Befunde zu interpretieren sind. Für die Lösung dieses Ziel-Mittel-Konflikts wäre also keine wissenschaftliche Forschung erforderlich, wohl aber eine empirische Untersuchung. Auch trägt die Bearbeitung der Fragestellung 1. primär nicht dazu bei, eine Theorie und / oder die Methoden der Wissenschaft weiter zu entwickeln.

Es soll also nur dann von einem wissenschaftlich zu bearbeitenden Problem gesprochen werden, wenn für dessen Lösung (noch) nicht das benötigte Wissen beziehungsweise die dazu erforderlichen Methoden vorliegen. Für solche Ziel-Mittel-Konflikte ist der Begriff Fragestellung angebracht, um diese Situation zu beschreiben. Von einer Fragestellung soll folglich dann gesprochen werden, wenn mithilfe der vorhandenen methodischen und / oder theoretischen Kenntnisse eine Lösung des Ziel-Mittel-Konflikts möglich ist. Das Vorliegen von Lösungsroutinen stellt allerdings lediglich ein notwendiges, jedoch noch kein hinreichendes Kriterium dar. Ergänzend ist weiterhin danach zu fragen, ob es auch einen Bedarf gibt, um das betreffende Problem wissenschaftlich zu untersuchen. Dieser Bedarf muss so beschaffen sein, dass er auch die Ressourcen für die Lösung des Problems zu sichern vermag. Hier können nun oben bei 3. Zweifel angemeldet werden, ob das Interesse auf Kosten Anderer ein bequemes Leben zu führen, ein ausreichender Auslöser sein kann.

Hier dürfte es zumindest auf der Ebene der Gesellschaft keinen Bedarf geben, um eine solche Fragestellung zu bearbeiten.

Ein Bedarf für die Lösung eines Ziel-Mittel-Konflikts kann in der Gesellschaft, in einer Institution oder unter Umständen auch bei einer Einzelperson bestehen, wenn die erforderlichen Ressourcen bereitgestellt werden. Solche Ressourcen können aus unterschiedlichen Quellen stammen. Parteien und Gewerkschaften haben beispielsweise Stiftungen eingerichtet, die Forschungen budgetieren. Universitäten und andere Forschungseinrichtungen befriedigen ihren Bedarf an Ressourcen vor allem mithilfe von Forschungsförderungseinrichtungen wie etwa der Deutsche Forschungsgemeinschaft (DFG), der Volkswagenstiftung oder der Thyssen-Stiftung. Zahlreiche Forschungen werden auch intern von Unternehmen finanziert. Erinnert sei hier an Marktforschungsstudien, die nach Wegen suchen, um die Absatzchancen eines Produktes zu steigern. Nicht zuletzt mag es auch – freilich weniger in den Sozialwissenschaften – Privatforscher geben, die ihr Leben in den Dienst eines wissenschaftlichen Projekts stellen und sich etwa dem Auffinden einer neuen Schmetterlingsart widmen.

Je nach Umfang des geplanten Projekts sollte eine mehr oder weniger ausführliche Darstellung der Problemlösungsbedürftigkeit erfolgen, die die Notwendigkeit der Bearbeitung herausstellt und unter Umständen eine Begutachtung ermöglicht. Bei der Betrachtung der drei Beispiele von oben stellt sich so heraus, dass lediglich bei 2. eine Situation vorliegt, die eine wissenschaftliche Untersuchung auslösen könnte und die – wie im vorliegenden Fall – von der Volkswagenstiftung gefördert worden ist. Einige Schritte des wissenschaftlichen Forschungsprozesses sollen anhand dieses Projekts beschrieben und diskutiert werden.

Um Auslöser einer wissenschaftlichen Arbeit zu werden, müssen die Probleme eingegrenzt und präzisiert werden. Beispielsweise kann es im Rahmen eines Projekts zur Akzeptanz der Rechtsprechung im Falle von Notwehr darum gehen, unterschiedliche Situationen zu bewerten. Dabei könnte danach gefragt werden, ob und inwieweit das jeweils angegriffene Gut (Ehre, Eigentum, Gesundheit und Leben) für die Bewertung der Situation ausschlaggebend ist. Denkbar ist es auch, den Grad der Überlegenheit eines Angreifers zu berücksichtigen. Schließlich dürfte es für die Entscheidung, ob eine Verhaltensweise als Notwehr gerechtfertigt wird, ausschlaggebend sein, welchen Schaden der Angreifer infolge der Gegenwehr erleidet.

So wird das Problem in mehrere Unterprobleme zerlegt, eingeengt und damit präzisiert. Haupt- und Nebenziele können so erkannt und formuliert werden (vergleiche Vetter 1975:164ff.).

3.2.2 Arten von Problemen

Angeregt durch Opp (2004) und Vetter (1975) werden verschiedene Problemtypen unterschieden. Dabei wird stets in Rechnung gestellt, dass mit der Problemlösung der zugrunde liegende Ziel-Mittel-Konflikt gelöst werden soll. Die häufigsten Arten von Problemen sind:

Maßnahmeprobleme beziehungsweise Wertprobleme

Maßnahmeprobleme liegen „dann vor, wenn es um die Frage geht, was man tun kann, um bestimmte Ziele zu erreichen ... und nicht „was man tun sollte". Bei den Wertproblemen geht es dagegen darum, „was der Fall sein soll oder muss. Diese Frage stellt sich zum einen bei den Zielen, die ein Praktiker erreichen will. ... Weiter beziehen sich Wertprobleme auf die Frage, ob man eine bestimmte Maßnahme ergreifen soll oder muss" (Opp 2004:1f.).

An einem Beispiel lässt sich diese Unterscheidung demonstrieren. So hat sich gezeigt, dass die Verteuerung der Zigaretten zu einem Rückgang des Tabakkonsums vor allem bei Jugendlichen geführt hat. Daraus kann nun sowohl ein Maßnahmeproblem als auch ein Wertproblem abgeleitet werden. Bei einem Maßnahmeproblem würde die Frage lauten, was man prinzipiell tun kann, um das Zigarettenrauchen bei Jugendlichen noch weiter zu reduzieren. Hier könnte die durch wissenschaftliche Studien weiter zu stützende Antwort lauten: Den Preis der Zigaretten noch weiter zu erhöhen, um Jugendlichen den Einstieg in das Rauchen zu erschweren. Ein höherer Preis ließe sich als Ursache für die Senkung von Verkaufszahlen angeben.

Bei der Frage nun, ob man die Tabaksteuer tatsächlich erhöhen sollte oder ob davon Abstand zu nehmen ist, handelt es sich dagegen um ein Wertproblem. So führte der eingetretene Rückgang des Tabakkonsums auch zu einem Rückgang der – vom Staat so dringend benötigten – Steuereinnahmen. Damit wird deutlich, dass es sich bei einer effizienten Maßnahme (hier die Preiserhöhung) noch lange nicht auch um eine für den Staat akzeptable Maßnahme handeln muss. Nicht zuletzt ist an dieser Stelle auch auf moralisch-ethische Fragen zu verweisen, die bei der Lösung eines Werteproblems stets zu berücksichtigen sind.

Was soll man nun tun? Die Antwort auf diese Frage ist wiederum per Definition ein Wertproblem. Während man empirisch nachweisen konnte, dass höhere Kosten (Zigarettenpreise) zu einem geringen Konsum bei Jugendlichen führen – hier lag ein Maßnahmeproblem vor – kann man das Wertproblem dagegen nicht empirisch lösen. Man wird vielmehr auf andere Werturteile zurückgreifen müssen (vergleiche Opp 2004).

Theoretische und praktische Probleme

In Abhängigkeit vom bestehenden Defizit, das zu dem Problem geführt hat, kann unterschieden werden zwischen einem theoretischen und einem praktischen Problem. Während es bei ersterem zur angestrebten Zielrealisierung erforderlich ist, ein Theoriedefizit zu beheben, resultiert letzteres aus einem Mangel an Methoden oder an Routinen, um den Ziel-Mittel-Konflikt zu lösen. Auch ist eine Synthese beider Problemtypen denkbar.

Die im Rahmen des erwähnten Notwehr-Projekts zu lösenden Probleme stellen eine solche Synthese dar. So mangelt es zunächst an theoretischem Wissen, das für die Erklärung der Einstellungen der Menschen zu diesen Fragen herangezogen werden könnte. Zugleich liegt aber auch ein praktisches Problem vor, da für das Abfragen von Bewertungen zu Notwehrhandlungen im Rahmen einer empirischen Studie bisher noch keine geeigneten Instrumente vorliegen.

Beschreibungsprobleme

Bei der Lösung dieser Art von Problemen geht es darum, die äußerliche Erscheinung eines Sachverhalts exakt darzustellen, ihn genau zu beschreiben. Ein solches Problem liegt beispielsweise vor, wenn mithilfe der Methoden der Empirischen Sozialforschung herausgefunden werden soll, wie verbreitet Notwehrerfahrungen in Deutschland überhaupt sind, ob es hier regionale Unterschiede gibt, ob bestimmte soziale Gruppen häufiger mit solchen Ereignissen konfrontiert werden als andere, welche Arten von Angriffen bereits erlebt wurden und so weiter.

Explikationsprobleme

Explikationsprobleme treten auf, wenn theoretische Aussagen zunächst nur mithilfe unscharfer oder unklarer Begriffe formuliert sind. Vor allem bei neuen Theorieansätzen und beim Gebrauch von Begriffen aus der Umgangssprache kann es zu solchen Explikationsproblemen kommen. So stellt beispielsweise die oben vorgenommene Unterscheidung der Begriffe „Fragestellung" (für die Benennung von Ziel-Mittel-Konflikten, die mithilfe vorhandener Routinen lösbar sind) und „Problem" (falls dies nicht zutrifft) die Lösung eines solchen Explikationsproblems dar.

Definitionsprobleme

Eng mit den Explikationsproblemen verbunden sind die Definitionsprobleme. Wenn es darum geht, mithilfe einer entsprechenden Beschreibung (vergleiche auch die folgenden Abschnitte 3.2 und 3.4) das Wesen einer Erscheinung oder eines Sachverhalts zu erklären, liegt ein solches Definitionsproblem vor. Die Frage etwa, worin das Wesen von gesunder Ernährung oder von Demokratie besteht, wären solche Definitionsprobleme.

Explanations- oder Erklärungsprobleme

Diese Problemart liegt dann vor, wenn sowohl das Wesen eines Sachverhalts als auch die daraus abzuleitenden Schlussfolgerungen unklar sind und deshalb beide mithilfe entsprechender Studien erforscht werden sollen. Für die Lösung von Explanationsproblemen werden Hypothesen eingesetzt. Diese beschreiben dann beispielsweise mögliche Ursachen einer zu erklärenden Erscheinung. Ein Beispiel mag die internationale PISA-Studie zu den Leistungen von Schülern sein. Obwohl vielleicht zunächst erwartet worden war, dass Deutschland über ein gutes Bildungswesen verfügt, wurde deutlich, dass davon im Ergebnis der Untersuchung nicht (mehr) die Rede sein kann. Nun begann in Deutschland eine Diskussion, um diese nachteiligen Befunde zu erklären, um Maßnahmen zu finden, den aufgetretenen Mangel zu beheben.

Prognose- beziehungsweise Vorhersageprobleme

Diese haben zum Ziel, basierend auf Theorien, die Form, den Verlauf und / oder das Resultat von bestimmten Entwicklungen vorherzusagen. Die Vorhersage bestimmten Verhaltens ist ein besonders anspruchsvolles Ziel sozialwissenschaftlicher Forschungen (vergleiche auch Abschnitt 3.6). Wenn die Wirkung einer Wahlkampfstrategie vorhergesagt werden soll, wenn die Absatzchancen eines neuen Produktes am Markt interessieren oder wenn prognostiziert werden soll, wie sich zukünftig das zahlenmäßige Verhältnis von Festnetzanschlüssen zu Mobiltelefonen gestaltet, so haben wir es mit typischen Prognoseproblemen zu tun.

Im Rahmen von Auftragsforschungen zu lösende Probleme sowie Probleme bei selbstinitiierter Forschung

Eine weitere Unterscheidung wird möglich, wenn man den Initiator eines Forschungsprojektes berücksichtigt. Danach lassen sich Probleme unterscheiden, die im Rahmen von Auftragsforschungen bearbeitet werden und solche, die durch selbstinitiierte Forschungen gelöst werden. Bei ersteren wird das jeweilige Problem quasi von außen dem Forscher vorgegeben. Der zu erklärende Sachverhalt beziehungsweise die abhängige Variable sind damit bekannt. Wichtig ist, dass hier die für das Projekt erforderlichen Ressourcen bereits vorhanden sind und ebenfalls vom Auftraggeber zur Verfügung gestellt werden. Solche Auftragsforschungen werden zumeist mithilfe von Ausschreibungen bekannt gegeben. Initiatoren können beispielsweise Ministerien, Bundesinstitute und Wohlfahrtsverbände sein.

Bei selbstinitiierten Projekten besteht zunächst ein größerer Spielraum für die Fixierung und Konkretisierung des Problems. Unter Beachtung der jeweils gegebenen Möglichkeiten und unter Nutzung von Inspirationen können im Rahmen von Forschungsprojekten beispielsweise Kontroversen in der Fachliteratur aufgegriffen werden, es kann darum gehen, (neue) Theorien zu testen oder vorliegende Studien zu replizieren. Weiterhin stellt es einen besonders lohnenswerten Versuch dar, die Erklärungskraft verschiedener Theorien anhand empirischer Daten zu vergleichen. Als eine Restriktion besteht hier jedoch die Beschaffung der für eine Forschung erforderlichen Mittel, vor allem geht es um die nötige Kompetenz, um ausreichend Zeit und um finanzielle Ressourcen. Beispiele für selbstinitiierte Forschungen finden sich in zahlreichen Diplomarbeiten und Dissertationen. Oft werden auch sogenannte Drittmittelanträge zur Unterstützung solcher Projekte erforderlich.

Vetter (1975) nennt noch einige weitere Problemformen, so Demonstrationsprobleme, Beweisprobleme, Diagnose- und Konstatierungsprobleme, Relationsprobleme und schließlich Optimierungsprobleme.

3.3 Begriffe und deren Definitionen

Worte wie Rolle, Norm, Handeln, Betriebsklima, Zufriedenheit, Macht, gesunde Ernährung oder Freiheit aber auch repräsentativ, Signifikanz und Erklärung sind Begriffe aus der Alltagssprache, die auch von den Sozialwissenschaften nicht selten benutzt werden. Dass es beispielsweise unterschiedliche Erwartungen gibt, wenn von einer Erklärung gesprochen wird, verwundert nicht und stellt, solange es sich um eine umgangssprachliche Nutzung handelt, keine besondere Schwierigkeit dar. Ein Handlungsbedarf entsteht jedoch, wenn unter Fachwissenschaftlern kein einheitliches Begriffsverständnis vorliegt. Schließlich setzt eine Kommunikation über Probleme ein gemeinsames Verständnis der kommunizierten Inhalte voraus. Nur so können die gewonnenen Befunde nachvollzogen und kritisiert, also wissenschaftlich bearbeitet, werden. Die Einführung von Definitionen dient also der Gewährleistung eines gemeinsamen Begriffsverständnisses unter Fachwissenschaftlern und ist damit eine Grundvoraussetzung für das wissenschaftliche Arbeiten.

Begriffe haben vier Funktionen (vergleiche Patzelt 1986:113f.): Erstens eine Ordnungsfunktion. Begriffe wie Mensch, Tier oder Stadt dienen zur Wahrnehmung eines jeweils bestimmten Segments der Wirklichkeit. Zweitens haben Begriffe eine Kommunikationsfunktion. Personen können nur mithilfe von Begriffen ihre Gedanken austauschen, diese sind deshalb unersetzbar. Drittens liegt eine Bewertungsfunktion vor, so erfolgt bei der Kommunikation nicht nur die Benennung von Wirklichkeitsausschnitten, sondern es wird darin auch deren Erwünschtheit ausgedrückt. So mögen die Begriffe Revolution und Umsturz einen zumindest sehr ähnlichen Wirklichkeitsausschnitt benennen, dessen Bewertung erfolgt mit diesen beiden Begriffen jedoch stark unterschiedlich. Viertens lässt sich auch eine Appellfunktion von Begriffen ausmachen, Begriffe vermögen Anleitungen zum Handeln zu geben.

Begriffe bestehen zunächst aus Zeichenketten oder Zeichenfolgen. Eine solche Zeichenkette könnte etwa aus den Buchstaben (Zeichen) T, I, G, E und R bestehen. Der sich daraus ergebende Begriff Tiger steht nun in einer bestimmten Beziehung zu realen Sachverhalten oder Dingen, die als Designata bezeichnet werden.

Bei den Designata handelt es sich um die realen Sachverhalte, die von einer Zeichenkette, einem Begriff benannt werden. Auch der Ausdruck Referent wird hierfür benutzt. Alle Personen, die ausreichend mit der deutschen Sprache vertraut sind, werden nun kein Problem haben, den Begriff Tiger mit den Designata in Beziehung zu setzen und sich diese im Weiteren vorzustellen.

Bestimmte reale Sachverhalte können jedoch wiederum auch mit unterschiedlichen Begriffen bezeichnet werden, eine identische Vorstellung kann mithilfe unterschiedlicher Worte ausgelöst werden. So bezeichnen als Beispiel die Worte Fleischer, Schlächter und Metzger einen identischen Beruf. Für diese Auslöser kommt nun der Begriff Designans zum Einsatz.

Bei Begriffen handelt es sich damit um Zeichen(-ketten), die mit bestimmen Phänomenen verbunden sind. Bei näherer Betrachtung stellt sich aber heraus, dass selbst der Begriff Tiger in der deutschen Sprache mit unterschiedlichen Designata in Verbindung gebracht werden kann. Beispielsweise kann ein Tiger erstens eine Raubkatze sein, zweitens einen bestimmten Pop-Sänger meinen oder drittens eine Pferderasse mit großen rundlichen oder länglichen Flecken bezeichnen. (Wie der Autor feststellen musste, steht außerdem der Begriff Tiger noch mindestens für zwei weitere Sachverhalte.[3]) Diese Vielfalt führt im alltäglichen Sprachgebrauch in der Regel zu keinen Problemen, da zumeist aufgrund des Zu-

3 Vergleiche: http://www.bioboard.de/lexikon/index.php/Tiger_(Begriffskl%E4rung), zuletzt besucht am 13.07.2004.

sammenhangs bereits genau klar wird, welches Designata mit dem Begriff Tiger nun gemeint ist.

Bei den Definitionen handelt es sich nun um jene Konventionen oder um Vereinbarungen, die dazu dienen, den Sinn der verwendeten Begriffe aufzuzeigen und so zu garantieren, dass die Begriffe für alle Nutzer einheitlich verständlich werden. Um im wissenschaftlichen Sprachgebrauch die eindeutige Zuordnung der Zeichen (des Begriffs) zu den Designaten (den zu bezeichnenden realen Sachverhalten) zu bewerkstelligen, werden semantische Regeln, auch als Korrespondenzregeln bezeichnet, benötigt. Diese regeln die hier notwendige eindeutige Zuschreibung von Bedeutungen. In der folgenden Abbildung 3.3.1 wird dieses Verhältnis verdeutlicht.

Definitionen dienen in der Wissenschaft dazu, den Zeichen beziehungsweise den Worten bestimmte Bedeutungen zuzuordnen. Jedoch braucht selbst in der Wissenschaft nicht jeder Begriff neu definiert zu werden. Deshalb bietet es sich an zu unterscheiden, zwischen Begriffen wie zum Beispiel Erklärung, Betriebsklima oder gesunde Ernährung auf der einen und solchen wie und, nicht, oder und nie auf der anderen Seite. Bei den ersten handelt es sich um empirische Begriffe, die sich auf Objekte der Realität und auf deren Merkmale beziehen. Es wird deshalb auch von einem deskriptiven Wort gesprochen. Bei den anderen Ausdrücken dagegen handelt es sich um logische Begriffe (vergleiche Bergmann 1966:12). Während für logische Begriffe keine Definitionen benötigt werden, sind empirische Begriffe zu definieren.

Abbildung 3.3.1: Die Beziehung zwischen Zeichen, Realität und semantischen Regeln (vergleiche Opp 2005:103)

Opp (2004:102ff.) und vielen anderen (Patzelt 1986:147ff., Babbie 2002:124f., Bortz/Döring 2002:63ff., Diekmann 2004:139ff.) weiter folgend, sollen nun verschiedene Arten von Definitionen unterschieden werden. Hier werden vor allem Nominal- sowie Realdefinitionen näher betrachtet.

3.3.1 Nominaldefinitionen

In gewissem Sinne besitzen Nominaldefinitionen die gleiche Struktur wie eine mathematische Gleichung: der Ausdruck auf der rechten Seite der Gleichung hat genau jenem auf der linken Seite zu entsprechen. Im einfachsten Fall ergibt also eins plus eins gleich zwei (vergleiche Suppes 1957:154). Damit ist es letztlich egal, ob man in der Mathematik den Ausdruck „eins plus eins“ benutzt oder ob man, etwas einfacher, „zwei“ sagt. Das Gleiche gilt auch bei Nominaldefinitionen. Der zu definierende Begriff (er soll A1 genannt werden), wird anderen, als bekannt vorausgesetzten Begriffen (hier mit A2 bezeichnet) gleichgesetzt. Der zu definierende Begriff (A1) wird als Definiendum benannt und die als bekannt vorausgesetzten Begriffe (A2) werden als Defieniens bezeichnet. Die Begriffe A1 und A2 sind – wie gezeigt – beliebig austauschbar. Man hat es also letztlich mit Tautologien zu tun.

Ein unterhaltendes und anschauliches literarisches Beispiel für die Ersetzbarkeit eines Begriffs durch einen anderen liefert Heinrich Böll in seiner Erzählung Doktor Murkes gesammeltes Schweigen. Hier lautet das durch einen anderen Ausdruck zu ersetzende Definiendum „Gott“ (A1). Gott soll nun durch das Definines „jenes höhere Wesen, das wir verehren“ (A2) abgelöst werden. Im Einzelnen geschieht bei Böll folgendes:

Herr Doktor Murke, Redakteur der Abteilung Kulturelles Wort, plagt sich mit einer wenig attraktiven Aufgabe: den wortgewaltigen Essayisten Professor Bur-Malottke reut es, in seinen Nachkriegsvorträgen Gott so eindeutig beim Namen genannt zu haben. Deshalb muss Murke das Wort Gott aus den alten Sendebändern herausschneiden und dafür die Formel „Jenes höhere Wesen, das wir verehren“ einkleben.

Setzt man voraus, dass A1 gleich A2 ist, sollte dies aus wissenschaftstheoretischer Sicht eigentlich zu keinem Problem führen. Wie bereits gezeigt stellen Nominaldefinitionen ja Tautologien dar. Sie zeichnen sich außerdem durch verschiedene weitere Eigenschaften aus:

- Zunächst besitzen sie keinen empirischen Bezug. Es lässt sich also nicht empirisch überprüfen, ob das Definiendum (Gott) tatsächlich gleich dem Defieniens ist. Die Frage, ob eine solche Setzung wahr ist, könnte nicht beantwortet werden. Dies kommt aufgrund der Tatsache zustande, dass es sich bei den Nominaldefinitionen nicht um eine Behauptung über die Wirklichkeit handelt. Eine solche wäre natürlich empirisch – an eben dieser Wirklichkeit – überprüfbar. Es kann damit also nicht darüber diskutiert werden, ob etwa die vorgelegte Definition berechtigt ist.
- Ein weiteres Argument für die Verwendung von Nominaldefinitionen betrifft die Sprachökonomie. So kommt in den oben zitierten Vorträgen von Herrn Professor Bur-Malottke das Wort „Gott“ 27 Mal vor. Daraus entsteht beim Redakteur, Doktor Murke, das Problem, dass für das Sprechen von „jenes höhere Wesen, das wir verehren“ eine Sendeminute und 20 Sekunden benötigt werden, während für das 27-malige Sprechen von „Gott“ lediglich 20 Sekunden erforderlich waren. Woraus klar zu ersehen ist, dass Nominaldefinitionen auch eine wichtige Funktion in der Sprachökonomie erfüllen: A1 ist kürzer als A2.
- Schließlich müssen Definitionen dem Kriterium der Zweckmäßigkeit genügen. Es wäre also zwar rein theoretisch denkbar, das Wort Gott auch durch ein völlig anderes Wort, beispielsweise durch Tiger zu ersetzen. Da – wie bereits gezeigt – aber schon fünf unterschiedliche Konventionen für die Nutzung des Begriffs Tiger existieren, wäre es höchst unzweckmäßig und verwirrend, eine solche Bezeichnung vorzunehmen. Es ist damit im Rahmen von Nominaldefinitionen erforderlich, jeweils zunächst zu fragen, ob der zu definierende Begriff nicht bereits auf irgendeine Weise bestimmt worden ist.

Mitunter kann es sinnvoll und notwendig sein, dass die im Definiens für die Beschreibung des Definiendums benutzten Begriffe ebenfalls wieder definiert werden müssen. Beispielsweise könnte gefragt werden, was man sich unter einem höheren Wesen vorzustellen hat. Auf diese Weise würden ganze Definitionsketten erzeugt werden, wobei man davon ausgehen muss, dass irgendwann alle dabei benutzten Begriffe als bekannt vorausgesetzt werden können.

Bei der Erstellung von Nominaldefinitionen lassen sich zwei Vorgehensweisen unterscheiden: die intensionale und die exensionale. Bei der intensionalen Vorgehensweise wird eine Menge von Merkmalen angeführt, die alle vorliegen müssen, um von dem bezeichneten Begriff zu sprechen. Offensichtlich haben wir es bei der Bestimmung des Begriffes „Gott" (A1) als „jenes höhere Wesen, welches wir verehren" (A2), mit einer solchen intensionalen Definition zu tun. Es kann also immer nur dann von „Gott" gesprochen werden, wenn es sich (erstens) um ein höheres Wesen handeln und wenn (zweitens) auch die Bedingung erfüllt ist, dass dieses von den Menschen verehrt wird.

Bei extensionalen Definitionen wird dagegen die Menge der Objekte, die mit dem jeweiligen Begriff bezeichnet werden soll, aufgezählt. So würde es sich bei der Definition des Begriffs „Sozialwissenschaften" als (A1) Wissenschaft, die sich mit den Problemen der menschlichen Gesellschaft befasst (A2), um eine intensionale Definition handeln. Alle Eigenschaften werden aufgezählt, die erfüllt sein müssen um von „Sozialwissenschaften" zu sprechen. Die Definition von Sozialwissenschaften (A1) als Soziologie, Sozialpsychologie und Politologie (A2) wäre dagegen eine extensionale Definition. Hier werden alle drei Elemente aufgezählt, für die die Bezeichnung „Sozialwissenschaften" gelten soll.

Im Rahmen der Untersuchung der Einstellungen der Bevölkerung zu Notwehr war beispielsweise der Begriff Heimliche Notwehr zu definieren. Mittels Nominaldefinition wurde festgelegt dass es sich bei heimlicher Notwehr um einen Notwehrakt handelt, der so angelegt ist, dass sein Grund im Dunkeln bleibt. Auch dies stellt eine intensionale Vorgehensweise bei der Nominaldefinition eines Begriffes dar.

Bei Diekmann werden zwei weitere interessante Beispiele für Nominaldefinitionen genannt: Der Begriff Ausländerfeindlichkeit, das Definiendum, wird bestimmt als gemeinsames Vorliegen von Diskriminierung am Arbeitsplatz (DA) und in der Wohngegend (DW), von rechtlicher Schlechterstellung (RS) und von Gewalttätigkeiten (GE) zwischen Einheimischen und Ausländern (Definiens).

Der Begriff Politische Partei (PA) wird als eine Organisation (O) mit eingeschriebenen Mitgliedern (M) und demokratischer Binnenstruktur (dB), die an Wahlkämpfen teilnimmt (W) und sich um Regierungsbeteiligung (R) bewirbt, definiert (vergleiche Diekmann 2001:139f.).

Damit wird eine weitere wichtige Eigenschaft von Nominaldefinitionen deutlich: Die Definition eines Begriffes, wie hier zum Beispiel „Politische Partei" als O, M, dB, W und R., hat wichtige Konsequenzen für die weitere Arbeit. Definiert man beispielsweise einen bestimmten zu erforschenden Sachverhalt – wie hier geschehen – mithilfe einer extensionalen Definition, so werden nur bestimmte Elemente (hier O, M, dB, W und R) zu Bestandteilen des jeweiligen Begriffes erhoben, eben jene, die in der Definition genannt werden. Alle anderen, beispielsweise in diesem Fall solche Organisationen mit einer totalitären internen Machtstruktur, sind hinausdefiniert worden und gelten im Rahmen eines möglichen Forschungsprojekts nicht mehr als Politische Partei.

Zusammenfassend ist zu konstatieren, dass Nominaldefinitionen eine wichtige Funktion bei sozialwissenschaftlichen Forschungen spielen. Sie regeln das erforderliche gemeinsame Verständnis von Begriffen, sind wichtig für die Sprachökonomie und üben damit Einfluss auf die weitere Gestaltung der Forschungsarbeit aus.

3.3.2 Realdefinitionen

Neben den Nominaldefinitionen besteht in den Sozialwissenschaften aber auch ein gewisser Bedarf an Realdefinitionen. Diese zeichnen sich durch den Versuch aus – im Unterschied zu den Nominaldefinitionen – das Wesen eines Sachverhalts auszudrücken beziehungsweise dieses zu beschreiben. Die Frage etwa, was man denn nun unter gesunder Ernährung zu verstehen habe, kann so aufgefasst werden, dass eine Auskunft darüber gewünscht wird, worin denn das Wesen einer solchen Ernährung besteht, beziehungsweise anzugeben, was denn nun gesunde Ernährung ist. Schnell leuchtet es ein, dass hier die relative Beliebigkeit der Nominaldefinitionen nicht von Nutzen ist.

„A ‚real' definition, according to traditional logic, is not a stipulation determining the meaning of some expression but a statement of the 'essential nature' or the 'essential attributes of some entity. The notion of essential nature, however, is so vague as to render this characterization useless for the purposes of rigorous inquiry" (Hempel 1952:6).

Damit verfügen Realdefinitionen über einen empirischen Bezug. Eine solche Realdefinition müsste also, wollte sie etwa den Begriff „gesunde Ernährung" definieren, all jene Dimensionen benennen, die eine solche Ernährung ausmachen. Erfüllt sie diese Anforderung, ist die Definition zutreffend, tut sie dies nicht, dann wäre diese Definition falsch. Eine Realdefinition kann damit richtig oder falsch sein, denn schließlich wird in ihr etwas über die Realität ausgesagt. Solche Realdefinitionen werden auch als Wesensdefinitionen bezeichnet. Es wird hier erwartet, dass damit die Bedeutung eines bestimmten Sachverhalts aufgezeigt wird. Zu weiteren Aspekten und zu den Problemen solcher Wesensbestimmungen mithilfe von Realdefinitionen vergleiche zum Beispiel Opp (2005:109f.).

Ein Problem bei Realdefinitionen resultiert daraus, dass es keine fixen Kriterien dafür gibt, ob das Wesen eines Sachverhalts in der Definition nun denn auch tatsächlich richtig erfasst wurde. Nimmt man beispielsweise wieder den Begriff „gesunde Ernährung" und stellt sich vor, man wolle diesen über eine Realdefinition bestimmen, so sollte recht schnell klar werden, dass dies – nicht zuletzt aufgrund der Schwierigkeiten, die eine Überprüfung dieser Definition mit sich brächte – eine kaum lösbare Angelegenheit darstellt.

3.3.3 Operationale Definitionen

Operationale Definitionen legen fest, auf welche Weise ein theoretischer Begriff mit jenen Begriffen zu verknüpfen ist, die sich empirisch beobachten lassen. Die Problematik der Operationalisierung wird im Abschnitt 3.5 dann ausführlich behandelt.

Es lassen sich noch weitere Arten von Definitionen unterscheiden. Opp (2005:115ff.) nennt beispielsweise die komplexen Definitionen.

Wichtig ist es an dieser Stelle zusammenfassend darauf zu verweisen, dass es erforderlich ist zu kennzeichnen, welche Art von Definition jeweils vorliegt, schließlich existieren, wie gezeigt wurde, einige wesentliche Unterschiede zwischen Nominal- und Realdefinitionen. Es ist also deutlich zu machen, welche dieser beiden Arten von Bestimmungen gemeint sein soll. Dazu hat es sich bewährt, Nominaldefinitionen durch die Kennzeichnung „ = df. " hervor zu heben. Entsprechend würde man beispielsweise schreiben:

Gott = df. jenes höhere Wesen, das wir verehren

Heimliche Notwehr = df. Notwehrakt, der so angelegt ist, dass sein Grund im Dunkeln bleibt

Oder allgemein:

A1 = df. A2

Demgegenüber muss bei Realdefinitionen explizit darauf hingewiesen werden, dass es sich bei dem nun folgenden Satz um eine solche Definition handelt.

3.4 Hypothesen und deren Bearbeitung

Es wurde im Abschnitt 3.1 gezeigt, dass Probleme als Auslöser eines Forschungsprozesses fungieren können. Bevor am Beispiel eines konkreten Projekts demonstriert wird, welche Rolle Hypothesen im Forschungsprozess spielen, soll deren Funktion allgemein dargestellt werden.

Es kommt zu einem Problem, wenn ein bestimmtes Ziel mit den vorhandenen Mitteln nicht erreicht werden kann. Ein Problem liegt beispielsweise vor, wenn für die Erklärung eines Phänomens (hier das Ziel) kein ausreichendes Wissen (die Mittel) vorhanden ist. Damit kann nun die Frage beantwortet werden, was es bedeutet, ein Problem zu lösen. Problemlösung heißt, die Ursachen aufzudecken, welche den zu erforschenden Sachverhalt bewirken. Damit ist ein Problem (W) dann gelöst, wenn die Ursachen (U) festgestellt wurden, die für das Eintreten des Problems verantwortlich gemacht werden können. Oder kürzer ausgedrückt, wenn es gelingt die Relation U → W zu benennen. Der Buchstabe W steht in diesem Zusammenhang für Wirkung.

Problemlösen bedeutet, nach Zusammenhängen zwischen Erscheinungen zu suchen. Ein wichtiger Schritt besteht darin, die abhängige und die unabhängige Variable eines Forschungsprozesses zu bestimmen. Die abhängige Variable wäre in unserem Fall W. Es handelt sich um jenen Sachverhalt, für den eine Erklärung gesucht werden soll. Die unabhängigen Variablen sind nun jene, die als Ursachen für die abhängige Variable auftreten können, in unserem Fall U. Es ist von zentraler Bedeutung, die abhängigen und die unabhängigen Variablen eines Forschungsprozesses genau zu benennen. Nicht selten werden im Rahmen eines sozialwissenschaftlichen Forschungsprozesses verschiedene Probleme zugleich, das heißt parallel, bearbeitet. In diesem Fall können dann auch mehrere unabhängige Variablen benannt werden. Wie im Abschnitt 3.3 behandelt ist es weiterhin notwendig, zur Kommunikation der Problemstellung die eingesetzten Begriffe adäquat zu definieren.

An dieser Stelle lässt sich nun die Funktion von Hypothesen erklären. Zunächst werden unter Hypothesen = df. Aussagen über einen Zusammenhang von mindestens zwei Merkmalen verstanden, wobei es sich bei diesen Aussagen um Vorstellungen beziehungsweise um Erklärungsversuche handelt, die noch keine empirische Bestätigung erfahren haben müssen. Man könnte auch sagen, dass es sich bei den Hypothesen um die vermutlichen Problemlösungen oder auch um Erklärungs*versuche* handelt. Weiterhin ist zu konstatieren, dass Hypothesen so beschaffen sein müssen, dass sie prinzipiell empirisch bearbeitet werden können. Die logische Struktur von Hypothesen ist infolge dessen mit der einer Problemlösung identisch: U → W. Der Unterschied besteht jedoch darin, dass diese Relation (noch) nicht empirisch bestätigt worden ist.

Es ist darauf zu verweisen, dass Hypothesen eine die Forschung leitende Funktion ausüben. Eine solche forschungsleitende Funktion ergibt sich daraus, dass in die Hypothesen das gesamte Erkenntnisinteresse des Forschers eincodiert wird. Prinzipiell wäre es denkbar, nach unendlich vielen Ursachen für W zu suchen. Diese Totalität an möglichen Erklärungen für W wird in den Hypothesen jedoch eingeschränkt auf eine oder einige wenige mögliche. Aus dem breiten Spektrum infrage kommender Erklärungen für W fällt nun die Entscheidung, nur ganz bestimmte zu bearbeiten. Nur zu diesen können dann auf der Grundlage der Forschungsergebnisse Aussagen getroffen werden. Es liegt also eine wissenschaftliche Reduktion der Realität vor.

Im weiteren Verlauf des Forschungsprozesses werden eine Reihe an Entscheidungen getroffen und Festlegungen vorgenommen, die sich aus den konkreten, in den Hypothesen enthaltenen Annahmen ergeben, zum Beispiel wird eine Befragung eines bestimmten Personenkreises zu deren Ansichten über Notwehr konzipiert und umgesetzt. Die in den Hypothesen enthaltenen Vermutungen – so sie später einmal bestätigt werden – ermöglichen es schließlich, konkrete Veränderungen in der Realität vorzunehmen.

Zur Veranschaulichung sollen zunächst beispielhaft und stark verkürzt einige Gerichtsentscheidungen dargestellt werden. Diese bilden den Hintergrund für die im Rahmen des Dresdner Notwehr-Projekts entwickelten Hypothesen, die anschließend vorgestellt und diskutiert werden. Danach werden verschiedene Anforderungen an die Formulierung von solchen Hypothesen sowie Möglichkeiten beschrieben, verschiedene Arten von Hypothesen zu unterscheiden.

Das Recht auf Notwehr wird in Deutschland unabhängig von einer Güterabwägung gewährt. Eine Beziehung zwischen dem zu verteidigenden Gut – etwa einem Sachwert – zu dem beim Angreifer infolge der Notwehr verletzten Gut – beispielsweise die Gesundheit des Angreifers – braucht nicht hergestellt zu werden. Siehe dazu auch die Kurzdarstellungen einiger Fälle sowie die von der Rechtsprechung gefällten Urteile in Abbildung 3.4.1.

Abbildung 3.4.1: Kurzfassungen einiger gerichtlicher Entscheidungen zu Notwehrfällen

Beschreibung des Falles	Gerichtsentscheidung
1. Fall: N bewacht in der Mangelzeit nach dem ersten Weltkrieg seine Obstbäume gegen nächtlichen Diebstahl. Am frühen Morgen bemerkt er zwei Männer, die Obst von seinen Bäumen entwendeten. Als die Männer auf seinen Anruf nicht stehen bleiben, schießt N mit Schrot auf die beiden und verletzt dadurch einen von ihnen erheblich.	Das Reichsgericht rechtfertigt den Schuss des N durch Notwehr, weil bei der Anwendung des Notwehrrechts der Gedanke der Verhältnismäßigkeit grundsätzlich keine Rolle spiele. (RGSt 55/82)

2. Fall: Gastwirt N lebt im Streit mit einer Gruppe von „Rockern“. Eines Abends dringen die „Rocker“ in der Absicht „Rache zu nehmen“ in das Lokal des N ein und bringen diesen rücklings zu Fall. N befürchtet Schläge und eine Verwüstung seiner Gaststätte. Deshalb ergreift er eine Eisenstange und versetzt zwei Angreifern damit Schläge, die tödlich gewesen wären, wenn die Verletzten nicht in letzter Minute ins Krankenhaus gebracht worden wären.	Der Bundesgerichtshof hält eine Rechtfertigung der Schläge des N durch das Notwehrrecht zur Verteidigung des Eigentums und des Hausrechts für möglich. (BGH StV 1982/219)
3. Fall: O bemüht sich aus unbekannten Gründen, in die Wohnung des N einzudringen. Dabei teilt er Boxhiebe aus, die N aber nicht treffen. N sucht den Angriff zunächst durch den Schlag mit einem Spazierstock abzuwehren, bleibt aber mit dem Stock im Türrahmen hängen. Deshalb ergreift er ein Messer und bringt damit dem O eine tödliche Verletzung bei.	Der Bundesgerichtshof hält eine Notwehrrechtfertigung für möglich, weil N sein Hausrecht auch mit einem tödlichen Stich verteidigen durfte. (BGH GA 1956/49)
4. Fall: Die Freundin von N schuldet O 6.000,00 DM. O sucht deshalb gewaltsam eine Pfandnahme des PKW der Freundin vorzubereiten. Er reißt zunächst die Wagentür auf und versucht dem am Steuer sitzenden N die Fahrzeugschlüssel wegzunehmen. Als das misslingt und N losfährt, verfolgt O ihn zusammen mit seinem Sohn. Bei einem verkehrsbedingten Halt stellt der Sohn des O sein Moped halb quer vor den von N gesteuerten Wagen, und O fährt so dicht von hinten auf, dass N auch nicht einfach zurücksetzen kann. Dann begibt O sich zu N und fordert ihn zur Übergabe des PKW seiner Freundin auf. N verweigert das und fährt nach einer entsprechenden Androhung nach vorn los. Dabei erfasst er das Moped und reißt es zusammen mit dem Sohn des O zu Boden. Dieser erleidet Schürfwunden und Prellungen.	Das Oberlandesgericht rechtfertigt N wegen der Verteidigung seiner Willens- und Fortbewegungsfreiheit gegen eine rechtswidrige Nötigung. Ein vorsichtiges Herausrangieren des Wagens sei zwar möglich, aber nicht erforderlich gewesen, weil das Rechtsbewährungsprinzip es legitimiere, dass N auf den Nötiger zufuhr. (OLG Karlsruhe NJW 1986/1358)
5. Fall: N gerät mit dem Wirtshausgast O in Streit. Dieser lauert dem N vor der Gaststätte auf. Deshalb zögert N eine Stunde lang, das Lokal zu verlassen. Als er schließlich aus der Tür tritt, stürzt O mit den Worten „Ich bring dich um“ auf N los. N, der fürchtet, dass O ein Messer bei sich führt, gibt zunächst einen Warnschuss aus seiner Pistole ab. Da dies den O nicht aufhält, streckt N den bis auf 2 m herangekommenen Angreifer mit einem tödlichen Schuss nieder.	Der Bundesgerichtshof hält es für möglich, den Todesschuss durch Notwehr zu rechtfertigen, weil N nicht verpflichtet gewesen sei, „dem Unrecht aus dem Wege zu gehen.“ (BGH GA 1965/147)

6. Fall: N und ein Begleiter werden bei der Rückkehr zu ihrem geparkten Wagen von dem stark angetrunkenen O körperlich belästigt. Es gelingt ihnen aber, das Auto zu besteigen. Bei der Anfahrt springt O zunächst vor den Wagen, dann wieder auf den Bürgersteig und verdreht den rechten Seitenspiegel. N steigt aus, um den Spiegel wieder zu richten. Als O mit erhobenen Händen auf N zukommt, schlägt N dem O mit einem Feuerlöscher auf den Kopf. O erleidet einen Schädelbruch.	Das Oberlandesgericht Frankfurt versagte N die Berufung auf Notwehr, weil es möglich gewesen sei, einem Trunkenen ohne schimpfliche Flucht auszuweichen. (OLG Frankfurt VRS 40/424)
7. Fall: N fährt mit dem Zug in einem Abteil der 1. Klasse von der Arbeit nach Hause. Er fühlt sich durch O gestört, der ohne Berechtigung für die 1. Klasse mit einer geöffneten Bierdose in dem Abteil Platz nimmt, weil der Zug überfüllt ist. Deshalb öffnet N das Zugfenster, um O durch die winterkalte Zugluft aus dem Abteil zu vertreiben. O macht das Fenster wieder zu. Als N es ein zweites und drittes Mal öffnet, kommt es zu einem Wortgefecht, bei dem O dem N für den Fall einer nochmaligen Öffnung Prügel androht. Als N das Fenster ein viertes Mal aufmacht, fasst O dem N mit beiden Händen ins Gesicht. N fürchtet, O werde ihm „an den Hals gehen", und wehrt sich mit einem Messerstich in den Bauch des Angreifers. Dieser stirbt.	Der Bundesgerichtshof versagte N die Berufung auf Notwehr. N habe durch sein sozialethisch zu beanstandendes Vorverhalten den Angriff des O provoziert und sei deshalb gehalten gewesen, zunächst die im Gang stehenden Mitreisenden um Hilfe zu bitten. (BGH NStZ 1996/380)
8. Fall: Herr O und Frau N sind seit langem miteinander verheiratet. Zwischen N und O, der seiner Frau körperlich nicht wesentlich überlegen ist, kommt es häufiger zu tätlichen Auseinandersetzungen. Schwere körperliche Verletzungen hatte es dabei aber nicht gegeben. Als O wieder einmal gegen die N tätlich wird, sticht Frau N dem O ein Messer in die linke Brustseite. Das Messer durchdringt beide Herzkammern, sodass O sofort stirbt.	Der Bundesgerichtshof bestätigt das Schwurgericht, das Frau N wegen Körperverletzung mit Todesfolge verurteilte. Die Verpflichtung von Ehegatten zu verständnisvollem Eingehen auf den Partner und zur Rücksichtnahme verlangten, dass sich der angegriffene Ehegatte – sofern ihm der andere nicht nach dem Leben trachte – mit einer milderen Art der Abwehr begnügen müsse. Dies gelte selbst dann, wenn diese Art der Verteidigung den Angriff nicht mit völliger Sicherheit beende. (BGH NJW 1975/62)

9. Fall: N, der lange in russischer Kriegsgefangenschaft war, und O streiten sich über den Einfall der deutschen Wehrmacht in die Sowjetunion. Als O dem N in einer erregten Suada vorhält, die Gefangenschaft sei „Schuld des N, er hätte eben nicht nach Russland gehen sollen", stürzt N sich auf O. Dieser fällt auf das Straßenpflaster und stirbt.	Der Bundesgerichtshof versagte dem N die Berufung auf Ehrennotwehr. Zwar liege in der Behauptung des O eine Beleidigung des N, doch sei die Ehrkränkung gering. Unter diesen Umständen sei ein tätlicher Angriff des N auf O nicht zu rechtfertigen, N hätte sich auf eine Erwiderung mit Worten beschränken müssen. (BGHSt 3/217)
10. Fall: N hat einen Raub begangen. O, der Onkel des N erfährt aus einem Tagebuch des N von dem Raub. Er nimmt deshalb das Tagebuch an sich und fordert für dessen Rückgabe von N 60.000,00 DM; anderenfalls werde er das Tagebuch der Polizei übergeben. N geht zum Schein auf die Erpressung ein, nimmt aber bei der verabredeten Geldübergabe den Abgesandten des O als Geisel, um auf diese Weise dem O das Tagebuch wieder abzupressen.	Der Oberste Gerichtshof erkannte ein Notwehrrecht des N gegen die Erpressung durch den Onkel und dessen Gehilfen nicht an. Er verurteilte N deshalb wegen Geiselnahme. (Oberster Gerichtshof der Republik Kroatien nach Novoselec NStZ 1997/218ff.)

Ein *Problem* beziehungsweise ein *Ziel-Mittel-Konflikt* liegt an dieser Stelle vor, da nicht klar ist, ob die oben gezeigte Art der Rechtsprechung von der Bevölkerung geteilt wird oder nicht. Das Phänomen, das mithilfe einer Forschung *erklärt* werden soll, ist damit die Zustimmung beziehungsweise die Ablehnung von Verhaltensweisen, bei denen sich eine angegriffene Person zur Wehr setzt und dabei dem Angreifer einen Schaden zufügt. Die *abhängige Variable* stellt die Zustimmung oder Ablehnung eines bestimmten Verhaltens dar. Gesucht werden die *Ursachen* dafür, weshalb bestimmte Verhaltensweisen bei einem Überfall auf ein bestimmtes Gut (als zulässig oder als unzulässig) bewertet werden. Die Formulierung von Hypothesen bildet nun einen wichtigen Schritt in Richtung auf die Lösung des Forschungsproblems. Während das Problem aus einem Mangel an Wissen oder an Methoden resultierte, enthalten die Hypothesen dafür einen Lösungsansatz. In den Hypothesen wird die Totalität infrage kommender Determinanten reduziert auf einige ausgewählte. Im Einzelnen sollten folgende *Hypothesen* bearbeitet werden (vergleiche Amelung/Häder 1999):

H1 Die scharfkantigen Ansichten der Rechtsprechung (vergleiche zum Beispiel die Fälle eins bis fünf) und auch der Literatur zur Reichweite des Notwehrrechtes finden in der Allgemeinbevölkerung keinen Widerhall. Während in der Rechtsprechung die Voraussetzungen, die vorliegen müssen, um ein Notwehrrecht zu bejahen, relativ weit gefasst sind, wird in der Allgemeinbevölkerung einer solchen Denkweise nicht gefolgt.

H2 Notwehr wird in der Bevölkerung vielmehr in erster Linie durch eine Güterabwägung gerechtfertigt. Je größer die Bedeutung ist, die dem zu schützenden Gut zugeschrieben wird, desto eher wird der Notwehr zum Schutz dieser Güter zugestimmt.

Je geringer der Schaden bei dem Angreifer ist, um so eher wird er als durch Notwehr legitimiert angesehen.

H3 Der von den Juristen stammende Gedanke, dass das Notwehrrecht der Rechtsbewährung dient (vergleiche den Fall vier), spielt in der Bevölkerung bei der Legitimierung von Notwehrhandlungen nur eine geringe Rolle.

H4 Gleiches gilt von dem juristischen Dogma, dass man einem gegenwärtigen rechtswidrigen Angriff grundsätzlich nicht auszuweichen braucht.

H5 Sofern mit der juristischen Doktrin eine Ausweichpflicht verneint wird, wird dies seltener auf den Rechtsbewährungsgedanken als auf die „Schändlichkeit" der Flucht gestützt. Dies gilt zumindest für Männer, vor allem jungen Alters und aus unteren Bevölkerungsschichten.

H6 Aus diesem Grunde stimmt die Auffassung der Bevölkerung von einer Einschränkung der Notwehr gegenüber Geistesgestörten, Betrunkenen und Kindern (vergleiche den Fall sechs) stärker mit der juristischen Doktrin überein als beim Ausschluss des Güterabwägungsgedankens.

H7 Die Einschränkungen des Notwehrrechts, die die Rechtsprechung und die Literatur bei der sogenannten Notwehrprovokation (Roxin 1997:550, vergleiche auch den Fall sieben) machen, finden in der Bevölkerung Widerhall.

H8 Die Einschränkungen der Notwehr zwischen Ehegatten, die teilweise in der Rechtsprechung und Literatur postuliert werden (vergleiche den Fall acht), finden in der Bevölkerung grundsätzlich Zustimmung. Wird allerdings – wie in den real entschiedenen Fällen meistens – das Notwehrrecht einer misshandelten Frau beschränkt, so entscheiden sich Frauen und jüngere Menschen eher gegen solche Beschränkungen.

H9 Eine gewaltsame Verteidigung eines immateriellen Rechtsgutes wie der Ehre (vergleiche den Fall neun) wird in der Bevölkerung nicht als gerechtfertigt angesehen. Die Rechtsprechung folgt hier eher den Auffassungen der Bevölkerung.

H10 Die heimliche Notwehr gegen die Erpressung durch die Androhung kompromittierender Enthüllungen (vergleiche den Fall zehn) wird von der Bevölkerung nicht als legitim angesehen.

H11 Die Auffassungen zur Notwehrhilfe werden stark von dem Grad der Hilfsbedürftigkeit des Opfers beeinflusst. Insbesondere die Verteidigung von alten Menschen und von Kindern ist mit entsprechenden positiven Haltungen verbunden.

H12 Die Auffassungen der Bevölkerung vom Notwehrrecht, insbesondere die subjektiven Normen, sind stark sozial-demographisch differenziert.

H13 Wichtiger als die Kenntnis juristischer Regelungen ist für die Bewertung einer konkreten Notwehrsituation, inwieweit sich eine von einem rechtswidrigen Angriff betroffene Person physisch der Verteidigung gewachsen sieht.

Bei der Ausarbeitung von Hypothesen war eine Reihe an Anforderungen zu beachten. Ganz allgemein sollen Hypothesen logisch formuliert, nachvollziehbar, überprüfbar, kritisierbar und wahr sein. Opp (2005) sowie Bortz/Döring (2002:10) folgend haben Hypothesen den hier aufgeführten Kriterien zu genügen:

- Hypothesen sollen Aussagen darstellen, es soll sich jedoch nicht um Fragen oder Befehle handeln. Eine solche Aussage lautet zum Beispiel, dass in der Allgemeinbevölkerung den Ansichten der Rechtsprechung nicht gefolgt wird (H1).

- Hypothesen müssen mindestens zwei semantisch gehaltvolle Begriffe enthalten. Diese wären in H1 zum einen die Ansichten der Rechtsprechung zu Notwehr und zum anderen die Ansichten der Bevölkerung zu diesem Sachverhalt.
- Diese semantisch gehaltvollen Begriffe sind in den Hypothesen durch logische Operatoren zu verbinden. Hypothesen enthalten Konditionalsätze. Bei H1 lautet die Vermutung, dass die Ansichten zu Notwehr nicht deckungsgleich sind. In H2 wird davon ausgegangen, dass, wenn dem zu schützenden Gut eine hohe Bedeutung beigemessen wird, Notwehr eher als gerechtfertigt anzusehen ist. Man spricht in diesem Fall auch von „Wenn – Dann“ – Teilen einer Hypothese. Solche Aussagen können:
  a) notwendig sein. Das bedeutet, es muss sich um Güter handeln, denen eine hohe Bedeutung beigemessen wird, damit Notwehr als gerechtfertigt angesehen wird. Es müssen aber zusätzlich noch andere Bedingungen gegeben sein, damit die erwartete Wirkung auch eintritt, beispielsweise darf der durch die Notwehrhandlung beim Angreifer entstandene Schaden nicht zu groß sein.
  b) hinreichend und
  c) notwendig und hinreichend sein.
- Die Aussage darf nicht tautologisch sein, das heißt, beide Begriffe dürfen sich nicht vollständig abdecken. Würde man in H2 „Rechtfertigung von Notwehr“ definieren als „Haltung, die in Abhängigkeit von der Bedeutung des zu schützenden Gutes zustande kommt“, hätte man es mit einer solchen Tautologie zu tun. Auch bei der oben wiedergegebenen alltagssprachlichen Erklärung einer Zugverspätung handelt es sich um eine solche – in der Wissenschaft unzulässige – Tautologie.
- Die in den Hypothesen enthaltenen Aussagen müssen widerspruchsfrei sein. Die Aussage, „wenn ein als bedeutend erkanntes Gut mithilfe von Notwehr geschützt wird, so kann es dazu kommen, dass dieses Notwehrverhalten als gerechtfertigt angesehen wird, es kann aber auch sein, dass dies nicht der Fall ist“ wäre dagegen nicht widerspruchsfrei.
- Die Geltungsbedingungen sind aufzuzählen, unter denen die Aussage einer Hypothese zutreffen soll. So soll die in H5 formulierte Vermutung über die Schändlichkeit der Flucht vor allem für junge Männer gültig sein. In H1 wird dagegen eine Behauptung aufgestellt, die für die Allgemeinbevölkerung Gültigkeit beansprucht. In einer Reihe anderer Hypothesen findet sich jedoch eine solche Einschränkung nicht. Das bedeutet, dass diese für alle Personen gelten sollen, die der deutschen Rechtssprechung unterworfen sind. Für den Fall, dass solche Zusammenhänge auch zeitunabhängig formuliert werden, handelt es sich um sogenannte Allaussagen.
- Die Begriffe einer Hypothese müssen operationalisierbar sein, es müssen sich Regeln finden lassen, um festzustellen, ob und in welchem Ausmaß die bezeichneten Sachverhalte in der Wirklichkeit vorliegen (vergleiche dazu Abschnitt 3.5). Man muss beispielsweise prinzipiell empirisch feststellen können, wie hoch die Bedeutung eines angegriffenen Gutes von den Menschen bewertet wird, und ob von ihnen das geschilderte Verhalten als gerechtfertigt angesehen wird oder nicht.
- Schließlich gilt die Forderung, dass die in den Hypothesen enthaltenen Aussagen falsifizierbar sein müssen. Diese Prämisse kann zum Beispiel bei H1 ebenfalls relativ einfach erfüllt werden. Schließlich könnte man nach bedeutenden Gütern suchen, deren Verteidigung mithilfe von Notwehr als nicht gerechtfertigt angesehen wird. In einem solchen Fall wäre die Hypothese widerlegt. Um dieser Forderung zu genügen, muss es

sich bei den in den Hypothesen angesprochenen Sachverhalten um reale, in der Wirklichkeit existierende handeln.

- Nicht zuletzt sollen bei der Formulierung von Hypothesen auch Vorstellungen darüber einfließen, in welchem theoretischen Zusammenhang die jeweilige Erscheinung untersucht werden soll. In Hypothesen fließt damit sowohl unbestätigtes Wissen in Form eines vermuteten Zusammenhangs als auch bestätigtes, theoretisches Wissen ein. Geht man davon aus, dass zwischen beiden Wissensformen Widerspruchfreiheit bestehen soll, so kann man schlussfolgern, dass die Hypothesenüberprüfung bereits mit deren Bildung beginnt. Die Forderung nach Widerspruchsfreiheit bei der Formulierung der Hypothese stellt zugleich die erste bei der Überprüfung von einer Hypothese zu meisternde Hürde dar.
- Damit ist auch angesprochen, dass Hypothesen ein bestimmtes Maß an Allgemeingültigkeit besitzen müssen. Es wäre also für eine Hypothese unzureichend, würde man formulieren: Der Befragte Herr X sieht die Einschränkungen des Notwehrrechts bei einer Notwehrprovokation als gerechtfertigt an.
- Auf eine Gefahr bei der Hypothesenerstellung soll verwiesen werden. So reicht es nicht aus, dass eine Hypothese die Form hat, dass (vermutlich) das Phänomen W eintritt, wenn U vorliegt, sondern es muss auch gesagt werden, dass ein bestimmter theoretischer Hintergrund existiert, der genau diese Annahme stützt. Bei der Ausarbeitung einer Hypothese muss also stets auch der theoretische Zusammenhang benannt werden, der zur Klärung des Problems herangezogen werden soll. Beispielsweise hat sich gezeigt, dass sich konkrete Verhaltensabsichten aufgrund von Normen, Werten und Kontrollüberzeugungen erklären lassen. Nun könnte man vermuten, dass sich eine Theorie, die sich bereits bei der Erklärung verschiedener anderer Verhaltensabsichten bewährt hat, nun auch dazu eignet, Verhaltensabsichten in Zusammenhang mit Notwehr zu erklären. Später (vergleiche Abschnitt 3.6) wird noch zu zeigen sein, wie ein solches theoretisches Modell konkret aussehen könnte. Für den Fall, dass in den Aussagen keine Beziehung zwischen einer Theorie und den Hypothesen besteht, wird von Empirismus gesprochen.

Nicht geeignet, um in wissenschaftliche Hypothesen aufgenommen zu werden, sind die sogenannten Es-Gibt-Sätze. Würde ein Satz etwa lauten: „Es gibt Auffassungen zur Notwehrhilfe, die nicht vom Grad der Hilfsbedürftigkeit des Opfers beeinflusst werden.“ so ließe sich dieser nicht falsifizieren. Wollte man einen entsprechenden Versuch starten, so müsste man alle Menschen daraufhin untersuchen, ob es nicht zumindest einen gibt, für den diese Aussage nicht zutrifft. Auch die Prämisse, nach der Hypothesen einen allgemeingültigen Charakter besitzen müssen, ist bei einer solchen Aussage verletzt, denn schließlich wird lediglich die eine bestimmte Existenz behauptet.

Auch die sogenannten Kann-Sätze sind für Hypothesen untauglich. Sie sind letztlich tautologisch und damit ebenfalls nicht falsifizierbar. Würde man sagen: „Eine gewaltsame Verteidigung eines immateriellen Rechtsgutes wie der Ehre kann in der Bevölkerung nicht als gerechtfertigt angesehen werden.“ so bedeutete dies, dass sowohl die Rechtfertigung als auch die Ablehnung dieser Behauptung eine Bestätigung dieser Behauptung darstellen. Dies ist unzulässig.

Es lassen sich nun verschiedene Arten von Hypothesen unterscheiden. Bei der oben gezeigten Notwehrrechtfertigungs-Hypothese (zum Beispiel H2) handelt es sich um eine sogenannte Je-Desto-Hypothese. Hypothesen, die bereits eine empirische Überprüfung erfahren haben, können von solchen unterschieden werden, für die dies noch nicht zutrifft. Auch stellt die Bezugsebene ein Kriterium für die Unterscheidung von Hypothesen dar. Zunächst sollen jedoch die Wenn-Dann-Hypothesen vorgestellt werden.

3.4.1 Wenn-Dann-Hypothesen

Eine Wenn-Dann-Hypothese setzt voraus, dass beide in der Hypothese enthaltenen Variablen dichotom ausgeprägt sind. In den Sozialwissenschaften handelt es sich in solchen Fällen beispielsweise um Rentner und um Nichtrentner, um Autofahrer und um Nichtautofahrer, um Männer und um Frauen, um Personen, die allein leben oder um solche, die mit einem Partner leben, um Menschen aus Ost- oder aus Westdeutschland und so weiter. Dies würde für H2 bedeuten, dass es nur Zustimmung oder Ablehnung für eine bestimmte Handlung gibt. Auch wären nur die Zustände „bedeutendes Gut“ und „unbedeutendes Gut“ erlaubt. Letzteres Kriterium ist bei H2 jedoch nicht erfüllt. Es handelt sich damit also nicht um eine Wenn-Dann-Hypothese.

Bei H9 dagegen liegt eine Wenn-Dann-Hypothese vor. Wenn es um die gewaltsame Verteidigung der Ehre geht, so wird ein solches Verhalten missbilligt. Wie bereits angesprochen können diese Hypothesen wiederum unterteilt werden a) in solche, bei denen das abhängige Merkmal nur eintritt, wenn das in der Hypothese genannte unabhängige Merkmal vorhanden ist. Es kann aber b) auch sein, dass das abhängige Merkmal auftritt, ohne dass das in der Hypothese enthaltene unabhängige Merkmal zu registrieren ist. In unserem Beispiel haben wir es mit dem Typ b) zu tun, denn eine Notwehr-Handlung kann vermutlich auch aus anderen Gründen für nicht gerechtfertigt angesehen werden. Dies kann beispielsweise dann der Fall sein, wenn der Angreifer ein kleines Kind oder eine betrunkene Person ist.

Bei diesem Typ b) wird lediglich eine Aussage darüber getroffen, was passiert, wenn die Ehre mit gewaltsamen Mitteln verteidigt wird. Darüber, was allerdings passiert wenn ein bedeutendes Gut (etwa das Leben oder die Gesundheit einer Person) mit gewaltsamen Mitteln verteidigt wird, wird nichts ausgesagt.

Dies ist bei Typ a) anders. Hier ist das unabhängige Merkmal zugleich notwendig und hinreichend. Das heißt, nur wenn das eine Merkmal auftritt, tritt auch das andere auf. Oder mit anderen Worten: Für die Rechtfertigung von Notwehr spielt ausschließlich die Bedeutung des angegriffenen Gutes eine Rolle, sonst jedoch nichts.

Setzt man anstelle konkreter Ereignisse wieder die Buchstaben U und W ein, so kann man sich diese beiden Typen von Wenn-Dann-Hypothesen gut mithilfe einer Vier-Felder-Tafel verdeutlichen. Wir haben es jeweils mit dem Vorliegen eines Merkmals, zum Beispiel U zu tun oder es tritt der Fall ein, das U nicht vorliegt, symbolisiert durch ~U. Das Gleiche gilt auch für W. Dies geschieht in Abbildung 3.4.2.

Abbildung 3.4.2: Darstellung der Wenn-Dann-Hypothesen sowie von Konfirmatoren (K) und Falsifikatoren (F) in einer Kreuztabelle (vergleiche Diekmann 2004:109)

Wenn	U	~ U
dann W	K I	K II
~ W	F III	K IV

Deterministische Implikation

	U	~ U
dann W	K I	F II
~ W	F III	K IV

Deterministische Äquivalenz

In den vier (I bis IV) Zellen der beiden Kreuztabellen wird jeweils angegeben, ob dies für das Zutreffen der Hypothese spricht, wir es also mit Konfirmatoren (K) zu tun haben, oder ob dies gegen die in der Annahne enthaltene Behauptung spricht, es sich also um einen Falsifikator handelt (F). So ist bei einer deterministischen Implikation lediglich ein Falsifikator im dritten Quadranten vorhanden, falls U auftritt, jedoch W ausbleibt. Unsere Hypothese H9 wäre also nur dann widerlegt, falls es sich um die gewaltsame Verteidigung der Ehre handelte (U liegt vor) und dies als gerechtfertigt angesehen würde. Über andere Determinanten für das Nichtrechtfertigen von Notwehr (~U) wurde schließlich in H9 keine Annahme formuliert. Anders sieht es aus, wenn eine deterministische Äquivalenz vorliegt. Würde eine Hypothese lauten, nur im Falle einer gewaltsamen Verteidigung der Ehre wird Notwehr als nicht gerechtfertigt angesehen, wäre dies zutreffend. Hier erhöht sich dann die Anzahl der Falsifikatoren. So würde auch die Konstellation ~U und W die in der Hypothese enthaltene Behauptung widerlegen.

3.4.2 Je-Desto-Hypothesen

Neben den Wenn-Dann-Hypothesen wird in den Sozialwissenschaften auch relativ häufig mit Je-Desto-Hypothesen gearbeitet. In Je-Desto-Hypothesen sind Sachverhalte beziehungsweise Variablen enthalten, deren Kategorien (mindestens) als Rangfolgen interpretierbar sind, also ein ordinales Skalenniveau (vergleiche Abschnitt 4.3) aufweisen. Als Beispiel für eine solche Je-Desto-Hypothese kann H11 gelten. Diese wird hier leicht umformuliert, um deren Je-Desto-Charakter besser zu zeigen:

H11: Je hilfsbedürftiger ein Opfer ist, desto stärker wird Notwehrhilfe als gerechtfertigt angesehen.

Dabei ist es unerheblich, ob der behauptete Zusammenhang positiv oder negativ ist. So wäre es auch denkbar die Hypothese aufzustellen: Je weniger ein Opfer dazu in der Lage ist, sich gegen einen Angriff selbst zu verteidigen, desto stärker wird Notwehrhilfe als gerechtfertigt angesehen.

3.4.3 Deterministische (oder nomologische) und probabilistische Hypothesen

Nomologische oder deterministische Gesetze beziehungsweise Hypothesen besitzen per Definition (df.) eine Geltung beziehungsweise einen Geltungsanspruch, der unabhängig von Raum und Zeit ist, das heißt, sie gelten überall auf der Welt und auch zu allen Zeiten. Wie bereits angedeutet, spricht man in diesem Zusammenhang auch von Allaussagen. Selbstverständlich stellt die Ausarbeitung solcher Aussagen eine besonders anspruchsvolle Aufgabe dar. Das Aufdecken von Allaussagen ist ein von jeder empirischen Wissenschaft anzustrebendes Ziel. In den Sozialwissenschaften ist, vergleicht man sie mit den Naturwissenschaften, dieses Ziel jedoch noch in einer gewissen Ferne (vergleiche auch Abschnitt 3.6). Zwei Lösungsvarianten bieten sich zwischenzeitlich an:

1. Man sucht stattdessen nach Aussagen mittlerer Reichweite. Solche Aussagen gelten nicht überall auf der Welt, sondern zum Beispiel nur für entwickelte westliche Industriegesellschaften. Damit wird der Informationsgehalt der Hypothesen verringert und zugleich die Menge der Falsifikatoren eingeschränkt. Ähnlich wurde bei den Hypothesen H5 und H8 vorgegangen. Hier wird davon ausgegangen, dass sich der vermutete Zusammenhang lediglich bei einem bestimmten Personenkreis nachweisen lässt. Dies waren bei H5 Männer, vor allem jungen Alters und aus unteren Bevölkerungsschichten. Bei H8 wird vermutet, dass, falls das Notwehrrecht einer misshandelten Frau beschränkt würde, sich gerade Frauen und jüngere Menschen eher gegen solche Beschränkungen entscheiden würden.
2. Man sucht mithilfe entsprechender Hypothesen nach statistischen Gesetzen. Danach würde man vermuten, dass lediglich mit einer bestimmten Wahrscheinlichkeit eine Aussage getroffen werden kann. Ein Beispiel bietet die für diesen Zweck umformulierte H12: „Je höher der Bildungsstand einer Person, desto eher entspricht deren Haltung jener, die auch von der Rechtsprechung vertreten wird.“ Hier geht die Vermutung dahin, dass nicht alle Personen, die über eine hohe Bildung verfügen, bei einer Befragung zugleich auch ein rechtskonformes Votum abgeben. Es wird jedoch angenommen, dass die Wahrscheinlichkeit für eine solche Entscheidung mit der Höhe der Bildung zunimmt. Anders ausgedrückt: Die Anzahl rechtskonformer Urteile fällt bei 100 Personen mit hoher Bildung höher aus als bei der gleichen Anzahl von Personen mit niedriger Bildung. Bereits bei einem Verhältnis von 51 zu 49 wäre die genannte Hypothese aufrecht zu erhalten.

An dieser Stelle mag dahin gestellt bleiben, ob solche probabilistischen Aussagen stets einen Verweis auf (noch) ungenügendes Wissen über die Wirklichkeit darstellen. Wenn man einmal alle Determinanten des zu erklärenden Sachverhalts kennte, so gelänge es dann auch, diesen mithilfe von Allaussagen zu beschreiben. Oder ob nicht die soziale Wirklichkeit – im Unterschied beispielsweise zur Technik – so beschaffen ist, dass sie sich stets auf die beschriebene Weise gestaltet und es gar keinen Sinn macht, nach „vollständigen“ Erklärungen zu suchen. Teilweise führt diese Einsicht sogar zu Enttäuschungen (vergleiche zu dieser Diskussion zum Beispiel Halfmann 2001:78ff.).

3.4.4 Individual-, Kollektiv- und Kontexthypothesen

Ein weiteres Kriterium, nach welchem Hypothesen unterschieden werden können, stellt deren Bezugsebene dar. Wie bereits dargestellt beinhalten Hypothesen Aussagen über einen Zusammenhang zwischen (mindestens) zwei Variablen. Für die Unterscheidung kommt es an dieser Stelle darauf an, von welcher Art diese Merkmale sind. So lassen sich Individual-, Kollektiv- und Kontexthypothesen unterscheiden. Um *Individualhypothesen* handelt es sich nun, wenn die abhängige und die unabhängigen Variable beide jeweils Individualmerkmale sind. So stellt beispielsweise die Hypothese, dass es einen Zusammenhang zwischen der Ausbildungsdauer und der Höhe des Einkommens gibt, eine solche Individualhypothese dar. Beide Bestandteile der Hypothese – die Dauer der Ausbildung und die Höhe des Einkommens – betreffen die Merkmale eines Individuums.

Von *Kollektivhypothesen* wird gesprochen, wenn die abhängige und die unabhängige Variable Kollektivmerkmale sind. Beispielsweise könnte man Marx' bekannte philosophische These, das gesellschaftliche Sein bestimme das Bewusstsein als eine solche Kollektivhypothese bezeichnen. „Es ist nicht das Bewusstsein der Menschen, das ihr Sein, sondern umgekehrt ihr gesellschaftliches Sein, das ihr Bewusstsein bestimmt" (Marx 1971:9). Es geht bei Marx ganz offenbar nicht darum, Aussagen zu einzelnen Individuen zu treffen, sondern er versteht sowohl Sein als auch Bewusstsein als Merkmale, die Kollektiven zugeschrieben werden können. Ein anderes Beispiel wäre die bereits bekannte Hypothese aus dem Notwehr-Projekt: (H1) Die scharfkantigen Ansichten der Rechtsprechung und der Literatur zur Reichweite des Notwehrrechtes finden in der Allgemeinbevölkerung keinen Widerhall.

Wichtig ist jeweils zu beachten, dass Rückschlüsse von der Kollektivebene auf die Individualebene nicht zwingend logisch sind. Somit lässt sich Marx' These nicht dadurch widerlegen, dass man einzelne Personen findet, deren individuelles Sein nicht von deren gesellschaftlichen Sein geprägt wird.

Für den Fall, dass die abhängige Variable ein Individualmerkmal ist und es sich bei der unabhängigen Variable um ein Kollektivmerkmal handelt, spricht man von einer *Kontexthypothese*. Solche Kontexthypothesen besitzen in der Soziologie eine besondere Bedeutung. So ist beispielsweise eine Vermutung zum Einfluss der sozialen Struktur auf die Bedingungen individuellen Handelns eine solche Hypothese. Aber auch zahlreiche der oben genannten Hypothesen sind solche Kontexthypothesen.

3.4.5 Unterscheidung von Hypothesen nach deren Bearbeitungsstand

Hypothesen stellen Behauptungen über Zusammenhänge auf, wobei der Wahrheitsgehalt solcher Behauptungen noch nicht (vollständig) abgeklärt ist. Da es in der Regel nicht ausreichend ist, eine einmalige empirische Konfrontation der Hypothese mit der Wirklichkeit vorzunehmen (vergleiche Abschnitt 3.6), wird eine Hypothese über einen längeren Zeitraum hinweg einen solchen Überprüfungsprozess zu durchlaufen haben, bevor sie in den Rang eines Gesetzes aufgenommen werden kann. Patzelt (1986:180ff.) schlägt vor, Hypothesen danach zu unterscheiden, wie weit eine solche Prüfung bereits fortgeschritten ist. Die folgende Einteilung wird dazu angenommen:

Erstens: Hypothesen, welche noch keine empirische Überprüfung erfahren haben, sollen *Vermutungen* genannt werden. Sie stehen zu Beginn des wissenschaftlichen Arbeitsprozesses. Zweites: Es existieren schwer prüfbare oder (noch) unprüfbare Hypothesen. Diese stellen eine besondere Herausforderung für die Wissenschaft und die Kreativität der Wissenschaftler dar und treiben so den Erkenntnisprozess voran. Drittens: Hypothesen, die bereits einer Überprüfung unterzogen worden sind, sollen *Prüfhypothesen* genannt werden. Viertens existieren Hypothesen, die bereits einer empirischen Überprüfung unterzogen worden sind. Diese Prüfung kann wiederum zu unterschiedlichen Ergebnissen geführt haben. Danach sind bestätigte Hypothesen von solchen zu unterscheiden, die widerlegt worden sind. Nicht selten ist die Befundlage jedoch nicht so eindeutig, dass diese klare Unterscheidung vorgenommen werden kann. Für diesen Fall werden dann die Hypothesen unterschieden in solche, die a) zwingend widerlegt beziehungsweise zwingend bestätigt, b) gut widerlegt beziehungsweise gut bestätigt, c) ausreichend widerlegt beziehungsweise bestätigt und d) möglicherweise widerlegt beziehungsweise bestätigt wurden.

3.5 Operationalisierung

Zunächst ging es darum, mithilfe eindeutiger Begriffe das zu bearbeitende Problem zu benennen. Im nächsten Schritt wurden Hypothesen abgeleitet, in denen theoretisches Wissen sowie eine noch unbestätigte Vermutung in Bezug auf die Problemlösung enthalten waren. Nun besteht die nächste Aufgabe darin, an der Realität den Wahrheitsgehalt der Hypothesen zu überprüfen. Um dies bewerkstelligen zu können, müssen die in der Hypothese enthaltenen Sachverhalte nun zunächst messbar gemacht werden. Es ist beispielsweise im Rahmen des Notwehrprojekts zu ermitteln, ob beziehungsweise inwieweit ein bestimmtes Verhalten von den Menschen als gerechtfertigt angesehen wird oder nicht, für wie bedeutsam ein angegriffenes Gut erachtet wird und so weiter. Mit diesem Anliegen befasst sich die Operationalisierung (vergleiche Bridgman 1927). Das Ziel der Operationalisierung besteht also in der Messbarmachung beziehungsweise in der Schaffung der Voraussetzungen für die empirische Erhebung komplexer und / oder latenter Sachverhalte.

Ein wichtiges methodologisches Prinzip des Kritischen Rationalismus besagt, alle Aussagen einer empirischen Wissenschaft müssen – sofern sie unzutreffend sind – prinzipiell an der Erfahrung scheitern können (Popper 1971:15). Daraus lassen sich für die in den Hypothesen enthaltenen Aussagen drei Schlussfolgerungen ableiten:

- Die hier behaupteten Zusammenhänge müssen einen empirischen Bezug besitzen. Das heißt, die entsprechenden Designata müssen prinzipiell wahrnehmbar beziehungsweise beobachtbar sein. Begriffe, für die dies nicht zutrifft, etwa „jenes höhere Wesen, das wir verehren”, wären damit unbrauchbar. Dagegen kann davon ausgegangen werden, dass die „Rechtfertigung einer Verhaltensweise“ und die „Bedeutung eines zu schützenden Gutes“ einen solchen empirischen Bezug besitzen.
- Die verwendeten Begriffe müssen präzise sein, das heißt, es muss eindeutig feststehen, welche Sachverhalte sie bezeichnen. Dazu werden die entsprechenden Definitionen (vergleiche Abschnitt 3.3) eingeführt.
- Die Begriffe müssen operationalisierbar sein. Es muss also prinzipiell möglich sein, mithilfe entsprechender Operationen die von den Begriffen bezeichneten Designata

empirisch zu erheben. Operationalisierung bedeutet damit, Operationen oder Handlungen anzugeben, die geeignet sind, einen Sachverhalt empirisch abzubilden. Bei einer Hypothese, die lautet: Wenn Petrus im Himmel kegelt, dann donnert es auf der Erde (die für Hypothesen geforderte Struktur U → W ist immerhin gegeben), müsste nach Möglichkeiten gesucht werden, um festzustellen: a) ob im Himmel gerade gekegelt wird und zwar von Petrus oder nicht und b) ob es auf der Erde donnert oder nicht. Letzteres dürfte möglich sein, während sich die erste Forderung mit den derzeit zur Verfügung stehenden Instrumenten nicht einlösen lässt. Damit erfüllt diese Hypothese nicht die Anforderungen.

Um eine sozialwissenschaftliche Hypothese zu bearbeiten, müssen die in der Hypothese benutzten Begriffe operational definiert werden. Dies kann geschehen, indem für einen Begriff – beispielsweise Geschlecht – Indikatoren beziehungsweise Beobachtungsoperationen angegeben werden. So könnte Geschlecht im Rahmen einer postalischen Befragung operationalisiert werden durch die Anweisung: „Bitte kreuzen Sie an der entsprechenden Stelle an, ob Sie männlich oder weiblich sind!“

Auf diese Weise wird für den Sozialwissenschaftler klar, ob beziehungsweise in welchem Maße der mit dem Begriff gemeinte Tatbestand in der Realität vorliegt oder nicht. Folgende Darstellung zeigt, wie Objekte eines Begriffs durch Forschungsoperationen festgelegt werden (vergleiche Abbildung 3.5.1).

Abbildung 3.5.1: Theoretische Sprache, Beobachtungssprache und Korrespondenzregeln, vergleiche Schnell/Hill/Esser (2005:74)

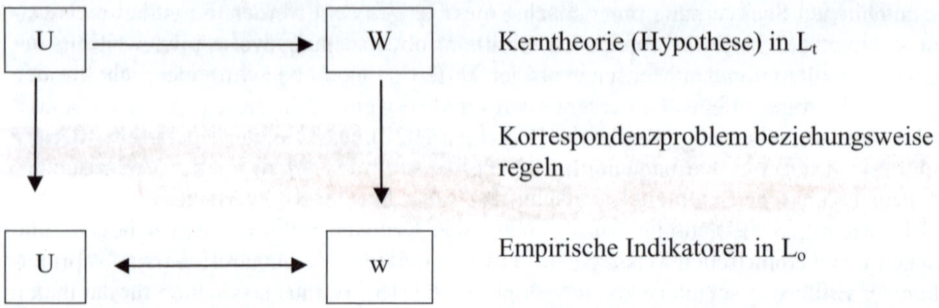

L_t: Theoretische Sprache
L_o: Beobachtungssprache
U und W: Ursache und Wirkung

Die Abbildung 3.5.1 ist so zu interpretieren: Zwischen den Sachverhalten, die mit den Großbuchstaben U und W bezeichnet werden, besteht in der Realität eine Ursache-Wirkungs-Beziehung, gezeigt durch die Symbolik U → W. Das bedeutet, dass immer dann, wenn U vorliegt W eintritt. Beide Sachverhalte (U und W) müssen im Rahmen einer sozialwissenschaftlichen Untersuchung operationalisiert werden, das heißt es sind Regeln zu finden, die angeben, wie die jeweils behaupteten Sachverhalte empirisch gemessen werden können. Dies leisten die Korrespondenzregeln. Das Ergebnis ist die Entwicklung der mit kleinen Buchstaben bezeichneten Indikatoren u und w. Sie ermöglichen nun eine empirische Beobachtung der Sachverhalte. Aufgrund dieser empirischen Beobachtung wird festgestellt, dass zwischen u und w ein Zusammenhang besteht. Es zeigt sich also, dass immer dann, wenn eine der beiden Größen auftritt, sich auch die jeweils andere Größe empirisch nachweisen lässt. Weiterhin ist aus der Abbildung zu entnehmen, dass im Rahmen der Operationalisierung das Korrespondenzproblem gelöst werden muss. Dieses geschieht durch eine ganze Reihe an Schritten. So muss der Sachverhalt erstens definiert und in Dimensionen zerlegt werden. Es ist zweitens eine Entscheidung über die einzusetzende Erhebungsmethode (ob beispielsweise eine Inhaltsanalyse, eine Internet-Befragung oder eine teilnehmende Beobachtung infrage kommen) zu treffen. Drittens ist schließlich zu klären, wie die einzelnen erhobenen Dimensionen am Ende wieder zusammengefasst werden.

Nehmen wir an, U sei das Geschlecht und es besteht die Vermutung, dass bei Vorliegen eines bestimmten Geschlechts eine Aussage über den Sachverhalt W getroffen werden kann. Eine solche Vermutung enthielt H8. Danach wurde angenommen, dass, wenn das Notwehrrecht einer misshandelten Frau beschränkt wird, sich Frauen eher gegen solche Beschränkungen entscheiden.

Die Korrespondenzregel würde nun besagen, dass, wenn man einer Person beispielsweise im Rahmen einer postalischen Befragung die Anweisung (u, oder den empirische Indikator) vorlegt: „Bitte kreuzen Sie an, ob Sie männlich oder weiblich sind!“, diese Person tatsächlich angibt, welches das für sie zutreffende Geschlecht (U) ist. Entsprechend müsste man nun bei W beziehungsweise bei w vorgehen.

Wie bereits angedeutet, wird in der Empirischen Sozialforschung mit Korrespondenzregeln gearbeitet. Wie später noch (vergleiche Abschnitt 6.1.2) zu zeigen sein wird, können diese Regeln aber nicht 100-prozentig garantieren, dass ein bestimmter empirischer Indikator (zum Beispiel die Fragebogenfrage nach dem Geschlecht u) tatsächlich den interessierenden Sachverhalt (zum Beispiel das Geschlecht einer Person U) widerspiegelt. Bei komplexen Sachverhalten gestaltet sich dieses Problem entsprechend schwieriger, als bei der Frage nach dem Geschlecht.

Die Operationalisierung soll zunächst am Beispiel des Sachverhalts „Wohlfahrt“ gezeigt werden. Bei Wohlfahrt handelt es sich um eine zentrale Kategorie der Sozialberichterstattung. Diese hat sich zum Ziel gemacht, mithilfe empirischer Analysen Auskunft über den Verlauf der Wohlfahrtsentwicklung in einem Land zu gewinnen. Es leuchtet sehr schnell ein, dass es nicht ohne weiteres möglich ist, Personen nach dem Grad der von ihnen erlangten Wohlfahrt zu fragen. Vielmehr ist der komplexe Ausdruck Wohlfahrt schrittweise zu operationalisieren. Dem Datenreport 2002 folgend (Seite 425ff.) zeigt dieses zusammengefasst die Abbildung 3.5.2.

In einem ersten Schritt werden hier vier Dimensionen von Wohlfahrt unterschieden: eine eher verstandesmäßig bilanzierende Dimension, die durch den Begriff Zufriedenheit mit dem eigenen Leben bezeichnet wird, eine stark emotional geprägte, die mit dem Ausdruck Lebensglück benannt wird, eine die mentalen Belastungen beinhaltende, hier mit Besorgnis bezeichnete Dimension sowie eine Anomie-Dimension, welche mögliche Zukunftsängste der Menschen umfasst. Auf dem Weg von der abstrakten Kategorie (Wohlfahrt) hin zu beobachtbaren Indikatoren sind damit zunächst Facetten benannt und definiert worden, durch die der gesuchte Begriff näher beschrieben werden kann. Nun lassen sich beispielsweise zur Dimension Lebensglück bereits Fragebogenfragen formulieren, etwa: „Ist ihr eigenes Leben im Augenblick sehr unglücklich, ziemlich unglücklich, ziemlich glücklich oder sehr glücklich?“ (Datenreport 2002:435).

Es wird also vorausgesetzt, dass Personen im Rahmen einer Befragung dazu in der Lage sind, über diese Sachverhalte Auskunft zu geben. Weiter wird angenommen, dass die dabei gewonnenen Antworten eine Indikatorfunktion besitzen. Sie vermögen auf bestimmte Befindlichkeiten der Befragten hinzudeuten, für die sich der Sozialforscher interessiert.

Abbildung 3.5.2 Schritte der Operationalisierung von Wohlfahrt

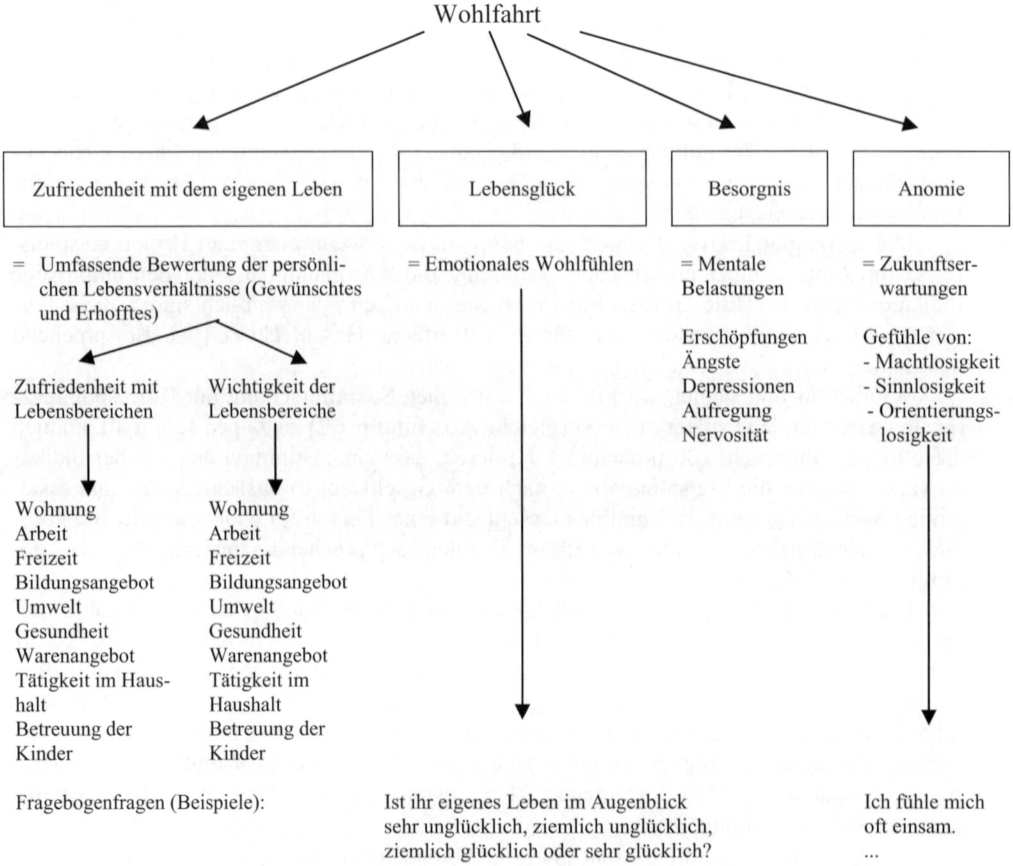

Bei anderen Dimensionen dieses Modells muss die Operationalisierung noch weiter fortgesetzt werden. Bei der Anomie Dimension werden dazu drei Unterdimensionen unterschieden, die Gefühle: von erstens Machtlosigkeit, von zweites Sinnlosigkeit und drittens von Orientierungslosigkeit. Ein entsprechender von den Befragten zu beantwortender Indikator lautet dann: „Ich fühle mich oft einsam." Die allgemeine Zufriedenheitsdimension wurde schließlich in zwei weitere Subdimensionen aufgeteilt. Diese betreffen a) die subjektive Zufriedenheit und b) die Wichtigkeit, die konkreten Bereichen beigemessen wird. Der Gedanke ist, dass sich durchaus ein Unterschied für das Niveau der Wohlfahrt ergibt, wenn man mit einem als wichtig oder mit einem als unwichtig bewerteten Bereich besonders (un)zufrieden ist. Auch hier lassen sich nun relativ einfach die entsprechenden Indikatoren für eine empirische Erhebung finden.

Die prinzipielle Überlegung ist also, dass es nicht sinnvoll und wohl auch nicht möglich wäre, einen solch komplexen und zugleich unscharfen Sachverhalt wie Wohlfahrt direkt zu erfragen. Vermutlich wäre das Verständnis der interviewten Personen über diesen Ausdruck recht diffus und damit deren Antworten nur wenig vergleichbar und diese dann unbrauchbar. Hat man es dagegen mit einfacheren Sachverhalten zu tun, bei denen man davon ausgehen kann, dass sie von allen Personen gleich verstanden werden, so ist eine solche Operationalisierung nicht erforderlich. Vermutlich bereitet es einer Person keine Schwierigkeiten, Auskunft über ihr Geburtsjahr zu geben. So kann man es sich an dieser Stelle ersparen, beispielsweise nach der Haarfülle und Haarfarbe, nach der Stimme, nach Geh- und Sehhilfen, der Vollständigkeit des Gebisses sowie nach ähnlichen Dingen zu fragen. Hier bietet die Angabe des Geburtsjahres in der Regel bereits eine ausreichend zuverlässige Information.

Später (vergleiche Abschnitt 9) wird dann zu zeigen sein, wie die so gewonnenen einzelnen Informationen wieder zusammengeführt werden können. Schließlich geht es ja darum, mithilfe einer Anzahl von Teilinformationen auf den eigentlich interessierenden Sachverhalt, hier die Wohlfahrt, zu schließen. Die Frage etwa nach der gefühlten Einsamkeit ist dafür lediglich ein Hilfsmittel.

Der Operationalisierungsprozess soll auch noch an einem zweiten Beispiel dargestellt werden. Im Rahmen des Notwehrprojekts ging es darum, inwieweit von der Bevölkerung den Grundsätzen der Rechtsprechung gefolgt wird (vergleiche zum Beispiel die Hypothesen H1 und H2). Das Design der Untersuchung geht davon aus, dass den zu befragenden Personen verschiedene Fälle zur Bewertung vorgelegt werden. Das Verhalten einer angegriffenen Person soll von den Befragten dann als gerechtfertigt oder als nicht gerechtfertigt bewertet werden. Die einzelnen Fälle sind nun so zusammengestellt, dass drei Aspekte systematisch variieren: erstens das angegriffene Gut, zweitens der Grad der Überlegenheit des Angreifers und drittens das bei der Verteidigung beschädigte Gut. Hier handelt es sich ebenfalls um den ersten Schritt der Operationalisierung. Dabei ist zugleich auch fixiert, dass weitere Sachverhalte wie zum Beispiel das Geschlecht des Angreifers, dessen Herkunftsland, eine mögliche Alkoholisierung und so weiter, nicht Gegenstand der Betrachtung sind.

Im Folgenden ist nun festgelegt worden, um welche angegriffenen Güter es sich handeln soll. Dabei geht es um (1.1) immaterielle Güter wie die Ehre, (1.2) materielle Güter wie das Eigentum und (1.3) um das Leben und um die Gesundheit. Die Überlegenheit des Angreifers wurde danach unterschieden, ob (2.1) eine solche zu erkennen ist oder, (2.2) ob eine Überlegenheit offensichtlich nicht vorliegt. Schließlich ist auch das bei der Verteidigung beschädigte Gut weiter spezifiziert. Hier geht es um (3.1) eine leichte Verletzung, (3.2) um eine schwere Verletzung und schließlich (3.3) um eine tödliche Verletzung des Angreifers. Nun sollen die Befragten bestimmte Fälle bewerten. Dazu wurden diese zuvor auf einer weiteren Stufe der Operationalisierung entsprechend ausformuliert. Insgesamt werden dafür (3 x 2 x 3 =) 18 Fälle benötigt.

Ein Fall, bei dem es sich um einen Angriff auf die Gesundheit handelt, bei dem der Angreifer tödlich verletzt wird und bei dem der Angreifer zunächst überlegen ist, lautet zum Beispiel: „Ein 18-jähriger Berufsschüler wird seit längerem von einem Mitschüler gewalttätig schikaniert und gehänselt. Eines Tages wird er wieder brutal angegriffen. Diesmal zieht er jedoch zu seiner Verteidigung ein Messer und verletzt seinen Peiniger tödlich. Ist es Ihrer Meinung nach gerechtfertigt, dass der Berufsschüler seinen Peiniger tödlich verletzt oder nicht?“

Versehen mit einem entsprechenden Fragetext ist nun der komplexe Sachverhalt Bewertung von Notwehrfällen empirisch erhebbar. Dazu ist eine Reihe an Arbeitsschritten erforderlich gewesen. Die Operationalisierung kann als abgeschlossen betrachtet werden, wenn für alle in den Hypothesen enthaltenen Begriffe empirisch beobachtbare Indikatoren abgeleitet sind.

3.6 Theorien und Gesetze

Nachdem ein Problem benannt wurde und nachdem Verständigung über die Begrifflichkeit erzielt wurde, in der es beschrieben werden kann, ging es um die Erstellung von Hypothesen, die eine wichtige Funktion bei und einen ersten Schritt zur Lösung des Problems darstellten. Dabei wurde betont, dass sich Hypothesen vor allem dadurch auszeichnen, dass sie – neben gesicherten Erkenntnissen – noch unbestätigte Vermutungen über Zusammenhänge enthalten. Um diese Vermutungen zu verifizieren, besteht ein Bedarf an geeigneten Instrumenten. Mit dieser Zielsetzung erfolgte in einem weiteren Schritt die Operationalisierung der komplexen und / oder latenten Sachverhalte, das heißt die Messbarmachung der zunächst nicht direkt beobachtbaren Phänomene. Nach der sich daran anschließenden Konfrontation der Hypothesen mit der Wirklichkeit vermittels empirischer Instrumente, geht es nun darum, die gewonnenen Befunde zu Theorien und zu Gesetzen zu verdichten. Damit wird in diesem Abschnitt darzustellen sein, wodurch sich Theorien und Gesetze auszeichnen, welche Strukturen sie aufweisen und wie sie eingeteilt werden können.

Zunächst besitzen Theorien, Gesetze und Hypothesen in ihrer Struktur bestimmte Gemeinsamkeiten: Sie behaupten Zusammenhänge zwischen mindestens zwei Sachverhalten und sie enthalten weiterhin logisch widerspruchsfreie Aussagen über Phänomene, die prinzipiell mit der Wirklichkeit konfrontiert werden können. Schließlich setzen sie eindeutige Definitionen der von ihnen benutzten Begriffe voraus.

Theorien und Gesetze weisen in diesem Sinne die gleiche Struktur wie Hypothesen auf: U → W. Es bestehen jedoch auch wesentliche Unterschiede zwischen diesen Formen des Wissens. So zeichnen sich Gesetze zusätzlich dadurch aus, dass sich die in ihnen enthaltenen Aussagen bereits häufig empirisch bewährt haben.

Von einer Theorie wird gesprochen, wenn ein ganzes System miteinander verknüpfter Aussagen, das mehrere Hypothesen und Gesetze umfasst, vorliegt. Eine Teilmenge dieser Aussagen bezieht sich auf empirisch prüfbare Zusammenhänge zwischen Variablen. Weiterhin wird oft nur dann von einer Theorie gesprochen, wenn aus diesen Gesetzen mindestens ein anderes Gesetz abgeleitet werden kann (vergleiche Opp 2005:38, Albert 1964:27).

Als Beispiele für solche Theorien können in den Sozialwissenschaften etwa die Lerntheorie, die Theorie rationaler Entscheidungen und die Sozialisationstheorie genannt werden. So behauptet die Lerntheorie, dass Verhaltensweisen, die belohnt werden, häufiger auftreten als solche, für die dies nicht zutrifft. Die Theorie rationaler Entscheidungen geht davon aus, dass dem Verhalten eine Kosten-Nutzen-Abwägung zugrunde liegt und dass jene Verhaltensweisen zu erwarten sind, die einen höheren Nutzen beziehungsweise geringere Kosten verursachen. Demgegenüber behauptet die Sozialisationstheorie, dass vor allem in den formativen Jahren bei den Menschen Verhaltensmuster angelegt werden und diese dann über ein Leben hinweg mehr oder weniger konstant bleiben.

Damit könnte man von einer Hierarchie ausgehen. Am unteren Ende dieser Hierarchie steht eine bloße Vermutung über einen Zusammenhang zwischen zwei Variablen. Diese Vermutung erfährt eine erste Überprüfung in der Hypothesenformulierung. Hier muss sie sich widerspruchsfrei neben bereits bestätigtem Wissen einordnen lassen. Nachdem im Folgenden dann eine Reihe von empirischen Tests die Haltbarkeit der Vermutung bestätigt beziehungsweise zu Modifikationen geführt hat, kann man von einem Gesetz sprechen. Der Begriff Theorie – das obere Ende unserer Hierarchie – wird dann benutzt, wenn eine ganze Reihe an ähnlichen Sachverhalten mithilfe einer Menge von Gesetzen beschrieben werden kann.

Es ist nun die Frage zu diskutieren, auf welche Weise eine Hypothese bestätigt und damit in ein Gesetz oder eine Theorie überführt werden kann. Um eine Vermutung (zum Beispiel wenn U, dann W) zu überprüfen, könnte man unterschiedliche Wege einschlagen. Denkbar wäre es, Fälle zu suchen, bei denen sich genau der in der Annahme enthaltene Zusammenhang herausgestellt hat. Man beobachtet etwa, dass die gewaltsame Verteidigung besonders hochgeschätzter Güter, wie etwa der eigenen Gesundheit, stärker als gerechtfertigt angesehen wird, als die gewaltsame Verteidigung für weiniger wichtig erachteter Güter, wie etwa der Ehre, und erklärt damit die entsprechende Hypothese für bestätigt. Eine solche Vorgehensweise wird von der qualitativ orientierten Forschung praktiziert und in der quantitativ arbeitenden Sozialwissenschaft jedoch in der Regel eher abgelehnt (vergleiche Abschnitt 3.8). Hier wird vielmehr so vorgegangen, dass zunächst eine Gegenhypothese formuliert wird, die eine Alternativannahme enthält. Nun wird empirisch überprüft, ob sich Fälle finden lassen, bei denen – wie in unserem Beispiel – die Verteidigung von weniger wichtig erachteten Gütern für gerechtfertigt gehalten wird. Solange dies nun nicht gelingt, behält man die ursprüngliche Annahme bei. Es wird also geschaut, ob sich die Alternativhypothese zurückweisen lässt. Dann besteht Grund zu der Annahme, dass die Ausgangshypothese beibehalten werden kann. Sollte sich die Ausgangsannahme jedoch als nicht haltbar erweisen, so müsste diese verworfen beziehungsweise modifiziert werden. Dieses Vorgehen wird auch als Falsifikationsprinzip bezeichnet. Diesem zufolge stellen Theorien keine systematische Ansammlung von wahrem Wissen dar, sondern sie zeichnen sich vielmehr durch die schrittweise Aussonderung von falschem Wissen aus.

Zum Verständnis der Problematik werden nun verschiedene Typen von Gesetzen und Theorien vorgestellt und diskutiert.

3.6.1 Theorien mit unterschiedlicher Reichweite

Nach König (1973:4) lassen sich Theorien nach dem jeweiligen Abstraktionsgrad ihrer Aussagen ordnen. Diesem Gedanken folgend werden zunächst (erstens) empirische Regelmäßigkeiten beobachtet, darauf aufbauend kommt es (zweitens) zur Entwicklung von Ad-hoc-Theorien. Solche werden (zunächst noch) ohne einen Bezug zu vorliegenden Theorien aufgestellt. Ein immer wieder bemühtes Beispiel wäre die Beobachtung, dass es einen Zusammenhang zwischen der Geburtenhäufigkeit in einer Region und der Anzahl an Störchen in diesem Gebiet gibt. Eine Ad-hoc-Theorie könnte nun eine entsprechende Abhängigkeit formulieren. In der dann darauf folgenden dritten Phase geht es darum, Theorien mittlerer Reichweite (Merton 1957) auszuarbeiten. Solche stellen Zusammenhänge zu anderen Theorien her. Vermutlich wäre hier bereits das Ende der Storchenhypothese zur Erklärung der Geburtenrate erreicht. Weiterhin geben Theorien mittlerer Reichweite die Bedingungen an, unter denen die behaupteten Zusammenhänge wirken. So beschränkte beispielsweise Inglehart (1977) seine Wertewandeltheorie ausdrücklich auf moderne industrialisierte Gesellschaften.

In seltenen Fällen gelingt es schließlich (viertens) auch noch, Theorien höherer Komplexität aufzustellen. Hier würde dann eine Relativierung, wie etwa die Einschränkung der Gültigkeit auf eine bestimmte zeitliche Periode, entfallen.

3.6.2 Nomologische und probabilistische Gesetze

Bei nomologischen oder deterministischen Gesetzen werden – ähnlich wie bereits zuvor bei nomologischen und deterministischen Hypothesen (vergleiche Abschnitt 3.4) – Aussagen getroffen, die immer und damit auch zeitlich uneingeschränkt, das heißt auch in Vergangenheit und Zukunft, zutreffen. Dies hat zunächst zur Folge, dass sie nie bestätigt werden können. Es ist lediglich möglich, sie zu falsifizieren beziehungsweise sie vorläufig zu bestätigten. Schließlich ist es nicht möglich, gesicherte Aussagen über zukünftige Prozesse zu treffen. Solche Allaussagen werden *D*eduktiv-*n*omologische Erklärungen genannt, oder kurz als D-N-Modelle bezeichnet.

Weiter bedeutet dies, dass die getroffenen Aussagen nicht nur zeitlich unbegrenzt, sondern auch für alle Elemente gelten. Der Satz: „Wenn einem angegriffenen Gut eine hohe Bedeutung beigemessen wird, dann wird auch dessen gewaltsamer Verteidigung zugestimmt", ist eine solche deterministische Aussage. Sie ist zunächst nicht räumlich oder zeitlich beschränkt. Damit beansprucht sie auch Gültigkeit in der Zukunft. Weiterhin erhebt sie Anspruch darauf, auf alle angegriffenen Güter, denen eine hohe Bedeutung beigemessen wird, anwendbar zu sein. Fände man nur einen Fall, bei dem eine solche Art der Verteidigung für nichtangemessen betrachtet wird, so wäre die Aussage widerlegt.

In den Sozialwissenschaften trifft man jedoch zumeist nicht-deterministische oder probabilistische Gesetze an. Solche Gesetze schränken erstens ihren Gültigkeitsbereich ein und gelten zweitens nur mit einer bestimmten Wahrscheinlichkeit. Hier bestehen weitere Analogien zu den oben bereits dargestellten Ausführungen über Hypothesen. In H12 wurde bekanntlich angenommen: Je höher der Bildungsstand einer Person, desto eher entspricht deren Haltung jener, die auch von der Rechtsprechung vertreten wird. Die Einschränkung geht hier dahin, dass die Aussage nicht für alle Personen mit höherer Bildung zutrifft. Nur mit einer bestimmten Wahrscheinlichkeit lässt sich eine Aussage darüber treffen, welche Haltung eine Person mit höherer Bildung haben wird.

3.6.3 Die Rolle von Theorien und Gesetzen im Rahmen von Erklärungen

Im Rahmen wissenschaftlicher Erklärungen spielen Theorien und Gesetze eine entscheidende Rolle. Die Voraussetzung für wissenschaftliche Erklärungen ist das Vorliegen von

Gesetzen. In Gesetzen sind die Ursachen für eine zu erklärende Erscheinung benannt. Einmal angenommen, es interessiert ein Sachverhalt W, dieser soll nun erklärt werden. Wenn wir über ein Gesetz verfügten, das eine Aussage von der Form „wenn U vorliegt, dann tritt W ein“ (U → W) beinhaltet, so wären wir dazu in der Lage, das Erscheinen des Sachverhalts W wissenschaftlich zu erklären. U ist dann die Ursache für W. Eine Erklärung liegt nach Hempel und Oppenheim (1948) damit vor, wenn es gelingt, die Ursache einer Erscheinung zu benennen sowie das Vorliegen dieser Ursachen (auch Randbedingungen genannt) zu ermitteln. Die Ursachen bestimmter Erscheinungen sind in Gesetzen fixiert. Damit haben wissenschaftliche Erklärungen die folgende allgemeine Form:

(1)	Nomologisches Gesetz (zum Beispiel: Wenn U vorliegt, dann tritt W ein)	Explanans
(2)	Randbedingung(en) (zum Beispiel: U liegt vor)	
(3)	Satz, der das zu erklärende Ereignis beschreibt (zum Beispiel: W liegt vor)	Explanandum

Konkret soll angenommen werden, es ginge darum zu erklären, weshalb in der Allgemeinbevölkerung eine bestimmte Verhaltensweise als Notwehr und damit für gerechtfertigt gehalten wird. Nach der bisher benutzten Schreibweise wäre dies W. Damit wäre W das Explanandum. Es wird also davon ausgegangen, dass W vorliegt und zugleich danach gefragt, weshalb dies so ist. Nun muss nach einem Gesetz gesucht werden, das die Ursachen dafür benennt, dass eine Verhaltensweise durch Notwehr gerechtfertigt wird. Nehmen wir weiter an, ein solches Gesetz existierte. Es besagt, dass immer dann eine solche Handlung für gerechtfertigt angesehen wird, wenn ein als besonders wichtig erachtetes Gut angegriffen wird (U). Die Ursache für W wäre also U. Nun ist in einem weiteren Schritt zu fragen, welche Randbedingungen tatsächlich vorliegen. Für den Fall, dass bei der zu erklärenden Verhaltensweise ein als besonders wertvoll erachtetes Gut angegriffen wurde, wäre dann die Randbedingung erfüllt (U liegt vor) und damit die zu liefernde Erklärung für W gegeben.

Das Schema von Hempel und Oppenheim kann aber auch dazu benutzt werden, um das Vorgehen bei einer Prognose zu verdeutlichen. Bei Prognosen lautet die typische Frage: Was wird passieren wenn? Konkret könnte es heißen. Welche Reaktion kann man erwarten (W), wenn ein als wertvoll erachtetes Gut angegriffen wird (U)? Mit anderen Worten: Welches Ereignis wird eintreten, wenn eine bestimmte Ursache vorliegt? Auch für die Beantwortung dieser Frage wird eine Theorie mit der Form U → W benötigt. Hier ist also das Explanans bekannt und das Explanandum wird gesucht. Prognosen sind damit immer dann möglich, wenn man über eine sichere Theorie verfügt und zugleich alle Randbedingungen kennt.

Schließlich kann die Frage auch lauten, auf welche Weise eine Intervention zu erfolgen hat (U), damit ein bestimmtes Ziel (W) erreicht werden kann. Oder, was muss geschehen, damit eine Handlung von der Allgemeinbevölkerung als Notwehr gerechtfertigt wird. In der Sozialplanung könnte eine solche Fragestellung – freilich mit einer anderen inhaltlichen Ausrichtung – relevant werden. Auch für eine solche Problemstellung wird eine Theorie mit der bekannten Struktur benötigt. Es ist damit also bekannt, was geschehen muss, damit W eintritt. Um Notwehr zu rechtfertigen, so könnte die Antwort lauten, ist es erforderlich, dass das angegriffene und gewaltsam verteidigte Gut als ein besonders wertvolles angesehen wird.

Neben diesen wissenschaftlichen Erklärungen wird auch von hypothetischen Erklärungen beziehungsweise von potenziellen Erklärungen gesprochen. Hier handelt es sich dann nicht um nomologische Gesetze, die zur Erklärung herangezogen werden, sondern um Vermutungen, deren empirischer Wahrheitsgehalt jedoch noch weitgehend unklar ist beziehungsweise um Erklärungen, denen keine nomologischen Gesetze zugrunde liegen.

3.6.4 Darstellung von Theorien

In der Praxis werden weitaus kompliziertere theoretische Modelle angenommen, als hier stark vereinfacht (U → W) gezeigt. So wird in der Regel eine Vielzahl an unabhängigen Variablen herangezogen, um einen Sachverhalt zu bestimmen. Als Hilfsmittel, um eine solche komplexe Theoriestruktur darzustellen, dienen häufig Pfaddiagramme oder Modelle. Modelle zeichnen sich prinzipiell dadurch aus, dass sie bestimmte, wesentliche Merkmale eines anderen Sachverhalts besitzen. So eignen sich beispielsweise Modelle eines Kraftwagens nicht dazu, um sich von einem Ort zu einem anderen zu bewegen. Trotzdem können sie hilfreich sein, wenn es darum geht, den Windwiderstand eines Fahrzeuges zu ermitteln. Auch eine Landkarte ist eine Art Modell, sie bildet die Landschaft zwar nicht fotografisch ab, hebt aber wesentliche Merkmale hervor und erleichtert die Orientierung. Ein für sozialwissenschaftliche Zwecke häufig genutzter theoretischer Ansatz ist der von Ajzen und Fishbein, es handelt sich um die Theory of Planned Behaviour, (vergleiche Ajzen 1985, 1988, 1991 und Ajzen/Fishbein 1980).

In Abbildung 3.6.1 wird ein Beispiel für die Anwendung dieses theoretischen Ansatzes zur Erklärung der Vorstellungen über beziehungsweise potentieller Verhaltensintentionen bei Notwehr gezeigt (vergleiche dazu auch Häder/Klein 2002).

Abbildung 3.6.1 Modell für die Erklärung der Vorstellungen über beziehungsweise potentieller Verhaltensintentionen bei Notwehr

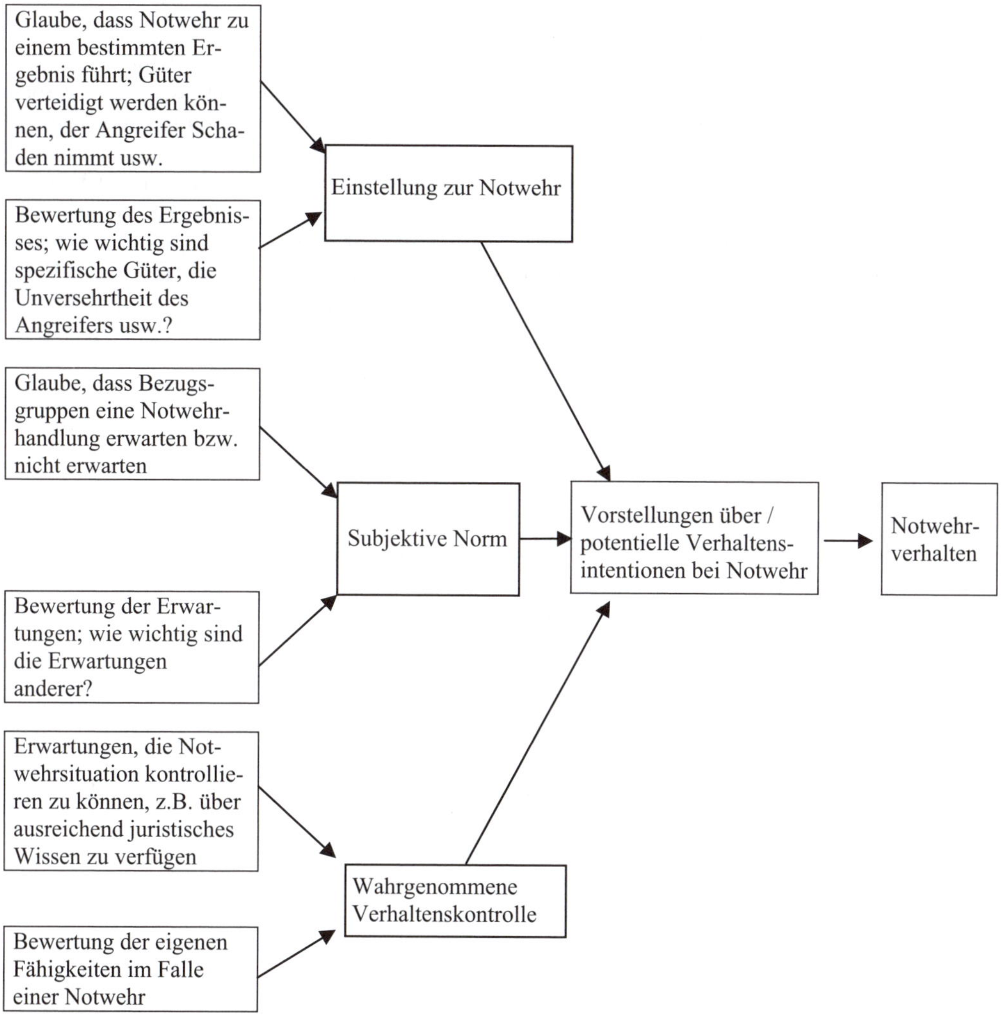

3.7 Werturteilsproblem

In den vorangegangenen Abschnitten wurden allgemeine Regeln diskutiert, die bei der wissenschaftlichen Arbeit Beachtung zu finden haben. Einige dieser Regeln werden von der wissenschaftlichen Gemeinschaft konsensual befolgt, zu anderen wird eine Kontroverse geführt. Eine solche in der Empirischen Sozialforschung über längere Zeit geführte Diskussion betrifft das Werturteilsproblem.

Der Werturteilsstreit ging in Deutschland zu Beginn des 20. Jahrhunderts aus einer Debatte im Verein für Socialpolitik hervor. Gegenstand dieser Diskussion war der Einfluss von Werten, also von persönlichen Meinungen, politischen Anschauungen und so weiter auf die wissenschaftliche Arbeit. Max Weber forderte eine deutliche Trennung wissenschaftlich begründeter Aussagen von Aussagen, die demgegenüber nicht wissenschaftlich zu begründen sind. Bei letzteren handelt es sich um die Werturteile. Es ging Weber damit vor allem um den Verzicht auf wertende Stellungnahmen bei wissenschaftlichen Arbeiten. Der Streit zwischen Max Weber (1951) und dem Vorsitzenden des ständigen Ausschusses Gustav Schmoller betraf also vor allem die Rolle von Werturteilen im Rahmen des wissenschaftlichen Arbeitens.

Die Grundlage für diesen Streit dürfte ein jeweils anderes Grundverständnis der Rolle von Wissenschaft gewesen sein. Während Weber die Auffassung vertrat, dass eine wertfreie Forschung zu betreiben sei, deren Ziel letztlich die Erkenntnis ist, ging Schmoller von der Unvermeidbarkeit von Werturteilen aus und sah das Ziel von Wissenschaft in der Veränderung der Welt. Beide Standpunkte haben, wie noch zu zeigen sein wird, weitreichende Implikationen. Zunächst soll genauer geklärt werden, was eigentlich Werturteile sind. Danach wird der Gegenstand des Werturteilsstreits näher untersucht.

Werturteile sind Soll-Sätze wie etwa die folgenden:

- Die Einkommensverteilung in Europa ist gerechter als die in Amerika.
- Die Arbeitslosigkeit in Deutschland ist zu hoch.
- Telefoninterviews dürfen unangemeldet nur in der Zeit zwischen 9.00 und 21.00 Uhr geführt werden.
- Die Todesstrafe sollte in Deutschland wieder eingeführt werden.
- Auch der Satz, ein Sozialwissenschaftler sollte sich nicht an Spekulationen beteiligen, ist ein Werturteil.

In solchen präskriptiven[4] Sätzen werden entweder Sachverhalte bewertet (wie hier zum Beispiel die Einkommensverteilung oder die Arbeitslosigkeit) oder bestimmte Handlungen (wie an dieser Stelle die Nicht-Beteiligung an Spekulationen beziehungsweise die Wiedereinführung der Todesstrafe) gefordert. Die eigentlichen Entscheidungen für oder gegen eine bestimmte Handlungsalternative sind damit wiederum keine Werturteile.

Laut Opp ist die Literatur zu diesem Streit inzwischen nicht mehr zu überblicken (Opp 2005:215). Zunächst sind jedoch einige Aspekte in Bezug auf Werturteile unstrittig. Diese sollen zuerst vorgestellt werden. Im Anschluss daran werden dann die strittigen Fragen diskutiert.

1. Unbestritten ist zum Beispiel die Tatsache, dass die Wahl einer Fragestellung, mit der sich ein bestimmtes Forschungsprojekt befassen soll, eine gewisse Wertung darstellt. Es besteht im Rahmen des sogenannten Relevanzproblems (Albert 1956, 1960, 1965) die Frage, was wichtig genug ist, um erforscht zu werden. Die Beantwortung dieser Frage bewertet zugleich die nichtgenannten beziehungsweise die nicht für bearbeitungswürdig gehaltenen Themen als weniger wichtig. Die vom Forscher für die Bearbeitung eines Themas verausgabte Zeit und die benötigten Mittel können nicht zugleich auch für die Erforschung eines anderen Gegenstandes benutzt werden. Man

4 Das Wort „Präskribieren" kommt aus dem Lateinischen und bedeutet vorschreiben beziehungsweise verordnen.

spricht hier auch vom Entdeckungszusammenhang, der damit stets auf bestimmten Wertungen beruht.

2. Weiterhin existieren Werte, die das wissenschaftliche Arbeiten betreffen. Ein Verbot von Fälschungen erscheint dabei selbstverständlich zu sein, aber auch die Achtung der Persönlichkeitsrechte von Versuchspersonen etwa bei verdeckten sozialen Experimenten im Feld, die Dokumentation des Vorgehens, um ein Projekt auch für andere nachvollziehbar zu machen, die Einhaltung der Prinzipien des Datenschutzes und so weiter sind Wertvorstellungen, die bei einer (sozial-)wissenschaftlichen Untersuchung beachtet werden müssen (vergleiche Abschnitt 4.9).
3. Außerdem können Wertungen zum Gegenstand wissenschaftlicher Arbeiten werden. Hier wird an Studien gedacht, bei denen innerhalb empirischer Untersuchungen Personen darum gebeten werden, Wertungen abzugeben. Auf einer Metaebene werden so empirische Aussagen über solche Wertungen erstellt. Zum Beispiel stellt es eine Wertung dar, wenn 85 Prozent der befragten Personen aus der Allgemeinbevölkerung meinen, eine bestimmte Verhaltensweise sei nicht durch Notwehr gedeckt – während der Bundesgerichtshof in einem Urteil im Namen des Volkes genau das Gegenteil für Recht erkannt hat (vergleiche dazu Abschnitt 9.3). Das Gleiche gilt für Feststellungen wie die, dass eine Mehrheit der Befragten der Meinung sei, die Wirtschaft müsste mehr für die Umwelt tun oder auch die Erkenntnis, dass in der Bundesrepublik ein bestimmter Prozentsatz der Bevölkerung die Auffassung vertritt, eine amtierende Regierung sei unfähig und müsse abgelöst werden. Auch hier handelt es sich nicht um jene Werturteile, zu denen der Werturteilsstreit geführt worden ist.
4. Die Ergebnisse einer sozialwissenschaftlichen Untersuchung werden zur Erreichung bestimmter Ziele genutzt. Sie werden also verwertet. Während die empirischen Aussagen jedoch logisch noch keinen Hinweis auf ein bestimmtes Handeln enthalten sollten, werden solche in der Praxis dann abgeleitet. Wenn beispielsweise eine Studie zur Struktur der Anhänger einer politischen Partei angefertigt worden ist, so können die entsprechenden Ergebnisse sowohl von den Anhängern dieser Partei, beispielsweise um neue Mitglieder zu werben, als auch von den Gegnern der Partei, beispielsweise um eine bestimmte Wahlkampfgegenstrategie zu entwickeln, genutzt werden. Hier handelt es sich um den sogenannten Verwertungszusammenhang, bei dem die verantwortungsvolle Nutzung der Forschungsergebnisse eingefordert werden muss. Auch ist es unstrittig, dass an dieser Stelle mit Wertungen gearbeitet wird.

Die von Weber vorgetragene Argumentation, die diese Diskussion auslöste, betraf vor allem einen anderen Aspekt sozialwissenschaftlicher Forschungen: Es ging um die Maxime, die wissenschaftliche Beschreibung von Tatsachen solle objektiv, das heißt wertfrei, erfolgen. Webers Haltung dazu war, dass subjektive Wünsche der Wissenschaftler keinen Einfluss haben dürfen in Bezug auf die Gestaltung des Begründungszusammenhanges.

Bisher ist vor allem vom Entdeckungszusammenhang und vom Verwertungszusammenhang die Rede gewesen. Nun wird auch der Begriff des Begründungszusammenhangs eingeführt. Im Rahmen all dieser Zusammenhänge werden jeweils Entscheidungen getroffen, die den sozialwissenschaftlichen Forschungsprozess betreffen, ihn voran bringen. Da niemals die Wirklichkeit als Ganzes erforscht werden kann, muss zunächst im Rahmen des *Entdeckungszusammenhangs* entschieden werden, welchem Ausschnitt sich die Forschung widmen soll. Wie bereits gezeigt, spielen Wertvorstellungen dabei eine bestimmte Rolle.

Daran schließen sich Entscheidungen im Rahmen des Begründungszusammenhangs an. Beim *Begründungszusammenhang* sind die für die Bearbeitung eines bestimmten Problems am besten geeigneten Vorgehensweisen und Methoden zu bestimmen. Auch hier sind wieder zahlreiche Entscheidungen zu fällen. Bei diesen Entscheidungen wird aber davon ausgegangen, dass – eine bestimmte Problemstellung einmal vorausgesetzt – der Ablauf einer Untersuchung unabhängig zu sein hat von den politischen und ideologischen Grundüberzeugungen der forschenden Personen, von ihren Wünschen und (methodischen) Vorlieben. So gibt es für die Bearbeitung einer Fragestellung – um einmal eine in der gegenwärtigen Politik gängige Metapher zu gebrauchen – lediglich geeignete und ungeeignete Methoden. Genau dieser Begründungszusammenhang ist nun gemeint, wenn vom Postulat auf Werturteilsfreiheit gesprochen wird. Eine bestimmte Thematik als gegeben vorausgesetzt, sollte es unerheblich sein, welches Geschlecht der Forscher hat, welcher Religion er angehört, wie alt er ist und so weiter.

Weiter ist bei der Behandlung des Begründungszusammenhangs darauf zu verweisen, dass die Möglichkeit für eine intersubjektive Nachprüfbarkeit des methodischen Vorgehens stets gegeben sein sollte. Dies betrifft die Offenlegung aller Schritte, angefangen mit der Definition der Forschungsfragen über die Prinzipien der Auswahl der Untersuchungsobjekte und der dabei eingesetzten Instrumente (Fragebogen, Beobachtungsprotokoll und so weiter) bis hin zur Fehlerbereinigung, die die Rohdatenmatrix erfährt und den eingesetzten statistischen Verfahren (vergleiche Abschnitt 9). Teilweise kommen für die Bearbeitung einer Thematik durchaus unterschiedliche Strategien infrage. So wäre es denkbar, zur Erforschung einer Fragestellung sowohl eine persönlich-mündliche Befragung als auch ein telefonisches Interview zu benutzen. Allerdings ist zu begründen, weshalb die Entscheidung letztlich auf eine bestimmte Variante gefallen ist.

Den Entscheidungen im Rahmen des Entdeckungszusammenhangs schließen sich jene im *Verwertungszusammenhang* an. An dieser Stelle spielen dann wieder – wie ebenfalls bereits gezeigt – subjektive Wertungen eine Rolle. Es hängt hier beispielsweise von den politischen Orientierungen einer Person ab, wie mit den Ergebnissen einer sozialwissenschaftlichen Untersuchung, etwa mit der Vorhersage eines bestimmten Wahlausganges, umgegangen wird. Dem Forscher steht es damit frei – ohne gegen das Postulat der Werturteilsfreiheit zu verstoßen – von seinen Untersuchungsergebnissen (liegen diese erst einmal vor) einen solchen subjektiven und wertenden Gebrauch zu machen.

In diesem Zusammenhang muss auf einen weiteren wichtigen Aspekt verwiesen werden. So gilt das Prinzip, dass subjektive Wertungen innerhalb einer sozialwissenschaftlichen Studie bei deren Dokumentation deutlich erkennbar zu machen sind und dass diese Wertungen von den empirischen Befunden klar abzuheben sind. So stellt der folgende Satz beispielsweise ein nicht zulässiges Werturteil dar: „Die Untersuchung hat ergeben, dass das Notwehrrecht in der Bundesrepublik geändert werden muss." Aufgrund der Forderung, etwas zu tun, hier eine Gesetzesänderung vorzunehmen, wird ein Werturteil abgegeben. Ein solches lässt sich jedoch nicht empirisch belegen. Richtig wären dagegen die folgenden Sätze: (1.) „Die Untersuchung hat gezeigt, dass 85 Prozent der Befragten bestimmte Verhaltensweisen im Fall von Notwehr anders bewerten als die Justiz." (2.) „Daraus sollte der Schluss gezogen werden, über eine Veränderung der Gesetzgebung zu diskutieren." Hier wird im ersten Satz eine empirisch überprüfbare und damit zulässige Behauptung aufgestellt. Der zweite Satz stellt dagegen ein eindeutiges Werturteil dar.

Auch der Satz: „Die Studie zeigt, dass um das Einstiegsalter für das Zigarettenrauchen zu erhöhen, die Tabaksteuer erhöht werden muss," ist so nicht zulässig. So kann mithilfe einer wissenschaftlichen Untersuchung zwar abgeklärt werden, welche Ursachen für ein Phänomen verantwortlich gemacht werden können. Hier hat man beispielsweise herausbekommen, dass die unabhängige Variable Preis beziehungsweise Kosten, die abhängige Variable Konsumverhalten beeinflusst. So ist die Aussage, man kann das Einstiegsalter für das Zigarettenrauchen mithilfe der Anhebung der Tabakssteuer erhöhen, zunächst formal richtig. Ein solcher Zusammenhang ist schließlich prinzipiell empirisch überprüfbar. Daraus jedoch die Feststellung abzuleiten, man *müsse* die Tabaksteuer erhöhen, um ein bestimmtes Ziel zu erreichen, wäre wiederum unzulässig. So zieht eine politische Entscheidung (hier die Erhöhung einer Steuer) stets auch noch weitere Konsequenzen nach sich (in dem Fall das Ausbleiben von Steuereinnahmen aus dem Verkauf von Zigaretten).

Damit wäre es angemessener wie folgt zu formulieren: „Eine wissenschaftliche Untersuchung hat nachgewiesen, dass die Erhöhung der Kosten zu Verhaltensänderungen führt. Daraus sollte die Schlussfolgerung gezogen werden, die Steuern zu erhöhen, um den Zigarettenkonsum zu senken." Auf diese Weise wird im ersten Satz werturteilsfrei die wissenschaftliche Erkenntnis zitiert und im zweiten auf dieser Grundlage ein Werturteil gefällt und dies zugleich auch deutlich so benannt.

Nun stellt sich in diesem Zusammenhang das Problem, ob es für die vorläufige Annahme einer Hypothese oder einer Theorie andere Gründe geben kann, als eine Übereinstimmung von Theorie und Realität. Für die Beantwortung dieser Frage ist das Wissenschaftsverständnis des Forschers zentral. Die Position, die das Postulat der Wertfreiheit vertritt, geht davon aus, dass die Wissenschaft wahre Erkenntnisse über die Welt zu liefern hat. Die Gegenposition verweist darauf, dass bei sozialwissenschaftlichen Studien – anders als bei naturwissenschaftlichen – der einzelne Wissenschaftler zugleich auch Mitglied der Gesellschaft ist, die er gerade beforscht. Er verfüge über bestimmte Interessen, die er als Mitglied einer Klasse oder Schicht innerhalb dieser Gesellschaft verfolgt. Damit könne seine Arbeit faktisch nie wertfrei sein. Das Verständnis von Wissenschaft wäre hier, dass es nicht nur um Erkenntnisse über die soziale Wirklichkeit geht, sondern darum, diese zu kritisieren und sie gegebenenfalls zu verändern. So verlangt die Kritische Theorie die Einmischung des Wissenschaftlers in die Politik.

Der Werturteilsstreit fand eine gewisse Fortsetzung im Methodenstreit zwischen den Vertretern der kritischen Theorie (zu nennen sind die Frankfurter Schule, Max Horkheimer, Theodor Adorno) und den Vertretern des Kritischen Rationalismus, vor allem vertreten durch Karl Popper. Im folgenden Abschnitt 3.8 wird auf diese Problematik zurückzukommen sein.

Einen interessanten Standpunkt vertritt hierzu Opp. Er konkretisiert zunächst, worum es sich beim eigentlichen Werturteilspostulat handelt: „Ein Wissenschaftler soll deutlich machen, welche seiner Äußerungen Wertungen und welche seiner Äußerungen objektsprachliche, d.h. Sachaussagen, sind." (1999:218, vergleiche auch 2005:218). Nun kommt es nach Opp darauf an, zum Beispiel bei der wissenschaftlichen Vorbereitung einer Entscheidung, keine Vermischung von Sachaussagen und Wertaussagen vorzunehmen. Während sich Sachaussagen an der Realität überprüfen lassen, trifft dies für Wertaussagen jedoch nicht zu. Eine empirisch überprüfbare Sachaussage wäre, dass 85 Prozent der Bevölkerung einen bestimmten Notwehrfall anders bewerten als die Rechtsprechung. Eine nicht an der Realität überprüfbare Wertaussage wäre, dass deshalb die Gesetzgebung geändert werden muss.

In der Diskussion um die Werturteilsfreiheit wird weiter das Argument hervorgebracht, eine Trennung zwischen Sach- und Wertaussagen sei gar nicht möglich, da alle Begriffe an sich bereits wertgeladen seien. So würden mit Ausdrücken wie Freiheit, Kriminalität, Opfer, Kapitalismus oder halbvoll und halbleer zugleich auch immer schon bestimmte Wertungen verbunden. Anders sähe dies bei einem Naturwissenschaftler aus, der seinen Gegenstand mit einem ganz anderen Abstand bearbeiten kann. Opp betont nun, dass dies zwar richtig sei, jedoch stets zwischen der konnotativen (wertenden) und der denotativen (beschreibenden) Bedeutung solcher Begriffe unterschieden werden müsse. Die Wissenschaft nutzt jedoch ausschließlich die beschreibende Bedeutung der Begriffe. Damit ist das obige Argument von der Unmöglichkeit einer Trennung von Sach- und Wertsaussagen als widerlegt anzusehen, schlussfolgert Opp (2005:221).

Weiter soll auf folgende Argumente verwiesen werden:

- Das Postulat der Werturteilsfreiheit, also die Forderung, deutlich zwischen wertenden Aussagen und Sachaussagen zu unterscheiden, ist nicht identisch mit der Forderung nach politischer Enthaltsamkeit eines Wissenschaftlers. Diesem steht es zum Beispiel frei, sich auch politisch zu betätigen. In seiner wissenschaftlichen Arbeit hat er jedoch im Rahmen des Begründungszusammenhangs der genannten Prämisse zu folgen.
- Ein weiteres Argument im Rahmen des Werturteilsstreits ist die Verhinderung des Missbrauchs von wissenschaftlichen Forschungsergebnissen mithilfe einer Verankerung von Werturteilen in der Forschung. Wie die Vergangenheit jedoch gezeigt hat, kann der Missbrauch einer von der Wissenschaft entwickelten Theorie nicht dadurch verhindert werden, dass beispielsweise moralische Wertungen in diese Theorie eingebaut werden. Hier sind vielmehr gesellschaftlich verantwortlich handelnde Personen gefragt, die gegen einen solchen Missbrauch eintreten.
- Auch der Verweis, eine wertfrei agierende Wissenschaft habe eine konservative Funktion, da sie nur das bestehende abbilde, ohne es infrage zu stellen, ist so nicht haltbar. Schließlich läuft das Werturteilspostulat lediglich darauf hinaus, die persönlichen Meinungen eines Wissenschaftlers und die Ergebnisse der Wissenschaft deutlich zu trennen. Mithilfe einer wissenschaftlichen Theorie lassen sich sehr wohl auch soziale Veränderungen begründen und befördern.

3.8 Qualitative und quantitative Forschungsansätze

Neben dem Werturteilsstreit wird auch über das Verhältnis zwischen vorrangig qualitativer und primär quantitativer Forschung ein teilweise erbitterter Streit geführt. Beide Ansätze werden nun näher betrachtet.

Zunächst soll auf die Begrifflichkeit eingegangen werden. So ist festzuhalten, dass es strenggenommen rein qualitative Forschung ebenso wenig gibt wie einen rein quantitativen Ansatz. Qualität und Quantität bilden vielmehr stets eine Einheit. Wenn bei einer quantifizierenden Untersuchung die Ausprägung eines Sachverhaltes ermittelt werden soll, so muss zunächst die gesuchte Qualität, also der zu messende Sachverhalt, festgelegt werden. Damit setzt eine quantitative Studie die genaue Bestimmung der zu zählenden Qualität voraus. Andererseits muss für eine qualitative Studie zumindest die Quantität eins vorliegen, um überhaupt untersucht werden zu können. Ein prinzipieller Gegensatz zwischen den beiden Forschungsansätzen braucht von daher zunächst nicht angenommen zu werden.

Die Spezifika vor allem qualitativer Ansätze sowie jene primär quantitativer Forschungen lassen sich anschaulich durch einen Vergleich mit einem Kriminalfall darstellen. So betreibt der Detektiv, der sich auf die Suche nach dem Täter begibt, jene Tätigkeit, die unter qualitativer Arbeit verstanden wird. Er verfolgt diverse Spuren, ohne freilich zuvor zu wissen, welche davon einmal Erfolg versprechend sein wird. Zu Beginn seiner Ermittlungen ist ihm nicht klar, zu welchem genauen Ergebnis ihn seine Arbeiten einmal führen werden. Seine (Ermittlungs-) Methoden kann er vorab nicht genau festlegen, sie ergeben sich jeweils sukzessive aus den vorangegangenen Befunden. Er hat sich auch lediglich vorgenommen, einen bestimmten Fall aufzuklären. Das Ziel des Detektivs ist dann erreicht, wenn er eine ausreichend tatverdächtige Person ermittelt hat und eine begründete Vermutung über deren Schuld besitzt. Dazu hat er unter Umständen eine immense Materialfülle zusammengetragen.

Nun beginnt die Arbeit des Richters, die dagegen stark an eine quantitative Forschung erinnert. Während sich der Detektiv im Feld aufgehalten hat, findet die Arbeit des Richters in seinem Büro statt. Dies ist eine neutrale beziehungsweise künstliche Umgebung. Hier werden ganz konkrete Argumente für und gegen den Angeklagten zusammengetragen. Bereits vor Beginn der Gerichtsverhandlung ist klar, dass es eigentlich nur zwei mögliche Ausgänge gibt: Die Anklage ist haltbar oder sie wird zurückgewiesen. Alle irrtümlich verfolgten Spuren und Verdächtigungen interessieren an dieser Stelle nicht mehr. Die vom Richter zu lösende Aufgabe ist genau vorstrukturiert. Er nimmt alle vorliegenden Argumente zur Kenntnis und entscheidet dann – mit einer bestimmten, möglichst geringen Irrtumswahrscheinlichkeit – ob die Argumente (oder Hypothesen) für die Anklage sprechen oder ob die Alternativhypothese zutreffend ist und der Beschuldigte freigesprochen werden muss. Für alles andere sollte er blind sein. Ein Gütekriterium für einen guten Richter könnte die Frage sein, ob es ihm gelungen ist, sich möglichst objektiv zu verhalten, also so zu urteilen, wie dies auch alle anderen Richter an dieser Stelle getan hätten. Die Arbeit des Detektivs wird sich dagegen daran messen lassen müssen, ob der Fall, ob der interessierende Gegenstand, ordentlich aufgeklärt wurde, ob er allen möglichen Spuren akribisch nachgegangen ist, ob er schließlich aus der Fülle seiner Ermittlungsarbeit die richtigen Schlussfolgerungen gezogen hat.

Ein solcher Vergleich beider Ansätze zeigt recht gut die jeweils unterschiedlichen (methodischen) Vorgehensweisen und Zielstellungen in der sozialwissenschaftlichen Forschung. Er verdeutlicht jedoch leider nur ungenügend die den qualitativen und quantitativen Ansätzen zugrundeliegenden theoretischen Prämissen. Der vor allem quantitativen Sozialforschung liegt ein analytisch-nomologisches Wissenschaftsverständnis zugrunde. Dieses basiert auf folgenden Annahmen:

- Bei der Gesellschaft handelt es sich – analog wie dies auch für die Natur zutrifft – um eine geordnete, strukturvoll regelhafte Welt.
- Folgt man dem, dann kann damit auch für das Verständnis der Gesellschaft das Ursache-Wirkungs-Prinzip, von der Art: Wenn U vorliegt, tritt W ein ($U \rightarrow W$), angewandt werden.

- Die Aufgabe der Wissenschaft ist es, diese Prinzipien und Regeln aufzudecken und damit letztlich die Welt beherrschbar zu machen.
- Die Wissenschaften von Natur und Gesellschaft unterscheiden sich nur aufgrund ihres jeweiligen Gegenstandes, jedoch nicht aufgrund der prinzipiellen Art des methodischen Vorgehens bei der Erforschung dieses Gegenstandes.
- Damit liegt es nahe, auch in den Sozialwissenschaften beispielsweise mit Hypothesen zu arbeiten. Diese stellen – wie oben im Abschnitt 3.4 gezeigt – Vermutungen über die Wirklichkeit (U → W) auf.

Diesem analytisch-nomologischen Wissenschaftsverständnis steht der interpretative Ansatz gegenüber. Die qualitativ orientierte Sozialwissenschaft basiert danach auf den folgenden Annahmen:

- Es gibt in der Gesellschaft keine vorgegebenen Strukturen. Die Menschen schaffen diese Strukturen vielmehr durch ihr Handeln selbst. Analogien zur Naturwissenschaft bestehen damit nicht.
- Jede Person interpretiert die Welt nach ihren Erfahrungen. Die Wirklichkeit ist demzufolge das Resultat komplexer Abfolgen von Interaktionen.
- Eine Suche nach kausalen, von den Menschen unabhängig funktionierenden Gesetzen (U → W), wäre damit in den Sozialwissenschaften sinnlos.
- Das Ziel von Sozialwissenschaft besteht vielmehr in der Gewinnung von Erfahrungen im jeweiligen Untersuchungsbereich. Es herrscht das Prinzip der Offenheit. Das Verstehen wird dabei zu einer zentralen Kategorie.
- Als eine Aufgabe qualitativer Befragungsansätze stellt sich beispielsweise die Wahrnehmung von Situationsdefinitionen der Handelnden. Es werden so interpretierende Bedeutungszuweisungen vorgenommen.

Aus den hier nur kurz skizzierten theoretischen Prämissen ergeben sich für beide Ansätze unterschiedliche methodische Strategien. So wird die quantifizierende Forschung nach hochstandardisierten Instrumenten streben, um den subjektiven Einfluss der Untersuchenden minimal zu halten und um so möglichst objektive, vom jeweiligen Forscher unabhängige Befunde zu sichern. Demgegenüber werden qualitative Untersuchungen sich ausführlich den einzelnen Fällen widmen und diese möglichst intensiv beforschen. Ein zuvor standardisiertes Untersuchungsprogramm lässt sich damit nicht einsetzen.

Stellt man die verschiedenen Diktionen qualitativer und quantitativer Forschungen gegenüber, so ergibt sich die in Abbildung 3.8.1 gezeigte Systematik (vergleiche auch Brüsemeister 2000:21ff.).

Um das Eigene beider Ansätze noch anschaulicher darzustellen, wird im Weiteren das unterschiedliche methodische Vorgehen bei der Auswertung der Untersuchungsergebnisse an zwei Beispielen exemplarisch beschrieben. Als Beispiel für eine quantitative Studie soll eine Untersuchung zu den Determinanten der Lebensfreude der Menschen (vergleiche Clark/Oswald 2002 und Blanchflower/Oswald 2002) dargestellt werden, die qualitative Studie galt den Lebensbedingungen Obdachloser.

Abbildung 3.8.1: Qualitative und Quantitative Untersuchungsansätze im Vergleich

Quantitativ	Qualitativ
Ein nomothetisches Selbstverständnis, es geht danach um die Suche nach Naturgesetzen, diese werden generalisierend behandelt.	Ein idiographisches Selbstverständnis liegt vor, die Sachverhalte werden beschrieben, das Vorgehen ist individualisierend (vergleiche Windelbrand 1894).
Vorbild ist der naturwissenschaftliche Ansatz.	Ein typisch geisteswissenschaftlicher Ansatz liegt vor.
Die Untersuchungen finden unter standardisierten (Labor-) Bedingungen statt.	Die Untersuchungen werden möglichst unter unverfälschten Feldbedingungen durchgeführt.
Ein deduktives Vorgehen (Allgemeines → Besonderes) wird eingesetzt, dieses gilt als wahrheitsbewahrend.	Ein induktives Vorgehen (Besonderes → Allgemeines) findet statt, es gilt als wahrheitserweiternd.
Die Überprüfung von aufgestellten Hypothesen ist das Ziel.	Es geht um Entdeckungen, das Prinzip der Offenheit gilt (vergleiche Hoffmann-Riem 1980).
Die Sachverhalte sollen erklärt werden, dazu müssen die äußeren Ursachen (U) herangezogen werden.	Die Sachverhalte sollen verstanden werden, dafür sind die inneren Gründe zu betrachten.
Zur Informationsgewinnung werden Stichprobenuntersuchungen genutzt, eine Irrtumswahrscheinlichkeit kann hier angegeben werden.	Einzelfälle werden analysiert, ein bewusstes theoretisches Sampling findet statt.
Die Arbeit geschieht mit großen Fallzahlen.	Nur relativ wenige Fälle werden untersucht.
Harte, das heißt voll standardisierte Methoden kommen zum Einsatz.	Weiche, kaum standardisierte Methoden werden benutzt.
Das Prinzip des Messens und der Operationalisierung wird praktiziert.	Es geht um das Beschreiben von Fällen und um die Sensibilisierung (vergleiche Strauss/Corbin 1996:25ff.).
Erkenntnisziele sind Aussagen über Aggregate und statistische Zusammenhänge.	Die Aussagen erfolgen fallbezogen, diese werden rekonstruiert (vergleiche Kelle/Kluge 1999:14f.).
Verallgemeinerungen sind angestrebt (Häufigkeiten).	Typenbildungen (innere Logik) werden vorgenommen.
Gütekriterien sind Objektivität, Reliabilität und Validität.	Gütekriterium ist die Gegenstandsbezogenheit der Methoden (vergleiche Lamnek 1995:152ff.).

Der erste Ansatz bedient sich – und das ist in der quantitativen Forschung recht häufig der Fall – eines Regressionsmodells (vergleiche auch Abschnitt 9.2 sowie Backhaus et al. 2000:1ff.; Andreß/Hagenaars/Kühnel 1997:261ff.; Ghanbari 2002:215ff.). Die entsprechenden Berechnungen lassen sich mit Hilfe von Programmen wie SPSS (vergleiche Brosius 2002:519ff.) relativ problemlos ausführen. Im Anschluss wird hier dann kurz das Vorgehen bei einer qualitativen Forschung beschrieben.

Das primär quantitativ orientierte Projekt ließ sich von folgender Forschungsfrage leiten: Verschiedene Ereignisse wie Krankheit, Hochzeit und Arbeitslosigkeit, haben einen wichtigen Einfluss auf das Leben der Menschen. Gesucht wird in diesem Zusammenhang nach einer Möglichkeit, um die unterschiedlichen Stärken dieser Einflüsse auf das menschliche Glück und auf die psychische Gesundheit standardisiert zu messen. Die Lösung stellen Regressionsgleichungen dar. Sie haben das folgende Aussehen:

$$y = b_o + b_1x_1 + b_2x_2 + ... + b_jx_j + e_i \qquad (1)$$

Dabei wird in einer solchen Gleichung das Glücksgefühl, als die abhängige Variable (y), aufgrund einer Reihe von Determinanten (x_i) geschätzt. Wobei y auch mit dem Begriff Regressand bezeichnet wird. Im vorliegenden Fall handelt es sich um das Ausmaß an Lebensfreude, dieses wurde standardisiert mithilfe verschiedener Indikatoren erhoben. Bei b_0 handelt es sich um ein konstantes Glied, b_j stellt den Regressionskoeffizienten des j-ten Regressors dar und bei x_j handelt es sich um den j-ten Regressor. Als Regressoren kommen beispielsweise die Höhe des Einkommens, das Zusammenleben mit einem Partner (als eine binäre Variable), der Gesundheitszustand und so weiter in frage. Dies sind dann die unabhängigen Variablen, die gemeinsam das Ausmaß an Lebensfreude erklären sollen. Es wird auch von Prädiktorvariablen gesprochen. Schließlich wurde mit e eine Fehlervariable in die Gleichung aufgenommen (vergleiche Kühnel/Krebs 2001:388ff.).

Das genannte Projekt hat nun an einer Zufallsstichprobe (es handelte sich um das Britische Haushaltspanel[5]) die entsprechenden Variablen empirisch erhoben und kann damit das gezeigte Regressionsmodell schätzen. Diese Schätzung ergibt erstens ein Bestimmtheitsmaß. Dieses Maß erteilt Auskunft über den Anteil der durch die unabhängigen Variablen erklärten Varianz. Mit anderen Worten erhält man einen Hinweis dazu, wie gut oder schlecht das Glücksgefühl (y) mithilfe der in die Gleichung einbezogenen unabhängigen Variablen erklärt werden kann. Zweitens ermittelt die Schätzung die jeweiligen Regressionskoeffizienten. Diese geben wiederum an, wie stark der Einfluss jeder einzelnen Variable (beispielsweise des Einkommens) auf die abhängige Variable ist. So ist naheliegend, dass nicht jede Determinante gleich stark auf den Grad an Lebensfreude wirkt.

Das Regressionsmodell bietet damit die Möglichkeit vorherzusagen, welche Veränderung bei der abhängigen Variable eintritt (Wie ändert sich die Lebensfreude?), wenn es zu einer Veränderung bei den einzelnen Prädiktorvariablen (zum Beispiel bei einem höheren Einkommen, bei einem schlechteren Gesundheitszustand und so weiter) kommt. Die Koeffizienten für das Einkommen und für die verschiedenen Lebensereignisse erlauben es weiterhin, den Geldbetrag zu errechnen, der jedes Lebensereignis kompensiert. Man kann also sagen, um welchen Betrag sich das Einkommen erhöhen muss, um eine Veränderung bei den anderen Prädiktorvariablen auszugleichen. Ein Ergebnis ist zum Beispiel, dass eine

5 Vergleiche zu mehr Informationen: http://www.iser.essex.ac.uk/survey/bhps, zuletzt besucht am 07.04.2009.

Hochzeit den gleichen Betrag an Glück erbringt wie ein zusätzliches Jahreseinkommen von 70.000 Pfund. Der Verlust des Partners bringt ein Grad an Unglücklichsein, der durch einen Betrag von 170.000 Pfund kompensiert werden könnte. Die entsprechenden Ergebnisse zeigt Tabelle 3.8.2. Die Frage, was schlimmer für das Glück eines Menschen ist, eine Scheidung oder die Arbeitslosigkeit, lässt sich nun anhand der Tabelle leicht beantworten.

Tabelle 3.8.2: Wert von Lebensereignissen (ausgedrückt in Britischen £) bei einem Wechsel des Statuts von ... zu ... (Quelle: Daten des Britischen Haushaltspanels), aus: Clark/Oswald 2002

beschäftigt zu arbeitslos	- 15.000
alleinlebend zu verheiratet	nicht signifikant
verheiratet zu getrennt lebend	- 8.000
verheiratet zu geschieden	- 1.000
verheiratet zu verwitwet	- 7.000
sehr guter Gesundheit zu gute Gesundheit	- 10.000
sehr guter Gesundheit zu etwas gesund	- 32.000

Diese Ergebnisse wurden vorgestellt, um typische Befunde einer quantitativen Forschung zu demonstrieren. Wie gezeigt, spielen die Auffassungen einzelner Befragter hier faktisch keine Rolle mehr. Aufgrund einer weitgehenden Standardisierung der Methode werden die Antworten der Zielpersonen zusammengefasst und statistisch verarbeitet. Die getroffenen Aussagen beziehen sich ebenfalls nicht auf ganz konkrete einzelne Menschen, sondern geben Auskunft über eine zuvor definierte Grundgesamtheit.

Völlig anders ist die Strategie bei einem qualitativen Ansatz. Hier soll das Vorgehen anhand einer Befragung Obdachloser (vergleiche Krieg 2004) demonstriert werden (vergleiche auch Brinker 1996). In Dresden wurden dazu acht wohnungslose Personen mithilfe eines offenen Erhebungsstandards (vergleiche dazu Abschnitt 6.1.3) befragt. Das Interesse galt vor allem den biographischen Verläufen, die in die Obdachlosigkeit mündeten, der Alltagsorganisation Wohnungsloser sowie der Rezeption der sozialen Hilfssysteme durch diese Personen. Die Erzählungen wurden aufgezeichnet und transkribiert (vergleiche Abschnitt 9.1). Abbildung 3.8.3 zeigt dazu einen kleinen Ausschnitt.

Auf der Basis solcher Texte wird es nun möglich, nach bestimmten (typischen) Fällen zu suchen, Auffälligkeiten herauszuarbeiten und so weiter. So stellte sich beispielsweise heraus, dass sich bei den befragten Wohnungslosen die Typen Hilfesuchender, Hilfsverweigerer, Neuankömmling und Resignierter (Krieg 2004:117) unterscheiden lassen, wobei bestimmte Typen am Anfang einer Obdachlosenkarriere stehen und andere bereits große Erfahrungen im Wohnungslosenmilieu aufweisen.

Auf diese Weise dürften einige wesentliche Unterschiede zwischen den beiden Vorgehensweisen deutlich geworden sein. Zusammenfassend sollen an dieser Stelle einige Probleme bei der Nutzung qualitativer beziehungsweise quantitativer Verfahren der Sozialforschung aufgezeigt werden. Diese sind noch immer Gegenstand teilweise stark kontrovers geführter Diskussionen.

Abbildung 3.8.3: Ausschnitt aus einem Transkript eines qualitativen Interviews mit einem Wohnungslosen in Dresden (Krieg 2004, Anhang:23)

249	A.	: ja ... Privatbetreuer .. = obwohl ich lege
250		kein Wert drauf aber er legt ein Wert drauf das er Privatbetreuer ist,+ na ja ist
251		so ein vornehmer Mann da und nach A. wieder zurück auf die Maxim- Gorgie
252		Straße ... Schön... sehr schön ... ich meine hier geht's auch:: aber es ist is, ä
253		unterschied ist das schon ... nu ja das ist nun mal so.. besser als gar nichts da
254		hab ich mal ausprobiert mal ausprobiert = = hier in so'n ich hatte zwar ne
255		wohnung.. = = wie das ist wenn man hier als Obdachloser draußen schläft war
256		ich in so ein Abrisshaus gewesen hab ich dort übernachtet, ;; da kam die Ratten
257		an, die Zehn = aber ich hatte ja Stiefel an da kann nichts passieren und da hab
258		ich gesagt, + das mach ich nicht wieder (lacht) , = dort hab ich aus Mühltonnen
259		gegessen aber + die haben manchmal extra schon die (...) Würste so hingelegt
260		das das schon verpackt ist das man das nehmen:: kann und so alles .. manchmal
261		ne ganze Packung, Kaffee =was will ich denn damit (lacht).. Das war bloß ein
262		bissel kaputt gewesen und so was man dann aus.. (...) der war dann eben nicht
263		mehr Vakuum gewesen, ja.. und dann ach nee und dann Eier manchmal Eier
264		und Butter, besorgt.. also verhungert bin ich nicht, sehen sie ja, = ich bin so gar
265		ein bissel dicker geworden, + so jedenfalls dort,, von dort.. bin ich dann also
266		nach A. dann wieder zurück, habe ich ihnen ja gesagt, wieder auf die Maxim
267		gorgie nach der Maxim Gorgie Straße, + wo bin ich denn da hin? (lacht).. =
268		muss ich doch wo hin gegangen sein.. na ja... +wo kann denn das gewesen
269		sein?
270	Int.	ich habe da leider keine Ahnung
271	A.	hab ich da ne Wohnung bekommen? (Pause)
272		das kann ich ihn jetzt gar nicht sagen (Pause)

1. Es sollten keine Zweifel an den parallelen Existenzberechtigungen beider Ansätze angemeldet werden. Beide an dieser Stelle nur kurz vorgestellte Projekte dürften für Sozialwissenschaftler interessante Informationen liefern.
2. Die Stichprobenauswahl erfolgt bei qualitativen Untersuchungen in der Regel bewusst (theoretisches Sampling), wobei oft versucht wird, typische Fälle ausfindig zu machen. Offen bleibt damit die Verallgemeinerbarkeit der auf einer solchen Grundlage gefundenen Resultate.
3. Um Schlussfolgerungen aus quantitativen Befragungen – wie sie hier beispielsweise vorgestellt wurden – ziehen zu können, müssen Kriterien wie Objektivität, Reliabilität und Validität bei den Erhebungen gewährleistet (vergleiche Abschnitt 4.4) sein. Inwieweit dies auch tatsächlich der Fall ist, wäre jeweils zu prüfen.

4. Qualitative Forscher müssen sich darüber im Klaren sein, dass die Wahrnehmungen der befragten Zielpersonen stark selektiv sein können. Dies kann umso mehr zu einem Problem werden, da zwar ausführliche Interviews geführt werden, diese aber nur mit relativ wenigen Interviewpartnern.
5. Ein Self-Fulfilling-Prophecy-Effekt bei qualitativen Forschungsansätzen ist zu diskutieren. Während versucht werden kann, den Einfluss des Interviewers bei quantitativen Studien durch Standardisierung zu minimieren, ist dies bei qualitativen Ansätzen faktisch aussichtslos. Damit stellt sich die Frage, ob beziehungsweise wie intensiv in einem qualitativen Interview die Zielpersonen aufgrund vorgefasster Meinungen des Interviers (durchaus unbewusst) beeinflusst werden könnten (vergleiche Schnepper 2004).
6. Resultat qualitativer Studien ist in der Regel zunächst eine beachtliche Materialfülle. Die acht Interviews des oben beschriebenen Projekts dauerten zwischen einer halben und zwei Stunden. Der daraus transkribierte Text hat einen Umfang von circa 220 Seiten (vergleiche Krieg 2004, Anhang).
7. Während bei quantitativen Interviews in der Regel fachfremde Honorarkräfte die Aufgabe als Interviewer zu übernehmen in der Lage sind, müssen bei qualitativen Befragungen hohe Anforderungen an den Interviewer gestellt werden. Zumeist treten hier Interviewer und Forscher in Personalunion auf. Daraus resultierende Probleme wurden bereits angesprochen (vergleiche Punkt 4).
8. Vorausgesetzt wird bei qualitativen Befragungen eine hohe sprachliche Kompetenz der Zielperson. Wie das obige Transkript auch zeigt, fällt es dem Befragten nicht immer leicht, sich zu artikulieren. Quantitative Untersuchungen streben dagegen an, hierauf weitgehend zu verzichten, beispielsweise mithilfe vorgegebener Antwortkategorien.
9. Sowohl qualitative als auch quantitative Untersuchungen beanspruchen mitunter einen beträchtlichen Zeitaufwand.

4 Forschungs- und Untersuchungsplanung

Der konkrete Ablauf einer sozialwissenschaftlichen Untersuchung hängt von verschiedenen Dingen ab. Vor allem das jeweilige Erkenntnisinteresse, die zur Verfügung stehenden Ressourcen sowie die Komplexität der Fragestellung üben einen Einfluss auf die Gestaltung eines Forschungsprojekts aus. Aber auch ein möglicher Auftraggeber oder die Bestimmungen einer Promotionsordnung können den Gang der Untersuchung wesentlich beeinflussen. So hat man es in der Praxis mit sehr unterschiedlichen und vielfältigen Designs zu tun. Neben fest finanzierten Projekten zur Dauerbeobachtung der Gesellschaft, für die ein relativ umfangreicher Mitarbeiterstab verantwortlich ist, wie etwa dem European Social Survey (ESS) oder der Allgemeinen Bevölkerungsumfrage der Sozialwissenschaften (ALLBUS – vergleiche zu den beiden Untersuchungen Abschnitt 6.1.4), stehen zahlreiche kleinere Untersuchungen, die beispielsweise für Graduierungsarbeiten angefertigt wurden und die im wesentlichen ohne eine externe Förderung auskommen müssen. Nicht zuletzt ist auf eine Reihe an Studien zu verweisen, die der Marktforschung dienen und von Unternehmen finanziert werden. Während Untersuchungsreihen wie der ALLBUS inzwischen bestimmte methodische Routinen entwickelt haben, nach denen die einzelnen Erhebungen ablaufen, stellt die Erarbeitung des Designs einer einmaligen Untersuchung stets eine besondere Herausforderung an den Forscher dar. Zwischen diesen beiden Polen lassen sich diverse Untersuchungsprojekte ausmachen, wobei deren Vorgehen jeweils stets sehr unterschiedlich sein kann.

Trotz dieser Vielfalt in den Vorgehensweisen wird hier versucht, ein Phasenmodell für den Ablauf einer sozialwissenschaftlichen Untersuchung zu demonstrieren. Eine solche Einteilung sozialwissenschaftlicher Untersuchungen in Phasen bietet verschiedene Vorteile. So unterstützt sie die Zeit- und Mittelplanung, verweist, ähnlich der von einem Piloten vor dem Start abzuarbeitenden Checkliste, auf alle wesentlichen Arbeitsschritte, wie etwa auf die unbedingte Notwendigkeit einer Voruntersuchung. Sie kann so, bei aller Differenziertheit der einzelnen Forschungsvorhaben, dazu beitragen, Doppelarbeiten zu verhindern beziehungsweise den gesamten Prozess optimal nach einer gewissen Logik zu gestalten.

Im folgenden Abschnitt 4.1 wird zunächst ein solches Phasenmodell dargestellt und danach wird dieses auf die Dresdner Notwehrbefragung (Abschnitt 4.2) angewandt.

4.1 Phasen eines Empirischen Projekts

Den Ausgangspunkt für eine empirische Studie bildet ein bestimmtes Problem beziehungsweise eine Fragestellung (vergleiche dazu den Abschnitt 3.2). Beispielhaft wurde bereits auf eine Untersuchung verwiesen, welche die Ansichten der Bevölkerung zur Notwehrgesetzgebung in Deutschland ermittelt. Bei anderen Projekten mag es darum gehen, die Determinanten umweltgerechten Verhaltens heraus zu finden, in einer betriebssoziologischen Befragung die Ursachen für die sinkende Arbeitszufriedenheit der Mitarbeiter eines Unternehmens zu erkunden, eine Wahlprognose abzugeben, zu analysieren, welche Medien von welchen Menschen genutzt werden, wer warum in welche Verkehrsmittel steigt, um damit zur Arbeit zu fahren, und so weiter.

Diese Projekte werden zur Lösung eines Problems beziehungsweise zur Klärung einer Fragestellung ein jeweils ganz bestimmtes Design entwickeln und dieses dann schrittweise umsetzen. Nach Diekmann (1999:162) sind dabei fünf Phasen zu unterscheiden. Die Autoren anderer Lehrbücher wie zum Beispiel Kromrey (2002) oder Schnell, Hill und Esser (2000) nehmen eine ähnliche Einteilung wie Diekmann vor: Erstens, die Formulierung und Präzisierung des Forschungsproblems, zweitens, die Planung und Vorbereitung der Erhebung, drittens, die Datenerhebung, viertens, die Datenauswertung und schließlich fünftens, die Berichterstattung.

Solche Einteilungen besitzen naturgemäß einen vor allem heuristischen Charakter und sind deshalb relativ beliebig. In Weiterentwicklung der von Diekmann vorgeschlagenen Systematisierung sollen an dieser Stelle die Phasen einer Untersuchung ergebnisorientiert beschrieben werden. Damit ist gemeint, dass immer dann eine Phase als abgeschlossen gilt, wenn ein bestimmtes Ergebnis – Ökonomen würden eventuell von Zwischenprodukten oder Meilensteinen sprechen – vorgelegt werden kann. In Abhängigkeit von diesem Ergebnis wird dann die nächste Phase in Angriff genommen. Von folgendem Phasenmodell wird ausgegangen:

Erste Phase — Die Erstellung des Projektplanes. Hier kann im Ergebnis je nach Art des Projekts eine Antragstellung an eine Forschungsförderungseinrichtung oder eine Bewerbung auf eine Ausschreibung oder auch ein Konzept für eine Graduierungsarbeit als Zwischenprodukt vorgelegt werden.

Zweite Phase — Die Ausarbeitung des Designs der Untersuchung einschließlich der dazu benötigten Erhebungsinstrumente. Dazu sind die zuvor im Projektplan entwickelten Vorstellungen zu präzisieren und die entsprechenden Instrumente zu erarbeiten.

Dritte Phase — Die Erhebung der Daten im Feld. Diese Phase endet bei quantitativen Studien mit der Erstellung eines maschinenlesbaren Datensatzes.

Vierte Phase — Die Auswertung der Untersuchung, hierzu zählen die Anfertigung von Tabellen, Übersichten, statistischen Berechnungen und so weiter.

Fünfte Phase — Die Dokumentation der benutzten Methodik und die Publikation der Befunde in Form von Aufsätzen, Sammelbänden und ähnlichem bildet den Abschluss des Projekts.

Alle Schritte sind mit einer Reihe an Entscheidungen verknüpft, die der Forscher treffen muss. Jede Entscheidung präzisiert das Forschungsproblem und trägt dazu bei, es empirisch bearbeitbar zu machen. Die erste Phase beinhaltet die Formulierung und Präzisierung des Forschungsproblems. Sie ist abgeschlossen, wenn eine entsprechende Projektbeschreibung vorliegt. Die zweite Phase der Designentwicklung und der Vorbereitung der Erhebung hat zum Ziel, die geeigneten Instrumente, zum Beispiel ein Beobachtungsprotokoll, einen Fragebogen für ein Interview oder ein Codierschema für eine Inhaltsanalyse zu erarbeiten. Die dritte Phase der Datenerhebung endet mit der Erstellung eines maschinenlesbaren Datenfiles, und die vierte Phase der Datenauswertung produziert dann die erforderlichen Tabellen und Graphiken. Schließlich geht es bei der Berichterstattung darum, die Projekterfahrungen zu dokumentieren und die gewonnenen inhaltlichen Befunde zu publizieren, um sie für eine praktische Nutzung zugänglich zu machen. Nun sollen die Phasen im Einzelnen vorgestellt werden.

Erste Phase: die Erstellung des Projektplanes

Um im Rahmen der Erstellung des Projektplanes eine vorgesehene Untersuchung genauer beschreiben zu können, bietet es sich an, zunächst bestimmte Typen solcher Studien zu unterscheiden. Für diese Typisierung werden die folgenden Kriterien benutzt: Erstens wird danach gefragt, ob es sich um eine Grundlagenforschung oder um ein angewandtes Projekt handelt. Zweitens ist entscheidend, ob es ein fremdbestimmtes oder ein vom Forscher selbstinitiiertes Projekt ist. Drittens verdient Beachtung, ob ein exploratives oder ein konfirmatorisches Anliegen mit der Untersuchung verfolgt werden soll. Damit existieren die folgenden Typenpaare.

a. Projekte zur sozialwissenschaftlichen *Grundlagenforschung* und Projekte der *angewandten Forschung*.

Im Rahmen der Grundlagenforschung werden mitunter methodisch anspruchsvolle Neuentwicklungen von Instrumenten und Designs erforderlich. Als Beispiele können Theorievergleiche genannt werden, bei denen es darum geht, die Leistungsfähigkeit beziehungsweise die Erklärungskraft unterschiedlicher theoretischer Modelle zur Aufdeckung eines konkreten Problems empirisch zu ermitteln. Bei solchen komplexen Vorhaben müssen teilweise auch beträchtliche Innovationen in Bezug auf die Methodik der Studie vorgelegt werden.

Projekte der angewandten Forschung können demgegenüber mithilfe mehr oder weniger bewährter methodischer Routinen bearbeitet werden. Beispielsweise können in regelmäßigen Mitarbeiterbefragungen vorliegende methodische Standards eingesetzt werden, um Informationen über das Betriebsklima, die Fluktuationsabsichten und zur Informiertheit über innerbetriebliche Angelegenheiten zu erheben. Aber auch die mit entsprechenden Routinen ausgerüstete Wahlforschung kann zu dieser Kategorie von Projekten gezählt werden. Solche Forschungen liefern zumeist über längere Zeiträume hinweg vergleichbare Daten.

b. Projekte der *Auftragsforschung* weisen andere Besonderheiten auf als *selbstinitiierte Untersuchungen*.

Projekte der Auftragsforschung werden von öffentlichen Einrichtungen wie beispielsweise von Bundesministerien mithilfe von Ausschreibungen öffentlich bekannt gemacht oder an einen bestimmten potenziellen Bewerberkreis gerichtet (vergleiche Abbildung 4.1.1). Aber auch Projekte, die sich im Rahmen einer Graduierungsarbeit bearbeiten lassen und von einem Unternehmen oder einer öffentlichen Einrichtung gefördert werden, zählen zu dieser Kategorie. Hinzu kommen die von Umfrageinstituten der privaten Wirtschaft übernommenen Aufträge. Dabei ist das zu erforschende Problem weitgehend vorgegeben. Sozialwissenschaftler können sich um die Ausrichtung bewerben und müssen dazu beispielsweise die von ihnen benötigten Mittel kalkulieren. Der methodische Spielraum für die Bearbeitung des Projekts ist damit in der Regel relativ klar fixiert. Eine gewisse Schwierigkeit kann daraus resultieren, dass die Auftraggeber einer Studie nicht selbst über ausreichend Erfahrungen verfügen, um das Leistungsvermögen der Empirischen Sozialforschung realistisch einschätzen zu können. Hier befinden sich die Sozialwissenschaftler in der Verpflichtung, gegebenenfalls Aufklärungsarbeit zu leisten. Schließlich können nicht alle an die Sozialforschung herangetragenen Erwartungen von ihr auch eingelöst werden. Dies gilt vor allem auch dann, wenn man die für die Projektarbeit zur Verfügung stehenden Ressourcen berücksichtigt.

Abbildung 4.1.1: Beispiel für einen Ausschreibungstext des Deutsches Jugendinstitut (DJI) zur Durchführung einer Befragung

Durchführung einer Befragung zum Thema „Jugendliche in neuen Lernwelten

Das vom Bundesministerium für Bildung und Forschung geförderte Projekt „Jugendliche in neuen Lernwelten des Deutschen Jugendinstituts befasst sich mit außerschulischen Aktivitäten und Lernprozessen von Jugendlichen. Um zu diesem Thema nähere Informationen zu erhalten, soll eine bundesweite Erhebung bei Schülerinnen und Schülern unterschiedlicher Schulen durchgeführt werden.

Als Befragungszeitraum ist März – April 2002 vorgesehen. Es ist an eine schriftliche Klassenbefragung gedacht, bei der die Klassenstufen 9 bis 12 und damit die Altersgruppe der 15 bis 19-Jährigen im Zentrum stehen. Außerdem sollen bei der Anlage der Untersuchung unterschiedliche Schulformen (Hauptschule, Realschule, Gymnasium und Berufsschule) berücksichtigt sowie eine regionale Differenzierung nach den Kriterien Ost/West sowie Stadt/Land vorgenommen werden.

Der Umfang der Stichprobe soll netto bei mindestens 1000 Befragten liegen, für den Fragebogen sind etwa 60 Fragen, davon 10 offene, vorgesehen.

Genaue Angaben zum Design und zu den geforderten Leitungen sind auf den Internetseiten des DJI zu finden unter: www.dji.de/Forschung/AbteilungFSP1, aktuelle Projekte/Jugendliche in neuen Kernwelten.

Die Angebote sind in einem verschlossenen Umschlag mit dem Hinweis: „Nicht öffnen. Befragungsangebot Schülerstudie" bis zum 6. Jan. 2002 zu richten an: Deutsches Jugendinstitut, z.Hd. Herrn W. Müller, Nockherstr. 2, 81541 München.

Fachliche Auskünfte erteilt Frau Preiß, Tel.: 089/62306-145 oder Herr Dr. Wahler, Tel.: 089/62306-167.

Die Öffnung der Angebote erfolgt am 7. Januar 2002, die Zuschlagfrist endet am 8. Februar 2002.

D J I

Selbstinitiierte Projekte zeichnen sich demgegenüber durch einen größeren Spielraum bei deren Gestaltung aus. Hier kann sich die Fantasie des Forschers freier entfalten. Freilich ist zu beachten, dass die für die Bearbeitung erforderlichen Ressourcen zur Verfügung stehen beziehungsweise eingeworben werden müssen. Neben finanziellen Mitteln ist dabei auch an Sachmittel und an einen entsprechenden Zeitfonds zu denken. Hier spielt dann der zu erstellende Projektplan eine wichtige Rolle.

c. Ebenfalls durch jeweils eine eigene Charakteristik zeichnen sich *explorative* sowie *konfirmatorische* Forschungen aus.

Explorative Studien möchten empirisches Basiswissen für die Bearbeitung eines Problems beschaffen. Damit ist die Vorgehensweise hier zunächst nur wenig strukturiert und unterliegt einem relativ großen subjektiven Einfluss. Als Resultat solcher Projekte liegen dann erste Hypothesen zur Lösung eines Problems vor. Es ist sehr schwierig, den Ablauf solcher Projekte zu formalisieren (vergleiche Abschnitt 3.8). Hier ergeben sich die einzelnen Arbeitsschritte vielmehr jeweils aufgrund der im zuvor gemachten Schritt gewonnenen Erkenntnisse. Gegebenenfalls müssen einzelne Schritte wiederholt werden, andere können entfallen und so weiter.

Bei Projekten der *konfirmatorischen Forschung* werden konkrete Hypothesen nach genauen methodischen Vorschriften getestet. Der subjektive Einfluss der jeweiligen Sozialwissenschaftler ist damit bei der Lösung des Problems entsprechend gering zu halten. Im Ergebnis sind möglichst objektive Aussagen darüber zu erwarten, ob sich die getesteten Hypothesen empirisch bewährt haben oder nicht.

In der weiteren Darstellung des Forschungsablaufs wird der Fokus vor allem auf diese Art der Untersuchungen gerichtet sein.

Für jede (sozial-)wissenschaftliche Untersuchung kommt es darauf an, sich der fachlichen Kritik zu stellen und vor dieser Kritik möglichst zu bestehen. Nur auf diese Weise werden die vorgelegten Ergebnisse einmal Anerkennung und Beachtung finden und damit dazu beitragen können, praktische Entscheidungen zu treffen. Um sich erfolgreich der Kritik stellen zu können, sollten bereits bei der Erstellung des Projektplanes eine Reihe an Regeln befolgt werden.

Die Entscheidung, ein bestimmtes Problem bearbeiten zu wollen, wird aufgrund verschiedener Aspekte zustande kommen. Zunächst kann die Kreativität des betreffenden Forschers eine große Rolle spielen, wenn es darum geht, eine originelle und spannende Fragestellung aufzuwerfen. Für den Fall, dass es gelingt, andere von der Notwendigkeit und von dem Nutzen einer Forschungsidee zu überzeugen, hat das Projekt gute Chancen, die Unterstützung von Fachkollegen – und damit falls erforderlich auch eine Finanzierungsgrundlage – zu finden. Neben der Kreativität des Forschers spielen auch die zu einem bestimmten aktuellen Zeitpunkt gegebenen Umstände eine Rolle. Mitunter ist es besonders attraktiv, sich bietende Möglichkeiten wie zum Beispiel den Zusammenbruch des politischen Systems der DDR, die spontanen Hilfsaktionen aus Anlass von Flutkatastrophen an der Elbe beziehungsweise an der Oder, den Zusammenschluss Europas oder eine aktuell erfolgte Änderung in der Gesetzgebung als Anlass für ein Forschungsprojekt zu nutzen. Auch Kontroversen in der Fachliteratur oder eine Replikation vorliegender Studien beziehungsweise von Untersuchungen aus anderen Regionen können zu einer interessanten Problemstellung führen. Nicht zuletzt lassen sich auch politische und andere öffentliche Diskussionen aufgreifen, wenn es darum geht, Anregungen für die Auswahl eines Forschungsproblems zu finden. Je nach Zeitgeschmack werden Themen wie die Integration von Ausländern, die Überarbeitung des Paragraphen 218, neue Regelungen bei der Gewährung des Arbeitslosengeldes, der Umgang mit Terroristen oder die Wahlerfolge politisch extremer Parteien besonders diskutiert. Daraus resultiert dann ein mehr oder weniger dringendes Bedürfnis, solche Fragen auch einer sozialwissenschaftlichen Bearbeitung zuzuführen.

Um aussagekräftig zu sein, sollten in einem Projektplan bestimmte Eckpunkte der vorgesehenen Untersuchung dargestellt werden. Es ist von Vorteil, wenn es der zu erarbeitende Projektplan außenstehenden Spezialisten ermöglicht, das Forschungsvorhaben einzuschätzen. Eine solche Einschätzung oder Begutachtung orientiert sich unter anderem an der theoretischen Fundierung der Problematik, an den Erfolgschancen, an der Professionalität der Vorgehensweise, an der Kompetenz der Bearbeiter, an den bereits von ihnen vorgelegten Arbeitsergebnissen, am Nutzen der angezielten Problemlösung, an der realistischen Einschätzung der für die Bearbeitung erforderlichen Mittel und so weiter. In Abhängigkeit von der Komplexität der Untersuchung wird der Umfang eines solchen Projektplans unterschiedlich ausfallen. So mag für die Vergabe eines Diplomarbeitsthemas ein relativ kurzes Exposé von drei bis vier Seiten ausreichend sein. Entsprechend umfangreicher fällt demgegenüber die Beantragung eines Sonderforschungsbereichs bei der Deutschen Forschungsgemeinschaft aus.

Für die Ausarbeitung eines Projektplanes existieren mitunter bestimmte formale Anforderungen. So wird zumeist erwartet, dass der Antrag auf einem ausführlichen Literaturstudium basiert, dass die dem Projekt zugrunde liegenden Ideen umfassend dargestellt und dass vorliegende Theorieansätze auf ihre Tragfähigkeit zur Lösung des Problems hin überprüft werden. Auf zwei Aspekte soll besonders verwiesen werden:

Zu beachten gilt es, ob das im Zentrum des Interesses stehende Problem überhaupt mit den Methoden der Empirischen Sozialforschung bearbeitbar ist. Die Beurteilung dieser Frage erfordert eine relativ hohe methodische Kompetenz. So mag es beispielsweise für eine Institution wie das Bundeskriminalamt von größter Wichtigkeit sein, mithilfe einer empirischen Studie die Praxis und die exakte Verbreitung der Schutzgelderpressung in einer Großstadt genauer kennen zu lernen und dafür eine entsprechende empirische Studie auszuschreiben. Der hier sicherlich vorliegende praktische und / oder theoretische Bedarf für eine Bearbeitung garantiert jedoch noch nicht dessen methodische Umsetzbarkeit. So wäre es erforderlich, eine Befragung potenziell betroffener Personen auf der Basis einer Zufallsstichprobe durchzuführen. Sowohl die Stichprobenziehung als auch die Erzeugung einer Motivation zur Teilnahme bei den betroffenen Personen bringen die Empirische Sozialforschung an beziehungsweise hinter die Grenzen ihrer Leistungsfähigkeit. Damit ist die Darstellung der prinzipiellen Bearbeitbarkeit eines Problems wichtiger Bestandteil des Projektplanes.

Im Rahmen der Ausarbeitung des Projektplanes ist außerdem festzulegen, welche die abhängige und welche die unabhängigen Variablen sein werden. Während die abhängige Variable genau jenen Sachverhalt darstellt, für den nach einer Erklärung gesucht werden soll, wird erwartet, dass die unabhängigen Variablen zu einer solchen Erklärung beizutragen vermögen. Beispielsweise könnte von wissenschaftlichem Interesse sein, wie es dazu kommt, dass Menschen zu Hilfeleistungen für eine angegriffene Person bereit sind. Die Fragestellung würde dann lauten: Welche Determinanten müssen vorliegen, damit Personen die Bereitschaft äußern, anderen Personen bei einem Überfall zu Hilfe zu kommen. Als die abhängige Variable wäre hier die von den befragten Personen berichtete Bereitschaft zur Notwehrhilfe zu bestimmen.

Mit der Festlegung der abhängigen Variablen wird die Zielstellung einer Untersuchung weiter präzisiert. Im genannten Beispiel wäre es denkbar, als unabhängige Variable solche Größen wie die Anzahl der an einem Wohnort erfolgten Angriffe auf Personen, das Alter einer Person, deren körperliche Kondition, die vorliegenden Kontrollüberzeugungen, zurückliegende Erfahrungen mit Notwehrhilfe und ähnliches zu bestimmen. Wichtig ist, dass die Bestimmung der unabhängigen Variablen auf der Grundlage der in den Hypothesen enthaltenen Vermutungen (vergleiche Abschnitt 3.4) erfolgt.

Zweite Phase: Die Ausarbeitung des Untersuchungsdesigns und der Erhebungsinstrumente

Nachdem der erste Schritt, die Projektplanung, beispielsweise mit einem Projektantrag oder mit der Bewerbung um die Durchführung einer Auftragsforschung abgeschlossen ist, geht es im zweiten Schritt darum, das Untersuchungsdesign auszuarbeiten und die dazu erforderlichen Erhebungsinstrumente zu erstellen. Auch in diesem Rahmen sind wiederum verschiedene Entscheidungen zu treffen: Es ist zu klären, welche Erhebungsform (zum Beispiel eine Art der Beobachtung, eine Form der Befragung oder eine Inhaltsanalyse) einzusetzen ist. Das Erhebungsinstrument (der Fragebogen, das Beobachtungsprotokoll und so weiter) ist zu erstellen und vor dem Einsatz einem Pretest zu unterziehen. Schließlich ist die Frage zu klären, aufgrund welcher Auswahlprozedur (infrage können etwa eine einfache Zufallsauswahl, eine Klumpenauswahl oder auch eine Quotenstichprobe kommen, vergleiche Abschnitt 5.2) die Erhebungseinheiten ermittelt werden sollen. Nach Abarbeitung der Gesamtheit dieser Schritte liegt dann das Forschungsdesign vor.

Die Ausarbeitung des Untersuchungsdesigns erfolgt im Rahmen des Begründungszusammenhangs. Während in den Entdeckungs- und auch in den – später noch näher zu beschreibenden – Verwertungszusammenhang subjektive Wertungen durchaus eingeflossen sind, soll der Begründungszusammenhang von Vorlieben und anderen persönlichen Präferenzen beispielsweise für einzelne Methoden freigehalten werden. Es kommt darauf an, aus der Vielzahl der im Arsenal der Empirischen Sozialforschung zur Verfügung stehenden Methoden die für die Problemlösung geeignetsten herauszusuchen. Im Idealfall würden unabhängig voneinander agierende Forscher für die Bearbeitung eines bestimmten Problems den Einsatz desselben Designs vorschlagen.

Mit jeder getroffenen Entscheidung für eine bestimmte methodische Variante wird das Universum an Möglichkeiten eingeschränkt und zugleich die empirische Lösung vorangetrieben. Vergleichbar mit einem Trichter, steht zunächst eine breite Palette an methodischen Varianten zur Disposition, diese werden dann immer konkreter ausgearbeitet, eingeengt und führen schließlich zum Design der Untersuchung.

Die Wahl der jeweiligen Untersuchungsform erfolgt natürlich in Abhängigkeit von der zuvor im Projektplan fixierten Problemstellung. Dabei muss es zu einer Optimierung kommen, wobei erstens, die in der Regel bei jeder Untersuchung begrenzten Ressourcen und zweitens, das Erkenntnisinteresse Berücksichtigung finden müssen. Jede Methode bietet nicht nur bestimmte Möglichkeiten für die Problemlösung (und ist zugleich mit bestimmten Grenzen ausgestattet), sie verursacht bei der Anwendung auch bestimmte Kosten. Dabei spielen neben den finanziellen und personellen Kosten vor allem auch die zeitlichen Möglichkeiten einer Untersuchung eine wesentliche Rolle. So mag es für die Lösung einer Forschungsfrage das Beste sein, wenn ein Methodenmix eingesetzt würde, der beispielsweise über einen längeren Zeitraum angesetzte soziale Experimente und parallel dazu verschiedene Beobachtungen vorsähe. Wenn in der Praxis jedoch nur ein begrenzter Zeitraum zur Verfügung steht, um die Befunde zu erarbeiten, wird es zu entsprechenden Kompromissen kommen müssen.

Im Einzelnen sind jeweils Entscheidungen bei der Ausarbeitung der folgenden Unterlagen beziehungsweise Instrumente zu fällen:

- Das ursprüngliche Konzept der Untersuchung, der Projektplan, ist zu spezifizieren. In diesem Zusammenhang sind Arbeitsbegriffe zu definieren, die zu bearbeitenden Hypothesen sind zu erstellen und gegebenenfalls zu konkretisieren und die Fragestellung ist zu operationalisieren (vergleiche dazu die Abschnitte 3.3, 3.4 und 3.5).
- Für die quantitative Untersuchung müssen die entsprechenden Messinstrumente neu erarbeitet beziehungsweise bereits bewährte Instrumente ausgewählt werden. Bei der Entwicklung solcher Instrumente ist auf die Einhaltung der entsprechenden Güteanforderungen zu achten. Beide Probleme werden in den Abschnitten 4.4 und 4.5 diskutiert.
- Das Design der Studie ist in allen Einzelheiten festzulegen. Dabei muss beispielsweise entschieden werden, wie viele Untersuchungszeitpunkte angebracht sind und welche Erhebungsmethoden für die Bearbeitung der Fragestellung geeignet sind, ob beispielsweise ein Labor- oder Feldexperiment vorzunehmen ist. Es ist zu bestimmen, welche Untersuchungsebene für die Problemlösung erforderlich ist. Prinzipiell infrage kommen Studien auf Individual- oder auf Kollektivebene. Auch Mehrebenenuntersuchungen stehen der Empirischen Sozialforschung zur Verfügung und können eingesetzt werden (vergleiche Abschnitt 7). Auf der Individualebene werden in der Regel von einem Individuum Informationen erhoben, beispielsweise über dessen beabsichtigte Wahlentscheidung(en). Auf der Kollektivebene kann es von Interesse sein, wie groß der Anteil an Wählern einer bestimmten Partei am Wohnort des Befragten ist, wie hoch sich dort die Arbeitslosigkeit gestaltet und welchen Anteil Ausländer an diesem Ort an der Gesamtbevölkerung ausmachen. Bei den zuletzt genannten handelt es sich dann um die sogenannten kollektiven Merkmale. In den Abschnitten 4.5, 4.6 und 4.7 werden die infragekommenden Techniken näher vorgestellt.
- Die Untersuchungseinheiten müssen ausgewählt werden. Dabei können – in seltenen Fällen – alle interessierenden Elemente einer Grundgesamtheit untersucht werden, oder aus diesem Universum wird eine Stichprobe gezogen. Die hierfür zur Verfügung stehenden Methoden sind wiederum äußerst vielfältig, sie sollen im Abschnitt 5 diskutiert werden.
- Schließlich sind die eigentlichen Erhebungsinstrumente auszuarbeiten. Neben den bereits genannten Fragebögen und Beobachtungsprotokollen können beispielsweise auch Codierschemata für eine Inhaltsanalyse oder Zeitverwendungsprotokolle infrage kommen (vergleiche die Abschnitte 6 und 7).
- Vor Beginn der eigentlichen Erhebung hat im Rahmen einer Voruntersuchung eine Überprüfung der Instrumente beziehungsweise des gesamten Designs zu erfolgen. Gegebenenfalls sind diese auf der Grundlage der gewonnenen Pretestbefunde zu überarbeiten. Auch hier stehen zahlreiche methodische Varianten zur Verfügung (vergleiche Abschnitt 8), um diese Aufgabe zu bewältigen.

Dritte Phase: Die Erhebung im Feld und die Erstellung des Datensatzes

An die Ausarbeitung des Untersuchungsdesigns und der Erhebungsinstrumente kann sich die eigentliche Datenerhebung – oder auch Feldarbeit – anschließen. Ihr Ziel ist es, mithilfe der gewonnenen Informationen ein Roh-Datenfile zu erstellen. Für die Datenerhebung können die bereits genannten persönlich mündlichen Interviews, standardisierte Beobachtungen, Inhaltsanalysen, nichtreaktive Verfahren und anderes eingesetzt werden. So die Möglichkeit dazu besteht, werden kommerzielle Institute damit beauftragt, diese Arbeit zu übernehmen. Solche Institute verfügen über die notwendige Infrastruktur, etwa über einen im ganzen Land einsetzbaren Interviewerstab, über Labors für Gruppendiskussionen und über zentrale Telefonlabors. Sie liefern den Sozialwissenschaftlern dann das fertige Datenfile inklusive eines Feldberichts. Die Datenerfassung (vergleiche Abschnitt 9) ist zumeist Bestandteil eines solchen Auftrages. Sie erfolgt bei verschiedenen Erhebungsverfahren wie etwa bei telefonischen Interviews oder bei mit Hilfe eines Laptops geführten persönlich-mündlichen Interviews inzwischen maschinell per Computer. Auch eine erste Datenbereinigung sowie eine Fehlerkontrolle können vereinbart werden.

Die Datenerhebung kann aber auch mittels Eigenleistungen zum Beispiel im Rahmen von Forschungsseminaren oder Diplomarbeiten erfolgen. Sollte dieser Weg gewählt werden, so ist gegebenenfalls der Fragebogendruck, Interviewerschulungen, Interviewerkontrollen und ähnliches in dieser Projektphase zu planen und vorzunehmen. Besonders häufig werden qualitative Befragungen in Eigenleistung, das heißt vom jeweiligen Forscher selbst, durchgeführt.

Vierte Phase: Die Datenauswertung

Bei der Datenauswertung können wieder verschiedene Schritte unterschieden werden. Zunächst sollte das Roh-Datenfile, das vom Erhebungsinstitut geliefert wurde, überprüft werden. Zu diesen Überprüfungen zählen beispielsweise die logischen Kontrollen sowie die systematische Behandlung fehlender Werte (vergleiche Abschnitt 9.1). Für den Fall, dass die Datenaufnahme in Verantwortung des Sozialwissenschaftlers gelegen hat, sind dies ohnehin notwendige Arbeiten. Zur Erleichterung der Auswertung ist dann ein Codeplan zu erstellen. Dieser enthält die Bezeichnungen der Variablen und die jeweiligen Antwortmöglichkeiten. Schließlich kann danach die eigentliche Datenanalyse vorgenommen werden. Dazu sind in der Regel Statistikprogramme wie SPSS zu nutzen. Das Ergebnis der Phase der statistischen Datenauswertung sind vor allem Tabellen und Graphiken. Diese werden im nächsten Schritt weiter verarbeitet.

Da die Datenauswertung stark vom Inhalt und den Besonderheiten der jeweiligen Erhebung geprägt sein wird, konnte diese Phase hier nur sehr allgemein beschrieben werden. Fest steht, dass auch hier die Hypothesen eine forschungsleitende Funktion ausüben. Ihre Bearbeitung ist letztlich das Ziel der Datenauswertung.

Fünfte Phase: Die Berichterstattung und Dokumentation

Die konkrete Art der Berichterstattung ist ebenfalls stark abhängig vom Charakter des jeweiligen Projekts. Publikationen in Fachzeitschriften, Graduierungsarbeiten, Forschungsberichte an den jeweiligen Auftraggeber und Expertisen für die praktische Umsetzung der

Befunde sind die wohl häufigsten Formen der Berichterstattung über die Ergebnisse eines Forschungsprojekts.

Empirische Projekte benötigen teilweise beträchtliche Mittel. Zum Beispiel wurden in der ALLBUS-Untersuchung im Jahr 2000 über 3.000 Personen befragt. Dazu waren zwei Jahre Vorbereitungszeit nötig und allein die Erhebungskosten betrugen über 1.000.000 DM. Diese wurden durch die öffentliche Hand finanziert (Koch 2002). Nun liegt es nahe, dass solche Studien für Sekundäranalysen einem möglichst breiten Kreis an Sozialwissenschaftlern zur Verfügung gestellt werden. Aber bereits aus rein wissenschaftlichen Motiven sollte für Außenstehende die Möglichkeit geschaffen werden, die Befunde einer Studie exakt nachzuvollziehen. Damit ist eine genaue Dokumentation aller methodisch relevanten Aspekte der Untersuchung angezeigt. Nicht zuletzt ist zu prüfen, ob der jeweilige Datensatz dem Arbeitsbereich Datenarchiv und Datenanalyse der GESIS, Leibnitzinstitut für Sozialwissenschaften, zur Verfügung gestellt werden sollte.

Im Folgenden sollen nun anhand eines konkreten sozialwissenschaftlichen Projekts die besprochenen Schritte demonstriert werden. Dabei geht es um die Dresdner Notwehr-Befragung 2001/2002.

4.2 Das Beispiel der Dresdner Notwehr-Studie 2001/2002

Zur Veranschaulichung einer Untersuchungsplanung soll diese an einem konkreten Beispiel demonstriert werden. Ein Beispiel ist erstens dazu geeignet, anschaulich jene Aspekte aufzuzeigen, die auch für verschiedene andere sozialwissenschaftliche Untersuchungen Geltung besitzen. Zweitens besitzen solche Beispiele aber immer auch Facetten, die dieses einmalig und unwiederholbar machen. Das Dresdner Notwehr-Projekt (vergleiche Amelung/Häder 1999; Häder/Klein 2003), das hier – stark verkürzt und vereinfacht – weiter vorgestellt werden soll, versteht sich zunächst als Beitrag zur Grundlagenforschung. Es ist außerdem angesiedelt an einem Schnittpunkt zwischen juristischen und soziologischen Interessen. Im Rahmen dieses selbstinitiierten Projekts ging es um die Testung einer Reihe von Hypothesen.

1. Phase: Erstellung des Projektplans

Der Projektplan setzt ein gründliches Literaturstudium voraus. Das Literaturstudium zur Vorbereitung des Dresdner Notwehr-Projekts war vor allem auf drei Schwerpunkte konzentriert: erstens, auf relevante Gerichtsakten, zweitens, auf Handlungstheorien zur Erklärung bestimmter Verhaltensweisen sowie drittens, auf Literatur, die Angaben zur Instrumentenentwicklung enthält. Besonders anregend waren zunächst verschiedene, aus den Gerichtsakten entnommene Informationen. Beispielsweise regten einige Fälle (vergleiche nochmals die Abbildung 3.4.1 auf Seite 40ff.) besonders das Interesse der Forscher an.

Die Idee, die aus dem Literaturstudium erwuchs, war nun, dass die Menschen diese Gesetzgebung nicht kennen und andere Ansichten über Notwehr vertreten als die Rechtsprechung. Dies hätte dann zur Folge, dass das Recht das Verhalten der Menschen nicht regelt, sondern es bestenfalls nur bewertet.

Weiterhin wird von den Juristen mit dem Notwehrrecht der sogenannte Rechtsbewährungsgedanke verbunden. Die Rechtsprechung gibt einer angegriffenen Person große Freiheiten bei der Wahl ihrer Verteidigungsmittel. Damit wird zugleich ein Angreifer weitgehend außerhalb des rechtlichen Schutzes gestellt. Auf diese Weise würde das Rechtssystem eine gewisse Unterstützung durch die mündigen Bürger erfahren. Die Vermutung ist jedoch, dass auch diese Doktrin von den Rechtsunterworfenen nicht angenommen wird. Um solchen Vermutungen nachgehen zu können, wurde es erforderlich, eine Allgemeine Bevölkerungsbefragung zu konzipieren und umzusetzen.

Da die Empirische Sozialforschung über ausreichend Erfahrungen mit der Erhebung von Meinungen und Einstellungen – um solche ging es im Rahmen des Projekts – verfügt, erschien die Bearbeitbarkeit der Fragestellung prinzipiell gegeben zu sein.

Auf der Grundlage dieser Projektidee waren nun die weiteren Schritte zu planen. So mussten die erforderlichen Forschungsmittel beschafft werden, eine umfangreiche Instrumentenentwicklung war notwendig, eine Stichprobe musste gezogen werden, aus vorliegenden sozialwissenschaftlichen Theorieansätzen waren Hypothesen abzuleiten und so weiter.

Als eine abhängige Variable wurde die Zustimmung beziehungsweise Ablehnung einer Handlung bestimmt, bei der sich eine angegriffene Person zur Wehr setzt und dabei dem Angreifer einen mehr oder weniger schweren Schaden zufügt.

Im Abschnitt 3.4 wurden dazu bereits einige Hypothesen vorgestellt, aus denen auch die unabhängigen Variablen ersichtlich werden. Nach der Bewilligung der beantragten Mittel durch die Volkswagenstiftung konnte das Projekt schließlich in die nächste Phase gehen.

2. Phase: Die Ausarbeitung des Untersuchungsdesigns und der Erhebungsinstrumente

Zunächst musste die Konstruktion des Erhebungsinstruments in Angriff genommen werden. Dazu waren die Arbeitsbegriffe zu definieren. So legt beispielsweise das Strafgesetzbuch im § 32 zu Notwehr fest: „(1) Wer eine Tat begeht, die durch Notwehr geboten ist, handelt nicht rechtswidrig. (2) Notwehr ist die Verteidigung, die erforderlich ist, um einen gegenwärtigen rechtswidrigen Angriff von sich oder einem anderen abzuwenden.“ Diesen Bestimmungen wurde bei der Bearbeitung des Projekts gefolgt. Weitere Beispiele für Definitionen aus diesem Projekt wurden bereits im Abschnitt 3.3 vorgestellt.

Die nächsten Entscheidungen mussten im Rahmen der Konzeptspezifikation getroffen werden. So wurde die Grundgesamtheit definiert als die erwachsene Bevölkerung in der Bundesrepublik Deutschland mit deutschen Sprachkenntnissen, die in Privathaushalten mit einem Telefonanschluss lebt.

Als abhängige Variable wurde – wie bereits angedeutet – die Interpretation einer Verteidigungshandlung als gerechtfertigt (oder als nicht gerechtfertigt) bestimmt. Zu den unabhängigen Variablen wurden folgende gezählt: erstens, das angegriffene Gut, hier wurde unterschieden, ob es sich um ein immaterielles Gut, wie etwa die Ehre handelt, um ein materielles Gut (das Eigentum einer Person) oder ob sich der Angriff gegen die Gesundheit beziehungsweise das Leben richtet. Weiter kam zweitens, das bei einem Angriff beschädigte Gut als unabhängige Variable in Betracht. Hier konnte es sich entweder um einen leichten, einen mittelschweren oder um einen schweren Schaden handeln, den der Angreifer hinnehmen musste. Schließlich ist drittens, die Überlegenheit des Angreifers ebenfalls als unabhängige Variable in die Betrachtung einbezogen worden. Hier wurden die Ausprägungen eine Überlegenheit ist erkennbar und eine Überlegenheit ist nicht erkennbar vorgesehen.

Als Erhebungsinstrument sollte eine telefonische Befragung eingesetzt werden. Für diese Befragung mussten Fragen formuliert beziehungsweise Indikatoren entwickelt werden. Zu dieser Operationalisierung sind die aus dem Studium der Gerichtsakten (siehe oben) bekannten Fälle so aufbereitet worden, dass sie (a.) die unabhängige Variable abbildeten und (b.) die Fälle so strukturiert waren, dass sie auch den Zielpersonen am Telefon zu einer Entscheidung vorgelegt werden konnten. Auch dazu ein Beispiel. Aus der oben (vergleiche Abbildung 3.4.1, auf Seite 41, Fall 3) zitierten Fallbeschreibung ist die folgende Frage entwickelt worden:

„Ein Fremder dringt in eine Wohnung ein. Der Wohnungsinhaber verteidigt seine Räumlichkeiten zunächst vergeblich mit einem Spazierstock, danach wehrt er den Eindringling durch einen tödlichen Messerstich ab. Halten Sie das Verhalten des Wohnungsinhabers für gerechtfertigt oder nicht?"

Im nächsten Schritt erfolgte die Konstruktion des gesamten Instruments. Dazu wurde ein Fragebogenentwurf aus einer Anzahl solcher Fallbewertungen zusammengestellt, die demographischen Fragen zur Person wurden ergänzt, an verschiedenen Stellen des Fragebogens wurden zusätzliche Zeitmessungen vorgenommen, um die Dauer der gesamten Erhebung beziehungsweise einzelner Teile abschätzen zu können. Ein professioneller Sprecher wurde gebeten, die Fälle auf ein Tonband zu sprechen (als *.wav Dateien gespeichert), um sie im Interesse einer möglichst hohen Vergleichbarkeit während des Interviews standardisiert einspielen zu können. Eine Rotation der Fälle war vorzunehmen, um eventuelle Reihenfolgeeffekte zu vermeiden (vergleiche im Einzelnen den Abschnitt 6.1.2) und verschiedenes mehr.

Auch im Rahmen der Festlegung der konkreten Untersuchungsform war wieder eine Reihe an Entscheidungen zu treffen. Als Untersuchungsebene wurde die Individualebene bestimmt, das heißt, die Zielpersonen sollten zu ihren persönlichen Ansichten befragt werden. Weiter fiel die Entscheidung auf ein Querschnittdesign, das heißt, die Hypothesen sollten in einer einmaligen Untersuchung überprüft werden. Schließlich war eine nichtexperimentelle Untersuchungsanlage vorgesehen. Künstliche Interventionen – wie beispielsweise bei sozialen Experimenten üblich – waren damit für die Bearbeitung dieser Probleme nicht gefragt.

Auf Basis der Hypothesen und der Definition der Population (siehe oben) war dann das Vorgehen bei der Auswahl der Zielpersonen festzulegen. Eine Totalerhebung war ausgeschlossen, sodass ein geeignetes Stichprobenverfahren gefunden werden musste. Die Wahl fiel zunächst auf eine Version einer Zufallsauswahl. Da die Erhebung als Telefonbefragung stattfinden sollte, war eine entsprechende Stichprobenziehung (vergleiche Abschnitt 5.2.3) einzusetzen. Der Umfang der Stichprobe sollte Analysemöglichkeiten auch für kleine Subpopulationen ermöglichen und damit entsprechend groß sein. Es wurde so geplant, n = 3.500 Fälle zu erheben.

Für die Überprüfung des neu entwickelten Instruments war ein in drei Schritten zu absolvierender Pretest vorgesehen (vergleiche dazu auch Abschnitt 8). Im ersten Schritt wurden die zu bewertenden Fälle den Zielpersonen vorgelesen, dem folgte ein Paraphrasing, bei dem die Teilnehmer dazu aufgefordert wurden, den Text der Frage mit ihren eigenen

Worten zu wiederholen. Der zweite Schritt sah Expertenratings zu den (wahrscheinlich) schwierigsten Indikatoren vor. Nachdem diese ausgemacht wurden, sind sie ebenfalls kognitiv hinterfragt worden. Erst im Rahmen des dritten Schritts erfolgte bei diesem Pretest der Einsatz der Fragen im Rahmen eines telefonischen Interviews. Hier ging es vor allem darum, den für eine computergestützte Telefonbefragung programmierten Fragebogen zu testen und Informationen über die Länge des gesamten Instruments zu erhalten. Damit war dann das Erhebungsinstrument komplett.

3. Phase: Die Erstellung des Datensatzes

Für die telefonische Befragung erging auf der Grundlage der Ergebnisse eines Ausschreibungsverfahrens ein Auftrag an ein kommerzielles Institut (USUMA Berlin). Dieses übernahm alle Schritte bei der Erhebung, die von der Programmierung des CATI-Fragebogens, einschließlich der Festlegung der logischen Kontrollen, über die Ziehung der Stichprobe, die Kontrolle der Interviewer bis hin zur Erstellung eines Feldberichts und des Datensatzes reichten.

4. Phase: Die Datenauswertung

Im folgenden Schritt geht es um den Aufbau eines analysefähigen Datenfiles. Aufgrund der eingesetzten CATI-Technik gestalten sich die Fehlerkontrollen, die Fehlerbereinigung sowie die Datenerfassung nicht als zu aufwendige Arbeitsschritte. Diese wurden ebenfalls in Absprache mit den Veranstaltern der Studie vom Institut USUMA übernommen (vergleiche Abschnitt 6.1.3). Die Gesamtverantwortung für die inhaltliche Datenauswertung lag dann wieder bei den Sozialforschern, die das Projekt initiiert hatten.

Die statistische Datenanalyse, die solche Operationen wie die Bildung von Indizes, die Itemanalyse, die univariate Statistik und die Erstellung von Zusammenhanganalysen beinhaltete (vergleiche Abschnitt 9.2), schloss sich an dieser Stelle an. Aufgrund der Spezifik der einzelnen Analyseschritte ist hier die Angabe einer Standardvorgehensweise nicht hilfreich. Bei der Datenauswertung werden alle Projekte letztlich eigene Wege beschreiten.

5. Phase: Berichterstattung

Eine Berichterstattung wurde zunächst von der Volkswagenstiftung erwartet, die das Projekt gefördert hat. Hier waren ein Zwischenbericht und ein Abschlussbericht erforderlich. Daneben wurde in Publikationen ein Beitrag zur praktischen Umsetzung der Ergebnisse geleistet (vergleiche Amelung 2002, 2003).

4.3 Messen und Indexbildung

4.3.1 Problemstellung

Wie gezeigt, ist die quantifizierende Empirische Sozialforschung darum bemüht, in der sozialen Welt Zusammenhänge aufzudecken. Zu diesem Zweck werden in Form von Hypothesen und unter Verwendung wohldefinierter Begriffe entsprechende Vermutungen zusammengestellt (vergleiche die Abschnitte 3.3 und 3.4). Hypothesen könnten von ihrer logischen Form her so aussehen:

$$U_{1,\dots,}U_n \rightarrow W$$

Das bedeutet, dass der Sachverhalt W, beziehungsweise die abhängige Variable, eintritt, wenn die Sachverhalte U_1 bis U_n, die unabhängigen Variablen, vorliegen. Man hätte es hier mit einer Ursache-Wirkungs-Beziehung zu tun. Eine Verteidigungshandlung wird beispielsweise immer dann als gerechtfertigt bewertet (W), wenn das angegriffene Gut wertvoll ist (U_1), der Angreifer stark überlegen ist (U_2) und das bei der Verteidigung beschädigte Gut (U_3) als weniger wertvoll betrachtet wird. Auch ist es möglich, im Rahmen einer Hypothese lediglich einen Zusammenhang zwischen zwei Größen zu vermuten. Immer dann, wenn ein bestimmter Sachverhalt vorliegt, tritt auch ein anderer Sachverhalt auf.

Im Weiteren sind diese Hypothesen einer empirischen Überprüfung zu unterziehen, es ist also zu ermitteln, ob in der Wirklichkeit tatsächlich der in der Hypothese vermutete Zusammenhang existiert. Um dazu eine entsprechende Aussage treffen zu können, ist es erforderlich, alle in der Hypothese enthaltenen Größen (zum Beispiel $U_{1,\dots,}$ U_n, W) zu quantifizieren beziehungsweise sie zu messen. Zu diesem Zweck müssen komplexe und / oder latente Sachverhalte zunächst operationalisiert – messbar gemacht – (vergleiche Abschnitt 3.5) werden, bevor sie einer Messung unterzogen werden können. Dies geschieht in der Regel dadurch, dass komplexe Sachverhalte in verschieden einfache Dimensionen zerlegt werden. Im Weiteren wird zu erörtern sein, was es in den Sozialwissenschaften bedeutet, einen Sachverhalt zu messen. Danach geht es darum, die einzelnen Resultate solcher Messungen wieder zusammenzufassen und dann die ursprünglich zu messende, komplexe Dimension als einen Zahlenwert (Index) auszudrücken.

4.3.2 Die Prinzipien der Messung

Um die Prinzipien der Messung in den Sozialwissenschaften zu demonstrieren, soll zunächst ein simpler Vergleich herangezogen werden. Würde man die Größe einer Scheckkarte mithilfe eines Lineals vermessen, so stellte man fest, dass dieses Plastikteil etwa 8,5 cm breit und 5,4 cm hoch ist. Dazu muss man lediglich das Lineal, auf dem eine bestimmte Menge Zahlen nach einem bestimmten Prinzip angeordnet ist, auf die zu messende Scheckkarte legen und dann hier das entsprechende Ergebnis ablesen. Später kann man durch Multiplikation noch ermitteln, dass die Größe der Scheckkarte somit 45,9 cm^2 beträgt. Hier handelt es sich um einen trivialen Vorgang. Er enthält jedoch bereits bestimmte charakteristische Schritte, die auch in der Sozialwissenschaft vorliegen müssen, um von einer Messung sprechen zu können.

Messen wird in der Literatur entweder definiert als der Vergleich von etwas Unbekanntem mit einem normierten Bekannten. Dabei erhalten „Ziffern ... die Aufgabe, Eigenschaften zu bedeuten" (Campbell 1952:110). Ähnlich könnte man auch sagen, dass Messen die „Zuordnung von Zahlen zu Objekten oder Ereignissen gemäß Regeln" (Stevens 1959:18) ist. Wenn man also etwa den Mitgliedern einer Fußballmannschaft Zahlen zuordnet, so wäre dies bereits eine Messung. Andere Auffassungen gehen dagegen davon, dass Messen stets an eine gewisse Metrik gebunden sei (Schnell/Hill/Esser 2005:138ff.). Für diesen Fall müssten die Rückennummern der Spieler dann zum Beispiel nach der Anzahl der von den Einzelnen erzielten Treffern vergeben werden, um das Kriterium einer Messung zu erfüllen.

Ein wichtiges Element bei der Diskussion um das Messen betrifft das Verhältnis zwischen dem zu messenden Objekt und der Art und Weise, in der die Messung erfolgen kann. So war die Größenmessung mithilfe eines Lineals trivial: Je größer der zu messende Gegenstand, desto höher fällt die auf dem Lineal abgelesene Zahl aus. So bereitet es auch kein Problem, entsprechend das Alter oder das Einkommen einer Person zu messen: Je älter diese ist oder je höher ihr Einkommen ausfällt, desto höher fällt bei der Messung auch die entsprechende Angabe aus. In den Sozialwissenschaften gilt das Interesse des Forschers jedoch mitunter latenten und komplexen Sachverhalten wie dem Grad an sozialer Integration einer Person, deren Familienstand oder dem Betriebsklima in einer Firma. Nun bestimmen vor allem die Eigenarten dieser Messobjekte das Vorgehen bei deren Messung. Einige Besonderheiten von sozialwissenschaftlichen Messungen sollen näher vorgestellt werden:

Strukturtreue Messungen

Zwischen dem zu messenden Objekt und den diesem Objekt zugewiesenen Zahlen können unterschiedliche Beziehungen bestehen. Unter bestimmten Voraussetzungen kann es sich um eine strukturtreue Abbildung handeln. Solche Abbildungen setzen voraus, dass sich das zu messende Objekt nach einem System ordnen lässt. Während es prinzipiell denkbar ist, den Grad an sozialer Integration einer Person in ein System von sehr hoch bis nicht vorhanden einzuordnen, würde sich dies bei einem Messobjekt Familienstand nicht realisieren lassen. Damit haben wir es nur im ersten Fall mit einer strukturtreuen Abbildung zu tun. Eine strukturtreue Abbildung des Familienstandes ist dagegen nicht möglich.

Zwar ist es denkbar, den verschiedenen Ausprägungen des Familienstandes ebenfalls entsprechende Zahlenwerte zuzuordnen, beispielsweise ledig den Wert eins, verheiratet und zusammenlebend den Wert zwei, verheiratet, getrennt lebend den Wert drei, geschieden den Wert vier und schließlich verwitwet den Wert fünf. Jedoch verbirgt sich hinter den Zahlen eins bis fünf keine Ordnung, die aus dem zu messenden Objekt resultieren könnte. Anders verhält es sich, wenn man einem niedrigen Grad an sozialer Integration einer Person in ein System, einen kleinen und einem hohen Grad an sozialer Integration einer Person einen entsprechend großen Wert zuordnet. Eine strukturtreue Messung setzt also voraus, dass die gemessenen Objekte geordnet werden können. Entsprechend geordnet werden dann auch jene Ziffern, die den Bedeutungen zugeordnet werden. Dies ist beim Messobjekt Familienstand nicht der Fall.

Auch ist die Forderung, „möglichst viele der zu untersuchenden Erscheinungen einer metrischen Erfassung zugänglich zu machen" (Schreiber 1975:279) zu pauschal und dahingehend zu relativieren, doch besser zunächst zu prüfen, welchen Charakter das zu messende Objekt besitzt.

Empirisches und numerisches Relativ

Weiter soll unterschieden werden zwischen einem empirischen Relativ und einem numerischen Relativ. Ein *empirisches* Relativ stellt eine Menge von Objekten dar, über die eine Relation definiert wird. So kann man eine Menge von Personen (hier die zu ordnenden Objekte) nach verschiedenen Kriterien aufreihen, beispielsweise nach ihrer Körpergröße, nach ihrem Einkommen oder nach dem Grad ihrer Lebenszufriedenheit. Ein *numerisches* Relativ, beispielsweise eine Skala – stellt eine Menge von Zahlen dar, über die eine Relation definiert wird. Hier kann es sich beispielsweise um Zahlenwerte handeln, die den Grad an Lebenszufriedenheit ausdrücken, wobei eine niedrigere Zufriedenheit mit einer kleineren und ein höherer Grad an Zufriedenheit mit einer entsprechend größeren Zahl ausgedrückt werden. Um auf das triviale Beispiel von oben zurück zu kommen: das empirische Relativ wäre hier die Scheckkarte und das numerische Relativ das Lineal, das eine bestimmte Menge an Zahlen enthält. Später (vergleiche Abschnitt 4.4) wird zu zeigen sein, wie solche Instrumente, die Linealen ähneln, bei sozialwissenschaftlichen Untersuchungen konstruiert werden können.

Beim Messen kommt es nun darauf an, die im empirischen Relativ vorhandene Ordnung entsprechend im numerischen Relativ auszudrücken. Es wäre also völlig unsinnig etwa eine geringe Integration einer Person in ein soziales System mit dem Wert 15, einen mittleren Grad an Integration mit dem Wert Null und einen entsprechend hohen Grad mit dem Wert acht zu bezeichnen. Bei einer strukturgetreuen Abbildung würden also kleine Werte einen entsprechend geringeren Grad an Integration bedeuten – und entsprechend umgekehrt.

Testtheorie und Messfehler

Eine weitere Annahme, die bei Messungen gemacht wird, betrifft die auftretenden Messfehler. In der Testtheorie wird dargestellt, unter welchen Voraussetzungen man davon ausgehen kann, dass die Messfehler minimiert werden. Die Grundannahme ist, dass überhaupt ein wahrer Wert des unbeobachtbaren theoretischen Konstrukts existiert. Es kann sich beispielsweise um einen bestimmten Grad an Akzeptanz gegenüber einer Verteidigungshandlung handeln, die eine Person vertritt. Dies ist dann der so genannte wahre Wert beziehungsweise True Score oder abgekürzt T. Weiter wird angenommen, dass mithilfe eines entsprechenden Messinstruments ein Wert ermittelt wird. Der beobachtete Wert soll mit X bezeichnet werden. Er gibt den wahren Wert jedoch nur in etwa an. Deshalb geht die Testtheorie davon aus, dass der beobachtete Wert mit einem bestimmten Messfehler behaftet ist. Dieser wird mit E (Error) abgekürzt. Damit setzt sich der beobachtete Wert additiv aus dem wahren Wert und dem Messfehler zusammen. Es gilt damit:

$$X = T + E$$

Der Messtheorie liegt die Idee zugrunde, dass die Messfehler (E) bei vielen Messungen um den wahren Wert streuen. Mit anderen Worten, es kommt vor, dass die Messungen zufällig in beide Richtungen vom wahren Wert abweichen. Der Erwartungswert des Messfehlers –

er soll $\mu(E)$ genannt werden – ist damit null, vorausgesetzt, dass es genügend viele Messungen gibt und, dass die Abweichungen stets zufällig erfolgen. Es gilt somit:

$$\mu(E) = 0$$

Stellt man sich einen Interviewer vor, der die Antworten seiner Zielperson als Zahlenwerte in eine Liste einträgt, so kommt es unter Umständen vor, dass er – selbstverständlich ohne Absicht – einmal einen zu großen und einmal einen zu kleinen Wert notiert. Diese Fehler sind nicht systematisch, sondern gleichen sich gegenseitig aus. Es gilt damit:

$$T = \mu(X)$$

Dies bedeutet, dass der wahre Wert bei ausreichend vielen Interviews mit dem Erwartungswert der Messungen identisch ist. Wiederum wird vorausgesetzt, dass die Summe der Messfehler null ist. Sobald jedoch beispielsweise ein Interviewer systematisch auf die befragte Person einwirkt und auf diese Weise bei ihr sozial erwünschte Antworten provoziert oder sobald das Messinstrument nicht einwandfrei funktioniert, wäre diese Annahme verletzt. Einige weitere Annahmen müssen ergänzend gemacht werden:

- Der wahre Wert und der Messfehler korrelieren nicht miteinander. Wenn beispielsweise der Grad an Integration einer Person in ein soziales System gemessen werden soll, so muss bei jedem Grad an Integration der gleiche Messfehler auftreten. Die obige Grundannahme wäre also verletzt, wenn das Messinstrument zum Beispiel bei einer extrem niedrigen Integration zu anderen Fehlern neigt als bei einer anderen Konstellation. Nimmt man als ein anderes Beispiel die Frage nach dem Einkommen einer Person. Hier wäre diese Annahme verletzt, wenn bei Personen mit höherem Einkommen andere Messfehler auftreten als bei Personen mit einem niedrigen Einkommen.
- Weiter muss vorausgesetzt werden, dass die Messfehler bei wiederholten Messungen nicht miteinander korrelieren. Ein hoher Messfehler zu einem Zeitpunkt darf noch nichts über den zu einem anderen Zeitpunkt zu erwartenden Fehler aussagen. Um beim Abfragen des Einkommens zu bleiben: Angenommen, bei einer ersten Auskunft einer Person wird – versehentlich – ein zu hohes Einkommen angegeben. Würde nun bei einer wiederholten Abfrage – nun jedoch absichtlich – genau diese Angabe repliziert werden, weil sie beispielsweise bemüht ist, konsistent zu antworten und sich an ihre letzte Antwort erinnert, so wäre auch diese Annahme verletzt.
- Die letzte Annahme lautet: Es darf keinen Zusammenhang zwischen dem Messfehler einer ersten Messung und dem wahren Wert einer zweiten Messung mit dem gleichen Messinstrument geben.

4.3.3 Die Indexbildung

Einen Index kann man – quasi auswertungstechnisch – definieren als eine Variable, die sich aus der Rechenoperation mehrerer anderer Variablen ergibt.

Im Anschluss an die Messung eines Sachverhalts geht es häufig darum, die einzelnen gemessenen Werte aufeinander zu beziehen. So könnte man beispielsweise die Größe der oben bereits in ihrer Länge und Breite vermessenen Kreditkarte nun mit dem Produkt aus den beiden Größen Länge und Breite (= 45,9 cm^2) angeben.

Solche Zusammenfassungen einzelner Messergebnisse zu Indizes sind besonders dann sinnvoll, wenn man es mit komplexen, multidimensionalen Sachverhalten zu tun hat. Solche komplexen Sachverhalte müssen in der Regel mithilfe einer größeren Anzahl an Indikatoren erhoben werden. Entsprechend umfangreich sind die dadurch erhaltenen Informationen. Bei der Indexbildung werden diese Informationen wieder reduziert beziehungsweise es erfolgt eine Zusammenfassung der einzelnen über den komplexen Sachverhalt gewonnenen Informationen.

Die Ökonomie hat verschiedene Beispiele geliefert, wie das Problem der Messung komplexer Sachverhalte und deren anschließende Verdichtung zu einem Index gelöst werden kann. Erinnert sei beispielsweise an den Kaufkraftindex, der dazu dienen kann, verschiedene Länder zu vergleichen beziehungsweise dazu benutzt werden kann, um Entwicklungstrends der Kaufkraft innerhalb eines Landes aufzuzeigen. Dabei wird wie folgt vorgegangen:

„Für die Messung der Preisentwicklung notieren rund 600 Preiserheber in 188 Gemeinden Monat für Monat die Preise der gleichen Produkte in denselben Geschäften. Zusätzlich erfolgt für viele Güterarten eine zentrale Preiserhebung, beispielsweise im Internet oder in Versandhauskatalogen. Insgesamt werden so monatlich über 300 000 Einzelpreise erfasst. Ein einmal für die Preisbeobachtung ausgewählter Artikel wird dann gegen einen anderen ausgetauscht, wenn er nicht mehr oder nur noch wenig verkauft wird. Beim Preisvergleich werden auch Mengenänderungen einbezogen. Verringert zum Beispiel ein Anbieter die Verpackungsgröße eines Produktes bei gleich bleibendem Preis, so wird dies in der Preisstatistik als Preiserhöhung verbucht. Weiterhin werden auch Qualitätsänderungen berücksichtigt – zum Beispiel bei Gütern mit technischem Fortschritt. Für die Preismessung werden die Anschaffungspreise einschließlich Umsatzsteuer (Mehrwertsteuer) und Verbrauchssteuern beobachtet“[1].

Im Ergebnis dieser relativ komplizierten Prozedur kann nun von einer Preisveränderung in Höhe eines bestimmten Prozentsatzes gesprochen werden.

Verschiedene Schritte des Vorgehens sind typisch und auf sozialwissenschaftliche Probleme übertragbar. So ist es zunächst günstig, wenn die Preise möglichst zahlreicher Güter im Rahmen dieser Zählung registriert werden, um zu verhindern, dass zufällige Sonderangebote ein verfälschtes Bild liefern. Entsprechend würde man für die Erhebung des Grades der Integration einer Person in ein soziales System auch eine ganze Reihe an Fragestellungen benutzen, um den Anteil zufälliger Messfehler zu verringern. Auch die Erhebung jeweils zur Monatsmitte ist ein interessanter methodischer Aspekt, der garantiert, dass die ermittelten Indexwerte zeitlich vergleichbar sind. Die Erhebung in verschiedenen Regionen verhindert, dass die Besonderheiten einzelner Gebiete nicht zu stark zum Tragen kommen. Die Auswahl ganz bestimmter Waren und Dienstleistungen trägt dazu bei, dass sich die Befunde verallgemeinern lassen.

Drei Schritte lassen sich bei der Indexbildung generell unterscheiden:

---

1 Quelle: http://www.destatis.de/jetspeed/portal/cms/Sites/destatis/Internet/DE/Presse/abisz/VPI,templateId=renderPrint.psml, letzter Aufruf am 07.04.2009

1. Die Bestimmung des komplexen Problems, der mithilfe eines Index' dargestellt werden soll, hier zum Beispiel die Entwicklung der Kaufkraft.
2. Die Operationalisierung dieses Sachverhalts und die Ableitung einer (größeren) Anzahl an Indikatoren, hier wird nach 750 Waren und Dienstleistungen gefragt. Damit erfolgt dann die eigentliche Messung. Die Zusammenfassung der Ergebnisse in Form eines Index und damit wiederum die Reduktion der Informationsvielfalt, hier über die zahlreichen einzelnen Waren zu einem gemeinsamen Wert.

Ähnliche Beispiele für die Anwendung von Indices sind:

- Der *Human-Development-Index*: Dieser möchte allgemein die Lebensverhältnisse in einem Land erfassen. Dazu werden die Lebenserwartung bei der Geburt eines Menschen, die Alphabetisierungsrate, das Pro-Kopf-Sozialprodukt eines Landes sowie die Einschulungsrate der Bevölkerung in Grund-, Sekundär- und Hochschulen miteinander in Verbindung gebracht.[2]
- Die *Noten* einer Multiple-Choice-Klausur: Der komplex zu erfassende Sachverhalt ist hier der Leistungsstand einer Person. Dazu wird zunächst eine relativ große Anzahl an Fragen gestellt, um den Zufall möglichst gering zu halten. Hier können die Gewichte der einzelnen Fragen beziehungsweise die dabei jeweils zu erzielenden Punkte variieren. Eine richtige Antwort auf eine schwierige Frage sollte mehr Punkte ergeben als eine richtige Antwort auf eine leichte Frage. Die Gesamtnote, der Index, ergibt sich dann aus der Addition der erzielten Punkte und deren Übertragung nach einem bestimmten Schema.
- Der *Schichtungsindex* (vergleiche Scheuch/Daheim 1970:102f.) fasst die Dimensionen Bildung, Einkommen und Berufsposition zusammen und hat sich zum Ziel gestellt, den Sachverhalt Sozialprestige zu erheben (für weitere Hinweise zur Bildung dieses Index' vergleiche auch Schnell/Hill/Esser 2005:170).
- In den Sozialwissenschaften hat außerdem der *Inglehart-Index* Bekanntheit erlangt. Dieser Index möchte für entwickelte westliche Industriestaaten darüber Auskunft geben, wie der Wertewandel verläuft. Dazu werden das zahlenmäßige Verhältnis von Menschen mit materialistischen und solchen mit postmaterialistischen Wertehaltungen ausgewiesen. Die Operationalisierung sieht dazu in der Kurzform des Instruments die Bewertung von vier Aussagen vor. Anhand der Antworten wird dann der Anteil an Materialisten und Postmaterialisten ermittelt. Schließlich ergibt sich der eigentliche Index aus der Subtraktion beider Werte.

Tabelle 4.3.1 zeigt die festgestellte Beantwortung der Wertefragen nach Inglehart[3], die Tabelle 4.3.2 die dabei ermittelten Anteile an Materialisten und Postmaterialisten sowie die Tabelle 4.3.3 den daraufhin gebildeten Index. Grundlage sind die Ergebnisse der ALLBUS-Studien (vergleiche Abschnitt 6.1.4) 1980 bis 2006 für in Westdeutschland lebende deut-

2 Quelle: http://www.bpb.de/themen/26G2CN,0,0,Human_Development_Index_(HDI).html, besucht am 15. April 2009.

3 Der Fragetext lautete: Auch in der Politik kann man nicht alles auf einmal haben. Auf dieser Liste finden Sie einige Ziele, die man in der Politik verfolgen kann. Wenn Sie zwischen diesen verschiedenen Zielen wählen müssten, welches Ziel erschiene Ihnen persönlich am wichtigsten? A Aufrechterhaltung von Ruhe und Ordnung in diesem Land, B Mehr Einfluss der Bürger auf die Entscheidungen der Regierung, C Kampf gegen die steigenden Preise, D Schutz des Rechtes auf freie Meinungsäußerung

sche Staatsbürger beziehungsweise für in den alten Bundesländern lebende deutsche Staatsbürger. Das Vorgehen orientiert sich an dem oben vorgestellten Muster.

1. Schritt, Festlegung des abzubildenden Sachverhaltes: Entwicklungsstand einer westlichen Industriegesellschaft anhand der Wertehaltungen der Bürger.
2. Schritt, Operationalisierung und Entwicklung von geeigneten Fragetexten.
3. Schritt, Zusammenfassung der Ergebnisse: a) Ermittlung der Anteile an Materialisten und Postmaterialisten, b) Subtraktion und Darstellung der Indizes.

Tabelle 4.3.1. Die Beantwortung der Inglehart-Fragen durch die westdeutsche Bevölkerung in den ALLBUS-Studien seit 1980[4]

Wichtigkeit von A, Ruhe und Ordnung

Rang	1980	’82	´84	´86	´88	´90	´92	´94	´96	´98	2000	´02	´04	´06
1	48	51	39	46	41	37	36	41	40	41	38	31	32	34
2	22	21	23	19	20	23	23	24	23	25	26	27	28	22
3	15	14	18	20	21	21	24	21	23	21	23	28	26	26
4	15	14	20	15	18	19	17	14	14	13	13	14	15	18
Gesamt	100	100	100	100	100	100	100	100	100	100	100	100	100	100

Wichtigkeit von B, Bürgereinfluss

Rang	1980	’82	´84	´86	´88	´90	´92	´94	´96	´98	2000	´02	´04	´06
1	16	16	24	26	25	35	32	35	31	28	36	31	37	33
2	25	25	22	28	25	24	26	28	30	25	28	26	24	26
3	27	29	27	26	28	24	23	23	26	29	23	28	23	24
4	32	30	27	20	22	17	19	14	13	18	13	15	17	17
Gesamt	100	100	100	100	100	100	100	100	100	100	100	100	100	100

Wichtigkeit von C, Inflationsbekämpfung

Rang	1980	’82	´84	´86	´88	´90	´92	´94	´96	´98	2000	´02	´04	´06
1	21	19	18	8	9	7	13	9	6	12	7	15	15	16
2	33	33	26	19	21	18	27	21	18	21	15	19	22	23
3	27	25	29	28	29	33	28	30	28	24	25	21	25	22
4	19	23	27	46	41	42	32	40	48	43	53	45	38	39
Gesamt	100	100	100	100	100	100	100	100	100	100	100	100	100	100

Wichtigkeit von D, freier Meinungsäußerung

Rang	1980	’82	´84	´86	´88	´90	´92	´94	´96	´98	2000	´02	´04	´06
1	16	14	20	21	26	22	20	17	23	20	19	24	17	18
2	21	22	29	34	34	34	25	27	29	30	31	28	27	30
3	31	31	25	26	22	21	24	25	23	25	29	23	26	26
4	32	33	26	19	18	21	31	31	25	25	21	25	30	26
Gesamt	100	100	100	100	100	100	100	100	100	100	100	100	100	100

4 Die nach dem ADM-Design erhobenen Daten wurden transformationsgewichtet (vergleiche Abschnitt 5.8).

Tabelle 4.3.2: Anteile an Materialisten und Postmaterialisten (nach Inglehart) in der westdeutschen Bevölkerung seit 1980[5]

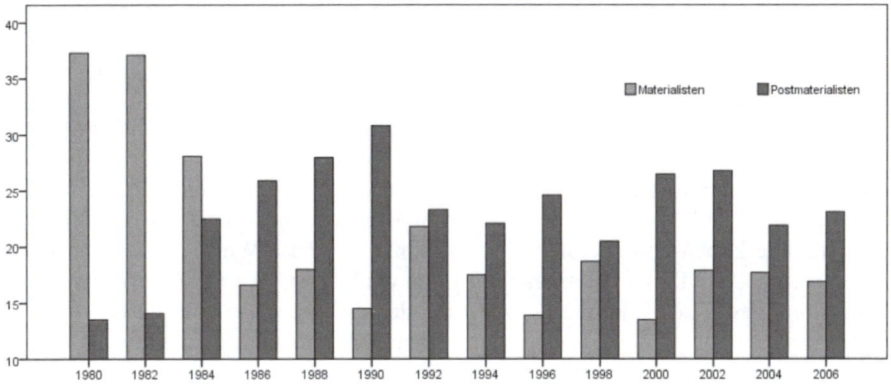

Tabelle 4.3.3: Differenz zwischen dem Anteil an Materialisten und Postmaterialisten (nach Inglehart) in der westdeutschen Bevölkerung seit 1980

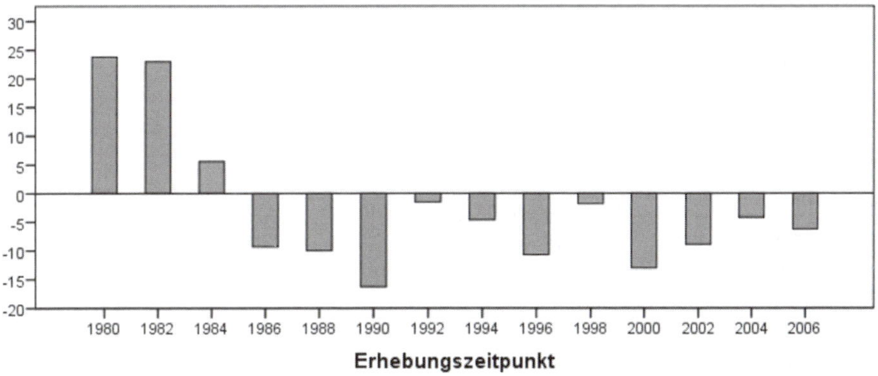

Auf verschiedene Probleme im Zusammenhang mit der Bildung von Indizes ist zu verweisen: Voraussetzung für die erfolgreiche Bildung ist die möglichst vollständige und erfolgreiche Operationalisierung des komplexen Sachverhalts. So kam es bei der Bildung des Kaufkraftindexes darauf an, gezielt bestimmte – typische – Waren und Dienstleistungen auszuwählen. Auch der Erfolg der Bildung eines Index' zu den Wertehaltungen hängt davon ab, ob die abgeleiteten Indikatoren den gesuchten Sachverhalt erstens vollständig abdecken. Zweitens ist zu gewährleisten, dass alle Indikatoren auch nur diesen einen Sachverhalt erfassen. So stellt sich beispielsweise bei den Indikatoren des Inglehart-Index' die Frage, inwieweit tatsächlich über einen längeren Zeitraum stabile Wertehaltungen abgefragt und nicht unter Umständen auch tagesaktuelle Einstellungen damit erfasst werden (verglei-

5 Eine materialistische Wertehaltung liegt vor, wenn die Vorgaben A und C auf den Rängen eins und / oder zwei genannt wurden. Eine postmaterialistische Wertehaltung liegt vor, wenn die Vorgaben B und D auf den Rängen eins und / oder zwei genannt werden. Bei den zu 100 Prozent fehlenden Werten handelt es sich um die so genannten Mischtypen.

che Hollerbach 1998). Drittens gilt es zu entscheiden, mit welchem Gewicht die Ergebnisse der einzelnen gemessenen Variablen in die Bildung des Index' einbezogen werden. Beim Kaufkraftindex stellt sich die Frage, mit welchem Gewicht beispielsweise die Preise für Schokoriegel und für Wohnungsmieten miteinander verrechnet werden. Beim Inglehart-Index gehen alle vier Vorgaben gleichgewichtig in die Bildung des Index' ein.

Schnell, Hill und Esser (2005:170ff.) zeigen insgesamt vier Möglichkeiten für die Indexkonstruktion: Indizes können additiv gebildet werden. Dazu werden die entsprechenden Variablenwerte lediglich addiert. Es kann sich um multiplikative Indizes handeln. Diese nehmen den Wert Null an, sobald ein einzelnes Merkmal – ein Faktor – als nicht vorhanden gewertet wird. Denkbar wäre ein solches Vorgehen beispielsweise bei der Bildung eines Index' für die Lebenszufriedenheit. Dabei könnte auf diese Weise ein Lebensbereich behandelt werden, der für den Befragten völlig unwichtig ist (Wert Null). Weiter besteht die Möglichkeit, gewichtete additive Indizes zu bilden. So kann man mithilfe von Experteneinschätzungen oder durch Faktoranalysen die einzelnen erhobenen Werte jeweils verschieden stark in den Index einfließen lassen.

Die abschließend möglicherweise auftretende Frage, inwieweit nun der gebildete Index auch richtig ist, lässt sich in dieser Form nicht beantworten. Verschiedene Schritte der Indexkonstruktion sind durch die zugrunde liegende Theorie bestimmt worden. Außenkriterien, die eine objektive Überprüfung des Vorgehens ermöglichen, stehen in der Regel nicht zur Verfügung. Damit muss die Nutzung der Indizes darüber entscheiden, ob sie zu einem Erkenntniszuwachs beitragen können.

Zusammenfassung

Bei der Operationalisierung (vergleiche Abschnitt 3.5) wurden zunächst komplexe und / oder latente Sachverhalte nach bestimmten Anweisungen zerlegt und damit überhaupt erst messbar gemacht. Das Ergebnis war eine bestimmte Menge an Indikatoren. In diesem Abschnitt wurde nun beschrieben, was es bedeutet, diese Sachverhalte zu messen. Außerdem wurde mit der Indexbildung behandelt, wie der Weg zurück von der Indikatorenbatterie zum komplexen Sachverhalt gegangen werden kann.

Im Weiteren werden nun die Skalierungsverfahren behandelt, mit deren Hilfe solche Messungen bei empirischen Untersuchungen realisiert werden können.

4.4 Skalen und Skalierungsverfahren

Der Skalenbegriff wird in der Empirischen Sozialforschung unterschiedlich benutzt. In einer weiter gefassten Bedeutung werden Instrumente zur empirischen Erhebung eines bestimmten Sachverhalts als Skalen bezeichnet. Darin eingeschlossen sind dann bei einer Befragung sowohl ein bestimmter Fragetext, die den zu befragenden Personen präsentierten Antwortvorgaben sowie schließlich eventuelle Hinweise für die Interviewer. Ein solcher Gebrauch des Skalenbegriffs wurde wahrscheinlich nicht zuletzt durch das ZUMA-Skalenhandbuch unterstützt. Dieses enthält und dokumentiert Instrumente zur Erhebung besonders relevanter sozialwissenschaftlicher Fragestellungen wie etwa Ingleharts Materialismus-Postmaterialismus-Skala (vergleiche Abschnitt 4.3).[6]

Im engeren Sinne sind Skalen die numerischen Relative, die dazu dienen, ein empirisches Relativ abzubilden. In dieser engeren Bedeutung wird der Skalenbegriff auch an dieser Stelle benutzt. Es geht in diesem Abschnitt darum, verschiedene Skalentypen zu unterscheiden. Sodann soll das Interesse jenen Verfahren gelten, mit deren Hilfe Skalen erarbeitet werden können.

4.4.1 Die unterschiedlichen Mess- (Skalen-)niveaus

Es wurde bereits dargestellt, dass es bei einer Messung darum geht, eine strukturgetreue Abbildung des empirischen Relativs vorzunehmen. Damit bestimmt das Objekt der Messung wesentlich den Charakter des numerischen Relativs. Um diesen Sachverhalt noch weiter zu verdeutlichen, werden einige in den Sozialwissenschaften benutzte Fragestellungen vorgestellt und dabei die verschiedenen Skalentypen diskutiert. In den Abbildungen 4.4.1 bis 4.4.4 werden vier verschiedene Fragen gezeigt. Alle entstammen der ALLBUS-Untersuchungsreihe.

Die Frage in Abbildung 4.4.1 enthält eine Nominalskala. Die Ziffern dieser Skala dienen dazu, die einzelnen Wohnungsarten voneinander zu unterscheiden. Außer dieser Unterscheidung ist es nicht möglich, weitere Relationen der Wohnungsarten abzubilden. Es lässt sich nur Gleichheit und Ungleichheit interpretieren. Somit liegt eine einfache Klassifikation vor, die lediglich zwischen gleich und nicht gleich unterscheidet. Wichtig ist, dass alle Wohnungsarten eingeordnet werden können und, dass jede Wohnungsart nur einer Kategorie zugeordnet werden kann. Entsprechend dem Charakter des abzubildenden Merkmals werden Nominalskalen zum Beispiel auch bei der Klassifizierung des Familienstandes, von Freizeitaktivitäten und ähnlichem benutzt.

Die Bildung des arithmetischen Mittels ist nicht zulässig. Angegeben werden kann der Modalwert. Er sagt aus, bei welcher Kategorie die größte Häufigkeit festgestellt werden kann. Danach wohnten 1980 in Westdeutschland die meisten Befragten in einem eigenen Haus.

In Abbildung 4.4.2 kommt eine Ordinalskala zum Einsatz. Diese zeichnen sich gegenüber Nominalskalen dadurch aus, dass bei dem zu messenden Objekt zusätzlich eine Rangordnung empirisch interpretierbar wird. Diese Rangordnung muss in der Skale entsprechend durch Zahlenwerte ausgedrückt werden. Während es bei der Nominalskala ohne weiteres möglich wäre, die benutzten Zahlen zu vertauschen, besteht hier diese Möglichkeit nicht.

6 Das ehemalige ZUMA-Skalenhandbuch wurde inzwischen (treffender) in Zusammenstellung Sozialwissenschaftlicher Items und Skalen (ZIS) umbenannt, ausgebaut beziehungsweise erweitert und steht unter folgender URL zur Verfügung http://www.gesis.org/dienstleistungen/methoden/spezielle-dienste/zisehes/download-zis/?0=: aufgerufen am 07.04.2009.

Abbildung 4.4.1: Frage nach der Wohnung der Zielperson und die entsprechende Randverteilung der Antworten (Quelle: ALLBUS 1980, n = 2.953)[7] Angaben in Prozent

Die nächste Frage bezieht sich auf die Wohnung, in der Sie bzw. Ihre Familie hier wohnen. Sagen Sie mir bitte, was von dieser Liste auf Sie bzw. Ihre Familie zutrifft.

(Interviewer: Liste vorlegen. Nur eine Angabe möglich)

01.	zur Untermiete	4
02.	in einer Dienst-/ Werkswohnung	1
03.	in einer Mietwohnung des sozialen Wohnungsbaus	16
04.	in einer Mietwohnung (nicht sozialer Wohnungsbau), in gemieteter Eigentumswohnung	31
05.	in einem gemieteten Haus	3
06.	in einer Eigentumswohnung (Eigen- oder Familienbesitz)	7
07.	im eigenen Haus (oder dem Haus der Familie)	37
08.	Andere Wohnform, welche?	1
97.	Verweigert	1 (M[8])
99.	Keine Angabe	1 (M)

Abbildung 4.4.2: Frage nach der subjektiven Schichteinstufung und die entsprechende Randverteilung der Antworten (Quelle ALLBUS 1980, n = 2.841) Angaben in Prozent

Es wird heute viel über die verschiedenen Bevölkerungsschichten gesprochen. Welcher Schicht rechnen Sie sich selbst eher zu: Der Unterschicht, der Arbeiterschicht, der Mittelschicht, der oberen Mittelschicht oder der Oberschicht?

1. Unterschicht	1
2. Arbeiterschicht	29
3. Mittelschicht	59
4. Obere Mittelschicht	9
5. Oberschicht	1
6. Keiner dieser Schichten (Int.: Nicht vorlesen)	1
7. Einstufung abgelehnt (Int.: Nicht vorlesen)	54 (M)
8. Weiß nicht	59 (M)
9. Keine Angabe	1 (M)

Der Median gilt als zulässiger Mittelwert. Er trennt die unteren und die oberen 50 Prozent der Antworten und liegt 1980 bei der Mittelschicht. Die Abstände zwischen den Skalenwer-

7 Der Datensatz des ALLBUS 1980 ist beim GESIS Leibnitz-Institut für Sozialwissenschaften erhältlich. Die Studien Nr. lautet 1000.

8 Der Buchstabe M weist hier darauf hin, dass diese Werte als Missung (vergleiche auch Abschnitt 9.1) behandelt werden. Sie sind bei der Addition der gültigen Fälle nicht berücksichtigt worden.

ten 1 – 2 – 3 – ... sind jedoch nicht interpretierbar. Entsprechend dem zu messenden Objekt wird lediglich eine Hierarchie unterstellt. Es kann nicht davon ausgegangen werden, dass etwa zwischen der Arbeiterschicht und der Mittelschicht der gleiche Abstand besteht wie zwischen der Oberen Oberschicht und der Oberschicht.

Zu beachten ist an dieser Stelle, dass wiederum alle möglichen Antworten eingeordnet werden können. Dazu ist es erforderlich, auch verschiedene Sonderstufen wie etwa Einstufung abgelehnt vorzusehen.

Abbildung 4.4.3: Frage nach der Einstellung zu ausländischen Arbeitnehmern (Gastarbeitern) und die entsprechende Randverteilung der Antworten (Quelle: ALLBUS 1980, n = 2.943) Angaben in Prozent

Auf dieser Liste stehen einige Sätze, die man schon irgendwann einmal gehört hat, wenn es um Gastarbeiter ging. Sagen Sie mir bitte zu jedem Satz, inwieweit Sie ihm zustimmen. Mit Hilfe der Skala unten auf der Liste können Sie wieder Ihre Meinung abstufen.

(Interviewer: Liste überreichen - bitte Skalenwert notieren)

Gastarbeiter sollten ihren Lebensstil ein bisschen besser an den der Deutschen anpassen.

01. Stimme überhaupt nicht zu	8
02.	5
03.	8
04.	13
05.	21
06.	15
07. Stimme voll und ganz zu	30
97. Verweigert	4 (M)
98. Weiß nicht.	2 (M)
99. Keine Angabe.	6 (M)

In Abbildung 4.4.3 wird eine Intervallskala gezeigt. Bei Intervallskalen sind – gegenüber Ordinalskalen – zusätzlich die Abstände zwischen den Messwerten interpretierbar. Es wird also unterstellt, dass die Abstände zwischen den sieben Skalenpunkten jeweils gleich groß sind. Diese Annahme gestattet es dann, das arithmetische Mittel zu errechnen.

An dieser Stelle ist darauf zu verweisen, dass es eigentlich erforderlich ist, empirisch die Annahme zu überprüfen, dass tatsächlich jeweils gleiche Abstände zwischen den Skalenpunkten bestehen. Wer in der Schule beispielsweise aus verschiedenen Zensuren einen Durchschnittswert ermittelt, was häufige Praxis ist, unterstellt eine solche Annahme. Bei sozialwissenschaftlichen Befragungen wird zur Unterstützung dieser Annahme nicht selten mit einem Skalenblatt gearbeitet. Auf diesem Skalenblatt, das die Zielperson überreicht bekommt, ist dann in gleichen Abständen eine Zahlenreihe abgebildet. Man hofft auf diese Weise bei den zu befragenden Personen zusätzlich, den Eindruck von gleichen Abständen zwischen den Werten zu unterstützen.

Abbildung 4.4.4: Frage nach der Distanz zum letzten Wohnort und Auszug aus der entsprechenden Randverteilung der Antworten (Quelle: ALLBUS 1980, n = 2.955)

(Falls Befragter nicht von Geburt an dort wohnt) Wie viele Kilometer ungefähr wohnen Sie von Ihrem vorigen Wohnort entfernt?

(Interviewer: Bei Rückfragen erläutern: also der Ort, in dem Sie gewohnt haben, bevor Sie nach hier zogen)

	Häufigkeit	Prozent
kein Umzug	1.139	38
weniger als 25 km	732	25
zwischen 26 und 50 km	222	8
zwischen 51 und 75 km	110	4
zwischen 76 und 100 km	85	3
zwischen 101 und 200 km	151	5
mehr als 200 km	497	17
Verweigert	1	-
Weiß nicht	1	-
Keine Antwort	17	1

Die Angaben der Personen, die umgezogen sind wurden allerdings zu Kategorien zusammengefasst, sodass es sich schließlich nur noch um ein ordinales Skalenniveau handelt. So fallen schließlich die Abstände zwischen den einzelnen Antwortstufen deutlich unterschiedlich groß aus.

Die Abbildung 4.4.4 enthält ein bei sozialwissenschaftlichen Untersuchungen seltenes Beispiel für eine Ratioskala, oder auch Verhältnisskala. Diese zeichnet sich dadurch aus, dass ein natürlicher Nullpunkt existiert. Er würde hier bedeuten, dass sich der Wohnort der Zielperson seit ihrer Geburt nicht verändert hat und damit der erfragte Abstand den Wert null annimmt. Dies trifft immerhin für 38 Prozent der Befragten zu.

Bei Ratioskalen ist es zulässig, prozentuale Vergleiche wie beispielsweise Person A wohnt doppelt so weit weg von ihrem Geburtsort wie Person B anzustellen. Wie bereits angedeutet, sind Ratioskalen in den Sozialwissenschaften relativ selten. Weitere Beispiele wären etwa Fragen nach der Ehedauer oder nach der Dauer der Schulausbildung jeweils in Jahren.

4.4.2 Skalierungsverfahren

Die Empirische Sozialforschung verfügt mit den Skalierungsverfahren über eine Reihe an Prozeduren, die es ermöglichen, latente Sachverhalte – wie etwa Einstellungen und Meinungen – messbar zu machen. Skalierungsverfahren sind damit Sonderfälle oder Fortsetzungen von Operationalisierungen (vergleiche Abschnitt 3.5). Das Ziel besteht darin, ein geeignetes Instrument, eine Skala, hier im weiteren Sinne des Begriffs, zu erstellen. An dieser Stelle kann nur ein Überblick zu den gebräuchlichsten Techniken gegeben werden.

Zu Details sei auf die Spezialliteratur, zum Beispiel von Borg und Staufenbiel (1997) oder Häder (2008) verwiesen.

Zunächst kann man eine Abfolge von Schritten festlegen, die bei der Entwicklung von Skalen zu absolvieren sind.

Erster Schritt
Es erfolgt eine Operationalisierung des Problems. Wie gezeigt (vergleiche Abschnitt 3.3) muss ein komplexer Sachverhalt – möglichst weitgehend theoretisch begründet – in verschiedenen Schritten in konkretere Dimensionen zerlegt werden. Beispielsweise könnte man annehmen, dass eine Einstellung zu einem Objekt eine kognitive, eine evaluative und eine behaviorale Dimension besitzt.

Zweiter Schritt
Zu den Dimensionen erfolgt nun eine Sammlung von (mitunter bis zu 100 und mehr) Aussagen. Diese kann sich auf verschiedene Quellen stützen. Möglich wären eine Literaturdurchsicht, eigene Konstruktionen, Voruntersuchungen, Tagebücher und ähnliches. Zu beachten ist, dass solche Aussagen etwa in vierfacher Menge im Vergleich zur Finalskala benötigt werden. Wegen der zu erwartenden Aussonderung ungeeigneter Aussagen muss ein entsprechender Satz kalkuliert werden.

Ein Beispiel könnte die Anweisung für eine solche empirische Sammlung von Aussagen lauten: „In der Öffentlichkeit wird ja viel über das Problem der Integration von Ausländern gesprochen. Bitte schreiben Sie fünf mögliche Meinungen dazu auf!"

Antworten: (1.) Ausländer bereichern unser Leben. (2.) Ausländer bedrohen unsere Arbeitsplätze. (3.) Ausländer interessieren mich nicht.

Dritter Schritt
Im Weiteren werden doppelte Aussagen ausgesondert und eine sprachliche Überarbeitung vorgenommen. Dabei sollte bereits in Rechnung gestellt werden, dass die Aussagen einmal zu Fragebogenfragen verarbeitet werden sollen.

Vierter Schritt
Daran schließt sich die eigentliche Eichung der Skala an. Hierfür können nun unterschiedliche Skalierungsverfahren wie die Likert-Technik, die Skalogramm-Analyse nach Guttman oder das Verfahren der gleich erscheinenden Abstände nach Thureston benutzt werden. Diese Techniken werden im Weiteren näher besprochen.

Fünfter Schritt
Abschließend wird aus den verbleibenden Aussagen die Finalskala konstruiert.

Die Likert-Skalierung

Die Likert-Skalierung wird auch Technik der summierten Einschätzungen genannt (Likert 1937). Hier handelt es sich um ein besonders beliebtes Verfahren, da es sich relativ einfach umsetzen lässt. Benötigt wird eine Menge an Aussagen (vergleiche die Schritte eins bis drei). Diese werden einer Untersuchungspopulation mit der Bitte vorgelegt, jede einzelne zu bewerten. Dazu werden in der Regel fünfstufige Intensitätsskalen verwandt (vergleiche auch Faulbaum/Prüfer/Rexroth 2009:24ff.). Sie haben folgendes Aussehen:

Inwieweit stimmen Sie der Aussage [...] zu oder nicht zu? Stimmen Sie ...

1. völlig zu
2. eher zu
3. teilweise zu
4. eher nicht zu
5. überhaupt nicht zu

Auf der Grundlage der Bewertung jeder Vorgabe wird ein Punktwert vergeben, zum Beispiel für die Antwort „stimme teilweise zu" eine drei. Diese Werte werden für jede Person zu einem Summenscore addiert. Nun müssen jene Aussagen ermittelt werden, die *nicht* (ausreichend) den gesuchten Sachverhalt zum Ausdruck bringen, schließlich ist es denkbar, dass auch Aussagen in die Liste aufgenommen worden sind, die eine andere als die gewünschte Dimension messen. Dazu benötigt man für jede Untersuchungsperson einen Referenzwert, der die gesuchte Einstellung dieser Person richtig zum Ausdruck bringt. Mit diesem Wert müssten dann alle einzelnen Bewertungen verglichen werden. Nur solche Aussagen können als geeignet angesehen werden, die mit dem Referenzwert in einem engen Zusammenhang stehen. Da ein solcher Richtwert nicht existiert, werden alle Items miteinander korreliert. Man geht davon aus, dass in der Summe der abgegebenen Antworten die gesuchte Einstellung der Person zumindest annähernd gut abgebildet wird. Deshalb wird die Item-Interkorrelation berechnet. Eine hohe Korrelation deutet auf eine gute Qualität der Aussage hin. Auf diese Weise wird die Frage, ob alle Items auf der Liste die gleiche Dimension messen, beantwortbar.

Bei der Analyse wird außerdem ermittelt, wie gut die einzelnen Aussagen diskriminieren. Die zu messende Einstellung dürfte bei den Untersuchungspersonen unterschiedlich stark ausgeprägt vorliegen. Nun erwartet man vom Messinstrument, dass es sensibel genug ist, um diese Unterschiede herauszuarbeiten beziehungsweise dass es diskriminiert. Dazu werden Personen mit einem besonders hohen (die oberen 25 Prozent) und mit einem besonders niedrigen (die unteren 25 Prozent) Punktwert gegenübergestellt. Nahe liegend ist, dass solche Aussagen, die in beiden Gruppen gleich beantwortet wurden, eine nur geringe oder auch gar keine diskriminierende Wirkung haben. Auch solche Vorgaben sollten aus dem Aussagepool ausgesondert werden. Auf diese Weise gelingt es schrittweise, geeignete und ungeeigneten Items voneinander zu trennen.

Im Folgenden wird ein Beispiel für eine Skalenentwicklung nach der Likert-Methode gezeigt. Es geht um die Ermittlung der Einstellung gegenüber Umfragen. In Abbildung 4.4.5 sind die zu bewertenden Aussagen dargestellt. Diese sind von 64 Personen nach dem oben gezeigten Muster bewertet worden.

Abbildung 4.4.5 Aussagensammlung für eine Skalenentwicklung

- Umfragen sind eine nette Abwechslung und bringen Spaß
- Umfragen bilden das Meinungsklima zuverlässig ab
- Umfragen werden oft gefälscht
- Umfragen sind im Grunde unwichtig
- Das Geld, welches für Umfragen verwendet wird, sollte für wichtigere Dinge zur Verfügung stehen
- Ich habe Vertrauen in die Richtigkeit von Umfrageergebnissen
- Umfragen machen in der Regel einen seriösen Eindruck
- Umfragen haben für den Einzelnen keinen Nutzen
- Politiker benötigen Umfrageergebnisse für Ihre Entscheidungen
- Umfragen enthalten unangenehme Fragen
- Ich finde Umfragen langweilig
- Interviewer, die Umfragen durchführen, sind aufdringlich
- Umfragen sind unentbehrlich für Wissenschaftler zur Überprüfung ihrer Vermutungen
- Bei der Beantwortung von Umfragen wird sehr oft gelogen
- Umfragen sind ein Vorwand, um Kunden zu werben
- Umfragen werden von erfahrenen Spezialisten entwickelt
- Durch die Teilnahme an Umfragen habe ich das Gefühl, behilflich zu sein
- Wie Umfrageergebnisse zustande kommen wird für Außenstehende verschleiert
- Umfragen sind wichtig für unsere Gesellschaft
- Mit Umfragen wird häufig Missbrauch betrieben
- Umfrageergebnisse sind interessant
- Es belästigt einen, wenn man zu oft gebeten wird, an Umfragen teilzunehmen
- Umfragen dienen dazu, die Bevölkerung auszuhorchen
- Umfrageergebnisse helfen mir dabei, eine eigene Meinung zu bilden
- Umfragen stellen der breiten Öffentlichkeit interessante Informationen zur Verfügung
- In Umfragen werden indiskrete Fragen gestellt
- Ich halte es für Zeitverschwendung, an Umfragen teilzunehmen
- Umfragen dienen der Werbebranche zur Manipulation der Verbraucher
- Umfragen regen dazu an, auch über ungewöhnliche Dinge nachzudenken
- Umfragen sind sehr wichtig für die Forschung

Aufgrund einer Tendenz zu zustimmenden Antworten (vergleiche dazu genauer den Abschnitt 6.1.3) sind einige Vorgaben negativ formuliert worden. Dies trifft beispielsweise zu auf „Umfragen werden oft gefälscht“ sowie „Umfragen sind im Grunde unwichtig“. Die entsprechenden Antworten mussten in einem ersten Auswertungsschritt umcodiert werden, sodass nun das Ausmaß an Zustimmung zu den einzelnen Vorgaben ebenfalls ein Maß für die positive Einstellung zu Umfragen ist. Der für jeden Befragten gebildete Summenscore wird auch als Trennschärfe bezeichnet (vergleiche zum Beispiel Brosius 2002:768f., Wittenberg/Cramer 2000:139ff. und Wittenberg 1998:95ff.). Das Ergebnis zeigt Tabelle 4.4.6.

Im Programm SPSS wird die Trennschärfe als Corrected Item-Total Correlation ausgewiesen.

Tabelle 4.4.6: Trennschärfe der untersuchten Items und Angaben zu α, falls das betreffende Item gelöscht würde[9]

	Itemkurzbezeichnung	Trennschärfe	α falls Item gelöscht
V1	nette Abwechslung und bringen Spaß	.54	.913
V2	Meinungsklima wird abgebildet	.46	.914
V3	oft gefälscht	.58	.912
V4	im Grunde unwichtig	.61	.912
V5	Geld für wichtigere Dinge	.60	.912
V6	Vertrauen in Umfrageergebnisse	.72	.910
V7	machen seriösen Eindruck	.63	.911
V8	für den Einzelnen kein Nutzen	.31	.916
V9	Politiker benötigen Umfrageergebnisse	.27	.918
V10	enthalten unangenehme Fragen	.42	.915
V11	Sind langweilig	.78	.909
V12	Interviewer sind aufdringlich	.42	.915
V13	unentbehrlich für Wissenschaftler	.38	.916
V14	es wird sehr oft gelogen	.33	.916
V15	Vorwand, um Kunden zu werben	.48	.913
V16	von erfahrenen Spezialisten entwickelt	.33	.916
V17	Teilnahme gibt Gefühl, behilflich zu sein	.63	.912
V18	Ergebnisse werden verschleiert	.42	.915
V19	Wichtig für Gesellschaft	.67	.911
V20	Häufiger Missbrauch	.30	.916
V21	Ergebnisse sind interessant	.75	.910
V22	Es belästigt teilzunehmen	.26	.917
V23	Bevölkerung aushorchen	.59	.912
V24	Helfen eigene Meinung zu bilden	.39	.916
V25	interessante Informationen	.67	.911
V26	indiskrete Fragen	.54	.913
V27	Zeitverschwendung	.66	.911
V28	Manipulation der Verbraucher	.58	.912
V29	regen an zum Nachdenken	.29	.917
V30	sehr wichtig für die Forschung	.36	.915

Die Trennschärfe ist ein Maß für den Beitrag und die Eignung der einzelnen Items für die Gesamtskala. Bei einer hohen Trennschärfe besteht ein besonders enger Zusammenhang zwischen den betreffenden Items. Ein weiterer wichtiger Hinweis für die Konstruktion der finalen Skala ergibt sich aus der Spalte „α falls Item gelöscht“. Das Item V22 korreliert mit

9 Die Antworten wurden so verschlüsselt, dass für „es trifft völlig zu“, eine 1, für „trifft eher zu“ eine 2, für „teils teils“ eine 3, für „trifft eher nicht zu“ eine 4 und schließlich für „trifft überhaupt nicht zu“ eine 5 codiert wurde. Befragt wurden insgesamt 64 Personen.

dem Summerscore nur relativ schwach. Damit ist zu erwarten, dass sich bei Ausschluss dieser Vorgabe die Qualität der Gesamtskala verbessert. Diese Qualität wird über Cronbachs α angegeben. Der Wert ist ein Ausdruck für die Reliabilität der Skala.

Tabelle 4.4.7: Rotierte Komponentenmatrix mit den Faktorladungen .100 und größer

	1	2	3	4	5	6	7	8
V1	.18	.27	.12	*.65*	.16	.11	.16	-.13
V2	*.59*		.16			.36		*-.45*
V3		*.62*		.23	*.44*	.26		
V4	.39	*.70*	.29					-.21
V5	.25	*.66*	.23		-.10	.33	.20	.15
V6	*.67*	.36	.15	.11	.24	.17		-.19
V7	*.69*	.21		.30	.17	.13	-.16	-.12
V8	.19	.12	-.14			*.89*		
V9	.15	.14			.26		*.80*	
V10		*.47*		.33		*.45*	-.27	-.29
V11	.34	*.47*	.26	*.47*	.15	.24		.17
V12	.17	*.50*	.12		.21		*-.51*	
V13	*.72*	.11	-.14			.12	.23	.26
V14	.13	.32	.17	-.35	*.52*	.16	-.29	-.19
V15		.34	*.62*	*.42*				-.15
V16	.19	.11			*.64*	-.14		.24
V17	*.44*	.21	.18	*.45*	.38	-.12	-.25	.11
V18	.11			.17	*.76*	.27	.26	
V19	*.76*		.34	.14	.16		.14	
V20		.16	*.67*		.13	-.16	.14	*.47*
V21	*.52*	.22	.32	.39	.22	.23		-.11
V22			.14	.17	.23	.17	-.17	*.78*
V23	*.18*	.30	*.50*		.13	*.57*		
V24	*.44*	-.22	.12	.37	*.45*	-.11	.15	.15
V25	*.61*	.24	.17	*.46*			-.18	
V26		.37	*.41*		*.44*	.26		
V27	.24	*.73*	.33	.14				.16
V28	.22	.21	*.79*	.26			-.16	
V29	.15			*.80*				.19
V30	*.54*	.28	-.33		.21		*.41*	

Einer Faustregel zufolge soll Cronbachs α mindestens 0.8 betragen. Im oben gezeigten Beispiel ergab sich sogar ein Wert von .92, der damit als völlig ausreichend zu interpretieren ist. Es ist somit nicht erforderlich, einzelne Items zu löschen.

Wichtig ist zu beachten, dass Cronbachs α noch kein ausreichendes Maß für die Dimensionalität der Skala ist (vergleiche Brosius 2002:767). Der Wert ist umso höher, je stärker die einzelnen Items miteinander korrelieren. So liegt dann zwar die Vermutung nahe, dass es sich hier tatsächlich um eine eindimensionale Skala handelt. Denkbar wäre es jedoch, dass zwei oder mehrere Dimensionen gemessen werden, die jedoch untereinander wiederum stark korrelieren. Um solche Zusammenhänge zu ermitteln, ist eine Faktoranalyse zu berechnen. Tabelle 4.4.7 zeigt die rotierte Komponentenmatrix (Varimax-Rotation).

Damit scheint sich die obige Annahme zu bestätigen: obwohl zunächst ein ausgesprochen hoher Wert von Cronbachs α auf eine homogene Skala hindeutete, ergab die Faktorenanalyse einen anderen Befund. Bei einer Reduktion auf jene zehn Items, die auf den Faktor 1 am stärksten laden (*kursiv* gedruckt) und einer Wiederholung der Reliabilitätanalyse ergibt sich nun ein Wert für Cronbachs α von .89. Dieser erfüllt immer noch den geforderten Richtwert. Die Wiederholung der Faktorenanalyse erbringt nun eine Einkomponentenlösung. Damit bilden nun die Items V2, V6, V7, V13, V17, V19, V21, V24, V25 sowie V30 die Finalskala und bringen die Einstellung zu Umfragen zum Ausdruck.

Die Skalogramm-Analyse

Der Ausgangsgedanke bei der Skalogramm-Analyse ist folgender: Alle bei einer Skala verwendeten Aussagen lassen sich nach ihrer Schwierigkeit anordnen. Dies kann man sich etwa für eine Klausur gut vorstellen. Hier sind Fragen mit unterschiedlichem Schwierigkeitsgrad enthalten. Dann kann man annehmen, dass Personen mit hohem Wissen alle Fragen beantworten können. Personen mit mittlerem Wissen werden lediglich die leichten Fragen und die mittelschweren Fragen beantworten können. Schließlich werden Personen mit nur geringem Wissen auch lediglich nur die leichten Fragen richtig lösen können und wer nichts weiß, wird keine Frage richtig beantworten. Man könnte nun alle Klausurfragen so anordnen, dass sie immer schwieriger werden. Bis zu einem Umschlagpunkt werden dann alle Fragen von einer Person richtig beantwortet und danach werden alle Fragen falsch beantwortet. Die Lage dieses Punktes würde dann die Note ergeben. Die Annahme eines solchen Umschlagpunktes wird bei der Skalogramm-Analyse (vergleiche Guttman 1944, 1947) auch als deterministische Sprungfunktion bezeichnet.

Setzt man an die Stelle des Wissens bei einer Klausur die Ausprägung beziehungsweise das Vorhandensein eines bestimmten Einstellungsmerkmals, so erschließt sich die Logik der Skalogramm-Analyse. Sie geht davon aus, dass sich alle Items eindimensional anordnen lassen. Bei unserem Beispiel würde die Variable V30 (Umfragen sind sehr wichtig für die Forschung) die geringste Zustimmung beziehungsweise die einfachste Antwort enthalten. Dieser Ansicht stimmten die meisten Zielpersonen zu. Mit anderen Worten: Die Auffassung, Umfragen seien für die Forschung wichtig, deutet noch auf noch keine sonderlich starke positive Haltung gegenüber Umfragen hin. Der Gegenpol ist V24 (Umfragen helfen mir dabei, eine eigene Meinung zu bilden). Befragte, die auch dieser Ansicht sind, vertreten nun eine ausgesprochen positive Einstellung gegenüber Umfragen. Die übrigen Vorgaben liegen entsprechend zwischen diesen beiden Polen, wobei folgende Reihung ermittelt wurde:

V30 (Umfragen sind) wichtig für die Forschung
V21 (Umfrage)Ergebnisse sind interessant (s.o.)
V25 bieten interessante Informationen für die Öffentlichkeit
V19 sind wichtig für unsere Gesellschaft
V13 sind unentbehrlich für Wissenschaftler
V17 Teilnahme gibt Gefühl, behilflich zu sein

V7 (Umfragen) machen seriösen Eindruck
V2 Meinungsklima wird abgebildet
V6 Vertrauen in die Richtigkeit von Umfrageergebnissen
V24 (Umfragen) helfen bei der eigenen Meinungsbildung

Die Tabelle 4.4.8 zeigt nun einen zur Veranschaulichung willkürlich gewählten Ausschnitt aus der Datenmatrix der genannten Befragung.

Tabelle 4.4.8: Anordnung von sechs Befragten und von vier Fragen nach Zahl der Zustimmungen

Befragten ID	V30	V19	V7	V24
3	1	1	1	1
2	1	1	1	2
10	1	1	2	2
8	1	2	2	2
25	2	2	2	3
39	4	3	2	1

Während sich in Tabelle 4.4.8 die vier ersten Fragen und die ersten fünf Personen (3, 2, 10, 8 und 25) fehlerfrei anordnen lassen, gelingt dies bei Person 39 nicht. Ähnlich wie bei einem Fußballspiel, bei dem der Tabellenletzte auch schon einmal gegen den Spitzenreiter gewinnt, wird auch bei der Konstruktion von Skalen die Voraussetzung der Eindimensionalität mitunter nicht erfüllt. Zur Ermittlung der Güte einer solchen Skala lässt sich der Reproduzierbarkeitskoeffizient (Rep) ermitteln. Er gibt Auskunft darüber, inwieweit die Annahme der Eindimensionalität erfüllt wird.

Die Thureston-Skalierung

Zunächst werden auch bei der Thureston-Skalierung wieder die Schritte eins bis drei absolviert und auf diese Weise ein Pool mit Aussagen zum entsprechenden Sachverhalt erstellt. Dann wird eine Gruppe heterogen zusammengesetzter Eichpersonen darum gebeten, die Aussagen einzuordnen (vergleiche Thurestone/Chave 1929). Dabei besteht für sie die Aufgabe darin, die einzelnen Aussagen in vorgegebene Kategorien abzulegen. Dafür wird zum Beispiel eine elfstufige Intensitätsskala mit Verbalisierungen an den Polen benutzt: 11 = positive Aussage und 1 = negative Aussage. Die Eichpersonen werden dazu angehalten, nicht ihre eigenen Ansichten zur erfragten Thematik (wie dies bei der Likert-Skalierung der Fall ist) zu äußern, sondern unabhängig davon lediglich die ihnen vorgelegten Aussagen zu bewerten. Mithilfe eines Vorlageblattes, auf dem die elfstufige Skala visualisiert wird, und mittels Kärtchen, auf denen die einzelnen Aussagen aufgedruckt wurden, kann die Aufgabe erleichtert werden. Die Eichpersonen üben damit eine gewisse Expertenfunktion aus.

Im Ergebnis wird erstens sichtbar, ob für alle elf Skalenwerte Aussagen im Itempool vorhanden sind oder ob beispielsweise extreme Ausprägungen des Einstellungskontinuums noch nicht ausreichend durch Aussagen abgedeckt werden. Zweitens wird deutlich, welche Skalenpunkte durch mehrere Aussagen abgedeckt werden. Hier kann dann eine entsprechende Reduktion der betreffenden Vorgaben erfolgen. Drittens sagt das Streuungsmaß etwas zur Güte der einzelnen Vorgaben aus. Aussagen, die beispielsweise von den Eichpersonen auf alle elf Skalenwerte gleichmäßig verteilt wurden, taugen wenig, um diese Einstellung abzubilden. Demgegenüber würde das einhellige Zuordnen einer Vorgabe auf nur einem Skalenpunkt als ein Hinweis auf eine sehr eindeutige Formulierung zu interpretieren sein.

Die Finalskala enthält dann die verbliebenen Aussagen. Die Befragten werden in der Hauptstudie dazu aufgefordert, den jeweiligen Aussagen zuzustimmen oder sie abzulehnen. Bei einer Zustimmung wird den Zielpersonen der jeweilige Skalenwert des betreffenden Items angerechnet und dieser wird dann entsprechend für alle Items summiert.

4.5 Die Gütekriterien Objektivität, Reliabilität und Validität

Ein wesentlicher Aspekt bei der Forschungsplanung ist die Frage nach der Qualität der für den Einsatz vorgesehenen Erhebungs- beziehungsweise Messinstrumente. Das Ziel einer quantifizierenden empirischen Erhebung ist es, Daten zu liefern, mit deren Hilfe belastbare und intersubjektiv nachvollziehbare Aussagen über die Realität gemacht werden können. Die Qualität der Erhebungsinstrumente ist von einer ganzen Reihe an Faktoren abhängig. Hier soll beschrieben werden, nach welchen Kriterien die Güte einer Messung bestimmt werden kann. Es wird zu diskutieren sein, welche Erwartungen der Anwender einer Erhebungsmethode beziehungsweise der Nutzer von Daten an diese stellen darf. Im Mittelpunkt stehen die Objektivität der Messung, deren Reliabilität sowie die Validität der gewonnenen Daten.

4.5.1 Objektivität

Die Ergebnisse einer Untersuchung sollen bestimmte Dimensionen des untersuchten Objekts widerspiegeln, beispielsweise die Ausprägung einer Meinung bei einer Zielperson, deren Intelligenzquotient oder die Intensität einer Handlungsabsicht. Nicht von Interesse sind dagegen die Eigenschaften beziehungsweise der Einfluss derjenigen Person, die die Messung ausführt, beispielsweise des jeweiligen Interviewers oder des Testanwenders. Objektivität einer Messung meint nun die Unabhängigkeit der ermittelten Befunde von den Personen, die die Untersuchung durchführen.

Objektivität liegt damit vor, wenn verschiedene Personen bei einer Untersuchung dieselben Ergebnisse erzielen. Keine Objektivität wäre vorhanden, wenn jeder mithilfe des gleichen Instruments, zum Beispiel eines Intelligenztests, und bei der gleichen Versuchsperson ein völlig unterschiedliches Ergebnis ermittelte. Die Forderung nach Erzielen desselben Ergebnisses betrifft alle Phasen einer sozialwissenschaftlichen Untersuchung. Eine objektive Erhebung muss zum Beispiel sowohl bei der Durchführung einer Befragung als auch bei der Auswertung einer Erhebung unabhängig von der interviewenden beziehungsweise auswertenden Person sein.

Es gilt die Maxime, dass quantitative Erhebungsmethoden maximale Objektivität aufweisen sollten. Es wäre jedoch nicht zutreffend, das Kriterium Objektivität so zu interpretieren, dass eine völlige Abwesenheit eines jeglichen subjektiven Einflusses vorliegt. Schließlich sind es stets Personen, die sozialwissenschaftliche Erhebungen ausführen.

Erfahrungen mit der Schaffung und Prüfung von Objektivität liegen vor allem aus der psychologischen Testpraxis vor. Wege zur Objektivitätssteigerung sind danach vor allem die Ausarbeitung genauer Anweisungen an die Interviewer für deren Verhalten sowie die Erstellung von Glossaren, zum Beispiel um im Rahmen von Beobachtungen (vergleiche Abschnitt 6.2) Objektivität zu gewährleisten. Der einfache Gedanke der hier zugrunde liegt ist, dass aufgrund solcher Anweisungen der subjektive Einfluss der untersuchenden Person zurückgedrängt wird.

Ein Kriterium, das die wissenschaftliche Arbeit von der Alltagserfahrung unterscheidet, ist die intersubjektive Überprüfbarkeit der gewonnenen Resultate. Dafür ist es erforderlich, dass bei der wissenschaftlichen Arbeit das Vorgehen mithilfe von Regeln standardisiert und schließlich dokumentiert wird.

4.5.2 Reliabilität

Unter Reliabilität beziehungsweise Zuverlässigkeit (auch die Begriffe Genauigkeit und Präzision werden benutzt) versteht man ein Maß für die Reproduzierbarkeit der Messergebnisse. Dasselbe Ergebnis soll bei wiederholter Anwendung des Instruments stets wieder erzielt werden.

Reliabilität wird mithilfe eines Korrelationskoeffizienten r (ein Zusammenhangsmaß zwischen 0 und +1) angegeben. 0 bedeutet, dass der gemessene Wert nur aus einem Fehler besteht und entsprechend 1, dass der Messwert fehlerfrei ist. Verschiedene Möglichkeiten stehen zur Verfügung, um die Reliabilität eines Instruments zu ermitteln. Vorgestellt werden sollen der Paralleltest, das Test-Retest-Design, die Testhalbierung sowie die Konsistenzanalyse.

Paralleltest

Bei diesem Verfahren zur Qualitätsermittlung erfolgt die Messung mit zwei verschiedenen Messinstrumenten. Dabei wird vorausgesetzt, dass dafür zwei völlig äquivalente Formen des Instruments zur Verfügung stehen. Denkbar wären in der Medizin beispielsweise zwei verschiedene Instrumente zur Blutdruckmessung. Die Übereinstimmung zwischen beiden Messformen ist dann ein Hinweis auf deren Reliabilität. In den Sozialwissenschaften dürften Paralleltests aufgrund dieser Voraussetzung jedoch nur selten zum Einsatz kommen.

Test-Retest-Design

Die Messstabilität lässt sich auch mithilfe einer wiederholten Messung des gleichen Objekts mit dem gleichen Instrument nach einem gewissen Zeitintervall ermitteln. Hier handelt es sich um eine besondere Form des Panel-Designs (vergleiche Abschnitt 4.6). Der bei der Korrelation zwischen beiden Messergebnissen nach einer Faustformel mindestens geforderte Wert beträgt r = 0.85. Multipliziert man diesen Wert mit 100 so erhält man jenen Anteil der Varianz, der auf wahre Unterschiede zurückzuführen ist. Mit anderen Worten liegt dann der Fehlereinfluss bei 15 Prozent. Verschiedene Voraussetzungen sind beim Test-Retest-Design zu beachten.

- Nur wenn von einer Stabilität des zu messenden Sachverhalts ausgegangen werden kann, ist es sinnvoll, dieses Design anzuwenden. Bei sich schnell verändernden Sachverhalten ließe sich nicht sagen, worauf ermittelte Unterschiede zwischen zwei Erhebungen zurückgeführt werden können, auf fehlerhafte Erhebungsinstrumente, auf Veränderungen des Untersuchungsobjekts oder auf beides.
- Zu unterbleiben haben beim Test-Retest-Design alle Veränderungen kontextueller Bedingungen. Dies gilt sowohl für das Instrument, hier sollte beispielsweise in einem Fragebogen die Sukzession der Fragen beibehalten werden, als auch für die Person des Interviewers.
- Bei der Wahl des Zeitabstandes zwischen beiden Erhebungen sollte beachtet werden, dass es gilt, Lern- oder und Gedächtniseffekte zu vermeiden. Damit ist ein relativ langer Abstand zwischen den Erhebungen zu wählen. Für eine möglichst kurze zeitliche Aufeinanderfolge spricht jedoch die Vermeidung von Veränderungen des Untersuchungsobjekts.
- In Rechnung zu stellen sind schließlich mögliche Beeinflussungen durch die erste Messung. Diese könnten beispielsweise eine gedankliche Auseinandersetzung mit dem Gegenstand der Befragung ausgelöst und nun das zu messende Objekt ebenfalls verändert haben. Relevant war dieser Sachverhalt zum Beispiel in einer Studie, welche den Wunsch nach Kindern bei jungen Erwachsenen ermitteln wollte. Hier löste die Frage bei den Teilnehmern teilweise eine kognitive Auseinandersetzung mit der Thematik aus, sodass es nach einem relativ kurzen Zeitintervall bereits zu Veränderungen gekommen ist.

Am Beispiel des ALLBUS 1984 sollen die Ergebnisse einer solchen Test-Retest-Studie vorgestellt werden (vergleiche Zeifang 1987a,b). Das Design der Erhebung sah vor:´

- Die Zielpersonen wurden an drei Erhebungszeitpunkten befragt, wobei die Haupterhebung des ALLBUS 1984 als erste Welle galt, der zwei weitere folgten. Es handelt sich damit um ein Test-Posttest-Design.
- Der Zeitabstand zwischen den Wellen sollte jeweils einheitlich vier Wochen betragen. Aufgrund von Problemen bei der Feldarbeit betrug er dann allerdings drei bis fünf Wochen.
- Aus forschungsökonomischen Gründen erfolgte eine Konzentration auf ein Stichprobennetz. Damit wurde an 210 Sample Points (vergleiche Abschnitt 5.2) befragt.
- Es wurde ein Bruttoansatz von 420 Interviews angestrebt. Davon konnte zunächst eine Ausschöpfung von 70 Prozent erzielt werden. Dies entspricht 294 Adressen. Davon waren wiederum 210 Personen zur zweiten Befragungswelle bereit. Von ihnen wurden dann 181 befragt, wobei davon 154 auch noch in der dritten Welle beteiligt waren. Die Teststichprobe (n = 154) weist gegenüber der Hauptstichprobe (n = 3.004) des ALL-

BUS keine signifikanten Unterschiede bei den demographischen Variablen und bei den meisten Einstellungsvariablen auf (vergleiche Zeifang 1987a,b).

- Zum Einsatz kam ein um die Hälfte reduzierter Fragebogen, der die wichtigsten Fragen der Haupterhebung enthielt.
- Es gelang bei 84 Prozent der Fälle die gleichen Interviewer einzusetzen.
- Das ursprüngliche Ziel, anschließend an den Test-Retest alle Interviews per Telefon zu kontrollieren, gelang lediglich bei 88 Prozent der Fälle.

Die Ergebnisse werden in einer Übersicht (vergleiche Tabelle 4.5.1) gezeigt. In dieser Tabelle wird für die demographischen Variablen angegeben, in wie viel Prozent der Fälle eine Übereinstimmung in allen drei Wellen angetroffen wurde. Solche demographischen Items erfüllen oft wichtige Funktionen als unabhängige Variablen.

Tabelle 4.5.1: Ergebnisse der Test-Retest-Studie beim ALLBUS, Anzahl der von den 154 Befragten in allen drei Befragungswellen identisch beantworteten Fragen (in Prozent)

Gegenstand der Frage	Konstantes Antwortverhalten
Kinderzahl	100
Alter	100
Geschlecht	99
Familienstand	98
Schulabschluss des Vaters	90
Höchster Schulabschluss	89
Konfession	89
Derzeitige Erwerbstätigkeit	81
Überwiegender Lebensunterhalt	78
Berufliche Stellung	73
Ausbildungsabschluss	72
Letzte berufliche Stellung	56
Berufliche Stellung (Vater)	52
Erste berufliche Stellung	42
Alter bei erster Heirat	69
Wöchentliche Arbeitszeit	84
Einkommen	27[10]

Eine Interpretation der Befunde ist nun relativ schwierig. So bleibt zum Beispiel die Ursache für die nicht völlig identische Beantwortung der Frage nach dem Geschlecht im Dunkeln. Auch die nicht optimale Gestaltung des Untersuchungsdesigns der Test-Retest Studie ist für instabile Antworten verantwortlich zu machen (siehe oben). Jedoch bestand dazu bei der Feldarbeit keine tatsächliche Alternative. Auf einige Auffälligkeiten soll jedoch verwiesen werden:

10 Immerhin stellte sich hier eine Korrelation von r = .90 heraus (Vergleiche Zeifang 1987b), die auf einen engen Zusammenhang verweist.

- Mit steigender Anzahl an Antwortvorgaben sinkt deutlich die Stabilität der Antworten. Dies konnte beispielsweise bei der Frage nach der eigenen beruflichen Stellung sowie nach der beruflichen Stellung des Vaters beobachtet werden. Zu dieser Frage gab es 32 beziehungsweise 37 verschiedene Antwortmöglichkeiten.
- Offene Fragen werden teilweise stabiler beantwortet als geschlossene.
- Die Stabilität zwischen zweiter und dritter Welle ist größer als die zwischen erster und zweiter Welle. Einer Vermutung zufolge hat die Ernsthaftigkeit beim Beantworten der Fragen und die Beschäftigung mit der Thematik von Welle zu Welle zugenommen (vergleiche Zeifang 1987a,b).

Neben diesen Ergebnissen, die sich auf die demografischen Variablen bezogen, wurden auch interessante Befunde bei den Einstellungsvariablen erzielt. Hier wurden im Allgemeinen niedrigere Werte ermittelt, als bei den bisher gezeigten Fragen. Bei den in der Umfrageforschung relativ häufig benutzten Indikatoren zur subjektiven Schichteinstufung, zur Wahlabsicht und zur retrospektiven Wahlentscheidung lag die Stabilität der Antworten bei 80 Prozent. Auch hier sollen einige allgemeine Tendenzen berichtet werden:

- Jene Sachverhalte, mit denen sich die Befragten vermutlich bereits stärker auseinander gesetzt haben, werden stabiler beurteilt als andere. Dies trifft zum Beispiel auf einige Fragen zum Wohlfahrtsstaat zu.
- Bei Ranking-Fragen wie dem Inglehart-Index (vergleiche auch Abschnitt 4.3) wurden das wichtigste und das unwichtigste Item am stabilsten beantwortet.
- Ebenfalls stabile Beantwortungen wurden zur Bewertung extremer Parteien wie der NPD und der DKP ermittelt.
- Schlechtere Ergebnisse liegen dann vor, wenn doppeldeutige Stimuli eingesetzt wurden. Dies könnte auf eine intellektuelle Überforderung der Zielpersonen hindeuten, insbesondere in solchen Fällen, bei denen eigentlich keine Meinung vorhanden ist (vergleiche auch Abschnitt 6.1.2). Auch waren vor allem ältere Personen damit überfordert, ihren (höchsten) Schulabschluss konstant anzugeben.

Testhalbierung

Neben dem Test-Retest-Design und dem Paralleltest bietet die Testhalbierung (auch Split-Half genannt) eine weitere Möglichkeit zur Reliabilitätsüberprüfung. Für die Testhalbierung eignen sich lediglich Indikatorenbatterien, die aus einer größeren Anzahl von Items bestehen und die zugleich alle auf denselben Sachverhalt gerichtet sind. Nicht geeignet für eine Testhalbierung wären damit zum Beispiel die oben besprochenen demografischen Fragen.

Bei der Testhalbierung erfolgt eine Aufteilung des Tests in zwei Hälften. Hier können die erste und die zweite Hälfte eines Tests ausgewählt werden, es kann aber auch eine zufällige Einteilung in die Testhälften erfolgen. Von Vorteil ist, dass hier lediglich der einmalige Einsatz des Untersuchungsinstruments erforderlich wird. Danach wird berechnet, wie stark die Antworten beider Hälften miteinander korrelieren. Aufgrund der Halbierung und der damit verbundenen Reduzierung der Items kommt es jedoch zur Unterschätzung der Reliabilität. Die tatsächliche Reliabilität dürfte also höher liegen. Dies leuchtet ein, da man davon ausgehen kann, dass eine höhere Anzahl an Items für eine Reduktion des Fehlers sorgt. Die Reliabilität wächst damit mit der Länge des Tests.

Konsistenzanalyse

Schließlich bietet sich die Konsistenzanalyse für die Reliabilitätstestung an. Das Vorgehen ist vergleichbar mit dem bei der Halbierungstechnik. Dies gilt ebenfalls für die anzusetzenden Voraussetzungen. Bei der Konsistenzanalyse wurde das Instrument nicht, wie bei der Testhalbierung in nur zwei Hälften geteilt sondern, in so viele Teile zerlegt, wie Items vorhanden sind (Für ein Beispiel der Konsistenzanalyse vergleiche Abschnitt 4.4.).

In der Testpsychologie ist es üblich, auch den Schwierigkeitsgrad einer Skala zu bestimmen. Der Schwierigkeitsgrad gibt bei dichotomen Fragen an, wie viele davon richtig beantwortet wurden, und dementsprechend, wie viele falsch. In der Umfrageforschung wird der Schwierigkeitsgrad benutzt, um bei dichotomen Fragen den Anteil an Ja-Antworten zu ermitteln.

Um eine hohe Trennschärfe zu erzielen, ist ein mittlerer Schwierigkeitsgrad erwünscht. Übertragen auf einen Leistungstest erbringt weder ein zu hoher noch ein zu niedriger Schwierigkeitsgrad befriedigende Ergebnisse. Bei ersteren würden so schwierige Fragen gestellt, dass sie nur von sehr wenigen Teilnehmern korrekt beantwortet werden können, bei letzteren wäre sie so einfach, dass sie von (fast) allen richtig beantwortet werden würden. In beiden Fällen würde es jedoch nicht gelingen, die Leistungen der Testteilnehmer adäquat zu bewerten. Eine Reliabilitätserhöhung kann so durch Items mit mittlerem Schwierigkeitsgrad erfolgen.

4.5.3 Validität

Neben Objektivität und Reliabilität stellt die Validität das dritte wichtige Gütekriterium dar. Validität ist das Hauptziel bei der Entwicklung der Erhebungsinstrumente. Objektivität und Reliabilität sind als notwendige Voraussetzungen zu betrachten. Würde ein Instrument nur objektiv und reliabel messen, könnte man sagen: Ich weiß zwar, dass ich (beziehungsweise eine beliebig andere Person) mit dem Instrument stets das gleiche Ergebnis erziele, aber ich weiß nicht, was ich damit eigentlich gemessen habe.

Validität wird auch als inhaltliche Funktionstüchtigkeit oder als Gültigkeit bezeichnet. Nach Lienert (1969:16) ist die Validität der Grad der Genauigkeit, mit dem ein Test das misst, was er messen soll. Die Validität besitzt damit auch einen Bezug zum theoretischen Konzept, denn dieses legt letztlich fest, was eigentlich gemessen werden soll. Damit kann es auch keine objektiven Kriterien für die Überprüfung der Gültigkeit geben. Bei der empirischen Überprüfung der Validität gilt es, diesen theoretischen Bezug zu berücksichtigen. So hat es sich bewährt, verschiedene Formen der Validität zu unterscheiden. Neben der Inhaltsvalidität und der Kriteriumsvalidität ist die Konstruktvalidität zu nennen. Diese Formen bedingen jeweils eine andere Strategie der Validitätsprüfung. Schließlich werden zur Validierung von Messinstrumenten Triangulationen und die Multitrait-Multimethod-Matrix (MTMM) benutzt.

Inhaltsvalidität

Bei der Inhaltsvalidität (auch Face Valididy) wird davon ausgegangen, dass die im Instrument enthaltenen einzelnen Fragen die zu messende Eigenschaft vollständig repräsentieren. Der zu messende Sachverhalt und die dafür benutzten Fragen sind quasi identisch. So besäße zum Beispiel ein Vokabeltest eine sehr hohe Inhaltsvalidität, wenn der Test etwa 50 Wörter enthielte, die zufällig aus den 2.000 meistbenutzten Wörtern einer Sprache gezogen worden sind. Beispiele für die Inhaltsvalidität in den Sozialwissenschaften sind jedoch rar. Teilweise ersetzen deshalb Expertenratings diese Art der Validierung.

Kriteriumsvalidität

Diese Form der Validität geht davon aus, dass dem Sozialwissenschaftler ein Kriterium zugänglich ist, das unabhängig vom zu überprüfenden Messinstrument den interessierenden Sachverhalt ebenfalls beschreibt. Die Korrelation zwischen dem mit dem Messinstrument erzielten Resultaten und dem Außenkriterium gibt dann Auskunft über die Validität des Instruments. So könnten zum Beispiel die (Nicht-)Mitgliedschaft in einem Heimatverein (vorausgesetzt, diese könnte beispielsweise mithilfe entsprechender Listen ermittelt werden) und die Ergebnisse einer Skala zur Erhebung der Verbundenheit mit der Region miteinander konfrontiert werden. Ein anderes Beispiel wären die Ergebnisse eines beruflichen Eignungstests auf der einen und der – später ermittelte – tatsächliche berufliche Erfolg auf der anderen Seite.

Ein wesentliches Problem beim Einsatz der Kriteriumsvalidität liegt in der Auffindung eines geeigneten Außenkriteriums. So stellt sich in einem solchen Fall die Frage, ob man nicht gleich auf die Messung verzichten und sich stattdessen des sicheren Kriteriums bedienen sollte. Damit dürften auch der Nutzung der Kriteriumsvalidität in der sozialwissenschaftlichen Praxis relativ enge Grenzen gesetzt sein.

Konstruktvalidität

Bei einem Konstrukt handelt es sich um ein Bündel von Variablen, deren Beantwortung aufgrund eines gemeinsamen Ursprungs im Zusammenhang steht. Für die Festlegung dieses gemeinsamen Ursprungs ist wiederum eine belastbare Theorie erforderlich. Beispielsweise könnte man davon ausgehen, dass eine Person über eine bestimmte politische Grundhaltung verfügt, sie könnte beispielsweise konservativ sein. Dies wäre dann der Ursprung, der die Beantwortung einer ganzen Reihe weiterer Fragen steuert. So wäre anhand theoretischer Überlegungen zu erwarten, dass eine solche Person eine bestimmte politische Partei bevorzugt, sich auf einer bestimmten Stelle in der Rechts-Links-Skala einordnet, über die Erziehung von Kindern (Erziehungswerte) entsprechende Vorstellungen hat und so weiter.

Bei der Konstruktvalidität geht man davon aus, dass sich mithilfe eines Messinstruments, beispielsweise eines Fragebogens, verschiedene Konstrukte erfassen lassen. Bei der Validierung wird nun überprüft, ob alle erwarteten theoretischen Zusammenhänge tatsächlich empirisch nachweisbar sind. Als Basis ist entsprechendes Vorwissen erforderlich. Statistische Prüfverfahren kommen dabei in der Regel nicht zum Einsatz. In folgenden Schritten wird vorgegangen:

- Theoriebasiert wird ein Konstrukt bestimmt, dabei kann es sich zum Beispiel um bestimmte Verhaltensdispositionen handeln, die mit anderen Merkmalen zusammenhängen.
- Danach sind Hypothesen darüber abzuleiten, welche Zusammenhänge innerhalb des Konstrukts erwartet werden können.
- Schließlich kommt es zur Prüfung der Hypothesen. Diese Schlüssigkeit kann dann zum Beispiel mithilfe von Faktorenanalysen ermittelt werden.

Die Multitrait-Multimethod-Matrix (MMM-Matrix)

Die Idee von Campbell und Fiske (1959) war es, (mindestens) zwei theoretische Konstrukte (U und K) mit (mindestens) zwei unterschiedlichen Verfahren (zum Beispiel mittels einer Befragung und einer Beobachtung) zu erheben. Es handelt sich damit um eine besondere Variante der Konstruktvalidierung. Bei dieser auch als Triangulation bezeichneten Strategie können nun sowohl die konvergente als auch die diskriminate Validität ermittelt werden. Die konvergente Validität stellt die Korrelation zwischen den Messergebnissen verschiedener Methoden zur Erfassung des gleichen Konstrukts und die diskriminante Validität die Korrelation zwischen den Messergebnissen verschiedener Konstrukte mit der gleichen Methode heraus. Nun gilt nach Camphell und Fiske das Postulat, dass die konvergente Validität größer sein soll als die diskriminierende Validität. Das bedeutet, die Messergebnisse sollen erstens methodenunabhängig sein und zweitens zwischen verschiedenen Konstrukten soll diskriminiert werden können.

Diekmann stellt in seinem Beispiel (vergleiche Abbildung 4.5.2) die Messung der Konstrukte Umwelthandeln (U) und Kooperationsverhalten (K) vor. Beide wurden jeweils durch Indikatoren in einem Interview und mithilfe einer Verhaltensbeobachtung bei der gleichen Stichprobe erhoben. Die Abbildung enthält nun die (fiktiven) Daten, die dabei gewonnen wurden. Die Werte .59 und .50 stellen nun die Angaben zur Validität dar. Sie zeigen, dass das gleiche Konstrukt (U: .59 beziehungsweise K: .50) von verschiedenen Methoden stark ähnlich ermittelt wurden. Demgegenüber sind die anderen Koeffizienten eindeutig niedriger. Dies deutet darauf hin, dass die Methodeneffekte deutlich geringer sind und die Messung valide verlief.

4.6 Quer- und Längsschnittstudien

Im Rahmen der Forschungsplanung wurden bisher vor allem Probleme behandelt, die bei der Ausarbeitung der Untersuchungsinstrumente zu beachten sind. Hier galt die Aufmerksamkeit beispielsweise der Erstellung von Skalen, um Sachverhalte wie latente Wertorientierungen, Meinungen und Handlungsabsichten erheben zu können. Die entsprechenden Skalen werden dann zu Bestandteilen von Fragebögen, Codierschemata oder von Beobachtungsprotokollen, also der eigentlichen Erhebungsinstrumente. Auch die Frage nach der Güte der Skalen beziehungsweise Instrumente galt es in diesem Zusammenhang zu stellen.

Im folgenden Abschnitt geht es darum, auf welche Art und Weise diese Erhebungsinstrumente schließlich eingesetzt werden.

Abbildung 4.5.2: Beispiel für eine Multitraid-Multimethod-Matrix (vergleiche Diekmann 2002:227)

Methode		Interview		Beobachtung	
	Konstrukt	U	K	U	K
Interview	U				
	K	.40			
Beobachtung	U	.59	.25		
	K	.28	.50	.34	

Unabhängig davon, ob es beabsichtigt ist, die Daten mittels einer Befragung oder einer Beobachtung zu sammeln, muss entschieden werden, ob eine Erhebung zu lediglich einem Zeitpunkt ausreichend ist, oder ob es erforderlich ist, mehrere Untersuchungszeitpunkte vorzusehen. Im letzteren Fall ist außerdem die Frage zu beantworten, ob die Informationen bei den selben Untersuchungseinheiten – beispielsweise bei identischen Auskunftspersonen – erneut eingeholt werden müssen, oder ob es nötig ist, die Studie mit den Elementen einer anderen, neuen Stichprobe durchzuführen. Einmalige sozialwissenschaftliche Untersuchungen werden Querschnittsstudien genannt. Untersuchungen, bei denen dieselben Untersuchungspersonen erneut befragt werden, heißen Panel-Studien. Schließlich handelt es sich um eine Trendstudie, wenn zu verschiedenen Zeitpunkten an unabhängig gezogenen Stichproben die Untersuchung wiederholt wird. Trendstudien und Panelstudien gelten als Längsschnittuntersuchungen.

Es stellt sich die Fragen, ob und inwieweit Ursache-Wirkungsannahmen auch mithilfe von (einmaligen) Querschnittstudien ermittelt werden können. Zunächst erscheint es nahe liegend, mittels einmaliger Studien Zusammenhänge (A<=>B) aufzuklären. Auch hier handelt es sich um einen wichtigen Schritt bei der Erkenntnis der sozialen Wirklichkeit. Das typische Instrument für die Erforschung von Ursache-Wirkungszusammenhängen sind jedoch Experimente (vergleiche Abschnitt 7.1) beziehungsweise Panel-Studien. Dabei wird beobachtet, inwieweit aufgrund einer (gezielten) Intervention (U) eine Wirkung (W) erzeugt wird. Die Ursache geht der Wirkung voraus, sodass nicht nur ein Zusammenhang konstatiert werden kann, sondern sich auch die Ursache benennen lässt. Dies ist bei Querschnittstudien nur bedingt möglich. Mithilfe der Logik und mittels Vergleiche mit anderen Untersuchungen sollte es jedoch möglich sein, sich auch mittel Querschnittstudien Kausalaussagen zu nähern.

Jede Vorgehensweise bietet dem Sozialforscher eigene Erkenntnismöglichkeiten und stellt dabei zugleich spezifische Anforderungen an die Gestaltung der Untersuchung. Diese sollen im Folgenden beispielhaft behandelt werden. Für die Untersuchung des zu erwartenden sozialen Wandels in Ostdeutschland nach dem Zusammenbruch der DDR war es angebracht, *Längsschnittstudien* zu konzipieren. Die Erforschung, der im Rahmen des Transformationsprozesses vorhersehbaren Umstrukturierung der Einstellungen der Menschen stellte für die Soziologen eine besondere Herausforderung dar. Dazu wurden beispielsweise in den Untersuchungen der Reihe „Leben DDR/Ostdeutschland" (vergleiche Häder/Häder 1995a, 1998) dem Vorbild der Sozialberichterstattung folgend, im Rahmen einer Bevölkerungsbefragung Fragen nach der subjektiv empfundenen Lebenszufriedenheit sowie nach der Zufriedenheit mit unterschiedlichen Lebensbereichen gestellt. Die Untersuchungsreihe begann mit einer Querschnittserhebung im Frühjahr 1990. Um den Verlauf des sozialen Wandels inklusive der Veränderungen der Lebenszufriedenheit der Menschen verfolgen zu können, musste dieses Instrument zu verschiedenen Zeitpunkten bei aus der selben Grundgesamtheit gezogenen Zufallsstichproben erneut eingesetzt werden (vergleiche Götze 1992, Häder/Häder/Hollerbach 1996). Dabei war festzustellen, dass es, legt man den Beginn des Jahres 1990 als Ausgangszeitpunkt fest, in der folgenden Zeit in der Allgemeinbevölkerung Ostdeutschlands zu einem deutlichen Anstieg der allgemeinen Lebenszufriedenheit kam. Auch andere Studien, wie der Wohlfahrtssurvey, kommen für den genannten Zeitraum zu diesem Ergebnis (vergleiche Datenreport 2002:431ff.). Konkret wurden die Fragen der Studie vom Frühjahr 1990 in den Jahren 1993 und 1996 repliziert[11]. Zu allen drei Untersuchungszeitpunkten wurde – wie bei Längsschnittstudien üblich – die Definition der Grundgesamtheit beibehalten. Vor allem die Nutzung identischer Fragestellungen ermöglichte es, die jeweils ermittelten Resultate als Trend zu interpretieren.

Um die unterschiedlichen Möglichkeiten von Panel- und Trendstudien zu demonstrieren, soll noch eine weitere inhaltliche Fragestellung als Beispiel dienen. Eine Frage in der genannten Untersuchungsreihe galt der retrospektiven Zufriedenheit. So wurde das Basisjahr 1990 beziehungsweise konkret die Währungsunion als besonders einprägsames Ereignis als Bezugszeitpunkt gewählt. Die Zielpersonen sollten in den Studien von 1993 und 1996 jeweils angeben, ob sie 1990 zufriedener oder unzufriedener waren als in der gegenwärtigen Situation beziehungsweise, ob sie in dieser Beziehung keinen Unterschied ausmachen können. Hintergrund der Frage war die Vermutung, dass sich die Erinnerung an die Situation zur Zeit der Währungsunion aufgrund der völligen Veränderung der gesamten Lebensbedingungen der Menschen in Ostdeutschland verklären kann (vergleiche Häder 1998). In Tabelle 4.6.1 werden die Ergebnisse der genannten Erhebungen gezeigt.

Bei einer ersten Betrachtung zeigt sich, dass in einer Reihe von Lebensbereichen seit 1990 die Zufriedenheit in Ostdeutschland angestiegen ist. Diese Aussage beruht auf einem direkten Vergleich (Mittelwertvergleich) der drei Untersuchungszeitpunkte. So ist beispielsweise die Zufriedenheit mit der Umwelt in Ostdeutschland seit 1990 besonders deutlich angestiegen. Dieser Anstieg war bereits 1993 (+ 1.00) zu verzeichnen und hat sich 1996 (+ 1.26) weiter fortgesetzt. Diese Aussage basiert auf in Längsschnittuntersuchungen gewonnenen Daten.

Während 1993 noch 42 Prozent der Befragten einen Anstieg ihrer eigenen Zufriedenheit mit der Umwelt angaben, *sank* dieser Anteil in der Untersuchung von 1996 auf 39 Prozent. Obwohl die Zufriedenheit mit der Umwelt dramatisch gestiegen ist (Basis: Längsschnittdaten), geben weniger Befragte an, aktuell mit der Umwelt zufriedener zu sein als 1990. Ähnlich ist die Situation bei der Zufriedenheit mit dem Lohn. Diese ist zunächst 1993 (+ 0.05) leicht und dann 1996 deutlicher (+ 0.64) angestiegen. Retrospektiv jedoch *sinkt* der Anteil jener Personen, die angeben, aktuell mit ihrer Entlohnung zufriedener zu sein als 1990. Nochmals anders ist die Situation bei der sozialen Sicherheit. Hier ist 1993 zunächst ein deutlicher (- 0.76), sich 1996 noch verstärkender Rückgang (- 0.84) der Zufriedenheit

11 Der kumulierte Datensatz sowie ein entsprechendes Kodebuch sind erhältlich bei der GESIS in der Abteilung Datenarchiv und Datenanalyse und werden hier unter der Studiennummer 6666 geführt.

festzustellen. Dementsprechend verkleinert sich 1996 gegenüber 1993 auch leicht der Anteil an Befragten, die retrospektiv von einem Anstieg der Zufriedenheit mit der sozialen Sicherheit ausgehen.

Tabelle 4.6.1: Zufriedenheit[12] mit verschiedenen Bereichen des Lebens in Ostdeutschland 1990, 1993 und 1996 (Mittelwerte beziehungsweise Mittelwertdifferenzen[13]) sowie positive retrospektive Zufriedenheit 1993 und 1996 jeweils gegenüber 1990[14]

	1990	Differenz 1990 / 1993		Differenz 1990 / 1996	
Lebensbereich	Zufriedenheit	Zufriedenheit	Vergleich	Zufriedenheit	Vergleich
Arbeit	3.60	+ .06	17%	- .22	15%
Freizeit	3.12	+ .56	25%	+ .45	25%
Soziale Sicherheit	3.57	-. 76	11%	- .84	10%
Umwelt	1.70	+ 1.00	42%	+ 1.26	39%
Wohnen	3.51	+ .30	27%	- .38	36%
Bildung	3.35	+ .07	24%	+ .07	17%
Partnerschaft	4.35	+ .07	10%	+ .08	9%
Gesundheit	2.79	+ .76	29%	+ .64	27%
Kinder	3.69	- .15	8%	- .27	7%
Lohn	1.83	+ .05	24%	+ .64	22%

Diese Ergebnisse werfen verschiedene Fragen auf: Kann aus den gezeigten Befunden tatsächlich geschlossen werden, dass die Menschen in Ostdeutschland die Vergangenheit allmählich anders einschätzen. Dazu ist verschiedenes festzustellen:

Erstens, es erfolgt jeweils eine Bewertung der aktuellen Situation bezogen auf die Situation zum Zeitpunkt der Währungsunion. Bei den beiden retrospektiven Fragen handelt es sich um Aussagen von Personen, die aus veränderten Populationen stammen. So waren beispielsweise an der Untersuchung von 1996 sechs Altersjahrgänge beteiligt, die 1990 noch nicht zur Grundgesamtheit gezählt wurden. Anzunehmen ist weiter, dass augrund der Mortalität in der Untersuchung von 1996 bestimmte Personen fehlen, die jedoch 1990 noch zur Grundgesamtheit gehörten.

Zweitens kann mit diesen Daten keine Aussage darüber getroffen werden, in welchem Ausmaß sich individuell die Zufriedenheit gegenüber 1990 verändert hat. So ist es theoretisch denkbar, dass sich die Zufriedenheit mit einem bestimmten Bereich für die Mehrheit der Menschen nicht verändert oder eventuell sogar leicht verschlechtert hat, während sie für einige wenige Personen deutlich angestiegen ist. In einem solchen Fall erhöht sich der Mittelwert, das heißt, das allgemeine Niveau der Zufriedenheit steigt. Zugleich sind jedoch

12 Mittelwerte auf einer fünfstufigen Skala mit 1 = sehr zufrieden und 5 = sehr unzufrieden. Höhere Werte deuten damit auf eine höhere Unzufriedenheit hin.

13 Positive Werte verweisen auf einen Anstieg und negative Werte auf einen Rückgang der Zufriedenheit gegenüber 1990.

14 Antworten auf die Frage „Bitte vergleichen Sie die Zeit vor der Währungsunion mit heute. Wie hat sich Ihre Zufriedenheit mit den folgenden Dingen bzw. Seiten des Lebens verändert? Wo sind Sie zufriedener als damals, wo hat sich nichts verändert und wo waren Sie damals zufriedener als heute? Wahl der Vorgabe ‚heute zufriedener als damals', Angaben in Prozent.

weniger Menschen aktuell mit diesem Bereich zufriedener als früher. Dies könnte ebenfalls die oben gezeigte, scheinbar paradoxe, Befundlage erklären.

Zusammengefasst ist es also nur auf der Aggregatebene möglich, das heißt für die gesamte, zum Zeitpunkt der Untersuchung erwachsene Bevölkerung in Ostdeutschland, entsprechende Aussagen zu treffen. Es ist dagegen nicht möglich, mit diesen Daten den individuellen Verlauf der Zufriedenheitsentwicklung zu verfolgen. Wollte man die Frage beantworten, ob im Rückblick eine Veränderung der Bewertung der Situation vom Frühjahr 1990 eintritt, so wären hierfür *Paneldaten* erforderlich. (Zur Problematik retrospektiver Bewertungen der Situation in Ostdeutschland vergleiche auch Häder 1998:7ff.). Dieses Design wird nun näher vorgestellt.

Bei einem Panel wird ein identischer Personenkreis (teilweise wird der „Panel" Begriff auch für die Bezeichnung eines feststehenden Personenkreises benutzt) wiederholte Male befragt. In Deutschland hat besonders das Sozioökonomische Panel (SOEP) des Deutschen Instituts für Wirtschaftsforschung in Berlin (DIW) Bekanntheit und wissenschaftliche Bedeutung erlangt, das an dieser Stelle vorgestellt werden soll.

Das SOEP wird seit 1984 erhoben. Befragt wird in den alten und neuen Bundesländern. Neben Deutschen werden auch Ausländer und Zuwanderer einbezogen. Dazu werden die Erhebungsbögen in die entsprechenden Sprachen übersetzt. Die Stichprobe umfasste im Jahr 2000 etwa 12.000 Haushalte mit mehr als 20.000 Personen. Es kam jeweils ein besonderes Design, welches weiter unten noch vorgestellt wird, zum Einsatz. Themenschwerpunkte des SOEP sind die Haushaltszusammensetzung, die Erwerbs- und Familienbiographie, die Erwerbsbeteiligung und die berufliche Mobilität sowie Einkommensverläufe, Gesundheit und Lebenszufriedenheit. Auf einige generelle methodische Probleme bei Panel-Studien sei an dieser Stelle verwiesen:

- Bei Panelbefragungen muss damit gerechnet werden, dass ein gewisser Prozentsatz der Teilnehmer bei einer erneuten Erhebung ausfällt. Ein Grund dafür ist neben Verweigerungen zum Beispiel der Wegzug von Teilnehmern. Nun ist beispielsweise die Wahrscheinlichkeit eines Wegzugs bei höher gebildeten und bei jüngeren Panelteilnehmern größer als bei anderen. Damit werden diese Ausfälle systematisch verursacht. Unter Umständen müssen Ersatzpersonen rekrutiert werden. Eine gute Adresspflege ist zudem erforderlich, um die Ausfälle so gering wie möglich zu halten. Damit gehen Panel-Studien mit einem beträchtlichen forschungsorganisatorischen Aufwand einher. Sie sind deshalb in der Regel deutlich teuerer als Trendstudien.
- Um Vergleiche zwischen den Zeitpunkten zu ermöglichen, muss die Konstanz des Messinstruments gesichert werden. Dies gilt freilich für Längsschnittuntersuchungen generell. Wie bereits am Anfang (vergleiche Abschnitt 2) gezeigt wurde, reagieren Befragte teilweise äußerst sensibel, wenn auch nur leichte Veränderungen im Text der Fragestellung vorgenommen werden.
- Weiterhin ist es möglich, dass ein Paneleffekt eintritt. Das bedeutet, dass es aufgrund der wiederholten Messungen zu Veränderungen bei den Teilnehmern der Befragung kommen kann. Diese erinnern sich beispielsweise an ihre Antworten von der letzten Befragung oder gehen mit den Fragestellungen mit der Zeit geübter um, haben sich kognitiv mit den Fragen auseinander gesetzt und so weiter.
- Die Ergebnisse von Panel-Befragungen können in der Regel nicht als repräsentative Bevölkerungsbefragungen gelten. So verändert sich über die Zeit hinweg die Grundge-

samtheit, beispielsweise kann es allmählich zu einem höheren Bildungsniveau in der Bevölkerung kommen. Bei den Panel-Befragungen bleibt das Bildungsniveau jedoch mehr oder weniger konstant.

- Schließlich müssen bei Panelstudien die Adressen der Teilnehmer bis zum Ende der letzten Welle gespeichert werden. (Dagegen werden diese bei einmaligen Befragungen zum nächst möglichen Termin, dies ist in der Regel nach Abschluss aller Interviewerkontrollen, vernichtet.) Damit sind bei Panel-Studien besondere Bestimmungen zum Datenschutz zu beachten. Für den Umgang mit Panel-Daten gelten damit bestimmte Restriktionen.

Aufgrund der beschriebenen Besonderheiten kommen verschiedene methodische Varianten des Paneldesigns zum Einsatz. Diese versuchen, bestimmte nachteilige Aspekte des Paneldesigns zu kompensieren. Einige sollen gezeigt werden (vergleiche auch Zimmermann 1972, Schnell/Hill/Esser 2005:238ff.).

Bei einem alternierenden Panel (vergleiche Abbildung 4.6.2) wird eine abwechselnde Befragung von zwei Gruppen vorgenommen. So sind weniger Paneleffekte zu erwarten als bei einer häufiger durchgeführten Studie. Voraussetzung ist jedoch eine entsprechend große Stichprobe.

Das rotierende Panel (vergleiche Abbildung 4.6.3) bedient sich einer noch größeren Anzahl an Gruppen. Pro Erhebungswelle wird dann eine Gruppe ausgetauscht. Geht man von fünf Wellen aus, so wären fünf Gruppen zu bilden. Pro Welle wird eine neue Gruppe in das Panel aufgenommen während die älteste Gruppe aus dem Panel ausscheidet. Der Mikrozensus des Statistischen Bundesamtes bedient sich dieses Designs, das mit einem besonders großen Aufwand verbunden ist. Allerdings liegen die Vorteile auf der Hand. So wird erstens zu jedem Zeitpunkt eine neue Stichprobe gezogen, sodass sich gesellschaftlicher Wandel abbilden lässt. Bei einem herkömmlichen Panel ist es dagegen kaum möglich, Aussagen zum sozialen Wandel zu treffen. So scheiden hier bestimmte Personen aus dem Panel aus, während die nachwachsende Generation keinen Zugang zum Panel hat. Zweitens wird der Paneleffekt geringer gehalten, da nach fünfmaliger Befragung die Teilnahme beendet wird.

Abbildung 4.6.2: Vorgehen bei einem alternierenden Panel

	t_0	t_1	t_2	t_3	t_4
G1	M		M		M
G2		M		M	

G: Befragtengruppen, M: Messung

Abbildung 4.6.3: Vorgehen bei einem rotierenden Panel

	t_0	t_1	t_2	t_3	t_4
G1	M	M	M	M	M
G2	M	M	M		
G3	M	M	M		
G4	M	M			
G5	M				
G6		M	M	M	M
G7			M	M	M
G8				M	M
G9					M

G: Befragtengruppen, M: Messung

Schließlich soll das geteilte Panel (vergleiche Abbildung 4.6.4) genannt werden. Dieses zeichnet sich durch die jeweilige Kombination der Befragung einer Panelgruppe (G1) mit einer Querschnittserhebung aus. Diese ermöglichen dann ebenfalls, den Wandel in der Population zu erfassen. Gegenüber dem rotierenden Panel wird jedoch der Paneleffekt nicht reduziert. Wie auch die anderen Designs, erfordert das geteilte Panel einen hohen forschungsorganisatorischen Aufwand.

Abbildung 4.6.4: Vorgehen bei einem geteilten Panel

	t_0	t_1	t_2	t_3	t_4
G1	M	M	M	M	M
Q1	M				
Q2		M			
Q3			M		
Q4				M	
Q5					M

G: Befragtengruppen, M: Messung
Q: in einer Querschnittserhebung befragte Personen

Tabelle 4.6.5 zeigt ein Beispiel für die Nutzung von Paneldaten aus dem SOEP. Dabei geht es um die Verweildauer in der Armut und um die Wahrscheinlichkeit des Austritts aus der Armut. Von Armut betroffen, dies wird definiert, ist jener Teil der Bevölkerung, der über weniger als 50 Prozent des Durchschnittseinkommens der Gesamtbevölkerung verfügt. Im Folgenden werden nur jene Personen aus der Längsschnittpopulation des SOEP betrachtet, für die eine Armutsphase im Jahre 1993 oder später begann.

Tabelle 4.6.5: Verweildauer in und Wahrscheinlichkeiten des Austritts aus Armut[15]

	Ostdeutschland		Westdeutschland	
Zahl der Jahre in Armut seit Armutsbeginn	Verweildauer in Armut	Austrittswahrscheinlichkeit	Verweildauer in Armut	Austrittswahrscheinlichkeit
1	100	-	100	-
2	47.9	52.2	54.3	45.7
3	31.6	34.0	38.7	28.6
4	15.1	52.1	31.8	18.0
5	9.4	37.4	25.5	19.6
6	7.8	17.8	24.1	5.6
7	7.8	0.0	22.0	8.6
8	7.8	0.0	18.3	16.8

Die Zahlen in der Tabelle zeigen, dass sich in Ostdeutschland die von Armut betroffenen Personen etwa zur Hälfte zwei Jahre lang in diesem Status befanden, und dass nach drei Jahren noch ein knappes Drittel dieser Menschen von Armut betroffen war. Dieses Bild ist in Westdeutschland ein etwas anderes: „In Westdeutschland musste mehr als die Hälfte aller armen Personen eine mindestens zweijährige Armutsphase erfahren; bei fast zwei Fünfteln war es eine mindestens dreijährige und bei einem knappen Drittel eine mindestens vierjährige Armutsphase." (Otto/Siedler 2003:1ff.)

Bei der Betrachtung der Austrittswahrscheinlichkeiten aus der Armut kann man sehen, dass diese in Westdeutschland mit der Dauer der Armut abnimmt. Je länger hier jemand arm ist, desto weniger wahrscheinlich ist es, dass dieser Status wieder verlassen wird. Dieser relativ verfestigte Status liegt dagegen in Ostdeutschland nicht in diesem Maße vor. Während beispielsweise nach vier Jahren Armut die Chance in Ostdeutschland aus der Armut auszutreten gut 50 Prozent beträgt, sind dies im Westen nur knapp 20 Prozent. Es sollte an dieser Stelle klar geworden sein, dass für Interpretationen solcher Veränderungen auf der Individualebene Paneldaten unerlässlich sind.

In diesem Zusammenhang soll gezeigt werden, welche sozialwissenschaftliche Instrumente zur Verfügung stehen, um Lebenszyklus-, Alters- und Kohorteneffekte zu ermitteln. Eine Kohorte ist eine (def.) = Bevölkerungsgruppe, die durch ein gemeinsames zeitlich längerfristig prägendes Startereignis definiert wird. Beispiele für Kohorten sind Alters- oder Geburtskohorten, Ehekohorten und Berufseinstiegskohorten. Alle waren einem bestimmten Ereignis ausgesetzt. *Kohorteneffekte* entstehen nun dadurch, dass die betreffenden Personen (die Kohorte) gemeinsam bestimmten Ereignissen ausgesetzt sind. *Periodeneffekte* sind dagegen solche Effekte, die aufgrund historisch einmaliger Ereignisse – wie etwa einer Wirtschaftskrise, dem Mauerfall oder der Mondlandung – bei den Menschen, die sie erlebt haben, erzeugt werden. *Lebenszykluseffekte* sind schließlich Zusammenhänge zwischen einem bestimmten Merkmal und der seitdem verstrichenen Zeit. Dies soll an einem Beispiel verdeutlicht werden.

15 Quelle: http://www.diw.de/deutsch/wb_4/03_armut_in_west_und_ostdeutschland_ein_differenzierter_vergleich/31054.html, zuletzt besucht am 07.04.2009.

Es hat sich gezeigt, dass der ausschließliche Besitz eines Mobiltelefons (das heißt der Verzicht auf einen Festnetzanschluss) vor allem bei jüngeren Personen – im Alter zwischen 16 und 25 Jahren – anzutreffen ist (vgl. Häder/Häder 2009). Würde es sich um einen Kohorteneffekt handeln, so müssten in zehn Jahren diese Mobile-onlys 26 bis 35 Jahre alt sein. Haben wir es mit einem Lebenszykluseffekt zu tun, so wäre die betreffende Personengruppe auch noch in zehn Jahren so alt wie heute. Um solche Effekte zu separieren sind Längsschnitt-, speziell Panaldaten erforderlich.

Die nun zu diskutierende Frage lautet: Ist es nicht auch möglich, mithilfe von (relativ einfachen) Querschnittserhebungen Paneldaten zu gewinnen? Die Antwort lautet zunächst: im Prinzip, ja. Der genaueren Diskussion dieses Problems ist der Rest des Abschnitts gewidmet.

Offenbar muss unterschieden werden zwischen erstens, den bisher besprochenen Designs und zweitens, der Struktur, der mit diesen Anordnungen gewonnenen Daten. So wird von *Querschnittsdaten* gesprochen, wenn sich diese lediglich auf einen Zeitpunkt beziehen. So zeigte beispielsweise Tabelle 4.6.1 die in der Untersuchung 1993 in Ostdeutschland gewonnenen Angaben zu den retrospektiven Lebenszufriedenheiten in verschiedenen Bereichen. Solche Querschnittsdaten können prinzipiell auch in Längsschnittuntersuchungen gewonnen werden. Dies erfolgt mithilfe von Fragen, die sich lediglich auf den interessierenden Zeitpunkt beziehen.

Daneben gibt es *Zeitreihendaten*. Hier handelt es sich um eine Sequenz von Werten einer Variablen zu verschiedenen Zeitpunkten. Aus der Ökonomie sind zum Beispiel die Arbeitslosenquote oder der Deutsche Aktienindex (DAX) als Zeitreihendaten bekannt. Zeitreihendaten zeichnen sich durch viele Messzeitpunkte aus. Außerdem ist hierfür eine konstante Erhebungsmethodik erforderlich. Zeitreihendaten werden in der Regel mithilfe von Trendstudien erzeugt. Für die Gewinnung von Zeitreihendaten ist es erforderlich, dass die jeweilige Grundgesamtheit konstant bleibt, woraus in der Regel die Notwendigkeit erwächst, erneute Stichproben zu ziehen. In den Sozialwissenschaften stehen derzeit, im Vergleich zur Ökonomie, nur Daten zur Verfügung, die zu relativ wenigen Zeitpunkten gewonnen worden sind (vergleiche Abschnitt 6.1.4).

Mit *Paneldaten* lassen sich Aussagen über die gleichen Untersuchungseinheiten (dies können beispielsweise Personen oder Haushalte sein) treffen. Tabelle 4.6.5 zeigte die Verweildauer einzelner Untersuchungseinheiten in der Armut. Solche Angaben können zu unterschiedlichen Zeitpunkten von identischen Personen gemacht werden. Wichtig ist an dieser Stelle der Hinweis, dass theoretisch auch Querschnittsstudien geeignet sind, um Paneldaten zu erheben. So wäre es prinzipiell möglich, Zielpersonen retrospektiv nach den von ihnen in der Vergangenheit zu bestimmten Zeitpunkten absolvierten beruflichen Ausbildungen beziehungsweise zu den dabei erworbenen Abschlüssen zu fragen. Zu beachten ist jedoch die wahrscheinlich geringe Qualität solcher Daten. So mag es eventuell noch möglich sein, eine Studie zu individuellen Berufsverläufen mit einem Querschnittsdesign zu veranstalten. Zahlreiche andere Fragen jedoch, etwa nach der Dauer von Arbeitslosigkeit in einem bestimmten Zeitraum oder auch nach der Zufriedenheit vor einer gegebenen zeitlichen Frist, sind dafür nicht geeignet. Selbst die retrospektive Frage danach, wie gut jemand jeweils in den letzten Nächten geschlafen hat, erbringt andere Ergebnisse als wenn man sich nach jeder einzelnen Nacht nach diesem Sachverhalt erkundigt (vergleiche Grau/Mueller/Ziegler 2000:20ff.).

Abschließend sollen *Verlaufs-* beziehungsweise *Ereignisdaten* vorgestellt werden. Solche treffen zum Beispiel Aussagen über die Ehedauer, die Dauer der Arbeitslosigkeit, bestimmte Berufsverläufe, die Wohndauer und so weiter. Es handelt sich bei den Verlaufsdaten damit um Zeitintervalle zwischen bestimmten Ereignissen. Sie besitzen für die Sozialforschung teilweise einen besonders hohen Informationsgehalt. Auch Verlaufsdaten können prinzipiell auf unterschiedliche Weise gewonnen werden. Am zuverlässigsten erscheint es, wenn hierfür, wie oben anhand der Verweildauer in Armut gezeigt, Panelstudien eingesetzt werden. Bestimmte Verläufe, wie etwa Ausbildungszeiten, dürften sich direkt bei den Betroffenen, auch in einer Querschnittsstudie, erfragen lassen.

Zusammenfassend sollen noch einmal die wichtigsten Merkmale von Querschnitts-, Trend- und Panelstudien dargestellt werden.

Querschnittstudien

Die Untersuchung findet zu einem Zeitpunkt beziehungsweise während einer relativ kurzen Zeitspanne statt, das heißt, sie ist als eine einmalige, den aktuellen Zustand festhaltende quasi fotografische Erhebung angelegt. Das Ziel von Querschnittsstudien kann es beispielsweise sein, die Einstellungen der Bevölkerung zum Notwehrrecht zu ermitteln.

Trendstudien

Hier werden mehrere Querschnittstudien zum gleichen Thema veranstaltet. Dazu kommen in der Regel die gleichen Indikatoren zum Einsatz, um zu mehreren Zeitpunkten bei unterschiedlichen Stichproben (Personen) und der gleichen Grundgesamtheit erhoben zu werden. Auf diese Weise können Veränderungen auf der Aggregatebene ermittelt werden, zum Beispiel Veränderungen in der Zufriedenheit mit bestimmten Lebensbereichen bei bestimmten Bevölkerungsgruppen. Vorbehaltlich einer entsprechenden Auswahl handelt es sich um verallgemeinerbare Ergebnisse für jeweils einzelne Zeitpunkte.

Panelstudien

Ähnlich wie bei Trendstudien handelt es sich um mehrmalige Untersuchungen, also um eine bestimmte Form einer Längsschnittstudie. Der wesentliche Unterschied besteht darin, dass die gleichen Untersuchungspersonen (das so genannte Panel) mehrmals befragt werden. Panelstudien können Veränderungen zwischen den Untersuchungszeitpunkten auf der Individualebene ermitteln. Es sind jedoch nicht ohne weiteres auch repräsentative Bevölkerungserhebungen, da sich die Grundgesamtheit zwischen den Erhebungen verändert haben kann, die Untersuchungspersonen aber die gleichen bleiben, oder aufgrund der Panelmortalität systematisch Ausfälle auftreten.

4.7 Nichtreaktive Ansätze

Erhebungen, wie beispielsweise eine persönlich-mündliche Befragung, stellen hochkomplexe Situationen dar, bei denen das Verhalten aller Beteiligten durch zahlreiche Facetten gesteuert wird (diese Problematik wird im Abschnitt 6.2 noch ausführlicher behandelt). Bei der Steuerung des menschlichen Verhaltens während einer Befragung muss auch die Wirkung sehr subtiler Mechanismen unterstellt werden. Dies gilt selbst bei vollstandardisierten Erhebungen, die sich durch detaillierte Festlegungen aller wesentlichen Bestandteile der Erhebungssituation auszeichnen.

Wenn von Verhaltenssteuerung gesprochen wird, so liegt es eventuell nahe, an eine Person zu denken, die über einen nur schwach ausgeprägten Willen verfügt, sich über ihre Absichten unsicher ist, die lieber bei anderen nach Rat sucht als Auskunft über sich selbst gibt und die sich so leicht zum Objekt der Einflussnahme machen lässt, beispielsweise durch die Werbebranche oder einen Interviewer. Auch das Gegenteil könnte man sich vorstellen. So gibt es Menschen, die gerne und wissentlich durch ihr Verhalten Einfluss auf andere Personen nehmen, wie beispielsweise der Typ des Haustürverkäufers. Mit dem Ausdruck Verhaltenssteuerung lassen sich auch Assoziationen verbinden mit Menschen, die sich bewusst an Mehrheitsmeinungen orientieren, beispielsweise um nicht ins soziale Abseits zu geraten. Aus der Sicht eines empirischen Sozialforschers ist die Tatsache interessant, dass Verhaltenssteuerung auch unbewusst geschieht und dass davon ganz alltägliches verhalten betroffen ist. Verschiedene Experimente belegen eine solche Einflussnahme.

Rosenthal und Jacobson (1968) schildern ein Experiment, an dem Schüler und Lehrer beteiligt waren. Zunächst wurde die Intelligenz von Schülern getestet. Danach erhielten deren Lehrer ein manipuliertes Feed-back, das die Ergebnisse der Intelligenztests betraf. Nach einer gewissen Zeit wurden dann bei den Schülern nochmals Intelligenztests vorgenommen. Nun stellte sich heraus, dass jene Kinder, deren Testergebnisse den Lehrern fälschlicher Weise als überdurchschnittlich signalisiert wurden, inzwischen tatsächlich bessere Ergebnisse erzielten als beim ersten Versuch. Die Veranstalter dieses Experiments interpretierten das Ergebnis so, dass sich die Lehrer aufgrund der ihnen gegebenen Informationen den vermeintlich intelligenteren Schülern stärker zugewandt hatten und damit schließlich den Effekt bewirkten, den das Experiment aufdeckte. Dieser Versuch ist als Pygmalion-Experiment bekannt geworden, der so erzielte Effekt als Pygmalion-Effekt.

Diekmann (2001:517ff. in Anlehnung an Watzlawick 1976) stellt ein Beispiel aus dem Zirkus vor, bei dem selbst ein Pferd (der kluge Hans) scheinbar numerische Aufgaben zu lösen vermochte. Die Resultate wurden den Zuschauern durch eine entsprechende Anzahl an Hufbewegungen übermittelt. Das Geheimnis der Rechenbegabung dieses Tieres bestand jedoch letztlich darin, dass das Pferd den Fragesteller stets im Auge hatte und wenn sich dieser vorbeugte, um zu beobachten, ob das Pferd an der richtigen Stelle mit den Hufbewegungen innehält, dieses Vorbeugen – zumeist eine nahezu unmerkliche Bewegung des Kopfes – als Signal deutete. Der kluge Hans stellte dann die Hufbewegungen ein und hatte damit die Aufgabe scheinbar selbständig richtig gelöst.

Auch dies ist ein Beispiel für eine subtile Verhaltenssteuerung. Hervorzuheben ist, dass es sich nicht um eine bewusste Manipulation von Verhalten handeln muss, sondern dass das Tier seine Bewegungen aufgrund eines unscheinbaren Details ausrichtet.

Wenn man diese beiden Befunde auf die interviewerunterstützte Umfrageforschung überträgt, so liegt die Befürchtung nahe, dass sich die Zielperson ebenfalls vom Verhalten ihres Gegenübers – unmerkliche Bewegungen des Kopfes sind hier ebenfalls nicht auszuschließen – beeinflussen lässt. In der Empirischen Sozialforschung wird in diesem Zusammenhang von der Reaktivität gesprochen. Reaktivität meint, dass das Ergebnis einer Messung durch den Messvorgang selbst beeinflusst wird. Vor allem bei Laborexperimenten (aber natürlich nicht nur hier), die in einer künstlichen Umgebung stattfinden, ist mit Reaktivität zu rechnen.

Eine Möglichkeit, um mit diesem Phänomen bei persönlich-mündlichen Interviews umzugehen, besteht darin, bestimmte Merkmale des Interviewers wie dessen Alter, Geschlecht und Bildungsstand dem Datensatz der Befragung zuzuspielen. Damit wird es für einen späteren Auswerter möglich zu überprüfen, ob und inwieweit etwa die Beantwortung einer bestimmten Frage infolge bestimmter Merkmale des Interviewers zustande gekommen ist beziehungsweise damit im Zusammenhang steht. Reaktivität kann auf diese Weise zwar nicht neutralisiert werden, jedoch lässt sich deren Auftreten zumindest abschätzen. Weiter ist zu vermerken, dass so lediglich Reaktivität ausgemacht werden kann, die infolge der Merkmale auftritt, die über den Interviewer erhoben wurden. Kopfbewegungen und ähnlich subtile Reaktionen sind natürlich nicht registrierbar. Gerade bei persönlich-mündlichen Befragungen kann damit unter Umständen ein hoher Grad an Reaktivität nicht ausgeschlossen werden.

Eine Lösung stellen hier die nichtreaktiven Verfahren dar. Die Empirische Sozialforschung unterscheidet bei diesen Ansätzen verschiedene Formen. Hierzu zählen vor allem die Inhaltsanalysen, die im Abschnitt 6.3 behandelt werden. Auf folgende weitere Techniken ist zu verweisen (für detailliertere Anregungen vergleiche Webb et al. 1966): auf nichtreaktive Feldexperimente, auf die Analyse von Verhaltensspuren und auf die Nutzung prozessproduzierter Daten.

4.7.1 Nichtreaktive Feldexperimente

Bei nichtreaktiven Experimenten (für die Behandlung sozialer Experimente vergleiche ansonsten Abschnitt 7.1) erfolgt zunächst eine gezielte Manipulation der sozialen Wirklichkeit. Es wird eine Veränderung der unabhängigen Variablen vorgenommen. Danach werden – wie bei Experimenten üblich – die so erzeugten Wirkungen beobachtet. Der nichtreaktive Charakter bei dieser Art von Experimenten kommt dadurch zustande, dass die Folgen der Manipulation in der tatsächlichen Umgebung beobachtet und dass die am Experiment beteiligten Personen nicht über ihre Rolle im Rahmen des Experiments informiert werden. Daraus resultieren unter Umständen forschungsethische Fragen.

Nichtreaktiven Experimente finden verdeckt, auch dies ist wichtig, in der natürlichen Umgebung der Versuchspersonen statt, um auch hier eventuelle Einflüsse einer künstlichen Atmosphäre auszuschließen. Konkrete Beispiele für nichtreaktive Feldexperimente stellen Diekmann (2001:517ff.), Friedrichs (1990:309ff.) sowie Schnell, Hill und Esser (2005:414ff.) vor.

Um die Hypothese zu bearbeiten, dass Personen, die sich in einer guten Stimmung befinden, eher Hilfe leisten als andere, wurde eine Telefonzelle präpariert. Ein Teil der Versuchspersonen wurde durch ein scheinbar zufälliges, tatsächlich jedoch manipuliertes Auffinden einer Münze in der Telefonzelle in gute Stimmung versetzt. Bei der Vergleichsgruppe wurde auf eine solche Intervention verzichtet. Beim Verlassen der Telefonzelle wurden nun beide Gruppen mit einer Person konfrontiert, der scheinbar aus Versehen ein Stapel Unterlagen aus der Hand fällt. Nun lässt sich nichtreaktiv beobachten, welche der beiden Gruppen der fremden Person häufiger Hilfe beim Aufsammeln der Unterlagen anbietet. Voraussetzung ist natürlich, dass den Versuchspersonen nicht vermittelt wird, dass sie Teil eines Experiments sind. Dies gilt auch für die folgenden Designs.

Ziel der Untersuchung war es, aggressives Verhalten im Straßenverkehr und den sozialen Status des Fahrzeugfahrers zu untersuchen. Dazu fuhr an einer Kreuzung nach Umschalten der Ampeln auf Grün ein Fahrer mit seinem Wagen nicht los. Nun registrierte man die Zeitspanne, die verstrich, bis andere Verkehrsteilnehmer zu hupen begannen. Indikatorfunktion für den sozialen Status übte dabei der Typ des Autos desjenigen Fahrers aus, der als erster mit dem Hupen begann. Als Indikatorfunktion für aggressives Verhalten im Straßenverkehr diente das Hupen.

Einem breiten Publikum bekannt geworden ist die *Lost-letter-Technique* (vergleiche Milgram/Mann/Harter 1965). Diese lässt sich einsetzen, um das Prestige eines Absenders oder auch des Empfängers eines Briefes zu ermitteln. Dazu werden frankierte und adressierte Briefumschläge scheinbar verloren, in Wirklichkeit jedoch gezielt an bestimmten Stellen abgelegt. Beobachtet wird, wie groß der Anteil jener Sendungen ist, der schließlich den Empfänger erreicht. Dabei geht man von der Hypothese aus, dass das Prestige eines Empfängers beziehungsweise des Absenders die Rücksendequote beeinflusst. Je höher das Ansehen einer Institution ist, desto mehr Briefe werden von den – wie die Veranstalter hoffen – ahnungslosen Testpersonen in einen Briefkasten eingeworfen. Man kann mit verschiedenen Modifikationen dieser Technik arbeiten. Beispielsweise lässt sich die Unsicherheit darüber, wer der Finder des Briefes ist, dadurch reduzieren, dass die Sendungen gezielt vor bestimmten Wohnungstüren abgelegt oder hinter die Scheibenwischer bestimmter Fahrzeugtypen gesteckt werden. Leider hat diese Technik inzwischen einen solchen Bekanntheitsgrad erlangt, dass einige Finder der Briefe sich durchaus bewusst sind, Teil eines Experiments zu sein.

Im Rahmen der *Misdirected Letter Technique* werden Briefe wiederum scheinbar unabsichtlich an falsche Adressen zugestellt. Auch hier beobachtet man den Umgang mit diesen Postsendungen. Mithilfe der Variation des Adressaten lassen sich dann vor allem Unterschiede im Image des betreffenden Empfängers ermitteln.

Bei der *Verwähltechnik* wird folgendes Vorgehen praktiziert. Ein scheinbar fehlgeleiteter Anrufer bittet eine Person telefonisch um eine kleine Hilfeleistung, beispielsweise um einen Anruf bei einer anderen Person. Nun wird geschaut, wie hoch der Anteil jener hilfsbereiten Menschen ausfällt, der einem solchen Anliegen nachkommt. Auch bei der Verwähltechnik lassen sich durch Variationen im Design, etwa eine ausländisch klingende Stimme, nichtreaktive Beobachtungen anstellen.

Eine andere Methode stellen fingierte *Zeitungsannoncen* dar. Hier kann es sich beispielsweise um Kontaktanzeigen, um Stellenausschreibungen oder um Stellenangebote handeln. Man variiert ein Detail in den betreffenden Texten und beobachtet dadurch erzeugte unterschiedliche Wirkungen. Schließlich ist es auch denkbar, die Reaktionen auf bestimmte Anzeigen für nichtreaktive Experimente zu benutzen. Dabei würden dann ebenfalls unterschiedliche Varianten von Antwortbriefen benutzt und die dabei jeweils erreichten Wirkungen beim Inserenten beobachtet werden.

Auf die forschungsethischen Probleme, die mit den nichtreaktiven Verfahren verbunden sind, wurde bereits verwiesen. So ist bei den einzelnen Designs zu beurteilen, inwieweit die vorgenommenen Manipulationen und das damit bei den Versuchspersonen erzeugte und mit bestimmten Kosten verbundene Verhalten aufgrund des Anliegens der Forschung gerechtfertigt sind. Vermutlich kann man davon ausgehen, dass das Einwerfen eines gefundenen Briefes in einen Briefkasten bei den beteiligten Personen nur sehr geringe Kosten beziehungsweise nur eine geringe Mühe verursacht und von daher eine unbedenkliche Strategie darstellt. Diskutieren kann man darüber, inwieweit man dazu berechtigt ist, die gutgläubige Hilfsbereitschaft anderer Menschen für ein sozialwissenschaftliches Experiment auszunutzen. Experimente jedoch, bei denen den Versuchspersonen größere Kosten entstehen sind problematisch. Hierzu könnten etwa fingierte Stellenausschreibungen oder manipulierte Kontaktanzeigen zählen. Die den Versuchspersonen gegebenenfalls bei fingierten Stellenausschreibungen entstandenen Aufwendungen sind nur schwer zu vertreten.

Zwischen dem Nutzen für die wissenschaftliche Arbeit und den Kosten, die den betroffenen Personen infolge des Experiments entstehen, ist eine Abwägung vorzunehmen. Verwiesen sei auf verschiedene von der Arbeitsgemeinschaft deutscher Markt- und Sozialforschungsinstitute (ADM, vergleiche dazu auch Abschnitt 4.9) ausgearbeitete Richtlinien für den Umgang mit Versuchspersonen. Diese können auch anderen Sozialforschern als eine gute Orientierung dienen.

4.7.2 Verhaltensspuren

Neben nichtreaktiven Experimenten besteht die Möglichkeit der passiven Beobachtung von Verhaltensspuren. Auch hier hat Diekmann (2004:535ff.) einige interessante Varianten zusammengetragen. Eine davon betrifft die Relation zwischen der Internationalen Politik und dem Pizzakonsum im Weißen Haus in Washington DC. So bestand die Möglichkeit, den Ernst der Weltlage aufgrund von Verhaltensspuren beziehungsweise konkret am Pizzakonsum im Weißen Haus abzulesen. Je angespannter hier gearbeitet und Überstunden geleistet werden mussten, desto mehr Pizza wurde verzehrt. Jedoch handelt es sich offenbar bei diesem Indikator um einen historisch vergänglichen Anzeiger. So ist die Relation zwischen dem Ernst der Weltlage und dem Pizzakonsum an den jeweiligen Präsidenten beziehungsweise an dessen Arbeitsstil gekoppelt.

Die Indikatorfunktion des Pizzakonsums – so scheint es zumindest – hat inzwischen seine Zuverlässigkeit verloren. Im Zuge der ABC-Politik (*A*nythink *B*ut *C*linton) des neuen Präsidenten George W. Bush entstanden andere Rahmenbedingungen für die Arbeit der Bediensteten im Weißen Haus. So beginnen nun die Sitzungen pünktlich. „Vorbei die Zeit der Frevler, die zu den Sitzungen im Roosvelt-Room, dem Heiligtum der Vorväter, den Pizza-Dienst bestellten. Niemand flucht mehr auf den Fluren, Dutzende von neuen Verhaltensregeln regieren das Weiße Haus." (Kleine-Brockhoff 2003:14) So war es unter dem Präsidenten Bush jr. üblich, seine Arbeit zu festen Zeiten zu versehen, was auf Kosten des spontanen Verzehrs jenes italienischen Nationalgerichtes geht. Leider zeigt sich der Ernst der Weltlage davon unbeeindruckt.

Die physische Abnutzung von Buchseiten und ähnliche Abdrücke können jedoch weiterhin zur Ermittlung von Lese-, Seh- und Hörgewohnheiten benutzt werden. Der Verschmutzungsgrad des Teppichs vor bestimmten Bildern in einer Ausstellung, die Anzahl beschmutzter Seiten in einem Buch beziehungsweise die Zahl der dort anzutreffenden Eselsohren, und ähnliches sind nichtreaktive Hinweise auf die Verursachung dieser Spuren. Ähnlich verhält es sich mit den Ausleihzahlen in Bibliotheken. Auch diese stellen einen nichtreaktiven Hinweis auf bestimmte dahinter liegende Verhaltensweisen dar. Allen Indikatoren ist gemeinsam, dass sie erzeugt werden, ohne dass bei den Beteiligten dabei die Vermutung bestehen kann, dass dies die Grundlage für eine spätere Analyse bilden wird.

Eine weitere Strategie ist die Ermittlung der auf den Autoradios eingestellten Frequenzen während eines Werkstattaufenthalts (Babbie 2002:304). Auf diese Weise würde man ebenfalls eine nichtreaktive Auskunft über die Hörgewohnheiten während des Autofahrens erhalten und könnte diese zusätzlich an bestimmten Fahrzeugtypen festmachen.

Die Abfallforschung, das heißt die Analyse der in den Abfall geworfenen Dinge, bringt ebenfalls einen nichtreaktiven Aufschluss über Verbrauchergewohnheiten. Das Sexualverhalten lässt sich nichtreaktiv mithilfe der Verkaufszahlen von Kondomen ermitteln. Die Rezeption von Fernsehsendungen ließe sich mithilfe des Wasserverbrauchs in den Werbepausen und am Ende der jeweiligen Sendung abschätzen. Warnschilder und Wegweiser können beobachtet werden. So kann das Verbot von Kinderspielen auf dem Hof als Indikator für die Kinderfeindlichkeit eines Wohngebietes angesehen werden.

Offensichtlich besteht an dieser Stelle reichlich Raum für die Kreativität der Sozialforscher. Ein dabei stets zu beachtendes Problem ist jedoch die Validität und die Reliabilität der so gesammelten Informationen. Der notwendige Verzicht auf die Kommunikation mit den Untersuchungspersonen eröffnet im Gegenzug beim Sozialforscher Räume für Fehlinterpretationen der Verhaltensweisen. So wurden einmal von Marktforschern einem Produkt nur wenige Chancen auf dem Markt eingeräumt. Diese Prognose erwies sich jedoch als falsch. Zwar bestand tatsächlich für das Produkt auf dem Markt kaum Bedarf, jedoch war dessen Verpackung (eine nette Blechdose) für zahlreiche andere Zwecke sehr attraktiv und so ließ sich der Inhalt der Blechdose gut verkaufen.

4.7.3 Nutzung prozessproduzierter Daten

In unserer Gesellschaft werden über zahlreiche Vorgänge Informationen erhoben und gespeichert. Dies betrifft die Auflistung von Fahrraddiebstählen ebenso wie die Angaben zur Geburtenhäufigkeit. In Zeitungsartikeln können sozialwissenschaftlich relevante Informationen enthalten sein, ebenso wie etwa bei Verkaufsangeboten in Internetauktionen (vergleiche Diekmann/Wyder 2002:674ff.). Allen diesen Informationen ist gemein, dass sie nicht zum Zweck der Forschung registriert worden und damit ebenfalls nicht reaktiv sind. Dies kann solche Angaben für Sekundärauswertungen attraktiv machen. Selbst die Analyse von Graffiti und von Grabinschriften vermag Auskunft über soziales Verhalten zu geben.

Als Beispiel für die Diskussion der Möglichkeiten und Grenzen bei der Nutzung prozessproduzierter Daten kann ein von Jenkel und Lippert (1998) vorgestellter Ansatz gelten. Dieser belegt, dass verschiedene Quellen, die nicht zum Zweck der wissenschaftlichen Analyse angelegt worden sind und einem identischen Sachverhalt gelten, durchaus auch zu unterschiedlichen Befunden gelangen können. Das betreffende Projekt widmet sich der

Teilnahme an politischen Protestaktionen in Leipzig im Zeitraum von 1992 bis 1996. Bei dem Vergleich wurden erstens die Ausgaben der Leipziger Volkszeitung (LVZ) und zweitens die Unterlagen des Ordnungsamtes der Stadt Leipzig herangezogen. Dabei wurde überprüft, welche Protestaktionen in welchem Medium jeweils dokumentiert wurden. Die Auswertung ergab 484 Aktionen (= 100 Prozent). In der folgenden Übersicht (vergleiche Tabelle 4.7.1) wird nun gezeigt, wie diese in den jeweiligen Medien dokumentiert worden sind.

Tabelle 4.7.1: Dokumentation von Protestaktionen in der LVZ und im Ordnungsamt der Stadt Leipzig

Nur in der LVZ genannt	48.6 Prozent
Nur im Ordnungsamt verzeichnet	32.2 Prozent
In LVZ *und* Ordnungsamt erwähnt	19.2 Prozent

Hier wird deutlich, dass zwischen beiden nichtreaktiven Datenquellen – aus verschiedenen Gründen – wesentliche Differenzen bestehen. So hat eine diese Analyse ergeben, dass stets auch der konkrete Zweck zu berücksichtigen ist, zu dem diese Angaben ursprünglich erzeugt worden sind.
Die hauptsächlichen Probleme, die sich aus der Nutzung nichtreaktiver Verfahren ergeben, betreffen zusammengefasst:

- Die Reliabilität und die Validität der Analyse sind zu hinterfragen. Hier sind aufgrund der erforderlichen Natürlichkeit der Situation kaum Standardisierungen möglich.
- Es muss sich für eine relevante sozialwissenschaftliche Fragestellung zu aller erst ein nichtreaktives Design finden lassen.
- Die Stichprobenauswahl beziehungsweise zuvor die Definition der betreffenden Population kann zum Problem werden. Es ist zu klären, auf welchen Personenkreis man sich beispielsweise bei der Auswertung beziehen kann, wenn man nichtreaktive Experimente veranstaltet.
- Eine Ergänzung des nichtreaktiven Designs beispielsweise durch eine Befragung dürfte sich in vielen Fällen nicht umgehen lassen.
- Schließlich sollten stets die ethischen Probleme beachtet werden, wenn es um nichtreaktive Feldexperimente geht.

4.8 Sekundäranalysen von Datensätzen

Bei der Planung einer Untersuchung sollte zu einem möglichst frühen Zeitpunkt geprüft werden, ob in diesem Rahmen eine eigene empirische Erhebung erforderlich ist, oder ob nicht auch mithilfe von Sekundäranalysen vorliegender Datensätze eine befriedigende Problemlösung möglich wäre.

Die Maxime sollte sein, nur dann Daten bei Personen zu erheben, wenn dies für die Problemlösung unbedingt erforderlich ist. Ansonsten empfiehlt es sich, auf Sekundäranalysen auszuweichen. Erstens darf den Bestimmungen des Datenschutzes folgend (vergleiche Abschnitt 4.9) nicht ohne ausreichenden Grund in die Persönlichkeitssphäre der Menschen eingegriffen werden. Auch lässt sich ein Missbrauch von Daten am besten dadurch verhindern, dass diese gar nicht erst erhoben werden. Zweitens sollte auch eine Überstrapazierung der Bevölkerung mit Umfragen vermieden werden. Im Rahmen der Diskussion um das Nonresponseproblem (vergleiche Abschnitt 5.8) wird auf die so erzeugte Befragungsmüdigkeit (auch Oversurveing bezeichnet) eingegangen.

Es gibt bei den Methoden der Empirischen Sozialforschung in Bezug auf deren Wertigkeit keine Hierarchien. Eine Vorgehensweise ist jeweils mehr oder weniger dazu geeignet, einen bestimmten Sachverhalt aufzuklären. Damit ist es auch nicht möglich, den Sekundäranalysen fremder Datensätze die Bedeutung abzusprechen. Eine Argumentation etwa, dass es sich grundsätzlich um einen Makel handelt, keine selbst erhobenen Umfragen für eine Auswertung zu nutzen, ist damit völlig verfehlt.

Es ist zu vermuten, dass zahlreiche in der Vergangenheit erzeugte Datensätze noch ausreichend sozialwissenschaftlich interessantes Informationsmaterial enthalten. Eine vollständige und erschöpfende Analyse einer bestimmten empirischen Erhebung, so ist weiterhin zu vermuten, dürfte es kaum geben.

Der wesentliche *Vorteil* von Sekundäranalysen besteht darin, dass sie dem Interessenten kostengünstig und relativ schnell zur Verfügung stehen. Nimmt man zum Vergleich eine Exklusivstudie, deren Mittel zunächst beantragt werden müssen – für die Ausarbeitung und Bearbeitung eines Sachmittelantrages durch die Forschungsförderungseinrichtung muss in der Regel mit jeweils mehr als einem halben Jahr gerechnet werden – so ist es nicht unrealistisch, davon auszugehen, dass die gewünschten Daten unter Umständen erst nach zwei bis drei Jahren zur Auswertung zur Verfügung stehen.

Ein weiteres Argument für die Nutzung von Sekundäranalysen ist deren Eignung für Re-Analysen. Durch Re-Analysen werden Kontrollen von Primäranalysen ermöglicht. Um bewusste Fälschungen und um unbewusste Fehler aufzudecken, kommt dieser Strategie eine wichtige Bedeutung in der Wissenschaft zu.

Der entscheidende *Nachteil* sekundäranalytischer Datenanalysen besteht in der erforderlichen Suche nach und Beschaffung von adäquaten Datenquellen, die die eigenen intendierten Forschungsziele ausreichend abzudecken vermögen. Zugleich muss gewährleistet sein, dass diese Datensätze erschöpfend dokumentiert sind und der Sozialforschung für Sekundäranalysen auch zur Verfügung stehen.

In der Bundesrepublik und in vielen anderen demokratisch verfassten Gesellschaften können für wissenschaftliche Arbeiten und teilweise auch für die gesamte interessierte Öffentlichkeit diverse Datensätze von Umfragen für solche Analysen genutzt werden. Dazu wurden in der Bundesrepublik mit dem GESIS Leibnitz-Institut für Sozialwissenschaften beziehungsweise hier vor allem durch den Arbeitsbereich Datenarchiv und Datenanalyse in Köln auch die institutionellen Voraussetzungen geschaffen. Dieser Arbeitsbereich befasst sich mit der Dokumentation, der Archivierung und der Verbreitung von sozialwissenschaftlichen Umfragedaten.

Daneben besteht auch die Möglichkeit, die Daten, die andere (nichtwissenschaftliche) Institutionen erzeugt haben, etwa – wie oben gezeigt – von Gerichtsakten oder von anderen Behörden für sekundäranalytische Forschungen heran zu ziehen. Hier handelt es sich in der Regel um prozessproduzierte Daten, über deren Nutzung bereits in einem anderen Abschnitt (vergleiche Abschnitte 4.7) berichtet wurde beziehungsweise auf die später im Abschnitt 6.3 noch eingegangen werden soll.

Von besonderem Interesse dürften in der Bundesrepublik der European Social Survey (ESS)[16], die Allgemeine Bevölkerungsumfrage der Sozialwissenschaften (ALLBUS)[17], der Mirkozensus des Statistischen Bundesamtes (MZ)[18] und das Sozioökonomische Panel (SOEP)[19] sein. Zu allen Untersuchungsreihen finden sich im Internet ausführliche Dokumentationen. Dies gilt auch für den Mikrozensus. Sollte ein Interesse daran bestehen, andere Studien auszuwerten, so besteht die Möglichkeit des GESIS Leibnitz-Institut für Sozialwissenschaften Köln bei der Beschaffung des Datensatzes um Hilfe zu bitten (vergleiche Abschnitt 6.1.4).

Voraussetzung für die sekundäranalytische Auswertung ist eine umfassende *Dokumentation* der vorliegenden Studie (vergleiche auch Abschnitt 10). Dabei kommt es darauf an, Informationen über alle Schritte der Erhebung zu erhalten, um diese nachverfolgen und damit richtig verstehen zu können.

4.9 Datenschutz, Anonymität und Vertraulichkeit

In der Empirischen Sozialforschung spielen der Datenschutz, die Anonymität der Zielperson und die Zusicherung der Vertraulichkeit gegenüber den Betroffenen eine Rolle. So erscheint es selbstverständlich, dass Personen, die beispielsweise freiwillig an einer Umfrage teilnehmen und Angaben über private Dinge machen, davon keinen Nachteil haben dürfen. Damit übernimmt der Sozialforscher eine nicht geringe Verantwortung. Wie gezeigt werden soll, existieren dazu diverse Regeln, die einzuhalten sind.

Der Begriff Datenschutz könnte zunächst falsch verstanden werden, nämlich dann, wenn angenommen wird, beim Datenschutz ginge es dem Wortsinn folgend darum, die Daten vor Verlust zu schützen, regelmäßig Up-Dates und Sicherheitskopien zu erstellen, für eine sichere Aufbewahrung zu sorgen und so weiter. Datenschutz meint in diesem Zusammenhang aber vor allem den Persönlichkeitsschutz des Betroffenen. Ganz allgemein geht es bei den Regelungen des Datenschutzes um den Umgang mit den über eine Person gespeicherten Daten und um den Schutz der Persönlichkeit, die diese Daten betreffen.

In der Bundesrepublik regelt vor allem das Bundesdatenschutzgesetz (BDSG) sowie die Datenschutzgesetze der Bundesländer den Umgang mit personenbezogenen Daten. Diese Gesetze galten in Europa als streng in dem Sinn, dass dem Persönlichkeitsschutz eine hohe Priorität eingeräumt wird. Es wurde inzwischen nach den neuen EU-Normen novel-

16 Der ESS wird beschrieben unter der URL http://www.europeansocialsurvey.org/ (zuletzt besucht am 07.04.2009) die Daten der Studie sind zu beziehen über die URL http://ess.nsd.uib.no (zuletzt besucht am 07.04.2009).

17 Informationen über den ALLBUS findet man unter der URL http://www.gesis.org/dienstleistungen/daten/umfragedaten/allbus/ (zuletzt besucht am 07.04.2009). Die Daten des ALLBUS müssen teilweise bei der GESIS im Arbeitsbereich Datenarchiv und Datenanalyse in Köln angefordert werden, sie können aber auch direkt aus dem Netz heruntergeladen werden http://www.gesis.org/dienstleistungen/daten/umfragedaten/allbus/datenzugang/, (zuletzt besucht am 07.04.2009).

18 Einzelheiten über den Mikrozensus stehen unter der URL http://www.destatis.de/jetspeed/portal/cms/Sites/destatis/Internet/DE/Content/Wissenschaftsforum/MethodenVerfahren/Mikrozensus/SUFMikrozensus.psml (zuletzt besucht am 07.04.2009).

19 Das SOEP stellt sich vor unter der URL http://www.diw.de/deutsch/sop/index.html (zuletzt besucht am 07.04.2009). Hier gelten für den Bezug der Daten aufgrund der Regelungen zum Datenschutz besondere Voraussetzungen.

liert und damit auf einem weiterhin strengen Niveau den anderen EU-Staaten angepasst. Der §4 des BDSG ist besonders relevant. Er regelt die Zulässigkeit der Datenverarbeitung und -nutzung. Hier heißt es:

„(1) Verarbeitung personenbezogener Daten und deren Nutzung sind nur zulässig, wenn dieses Gesetz oder eine andere Rechtsvorschrift sie erlaubt oder anordnet oder soweit der Betroffene eingewilligt hat."

Das Sammeln von personenbezogenen Daten ist damit zunächst prinzipiell nicht erlaubt. Nur wenn ein entsprechender Passus des Gesetzes dies vorsieht, kann man daraus eine entsprechende Berechtigung ableiten. Es handelt sich hier um ein Verbot mit Erlaubnisvorbehalt. Damit gestaltet sich die Erhebung personenbezogener Daten auf andere Weise als etwa die Beteiligung am Straßenverkehr. Hier können alle Personen teilnehmen und haben dann die entsprechenden Regeln und Ausnahmen zu beachten.

Den Regelungen des Datenschutzes liegt die Idee eines sehr weitgehenden Schutzes der Rechte der Persönlichkeit zugrunde. Ausnahmen betreffen zum Beispiel die Sicherheitsinteressen des Staates, die Ermittlungen bei Straftaten und – nach einem Urteil des Bundesgerichtshofes (BGH) – auch den Mikrozensus (vergleiche Abschnitt 6.1.4). Aber auch ein Interesse der Wissenschaft beziehungsweise der Marktforschung an der Erhebung von Daten wird von der Gesetzgebung in Rechnung gestellt.

Eine Reihe an Institutionen wie etwa Einwohnermeldeämter, Versicherungen, Krankenkassen, Versandhäuser, Banken, Personalabteilungen und nicht zuletzt auch Möbelmärkte müssen im Rahmen ihre Tätigkeit teilweise umfangreiche Dateien mit personenbezogenen Angaben anlegen. Die dabei geltenden spezifischen Vorschriften können an dieser Stelle nicht behandelt werden.

Für die Veranstaltung von betriebsinternen Mitarbeiterbefragungen gelten die Bestimmungen des Betriebsverfassungsgesetzes. Dieses ersetzt beziehungsweise ergänzt in dem Fall das BDSG: Danach hat bei Mitarbeiterbefragungen die Einbeziehung der Beschäftigtenvertretung in die Vorbereitung und Umsetzung einer solchen Befragung zu erfolgen. Die Erhebung von Daten und der Umgang mit diesen Daten (zum Beispiel: Wer aus der Belegschaft erhält Zugang zu welchen Daten), ist hier zu regeln.

Die Erhebung personenbezogener Daten aus der Allgemeinbevölkerung im Rahmen wissenschaftlicher Forschungen ist nach dem BDSG dann möglich, wenn die Einwilligung der Zielperson vorliegt. Es gilt die Forderung nach einem informierten Einverständnis der betroffenen Person. Dies bedeutet, dass eine Person, die um Angaben gebeten wird, zunächst darüber aufzuklären ist, von wem und für welchen Zweck diese Angaben benötigt werden. Danach hat sie ihr Einverständnis (beziehungsweise gegebenenfalls ihr Nichteinverständnis) zu dieser Datenerhebung zu geben. Die Weitergabe personenbezogener Daten, beispielsweise durch das die Daten erhebende Institut an den Auftraggeber einer Untersuchung, ist ohne die Information und die Zustimmung des Betroffenen, verboten (vergleiche auch Metschke/Wellbrock 2002).

In der Praxis der Empirischen Sozialforschung sind nun verschiedene Aspekte des Datenschutzes besonders relevant. Auf die folgenden soll näher hingewiesen werden:

- Bei persönlich-mündlichen Befragungen werden von den Interviewern Kontaktprotokolle erstellt (vergleiche Abschnitt 10.1) und an das Erhebungsinstitut weitergeleitet. Diese enthalten die vollständige Adresse der befragten Zielperson und lassen sich auf die konkreten Angaben dieser Person in der Befragung beziehen. Sie sind erforderlich, um die Arbeit der Interviewer zu kontrollieren. Beim Umgang mit solchen Daten haben die Erhebungsinstitute bestimmte Regeln zu befolgen.

Das Führen derartiger Protokolle gilt für die Kontrolle der Arbeit der Interviewer und damit für die Umfrageforschung als unerlässlich. Diese Aufzeichnungen dienen unter anderem zur Überprüfung der durch den Interviewer vorgenommenen Auswahl der Zielperson im Zielhaushalt. Sie muss dazu beispielsweise auch die Anzahl aller in einem Haushalt lebenden Personen, die zur Grundgesamtheit gehören (vergleiche Abschnitt 5.2.2), enthalten. Für telefonische Rückfragen sollten nach Möglichkeit auch die Telefonnummer der jeweiligen Zielhaushalte angegeben und gespeichert werden. Gegebenenfalls als durch den Interviewer gefälscht identifizierte Interviews müssen aus dem Datensatz entfernt werden können. Für diesen Zweck ist eine prinzipielle Verbindung zwischen den Kontaktprotokollen und den Fragebögen erforderlich. Dies erfolgt mithilfe einer Identifikationsnummer (ID). Die Erhebungsinstitute haben die Kontaktprotokolle und die ausgefüllten Fragebögen getrennt aufzubewahren. Beide enthalten die ID, welche eine Zuordnung der Daten ermöglicht.

Diese Trennung sollte erstens räumlich erfolgen, das heißt, die Unterlagen sollten nicht zusammen in einem Raum aufbewahrt werden. Zweitens sollte auch eine personale Trennung der beiden Aufgaben vorgenommen werden. Das heißt, Mitarbeiter des Erhebungsinstituts sollten nicht mit beiden Dateien zu tun haben. Weiter ist die ID, also das eigentliche Verbindungsglied zwischen den Kontaktprotokollen und den Originalfragebogen, sofort zu löschen, wenn die Kontrollen der Interviews abgeschlossen sind. Die Daten werden auf diese Weise anonymisiert.

Schließlich hat eine aktenkundige Belehrung aller Mitarbeiter zu erfolgen, die im Erhebungsinstitut mit personenbezogenen Daten Umgang haben. Das Prinzip, dass jeder Mitarbeiter lediglich zu den Daten Zugang hat, mit denen er sich aufgrund seiner Funktion im Institut beschäftigen muss, hat sich bewährt.

Für die Einhaltung dieser Regelungen ist laut BDSG am Erhebungsinstitut ein Datenschutzbeauftragter zu benennen. Dieser vertritt hier die Interessen der Befragten, nimmt seine Aufgaben eigenverantwortlich wahr und unterliegt damit bei dieser Tätigkeit keiner Weisungspflicht.

- Die Dateien mit den Daten von Bevölkerungsumfragen werden häufig für Sekundäranalysen einer breiteren Klientel zur Nutzung zur Verfügung gestellt, beispielsweise vom GESIS Leibnitz-Institut für Sozialwissenschaften (vergleiche Abschnitt 4.8). Sie stehen auch anderen Personen für ihre Analysen zur Verfügung. Damit besteht eine gewisse Gefahr, die Zielpersonen reidentifizieren zu können.

Wie bereits geschildert, soll die Vernichtung des Umsteigecodes (ID) gewährleisten, dass eine Anonymisierung der Daten eintritt und damit nachträglich keine Identifikation der befragten Personen mehr erfolgen kann. In diesem Fall handelt es sich nicht mehr um personenbezogene Daten. So wird die nun notwendige Archivierung und auch Weitergabe der Dateien beispielsweise für Re-Analysen und Replikationen ermöglicht. Diese sind für die Einhaltung der wissenschaftlichen Standards und damit für die Berufsausübung unverzichtbar.

Ein Problem kann entstehen, wenn aus bestimmten Angaben zur Person des Befragten, die aus dem anonymisierten Datensatz entnommen werden können, wie etwa zum Beruf

(Bezirksschornsteinfeger, Bürgermeister, Landesbischof), dem Alter und dem Geschlecht sowie aus Angaben zum Wohnort (Bundesland und Ortsgröße) dann letztendlich doch wieder eine Identifikation zumindest einzelner Zielpersonen erfolgen kann.

Dieses Problem wird noch verschärft, wenn zum Datensatz der Befragung Daten hinzugespielt werden sollen. Hier sind für die sozialwissenschaftliche Auswertung teilweise Angaben wie etwa zur Arbeitslosenquote in der jeweiligen Wohngegend des Befragten, zu den Wahlergebnissen bei der letzten Bundestagswahl oder zum Ausländeranteil am Wohnort der Zielperson von Interesse.

Die Lösung des Problems beziehungsweise die Vermeidung einer Re-Identifikation von Zielpersonen hat besonders verantwortungsvoll zu geschehen, schließlich wurde bei der Erhebung Anonymität zugesichert. Zunächst muss eine Abwägung vorgenommen werden zwischen den verschiedenen Risiken einer solchen Re-Identifikation. Dabei muss erstes vor allem an den einer befragten Person möglicherweise entstehenden Schaden gedacht werden. Auch ist zu überlegen, wie wahrscheinlich und wie kompliziert für einen Datenangreifer eine solche Re-Identifikation ist. Zweitens sind dem das wissenschaftliche Interesse und der Nutzen gegenüber zu stellen, der mit der Untersuchung verfolgt werden soll und der das Hinzuspielen weiterer Informationen erforderlich macht.

Eine Lösung kann sein, die sensiblen Variablen eines Datensatzes, die von einem Datenangreifer für eine Re-Identifikation genutzt werden könnten, etwa zur Arbeitslosenquote und zum Wahlergebnis am Wohnort, nur in vergröberten Kategorien anzugeben (vergleiche Wirth 1992). So würde dann nicht der erzielte prozentuale Stimmenanteil aller Parteien dem Datensatz zugespielt, sondern lediglich vergröberte Stufen, beispielsweise eine Partei hat zwischen 20 und 30 Prozent der Stimmen erhalten. Eine andere Lösung wäre, die Weitergabe des Datensatzes mit einer besonderen Verpflichtung an die Nutzer zu verbinden. Diese müssen über die Folgen eines Missbrauchs einschließlich eventueller Strafen aufgeklärt werden. Auch eine Begrenzung der Weitergabe auf einen bestimmten Personenkreis oder die Weitergabe eines nur unvollständigen Datensatzes könnte in Betracht gezogen werden.

- Telefonische Befragungen werden mithilfe generierter Telefonnummern geführt. Damit können und sollen (zufällig) auch nicht in öffentlich zugängliche Verzeichnisse eingetragene Zielpersonen erreicht werden. Außerdem muss für eine Qualitätskontrolle zur Arbeit der Interviewer, ein Mithören durch einen Supervisor ermöglicht werden.

Auch hier lassen sich Patentlösungen nur schwer finden. Es ist wiederum abzuwägen zwischen erstens, den Interessen der betroffenen Zielpersonen auf Schutz ihrer Privatsphäre und des unter Umständen bei ihnen entstehenden Aufwandes für die Mitteilung einer Verweigerung und zweitens, dem berechtigten wissenschaftlichen Forschungsinteresse. Hier haben sich der ADM, die Arbeitsgemeinschaft Sozialwissenschaftlicher Institute e.V. (ASI) sowie der Berufsverband der Soziologen auf konkrete Regelungen geeinigt.[20]

Danach sollten unangemeldete Telefonkontakte zum Zweck einer Befragung nur in der Zeit zwischen 9.00 Uhr und 21.00 Uhr erfolgen. Es ist einer kontaktierten Zielperson in diesem Zeitraum zuzumuten, einen Anruf entgegen zu nehmen und gegebenenfalls dem Anrufer eine Nichtteilnahme zu signalisieren. Auch ist es danach erlaubt, im Interesse der Qualitätskontrolle und der Einhaltung des Datenschutzes Interviews mitzuhören. Mit den

20 Vergleiche http://www.adm-ev.de/pdf/R04_D.pdf, zuletzt besucht am 7.04.2009.

trotzdem in der Praxis auftretenden Problemen befasst sich beispielsweise Wiegand (1998:19ff.).

Strikt verboten ist der Missbrauch wissenschaftlicher Erhebungen für kommerzielle Werbung. Dies gilt auch für eine Verbindung von marktwirtschaftlichen Befragungen mit Verkaufsbemühungen.

Eine richterliche Entscheidung[21] hat die Auffassung des ADM weitgehend bestätigt. Zum Hintergrund: Geklagt hatte eine Zielperson, die von einem Umfrageinstitut wiederholt angerufen und gebeten worden war, an einer Befragung zum Zwecke der Marktforschung teilzunehmen. Die Telefonnummer der Zielperson war nicht in einem Verzeichnis enthalten, sondern wurde durch ein Zufallsverfahren erzeugt. Die Zielperson, ein Rechtsanwalt, forderte das Erhebungsinstitut mit einer strafbewehrten Unterlassungserklärung dazu auf, solche Anrufe künftig zu unterlassen und eine „beigefügte Kostennote zu begleichen." Das AG Hamburg - St. Georg lehnte diesen Antrag in seinem Urteil vom 27. Oktober 2005 jedoch ab. Interessant sind die Begründungen für diese Ablehnung.

So verstoßen zwar unerbetene Telefonanrufe zu Werbezwecken gegenüber Privaten grundsätzlich gegen das Verbot unlauteren Wettbewerbs (§ 7 Abs. 2 Nr. 3 UWG), dies gilt jedoch nicht für die Marktforschung. Im Urteil heißt es weiter: „Eine Abwägung der kollidierenden Interessen ergibt, dass der Verfügungskläger die Anrufe der Beklagten als rechtmäßig hinnehmen musste."

Das Telefon ist vergleichbar mit einem Briefkasten. Wenn dieser benutzt wird, so besteht kein Grund zu der Befürchtung, für andere nicht erreichbar zu sein. Wer sich – so das Gericht – einen Telefonanschluss zulegt, der bringt damit zum Ausdruck, auch über dieses Medium kommunizieren zu wollen.

Auch die Tatsache, dass der Anrufende mit seinem Anruf gewerbliche Zwecke verfolgt, ist nicht verwerflich, im Gegenteil, auch die Tätigkeit eines Umfrageinstituts steht im Rahmen der Berufsfreiheit unter dem Schutz der Verfassung.

- Der BGH fordert ein informiertes Einverständnis der Betroffenen bei der Teilnahme an Befragungen und bei Experimenten.

In Deutschland braucht die Erhebung von Daten oder auch der jeweilige, dazu benutzte Fragebogen nicht von einer (zentralen) Einrichtung genehmigt zu werden. Dies würde dem Prinzip der Freiheit der Forschung widersprechen.

Im BDSG ist jedoch vorgesehen, dass für die Erhebung personenbezogener Daten die schriftliche Einverständniserklärung des Betroffenen eingeholt werden muss. Eine solche Einwilligung erschwert die Arbeit der Interviewer, sie erweckt bei den angesprochenen Personen unter Umständen Misstrauen, erhöht die Non-Response-Rate und verschlechtert damit die Datenqualität. Für sozialwissenschaftliche Forschungen wurde deshalb eine Ausnahmeregelung geschaffen. Danach ist in einem solchen Fall – und auch nur hier – *keine* schriftliche Einwilligung der Zielperson erforderlich (vergleiche Kaase 1986:3ff.).

Eine Ausnahme bilden jedoch Panelstudien (vergleiche Abschnitt 4.5), bei denen die ID`s und damit die Adressen der Zielpersonen über einen längeren Zeitraum gespeichert werden müssen. Zudem steigt das Risiko einer möglichen Re-Identifikation mit der Anzahl

21 http://www.kanzlei-prof-schweizer.de/bibliothek/urteile/index.html?id=12951&suchworte=Umfragen, zuletzt besucht am 7.04.2009.

der Befragungswellen und rechtfertigt damit einen höheren Aufwand beim Schutz der Daten beziehungsweise der Befragungsteilnehmer.

Die zu befragenden Personen sind über den Zweck der Befragung und über die Einhaltung der Datenschutzbestimmungen aufzuklären. Zum Beispiel wird den Zielpersonen von den im ADM zusammengeschlossenen Instituten eine Erklärung zum Datenschutz übergeben sowie ein Text, der darüber Auskunft gibt, was mit den gegebenen Informationen geschieht. Beide Unterlagen sind über das Internet abrufbar. Es ist selbstverständlich, dass diese Angaben auch einzuhalten sind. In Abbildung 4.9.1 wird die Erklärung zum Datenschutz gezeigt.

Abbildung 4.9.1: ADM-Unterlagen zum Datenschutz

Erklärung zum Datenschutz und zur absoluten Vertraulichkeit Ihrer Angaben bei mündlichen oder schriftlichen Interviews

(Name des Instituts; Ergänzung für ADM-Institute: - Mitglied im Arbeitskreis Deutscher Markt- und Sozialforschungsinstitute e.V. (ADM) -) arbeitet nach den Vorschriften des Bundesdatenschutzgesetzes (BDSG) und allen anderen datenschutzrechtlichen Bestimmungen.

Das gilt auch bei einer Wiederholungs- oder Folgebefragung, wo es wichtig ist, nach einer bestimmten Zeit noch einmal ein Interview mit derselben Person durchzuführen und die statistische Auswertung so vorzunehmen, dass die Angaben aus mehreren Befragungen durch eine Code-Nummer miteinander verknüpft werden.

Auch hier gilt: **Es gibt keine Weitergabe von Daten, die Ihre Person erkennen lassen.**

Die Ergebnisse werden – genauso wie bei Einmalbefragungen – ausschließlich in anonymisierter Form dargestellt. Das bedeutet: Niemand kann aus den Ergebnissen erkennen, von welcher Person die Angaben gemacht worden sind. Auf der Rückseite dieser Erklärung zeigen wir Ihnen an einem Beispiel den Weg Ihrer Daten von der Erhebung bis zur völlig anonymen Ergebnistabelle.

Falls die um Teilnahme gebetene Person noch nicht 18 Jahre alt und zur Zeit kein Erwachsener anwesend ist: Bitte zeigen Sie dieses Merkblatt auch Ihren Eltern mit der Bitte, es billigend zur Kenntnis zu nehmen.

Für die Einhaltung der Datenschutzbestimmungen ist verantwortlich:

(Name und vollständige Anschrift des Instituts)

(Name des Institutsleiters)

(Name des betrieblichen Datenschutzbeauftragten)

Ein weiterer sensibler Aspekt sind Verweigerungen der Teilnahme durch die Kontakt- oder die Zielperson. Teilt eine Zielperson klar und deutlich mit, dass sie nicht dazu bereit ist, an der Umfrage teilzunehmen, so hat das Erhebungsinstitut dies ohne weiteres zu akzeptieren. Ein nochmaliger Kontaktversuch, beispielsweise durch einen anderen Typ Interviewer, ist unzulässig. Auch hat eine Zielperson das Recht dazu, selbst nach Abschluss der Befragung die Löschung ihrer Angaben zu verlangen. Dies sollte das erhebende Institut dazu veranlassen, die personenbezogenen Daten so schnell wie möglich zu anonymisieren, das heißt die ID zu vernichten.

Generell gilt es, das Prinzip des informierten Einverständnisses der Betroffenen umzusetzen. Vor allem auch bei Gruppendiskussionen, zu denen Audio- und / oder Videomitschnitte erfolgen sollen oder bei Experimenten. Dazu existieren verschiedene weitere Richtlinien, die vom ADM ebenfalls über das Internet zur Verfügung gestellt werden.[22]

- Für Sozialwissenschaftler besteht die Möglichkeit, auch Daten aus dem Melderegister für Forschungen zu benutzen. Auch hier gelten wieder bestimmte Regeln.

Einwohnermelderegister enthalten verschiedene Angaben zu den in der jeweiligen Gemeinde lebenden Personen und stellen deshalb für die Empirische Sozialforschung eine interessante Informationsquelle dar. Neben postalischen Befragungen (vergleiche Abschnitt 6.1.3) benötigen vor allem die Registerstichproben (vergleiche Abschnitt 5.3) diese Datenquelle. Die gesetzlichen Bestimmungen sehen vor, dass Einwohnermelderegister lediglich für wissenschaftliche Zwecke – nicht aber für die Marktforschung – ihre Daten zur Verfügung stellen dürfen. Dazu hat das erhebende Institut eine von der jeweils zuständigen Stelle für den Datenschutz (dies ist in der Regel das Innenministerium des Bundeslandes, in dem die erhebende Stelle ihren Sitz hat) eine Unbedenklichkeitserklärung vorzulegen. Diese bescheinigt der Einrichtung ihren wissenschaftlichen Charakter.

Die Einwohnermeldeämter stellen dann die benötigten Angaben selbst zusammen. Allerdings sind diese nicht zu einer Auskunft verpflichtet. Auch besteht kein Zeitrahmen, in dem solche Auskünfte erteilt werden müssen. Ebenso wenig besteht ein Anspruch darauf, die Daten in einer bestimmten Form, zum Beispiel als maschinenlesbares Datenfile zur Verfügung gestellt zu bekommen. Schließlich ist auch der für diese Auskunft fällige Unkostenbeitrag nicht einheitlich geregelt. Diese Tatsachen erschweren die Arbeit mit den Registern. Über entsprechende Probleme berichtet Albers (1997:117ff.) sehr anschaulich.

Für das Institut gilt es schließlich zu beachten, dass die erhaltenen Daten nicht für andere Zwecke als den bekannten genutzt werden dürfen. So erfolgt die Auskunft in der Regel nur für eine bestimmte Untersuchung, welche ein bestimmtes Thema bearbeitet. Auch eine Speicherung größerer Adressenmengen auf Vorrat für eventuelle spätere Erhebungen ist nicht gestattet. Das heißt, nicht bei der betreffenden Studie zum Einsatz gelangte Adressen sind zu vernichten.

22 http://www.adm-ev.de/, aufgerufen am 7.04.2009.

5 Auswahlverfahren

5.1 Grundbegriffe und Einteilung

Im Rahmen der Untersuchungsplanung zur Umsetzung einer sozialwissenschaftlichen Studie spielt die Frage nach dem dabei einzusetzenden Auswahlverfahren eine wichtige Rolle. Zunächst ist jedoch generell zu entscheiden, ob es erforderlich ist, eine Stichprobe zu ziehen oder ob eine Totalerhebung, das heißt die Untersuchung aller interessierenden Elemente, erfolgen sollte. Für eine Totalerhebung spricht zunächst, dass bestimmte Fehler, die bei einer Stichprobenziehung auftreten können, ausgeschlossen sind und die gewonnenen Befunde unter Umständen belastbarer und genauer sein dürften. Gegen eine Totalerhebung spricht dagegen der damit verbundene, in der Regel immense Aufwand. Einleitend soll die Entscheidung für eine Stichproben- oder Totalerhebung näher betrachtet werden. Danach werden verschiedene Stichprobenstrategien diskutiert.

Zunächst gibt es Problemstellungen, bei denen es sich prinzipiell verbietet, eine Totalerhebung vorzunehmen. So werden sich etwa medizinische Blutuntersuchungen stets mit Stichproben begnügen müssen, da sonst der zu untersuchende Organismus zerstört würde. Dies gilt auch für die Verkostung eines neuen Weinjahrganges; hier würde eine Totalerhebung die Gesamtheit des neuen Weines aufbrauchen. Damit ist zu konstatieren: In Fällen, bei denen im Rahmen einer Totalerhebung die Grundgesamtheit zerstört oder beschädigt würde, kommen ausschließlich Stichprobenuntersuchungen zum Einsatz.

Weiter muss in Rechnung gestellt werden, dass Totalerhebungen recht teuer sein können. So verursachte die Volkszählung in der Bundesrepublik Deutschland im Jahr 1987 finanzielle Kosten von mehr als 500.000.000 €. Hinzu kommen weitere Kosten, welche aufgrund von politischen Debatten, die über die Notwendigkeit solcher Erhebungen geführt werden, entstehen (der Mikrozensus und die Volkszählung gelten bei deren Gegnern teilweise als „Elemente des Überwachungsstaates“ und sollten deshalb von der Bevölkerung boykottiert werden; vergleiche Rottmann/Strohm 1987:7). Von daher sind Totalerhebungen oftmals nicht durchführbar und die Nutzung von Stichproben ist unvermeidbar.

Ein weiterer Aspekt der Entscheidungsfindung zwischen Stichproben- und Totalerhebung soll an einem konkreten Beispiel demonstriert werden. Der Bürgermeister von Neustadt, einer Gemeinde mit etwa 50.000 Einwohnern, hatte es sich vorgenommen, alle erwachsenen Bürger über die im nächsten Haushaltsjahr zu planenden Investitionsschwerpunkte zu befragen. Dies wollte er mithilfe einer Totalerhebung versuchen, schließlich sollten zu diesem wichtigen Problem alle Mitbürger ihre Meinung sagen dürfen. Aber die finanziellen Mittel des Bürgermeisters von Neustadt waren beschränkt. So konnte er weder geschulte Interviewer einsetzen noch war er dazu in der Lage, die bei solchen Erhebungen erforderlichen Erinnerungs- oder Mahnaktionen zu starten (vergleiche Abschnitt 6.1.3). Er verteilte deshalb die Fragebögen mithilfe eines in seinem Ort wöchentlich erscheinenden Stadtanzeigers an jeden der etwa 25.000 Haushalte und forderte seine Bürger darin dazu auf, die ausgefüllten Fragebögen selbständig im Rathaus oder in einer anderen Amtsstube wieder abzugeben. Das dann beim Rücklauf erzielte Ergebnis war mit nur etwa fünf Prozent aus sozialwissenschaftlicher Sicht ungenügend. Es blieb zudem völlig unklar, wer sich aufgrund welcher Motivation an der genannten Umfrage beteiligt hatte. Pro Haushalt war zunächst jeweils nur ein Fragebogen verschickt worden. Wer aber mochte, konnte sich weitere Exemplare aus dem Internet herunterladen[1]. Das auf diese Weise gewonnene Ergebnis müsste deshalb im Rahmen einer sozialwissenschaftlichen Studie als unbrauchbar bezeichnet werden. Aus der Sicht der Sozialforschung wäre es erfolgversprechender und die Ergebnisse wären aussagekräftig gewesen, wenn nur eine zufällig zusammengestellte Stichprobe – beispielsweise von 1.000 Bürgern – befragt worden wäre und man sich darauf konzentriert hätte, alle vorhandenen Mittel für die Befragung gerade dieses Personenkreises einzusetzen. Für eine solche Strategie plädierte bereits vor einigen Jahren Scheuch (1974). So sind die vorhandenen Mittel in Neustadt leider nicht zielführend eingesetzt worden.

Angebracht und sinnvoll kann es sein, Mitarbeiterbefragungen als Totalerhebungen zu konzipieren (vergleiche Borg/Treder 2003:81). Für den Fall, dass die Grundgesamtheit nicht zu groß ist, dass außerdem eine Möglichkeit besteht, alle Elemente der Grundgesamtheit zur Teilnahme zu motivieren und, dass schließlich die notwendigen Mittel für eine solche Erhebung vorhanden sind, können mithilfe einer Totalerhebung besonders belastbare Befunde gewonnen werden.

Hat man sich jedoch für eine Stichprobenerhebung entschieden, so stehen wiederum verschiedene Varianten zur Verfügung, um zu einer Auswahl zu gelangen. Deren Grundlagen und einige Varianten werden im Folgenden besprochen. Nicht nur bei Befragungen spielen Stichproben eine Rolle. Wie noch zu zeigen sein wird, kommen auch bei Beobachtungen (vergleiche Abschnitt 6.2) und bei Inhaltsanalysen (vergleiche Abschnitt 6.3) Auswahlverfahren zum Einsatz.

Die Bedeutung, welche einer richtigen Auswahl der zu befragenden Zielpersonen zukommt, wird in Methodenlehrbüchern zumeist anhand einer Wahlstudie belegt, die bereits 1936 in den USA erhoben wurde. Das Anliegen der Umfrage bestand darin, den voraussichtlichen Sieger der Präsidentschaftswahlen vorherzusagen. Wenn man unterstellt, dass damals ein ähnliches Interesse in der Öffentlichkeit an Prognosen bestand wie heute, so wird die Brisanz der Unternehmung Vorhersage vorstellbar. An eine solche Prognose wagte sich die Zeitschrift Literary Digest. Dazu wurden von ihr an die Mitglieder einer Stichprobe vom Umfang n=10.000.000 Probestimmzettel verschickt. Als Auswahlrahmen der Adressen dienten Verzeichnisse, in denen Telefonbesitzer sowie Kraftfahrzeughalter registriert waren. Von den ausgesandten Stimmzetteln wurden immerhin 2.400.000 ausgefüllt an den Absender zurückgesandt. Das Ergebnis der Umfrage war danach eindeutig: Der Kandidat Roosevelt würde die Wahl deutlich verlieren, sein Gegenkandidat Landon würde siegen.

Ein Institut mit dem Namen Gallup wählte ein anderes Vorgehen für die Stichprobenziehung. Anhand bestimmter Quotenvorgaben wurde eine deutlich kleinere Stichprobe rekrutiert. Diese entsprach in ihrer Zusammensetzung jedoch ziemlich genau der Struktur der amerikanischen wahlberechtigten Bevölkerung. Auf dieser Basis konnte von Gallup das richtige Wahlergebnis prophezeit werden, Roosevelt würde Gewinner der Wahl sein. So kam Roosevelt dann auch anstelle der von Literary Digest vorhergesagten 43 Prozent auf 62 Prozent der Stimmen (vergleiche Freedman et al. 1978:302ff.). Diese richtige Vorhersa-

1 Vergleiche: http://www.neustadt-weinstrasse.de/burgerhaushalt/Download/download.html, hier finden sich auch die in Neustadt ermittelten Befunde sowie weitere Details zum Design, zuletzt besucht am 02.02.2006.

ge und demgegenüber der relativ große Fehler, der von der Zeitschrift Literary Digest abgegebenen Prognose – sie lag immerhin 19 Prozentpunkte daneben – verschaffte dem Gallup-Institut langanhaltenden Weltruhm.

Es kann damit eine wichtige Erkenntnis festgehalten werden: Die Größe einer Stichprobe allein bietet keine Garantie für eine gute Abbildung von Eigenschaften beziehungsweise Parametern der Grundgesamtheit. Oder entsprechend: Kleine Stichproben können unter Umständen besser sein als große.

Auf zwei Probleme bei der Studie der Zeitschrift Literary Digest ist besonders zu verweisen: Erstens muss der doch geringe Rücklauf – mehr als drei Viertel der angeschriebenen Personen hatten kein Votum abgegeben – für den aufgetretenen Fehler verantwortlich gemacht werden. So ist zu vermuten, dass es nicht vom Zufall abhing, ob sich jemand an dieser Umfrage beteiligt hat, sondern dass diese Motivation in einem Zusammenhang mit dem erfragten Sachverhalt (vergleich dazu auch den Abschnitt 5.8) stand.

Eine zweite Ursache für das Scheitern der Prognose betrifft den benutzten Auswahlrahmen, aus dem die Adressen gezogen worden waren. Es hätte den Veranstaltern klar sein müssen, dass in einer Liste mit Telefon- und Kraftfahrzeugbesitzern nicht alle Wahlberechtigten enthalten sind. Auch hier gilt wieder, dass es nicht zufällig ist, ob jemand in einer dieser Listen steht oder nicht. Vielmehr ist zu erwarten, dass etwa besser verdienende Personen überproportional vertreten sind. Von diesen ist wiederum ein anderes Abstimmungsverhalten zu erwarten als vom Rest der Wahlberechtigten. So kam es schließlich auch.

Damit können an dieser Stelle zwei wichtige Begriffe eingeführt werden: Wird für die Auswahl eine Liste benutzt, die nicht alle Elemente der Grundgesamtheit enthält, so spricht man von Undercoverage. Hätte man eine Liste, in der Elemente häufiger als nur ein Mal enthalten sind, so wird von Overcoverage gesprochen. Beide Phänomene treten in der Praxis der Umfrageforschung auf.

Bevor in den Abschnitten 5.2 und 5.3 Auswahlstrategien vorgestellt werden, die in der Empirischen Sozialforschung von besonderer Bedeutung sind, sollen zunächst einige weitere Grundbegriffe erklärt werden, die teilweise bereits benutzt worden sind. Die wichtigsten Begriffe sind die Grundgesamtheit – synonym auch als Population (oder auch einfach nur als N) – bezeichnet und der Begriff Stichprobe, für den auch das englische Wort Sample benutzt wird.

Bei der *Grundgesamtheit* handelt es sich um eine Anzahl an Elementen, die aufgrund einer bestimmten Eigenschaft für den Forscher von Interesse sind. So kann beispielsweise bei einer Wahlstudie die Grundgesamtheit bestimmt werden als die Menge an Personen (dieses sind die Elemente), die zu einem bestimmten Stichtag wahlberechtigt (hier handelt es sich dann um die gemeinsame Eigenschaft) sind.

Werden nun alle Elemente der Grundgesamtheit in eine Untersuchung einbezogen, wie dies etwa bei der Volkszählung 1987 in der Bundesrepublik vorgesehen war, so spricht man von einer *Totalerhebung*. Dies ist ein weiter relevanter Begriff.

Eine *Stichprobe* ist eine Auswahl von Elementen aus der Grundgesamtheit. Keine völlige Einigkeit besteht in der Fachliteratur darüber, ob man nur dann von einer Stichprobe sprechen darf, wenn eine solche Auswahl nach bestimmten mathematisch-statistisch begründeten Regeln erfolgt ist, oder ob es sich immer um Stichproben handelt, wenn nicht alle Elemente der Grundgesamtheit betrachtet werden. Hier wird die zweite Auffassung vertreten und angenommen, dass es sich bei jeder Auswahl von Elementen aus einer

Grundgesamtheit auch um eine Stichprobe handelt. Ein anderes Problem stellt sich natürlich mit der Frage, welche Informationen man aus solchen Stichproben jeweils ziehen kann.

Erhebungseinheiten ist in diesem Zusammenhang ein weiterer wichtiger Begriff. Dabei handelt es sich um jene Elemente der Grundgesamtheit, auf die sich die Auswahl prinzipiell beziehen kann. Um beim Beispiel einer Umfrage zur beabsichtigten Wahlentscheidung zu bleiben, so wird relativ schnell einsichtig, dass es fast nicht möglich ist, Personen, die etwa zu einem bestimmten Zeitpunkt im Ausland leben oder sich momentan im Krankenhaus aufhalten müssen, zu Elementen der zu befragenden Stichprobe zu machen.

Mit dem *Stichprobenumfang* (auch als Sample Size oder einfach nur als n bezeichnet) ist die Zahl der ausgewählten Elemente gemeint, die in die Untersuchung einbezogen werden sollen.

Aufgrund welcher Überlegungen lässt sich nun die Berechtigung ableiten, dass man aufgrund einer Auswahl nur relativ weniger Elemente Aussagen (auch Prognosen) über die Grundgesamtheit treffen kann? Dieser Frage soll im Folgenden nachgegangen werden. Dazu wird ein kleines Gedankenexperiment vorangestellt.

Stellen wir uns eine Urne vor, in der alle 100 Elemente der Grundgesamtheit in Form von Kugeln enthalten sind. Stellen wir uns weiter vor, zehn dieser Kugeln seien weiß und 90 schwarz. Schließlich stellen wir uns vor, wir würden eine Stichprobe im Umfang von n=10 Elementen (Kugeln) aus dieser Urne ziehen. Nun ist es prinzipiell denkbar, dass alle zehn gezogenen Kugeln weiß sind. Denkbar ist auch, dass neun der Kugeln weiß sind und eine schwarz, oder auch, dass alle zehn Kugel schwarz sind und so weiter. Daraus kann bereits wieder ein wichtiger Schluss gezogen werden: Dieser lautet, *das Ziehen von Stichproben liefert unsichere Ergebnisse*. Mit anderen Worten, bevor man nicht das Ergebnis der Ziehung (die Farben der zehn Kugeln) kennt, kann man nicht genau sagen, wie dieses ausfallen wird. Dies gilt selbst dann, wenn man – wie in unserem Fall – die Struktur der Grundgesamtheit kennt, also weiß, wie viele Kugeln einer Farbe jeweils in der Urne enthalten sind.

Auch für den Fall, dass man dieses kleine Experiment wiederholte, könnte man noch immer nicht völlig ausschließen, dass beispielsweise wieder alle zehn gezogenen Kugeln weiß sind. Dies ist zwar sehr unwahrscheinlich, aber nicht auszuschießen. Daraus resultiert eine zweite wichtige Schlussfolgerung: das Ziehen von Stichproben liefert *stets* unsichere Resultate. Um hier Sicherheit zu verschaffen, müssten wir alle Kugeln aus der Urne ziehen. Dass es sich dann jedoch nicht mehr um eine Stichprobe handelt, wurde bereits oben dargestellt.

Nun kann man nach Möglichkeiten suchen, um die Befundlage bei der Stichprobenziehung etwas befriedigender zu gestalten. Dazu bietet es sich an, da es hier stets um unsichere Aussagen geht, die Wahrscheinlichkeitstheorie heranzuziehen. Vereinfachen wir zunächst unser Gedankenexperiment etwas. Nehmen wir an, wir hätten eine Münze und würden diese vier Mal werfen und beobachten, ob nach dem Wurf die Seite mit dem Kopf oder mit der Zahl zu sehen ist. Auch hier können wir zunächst nicht ausschließen, dass wir vier Mal hintereinander zum gleichen Befund, beispielsweise „Zahl", kommen. Zuvor wollen wir jedoch überlegen, mit welchen Resultaten bei diesen vier Würfen prinzipiell zu rechnen ist. Insgesamt können 16 verschiedene Konstellationen auftreten. Tabelle 5.1.1 zeigt diese.

Wie in Spalte 16 zu sehen ist, kann es dazu kommen, dass bei einem viermaligen Münzenwurf jeweils „Zahl" das Ergebnis ist. In Spalte 1 ist der Fall dargestellt, dass vier Mal das Ergebnis „Kopf" auftritt. Die Wahrscheinlichkeit für „Kopf" oder „Zahl" lässt sich nun jedoch relativ einfach berechnen. Dazu wird die Anzahl der möglichen Varianten (bei vier Würfen sind es 16) ins Verhältnis gesetzt zu den jeweils näher zu betrachtenden Ergebnis. Da es in einem von 16 Fällen nie zu dem Ergebnis Zahl kommt (vergleiche nochmals Variante 1 in Tabelle 5.1.1), bedeutet dies hier 1 / 16. Weiter kommt es in vier von 16 Fällen dazu, dass das Ergebnis „Zahl" ein Mal (vergleiche die Varianten 2, 3, 5 und 9) beziehungsweise drei Mal (vergleiche die Varianten 8, 12, 14 und 15) auftritt. Das gesamte Ergebnis zeigt die Tabelle 5.1.2.

Tabelle 5.1.1: 16 mögliche Ergebnisvarianten bei einem viermaligen Wurf einer Münze

	Variante															
Wurf	1	2	3	4	5	6	7	8	9	10	11	12	13	14	15	16
1	K	K	K	K	K	K	K	K	Z	Z	Z	Z	Z	Z	Z	Z
2	K	K	K	K	Z	Z	Z	Z	K	K	K	K	Z	Z	Z	Z
3	K	K	Z	Z	K	K	Z	Z	K	K	Z	Z	K	K	Z	Z
4	K	Z	K	Z	K	Z	K	Z	K	Z	K	Z	K	Z	K	Z

K = Kopf, Z = Zahl

Tabelle 5.1.2: Wahrscheinlichkeit für kein-, ein-, zwei, drei- und viermaliges Auftreten des Ereignisses „Zahl" (Z) bei einem viermaligen Wurf einer Münze

Ereignis	Häufigkeit	Quotient	Prozentwert
Z (0)	1 x	1 / 16	6.25
Z (1)	4 x	4 / 16	25.00
Z (2)	6 x	6 / 16	37.50
Z (3)	4 x	4 / 16	25.00
Z (4)	1 x	1 / 16	6.25

Lesehinweis: Z (0), das Ereignis „Zahl" tritt nicht ein, dazu kommt es in einem von 16 Fällen, was wiederum 6.25 Prozent entspricht

Wie eingangs festgestellt, ist es nicht möglich, anhand von Stichproben sichere Aussagen zu treffen. Man weiß also nicht genau, welches Ergebnis erzielt wird, wenn man die Münze vier Mal wirft. Mithilfe der Wahrscheinlichkeitsrechnung konnte nun jedoch ermittelt werden, wie wahrscheinlich das Eintreffen eines bestimmten Ergebnisses jeweils ist. Am wahrscheinlichsten ist (mit 37.5 Prozent) es danach, dass „Zahl" und „Kopf" gleich oft auftreten. Dies alles setzt natürlich voraus, dass die Münzwürfe nicht manipuliert sind, die Ergebnisse ordnungsgemäß notiert werden, die Münze nie auf dem Rand liegen bleibt und so weiter. In einem solchen Fall – wenn also Zufallsauswahlen zum Einsatz kommen – lassen sich die Ergebnisse dieser Versuche in Form einer Normalverteilung abbilden und werden so berechenbar (vergleiche Abbildung 5.1.3).

Für eine ausführlichere Darstellung solcher Experimente vergleiche auch Kühnel und Krebs (2001:107ff.). Diese Annahme der Normalverteilung, die sich aufgrund des Gesetzes der großen Zahl bei den Resultaten einstellt, bietet die Grundlage für die Beantwortung verschiedener weiterer Fragen.

Abbildung 5.1.3 Ergebnisse des viermaligen Münzwurfs und Normalverteilungskurve

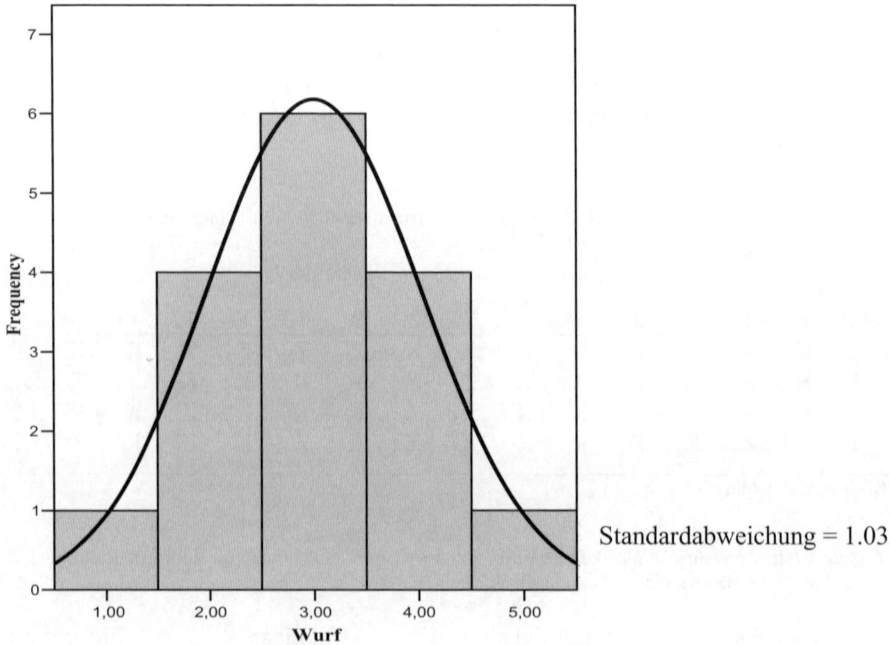

Geht man davon aus, dass in einer Grundgesamtheit (zum Beispiel von 100 Kugeln) eine bestimmte Ausprägung eines Merkmals (zum Beispiel: die Farbe einer Kugel ist weiß) mit einer bestimmten Häufigkeit (zum Beispiel zehn Prozent aller Kugeln) vorhanden ist, so kann man nicht erwarten, dass bei einer beliebigen Stichprobenziehung auch exakt zehn Prozent aller gezogenen Kugeln weiß sind. Vielmehr werden einmal genau zehn Prozent, einmal mehr und ein anderes Mal weniger Kugeln dieser Farbe gezogen werden. Die Differenz zwischen der Ausprägung eines Parameters in der Grundgesamtheit und dessen Ausprägung in der Stichprobe wird als *Stichprobenfehler* bezeichnet. Die Verteilung dieser Stichprobenfehler ist – bei einer zufälligen Ziehung der Stichprobe und bei ausreichend vielen Wiederholungen – ebenfalls normalverteilt. Das bedeutet nun, dass 95 Prozent der Werte im Bereich von ± 1.96 Standardabweichungen liegen (vergleiche Borg 2003:183, Bortz/Döring 2002:510f.). Diesen Bereich bezeichnet man als das *95%-Konfidenzintervall.*

Mit anderen Worten heißt das, dass bei 100 gezogenen Stichproben in 95 Fällen der gefundene Wert in dem genannten Bereich von ± 1.96 Standardabweichungen liegt. Er befindet sich dementsprechend in fünf Fällen außerhalb dieses Bereiches. Da man in der Sozialforschung zumeist nicht dazu in der Lage, die Ziehung einer Stichprobe beliebig oft zu wiederholen, um so das Ergebnis entsprechend absichern zu können, wird dieses Wissen nun für die Stichprobenziehung und die Interpretation der Ergebnisse genutzt.

Den Ausgangspunkt bildet wiederum die Feststellung, dass Stichproben stets unsichere Aussagen liefern. Nun lassen sich jedoch – wie gerade angedeutet – gezielt Berechnungen anstellen, um den Grad an Sicherheit genauer zu beurteilen, mit dem erstens die mithilfe einer Stichprobe ermittelten Parameter auf die Grundgesamtheit übertragen werden können. Zweitens kann auch die Frage beantwortet werden, wie viele Personen aus einer Grundgesamtheit ausgewählt werden müssen, um ausreichend sichere Schlussfolgerungen auf diese Grundgesamtheit ziehen zu können. Um beide Probleme geht es nun im Weiteren.

5.1.1 Stichprobengröße

An einem weiteren Beispiel soll das Vorgehen bei der Festlegung der Stichprobengröße demonstriert werden. Zu diesem Zweck wird angenommen, dass mithilfe einer Stichprobenuntersuchung Aussagen über die Grundgesamtheit aller etwa 35.000 Studierenden[2] der TU Dresden gemacht werden sollen. Es könnte darum gehen, die Zufriedenheit mit dem Mensaessen zu ermitteln. Man wird nun danach fragen, wie viele Studierende in die Stichprobe aufgenommen werden müssen, um mit einer bestimmten Sicherheit eine Aussage zur Zufriedenheit mit dem Mensaessen bei allen Studierenden treffen zu können. Borg hat für die Bestimmung der erforderlichen Stichprobengröße beziehungsweise des Stichprobenumfangs eine Tabelle publiziert, die hier hilfreich ist. Diese zeigt Tabelle 5.1.4.

Tabelle 5.1.4: Minimaler Stichprobenumfang n für gegebenen absoluten Stichprobenfehler e bei Irrtumswahrscheinlichkeit $\alpha = 0.05$ für Anteile $p = 0.05$ und $p = 0.08$ (oder $p = 0.02$) (nach Borg 2003:188)

	p = 50 Prozent		p = 80 Prozent (oder 20 Prozent)		
N	e = 0.03	e = 0.05	N	e = 0.03	e = 0.05
200	168	132	200	155	110
300	234	168	300	208	135
400	291	196	400	252	152
500	340	217	500	289	165
750	440	254	750	357	185
1.000	516	278	1.000	406	197
3.000	787	341	3.000	556	227
7.500	934	365	7.500	626	238
10.000	*964*	370	10.000	639	240
50.000	*1.045*	381	50.000	674	245
100.000	1.056	383	100.000	678	245

Das Vorgehen bei der Nutzung dieser Tabelle ist das Folgende: Zunächst muss man sich entscheiden, mit welcher Sicherheit man ein Ergebnis wünscht – beziehungsweise, welche Fehlergröße e man zu akzeptieren bereit ist. (Will man sicher sein, dass man keinen Fehler

2 Vergleiche: Vergleiche: http://tu-dresden.de/die_tu_dresden/portrait/zahlen_und_fakten/bilder/12 (besucht am 08.04.2009), Stichtag ist der 01.12.2008.

macht, so muss eine Totalerhebung vorgenommen werden. Vor allem aus Kostengründen wird man, wie bereits oben dargestellt, darauf zumeist jedoch verzichten.) Es soll als nächstes angenommen werden, dass die Schätzung zu ± drei Prozent genau sein soll.

Da wir (zum Beispiel als Ergebnis einer früheren Erhebung) vermuten, dass circa p = 50 Prozent der Studierenden mit dem Mensaessen zufrieden ist, muss auf eine konservative Schätzung zurückgegriffen werden. Bei konservativen Schätzungen handelt es sich jeweils um die sicherste Variante einer Schätzung. So leuchtet es leicht ein, dass ein Fehler von e ± drei Prozent bei 50 Prozent größer ausfällt, als die gleiche Fehlergröße bei nur 20 Prozent. Wer sich damit für die 50-Prozentmarke entscheidet, liegt stets im sicheren Bereich.

Im nächsten Schritt muss die Größe der Grundgesamtheit berücksichtigt werden. Sie beträgt N = 33.000 Studierende. Für den Fall, dass der wahre Anteilswert beziehungsweise der Anteil mit dem Mensaessen zufriedener Studierender 50 Prozent beträgt, muss die Stichprobengröße mindestens etwa n = 1.000 betragen. Sie liegt in der Tabelle also zwischen 964 und 1.045.

Dies bedeutet, dass wenn man 1.000 Studierende rein zufällig, zum Beispiel aus einer vollständigen Immatrikuliertenliste, auswählt, wenn alle Ausgewählten sich an der dann folgenden Umfrage beteiligen, wenn alle eine gültige Antwort geben und wenn diese Antworten signalisieren, dass 50 Prozent der Befragten mit dem Mensaessen zufrieden sind, der tatsächliche Wert (der Anteil der Zufriedenen unter allen Studierenden) mit 5%-iger Irrtumswahrscheinlichkeit zwischen 47 und 53 Prozent liegt.

5.1.2 Vertrauensintervall

Nun zu einer weiteren, in diesem Zusammenhang wesentlichen Fragestellung, die ein sehr ähnliches Problem betrifft. Dabei setzen wir wiederum voraus, dass sich eine vorgesehene Zufallsstichprobe vollständig erheben lässt, dass sich also alle ausgewählten Zielpersonen an der Befragung beteiligen, dass alle ihre tatsächliche Meinung angeben, dass keine Irrtümer bei der Datenübertragung auftreten und so weiter. Nehmen wir an, dass ein bestimmter Prozentsatz der befragten Wahlberechtigten angegeben hat, mit der Regierung zufrieden zu sein. Die Frage, die sich nun stellt, lautet, mit welchem Vertrauen man dem ermittelten Wert begegnen kann. Schließlich wissen wir, dass Stichproben stets nur unsichere Aussagen liefern und man deshalb mit einem Stichprobenfehler e rechnen muss. Um diese Sicherheit anzugeben, soll ein Intervall ermittelt werden, in dem – mit einer bestimmten Wahrscheinlichkeit – der wirkliche Wert in der Grundgesamtheit liegt. Die Ausgangsüberlegungen sind also wieder sehr ähnlich.

Die Beantwortung würde kein Problem bereiten, wenn wir die Stichprobenziehung ausreichend häufig, zum Beispiel 10.000-mal, wiederholen könnten. Dies ist in der Praxis, wie bereits gezeigt, jedoch nicht realisierbar. Deshalb muss anders vorgegangen werden.

Zunächst legt man wieder fest, dass die Irrtumswahrscheinlichkeit fünf Prozent betragen soll – ein für die Sozialwissenschaften üblicher Wert. Er bedeutet, dass bei theoretisch angenommenen 100 unterschiedlichen Stichproben in nur fünf Stichproben ein Irrtum auftritt. Wir ermitteln danach ein Intervall, in dem der tatsächliche Wert in der Grundgesamtheit liegt und akzeptieren, dass wir uns dabei mit der angegebenen Wahrscheinlichkeit irren. Um diesen Irrtum völlig auszuschließen, müssten – wie ebenfalls bereits wiederholt betont wurde – alle wahlberechtigten Personen befragt werden. Wichtig für die Beantwortung der Frage ist weiterhin die Stichprobengröße. Aufgrund der Annahme der Normalverteilung des Stichprobenfehlers kann man nun wieder berechnen, in welchem Bereich der tatsächliche Wert in der Grundgesamtheit liegen wird. Man spricht hier vom Vertrauens- oder Konfidenzintervall. Auch dazu soll wieder eine hilfreiche Tabelle abgedruckt werden (vergleiche Tabelle 5.1.5).

Tabelle 5.1.5: Fehlertoleranzen (in Prozent) bei verschiedenen Anteilwerten in einer Stichprobe (aus ADM 1999:150)

	Anteilswerte in der Stichprobe (in Prozent)									
n = ...	1 / 99	5 / 95	10 / 90	15 / 8	20 / 80	25 / 75	30 / 70	35 / 65	40 / 60	50
100	-	-	-	7.3	8.2	8.8	9.4	9.7	10.0	10.2
300	-	-	3.5	4.2	4.7	5.0	5.3	5.6	5.7	5.8
500	-	2.0	2.7	3.2	3.6	3.9	4.1	4.3	4.4	4.5
700	-	1.7	2.3	2.7	3.0	3.3	3.5	3.6	3.7	3.8
1.000	-	1.4	1.9	2.3	2.5	2.7	2.9	3.0	3.1	*3.2*
1.300	-	1.2	1.7	2.0	2.2	2.4	2.6	2.7	2.7	2.8
1.500	-	1.1	1.6	1.9	2.1	2.2	2.4	2.5	2.5	2.6
1.700	.5	1.1	1.5	1.7	1.9	2.1	2.2	2.3	2.4	2.4
2.000	.4	1.0	1.3	1.6	1.8	1.9	2.1	2.1	2.2	2.2
2.500	.4	.9	1.2	1.4	1.6	1.7	1.8	1.9	2.0	2.0
3.000	.4	.8	1.1	1.3	1.5	1.6	1.7	1.7	1.8	1.8
5.000	.3	.6	.9	1.0	1.1	1.2	1.3	1.4	1.4	1.4
10.000	.2	.4	.6	.7	.8	.9	.9	1.0	1.0	1.0

Ein Beispiel soll verdeutlichen, wie man mit der Tabelle umzugehen hat. Die Größe der Grundgesamtheit soll N = 69.157.300 betragen. Dies sind alle wahlberechtigten Deutschen. Gesucht wird, in welchen Grenzen das Vertauensintervall liegt. In der Untersuchung wurden n = 1.000 zufällig ausgewählte Personen befragt. In der Tabelle findet sich an der entsprechenden Stelle die Zahl 3.2. Wenn 50 Prozent der in der Stichprobe befragten Wahlberechtigten mit der Regierung zufrieden sind, so liegt damit der wirkliche Wert zwischen 50 – 3.2 = 46.8 Prozent und 50 + 3.2 = 53.2 Prozent. Dabei wird akzeptiert, dass bei 95 von 100 Stichproben der tatsächliche Wert außerhalb des angegebenen Vertrauensbereichs liegen wird (vergleiche dazu auch Diekmann 2004:347ff., ADM 1999 und Bortz/Döring 2002:414ff.). Für die Bestimmung des Vertrauensintervalls bei uneingeschränkter Zufallsauswahl gilt die folgende Formel:

$$I_{1,2} = p \pm z_{\alpha/2} \cdot \hat{\sigma}_p$$

mit

$I_{1,2}$: Das zu ermittelnde Vertrauensintervall

p: Anteil des interessierenden Merkmals in der Stichprobe (in unserem Fall p=0.5)

$\hat{\sigma}_p$: geschätzter Standardfehler des Anteils, $\hat{\sigma}_p = \sqrt{\dfrac{p(1-p)}{n-1}}$

α : Irrtumswahrscheinlichkeit

$z_{\alpha/2}$: Tabellierter Wert aus der Standardnormalverteilung, für Irrtumswahrscheinlichkeit $\alpha = 0.05$ beträgt $z_{\alpha/2} = 1.96$.

n Stichprobenumfang (sie soll 1.000 betragen).

Durch Einsetzen der entsprechenden Werte aus unserem Beispiel ergeben sich die Werte für z_w. Im Einzelnen:

$$I_{1,2} = 0{,}5 \pm 1{,}96\ \sqrt{0{,}5(1-0{,}5)/1.000}$$

$$= 0{,}5 \pm 1{,}96 * 0{,}0158$$

$$= 0{,}5 \pm 0{,}031$$

Bei den bisherigen Überlegungen wurden die konkreten Realisierungsmöglichkeiten für die Ziehung von Zufallstichproben noch völlig außer Acht gelassen. So ist vor allem die Frage zu stellen, ob es ein Verzeichnis gibt, das vergleichbar mit der eingangs bemühten Urne, alle Elemente der Grundgesamtheit enthält – beispielsweise ein zentrales Einwohnermelderegister. Zugleich muss ein solches Verzeichnis für die Sozialforschung auch zugänglich sein. Diese Frage muss zunächst für die Bundesrepublik Deutschland verneint werden. Damit ist es nicht möglich, nach dem oben beschriebenen Modell uneingeschränkte Zufallsauswahlen für Bevölkerungsbefragungen zu ziehen.

So mussten in Deutschland und auch in vielen anderen Ländern unterschiedliche Strategien für die Ziehung von Stichproben für sozialwissenschaftliche Erhebungen entwickelt und implementiert werden. Grundsätzlich gilt es bei diesen Strategien zu unterscheiden zwischen erstens Zufallsauswahlen, zweitens bewussten Auswahlen und drittens willkürlichen Auswahlen.

Nur bei den *Zufallsauswahlen* beziehungsweise bei den Wahrscheinlichkeitsauswahlen (auch der Begriff Random Sampling ist üblich) hat jedes Element eine angebbare, von Null verschiedene Wahrscheinlichkeit, in die Stichprobe aufgenommen zu werden. Dies ist das Kriterium für eine Zufallsauswahl, ähnlich wie bei einer Lostrommel, bei einem Münzwurf oder beim Urnenmodell. Wie später noch zu zeigen sein wird, existieren auch hier wieder verschiedene Varianten, wie eine solche Auswahl in der Praxis konkret erfolgen kann (vergleiche die Abschnitte 5.2 bis 5.7). Alle in diesem Abschnitt bis hierher angestellten Überlegungen setzen voraus, dass eine solche Zufallsstichprobe gezogen wurde. Nur bei diesen kann schließlich davon ausgegangen werden, dass die Stichprobenfehler normalverteilt auftreten. Zufallsauswahlen sind also nicht etwa solche, die – um umgangssprachliche Begriffe zu benutzen – willkürlich und wahllos erfolgen. Um das Prädikat Zufallsauswahl zu erlangen, muss vielmehr die genannte Bedingung, jedes Element der Grundgesamtheit hat eine angebbare, von Null verschiedene Wahrscheinlichkeit, um in die Stichprobe zu gelangen – erfüllt sein.

Bei einer *bewussten Auswahl* werden Kriterien, zum Beispiel Quoten festgelegt, nach denen die Elemente der Stichprobe – zumeist von den Interviewern – gezielt ermittelt werden. Solche Quotenmerkmale können beispielsweise das Alter, das Geschlecht, der Wohnort und ähnliches sein (vergleiche dazu den Abschnitt 5.8). Auch die Festlegung auf besonders typische Fälle – im Sinne eines theoretischen Konzepts – wäre eine Form einer bewussten Auswahl. Bei bewussten Auswahlen ist damit völlig offen, mit welcher Wahrscheinlichkeit ein Element in die Stichprobe gelangt. Der oben zitierten Gallup-Umfrage lag beispielsweise eine Quotenstichprobe zugrunde.

Schließlich lassen sich Stichproben auch völlig ohne einen zuvor festgelegten Plan zusammenstellen. In solchen Fällen wird von einer *willkürlichen Auswahl* gesprochen. Kennzeichen willkürlicher Auswahlen ist, dass die eigentliche Stichprobenziehung nicht kontrolliert wird. Umgesetzt werden solche Vorgehensweisen etwa bei Befragungen an der Straßenecke. Für bestimmte Zwecke, zum Beispiel für psychologische Experimente oder allgemein, für die Prüfung von Zusammenhängen sind solche Strategien durchaus geeignet. Es wird also in der Empirischen Sozialforschung nicht immer erforderlich sein, mit einer Zufallsauswahl zu arbeiten.

Ziel von Erhebungen ist es jedoch häufig, Parameter einer Grundgesamtheit zu schätzen, beispielsweise den Anteil an Studenten, die mit dem Mensaessen zufrieden sind. In solchen Fällen sind Zufallsauswahlen – sieht man einmal von Totalerhebungen ab – die einzige Möglichkeit, um zu Aussagen zu gelangen.

5.2 Zufallsstichproben in der Umfragepraxis

5.2.1 Das ADM-Design

Zufallsauswahlen nach dem klassischen Lostrommel- oder Urnenverfahren (vergleiche Abschnitt 5.1) lassen sich in der Praxis nur unter bestimmten Voraussetzungen realisieren. Dazu muss vor allem eine komplette Liste mit den Elementen der Grundgesamtheit zur Verfügung stehen. Dies kann der Fall sein, wenn beispielsweise ein Unternehmen eine Kundenbefragung plant und zuvor ein Verzeichnis mit allen relevanten Kunden angefertigt hat. Auch für die Mitgliederbefragung eines Freizeitvereins oder für das Interviewen aller Studierenden einer Universität mag es solche Listen geben. Einige Staaten verfügen über zentrale Melderegister, in denen alle Bürger des jeweiligen Landes eingetragen sind; Deutschland gehört, wie bereits ausgeführt, nicht zu diesen Ländern. Selbst für den Fall, dass solche Listen existieren, ist damit noch nicht gesagt, dass die Sozialforschung für ihre Zwecke auch Zugang zu diesen Listen erhält. Zudem ist fraglich, wie zuverlässig (aktuell) sie sind.

Weiterhin muss gewährleistet sein, dass alle ausgewählten Einheiten (Personen) erreicht werden können. Im Falle einer persönlich-mündlichen Befragung – auch die Abkürzung F2F für Face-to-Face Befragungen ist vor allem beim ADM inzwischen üblich – (vergleiche Abschnitt 6.1.3) müssten flächendeckend Interviewer zur Verfügung stehen, die in jeder beliebigen Region tätig werden könnten. Dies ist freilich nicht immer möglich.

Sind diese Voraussetzungen gegeben, kann eine einfache (auch: uneingeschränkte) Zufallsauswahl erfolgen. Diese erfolgt einstufig; alle Elemente der Grundgesamtheit haben die gleiche Chance, ausgewählt zu werden. Dazu werden die Elemente nummeriert und dann eine bestimmte Anzahl an Zufallszahlen erzeugt. Die Elemente, die durch den Zufallszahlengenerator bestimmt wurden, werden dann zu Bestandteilen der Stichprobe.

In der Praxis der Umfrageforschung müssen in Deutschland jedoch andere Vorgehensweisen praktiziert werden. Dabei kommen – einige Ausnahmen wurden oben bereits angedeutet – mehrstufige Zufallsauswahlen zum Einsatz. Dazu zählt auch das Design der Arbeitsgemeinschaft Deutscher Markt- und Sozialforschungsinstitute (ADM-Design), welches an dieser Stelle aufgrund seiner großen Bedeutung besprochen werden soll (vergleiche zum Beispiel ADM 1999, Hoffmeyer-Zlotnik 1997:33ff.). Dieses Design wird ständig mit nicht unwesentlichem Aufwand weiterentwickelt. Der ADM gibt nach eigenen Angaben circa 300.000 Euro pro Aktualisierung aus[3].

Bei diesem ADM-Design erfolgt die Auswahl nun über mehrere Schritte, konkret hat man sich dazu entschieden, in drei Stufen vorzugehen: Zunächst werden in der ersten Stufe Gebiete zufällig ausgewählt, danach erfolgt auf der zweiten Stufe die Auswahl der Haushalte und schließlich auf der dritten Stufe die Ermittlung der eigentlichen Zielpersonen.

Bei der Stichprobenziehung nach dem ADM-Modell wird eine sogenannte Schichtung vorgenommen. Übertragen auf das Modell der Lostrommel hätte man dabei nicht nur eine Trommel, in der sich alle Elemente befinden, sondern mehrere, beispielsweise für jedes Bundesland eine, aus denen dann die Elemente gezogen werden. Nun wäre es möglich, aus jeder Trommel genau so viele Elemente zu ziehen, wie es – das entsprechende Wissen vorausgesetzt – dem Anteil an der Bevölkerung in Deutschland entspricht. Das bedeutet beispielsweise, dass aus der Lostrommel Saarland weniger Elemente gezogen werden als aus der Lostrommel Nordrhein-Westfalen. So wird garantiert, dass alle Bundesländer entsprechend ihrem Anteil an der Grundgesamtheit tatsächlich in der Stichprobe vertreten sind. Dies ist wichtig, da, wie bereits gezeigt wurde (vergleiche Abschnitt 5.1), mit Stichproben nur unsichere Resultate erzielt werden. Im Ergebnis der Schichtung wird aber zumindest die regionale Repräsentanz der Stichprobe gesichert. Bei der Schichtung ist zugleich gewährleistet, dass es sich um eine Zufallsauswahl handelt, da die Auswahlchance jedes Elements angegeben werden kann.

Eine Schichtung bei der Stichprobenziehung setzt neben Vorwissen über die Ausprägung von Merkmalen – beispielsweise über die Bevölkerungsanteile in den einzelnen Bundesländern an der Gesamtbevölkerung – auch voraus, dass die technischen Möglichkeiten dazu bestehen, eine entsprechende Ziehung vorzunehmen. Eine Schichtung ist besonders dann wichtig, wenn die Zusammensetzung der Grundgesamtheit stark heterogen ist. Das trifft beispielsweise auf die von der Bevölkerungszahl sehr unterschiedlich großen Bundesländer in Deutschland zu. Bei einem nicht sehr großen Stichprobenumfang wäre es nicht auszuschließen, dass beispielsweise ein kleines Bundesland gar nicht oder nur mit einer sehr geringen Anzahl an Elementen in der Stichprobe vertreten ist.

Im Einzelnen sieht das ADM-Design für persönlich mündliche Befragungen drei Schritte vor, welche folgende Besonderheiten aufweisen.

Erster Schritt: Auswahl der Gebiete

Das gesamte bewohnte Gebiet der Bundesrepublik lässt sich auf der Basis der amtlichen Statistik in etwa 50.000 bis 60.000 Flächen aufteilen. Hierbei handelt es sich um die feinste von der amtlichen Statistik mit Daten unterstützte Gliederung. Diese Gebiete lassen sich bei Gemeinden mit über 10.000 Einwohnern zudem mithilfe von digitalisierten Straßenkarten

3 Siehe unter http://www.adm-ev.de/pdf/Jahresbericht_03.pdf besucht am 08.04.2009.

(vergleiche Abbildung 5.2.1) abgrenzen. Aus diesen Flächen wird vom ADM nach dem Zufallsprinzip eine Stichprobe gezogen, wobei die dabei ermittelten Elemente als Samplepoints bezeichnet werden. Während von 1997 bis zum Jahr 2003 die etwa 80.000 Stimmbezirke der Bundesrepublik die Grundlage für die Festlegung der Samplepoints bildeten, erfolgt seit 2003 eine verfeinerte Aufteilung der Samplepoints in Straßenabschnitte.

Für die Bildung der Samplepoints verwendet man die zur Verfügung stehenden kleinsten administrativen Flächeneinheiten bis auf Baublockebene. Dazu können inzwischen amtliche innenstädtische Gliederungen und Sachdaten systematisch herangezogen werden. Zu diesen Daten zählen Stadtteildaten, Einträge in Telefonverzeichnisse und so weiter.

Einer bewährten Konvention folgend werden auch für das ADM Design ab 2003 nun für 1.000 zu realisierende Interviews im westlichen Teil Deutschlands 210 und im östlichen (seit der Gebietsreform 1996) 48 solcher Samplepoints ausgesucht. Diese sind so angelegt, dass sie durchschnittlich 600 bis 700 Haushalte umfassen.

Um in den Samplepoints Befragungen durchführen zu können, ist ein sogenanntes Netz erforderlich, also eine bestimmte Anzahl an Interviewern, die auf diese Gebiete verteilt sind.

Unserem oben entwickelten Modell folgend liegt hier ein Design mit Schichtung vor. Als Schichtungskriterien dienen beim ADM-Design die Bundesländer, die Regierungsbezirke und die Kreise in Kombination mit einer Gemeindetypisierung.

„Die Zellen im Stichprobensystem werden aus den Landkreisen/kreisfreien Städten und den Gemeindegrößenklassen gebildet. Die Gemeindegrößenklassen werden hierbei in erweiterter Form in einer 10er-Einteilung herangezogen ... Die Gemeinden, die nicht zu einer Stadtregion gehören, werden innerhalb einer Schicht (Landkreise) entsprechend ihrer tatsächlichen (politischen) Größe zugeordnet." (ADM 1999:86f.)

Zweiter Schritt: Die Auswahl des Zielhaushaltes

Das Ziel des zweiten Auswahlschrittes besteht darin, in den Samplepoints die Zielhaushalte zu bestimmen, in denen dann später eine Befragung stattfinden soll. Dazu erfolgt, ausgehend von einer bestimmten Startadresse eine zufällige Begehung (auch als Random Walk oder Random Route bezeichnet) des Samplepoints. Für dieses Random Walk erstellen die Erhebungsinstitute Begehungsvorschriften, denen die Interviewer zu folgen haben. Abbildung 5.2.2 zeigt dazu ein Beispiel.

Abbildung 5.2.1: Das digitalisierte Straßennetz

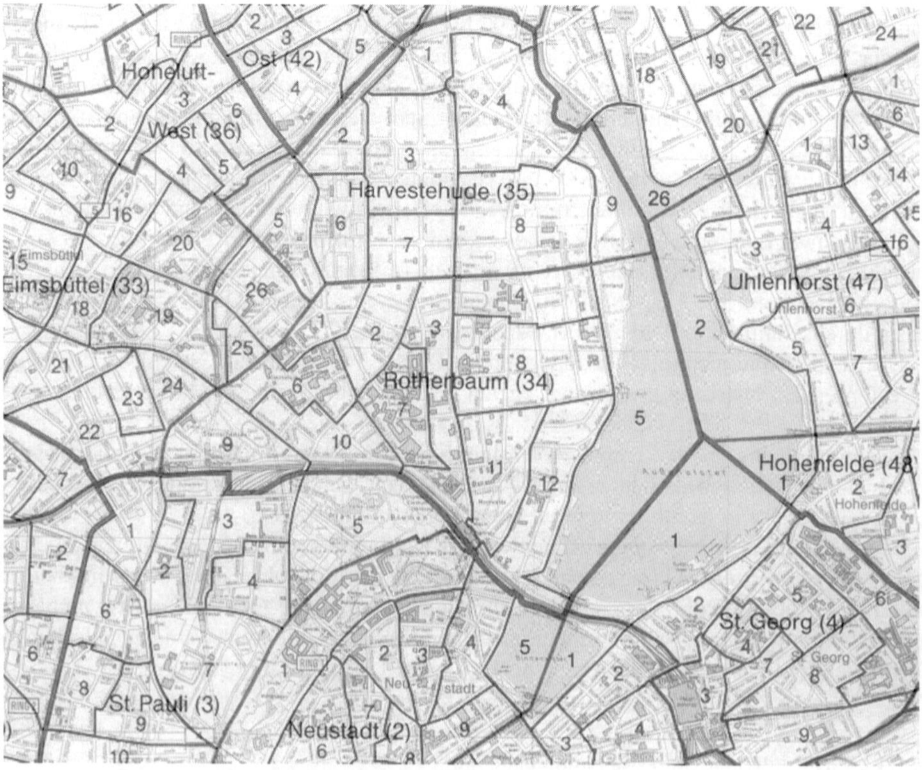

Abbildung 5.2.2: Vorgehen bei der Adressauflistung

Anweisung zur Erhebung der Adressen (Privathaushalte)[4]

1. Auf dem gesondert beiliegenden Blatt „SAMPLE-POINT-ABGRENZUNG“ haben wir Ihnen den Wahlbezirk (Sample Point) beschrieben, in dem die Adressen zu erheben sind. Nur die auf diesem Blatt aufgelisteten Straßen gehören zu dem Sample Point. Es dürfen nur Adressen erhoben werden, die innerhalb des Points liegen.
2. Es gibt zwei unterschiedliche Sample-Point-Abgrenzungen:
   A. *Größere Gemeinden mit aufgeführten Straßennamen.*
   In größeren Gemeinden sind Straßen angegeben (mit oder ohne Hausnummer). Aus der Sample-Point-Abgrenzung wurde eine Straße angekreuzt. Das ist Ihre StartStraße, d.h. in dieser Straße beginnen Sie mit der Auflistung. Startpunkt ist immer die niedrigste angegebene Hausnummer eine Kennung, wie z.B. G, U oder D, so bedeutet dies, dass Sie bei der Kennung G nur Haushalte aus geraden Hausnummern, bei der Kennung U nur Haushalte aus ungeraden und bei der Kennung D Haushalte aus allen Hausnummern in der

4 Quelle: ADM 1999:80.

Straße auflisten dürfen. Befindet sich ein Eintrag von 0 (1) bis 9999 hinter den Hausnummern, so sind hier alle Haushalte in die Begehung einzubeziehen. Sollten Sie in der Startadresse nicht die erforderliche Anzahl an Haushalten auflisten können, so nehmen Sie die nächste Straße der Sample-Point-Abgrenzung usw. Wenn Sie unten, bei der letzten aufgeführten Adresse angekommen sind, können Sie oben beginnen, falls Ihre Startstraße nicht die erste Straße war, solange bis Sie wieder bei Ihrer Startadresse angelangt sind.

B. *Kleinere Gemeinden ohne Straßennamen*
In kleineren Gemeinden sind (manchmal) keine Straßen angegeben. Dies ist auch zur Abgrenzung nicht notwendig, da die gesamte Gemeinde (bzw. in sich abgeschlossene Ortsteile) einen Sample Point repräsentieren.
In diesem Fall suchen Sie sich eine Adresse, deren Anfangsbuchstaben mit dem Anfangsbuchstaben Ihres Familiennamens übereinstimmt und beginnen dort die Adresserhebung bei der niedrigsten Hausnummer. Gibt es eine solche Straße nicht, suchen Sie eine Straße mit dem im Alphabet folgenden Buchstaben, solange, bis Sie Ihre Startstraße gefunden haben. Hier beginnen Sie bei der niedrigsten Hausnummer, folgen der Straßenseite und erheben Adressen in aufsteigender Hausnummernfolge. Sollte diese Straßenseite nicht ausreichen, um die gewünschte Anzahl von Adressen zu erheben, listen Sie auf der gegenüberliegenden Straßenseite Adressen bei Haushalten in absteigender Hausnummernfolge auf, biegen dann in die nächste Straße links ab und verfahren genauso, wie in der ersten Straße.

3. Für A. und B. gilt:
   - Es dürfen nur Adressen innerhalb der Sample-Point-Abgrenzung erhoben werden.
   - Sie listen alle Adressen (Türschilder) von Privat-Haushalten auf.
   - Keine Anstaltshaushalte, Haushalte in Wohnheimen, in Altersheimen, Studentenwohnheimen, Wohnungen in Sommerhäusern.
   - Keine Büros, Praxen oder sonstige gewerblich genutzten Räume.
   - Finden Sie kein Namensschild, ermitteln Sie bitte den Namen des Privathaushaltes durch Befragen.
4. Beginnen Sie bei Mehrfamilienhäusern immer im Keller- bzw. Erdgeschoss, gehen Sie darauf in die nächst höhere Etage usw. bis ins oberste Stockwerk. Sollten mehrer Privathaushalte auf einer Etage wohnen, erfassen Sie zuerst den vom Eingang aus gesehen linken Haushalt, dann den rechten daneben usw.
5. Füllen Sie die Adressliste sorgfältig und lesbar, mit Druckbuchstaben aus.
   In der Spalte Bemerkungen tragen Sie bitte alles ein, was einem Ihrer Interviewerkollegen beim späteren Befragen in diesem Sample Point das Auffinden der von Ihnen erhobenen Adressen erleichtern kann. Wie z.B. Seiteneingang links, Hinterhaus, Nebenhaus, Zugang durch Hofeinfahrt rechts usw.

Falls Sie im Zusammenhang mit der Adressauflistung noch irgend welche Fragen haben, oder Schwierigkeiten vor Ort auftreten, so rufen Sie bitte sofort an.

Wir danken für Ihre Mitarbeit.

Der Interviewer geht, beginnend bei der ihm vorgegebenen Startadresse, nach der festgelegten Vorschrift eine bestimmte Strecke ab und trägt in ein Adressenauflistungsblatt die ausgewählten Haushalte ein. Nun kann nach drei Varianten weiter vorgegangen werden:

Die *erste* Möglichkeit besteht darin, dass das Adressauflistungsblatt an das Erhebungsinstitut geschickt wird und man dort dann (nochmals) eine zufällige Auswahl der zu befragenden Haushalte vornimmt (vergleiche dazu Häder/Häder 1997:43ff.). Bei der zweiten und dritten Möglichkeit werden die Interviews von den Interviewern jeweils sofort geführt. Bei der *zweiten* Variante darf der Interviewer den Random Walk so lange weiter fortsetzen, bis es ihm gelungen ist, die ihm vorgegebene Anzahl an Interviews zu führen. Bei der *dritten* Variante wird den Interviewern eine Höchstzahl an zu kontaktierenden Haushalten vorgegeben. Nur bei diesen Haushalten darf der Interviewer dann versuchen, zu einem Interview zu gelangen. Für den Fall, dass er in den Haushalten niemanden erreicht beziehungsweise wenn er mit einer Verweigerung konfrontiert wird, reduziert sich die Zahl der von ihm zu realisierenden Interviews.

Es ist für das Erhebungsinstitut sehr kompliziert, die genaue Einhaltung der – teilweise recht komplizierten – Begehungsvorschrift zu kontrollieren. Hinterhäuser, nicht existierende Hausnummern, Kreisverkehre, das Erreichen der Stadtgrenze, von Hausmeistern in Anstalten wie Krankenhäusern oder Schulkomplexen bewohnte Privatwohnungen, Gemeinschaftsunterkünfte, Grundstücke auf denen vor dem Hunde gewarnt wird und eine Reihe ähnlicher Probleme stellen eine gewisse Herausforderung an die Sorgfalt und die Ausdauer der Interviewer dar. In einer Seminarübung an der TU Dresden gelang es fünf Studenten nicht, ausgehend von derselben Startadresse in der Dresdner Innenstadt und unter Befolgung derselben Begehungsvorschrift, dieselben Haushalte aufzulisten. Dies ist umso bemerkenswerter, da die Studenten bei dieser Übung das Random Walk relativ stressfrei absolvieren konnten, weil von ihnen lediglich eine Adressauflistung und keine eigenen Interviews erwartet wurden.

Falls überhaupt möglich und geplant, so müsste die Kontrolle der Einhaltung der Regeln für das Random Walk mithilfe einer aufwändigen Nachbegehung durch einen anderen Interviewer erfolgen.

Dritter Schritt: Die Auswahl der Zielperson

Innerhalb der im zweiten Schritt ermittelten Zielhaushalte gilt es nun im dritten Schritt, die eigentliche Zielperson zu finden. Hierfür werden in der Umfragepraxis zwei unterschiedliche Strategien eingesetzt. Zunächst wird eine systematische Auflistung alle Haushaltsmitglieder, die zur Grundgesamtheit gehören und damit für eine Befragung prinzipiell infrage kommen, vorgenommen. Diese hat so zu erfolgen, dass die Personen geordnet nach ihrem Alter in eine Liste eingetragen werden. Nun kann (Variante eins) jene Person um die Teilnahme an der Befragung gebeten werden, die als letzte Geburtstag hatte. Eine andere Möglichkeit (Variante zwei) besteht darin, auf dem Adressauflistungsblatt Zufallszahlen aufzudrucken und danach die im Haushalt zu befragende Zielperson zu ermitteln.

Dieser Auswahlschritt ist auf der einen Seite eine leicht einsehbare Notwendigkeit, da ja nicht vor allem jene Personen befragt werden sollen, die gerade in der Wohnung anzutreffen sind oder die sich für die Teilnahme an einer Befragung besonders interessieren. Auf der anderen Seite stellt es für den Interviewer eine gewisse Herausforderung dar, eine unter Umständen befragungswillige Person abzuweisen und stattdessen entweder den Haushalt noch einmal zu kontaktieren (falls die eigentliche Zielperson nicht anwesend sein sollte) oder auch ganz auf ein Interview zu verzichten (falls die richtige Zielperson die Befragung verweigern sollte).

Letztere Variante zur Auswahl der Zielperson wird nach ihrem Entwickler auch Kish Table oder Kish Grid (vergleiche Kish 1965) genannt beziehungsweise als Schwedenschlüssel bezeichnet. Dabei erscheint der Spielraum der Interviewer für mögliche Abweichungen von der Regel stärker eingeschränkt zu sein als bei der Geburtstagsmethode. Deshalb wird dieses Vorgehen bei persönlich-mündlichen Befragungen häufiger bevorzugt. In Abbildung 5.2.3 wird das entsprechende Vorgehen vorgestellt.

Abbildung 5.2.3: Die Auswahl der zu befragenden Person im Haushalt nach dem ADM-Design (vergleiche ADM 1999:84)

Auswahl der Zielperson (= zu befragende Person)

- Stellen Sie fest, wie viele Personen im *Befragungsalter ab 14 Jahren* im Haushalt leben.
- Tragen Sie das Alter dieser Personen in die Kästchen der Rubrik „Personen im Befragungsalter“ ein, und zwar getrennt nach:
  Männlichen Personen = M, Kästchen-Nr. 1-4
  Weiblichen Personen = W, Kästchen-Nr. 5-8
  Beginnen Sie jeweils mit der ältesten Person (Kärtchen-Nr. 1 = ältestes männliche, Kästchen-Nr. 5 = älteste weibliche Person), dann die zweitälteste usw. bis zur jüngsten Person eines jeden Geschlechts.
  (Sollte es einmal vorkommen, dass in einem Haushalt mehr als 4 männliche oder mehr als 4 weibliche Personen leben, so beginnen Sie mit der zweitältesten Person dieses Geschlechts.)
- Danach gehen Sie von links nach rechts die Reihe der Zufallszahlen durch.: ausgewählt (zu befragen) ist diejenige Person, deren Kästchen-Nr. als erste in der Reihe der Zufallszahlen erscheint.
- Kringeln Sie diese Zufallszahl und tragen Sue schließlich den Vornahmen der Zielperson in die dafür vorgesehene Zeile ein.

Beispiel: Im Haushalt leben 4 Personen im Befragungsalter:
Der 49-jährige Vater, die 46-jährige Mutter sowie ein 19-jähriger und ein 16-jähriger Sohn

Personen im Befragungsalter: ab 14 Jahren

M	1 49	2 19	3 **16**	4
W	5 46	6	7	8

Zufallszahlen

8 6 (3) 2 5 1 4 7

Vorname der Zielperson: Björn

Für das Interview wird der 16-jährige Sohn ausgewählt, weil dessen Kästchen-Nr. als erstes in der Reihe der Zufallszahlen erscheint.

Während – zumindest theoretisch – bei den beiden ersten Auswahlschritten alle Elemente der Grundgesamtheit die gleiche Chance hatten, zu Bestandteilen der Stichprobe zu werden, ist dies beim letzten Auswahlschritt nicht mehr der Fall gewesen. Hier haben Mitglieder kleinerer Haushalte eine größere Chance als jene aus größeren Haushalten. Um dies auszugleichen müssen bei der Auswertung Gewichtungsprozeduren eingesetzt werden. Diese werden an anderer Stelle behandelt (vergleiche Abschnitt 5.8).

Abschließend soll auf Grenzen und auf einige Fehlerquellen aufmerksam gemacht werden, die bei der Anwendung des ADM-Designs auftreten können beziehungsweise gegeben sind:

Vor allem bei der Vorgabe einer zu befragenden Nettoanzahl an die Interviewer (Variante zwei) besteht die Gefahr, dass leicht erreichbare Personen in der Stichprobe überrepräsentiert sind und dadurch die Qualität der Stichprobe sinkt. Als ein Gegenmittel könnte die Zahl der von den Interviewern vorzunehmenden Kontaktversuche deutlich höher festgelegt werden. Auch durch die beiden anderen vorgestellten Varianten lässt sich diesem Fehler bis zu einem gewissen Grade begegnen. Zu beachten sind die höheren Kosten, die auf diese Weise entstehen.

Neben der schwer zu kontrollierenden Einhaltung der Vorschriften für das Random Walk stellt auch die korrekte Umsetzung des Schwedenschlüssels beziehungsweise der Geburtstagsmethode eine nicht oder nur schwer zu überprüfenden Fehlerquelle dar. So mag der eine oder andere Interviewer unter Umständen der Verlockung erliegen und eher eine befragungswillige Person im Haushalt interviewen, als unverrichteter Dinge aufzugeben. Unter Umständen bieten die gezeigten Bögen zur Adressauflistung beziehungsweise zur Ermittlung der Zielperson im Haushalt für die Interviewer keine unüberwindliche Hürde.

Ein weiteres Problem besteht darin, die bei einer Studie auftretenden Ausfallgründe systematisch zu erfassen. Aus methodischer Sicht ist es erforderlich zu unterscheiden, zwischen stichprobenneutralen und systematischen Ausfällen. Auch bei der Führung der Statistik zum Nonresponse besitzt der Interviewer einen relativ großen und nur kompliziert kontrollierbaren Spielraum. So lässt sich im Nachhinein nur relativ schwer überprüfen, ob eine Zielperson etwa deshalb nicht an der Umfrage teilgenommen hat weil sie nicht ausreichend deutsch spricht, oder ob hierfür ein anderer Grund, etwa eine explizite Verweigerung, vorliegt.

Das bis zum Jahr 2003 benutzte ADM-Design wurde so entwickelt, dass die wahlberechtigte (deutsche) Bevölkerung damit erfasst werden sollte. Für empirische Erhebungen, die auf andere Sachverhalte zielen, war dieses Design ursprünglich nicht gedacht. Probleme konnten aber beispielsweise daraus resultieren, dass – für den Fall, dass es darum ging, nicht nur Deutsche, sondern die gesamte Wohnbevölkerung zu befragen – Ausländer in der Regel relativ konzentriert regional zusammen leben. Bei einem Random Route konnte es dann dazu kommen, dass solche Klumpen zu stark in der Stichprobe vertreten waren. Ähnlich sah es aus, wenn bei einer Erhebung die Grundgesamtheit aus Personen mit einem Alter ab 16 Jahren bestehen sollte. Diese Schwierigkeiten sind jedoch mit dem überarbeiteten und seit 2003 genutzten ADM-Design überwunden.

Abschließend ist festzustellen, dass das ADM-Design vor allem Probleme bei der Kontrolle der Feldarbeit mit sich bringt. Üblich sind Überprüfungen der zumeist auf Honorarbasis tätigen Interviewer durch Telefonanrufe sowie mithilfe von Postkarten. Dabei werden die Teilnehmer einer Befragung danach gefragt, ob überhaupt ein Interviewer in ihrem (Ziel-)Haushalt war, wie er die zu befragende Person ermittelt hat, wie lange die Befragung gedauert hat, welche Themen angesprochen wurden und ähnliches (zur Kontrolle der Qualität der Interviewerarbeit vergleiche auch Abschnitt 10).

5.2.2 Registerstichproben: die Einwohnermeldeamtsstichprobe

Angesichts der oben (vergleiche Abschnitt 5.2.1) im Zusammenhang mit dem ADM-Design geschilderten Probleme gilt derzeit in Deutschland die Verwendung einer Registerstichprobe als die bestmögliche Vorgehensweise bei der Stichprobenziehung für Bevölkerungsbefragungen (vergleiche dazu zum Beispiel Koch 1997:99ff., Albers 1997:117ff., ADM 1999:119ff.). Als Register können in Deutschland die von den Einwohnermeldeämtern auf Gemeindeebene geführten Dateien benutzt werden. Diese stehen jedoch nur für wissenschaftliche Untersuchungen beziehungsweise für Untersuchungen, die im öffentlichen Interesse stehen, zur Verfügung. Als Beispiel für die Nutzung von Registerstichproben sollen die gut dokumentierten ALLBUS-Studien der Jahre 1994, 1996 und ab 2000 genannt werden. Das Design dieser Studien war zweistufig:

Erste Stufe

Zunächst muss eine Auswahl von Gemeinden vorgenommen werden. Die Auswahl erfolgt – ähnlich wie beim ADM-Design – geschichtet nach Bundesländern, Regierungsbezirken und Kreisen. In der Regel sind die Gemeinden identisch mit den Samplepoints. Sehr große Städte, wie zum Beispiel Berlin, können aber durchaus mit mehreren Samplepoints in die Auswahl gelangen. Bei den ALLBUS-Studien wurden für den Westen Deutschlands 111 Samplepoints, die in 103 Gemeinden liegen und für den östlichen Teil des Landes 51 in 45 Gemeinden gelegene Samplepoints ausgewählt.

Zweite Stufe

Nun kann die Auswahl der eigentlichen Zielpersonen aus den Melderegistern erfolgen. Bei den ALLBUS – Studien werden pro Samplepoint jeweils 40 Adressen zufällig gezogen. Diese wurden im zweiten Abschnitt der Feldzeit um 12 weitere aufgestockt. Dabei wird vor allem berücksichtigt, dass es bei der eigentlichen Erhebung zu neutralen Ausfälle kommen kann.

Die Melderegister verfügen – von Bundesland zu Bundesland unterschiedlich – über einige zusätzliche Informationen über die Einwohner. Diese können für wissenschaftliche Studien zur Verfügung gestellt werden. Dabei handelt es sich vor allem um das Alter, das Geschlecht sowie um die Nationalität der in den jeweiligen Gemeinden lebenden Personen. Diese Informationen werden sich noch als wichtig für die Kontrolle der Interviewer erweisen.

Die Benutzung von Registerstichproben ist sehr zeitaufwändig und teuer. So muss vor allem die Zusammenarbeit mit jedem einzelnen Meldeamt organisiert werden. Hierbei liegen in der Praxis sehr unterschiedliche Erfahrungen vor. Auch hat sich gezeigt, dass die in den Meldeämtern geführten Dateien nicht immer aktuell sind.

Positiv hervorzuheben ist bei diesem Design vor allem, dass der Spielraum für die Interviewer vor Ort stark eingeschränkt wird. Es entfällt jede Adressauflistung durch die Interviewer und damit alle Unsicherheiten, die mit diesem Schritt verbunden sind. Auch eine Auswahl der zu befragenden Zielperson im Zielhaushalt ist nicht mehr erforderlich. Stattdessen werden den Interviewern der Name und die Adresse der zu befragenden Person vorgegeben.

Eine Kontrolle der Interviewertätigkeit wird zusätzlich dadurch ermöglicht, dass die Altersangabe, die in den Interviews ermittelt wurde, mit der abgeglichen werden kann, die bei den Meldeämtern registriert ist. Zudem ist das Führen einer Nonresponse Dokumentation wesentlich erleichtert. Dazu stehen ebenfalls die Informationen aus dem Melderegister zur Verfügung. Damit kann die Feldarbeit deutlich transparenter beschrieben werden als beim ADM-Design (vergleiche dazu Tabelle 5.2.4).

Tabelle 5.2.4: Ergebnis der Feldarbeit bei den ALLBUS-Studien 1996 und 2006 (jeweils Registerstichproben)

	1996		2006	
	West	Ost	West	Ost
Ursprüngliche Stichprobe (Brutto)	4.939	2.246	6.419	2.884
Neutrale Ausfälle, darunter: falsche Adresse, Zielperson verstorben, verzogen und ähnliches	509	188	704	264
Netto-Stichprobe (= 100 Prozent)	4.430	2.058	5.715	2.620
Im Haushalt niemand angetroffen	3.1%	2.2%	4.2%	3.5%
Zielperson nicht angetroffen	1.6%	1.2%	2.4%	2.4%
Zielperson nicht befragungsfähig	3.2%	3.2%	2.9%	3.3%
Zielperson aus Zeitgründen nicht bereit	3.1%	2.4%	4.6%	4.3%
Zielperson generell nicht bereit	32.5%	35.9%	41.4%	41.2%
Zielperson spricht nicht deutsch	1.5%	0.6%	2.1%	0.4%
Interview nicht korrekt geführt	0.8%	0.2%	1.3%	0.7%
Ausfälle insgesamt	45.8%	45.8%	59.8%	57.2%
Auswertbare Interviews	54.2%	54.2%	40.2%	42.8%

5.2.3 *Telefonstichproben*

Angesichts der wachsenden Bedeutung, die telefonischen Befragungen inzwischen zukommt (vergleiche dazu Abschnitt 6.1.3), war auch die Entwicklung einer methodisch anspruchsvollen Stichprobenstrategie für Telefonbefragungen erforderlich. Zunächst war naheliegend, nach einem Register zu suchen, das alle Elemente der Grundgesamtheit, also alle Telefonanschlüsse, enthält. Beim Telefonbuch und auch bei den im Handel erhältlichen elektronischen Verzeichnissen (CD-ROM) handelt es sich in Deutschland jedoch nicht um für sozialwissenschaftliche Befragungen nutzbare Verzeichnisse. Ähnlich wie zum Beispiel auch in den USA stellen Telefonbücher in der Bundesrepublik seit der Aufhebung der Eintragungspflicht im Dezember 1991 (vergleiche Heckel 2002:13) keine vollständige Auflistung aller Teilnehmer mehr dar. Gegenwärtig steigt die Anzahl nicht gelisteter Anschlüsse weiter und wird – regional stark unterschiedlich – auf bis zu 40 Prozent geschätzt. In den USA ist vor diesem Hintergrund das Random-Digit-Dialing (RDD-) Verfahren entwickelt worden. Dabei werden die Rufnummern der zu kontaktierenden Haushalte zufällig als Zahlenfolgen generiert. Angesichts der einheitlichen Struktur der Telefonnummern in den USA ist dieses Vorgehen durchaus praktikabel. Aufgrund der demgegenüber unterschiedlichen Struktur der Telefonnummern innerhalb Deutschlands ist eine Adaption dieses Vorgehens jedoch nicht möglich. Würde man sie praktizieren, so hätte man mit einer zu großen Anzahl an Fehlversuchen zu rechnen, da bei einer Vielzahl der so erzeugten Nummernfolgen kein Anschluss geschaltet ist.

In der Bundesrepublik kommt noch relativ häufig das Randomised-Last-Digit (RLD-) Verfahren zur Anwendung. Bei diesem Verfahren werden Telefonnummern aus einem Verzeichnis gezogen und diese dann zufällig verändert, beispielsweise dadurch, dass die letzte Stelle durch eine mit einem Zufallsverfahren ermittelte Ziffer ersetzt wird. Danach wird in der zweiten Stufe zumeist nach der Geburtstagsmethode (vergleiche den Abschnitt 5.2.1) die im Zielhaushalt zu befragende Person ermittelt.

Die beste Praxis bei der Ziehung von Telefonstichproben stellt jedoch ein anderes Design dar (vergleiche Gabler/Häder 1997, 2002, Heckel 2002). Dabei werden zunächst von einem elektronischen Verzeichnis (CD-ROM) alle registrierten Telefonnummern herunter geladen. Danach werden alle offensichtlich nicht zur Grundgesamtheit gehörenden Anschlüsse gelöscht. Dazu zählen bei allgemeinen Bevölkerungsumfragen vor allem die Geschäftsanschlüsse. Nun ordnet man die verbleibenden Nummern pro Ortsnetzbereichbereich (davon gibt es in Deutschland 5.200) der Größe nach an. Bildet man daraufhin Blocks vom Umfang 100, zum Beispiel von 0 bis 99, von 100 bis 199 und so weiter, kann man die vorhandenen Telefonnummern in diese Blocks einordnen. Zum Beispiel liegt die Nummer 06321 33703 im Block 33700-33799 des Ortsnetzbereiches 06321. Die grundlegende Vermutung ist nun, dass sich die nicht gelisteten Telefonnummern ebenfalls innerhalb der mit mindestens einer eingetragenen Nummer besetzten Blocks befinden. Deshalb werden im Weiteren alle Blocks, in denen keine Rufnummer im Verzeichnis gelistet ist, ausgesondert. In allen verbleibenden Blocks, in denen mindestens eine Rufnummer gelistet ist, werden alle 100 denkbaren Zifferfolgen generiert, also zum Beispiel im Ortsnetzbereich 06321 die Folgen 33700, 33701, 33702, 33703, ..., 33799. Die Menge aller dieser Ziffernfolgen in allen Ortsnetzbereichen stellt dann den Auswahlrahmen dar, aus dem die Stichproben für Telefonumfragen gezogen werden können. Dieses Universum enthält eingetragene Telefonnummern (zum Beispiel 33703), nichteingetragene Telefonnummern und Ziffernfolgen, die gegenwärtig nicht geschaltet sind.

Bei der folgenden Auswahl der Zielperson im Haushalt kommt bisher zumeist wieder die Geburtstagsmethode zum Einsatz. Das bedeutet, dass diejenige Person ermittelt wird, die im Haushalt als nächstes (oder alternativ zuletzt) Geburtstag hatte und die zugleich zu der zu untersuchenden Grundgesamtheit gehört. Diese ist dann die am Telefon zu befragende Zielperson. Möglich ist auch der Einsatz des Kish Grids für die Ermittlung der Zielperson.

Die randomisierte Geburtstagsauswahl (RGA) stellt hier eine Weiterentwicklung dar (Schneiderat/Schlinzig 2009:92ff.). Die kontaktierten Personen werden danach gefragt, welche Person vor beziehungsweise nach einem randomisierten Geburtsdatum, das der Telefonnummer zufällig zugeordnet wurde, als letzte oder als nächste Geburtstag hat. Der entscheidende Vorteil besteht in der Berücksichtigung der ungleichen Verteilung der Geburtenzahlen über das Jahr und der daraus resultierenden unterschiedlichen Inklusionswahrscheinlichkeiten der Elemente der Grundgesamtheit auf Haushaltsebene. Dies ist insbesondere von Bedeutung für Studien, die in einem bestimmten Zyklus in einem sich wiederholenden Zeitraum Befragungen durchführen.

Die auf den ersten Blick aufwändige Prozedur lässt vermuten, dass die kontaktierten Personen bereits in der prekären Einleitungsphase des Interviews die Teilnahme verweigern. Jedoch trifft das Gegenteil zu. Unter Anwendung dieser Auswahlprozedur kann die Teilnahmebereitschaft sogar noch gesteigert werden. Es ist zu vermuten, dass diese vergleichsweise komplexe Ermittlung der Zielperson auf die Kontaktperson kognitiv eher anregend denn abschreckend wirkt und damit als eine Art immaterielles Incentive wirksam werden kann insofern, als dass das Vertrauen der Befragten in ihre eigenen Kompetenzen zur Beantwortung weiterer Fragen bestärkt wird (vgl. Meier et al. 2005).

Das positive Erlebnis einer bereits zu Beginn des Interviews beantworteten Frage steigert zudem das Commitment der Befragten und befördert so im Sinne konsistenter Verhaltensmuster die Beantwortung weiterer Fragen.

Hilfreich ist es weiterhin, wenn zusätzlich zu den Telefonnummern eine Schätzung der Charakteristika der Region, in der sich der jeweilige Anschluss befindet, erfolgt. Damit wird eine Schichtung der Stichprobe ermöglicht. Die Grundlage dafür bietet die „von BIK im Auftrag der Arbeitsgemeinschaft erstellten Verflechtungs- bzw. Agglomerationstypen" (v.d. Heyde 2002:33, Häder/Glemser 2004:157ff.).

Das beschriebene Vorgehen bietet verschiedene Vorteile:

- Gegenüber einer zufälligen Erstellung der gesamten Telefonnummer nach dem RDD-Verfahren reduziert sich die Anzahl der erzeugten Nummernfolgen, bei denen kein Anschluss vorhanden ist. Da sich selbst nach einem Anruf nicht immer eindeutig feststellen lässt, ob sich hinter einer gewählten Ziffernfolge auch ein Anschluss verbirgt, werden deshalb mehrere Kontaktversuche – teilweise bis zu zwölf (vergleiche v.d. Heyde 2002:38) – unternommen. Eine zu große Anzahl solcher Fehlversuche würde den Aufwand bei einer Befragung beträchtlich erhöhen und damit die Kosten steigern. Zugleich wird es auf dieser Weise jedoch prinzipiell möglich, auch nicht gelistete Telefonnummern zu kontaktieren.
- Als genereller Vorzug telefonischer Befragungen kann weiterhin die geringere Klumpung der Stichprobe bewertet werden. So ist eine Zusammenstellung und Anwahl beliebiger, über das ganze Land verstreuter Telefonnummern problemlos realisierbar. Dagegen muss bei einer persönlich-mündlichen Befragung nach dem ADM-Design oder auch bei einer Einwohnermeldeamtsstichprobe gewährleistet werden, dass die Interviewer in der ausgewählten Region vor Ort sind beziehungsweise sich persönlich zu den entsprechenden Adressen begeben können.
- Die Auswahl von Ziffernfolgen auf der Grundlage eines elektronischen Verzeichnisses wie einer CD-ROM ermöglicht – ähnlich wie beim Face-to-Face Design des ADM – das Hinzuspielen von regionalen Hintergrundvariablen. So existieren Telefonverzeichnisse, die Hinweise etwa zur Kaufkraft oder zur Anzahl an Arbeitslosen innerhalb eines bestimmten Vorwahlbereiches enthalten.

Indes bleiben einige andere Probleme bestehen:

- So muss eine Strategie gefunden werden, um mit angewählten Fax- und Geschäftsanschlüssen, mit Anrufbeantwortern und mit Mehrfachanschlüssen umzugehen. Haushalte mit Mehrfachanschlüssen sind deshalb ein statistisches Problem, da sie eine höhere Inklusionswahrscheinlichkeit besitzen als Haushalte mit nur einem Anschluss. Als Gegenmittel bietet sich hier an, mit Hilfe einer entsprechende Frage die im Haushalt vorhandene Anzahl an Anschlüssen zu ermitteln und ein Designgewicht einzuführen (vergleiche Abschnitt 5.8).
- Ein weiteres Problem stellen die Gate-Keeper dar. Hier handelt es sich um vorgeschaltete elektronische Filter, die bewirken, dass nur vom Anschlussinhaber zuvor ausgesuchte Anrufer durchgestellt werden. Eine Lösung für dieses Problem muss noch gefunden werden.
- Die Personenauswahl im Haushalt muss in einer aufgrund des hohen Abbruchrisikos kritischen Phase des Interviews erfolgen. Während einem Interviewer, der an der Wohnungstür um ein Gespräch bittet, verschiedene Strategien zur Verfügung stehen, um die Zielperson von der Notwendigkeit eines Interviews zu überzeugen, reduzieren sich diese Möglichkeiten am Telefon beträchtlich. Tests haben gezeigt (vergleiche Friedrichs 2000:171ff.), dass von Ankündigungsschreiben eine positive Wirkung auf die Teilnahmebereitschaft ausgehen kann. Das Versenden solcher Schreiben setzt jedoch voraus, dass die vollständigen Adressen der Zielpersonen dem Veranstalter vor Beginn der Befragung bekannt sind. Dies ist jedoch bei einem solchen Vorgehen nicht der Fall, sodass diese Technik nicht zum Einsatz kommen kann und die Haushalte in der Regel „kalt" kontaktiert werden müssen.

Gegenwärtig verfügen cirka zwölf Prozent der Haushalte über keinen Festnetzanschluss mehr, sondern sind nur über ein Mobiltelefon zu erreichen. Damit musste ein Weg gefunden werden, um bei telefonischen Befragungen auch diesen Personenkreis zu erreichen. Die Lösung bietet ein Dual-Frame Ansatz. Dabei werden die Befragungen parallel sowohl über das Festnetz als auch über den Mobilfunk geführt. Im Anschluss erfolgt dann die Synthese beider Substichproben mithilfe einer relativ aufwendigen Gewichtungsprozedur (Häder/Gabler/Heckel 2009:21ff.).

Der Auswahlrahmen besteht hier aus der Menge an Mobilfunknummern, die durch die Bundesnetzagentur vergeben wird (zurzeit rund 279 Millionen Nummern). Die Zahl der Telefonbucheinträge für Mobilfunknummern beträgt aber nur 2.3 Millionen. Die Erstellung der Auswahlgrundlage erfolgt nun so:

Zunächst wird pro Vorwahl der tatsächlich gültige Rufnummernbereich ermittelt. Bewährt hat sich die Betrachtung von 10.000er Blöcken, über die man Informationen zusammenstellen kann. Da sind erstens die Einträge der Telefonbuch-CD. Zweitens sind auch Internetrecherchen erfolgsbringend. Zusätzlich kann man drittens auch spezielle Websites nutzen, die Nutzern Hinweise auf versteckte Kosten geben. Viertens gibt es auch Blöcke, die für technische Dienste der Anbieter oder Mailboxen reserviert sind und von daher auch für eine Befragung ausscheiden. Aus allen Informationsquellen wird pro Anbieter auf der 10.000er Blockebene oder, wenn die Informationen feiner vorliegen, auch auf einer 1.000er Block-Ebene ein Listenblatt erstellt, das Auskunft darüber gibt, welche Rufnummernblöcke innerhalb einer Vorwahl aktiv genutzt werden und welche noch inaktiv sind. Diese Listen bilden die Grundlage der Generierung der Rufnummern (Häder/Gabler/Heckel 2009:43).

5.3 Stichproben für interkulturelle Studien

Neben mathematisch-statistischen Erfordernissen gestalten bestimmte nationale Gegebenheiten den Rahmen für die im jeweiligen Land betriebene Auswahlpraxis. Dazu zählen zum Beispiel das Vorhandensein eines zentralen Melderegisters beziehungsweise die in der Rechtsprechung verankerte Möglichkeit, aus diesen Registern Stichproben für sozialwissenschaftliche Umfragen zu ziehen. Aus diesen Randbedingungen resultieren beispielsweise die konkreten Vorgehensweisen bei persönlich-mündlichen Bevölkerungsumfragen in der Bundesrepublik: das ADM-Design und die Registerstichproben. Komplizierter wird die Situation, wenn es darum geht, Stichprobendesigns in verschiedenen Ländern zu entwickeln, die Vergleiche der aus den Daten gewonnenen Schätzer zwischen den Ländern erlauben.

Neben dem International Social Survey Programme[5] sind in letzter Zeit vor allem die PISA-Studien[6] und der European Social Survey (ESS[7]) stark beachtet worden.

Am Beispiel des ESS soll gezeigt werden, auf welche Weise Stichproben für interkulturelle Studien gezogen werden können. Dabei gibt es in den verschiedenen beteiligten Ländern jeweils sehr unterschiedliche technisch-organisatorische sowie gesetzgeberische Voraussetzungen für die Stichprobenziehung. Daraus resultiert wiederum, dass auf nationaler Ebene sehr differenzierte praktische Erfahrungen mit Stichprobenplänen vorliegen und mitunter eine Unkenntnis alternativer Varianten anzutreffen ist.

Eine klare Definition der Grundgesamtheit ist Voraussetzung, um ein Stichprobendesign entwickeln zu können. Der ESS definiert diese als alle Personen mit einem Mindestalter von 15 Jahren, die in den teilnehmenden Ländern in privaten Haushalten leben. Eine obere Altersgrenze ist nicht festgelegt. Weiterhin soll die Auswahl unabhängig von der Nationalität, der Staatsbürgerschaft und der Sprache erfolgen.

Das vom ESS praktizierte Vorgehen wird durch die folgenden Punkte weiter spezifiziert:

- Es sollen in allen Ländern Zufallsauswahlen eingesetzt werden, das heißt, die Auswahlwahrscheinlichkeiten der einzelnen Personen muss bestimmbar sein. Nur diese Vorgehensweise liefert die Möglichkeit, auf der Grundlage der gewonnenen Daten designbasierte Schätzungen für die Grundgesamtheit anzustellen.
- Das zweite Ziel ist es, mithilfe der getroffenen Auswahl die gesamte Population eines Landes abzudecken. Das heißt, eventuell in den Ländern lebende Minderheiten sind durch die Anwendung geeigneter Strategien bei der Stichprobenziehung zu berücksichtigen.
- Drittens soll eine hohe Response-Rate angestrebt werden. Vorgesehen sind 70 Prozent.

5 Zum ISSP vergleiche: http://www.gesis.org/dienstleistungen/daten/umfragedaten/issp/ besucht am 08.04.2009, der ESS wird im Abschnitt 6.1.4 genauer besprochen.

6 Zum Auswahldesign der PISA-Studie vergleiche den Abschnitt 5.5.

7 Zum ESS vergleiche: http://www.europeansocialsurvey.org/ besucht am 08.04.2009, sowie Abschnitt 7.5.

- Bei der Feldarbeit auftretende systematische Ausfälle dürfen viertens nicht durch andere – befragungswillige – Personen ersetzt werden. Damit ist es beispielsweise ausgeschlossen, das oben beschriebene (vergleiche die Variante zwei in Abschnitt 5.2.2) ADM-Design zum Einsatz zu bringen.
- Die aufgrund unterschiedlicher Auswahlwahrscheinlichkeiten und aufgrund von Klumpungen der Stichprobe auftretenden Designeffekte sollen fünftens so gering wie möglich gehalten werden. Vor allem in Ländern, deren Territorium sich über eine relativ große Fläche erstreckt, müssten die Interviewer unter Umständen recht weite Strecken zurücklegen, um zu allen Zielpersonen zu gelangen, würden diese uneingeschränkt zufällig ausgewählt. Dies wäre mit beträchtlichen Kosten verbunden. Aus diesem praktischen Grund werden räumliche Klumpungen bei der Auswahl der Zielpersonen vorgenommen. Diese haben jedoch den (negativen) Effekt, dass durch die räumliche Nähe der Zielpersonen die Stichprobe in der Regel homogener wird. Diese Homogenität ist messbar am Intraklassen-Korrelationskoeffizienten, der wiederum in die Berechnung des Designeffektes eingeht (vergleiche Gabler/Häder 2000). Dies führt schließlich dazu, dass sich das Konfidenzintervall eines Schätzers (vergleiche Abschnitt 5.1) gegenüber dem bei einer einfachen Zufallsauswahl vergrößert, die Schätzung also unpräziser ist.

  Dies lässt sich nur dadurch ausgleichen, dass in Ländern mit komplexeren Stichprobendesigns ein höherer Stichprobenumfang gewählt wird.

Kish lieferte mit seinen Überlegungen den Ausgangspunkt für die Lösung des Problems unterschiedlicher Stichprobendesigns in vergleichenden Surveys: „Sample designs may be chosen flexibly and there is no need for similarity of sample designs. Flexibility of choice is particularly advisable for multinational comparisons, because the sampling resources differ greatly between countries. All this flexibility assumes probability selection methods: known probabilities of selection for all population elements" (Kish 1994:173).

Demzufolge sind die Auswahlstrategien in jedem Land also flexibel zu handhaben – allerdings unter der Prämisse, dass jeweils das beste verfügbare Design für Zufallsstichproben eingesetzt wird. Damit wäre es verfehlt, in jedem Land (möglichst) ein identisches Vorgehen bei der Stichprobenziehung praktizieren zu wollen. Da die Voraussetzungen für die Stichprobenziehung in den Ländern stark unterschiedlich sind, würde man sich sonst des am wenigsten geeigneten Verfahrens – also dem kleinsten gemeinsamen Nenner – bedienen müssen.

Das geforderte Vorgehen wird eingelöst, indem in jedem Land die am besten umsetzbare Auswahlstrategie gefunden und eingesetzt wird. Wie bei der Realisierung jeder anderen Zufallsauswahl steht die Frage nach einem verfügbaren Verzeichnis aller Elemente der Grundgesamtheit am Anfang und im Mittelpunkt. Der ESS sucht in jedem Land nach einem Auswahlrahmen (eine Liste oder ein Verzeichnis mit allen Elementen der Grundgesamtheit) und stellt die Frage nach der Qualität (Vollständigkeit, Aktualität, Zugänglichkeit für die Umfrageforschung und so weiter) dieses Rahmens. Weiterhin müssen die bei den Stichprobenziehungen national vorliegenden Erfahrungen in Betracht gezogen werden. Nicht zuletzt spielen auch die dabei entstehenden Kosten eine wichtige Rolle.

Wie sich herausgestellt hat, existieren in allen am ESS teilnehmenden Ländern aggregierte Daten zur jeweiligen demographischen Zusammensetzung der Bevölkerung, die für die Auswahl der Zielpersonen genutzt werden können. Wie sich weiterhin ergab, liegt die

Häufigkeit der Aktualisierung solcher Statistiken freilich zwischen einigen Monaten und einigen Jahren.

Zur Illustration sollen die bei der Stichprobenziehung vorgefundenen Situationen geschildert werden.[8] So gab es:

- Länder mit zuverlässigen Einwohnerlisten, die zugleich für die Sozialforschung nutzbar sind, wie etwa Dänemark, wo eine Abdeckung der Grundgesamtheit von 99.9 Prozent vorliegt.
- Länder mit zuverlässigen Listen der Haushalte, die ebenfalls für die Sozialforschung genutzt werden können. Ein Beispiel hierfür ist Luxemburg.
- Länder mit gültigen Adressenlisten, die für die Sozialforschung genutzt werden können, wie zum Beispiel die Niederlande.
- Schließlich Länder, bei denen die Auswahl ohne solche Listen erfolgen muss, weil es diese nicht gibt oder weil sie für die Sozialforschung nicht zugänglich sind. Hierzu zählen zum Beispiel Portugal und Griechenland.

Vor allem die Stichprobenziehungen in Ländern, in denen keine Listen vorliegen, gestalten sich schwierig. Hier müssen Flächenstichproben eingesetzt werden, bei denen zunächst die Gemeinden und in einem zweiten Schritt die Haushalte ausgewählt werden. Kritisch ist hier vor allem die Auswahl der Haushalte. Die folgenden zwei Wege haben sich dabei als gangbar erwiesen:

Erste Variante: Zunächst erfolgt eine Auflistung aller Adressen in einem bestimmten Gebiet. Danach werden die Zielhaushalte aus dieser Liste gezogen. Hier muss eine relativ starke Klumpung in Kauf genommen werden. Dieses Vorgehen wird beispielsweise in Griechenland praktiziert.

Bei der zweiten Variante erfolgt die Nutzung von Random-Route-Elementen bei der Auswahl. Das Problem ist hier die genaue Einhaltung des vorgeschriebenen Random Routes durch die Interviewer (vergleiche dazu auch Abschnitt 5.2.2). Dabei geht es sowohl um die Einhaltung der Vorgaben für den eigentlichen Random Walk als auch um die Kontrolle der Interviewer bei der Befragung selbst. Dies ist zum Beispiel bei dem in Österreich gewählten Design der Fall.

Auch bei Ländern mit einem gültigen Auswahlrahmen sind Probleme zu beachten. In Italien und Irland sind zwar Wahlregister als Grundlage für die Auswahl nutzbar. Diese enthalten aber nur Personen im Alter ab 18 Jahren. Damit können solche Wahlregister nur als Adressrahmen für die Anschriften der Haushalte dienen und nicht für die Bestimmung der einzelnen Zielpersonen benutzt werden.

Das beschriebene Vorgehen verhilft dazu, in jedem Land die aus methodischer Sicht beste Stichprobenstrategie zu realisieren. Über die Berechnung der jeweiligen nationalen Design-Effekte wird es außerdem möglich, die einzelnen Strichprobengrößen so zu wählen, dass die in den Ländern erhobenen Daten eine vergleichbar gute Qualität aufweisen.

8 Vergleiche zum Beispiel: ESS Round 1 2002/2003 Technical Report Edition 2 (June 2004) http://www.europeansocialsurvey.org/index.php?option=com_content&view=article&id=101:technical-reports&catid=115:data-documentation&Itemid=139 und European Social Survey, Round 2 Specification for participating countries http://www.europeansocialsurvey.org/index.php?option=com_content&view=article&id=74&Itemid=245, zuletzt besucht jeweils am 08.04.2009.

5.4 Stichproben für Access-Panels und Internetbefragungen

5.4.1 Auswahlen bei Access-Panels

Mit dem Begriff Access-Panel werden – teils sehr umfangreiche – Verzeichnisse befragungswilliger Personen bezeichnet. Solche Access-Panels besitzen eine Reihe an Vorteilen. Vor allem bei sehr umfangreichen Panels besteht die Möglichkeit, besonders mobile Personen, die über andere Zugänge nur relativ schwer erreicht werden können, in eine Befragung einzubeziehen. Sie bieten weiterhin vor allem der Marktforschung einen „punktgenauen Zugriff" (Lamminger/Zander 2002:95 vergleiche auch Hoppe 2000, Heckel 2003:87) auf bestimmte Zielpersonen. Werden für eine Marktanalyse ganz bestimmte Bevölkerungssegmente (Brillenträger, Käufer von Babywindeln, Nassrasierer und so weiter) benötigt, so müsste man umfangreiche und zeitaufwändige Screenings veranstalten, um diese Personen zu ermitteln. Unstrittig ist, dass die Nutzung von Access-Panels für allgemeine Bevölkerungsbefragungen, die Parameter einer Grundgesamtheit schätzen möchten, derzeit noch nicht angeraten ist.

Als problematisch gelten Access-Panels, da die Teilnehmer mithilfe von Anreizen, den Incentives, zur Teilnahme an den Befragungen motiviert werden müssen.

Access-Panels (vergleiche dazu auch den Abschnitt 6.1.3) können prinzipiell sowohl als Pool für Teilnehmer an Befragungen per Telefon als auch für über das Internet vermittelte Studien angelegt sein. Für die Rekrutierung der Teilnehmer an solchen Panels existieren zwei Vorgehensweisen:

Erstens können die Mitglieder des Panels durch weitgehende Selbstrekrutierung zusammengestellt werden. Dabei werden beispielsweise mithilfe von Hinweisen auf Internetseiten Zielpersonen für eine Teilnahme gewonnen. Diese Strategie ist aus verschiedenen Gründen nicht unumstritten und wird beispielsweise vom ADM (vergleiche Wiegand 2003:68 und die ADM-Richtlinien für Online-Befragungen[9]) abgelehnt. So besteht bei diesem Vorgehen die Möglichkeit, dass sich Personen durch Mehrfachteilnahme vor allem Zugang zu den Incentives verschaffen. Solche auch als Schnäppchenjäger, Profibefragte oder Heavy User bezeichnete Menschen beeinträchtigen die Qualität der Daten. Ein weiteres Problem resultiert direkt aus der Selbstselektion der Teilnehmer (vergleiche Scheffler 2003:37). So lassen sich – wie für Zufallsauswahlen gefordert – keine Angaben zu den Inklusionswahrscheinlichkeiten für die Elemente der Grundgesamtheit machen.

Zweitens können bei Befragungen, die auf einer Zufallsstichprobe basieren, Screenings eingesetzt werden. Hier ist es nicht entscheidend, ob diese Befragungen persönlich-mündlich oder telefonisch erfolgen. Bei einem solchen Screening werden alle Teilnehmer nach ihrer Bereitschaft gefragt, an einer Art von regelmäßiger Befragung teilzunehmen. Problematisch gestaltet sich hier jedoch die Teilnahmebereitschaft. So wird von Erfolgsquoten berichtet, die zwischen drei und maximal 25 Prozent liegen (Scheffler 2003:37). In einem konkreten Fall soll sie 14 Prozent (Heckel 2003:91) betragen haben. Sofern die Teilnahmebereitschaft von den Zielpersonen jedoch einmal erklärt wurde, kommt es bei den Access-Panels zu Response-Raten von etwa 70 Prozent. Damit kann auch die Qualität der Ergebnisse von Access-Panels, die über eine Zufallsauswahl mit einem anschließenden Screening zusammengestellt wurden, nicht als sehr hoch eingeschätzt werden.

---

9 Vergleiche auch http://www.adm-ev.de/pdf/R08_D_07_08.pdf, zuletzt besucht am 08.04.2009.

Teilweise wird auch von aktiver und passiver Rekrutierung der Teilnehmer gesprochen. Welche der beiden Vorgehensweisen die geeignete ist, hängt vom Anliegen der jeweiligen Befragung ab. Besteht die Zielstellung darin, wie etwa bei einem psychologischen Experiment zur Aufmerksamkeitsmessung, ein bestimmtes theoretisches Modell zu testen, so spricht kaum etwas dagegen, die weniger aufwändige Vorgehensweise zu nutzen und ein selbstrekrutiertes Panel einzusetzen. Auch für explorative Studien, die nach ersten Hinweisen für die Klärung eines Problems suchen, sind Access-Panels ein geeignetes Instrument. Auf die dabei bestehenden Gefahren wurde oben verwiesen. Geht es jedoch darum, Parameterschätzungen in einer Grundgesamtheit vorzunehmen, so ist von der Nutzung dieser Strategie abzuraten.

5.4.2 Stichproben für Intra- und Internetbefragungen

Die Nutzung des Internets hat zwischen 1997 (4.1 Millionen Nutzer) und 2002 (28.3 Millionen Nutzer) bereits rapide zugenommen (vergleiche Bandilla 2003:76). Anfang 2005 waren schließlich 55 Prozent aller haushalte mit einem Internetanschluss ausgestattet[10]. So liegt es nahe, auch die Frage nach Stichprobenstrategien zu stellen, die dazu geeignet sind Befragungen, die über dieses Medium vermittelt werden, zu realisieren. Inzwischen dürften nahezu alle großen und viele mittlere und kleine Unternehmen auch über ein Intranet verfügen, sodass das Problem der Stichprobenziehung für betriebsinterne Erhebungen ebenfalls aktuell ist. Während sich allgemeine Bevölkerungsbefragungen über das Internet derzeit nicht realisieren lassen, ist es durchaus möglich, Spezialpopulationen wie etwa Studenten, auf diese Weise zu befragen. Ein entsprechendes Beispiel wird noch gezeigt.

Auch die Vorgehensweise bei der Auswahl von Teilnehmern für Umfragen im Internet ist vor allem vom angezielten Zweck der Studie abhängig. Ähnlich wie bei der Rekrutierung von Access-Panels (vergleiche Abschnitt 5.4.1), muss auch hier zwischen Modelltests und explorativen Studien auf der einen Seite und Parameterschätzungen, bei denen Aussagen über die Ausprägung eines Merkmals in der Grundgesamtheit gemacht werden sollen, auf der anderen Seite, unterschieden werden. Im ersten Fall ist es möglich, Strategien für die Gewinnung der Teilnehmer zu nutzen, bei denen eine weitgehende Selbstrekrutierung erfolgt, beispielsweise durch die Einblendung von Bannern auf bestimmten Web-Seiten. Ergänzend dazu müssen Strategien genutzt werden, um die Mehrfachteilnahme von Schnäppchenjägern zu verhindern. Das kann beispielsweise über die Vergabe von Identifikationsnummern und die Abfrage einer E-Mail Adresse erfolgen. Diese Art der Teilnehmerrekrutierung kann sogar mit einer gewissen Beliebigkeit erfolgen, sie soll im Folgenden nicht weiter besprochen werden. Für designbasierte Schätzungen muss jedoch nach anspruchsvolleren Vorgehensweisen gesucht werden.

Wie bereits angedeutet, ist es noch unrealistisch, Interneterhebungen für Studien zur Allgemeinbevölkerung heran zu ziehen. So weicht die Struktur der Internetnutzer von jener der Allgemeinbevölkerung derzeit noch zu stark ab. Dies wird vor allem deutlich, wenn man die augenblickliche Alters- und Bildungsstruktur der Internetnutzer mit jener der Allgemeinbevölkerung vergleicht (vergleiche Faas 2003:125). Auch liegen bisher keine sonderlich guten Erfahrungen mit zufallsgesteuerten Einblendungen vor (beispielsweise jeder

10 Vergleiche: https://www-ec.destatis.de/csp/shop/sfg/bpm.html.cms.cBroker.cls?cmspath=struktur,vollanzeige.csp&ID=1019108, aufgerufen am 09.04.2009.

x-te Besucher einer Internetseite), die die Besucher bestimmter Internetseiten zur Teilnahme an einer Umfrage aufrufen. Die realisierte Teilnahmequote bewegt sich im Bereich von unter fünf Prozent. In solchen Fällen kann nicht von einer ausreichend belastbaren Zufallsstichprobe gesprochen werden. Hier muss die künftige Entwicklung der Internetgemeinde und die Teilnahmebereitschaft der Gemeindemitglieder noch abgewartet werden.

Durchaus realistisch sind jedoch Intra- und Internetbefragungen für ausgewählte Subgruppen der Bevölkerung. Prinzipiell ist erneut als erstes zu fragen, ob aktuelle und vollständige Listen existieren, in denen die Mitglieder der jeweiligen Grundgesamtheit verzeichnet sind. Aus diesen Listen können dann auf relativ einfache Weise zufällig die Teilnehmer der Befragung gezogen werden. Momentan ist es gut möglich, Mitarbeiterbefragungen über das Intranet abzuwickeln. Borg (2003:158ff.) stellt das Beispiel einer weltweit bei der Firma SAP veranstalteten Mitarbeiterbefragung via Intranet vor.

Denkbar sind aber auch Studien mit Studierenden. Hier handelt es sich um eine Population, die derzeit bereits über eine Vollversorgung mit einem Zugang zum Internet verfügen dürfte. Als Beispiel kann das Hochschulranking 2004 vom Nachrichtenmagazin Der Spiegel[11], des Internetanbieters AOL und von der Unternehmensberatung McKinsey & Company genannt werden. Diese Studie ist – so der beinahe euphorische Kommentar eines Mitglieds des wissenschaftlichen Beirates, der die Befragung begleitete – „ein wahrer Durchbruch auf dem Gebiet der Online-Befragungen." Zugleich wird von einem anderen Mitglied des wissenschaftlichen Beirates die erzielte Rücklaufquote als „einfach sensationell" bezeichnet.

An der genannten Studie haben sich über 80.000 Studierende beteiligt. Ziel war es, ein fachbezogenes Ranking von Universitäten zu ermitteln, in das 15 häufig an Universitäten gewählte Fächer einbezogen wurden. Über das Internetportal konnten bereits mithilfe von technischen, methodischen und inhaltlichen Filtern Falsch- und Mehrfachantworten verhindert und eine hohe Datenqualität erreicht werden. Eine breit angelegte, medienübergreifende Werbekampagne (zum Beispiel Plakate in den Fachbereichen und Printanzeigen) war zur Vorbereitung der Umfrage erforderlich, sie sorgte für eine gute Akzeptanz und eine entsprechende Rücklaufquote. Diese Kampagne stellte zu jedem Studierenden im Durchschnitt vier Kontakte her. Schließlich ergab die Erhebung 50.000 auswertbare Fragebögen.

5.5 Klumpenstichproben: Das Beispiel der PISA-Studien

Die Klumpenauswahl (synonym wird auch der Ausdruck Cluster Sample benutzt, vergleiche Bortz/Döring 2002:438) stellt einen Spezialfall der mehrstufigen Zufallsauswahl dar. Relativ einfach lässt sich das Vorgehen bei einer Klumpenauswahl anhand einer Schülerbefragung demonstrieren. So mag beispielsweise interessieren, inwieweit es Unterschiede in den Leistungen von Schülern einer bestimmten Klassenstufe in verschiedenen Bundesländern gibt. Um den Erhebungsaufwand zu optimieren und um eine vergleichbare Erhebungssituation zu garantieren, könnten die Erhebungen in den jeweiligen Schulklassen erfolgen. Geht man davon aus, dass eine entsprechende Liste mit allen Schulen vorliegt, so müsste

11 Vergleiche http://www.spiegel.de/unispiegel/studium/0,1518,329082,00.html zuletzt besucht am 08.04. 2009.

anhand dieser Liste in einem ersten Schritt – zufällig – eine Auswahl an Schulen (an dieser Stelle wird auch von Klumpen gesprochen) in den jeweiligen Bundesländern getroffen werden. Auf einer zweiten Stufe werden dann wiederum zufällig diejenigen Schulklassen ausgewählt, in denen die Schüler befragt werden sollen. Schließlich erfolgt auf der dritten Stufe die Untersuchung aller Elemente – also hier aller Schüler – des ausgewählten Klumpens – in dem Fall der Schüler in den betreffenden Klassen. Es ist damit ausreichend, wenn eine Liste aller Schulen vorliegt, ein Verzeichnis aller Schüler (Cluster) ist nicht erforderlich.

Letztlich handelt es sich aber auch beim F2F-Design des ADM (vergleiche Abschnitt 5.2) um eine Variante einer Klumpenstichprobe. Hier bilden die auf der ersten Stufe ausgesuchten Gebiete die Klumpen. Jedoch werden beim ADM-Design nicht alle Elemente des ausgewählten Klumpens, das heißt alle zur Grundgesamtheit gehörenden Personen, die in den ausgewählten Gebieten wohnen, befragt.

Am Beispiel des bei der PISA-Studie (vergleiche Baumert et al. 2001:34ff.) benutzten Stichprobendesigns soll das Vorgehen beispielhaft erklärt werden. Ziel der PISA-Studie war die Erhebung von Basiskompetenzen bei Schülern in verschiedenen Ländern. Im Einzelnen wurden die Lesekompetenz, die mathematische sowie die naturwissenschaftliche Grundbildung ermittelt.

Dazu wurden in der PISA-Studie „Schülerinnen und Schüler untersucht, die zu Beginn des Testzeitraums zwischen 15 Jahren/drei Monaten und 16 Jahren/zwei Monaten alt waren – unabhängig von der besuchten Jahrgangsstufe oder Art der Bildungseinrichtung“ (Baumert et al. 2001:34). Damit ist die Grundgesamtheit definiert. Ausdrücklich nicht zur Grundgesamtheit wurden Personen gezählt, die aus geistigen, emotionalen oder körperlichen Gründen nicht dazu in der Lage waren, selbständig die Tests zu absolvieren sowie Ausländer, die die Testsprache nicht ausreichend beherrschten und zum Zeitpunkt des Tests weniger als ein Jahr im Fach Deutsch unterrichtet worden waren. Die in diesem ersten Schritt definierte PISA-Zielpopulation umfasste damit in Deutschland insgesamt 924.549 Schüler.

Interessant ist, dass bei dem gewählten Design in einigen Ländern, zum Beispiel in Brasilien und Mexiko, ein beträchtlicher Teil der Zielpopulation nicht erfasst werden konnte, da dieser die Schulen bereits wieder verlassen hatte. Das gewählte Stichprobendesign deckte in diesen Fällen die Population nicht vollständig ab. Da es sich hier um leistungsschwächere Schüler handeln dürfte, werden die Schätzer aus der Stichprobe entsprechend verzerrt sein.

In Deutschland wurden auf der ersten Stufe 220 Schulen, in der Terminologie der Stichprobenverfahren handelt es sich um die Klumpen, gezogen. Die Ziehungswahrscheinlichkeit war proportional zur Größe der Klumpen. Damit wurde den internationalen Vorgaben der Veranstalter gefolgt. Die zweite Stufe nahm eine Zufallsauswahl innerhalb der Schulen (Klumpen) vor. Während in beruflichen Schulen alle und in integrierten Gesamtschulen 35 Schüler in die Stichprobe einbezogen wurden, waren es in den restlichen Schulen jeweils 28 Schüler. Die realisierte Stichprobe der PISA-Studie hatte in Deutschland schließlich einen Umfang von $n = 5.073$ Personen.

Im Unterschied zu uneingeschränkten Zufallsstichproben, die nach dem Lostrommelprinzip vorgehen, ist bei Klumpenstichproben das Vertrauensintervall breiter. Das bedeutet, dass ein mithilfe einer uneingeschränkten Zufallsauswahl ermittelter Schätzer (zum Beispiel Mittelwert oder Anteil) präziser ist als ein mithilfe einer Klumpenstichprobe ermittelter Schätzer, wenn beide Stichproben den gleichen Umfang haben. Mit anderen Worten: Um auf der Basis einer Klumpenstichprobe eine ebenso genaue Schätzung vornehmen zu können wie bei einer uneingeschränkten Zufallsauswahl, ist ein größerer Stichprobenumfang erforderlich (vergleiche auch Abschnitt 5.4).

Das beschriebene Phänomen wird klar, wenn man sich vorstellt, dass erstens die Schüler einer Klasse vom gleichen Lehrer unterrichtet werden, dass sich zweitens ihre Elternhäuser unter Umständen in einem ähnlichen Siedlungsgebiet befinden, dass drittens die Bedingungen in der sozialen Umwelt wie etwa die Arbeitslosenquote, die Kaufkraft, das politische Klima ebenfalls ähnlich sind. Eine Fehlerreduzierung (vergleiche Bortz/Döring 2002:440f.) bei Klumpenstichproben wird nun möglich, wenn:

- eine größere Anzahl an Klumpen (hier an Schulklassen) befragt wird,
- kleinere Klumpen ausgewählt werden,
- diese Klumpen möglichst in sich heterogen sind und
- zwischen den Klumpen eine möglichst starke Homogenität der Elemente vorliegt.

Die Phänomene, die zu einer Verzerrung der Stichprobe führen können, lassen sich wiederum konkret aufzeigen, wenn man auf die PISA-Studie zurückkommt. Die Ergebnisse zeigen, dass sich die Schulen in Deutschland in der Tat leistungsmäßig stark unterscheiden beziehungsweise, dass man bereits aufgrund der Schulform die zu erwartenden Leistungen der Schüler relativ gut vorhersagen kann. Entgegen der oben genannten Forderung nach heterogenen Klumpen haben wir es bei der PISA-Studie in Deutschland also mit sehr homogenen Clustern zu tun.

Um den Grad an Homogenität eines Klumpens zu ermitteln, wird der Intraklassenkorrelationskoeffizient berechnet. Er beträgt in der PISA-Studie für die Leseleistung von 15-jährigen p = .60. „In Ländern, in denen das Schulsystem nicht gegliedert ist, liegt der Wert deutlich niedriger. Die Differenz zu Schweden, wo aufgrund der PISA-Studie ein Intraklassenkorrelation von p = .10 zu finden ist, ist zunächst frappierend“ (Sibberns/Baumert 2001:511f.). Das bedeutet, dass sich in Deutschland die Leseleistung eines Schülers zu einem großen Teil aus der von ihm besuchten Schule erklären lässt.

Um solche Nachteile von Klumpenstichproben entgegen zu wirken, können geschichtete Klumpenstichproben eingesetzt werden. So wurde bei der Ziehung der Schulen in der ersten Stufe keine uneingeschränkt zufällige Auswahl vorgenommen. Es ist vielmehr bereits berücksichtigt worden, dass

- es verschiedene Schulformen gibt (Gymnasium, Integrierte Gesamtschule, Realschule, Hauptschule, berufliche Schulen und Sonderschulen),
- in den einzelnen Bundesländer unterschiedlich viele Personen aus der Grundgesamtheit leben sowie dass
- private und öffentliche Schulen vorhanden sind.

Diese Struktur widerspiegelt sich aufgrund der bei der Ziehung vorgenommenen Stratifikation nun exakt in der gezogenen Stichprobe.

Wie bereits angedeutet, sind die Stichprobenfehler bei Klumpenstichproben in der Regel größer als bei uneingeschränkten Zufallsauswahlen. Diesem Effekt wird durch die vorgenommene Stratifizierung begegnet.

„Mithilfe des Designeffekts lässt sich die so genannte effektive Stichprobengröße bestimmen, die den Stichprobenumfang bezeichnet, der bei einer einfachen Zufallsstichprobe zu gleich präzisen Schätzungen führt. [...] Im Falle der Lesekompetenz würde man demnach mit einer Zufallsstichprobe von etwa n = 2.225 15-Jährigen zu ähnlich präzisen Schätzungen kommen“ (Sibberns/Baumert 2001:516). Zur Erinnerung: der tatsächliche Stichprobenumfang betrug bei der PISA-Befragung 5.073 Personen.

5.6 Quotenauswahl

Oben wurde am Beispiel eines Münzwurfs gezeigt, auf welchen Überlegungen Zufallsauswahlen basieren (vergleiche Abschnitt 5.1). Dabei war unterstellt worden, dass die Münze stets so geworfen wird, dass das erzielte Ergebnis tatsächlich zufällig zustande kommt. Eventuelle systematische Manipulationen, Fehlregistrierungen und Ähnliches wurden ausgeschlossen. Dies war die Voraussetzung, um mithilfe der Wahrscheinlichkeitsrechnung Voraussagen abgeben zu können. Nur bei Zufallsexperimenten kann von den Merkmalen einer Stichprobe auf die Grundgesamtheit geschlossen werden.

In der Praxis der Umfrageforschung spielen damit Zufallsauswahlen eine wichtige Rolle (vergleiche besonders die Abschnitte 5.2 bis 5.5). Neben diesen Vorgehensweisen hat sich aber auch ein nichtzufallsgesteuertes Verfahren etabliert. Dabei handelt es sich um die Quotenauswahlen, sie werden auch als Quota-Design bezeichnet. Zunächst soll das Vorgehen bei diesen Auswahlen beschrieben werden. Daran anschließend wird auf die Voraussetzungen von Quotenauswahlen eingegangen und schließlich die in den Sozialwissenschaften geführte Debatte um deren Vor- und Nachteile erwähnt.

Bei den Quotenauswahlen handelt es sich um eine bestimmte Art der bewussten und zugleich willkürlichen Auswahl. Dabei werden den Interviewern bestimmte Merkmale (Quoten) vorgegeben, nach denen sie sich ihre Zielpersonen bewusst zu suchen haben. Bei den Quoten handelt es sich zumeist um kombinierte Merkmale mit Kriterien wie Alter, Geschlecht und Bildungsstand. Die für eine Befragung aufzusuchenden Personen werden anhand der genannten Kriterien beschrieben und danach von den Interviewern gezielt ausgewählt. Bei strikter Einhaltung dieser Vorgaben durch die Interviewer ergibt sich eine Stichprobe, die in ihrer Struktur genau den Quotenvorgaben entspricht. Wenn diese Quotenvorgaben wiederum der Struktur der Grundgesamtheit entsprechen, trifft dies also auch für die Stichprobe zu. Abbildung 5.6.1 zeigt eine Intervieweranweisung, wie sie beispielsweise vom Institut für Demoskopie in Allensbach (vergleiche Schneller 1997:16) benutzt wird. Sie kombiniert die Kriterien Gemeindegröße, Alter, Geschlecht, Beruf und Haushaltsgröße.

Um Auswahlen nach dem Quotenverfahren vornehmen zu können, müssen eine Reihe an Voraussetzungen erfüllt sein. Zunächst muss für die Erstellung der Quotenvorgaben Wissen über die Struktur der Grundgesamtheit vorliegen. Dabei ist es nicht ausreichend, nur jeweils die Verteilung eines einzelnen Merkmales zu kennen, sondern – wie in Abbildung 5.6.1 gezeigt – es werden aus verschiedenen Kriterien kombinierte Vorgaben benötigt. Solche Informationen liefert in der Regel die amtliche Statistik. Welche Kriterien einer Grundgesamtheit benutzt werden, um daraus Quotenvorgaben für eine Befragung zu erstellen, ist die Sache des die Erhebung durchführenden Instituts.

Damit muss festgestellt werden, dass Quotenauswahlen auf sehr unterschiedliche Weise zustande kommen können. Es ist bisher kein Standard entwickelt worden, nach dem die Quotenvorgaben bestimmt werden können. Die Folge ist, dass jedes Erhebungsinstitut mit eigenen Quoten arbeitet und das Label „Quotenauswahl" damit für sehr unterschiedliche Strategien steht.

Eine weitere Voraussetzung ergibt sich daraus, dass die dem Interviewer vorgegebenen Quoten für ihn möglichst einfach erkennbar beziehungsweise abfragbar sein müssen. So wäre es unrealistisch, etwa politische Einstellungen für eine Quotierung zu benutzen.

Als nicht besonders geeignet gelten Quotenauswahlen, wenn Umfragen mit nur einem Thema veranstaltet werden. „Bei monothematischen Studien besteht die Tendenz, dass die Interviewer bevorzugt Personen auswählen, die am Untersuchungsthema überdurchschnittlich interessiert sind und besonders Auskunft geben können. Eine Verzerrung hin zum ‚Experten' wäre vorprogrammiert" (Schneller 1997:8).

Abbildung 5.6.1: Beispiel für eine Intervieweranweisung zur Ermittlung von Zielpersonen nach dem Quotenverfahren

Bitte Quotenanweisung mit ausgefüllten Interviews zurücksenden!

Name des Interviewers: .... Umfrage
Wohnort:..
Insgesamt 10 Interviews mit Personen ab 14 Jahren Fragebogen-Nr.
Im Wohnort/ in: ....

Gemeindegröße											
Gemeinden unter 2.000 Einwohnern#	1	2	3	4	5	6	7	8	9	10	11
2.000 bis unter 5.000 Einwohner#	1	2	3	4	5	6	7	8	9	10	11
5.000 bis unter 20.000 Einwohner#	1	2	3	4	5	6	7	8	9	10	11
20.000 bis unter 100.000 Einwohner#	1	2	3	4	5	6	7	8	9	10	[illegible]
100.000 bis unter 500.000 Einwohner#	1	2	3	4	5	6	7	8	9	10	11
500.000 und mehr Einwohner#	1	2	3	4	5	6	7	8	9	10	11

Alter	männlich							weiblich						
14 – 17 Jahre	1	2	3	4	5	6	7	1	2	3	4	5	6	7
18 – 24 Jahre	1	2	3	4	5	6	7	1	2	3	4	5	6	7
25 –29 Jahre	1	2	3	[illegible]	5	6	7	1	2	[illegible]	4	5	6	7
30 – 39 Jahre	1	2	[illegible]	4	5	6	7	1	2	[illegible]	4	5	6	7
40 – 49 Jahre	1	2	3	4	5	6	7	1	[illegible]	3	4	5	6	7
50 – 59 Jahre	1	2	3	4	5	6	7	1	2	3	4	5	6	7
60 – 69 Jahre	1	2	3	4	5	6	7	1	2	3	4	5	6	7
70 Jahre und älter	1	2	3	4	5	6	7	1	2	3	4	5	6	7

Berufstätige														
Landwirte und mithelfende Familienangehörige in der Land- und Forstwirtschaft (auch Gartenbau und Tierhaltung)	1	2	3	4	5	6	7	1	2	3	4	5	6	7
Arbeiter (auch Landarbeiter, Facharbeiter, nichtselbständige Handwerker und Auszubildende)	1	2	3	4	5	6	7	1	2	3	4	5	6	7

Angestellte (auch Auszubildende)	1	2	3	4	●	6	7	1	2	●	4	5	6	7
Beamte (auch Soldaten)	1	2	3	4	5	6	7	1	2	●	4	5	6	7
Selbständige und mithelfende Familienangehörige sowie freie Berufe	1	2	3	4	5	6	7	1	2	3	4	5	6	7

<u>Nichtberufstätige</u> (auch Arbeitslose, bei Rentnern frühere Berufsstellung, bei Arbeitslosen letzte Berufsstellung, bei Hausfrauen, Hausmännern, Schülern, Studenten usw. Berufsstellung des Ernährers/Hauptverdieners)

Landwirte	1	2	3	4	5	6	7	1	2	3	4	5	6	7
Arbeiter	1	●	3	4	5	6	7	1	2	3	4	5	6	7
Angestellte	1	2	3	4	5	6	7	1	●	3	4	5	6	7
Beamte	1	2	3	4	5	6	7	1	2	3	4	5	6	7
Selbständige und freie Berufe	1	2	3	4	5	6	7	1	2	3	4	5	6	7

Führen Sie GENAU EINS der 10 Interviews in einem Haushalt mit 5 und mehr Personen durch und GENAU EINS in einem Haushalt mit 1 Person

Anmerkung: Gültig sind die Zahlen vor dem Stempel. Wäre zum Beispiel in der Zeile „Arbeiter (Berufstätige) weiblich" die Zahl 3 gestempelt, so wären in jedem Fall zwei Arbeiterinnen zu befragen. Im Übrigen streichen Sie bitte die zutreffenden Angaben der Statistik nach jedem Interview ab, damit Sie gleich übersehen können, wie viele Interviews in der betreffenden Kategorie noch durchzuführen sind.

Maßgebend ist die Größe der gesamten Gemeinde, nicht die Größe von Ortsteilen oder eingemeindeten Vororten.

Quotenauswahlen besitzen jedoch einen wesentlichen Vorteil: Sie sind weniger aufwändig als Zufallsauswahlen und sie werden damit von den Erhebungsinstituten auch deutlich kostengünstiger angeboten. Angaben zufolge betragen diese Kostenvorteile 25 bis 100 Prozent. Dies schließt auch die Tatsache ein, dass mit diesem Verfahren – für Face-to-face Befragungen – relativ kurze Feldzeiten realisiert werden können. Als Wert wird hier eine Zeitersparnis von 40 Prozent angegeben (vergleiche Althoff 1997:25, Koolwijek 1974:84). Dem steht eine Reihe an Kritikpunkten gegenüber, die dazu geführt haben, dass Quotenauswahlen noch immer als umstritten gelten.

Der Haupteinwand ist die Tatsache, dass bei Quotenauswahlen für die einzelnen Elemente der Grundgesamtheit die Auswahlwahrscheinlichkeit nicht angebbar ist. Dies hat zur Folge, dass mathematisch-statistische Schätzverfahren, mit deren Hilfe man von der Struktur der Stichprobe auf Parameter der Grundgesamtheit schließen kann, nicht angewandt werden können. Berechnungen von Konfidenzintervallen sind nicht möglich.

Weiter kann man unterstellen, dass die Kontrolle der Interviewer bei Quotenauswahlen besonders schwierig ist. Bewusste Fälschungen sind leichter möglich als etwa bei Registerstichproben. Vorstellbar ist es beispielsweise, dass ein Interviewer ihm bekannte Personen anspricht und diese so instruiert, dass sie bei eventuellen Rückfragen des Erhebungsinstituts die erforderlichen Angaben beispielsweise zum Alter und zur Qualifikation machen.

Ein weiteres Problem, das im Zusammenhang mit Quotenauswahlen diskutiert wird, besteht darin, dass sich die Interviewer – ohne unbedingt gegen die ihnen vorgegebenen Regeln zu verstoßen – in ihrem Freundes- und Bekanntenkreis gut erreichbare und besonders befragungswillige Personen suchen, die sie dann um ein Interview bitten. Damit wären dann besonders kommunikationswillige, kontaktfreudige und in Netzwerken eingebundene Personen in der Stichprobe überrepräsentiert.

Schließlich müssen die den Interviewern vorgegebenen Quoten ein Mindestmaß an Relevanz für die zu untersuchende Problematik besitzen. Es ist naheliegend, dass es wenig sinnvoll ist, nach den oben gezeigten Kriterien eine Stichprobe zusammenzustellen, wenn etwa im Auftrag der Schuhindustrie in einer Studie die Entwicklung der Fußgrößen ermittelt werden soll.

Im Rahmen der Diskussion um die Leistungsfähigkeit der Quotenauswahl verweisen deren Protagonisten zunächst darauf, dass derartige Stichproben zu validen Ergebnissen führen. Besonders bekannt ist die bereits erwähnte Studie zu den amerikanischen Präsidentschaftswahlen von 1936 geworden, bei der eine Quotenauswahl es dem Gallup Institut ermöglichte, das richtige Ergebnis der Wahl vorherzusagen (vergleiche auch Abschnitt 5.1). Es gelingt auch heute, auf der Grundlage von Quotenauswahlen, besonders präzise Wahlprognosen zu treffen (vergleiche Schneller 1997:17).

Hier ist zu bedenken, dass gerade bei den Vorhersagen von Wahlentscheidungen ein immenser sozialwissenschaftlicher Erfahrungsvorrat existiert. Dieser ermöglicht es den jeweiligen Instituten, besonders ausgefeilte Quotenvorgaben zu erstellen. Damit ist ein Verweis auf eine erfolgreiche Wahlprognose noch kein all zu starkes Argument dafür, dass es auch möglich ist, bei weniger erkundeten Sachverhalten diese Technik erfolgreich zu implementieren.

Weiterhin lassen sich bei Quotenauswahlen keinerlei Angaben zur Response-Rate machen. Man weiß schließlich nicht, wie viele Personen die Interviewer angesprochen haben, um die ihnen vorgegebene Anzahl an Interviews zu realisieren.

Wählt man die Quotenvorgaben, nach denen die Interviewer die Zielperson zu suchen haben, so konkret, dass für die Interviewer nur ein relativ geringer Entscheidungsspielraum verbleibt, so nähert man sich dem Vorgehen bei einer Zufallsauswahl an. Schließlich werden die Interviewer auf diese Weise dazu gezwungen, von Haustür zu Haustür zu gehen und nach geeigneten Personen zu suchen.

Angesichts von Response-Raten, die beim ALLBUS um die 50 Prozent liegen (vergleiche Abschnitt 5.8), erscheint ein weiteres Argument für das kostengünstige Quoten-Design naheliegend. Schließlich beteiligen sich an Befragungen, die auf einer Zufallsauswahl beruhen, auch nur jene Personen, die prinzipiell befragungswillig sind. Letztendlich könnte man unterstellen, dass damit bei einer Quotenstichprobe ohnehin die gleichen Elemente wie bei einer Zufallsauswahl untersuchten werden.

5.7 Stichproben für spezielle Populationen und für qualitative Studien

In den Sozialwissenschaften sollen mitunter Aussagen über sehr spezielle Populationen getroffen werden. Dabei kann es sich um Drogennutzer, um allein erziehende Väter in einer bestimmten Altergruppe, um Glücksspieler an Automaten oder um Experten für ein seltenes Fachgebiet handeln. Für das Auffinden von Teilnehmern an solchen Untersuchungen mit zahlenmäßig kleinen und / oder schwer erreichbaren Personengruppen hat sich das *Schneeballverfahren* bewährt. Dieses gehört zur Gruppe der aufsteigenden (vergleiche van Meter 1990) Auswahlmethoden und setzt voraus, dass die betreffenden Personen über Netzwerke verbunden sind beziehungsweise sich zumindest kennen.

Das Vorgehen beim Schneeballverfahren sieht so aus, dass ein Teilnehmer (ein Element der Grundgesamtheit) die Erhebungsunterlagen ausfüllt und außerdem in seinem Bekanntenkreis weitere Fragebögen mit der Bitte um Beteiligung ausgibt. Möglich wäre auch, dass die betreffende Person quasi im Auftrag des jeweiligen Sozialforschers lediglich die Teilnahme vermittelt. Dabei würde sich dann die rekrutierte Zielperson selbst bei dem befragenden Institut melden.

Anwendbar ist dieses Design, wenn erstens kein Auswahlrahmen zur Verfügung steht, es also kein Verzeichnis gibt, in dem alle Elemente der Grundgesamtheit aufgeführt sind. Zweitens wird das Schneeballverfahren dann anzuwenden sein, wenn es sich um Zielpersonen handelt, die auch durch ein Screening nicht bestimmt werden können. Bei einem Screening wird im Rahmen einer allgemeinen Bevölkerungsumfrage – oder besser noch bei verschiedenen – nach den gesuchten speziellen Eigenschaften der Zielperson gefragt. So ließen sich unter Umständen allein erziehende Väter in der bestimmten Altersgruppe ausmachen. Liegen diese Eigenschaften vor, so kann eine entsprechende Erhebung stattfinden.

Sind die gesuchten Merkmalsausprägungen jedoch in der Allgemeinbevölkerung sehr selten beziehungsweise stellt eine entsprechende Abfrage die Umfragforschung vor größere Schwierigkeiten („Sind sie eventuell spielsüchtig?"), wird man eher auf eine Auswahl per Schneeballverfahren zurückgreifen. Auch Kostenargumente können für eine solche Entscheidung sprechen.

Die Frage nach der Verallgemeinerbarkeit der Ergebnisse einer Schneeballbefragung auf eine Grundgesamtheit ist im Prinzip negativ zu beantworten. Trotzdem vermag das Schneeballverfahren einen ersten Zugang zur interessierenden Untersuchungspopulation zu liefern. Auf den Versuch, mithilfe anspruchsvoller statistischer Verfahren (vergleiche Gabler 1992, Kish 1988) doch zu Schätzungen über Parameter der Population zu gelangen, soll an dieser Stelle nur verwiesen werden. Dabei wird davon ausgegangen, dass die Verallgemeinerbarkeit der Ergebnisse abhängt erstens von der Struktur des Netzwerkes und zweitens von der Auswahl der Initialstichprobe, über welche die Zielpersonen rekrutiert werden.

Gabler (1992) beziehungsweise Biernacki und Waldorf (1981) nennen verschiedene Probleme des Schneeballverfahrens. So dürften beispielsweise Personen, die in ihren Netzwerken relativ isoliert sind, in den Stichproben unterrepräsentiert sein. Besonders anspruchsvoll und folgenreich ist beim Schneeballverfahren das Auffinden einer Initialstichprobe, mit der die Erhebung beginnt. Weiter ist es erforderlich, die Auswahlfähigkeit beziehungsweise die Geeignetheit der neu gemeldeten Zielpersonen zu überprüfen und damit bereits befragte Personen beziehungsweise gegebenenfalls Honorarjäger zu identifizieren.

Eine wichtige Voraussetzung für das Gelingen der Auswahl ist weiterhin die Schaffung von Vertrauen bei den beteiligten Personen. Es besteht in besonderer Weise die Notwendigkeit, bei der Befragung einen vertauenswürdigen Eindruck zu hinterlassen. Schließlich machen sich die Teilnehmer an der Befragung bei der Weiterleitung des Anliegens zu Helfern des Untersuchungsleiters.

Auf eine andere Möglichkeit für die Befragung spezieller Populationen wurde bereits bei der Vorstellung der Auswahlverfahren bei Access-Panels verwiesen. Auch hier können, ein genügend großer Pool an Personen vorausgesetzt, punktgenau entsprechende Stichproben zusammengestellt werden.

Qualitative Studien kommen ebenfalls nicht ohne Prinzipien aus, nach denen die Zielpersonen bestimmt werden (vergleiche auch Abschnitt 3.8). Verschiedene Vorgehensweisen haben sich etabliert:

Theoretisches Sampling
Die Grounded Theory (vergleiche zum Beispiel Glaser/Strauss 1979, Strauss/Corbin 1996) – ein die qualitativen Forschungen leitender Ansatz – sieht vor, die zu untersuchenden Fälle gezielt so auszuwählen, dass sie das Wissen über den Untersuchungsgegenstand systematisch erweitern. Es handelt sich um ein iteratives Vorgehen bei dem zunächst eine oder nur wenige Untersuchungseinheiten analysiert werden. Auf der Grundlage der so gewonnenen Ergebnisse wird dann nach weiteren Fällen gesucht, die geeignet sein könnten, die bisherigen Befunde zu bestätigen oder sie zu modifizieren. Diese Strategie wird mit dem Begriff Theoretical Sampling bezeichnet.

Auswahl typischer Fälle
Bei der Auswahl typischer Fälle handelt es sich um eine Form einer bewussten Auswahl. Es wird dabei gezielt versucht, besonders charakteristische Fälle zu rekrutieren. Dies setzt erstens Wissen über die Beschaffenheit der Grundgesamtheit beziehungsweise über die zu bearbeitende Problemstellung voraus. Nur wenn klar ist, was überhaupt ein typischer Fall ist, kann dieser auch ausgewählt werden. Zweitens ist anzunehmen, dass bestimmte Fälle nur jeweils in ganz bestimmter Hinsicht als typisch zu bezeichnen sein dürften. Damit ist dieses Verfahren mit zahlreichen Problemen verbunden.

Auswahl nach dem Konzentrationsprinzip
Hier werden solche – gewichtigen – Fälle ausgesucht, die aufgrund bestimmter Merkmale, über die sie verfügen, die Verteilung in der Grundgesamtheit bestimmen. Auch diese Auswahl setzt Wissen über die Grundgesamtheit voraus. Beispielsweise könnte es darum gehen, die Gewaltbereitschaft unter Jugendlichen zu erforschen. Wenn man weiß, dass diese Bereitschaft nur bei einem ganz bestimmten (kleinen) Teil der Population zutrifft und man weiter darüber informiert ist, dass es sich um Personen in einem bestimmten Alter, mit einer bestimmten Herkunft und mit einem bestimmten Geschlecht handelt, so wäre eine entsprechende Auswahl denkbar. Ähnlich wie die Auswahl typischer Fälle eignet sich dieser Ansatz aber nur für ganz bestimmte Problemstellungen.

5.8 Das Nonresponse-Problem und die Möglichkeiten von Gewichtungen

5.8.1 Nonresponse

Unter Nonresponse versteht man erstens den Ausfall eines Elements der Stichprobe, beispielsweise einer zu befragenden Person. Für einen solchen Ausfall wird auch die Bezeichnung Unit-Nonresponse benutzt. Zweitens meint Nonresponse auch das Fehlen einzelner

Angaben über eine ausgewählte Einheit. Für diesen Sachverhalt ist der Begriff Item-Nonresponse gebräuchlich. Diese Form des Nonresponse tritt relativ häufig im Rahmen der Abfrage des Einkommens auf.

Die Situation in der Sozialforschung ist eine andere als beispielsweise in einer Abteilung Gütekontrolle, die ebenfalls Stichproben nutzt, um die Qualität eines hergestellten Massenartikels zu ermitteln. Mit einer bestimmten Prozedur werden dabei aus den beispielsweise während einer Tagesproduktion erzeugten Produkten zufällig die zu überprüfenden ausgewählt. Nun sollte es für den Betrieb kein Problem darstellen, auch genau diese Erzeugnisse einer Qualitätsprüfung zu unterziehen. Anders sieht es in der Empirischen Sozialforschung aus. Hier mögen zwar die zu befragenden Personen aufgrund eines theoretisch gut fundierten Auswahlverfahrens ermittelt worden sein, damit ist aber noch nicht garantiert, dass sich diese Personen schließlich auch an der Befragung beteiligen. Zahlreiche Gründe können dazu führen, dass die zu untersuchenden Elemente einer Stichprobe sich der Untersuchung am Ende entziehen. Weiterhin kann nicht garantiert werden, dass von jedem Element auch alle gewünschten Informationen ermittelt werden können.

In Tabelle 5.8.1 wird eine Statistik gezeigt, die ausweist, mit welchem Ergebnis die ursprünglich knapp 30.000 generierten Telefonnummern bearbeitet worden sind. Es handelt sich um die Studie (vergleiche Abschnitt 3.3) zur Einstellung der Bevölkerung gegenüber Notwehr, die im Rahmen einer telefonischen Befragung erhoben wurde. Insgesamt beträgt die Ausschöpfung in der genannten Studie 54 Prozent.

Aus der Zusammenstellung in Tabelle 5.8.1 werden verschiedene Aspekte der Feldarbeit deutlich. Zunächst wird zwischen neutralen und systematischen Ausfällen unterschieden. Neutrale Ausfälle beeinflussen die Qualität einer Stichprobe im Prinzip nicht – lediglich das Vertrauensintervall bei der Parameterschätzung wird durch den geringeren Stichprobenumfang negativ beeinflusst. Wie zu sehen, handelt es sich beispielsweise um einen neutralen Ausfall, wenn der telefonisch kontaktierte Haushalt nicht zur Grundgesamtheit gehört. Dagegen zeichnen sich systematische Ausfälle dadurch aus, dass sie die Qualität der Stichprobe beeinträchtigen können. Hier sind insbesondere nicht erreichte Haushalte beziehungsweise Personen sowie Verweigerungen durch die Kontaktperson beziehungsweise durch die Zielperson zu nennen. Die Unterscheidung zwischen Zielperson und Kontaktperson ergibt sich wie folgt: Derjenige, der sich zunächst am Telefon meldet, wird als Kontaktperson bezeichnet wird. Die Kontaktperson gibt dem Interviewer eine Information, die dieser zur Ermittlung der zu befragenden Person benötigt. Die Zielperson wird dann unter den Mitgliedern des betreffenden Haushaltes zufällig ermittelt.

Tabelle 5.8.1: Feldbericht zur Dresdner Notwehrstudie 2001, erhoben und erstellt von der USUMA GmbH, Berlin[12]

	Ausfälle			
	qualitätsneutral		Systematisch	
	n	Prozent	n	Prozent
Brutto-/ Netto-Stichprobe	29.875	100	6.376	100
Falsche Telefonnummer: kein Anschluss	14.509	48.6		
Falsche Telefonnummer: Computer, Fax	1.066	3.6		
Falsche Telefonnummer: Nicht identifizierbar	234	0.8		
Besetzt	126	0.4	3	0.1
Nicht erreicht: Freizeichen	2.876	9.6	71	1.1
Nicht erreicht: Anrufbeantworter	956	3.2	24	0.4
Kontaktperson Wiederanruf möglich	198	0.7	5	0.1
Kontaktperson unbestimmte Terminvereinbarung	161	0.5	4	0.1
Zielperson bestimmte Terminvereinbarung	23	0.1	1	0.0
Zielperson Wiederanruf möglich	31	0.1	1	0.0
Zielperson in Feldzeit nicht anwesend	908	3.0		
Anschluss gehört nicht zur Stichprobe	1.687	5.7		
Kontaktperson verweigert			500	7.8
Zielperson verweigert			382	6.0
Absolute Verweigerung			1	0.0
Verständnisprobleme	724	2.4		
Abbruch ohne Terminvereinbarung			21	0.3
Abbruch mit Terminvereinbarung			0	0,0
Interview nicht auswertbar / Quote erfüllt			1.900	29.8
Qualitätsneutrale Ausfälle / Interviews	23.499	78.7	3.463	54.3
Interviews in der Zielgruppe			3.463	54.3

Aus der Zusammenstellung in Tabelle 5.8.1 werden verschiedene Aspekte der Feldarbeit deutlich. Zunächst wird zwischen neutralen und systematischen Ausfällen unterschieden. Neutrale Ausfälle beeinflussen die Qualität einer Stichprobe im Prinzip nicht – lediglich das Vertrauensintervall bei der Parameterschätzung wird durch den geringeren Stichprobenumfang negativ beeinflusst. Wie zu sehen, handelt es sich beispielsweise um einen neutralen Ausfall, wenn der telefonisch kontaktierte Haushalt nicht zur Grundgesamtheit gehört. Dagegen zeichnen sich systematische Ausfälle dadurch aus, dass sie die Qualität der Stichprobe beeinträchtigen können. Hier sind insbesondere nicht erreichte Haushalte bezie-

12 Für die Zusammenstellung der Ausfälle im Rahmen der Feldarbeit existiert keine verbindliche Systematik. Hier folgt jedes Institut eigenen Regeln (vergleiche Schnell 1997). Auch kann die erfolgte Zuordnung zu neutralen beziehungsweise systematischen Ausfällen weiter diskutiert werden.

hungsweise Personen sowie Verweigerungen durch die Kontaktperson beziehungsweise durch die Zielperson zu nennen. Die Unterscheidung zwischen Zielperson und Kontaktperson ergibt sich wie folgt: Derjenige, der sich zunächst am Telefon meldet, wird als Kontaktperson bezeichnet wird. Die Kontaktperson gibt dem Interviewer eine Information, die dieser zur Ermittlung der zu befragenden Person benötigt. Die Zielperson wird dann unter den Mitgliedern des betreffenden Haushaltes zufällig ermittelt.

Es hat sich bei Umfrageforschern eine Unterscheidung von drei Arten des Nonresponse durchgesetzt (vergleiche Groves et al. 2004:170). Diese Differenzierung bezieht sich auf die Form des Nicht-Zustandekommens eines Interviews: erstens Personen, die nicht erreichbar sind, zweitens Personen, die ihre Teilnahme an der Studie verweigern und drittens Personen, die aufgrund unterschiedlicher Dispositionen, zum Beispiel wegen einer Krankheit, nicht dazu in der Lage sind, sich an der Umfrage zu beteiligen.

Nonresponse wäre kein Problem für die Umfrageforschung, wenn man annehmen könnte, dass Verweigerungen beziehungsweise Ausfälle zufällig zustande kommen würden. Dann bestünden zwischen der kooperativen Population auf der einen Seite und den Nichterreichten, den Verweigerern und den nicht für eine Befragung tauglichen Personen auf der anderen Seite keinerlei Unterschiede. Eine solche Annahme erscheint freilich nicht zuletzt aufgrund verschiedener Erfahrungen der Umfrageforscher als nicht haltbar. So hat sich herausgestellt, dass bestimmte soziale Gruppen in den Stichproben der Sozialforscher systematisch unterrepräsentiert sind. Dazu zählen Personen, die kein Interesse an der Umfrageforschung haben beziehungsweise deren Sinn nicht zu erkennen vermögen. Dies trifft zum Beispiel auf Menschen mit geringerer Bildung zu. Aber auch die Furcht vor einer Viktimisierung kann zur Verweigerung der Teilnahme führen. Dieses Motiv spielt vor allem bei älteren Mitbürgern eine Rolle. Zur Gruppe der Nichterreichbaren zählen wiederum beruflich besonders engagierte Menschen. Die Teilnamesituation gleicht daher in gewisser Weise einem Blindflug, bei dem der Besatzung des Flugzeuges die eigene Position weitgehend unklar ist.

Eine ganze Reihe Autoren, unter ihnen Schnell (1997), Dillman (2000), Stoop (2005), De Leeuw (1999), Groves/Couper (1998), Kalton (1983), Esser (1986b) sowie Koch und Porst (1998) haben sich mit dem Nonresponse-Problem weiter beschäftigt und dazu Erfahrungen publiziert. Im Ergebnis liegen theoretische Ansätze vor, deren Ziel die Erklärung der Teilnahmebereitschaft beziehungsweise der Verweigerung der Teilnahme an Umfragen ist. Auf diese Ansätze wird weiter hinten (vergleiche Abschnitt 6.1.2) näher eingegangen werden. An dieser Stelle soll auf Strategien verwiesen werden, die entwickelt wurden, um den Unit-Nonresponse einzudämmen.

Abbildung 5.8.2: Modell zur Erklärung der Nichterreichbarkeit eines Haushalts der Stichprobe, nach Groves et al. (2004:170)

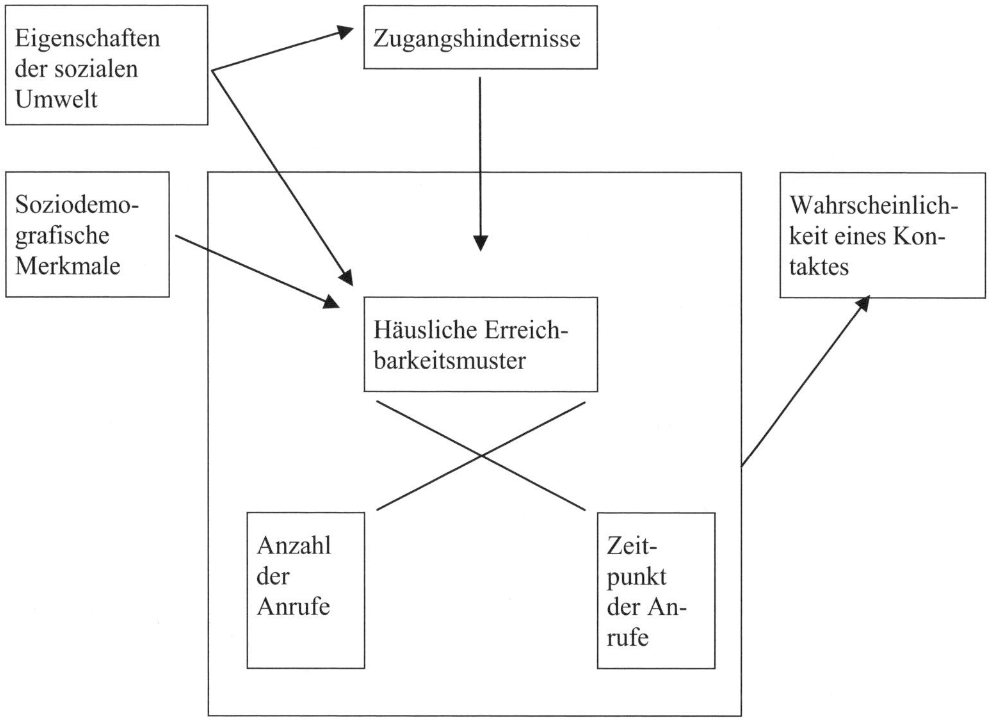

Die Sozialforschung verfügt über verschiedene Strategien, um die Quote der Nichtbeteiligung bei Umfragen einzudämmen. Das Ziel, eine 100-prozentige Beteiligung zu erreichen, ist bei allgemeinen Bevölkerungsbefragungen jedoch unrealistisch. Angestrebt werden mitunter 70 Prozent (vergleiche ESS), realisiert werden dann etwa 40 Prozent (wie beim ALLBUS 2006). Auf die folgenden Strategien soll verwiesen werden:

- Die Vergabe von Anreizen, den sogenannten Incentives, an die Teilnehmer kann die Response-Rate erhöhen. Es kann es sich sowohl um finanzielle Anreize als auch um Dinge wie Lotterielose, Gutscheine, Kalender, Warenproben und Ähnliches handeln.
- Die Veranstaltung der Befragung sollte von Institutionen, die in der Öffentlichkeit einen hohen Bekanntheitsgrad besitzen und die zugleich über ein besonders positives Image verfügen, vorgenommen werden. Dies trifft in der Regel beispielsweise für Meinungsforschungsinstitute und für Universitäten zu.
- Für eine positive Entscheidung über die Teilnahme an einer Befragung spielt auch deren Thematik eine wesentliche Rolle. Gerade bei telefonischen Umfragen, bei denen in den ersten Minuten beziehungsweise Sekunden die Entscheidung über Teilnahme oder Abbruch fällt (vergleiche auch Abschnitt 6.1.3), sollten die Teilnahmebereitschaft stimulierende Fragen am Anfang stehen.

- Soweit es das Design der Erhebung zulässt, sollten vor der eigentlichen Befragung Ankündigungen erfolgen. Dies kann bei persönlich-mündlichen Befragungen postalisch oder auch telefonisch erfolgen.
- Die Sozialforschung verfügt über unterschiedliche Strategien, um Befragungen durchzuführen. Zu nennen sind postalische und telefonische Befragungen, persönlich-mündliche Interviews im Haushalt der Zielperson und über das Internet online geführte Befragungen. Verschiedene Menschen werden diese Formen jeweils für unterschiedlich sympathisch halten. So liegt die Idee nahe, die Zielpersonen selbst wählen zu lassen, in welcher Form sie an der Befragung teilnehmen möchten. Hier handelt es sich dann um die Mixed-Mode-Designs.
- Bei persönlich-mündlichen Befragungen vermag der Interviewer einen beträchtlichen Einfluss auf die Teilnahmemotivation auszuüben. Auch Interviewer bei Telefonbefragungen haben noch einen gewissen Spielraum, um die Zielperson zur Teilnahme zu motivieren. Damit können intensive Interviewerschulungen einen Beitrag zur Senkung des Nonresponse leisten.
- Um den Anteil derjenigen – zumeist mobilen – Personen zu verringern, die von den Interviewern nicht angetroffen werden, kann die Erhöhung der Zahl der Kontaktversuche sowie die Variation der Kontaktzeiten einen Erfolg bringen.
- Bei postalischen Befragungen (vergleiche auch Abschnitt 6.1.3) kommen Nachfassbeziehungsweise Erinnerungsaktionen zum Einsatz, um die Anzahl der noch ausstehenden Fragebögen zu verringern.
- Wenn trotz entsprechender Bemühungen die Response-Rate unbefriedigend bleibt und durch die Antwortausfälle mit einer systematischen Verzerrung zu rechnen ist, dann wird teilweise versucht, mithilfe der Gewichtung der Datensätze eine Verbesserung der Qualität der Erhebung zu erreichen. Dieses Instrument wird im Folgenden behandelt.

5.8.2 Die Gewichtung von Stichproben

Wie dargestellt, ist Nonresponse in der Sozialforschung eine mehr oder weniger ärgerliche Tatsache, die die Qualität der Stichprobe verringert, sich jedoch nicht völlig vermeiden lässt. Eine Strategie, um die Ausfälle zu kompensieren, stellen Gewichtungen dar.

In Programmpaketen für die statistische Datenanalyse, wie sie von den Sozialwissenschaftlern benutzt werden, sind Gewichtungsprozeduren relativ einfach implementierbar (für SPSS vergleiche zum Beispiel Wittenberg/Cramer 2000:95). Diese sollen dazu dienen, die Verteilungen bestimmter Merkmale in den Stichproben den bekannten Verteilungen von Merkmalen der Grundgesamtheit, wie zum Beispiel Alter und Geschlecht, anzupassen. Hier soll geklärt werden, was man unter Gewichtungen zu verstehen hat. Danach werden verschiedene Strategien zur Gewichtung von Stichproben am Beispiel diskutiert.

Einmal angenommen, ein Sozialwissenschaftler interessiert sich dafür, wie hoch das Einkommen in einer bestimmten Population ist. Um dies zu ermitteln, wird eine Zufallsstichprobe aus dieser Population gezogen und die Zielpersonen werden nach ihrem Einkommen befragt. Nach einer ersten Analyse stellt man nun aber fest, dass – aus welchen Gründen auch immer – in der realisierten Stichprobe der Anteil der Frauen größer ist als der in der Grundgesamtheit. Ein Grund dafür kann sein, dass beispielsweise mehr Frauen als

Männer dazu bereit waren, sich befragen zu lassen. (Die Erkenntnis, dass in der Stichprobe bestimmte Verteilungen – hier das Geschlecht – anders ausgeprägt sind als in der Grundgesamtheit setzt natürlich voraus, dass letztere dem Sozialwissenschaftler bekannt sind.) Weiter soll angenommen werden, dass es eine Theorie oder zumindest eine begründete Vermutung darüber gibt, in welchem Zusammenhang der interessierende Parameter in der Grundgesamtheit (das mittlere Einkommen) und das Strukturmerkmal der Stichprobe (das Geschlecht) stehen. So dürfte zwischen dem Einkommen auf der einen Seite und der Geschlechterproportion auf der anderen Seite ein Zusammenhang derart bestehen, dass Frauen vermutlich weniger verdienen als Männer. Nun ist zu schlussfolgern, dass die Einkommenshöhe, die aufgrund der Stichprobe geschätzt wird, geringer ist als die tatsächliche in der Grundgesamtheit – schließlich fehlt es an besser verdienenden Männern. Ausgestattet mit diesem Wissen wäre es nun möglich, ein Modell für die Schätzung aufzustellen, die Stichprobe also zu gewichten, um diesen Fehler zu beheben.

Für eine solche einfache Form der Gewichtung wird die in der Stichprobe ermittelte Verteilung (die Geschlechterproportion) derjenigen aus der Population gegenüber gestellt (Soll-Ist-Gewichtung, vergleiche Rösch 1994). Auf diese Weise wird ein Quotient ermittelt, der für die Gewichtung herangezogen wird. Dieser Gewichtungsfaktor wäre genau 1, wenn das Verhältnis zwischen dem Anteil der Männer in der Stichprobe und dem Anteil der Männer in der Population identisch ist. Er wird größer als 1 sein, wenn in der Stichprobe zu wenig Elemente mit einer bestimmten Ausprägung enthalten sind. Üblich ist es, die Gewichte auf die Fallzahl zu normieren. In unserem Fall werden für die Männer Werte größer als 1 vorliegen. Entsprechend wird der Wert für Frauen kleiner als 1 sein, da ihr Anteil in der Stichprobe größer ist als in der Grundgesamtheit. Dieser Wert wäre dann der Gewichtungsfaktor. Nun wird bei der Datenanalyse das Einkommen der Männer und das der Frauen mit dem jeweiligen Gewichtungsfaktor multipliziert und so – wenn das Modell die Wirklichkeit gut abbildet – das mittlere Einkommen besser geschätzt als ohne diese Korrektur.

Bei dieser Gedankenkette sind zahlreiche Annahmen gemacht worden. Zunächst wird unterstellt, dass die Verteilung in der Population (hier die Geschlechtsstruktur) dem Forscher bekannt ist[13]. Weiter wird angenommen, dass es einen bekannten Zusammenhang zwischen dem Geschlecht und dem Einkommen gibt. Dies ist plausibel, muss aber nicht zwangsläufig so sein. Wären diese Annahmen falsch, so könnte eine Gewichtung den Schätzer nicht verbessern.

In der Umfrageforschung werden nun verschiedene Gewichtungsprozeduren unterschieden. Auf die folgenden zwei ist zu verweisen:

Designgewichtungen

Beim F2F-Design des ADM (vergleiche Abschnitt 5.2.2) für persönlich-mündliche Befragungen erfolgt im letzten Auswahlschritt eine zufällige Ermittlung der Zielperson innerhalb des zuvor ausgesuchten Zielhaushaltes. Dabei entstehen Unterschiede in den Auswahlwahrscheinlichkeiten. So hat eine Person, die in einem Einpersonenhaushalt lebt auf dieser

13 In der Praxis der Umfrageforschung werden hier zumeist die Ergebnisse des Mikrozensus benutzt. Für diese Erhebung besteht auf Seiten der Zielpersonen eine Auskunftspflicht, sodass hier das Nonresponse-Problem nur begrenzt auftritt.

Auswahlstufe eine andere Auswahlchance als eine in einem größeren Haushalt lebende Person. Man muss also damit rechnen, dass Personen, die in kleineren Haushalten leben, stärker in der Stichprobe vertreten sein werden als es ihrem Anteil in der Grundgesamtheit entspricht. Um diese unterschiedlichen Auswahlwahrscheinlichkeiten auszugleichen, kann mithilfe der Inversen der Haushaltsgröße ein entsprechender Gewichtungsfaktor errechnet werden.

Ein anderes Beispiel liefert die Dresdner Notwehr-Befragung 2001. Das Anliegen dieser Studie wurde (vergleiche Abschnitt 3.3) bereits näher vorgestellt. Eine Fragestellung betraf die individuellen Erfahrungen der befragten Personen mit Notwehr. So sollte von ihnen unter anderem berichtet werden, ob sie selbst bereits einmal in der Situation waren, sich mit Gewalt gegen einen Angreifer zur Wehr setzen zu müssen.

Nun wurde für diese Untersuchung ein disproportionales Stichprobendesign benutzt. Dieses war so angelegt, dass in Ostdeutschland mehr Personen befragt wurden als dies dem Anteil an der Bevölkerung in der Bundesrepublik entspräche. Die ostdeutsche Bevölkerung (und demzufolge auch die westdeutsche) wurden also nicht entsprechend ihrer Anteile an der Bevölkerung in Gesamtdeutschland einbezogen, sondern es erfolgte eine überproportionale Berücksichtigung eines bestimmten Personenkreises. Eine solche Technik wird auch als Oversampling bezeichnet. Dieses Oversampling ist dadurch begründet, dass es aus sozialwissenschaftlicher Sicht interessant ist, Vergleiche zwischen West- und Ostdeutschland anzustellen. Um dies auch für kleinere Subpopulationen sinnvoll tun zu können, sollte eine bestimmte, relativ große Zahl von Ostdeutschen und Westdeutschen in der Stichprobe vertreten sein. Geht es aber darum, einen Parameter der Gesamtheit der Deutschen zu schätzen, so ist es selbstverständlich notwendig, dieses Oversampling mithilfe eines entsprechenden Gewichtungsfaktors wieder zu korrigieren, sonst würden die Ostdeutschen aufgrund ihrer Überrepräsentanz das Ergebnis verzerren Die folgenden Tabellen 5.8.3 und 5.8.4 zeigen die entsprechenden Zahlen.

Tabelle 5.8.3 Die Ost-West-Gewichtung der Dresdner Notwehrstudie 2001 mithilfe des: Mikrozensus 1997

	Mikrozensus 1997[14]			Dresdner Notwehrstudie 2001		
	West (N_W)	Ost (N_O)	Gesamt (N)	West (n_W)	Ost (n_O)	Gesamt (n)
Personen in Privathaushalten, 18 Jahre und älter	332.023	76.635	408.658	2.450	1.013	3.463

14 Die Daten des Mikrozensus stammen aus Koch/Wasmer/Harkness/Scholz (2001:52).

Nach Gabler (1994:78) lassen sich die Gewichtungsfaktoren wie folgt berechnen:

Für die westdeutschen Befragten:

Gewichtungsfaktor (west) $= n / n_w * N_w / N$
$= 3.463 / 2.450 * 332.023 / 408.658$
$= 1.148$

Für die ostdeutschen Befragten:

Gewichtungsfaktor (ost) $= n / n_o * N_o / N$
$= 3.463 / 1.013 * 76.635 / 408.658$
$= 0.641$

Zu den Angaben von jedem Befragten wurde dieser Gewichtungsfaktor als eine zusätzliche Variable im Datensatz hinzugespielt.

Nun kann demonstriert werden (vergleiche Tabelle 5.8.4), ob es einen Unterschied ausmacht, wenn man die Daten der Dresdner Notwehrstudie 2001 gewichtet. Dazu wird die oben bereits angesprochene Fragestellung verwendet.

Tabelle 5.8.4: Antworten auf die Frage „Waren Sie bereits einmal in einer Situation, in der Sie sich selbst gegen einen Angreifer verteidigt haben?“ (Dresdner Notwehrstudie 2001)

		ungewichtet		gewichtetet	
		Häufigkeit	Prozent	Häufigkeit	Prozent
Gültig	Ja	940	27	930	27
	Nein	2.520	73	2.530	73
	Gesamt	3.460	100	3.460	100
Fehlend		3		3	
Gesamt		3.463		3.463	

Wie zu sehen ist, verändert die Benutzung der Gewichtungsvariable die Randverteilungen der betrachteten Variable kaum. Dies ist einerseits bemerkenswert, da die ungewichtete Stichprobe eine deutliche Verschiebung der Anteile von Befragten in Ost- und Westdeutschland gegenüber der tatsächlichen Proportion aufweist. Andererseits zeigt sich auf diese Weise, dass es bei der Beantwortung der hier betrachteten Frage relativ bedeutungslos ist, ob die Zielperson aus Ost- oder Westdeutschland stammt. Trotzdem sollten Designgewichtungen prinzipiell vorgenommen werden, da sie theoretisch korrektere Schätzungen sind. Voraussetzung dafür ist allerdings, dass die Auswahlwahrscheinlichkeit für jedes Element der Stichprobe bekannt und dokumentiert ist.

Redressment

Während bei der Designgewichtung jene Verzerrungen neutralisiert werden, die aufgrund des gewählten Stichprobendesigns – etwa in der dritten Auswahlstufe des ADM-Designs oder bei disproportionalen Stichprobenansätzen – zustande gekommen sind, sollen beim Redressment Verzerrungen der Stichprobe, die beispielsweise aufgrund von Verweigerungen und Ausfällen erzeugt wurden, wieder behoben werden. Das Vorgehen ist ansonsten prinzipiell dasselbe wie bei einer Designgewichtung. Zu selten in der Stichprobe vorhandene Fälle werden auf- und zu häufig vertretene Fälle werden heruntergewichtet. Um ein Redressment einsetzen zu können sind verschiedene Voraussetzungen zu beachten:

1. Die in der Grundgesamtheit vorliegende Verteilung muss bei allen relevanten Variablen bekannt sein. Einmal angenommen, solche relevanten Merkmale wären die Bildung und das Geschlecht, so müsste man für jede Bildungsstufe und für jedes Geschlecht wissen, wie stark es in der Grundgesamtheit vertreten ist.
2. Es muss bekannt sein, dass ein Zusammenhang besteht zwischen der abhängigen Variablen auf der einen Seite und denjenigen Variablen, die für die Gewichtung herangezogen werden auf der anderen Seite, der zu modellieren ist. Man muss also sagen können, welche die hier bei 1. genannten „relevanten Variablen" überhaupt sind. Wäre die abhängige Variable beispielsweise die Wahlentscheidung und man würde die Stichprobe aufgrund der Blutgruppen gewichten, so wäre ein Erfolg dieser Aktion zumindest fraglich. In der Praxis werden als Grundlage für die Berechnung der Gewichtungsfaktoren Informationen vor allem aus dem Mikrozensus (vergleiche Abschnitt 6.1.4) herangezogen. Interessenten finden solche für Gewichtungen erforderliche Angaben auch in der gemeinsam von GESIS Mannheim und dem Statistischen Bundesamt ausgearbeiteten Standard-Demografie[15]. Hier kann man anhand ausgewählter Indikatoren die in einer Stichprobe realisierte Verteilung mit der vom Mikrozensus ermittelten vergleichen. Teilweise liefern die Erhebungsinstitute die entsprechenden Gewichtungsfaktoren für das Redressment an ihre Auftraggeber mit aus.
3. Um gewichten zu können, darf eine realisierte Stichprobe nicht zu stark verzerrt sein. Wie ausgeführt, wird infolge der Gewichtung die Bedeutung bestimmter Fälle erhöht, nämlich jener, die zu selten in der Stichprobe vertreten sind. Nun ist leicht einsehbar, dass es hier Grenzen gibt. So werden unter Umständen aufgrund nur relativ weniger Fälle, die in einer Stichprobe angetroffen werden, zahlreiche andere konstruiert.

Redressment-Gewichtungen sind aufgrund dieser Voraussetzungen nicht unumstritten (vergleiche für eine umfassendere Darstellung Gabler et al. 1994). Wie oben angesprochen, kann eine solche Gewichtungsprozedur zwar prinzipiell hilfreich sein, dies ist aber nicht zwangsläufig so. Hilfreich sind Gewichtungen vor allem dann, wenn bekannt ist, dass die gesuchten Parameter in einem Zusammenhang mit den durch die Gewichtung korrigierten Variablen stehen. Dies ist vorstellbar, wenn man beispielsweise an Wahlprognosen denkt. Hier liegt eine ganze Reihe an Untersuchungen vor, die sich dann am tatsächlichen Wahlergebnis evaluieren lassen. Auch sprechen die teilweise präzisen Vorhersagen von Wahlresultaten für dieses Vorgehen. Anders sieht die Situation jedoch aus, wenn solches Wissen nicht oder nicht ausreichend zur Verfügung steht. In solchen Fällen ist von der Nutzung der Gewichtungsprozedur abzuraten.

Eine besondere Form stellen die Gewichtungen aufgrund der sogenannten Recallfrage dar. Die Recallfrage richtet sich auf die letzte Wahlentscheidung der Zielperson. Im ALL-

15 Vergleiche: http://www.gesis.org/dienstleistungen/tools-standards/?0= zuletzt besucht am 08.04.2009.

BUS 2002 wurde dazu wie folgt gefragt[16]: (Interessant ist bei der Darstellung der Frage auch, welche logischen Kontrollen beziehungsweise Filter in die computerunterstützte Erhebung eingebaut worden sind, um eine hohe Qualität der Daten zu gewährleisten. Vergleiche dazu auch den Abschnitt 6.1.3.)

Die letzte Bundestagswahl war am 27. September 1998. Waren Sie bei dieser Wahl wahlberechtigt?

1: Ja weiter Frage #S75
2: Nein weiter Frage #ID_K

9: Keine Angabe weiter Frage #S75

BEDINGUNG: #S74 Code 02 und Geburtsdatum ZP liegt vor September 1980 und #13 Code 01.

Sie haben angegeben, dass Sie bei der letzten Bundestagswahl am 27. September 1998 nicht wahlberechtigt waren. Ist diese Angabe korrekt?
1: Nein, war wahlberechtigt, Angabe korrigieren weiter Frage #S74
2: Ja, Angabe korrekt, war nicht wahlberechtigt

Haben Sie gewählt?
1: Ja weiter Frage #S76
2: Nein weiter Frage #ID_K

9: Keine Angabe weiter Frage #ID_K

Welche Partei haben Sie mit Ihrer Zweitstimme gewählt?
INT: Bei Rückfragen: Zweitstimme ist die Parteienstimme!
01: CDU bzw. CSU
02: SPD
03: FDP
04: Bündnis 90/ Die Grünen
05: Die Republikaner
06: PDS
07: Andere Partei

08: keine Zweitstimme abgegeben
97: Angabe verweigert
98: Weiß nicht mehr

Man kann das Ergebnis dieser Recallfrage dem tatsächlich bei den letzten Wahlen erzielten Resultat gegenüber stellen. Dieser Quotient wird dann zur Gewichtung des Datensatzes herangezogen. Sinnvoll dürfte ein solches Vorgehen sein, wenn man den Zielpersonen auch noch die Sonntagsfrage nach einer möglichen anstehenden Wahlentscheidung stellt. Die Ergebnisse dieser Sonntagsfrage werden dann mithilfe des Gewichtungsfaktors korrigiert, das heißt, aufgrund der Ergebnisse der Recallfrage verändert. Die Idee ist dabei, dass beispielsweise eine Unterschätzung der vorangegangenen Wahlentscheidung für eine bestimmte Partei auch eine Unterschätzung für die prospektive Wahlentscheidung bedeutete. Stimmt eine solche Annahme, so würde dann das Ergebnis verbessert werden. Die Gewich-

---

16 Vergleiche: http://isysweb.za.uni-koeln.de/isysnative/RjpcaHRkb2NzXHNob3J0Y3V0LnBkZlxhbGxiX2ZiXHphMzcwMGZiLnBkZg==/za3700fb.pdf#xml=http://isysweb.za.uni-koeln.de/isysquery/irla2d1/5/hilite zuletzt besucht am 08.04.2009.

tung nach der Recallfrage unterstellt damit einen bestimmten empirischen Zusammenhang und funktioniert nur, wenn dieser ausreichend abgesichert ist.

Zusammenfassend bleibt festzustellen, dass Gewichtungen in der Umfragepraxis prinzipiell eine positive Rolle zu spielen vermögen. Sie *können* die Qualität einer Stichprobe verbessern. Dies gilt jedoch nur unter den zahlreichen hier vorgestellten Voraussetzungen. Wichtig erscheint abschließend der Verweis darauf, dass Auswertungen, die aufgrund eines gewichteten Datensatzes vorgenommen werden, dies unbedingt entsprechend dokumentieren sollten. Nur so werden ein Nachvollziehen der Berechnungen und damit eine wissenschaftlich legitimierte Auswertung ermöglicht. Als weiterführende Literatur wird Gabler (2004) empfohlen.

6 Erhebungsmethoden

In diesem Kapitel werden die drei in der Empirischen Sozialforschung zur Datenerhebung genutzten Methoden behandelt. Neben der Befragung sind dies die Beobachtung und die Inhaltsanalyse. Die Darstellung bemüht sich darum, neben den theoretischen Grundlagen dieser Methoden und der Variantenvielfalt, auch deren Anwendung beispielhaft aufzuzeigen.

6.1 Befragungen

6.1.1 Klassifikationsmöglichkeiten

Sozialwissenschaftliche Befragungen sind eine auf einer systematisch gesteuerten Kommunikation zwischen Personen beruhende Erhebungsmethode. Das persönlich-mündliche Interview, bei dem ein Interviewer einer anderen Person gegenüber sitzt und ihr Fragen stellt, galt lange Zeit als das Standardinstrument in der Empirischen Sozialforschung, als deren Königsweg, wie René König schrieb: „Wenn es [...] methodischer Kontrolle unterliegt, wird das Interview in seinen verschiedenen Formen [...] immer der Königsweg der praktischen Sozialforschung bleiben" (König 1957:27).

Aufgrund dieser herausragenden Stellung kann inzwischen auf ein sehr differenziertes methodisches Wissen über Befragungen verwiesen werden. Dieses konnte parallel mit der häufigen Nutzung dieser Erhebungsmethode gewonnen werden.

Befragungen begegnen uns auch im Alltag und sind hier ganz allgemein bestimmte soziale Situationen, die durch die Kommunikation strukturiert werden. Der Verkäufer befragt seine Kunden nach deren Wünschen, die Eltern befragen ihre Kinder nach deren Erlebnissen in der Schule und so weiter. Auch im Alltag gelten bestimmte Regeln für eine solche Kommunikation. Man stelle sich beispielsweise Reisende in einem Zugabteil vor. Für den Fall, dass diese miteinander ins Gespräch kommen, gelten für eine solche Kommunikation Regeln wie: Man lässt den anderen ausreden, man ist selbst höflich und ehrlich, man geht davon aus, dass auch der andere Kommunikationspartner die Wahrheit sagt, man berichtet gegenseitig, man reagiert spontan auf den anderen und lacht bei einem Scherz, man versucht, bei der Kommunikation Redundanz zu vermeiden, man spricht keine Themen an, die sozial tabuisiert sind und so weiter. Die Voraussetzung für das Zustandekommen eines Gesprächs oder einer Befragung ist die Kooperationsbereitschaft zwischen den jeweiligen Partnern. Dazu existiert ebenfalls ein kultureller Kontext, der verschiedene Normen für eine solche Interaktion festlegt.

Die Befragungen in den Sozialwissenschaften weisen einige besondere Merkmale auf. Solche Befragungen sind:

- planmäßig, da sie ein wissenschaftliches Ziel verfolgen,
- einseitig beziehungsweise asymmetrisch, da die Befragung letztlich nur durch den Interviewer gelenkt wird,
- künstlich, da sie nicht auf eine natürliche Weise (wie beispielsweise in einem Zugabteil) zustande kommen,
- finden unter Fremden statt und
- sie sind folgenlos.

Die Kommunikation kann bei sozialwissenschaftlichen Befragungen auf sehr unterschiedliche Weise erfolgen, über verschiedene Kanäle vermittelt werden und differenzierten Zwecken dienen. Der Ausdruck Sozialwissenschaftliche Befragungen steht damit für sehr verschiedene Vorgehensweisen. An dieser Stelle wird deshalb eine Klassifikation der Befragungsarten vorgenommen. Diese soll einen Eindruck von den vielfältigen Möglichkeiten vermitteln, die es bei der Ausgestaltung dieser Methode gibt.

Nach Angaben der Arbeitsgemeinschaft Deutscher Markt- und Sozialforschungsinstitute (ADM) erfolgt bei über 90 Prozent der von diesen Instituten bearbeiteten Projekte die Datenerhebung mittels einer Form der Befragung. Welche Befragungsformen dabei zum Einsatz kommen, zeigt die Tabelle 6.1.1. Bei den vom ADM durchgeführten Befragungen handelt es sich sowohl um sozialwissenschaftliche Umfragen als auch um marktwirtschaftliche Studien. Pseudowissenschaftliche Versuche wie Befragungen mittels TED oder von Illustrierten inszenierte Aktionen werden hier natürlich nicht mitgezählt.

Tabelle 6.1.1: Quantitative Interviews der Mitgliedsinstitute des ADM nach Befragungsart, Angaben in Prozent[1]

	1990	1995	1997	1999	2001	2003	2005	2007
Persönliche Interviews	65	60	44	37	39	28	24	26
darunter mit								
PAPI[2]			38	31	31	21	-[3]	-
Laptop / Pentop	-		6	6	8	7	-	-
Telefoninterviews	22	30	40	40	29	43	45	41
Postalische Interviews	13	10	16	22	28	19	9	6
Online-Interviews				1	4	10	22	27

Die Tabelle zeigt eine deutliche Dynamik, die in den letzten Jahren stattgefunden hat. Danach ging der Anteil persönlich-mündlicher Befragungen in den letzten zehn Jahren um knapp die Hälfte zurück, während der Anteil telefonisch geführter Interviews konstant

1 Vergleiche http://www.adm-ev.de/pdf/Jahresbericht_03.pdf, S. 8; zuletzt besucht am 27.01.2005, http://www.adm-ev.de/pdf/Jahresbericht_04.pdf, S. 15 zuletzt besucht am 17.06.2006 und http://www.adm-ev.de/pdf/Jahresbericht_07.pdf zuletzt besucht am 19.03.2009. Es gilt zu beachten, dass sich die Zusammensetzung der ADM-Institute in diesem Zeitraum geändert hat. So können dadurch Verzerrungen auftreten, dass Institute neue Mitglieder beim ADM geworden sind, die sich jeweils auf bestimmte Erhebungsmethoden spezialisiert haben.

2 Das Kürzel PAPI steht für Paper and Pencil. Der Interviewer arbeitet hier mit einem Fragebogen, der ihm in Papierform vorliegt.

3 Die Angaben hierzu sind beim ADM nicht mehr gesondert ausgewiesen.

geblieben ist. Hinzu gekommen sind inzwischen auch online veranstaltete Befragungen. (Nicht berücksichtigt sind in dieser Zusammenstellung die ebenfalls zahlreichen Befragungen, die von nichtkommerziellen Einrichtungen wie etwa Universitäten veranstaltet worden sind.)

Für die Darstellung der verschiedenen Strategien sollen in einem ersten Schritt Befragungen danach unterschieden werden, auf welche Weise die Kommunikation zwischen dem Befragten und dem Befrager vermittelt wird. Dieses kann persönlich-mündlich, schriftlich, telefonisch-mündlich oder unter Nutzung moderner Kommunikationsmedien wie dem Internet beziehungsweise perspektivisch mittels WebTV erfolgen.

Mündliche Befragungen

Bei mündlichen Befragungen begibt sich in der Regel ein Interviewer in die Wohnung[4] der zu befragenden Person und führt persönlich beziehungsweise Face-to-face das Interview[5]. Zwischen beiden Personen wird während des Gesprächs ein sozialer Kontakt aufgebaut, der für den Erfolg der Befragung sehr wichtig ist. Die Vermutung ist, dass auf diesem Weg die Zielperson besonders stark dazu motiviert werden kann, dem Befrager gültige und verlässliche Informationen zu geben. Kommerzielle Institute bieten für die Durchführung solcher Befragungen ihre Interviewernetze an.

Mündliche Befragungen sind, was die Inhalte der Kommunikation betrifft, nahezu universell einsetzbar, das heißt, beinahe alle sozialwissenschaftlich relevanten Themen lassen sich in einem solchen Interview kommunizieren.

Vor allem drei Probleme gilt es bei dieser Vorgehensweise zu beachten: Erstens die teilweise nur geringe Teilnahmebereitschaft der um ein Interview gebetenen Personen, zweitens die relativ hohen Kosten einer solchen Vorgehensweise und schließlich muss drittens ein Einfluss des Interviewers auf das Ergebnis der Befragung in Rechnung gestellt werden. Mündliche Befragungen können wiederum auf verschiedene Weise gestaltet werden:

- Mündliche Befragungen mit Papier und Bleistift (PAPI)

Interviews können von einem mit Papier und Bleistift (deshalb sind auch die Bezeichnungen Paper-And-Pencil- und PAPI-Interview verbreitet) ausgerüsteten Interviewer erfolgen. Neben dem eigentlichen Papierfragebogen können auch Vorlagelisten, Kärtchenspiele auf denen die Fragen aufgedruckt sind, Umschläge mit Fragen zum Selbstausfüllen, Warenproben und so weiter eingesetzt werden. Der Interviewer notiert schließlich die Antworten im jeweiligen Fragebogen und leitet diesen an das Erhebungsinstitut weiter.

4 Eine besondere Form persönlich-mündlicher Befragungen, die jedoch nicht in der Wohnung der Zielperson stattfinden, sind jene, welche an den Ausgängen der Wahllokale durchgeführt werden. Diese werden auch Exit Polls genannt. Sie gelten als relativ zuverlässige Methode, um Wahlergebnisse zu schätzen. In der Marktforschung werden außerdem häufig Interviews in den Geschäften beziehungsweise Supermärkten (Point-of-Sale Befragungen) geführt.

5 Der Begriff Interview wird synonym für mündliche Befragung benutzt.

- Mündliche Befragungen unter Zuhilfenahme eines Computers beziehungsweise eines Laptops (CAPI) oder eines Persönlich-Digitalen Assistenten (PDA)

Bei der Technik der computerunterstützten persönlich-mündlichen Befragung ersetzt der Computer den Papierfragebogen. Der Fragebogen wird programmiert und auf den Laptops der Interviewer gespeichert. Diese lesen den zu befragenden Personen nun die Fragen vom Bildschirm vor. Auch werden die Antworten sofort in den Computer eingegeben und gespeichert. Es braucht hier auf die Benutzung von Vorlageblättern, Kärtchenspielen, Warenproben und so weiter nicht verzichtet zu werden.

Eine weitere Variante stellt das Selbstausfüllen des Fragebogens durch die Zielperson am Computer dar. Hier gibt der jeweilige Interviewpartner seine Antwort selbst in den Rechner ein.

Die Hauptvorteile dieser – aufgrund der Kosten, die für die Ausrüstung aller Interviewer mit einem Laptop entstehen – zunächst teuerer Vorgehensweise liegen erstens in der Möglichkeit, besonders komplizierte Fragebögen einzusetzen. Die gesamte Filterführung wird durch den programmierten Fragebogen automatisch vorgenommen, sodass nur solche Fragen dem Interviewer angezeigt werden, die für die jeweilige Zielperson auch zutreffen. Zweitens erfolgt eine permanente Kontrolle der Dateneingabe. Bestimmte Eingabefehler, also zum Beispiel Werte außerhalb des gültigen Bereichs, die sogenannten Wild Codes, können damit vermieden werden. Zugleich wird so der Interviewereinfluss auf das Ergebnis der Befragung etwas reduziert. Drittens können schließlich auch bestimmte Kontrollen zur einwandfreien Arbeit der Interviewer mithilfe dieser Technik vorgenommen werden, etwa durch die Registrierung der benötigten Ausfüllzeit.

- Mündliche Befragungen mit harter, weicher und neutraler Strategie

Den Interviewern stehen für den Umgang mit den zu befragenden Personen verschiedene Strategien zur Verfügung. So wird, etwas vereinfachend, zwischen harten, weichen und neutralen Interviews unterschieden. Bei den weichen Interviews stimmt der Interviewer der Zielperson stets zu und signalisiert ihr sein Verständnis. Dies kann angebracht sein, um Hemmungen bei der zu befragenden Person abzubauen. Bei den harten Interviews tritt der Interviewer dagegen autoritär auf. Er weist beispielsweise auf Widersprüche in den Antworten hin, äußert sein Misstrauen und so weiter. Bekanntes Beispiel für eine harte Interviewführung ist der Kinsey-Report zum Sexualverhalten (vergleiche Kinsey/Pomeroy/Martin 1948). Meist jedoch wird die neutrale Strategie für Interviews genutzt. Hier besteht die Aufgabe des Interviewers vor allem darin, das Verhalten des Befragten zu registrieren und von sich heraus keine Kommentare zu den Antworten abzugeben. Er hält sich an die Normen der Konversation und reagiert entsprechend beispielsweise, wenn er vom Befragten etwas Unterhaltsames erzählt bekommt.

Schriftliche Befragungen

Bei schriftlichen Befragungen wird der Fragebogen zumeist postalisch an die zu befragende Person weiter gereicht. Zu den schriftlichen Befragungen zählen aber zum Beispiel auch in

Form von Klausuren ausgefüllte Fragebögen. Letzteres Vorgehen findet oft im Rahmen der Erstellung eines Meinungsbildes von Studierenden über Vorlesungen eine breitere Anwendung.

Da schriftliche Befragungen bestimmten Problemen der mündlichen Befragung begegnen, wird von einigen Sozialwissenschaftlern gegenwärtig ein Comeback dieser Methode erwartet. Vor allem zeichnen sich schriftliche Befragungen durch den Wegfall des Interviewereinflusses, durch einen gegenüber persönlich-mündlichen Befragungen geringeren Gesamtaufwand sowie durch eine höhere Anonymität aus. Aber auch einige prinzipielle Schwierigkeiten bei schriftlichen Befragungen sind zur Kenntnis zu nehmen. Diese betreffen erstens die Frage, wer bei einem postalisch zugestellten Fragebogen diesen letztendlich ausfüllt. Zugleich ist zweitens der zu erwartende Grad an Beteiligung fast nicht vorhersehbar, im Allgemeinen jedoch gering (vergleiche Abschnitt 6.1.3). Drittens bereitet die Erstellung der erforderlichen Adressdatei nicht selten Probleme.

Telefonische Befragungen

Bei telefonischen Befragungen erfolgt eine lediglich akustisch vermittelte Kommunikation zwischen der Zielperson und dem Interviewer. Wie bereits gezeigt dominiert dieser Typ der Befragung in Deutschland zurzeit zahlenmäßig in der quantitativen Empirischen Sozialforschung. Telefonische Befragungen sind momentan der am häufigsten benutzte Zugang zu den Zielpersonen (vergleiche nochmals die Tabelle 6.1.1).

Die Voraussetzung für den Einsatz dieses Designs ist, dass nahezu alle Haushalte mit einem Telefonanschluss ausgestattet sind, was in Deutschland inzwischen der Fall ist. Der Einsatz dieser computerunterstützten Befragungstechnik ermöglicht eine Verkürzung der Feldzeit, stärkere Kontrollen der ordnungsgemäßen Arbeit der Interviewer und die Verwendung ausgefeilter Stichprobenstrategien. Probleme entstehen vor allem aufgrund des sich weiter ausbreitenden Anteils an Besitzern von Mobiltelefonen, die zugleich nicht mehr über das Festnetz erreicht werden können sowie der deutlich kürzeren Dauer einer Befragung am Telefon (vergleiche Abschnitt 6.1.3).

Weitere Vermittlungsformen von Befragungen

Seit einiger Zeit hat vor allem die Entwicklung der modernen Kommunikationsmedien neue Möglichkeiten für die Gestaltung von Befragungen, konkret für den Zugang zu den Zielpersonen, eröffnet. Etabliert haben sich bereits Umfragen, die per Internet (www) oder (inzwischen bereits schon wieder seltener) per E-Mail an die zu befragenden Personen herangetragen werden. Auch das Aussenden einer mit einem Fragebogen programmierten Diskette (Disk-by-Mail) oder die Nutzung von Faxgeräten für Befragungen wurden bereits mehr oder weniger erfolgreich erprobt. Neue Möglichkeiten bietet auch das WebTV (vergleiche Abschnitt 6.1.3).

Befragungen als Einzel- und als Gruppeninterviews, Gruppendiskussionen

Befragungen können an Einzelpersonen oder an Gruppen gerichtet sein. Die erste Form ist die verbreitetste. Wie bereits beschrieben, findet hier eine Kommunikation zwischen einem Interviewer und einer Zielperson statt. Mit den Befragungen, die beispielsweise an Studierende gerichtet sind, um deren Eindrücke von Lehrveranstaltungen zu ermitteln, wurde bereits ein Beispiel für eine Gruppenbefragung gegeben. Hier wird eine Klausursituation dazu genutzt, um auf relativ einfache und zügige Weise zahlreiche Einzelurteile einzuholen. Dazu wird ein Fragebogen mit identischem Inhalt von mehreren Personen gleichzeitig und zumeist auch unter Aufsicht ausgefüllt.

Eine weitere Strategie bieten Gruppendiskussionen. Hier werden Aspekte wie die Normen und Werte einer real kooperierenden sozialen Gruppe oder die Dynamik innerhalb einer solchen sozialen Gruppe thematisiert. In der Regel findet eine solche Diskussion face-to-face statt. Dies gilt jedoch nicht ausschließlich. So erfolgt beispielsweise bei Delphi-Befragungen zumeist eine postalische oder internetbasierte Zustellung der Fragebögen an eine Expertengruppe (vergleiche Abschnitt 7.3). Die Befragung kann also auch schriftlich beziehungsweise am PC vorgenommen werden. Bei den sogenannten Bulletin-Boards handelt es sich schließlich um eine über das Internet vermittelte Form einer Gruppenbefragung (vergleiche Abschnitt 6.1.3).

Befragungen mit unterschiedlichem Grad an Strukturiertheit

Um Befragungen nach ihrem Grad an Strukturiertheit zu unterscheiden, ist von einem Kontinuum auszugehen. An den Polen des Kontinuums steht dabei auf der einen Seite die vollstandardisierte sowie auf der anderen die völlig offene Befragung. Bei einer vollstandardisierten Befragung ist nicht nur das gesamte Vorgehen des Interviewers vorstrukturiert, sondern auch der Zielperson werden alle ihr zur Verfügung stehenden Antwortvarianten vorgegeben. Bei einer völlig offenen Befragung würde der Interviewer lediglich einen Anfangsstimulus präsentieren und der Zielperson einen maximalen Freiraum für ihre Antwort überlassen. In der Praxis treten diese extremen Formen jedoch nur selten auf. Zumeist kommen Mischformen zum Einsatz. Es hat sich inzwischen durchgesetzt, zwischen drei Formen zu unterscheiden: erstens wenig strukturierte Befragungen, zweitens teilstrukturierte Befragungen und drittens standardisierte Befragungen.

Wenig strukturierte Befragungen können persönlich-mündlich erfolgen. Ohne einen vorstrukturierten Fragebogen zu benutzen, stellt der Interviewer seine Fragen. Die Antworten des Befragten bestimmen dann den weiteren Verlauf des Interviews. Bei schriftlichen Befragungen würde lediglich ein Aufsatzthema vorgegeben werden und es stünde dem Befragten völlig frei, wie er sich dazu äußert. Konkrete Formen sind das fokussierte Interview, das Tiefeninterview und das narrative Interview.

Bei teilstrukturierten Befragungen werden dem Befragten in einem Leitfaden vorformulierte Fragen gestellt. Standardisierte Interviews zeichnen sich schließlich durch die Verwendung eines Fragebogens aus, der die gesamte Interviewsituation stark vorstrukturiert und lenkt. Der Interviewer, für dessen Verhalten im Fragebogen ebenfalls bestimmte Regeln fixiert sind, übermittelt die wörtlich vorformulierten Fragen und sammelt so vergleichbare Daten von zahlreichen Zielpersonen. Wobei eine völlige Ausschaltung des Interviewereinflusses auch bei standardisierten Befragungen nicht möglich ist.

Im Weiteren sollen in einem Überblick (vergleiche Tabelle 6.1.2) die drei wichtigsten Befragungstechniken – das persönlich-mündliche Interview, die telefonische Befragung sowie die postalisch-schriftliche Befragung – anhand verschiedener Kriterien miteinander verglichen werden.

Tabelle 6.1.2: Vergleich der drei Verfahren unter technisch-methodischem Aspekt, modifizierte Darstellung nach Porst (2000:17)

	telefonisch	persönlich-mündlich	schriftlich
Kosten	mittel	hoch bis sehr hoch	niedrig bis mittel
Stichprobengröße	groß	mittel	sehr groß
Ablaufsteuerung	sehr hoch (CATI[6])	mittel	keine
Datengenauigkeit, Robustheit gegen über Fehlern	hoch	mittel	mittel bis klein
Interviewereinfluss	mittel	hoch	keiner
Anonymität	mittel bis hoch	mittel bis gering	hoch
Stichprobe	teilweise beschränkt	ohne Beschränkung	beschränkt, Adresspool nötig
Fragebogenkomplexität	gering	hoch	gering
Ausschöpfung	schwierig zu ermitteln	mittel	mittel bis gering
Länge der Befragung	mittel bis lang	lang	kurz bis mittel

6.1.2 *Theorien der Befragung*

Die Formulierung von Fragebogenfragen und damit auch die Gestaltung des gesamten Fragebogens galten lange Zeit als eine Kunstlehre (vergleiche Payne 1951). Damit wird zum Ausdruck gebracht, dass die Formulierung und Zusammenstellung von Fragebogenfragen nicht einfach erlernbar beziehungsweise vermittelbar ist, sondern stark intuitiv erfolgt. Angedeutet werden damit bereits auch Probleme in Bezug auf die Systematisierbarkeit, die Formalisierbarkeit und in Bezug auf die Begründung von konkreten Regeln für die Entwicklung von Fragebögen. Letztere sind außerdem offenbar nicht immer leicht in Worte zu fassen. Bestenfalls Empfehlungen auf dem Niveau von Faustregeln können gegeben werden. Theorien spielen in diesem Zusammenhang eine untergeordnete Rolle. Neuerdings wird aber, vor allem infolge einer fruchtbaren Zusammenarbeit zwischen sozialwissenschaftlichen Fragebogendesignern und Kognitionspsychologen, in zahlreichen empirischen Experimenten die Kunst der Fragebogengestaltung eingehender vermessen. Vor allem mit-

6 Die Abkürzung CATI steht für Computer Assisted Telefon Interviewing. Dies sind über das Telefon geführte Befragungen, wobei die Kommunikation mithilfe eines Computers gesteuert wird.

hilfe von Splits, bei denen systematisch verschiedene Varianten einer Fragestellung erprobt werden, gestaltet sich der Antwortprozess nachvollziehbar(er). Bei der Erstellung eines Fragebogens wird es so möglich, sich auf entsprechende Theorieansätze zu stützen. Sie ermöglichen es, das Zustandekommen von Fehlern zu erklären und so die optimale Gestaltung einer Befragung intersubjektiv nachvollziehbar zu machen. Aus der Kunst, einen Fragebogen für eine sozialwissenschaftliche Umfrage zu entwerfen, wird – schrittweise – eine strukturierbare, nachvollziehbare und damit erlernbare Tätigkeit.

Bei den Theorien, die auf Verhalten im Umfeld von Befragung fokussiert sind, gilt es zwischen zwei Anliegen zu unterscheiden. Erstens versuchen Theorien die Teilnahme beziehungsweise die Nichtteilnahme von Personen bei einer Befragung zu erklären. Zweitens widmen sich diese Theorien der Erklärung, auf welche Weise die Beantwortung einzelner Fragestellungen erfolgt. In einem ersten Schritt werden nun Theorieansätze vorgestellt, die die Teilnahmebereitschaft an sozialwissenschaftlichen Umfragen erklären. Im Folgenden gilt dann die Aufmerksamkeit Theorien, die Fehler erklären, die bei der Beantwortung einzelner Fragen auftreten.

Die Teilnahme an sozialwissenschaftlichen Befragungen als eine rationale Entscheidung

Esser (1986b) erklärt die Teilnahme an Umfragen mit einem rationalen Entscheidungsmodell. Befragte wählen demnach von den Handlungsalternativen Teilnahme oder Nicht-Teilnahme diejenige aus, von der sie sich einen höheren Nutzen erwarten (vergleiche Tabelle 6.1.3).

Tabelle 6.1.3: Soll ich mich befragen lassen?

Mögliche Kosten	Möglicher Nutzen
Zeitaufwand	Hoffnung auf ein angenehmes Gespräch
Angst vor Verletzung der Privatsphäre	Gefühl, etwas Gutes zu tun
Angst vor Kontakt mit Fremden	Wunsch nach Abwechslung
Angst vor Missbrauch der Information	Möglichkeit zur positiven Selbstdarstellung
Angst vor Blamage und Unwissen, Vermeidung einer Prüfungssituation	Honorare wie Lose, Telefonkarten, Gutscheine, Warenproben, Geld und anderes
Kriminalitätsfurcht	...
durch eine Nichtteilnahme entgangener Nutzen	
...	

Dazu berechnen sie die Summe aus den individuell gewichteten Anreizen für eine Teilnahme und verringern sie um die Kosten einer Teilnahme, die sich wiederum aus den Transaktions- und Opportunitätskosten zusammensetzen (vergleiche Esser 1986b:41). Bei zahlreichen Zielpersonen ergibt diese Berechnung nur sehr geringe Differenzen zwischen den Nutzen- und den Kostenfaktoren. Sie sind damit häufig unentschieden, wenn es um eine Teilnahmeentscheidung geht. Eine Entscheidung fällt deshalb, so schlussfolgert dieser Ansatz, schließlich oft aufgrund von peripheren oder zufälligen Faktoren.

Konsequente Verweigerer können Personen sein, die, beispielsweise aufgrund einer geringen eigenen Qualifikation, keinen Nutzen von Umfragen erkennen können. Diese Personengruppe würde dann systematisch in Umfragen unberücksichtigt bleiben. Folgt man dieser These, so ist nicht auszuschließen, dass besondere Bemühungen zur Erhöhung der Rücklaufquote lediglich die unschlüssigen Personen motivieren können, jedoch überzeugte Nichtteilnehmer nicht erreichen und damit letztlich Artefakte erzeugen. Auch Schnell (vergleiche 1997:159ff.) formuliert eine Theorie zur Teilnahme an Befragungen, die auf rationalen Entscheidungen beruht.

Eine Studie zu den Ansichten über Umfragen im Raum Mannheim hat gezeigt (vergleiche Tabelle 6.1.4), dass sozialwissenschaftliche Erhebungen bei den Teilnehmern an dieser Befragung nicht negativ bewertet werden.

Tabelle 6.1.4: Zustimmung zu verschiedenen Ansichten über Befragungen, Wahl der Vorgaben „stimme voll und ganz zu" und „stimme eher zu" in Prozent; die Nonresponse-Rate betrug 35 Prozent

Umfragen ...		
-	sind sinnvoll und wichtig für Politik und Gesellschaft	86
-	sind allgemein wichtig und sinnvoll	89
-	sind seriös und werden verantwortungsvoll durchgeführt	74
-	garantieren Anonymität und Datenschutz	77
-	machen Spaß und bringen Abwechslung	70

Teilnahme als heuristische Entscheidung

Groves, Cialdini und Couper gehen (vergleiche 1992:480) ebenfalls von der Grundannahme aus, dass sich die Allgemeinbevölkerung in der Regel nicht besonders für eine Umfragebeteiligung interessiert. In die entsprechende Entscheidungsfindung investieren potenzielle Zielpersonen wegen dieser indifferenten Haltung auch nur wenig Zeit und einen nur geringen kognitiven Aufwand. Stattdessen verwenden sie sogenannte Heuristiken, um auf für sie effiziente Weise zwischen Handlungsalternativen zu wählen. Bei den Heuristiken handelt es sich um pragmatische Entscheidungsregeln, die mit einem geringen kognitiven Aufwand in der Mehrzahl der Fälle (trotzdem) zu einem sinnvollen Ergebnis führen (vergleiche Stroebe/Jonas/Hewstone 2002:147).

Groves et al. (1992:489) schränken ein, dass ihre Grundannahme nicht für alle Arten von Umfragen aufrechterhalten werden kann. So sind Personen bei einer organisationsinternen Befragung oder auch bei einer Absolventenstudie unter Umständen an den Ergebnissen interessiert und instrumentalisieren die Datenerhebung zur opportunen Zielerreichung. Hier spielen dann andere als die betrachteten Prozesse eine Rolle, wenn über das Teilnahmeverhalten entschieden wird (vergleiche auch Bosnjak 2002:60).

Teilnahme als Ergebnis eines sozialen Austauschs

Die soziale Austauschtheorie unterstellt, dass Individuen ihr Handeln an Nutzen beziehungsweise Belohnungen orientieren, die ihnen als Folge ihrer Handlung von anderen entgegengebracht werden (vergleiche Gouldner 1960). Damit basiert diese Theorie ebenfalls auf einem entscheidungstheoretischen Modell, in dem die beiden Komponenten Kosten und Belohnungen gegenüber gestellt werden. Hinzu kommt aber bei der Entscheidung über die Teilnahme an einer Umfragen ein weiterer Faktor: das Vertrauen. Dieser beinhaltet die Wahrscheinlichkeit, dass die versprochenen Belohnungen die Kosten dann auch tatsächlich aufwiegen (vergleiche Dillman 2000:14).

Der soziale Austausch unterscheidet sich von einem rein rationalen, ökonomischen Entscheidungsmodell. Während ein ökonomisch orientierter Entscheider diejenige Handlungsalternative wählt, die seinen individuellen Nutzen maximiert, versuchen Individuen im sozialen Austausch den Individualnutzen auszugleichen.

Thoma und Zimmermann (vergleiche 1996:141ff.) konnten dies in einem Experiment zur Reziprozitätsnorm demonstrieren. Sie baten Absolventen einer Berufsakademie, sich an einer postalischen Befragung zu beteiligen. Dazu wurde zunächst ein recht umfangreiches Befragungsinstrument verschickt und der Rücklauf beobachtet. Der Total-Design-Methode folgend, schlossen sich dem dann der Versand verschiedene Erinnerungs- beziehungsweise Nachfassaktionen an. Für die zweite Nachfassaktion schlägt Dillman vor, dem Schreiben erneut einen Fragebogen beizulegen. Ein Teil der angeschriebenen Personen erhielt so nun nochmals den Originalfragebogen und ein anderer Teil wurde mit einem um etwa 60 Prozent gekürzten Instrument ausgerüstet. Dieser wurde mittels Aufdruck („Kurzversion") deutlich gekennzeichnet.

„Überraschenderweise griffen die BA-Studenten mehrheitlich nicht zu der gekürzten Version, sondern fast 60 Prozent haben sich für die Original-Version des Fragebogens entschieden und diesen Fragebogen ausgefüllt zurückgeschickt. Auf das Zugeständnis des Forschers, nur noch um einen im Umfang deutlich gekürzten Fragebogen zu bitten, haben die BA-Studenten damit deutlich positiver als erwartet reagiert." (Thoma/Zimmermann 1996:152).

Offenbar sahen die Personen in der Experimentalgruppe (zu experimentellen Designs vergleiche Abschnitt 7.1) im Ausfüllen des Fragebogens eine Gelegenheit, sich für die ihnen zuvor entgegengebrachte Aufmerksamkeit, den Fragebogen zu kürzen, zu revanchieren und das dadurch entstandene Nutzenungleichgewicht wieder – in diesem Fall zu ihren Ungunsten – ins Gleichgewicht zu bringen.

Mit der Theorie des sozialen Austauschs lassen sich in der Umfrageforschung auch die empirischen Befunde zur Wirkung von Incentives als teilnahmesteigernde Maßnahme erklären (vergleiche Goyder 1987:163ff.). So fanden Diekmann und Jann (2001:25) heraus, dass lediglich versprochene Belohnungen eine negative Wirkung auf die Teilnahmebereitschaft haben. Im Voraus mit dem Fragebogen ausgegebene Incentives dagegen führen dazu, dass sich die Teilnahmebereitschaft verbessert (vergleiche auch Church 1993). Die positive Vorleistung durch den Forscher erzeugt eine reziproke Verpflichtung, die die Zielpersonen dazu veranlasst, der Bitte des Forschers um Teilnahme an der Befragung vermehrt nachzukommen (vergleiche auch Bosnjak 2001:90). Ginge man davon aus, dass Personen rein rational entscheiden, so wären hier andere Befunde zu erwarten gewesen.

Die soziale Austauschtheorie ist eine universelle Theorie zu Erklärung von menschlichem Verhalten, mit der im Spezialfall auch Umfrageforscher die Teilnahmeentscheidung bei Forschungskontakten untersuchen.

Handlungstheoretische Ansätze

In der psychologischen Einstellungsforschung haben sich mit der Theory of Reasoned Action (ToRA) und der Theory of Planned Behaviour (ToPB) multivariate handlungstheoretische Modelle etabliert. Über mehrere Ebenen modellieren Ajzen und Fishbein (1980) menschliches Verhalten als kausale Folge von Absichten, die wiederum durch verhaltensbezogene Einstellungen und subjektive Normen erklärt werden können. Die Abbildung 6.1.5 veranschaulicht die postulierten Beziehungen, mit der die ToPB Handlungsabsichten erklärt.

Die ToPB ist allgemein formuliert und in unterschiedlichen Bereichen mehrfach überprüft worden (vergleiche Ajzen 1991:187). Sie hat dabei ihre Erklärungskraft unter Beweis gestellt. Bezogen auf die Umfrageforschung zitiert Bosnjak (2002:69f.) zwei Studien von Lockhart (1986) beziehungsweise von Hox, de Leeuw und Vorst (1996), die die Teilnahmebereitschaft bei Befragungen ebenfalls erfolgreich vorhersagen.

Zusammenfassend ist festzustellen, dass für die Teilnahme an einer Befragung eine ganze Reihe an Facetten Bedeutung besitzen. Groves et al. (1992:477) nennen ähnlich wie auch andere Autoren (zum Beispiel Porst/v. Briel 1995:10):

- Kulturell-gesellschaftliche Faktoren, wie die allgemeine Einstellung zu Umfragen und den Grad des Over-Surveying (ein Ausdruck für die zu große Häufigkeit, mit der Personen um ihre Teilnahme an einer Befragung gebeten werden),
- die Merkmale des Instruments,
- die individuellen Merkmale der Zielperson,
- die Eigenschaften des Interviewers und
- die Charakteristik der Interaktion zwischen dem Interviewer und dem Befragten.

Im Weiteren werden nun verschiedene Theorien diskutiert, die den Prozess der Beantwortung von Fragen innerhalb einer Umfrage strukturieren und erklären. Zunächst wird die klassische Annahme nach Holm (1974) vorgestellt.

Die klassische Theorie des Interviews

Dieser Ansatz geht davon aus, dass vier verschiedene Einflüsse bei der Beantwortung einer Frage eine Rolle spielen. Die Antwort in einer Befragung setzt sich danach zusammen aus:

- einem wahren Wert, der die eigentlich interessierende Zieldimension darstellt, zum Beispiel die Einkommenshöhe einer Zielperson,
- einem Zufallsfehler, beispielsweise kann sich der Interviewer bei der Antwort auf die Einkommensfrage verhört oder beim Notieren verschrieben haben,

Abbildung 6.1.5: Elemente der Theory of Planned Behaviour (ToPB) nach Ajzen

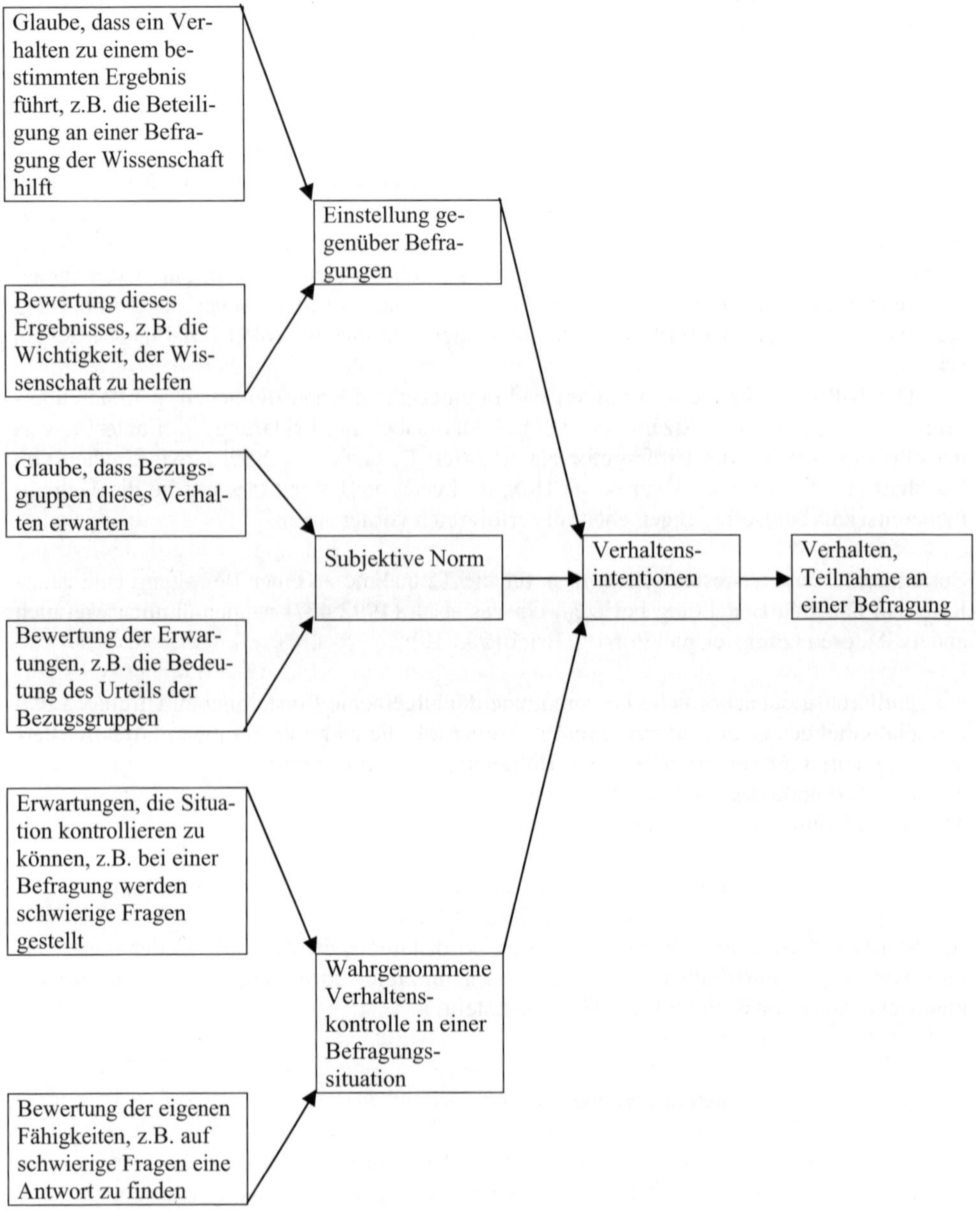

- einem systematischen Fehler, dieser kann daraus resultieren, dass bei Fragen nach dem Einkommen die Zielpersonen vergessen ihr Urlaubs- und Weihnachtsgeld mit anzugeben. Denkbar wäre auch, dass die Zielperson Befürchtungen hegt, ihre Angaben

könnten an das Finanzamt weitergeleitet werden. Hier handelt es sich um die Wirkung einer Fremddimension,

- einem Einfluss, der aus der Wirkung der sozialen Erwünschtheit erwächst. Die Kleidung und / oder des Auftretens des Interviewers mag die Zielperson dazu veranlassen, ihr Einkommen ab- oder aufzurunden.

Jede Abweichung vom wahren Wert wird in der klassischen Theorie des Interviews als Fehler interpretiert, der, abhängig von der Fragestellung und der Untersuchungsanlage, auf verschiedene Ursachen zurückzuführen ist. In zahlreichen Studien weisen Umfrageforscher eine Vielzahl von Einflussfaktoren nach, beispielsweise Effekte der sozialen Erwünschtheit (Silver/Abramson/Anderson 1986, Aquilino 1993, Kane/Macaulay 1993), Skaleneffekte (Stadtler 1983, Schwarz/Hippler/Deutsch/Strack 1985, Bishop 1987, Böcker 1988), Kontexteffekte (Cantril 1944, zitiert nach Strack 1994, Schuman/Presser 1981:47 sowie der Überblick von Schuman 1992) und Reihenfolgeeffekte (Payne 1949, Dillman et al. 1995).

Antwortselektion als Nutzenmaximierung

Esser interpretiert (vergleiche 1986a:325) jede Antwortauswahl ebenfalls als eine Entscheidungssituation, die er analog zu seinen Überlegungen zur Teilnahmeentscheidung bei einer Befragung modelliert (siehe oben). Er beschreibt dazu das Befragtenverhalten als Spezialfall einer allgemeinen Theorie des situationsorientierten Handelns, deren Kernargument eine Nutzenabwägung zwischen positiven und negativen erwarteten Konsequenzen ist. Die Entscheidung für eine Antwortalternative erfolgt dabei einerseits auf Grundlage von stabilen gesellschaftlichen Normen und persönlichen Präferenzen sowie andererseits aus situativen Zielsetzungen (dazu zählen zum Beispiel der Dialekt des Interviewers, dessen Kleidung, getragene Abzeichen sowie das scheinbare Alter des Interviewers) und Risikowahrnehmungen. Der wahre Wert, nämlich eine „in der personalen Identität des Befragten tief verankerte Einstellung" (Esser 1986a:321), ist aus dieser Perspektive nur noch ein möglicher Orientierungspunkt bei der Reaktion einer Person auf einen Fragestimulus. Die Frage, ob es überhaupt einen wahren Wert gibt beziehungsweise ob Befragte lügen können, muss damit mit nein beantwortet werden. „Man kann zusammenfassen, dass Verzerrungen von Antworten nach sozialer Erwünschtheit sich als kombiniertes Resultat von Motiven, Bedürfnissen und Bewertungen einerseits [...] und gewissen Erwartungen über den Zusammenhang einer Antwort mit gewissen Konsequenzen erklären lassen." (Esser 1986a:6) Eine „wahre" Einstellung ergibt sich aus dem Vergleich verschiedener, möglicher Reaktionen.

Esser geht von einer mehrstufigen Entscheidungsfindung der Zielperson in einem Interview aus. In einer schematischen Darstellung soll der Ansatz näher demonstriert werden. Zunächst werden verschiedene Ziele einer Person und verschiedene Handlungsvarianten, über welche diese Person verfügt, unterschieden:

$U_1, U_2, \ldots U_n$: seien verschiedene Ziele einer zu befragenden Person, zum Beispiel das Streben nach sozialer Anerkennung und der Wunsch, der Sozialwissenschaft zu helfen. Sie werden von der jeweiligen Person jeweils für unterschiedlich wichtig erachtet.

$A_1, A_2, \ldots A_m$: seien die Handlungsalternativen, die in einer Situation bestehen, beispielsweise verschiedene in einem Fragebogen vorgegebene Antwortmöglichkeiten zu wählen.

$p_{11} \ldots p_{mn}$: stellen die Erwartungen dar, dass eine bestimmte Handlung wie die Entscheidung für eine bestimmte Antwort (A_m) zu einem bestimmten Ziel führt.

Folgende Annahmen werden nun gemacht:

1. Der Befragte nimmt für jede Handlungsalternative Aj (für jede vorgegebene Antwortmöglichkeit) eine Gewichtung der dazugehörigen Wahrscheinlichkeit, damit ein bestimmtes Ziel zu erreichen, vor. Er ermittelt das Produkt aus Uj und pij.
2. Für die Wahl der Antwortvariante bildet er schließlich die Summe der Produkte $p_{ij}U_j$. Dies ist zugleich seine subjektive Nutzenerwartung. Er wählt dann jene Handlungsalternative mit der größten subjektiven Nutzenerwartung (SEU) aus.

Dies soll an einem fiktiven Beispiel gezeigt werden. Bei einer Befragung soll die Aussage, „Ich gehe gern zu Weihnachtsfeiern" von den Zielpersonen bewertet werden. Dazu werden ihnen drei Varianten vorgegeben:

A_1 = Zustimmung zu dieser Aussage
A_2 = Indifferenz gegenüber der Aussage
A_3 = Ablehnung dieser Aussage

Weiter ist anzunehmen, dass die Zielpersonen verschiedene Ziele mit ihren Handlungen verfolgen. Es soll vereinfachend angenommen werden, dass für sie nur folgende Ziele relevant sind (in der Realität wird es sich natürlich um weit mehr Ziele handeln):

U_1 = Bekenntnis einer eigenen christlichen Überzeugung
U_2 = Erlangung von sozialer Anerkennung gegenüber dem Interviewer

Nun werden die subjektiven Wahrscheinlichkeiten (p_{ij}) berechnet. Dazu stellen die Zielpersonen sich die Frage, mit welcher Wahrscheinlichkeit bei der Wahl jeder der drei Antwortvarianten (A_m) die Ziele (U_n) realisiert werden können (zum Beispiel rein fiktiv):

A_1 und U_1	positives Verhältnis zu Weihnachtsfeiern und Bekenntnis einer christlichen Überzeugung	.80
A_1 und U_2	positives Verhältnis zu Weihnachtsfeiern und Erlangung sozialer Anerkennung	.00
A_2 und U_1	indifferenten Verhältnis zu Weihnachtsfeiern und Bekenntnis einer christlichen Überzeugung	.40
A_2 und U_2	indifferenten Verhältnis zu Weihnachtsfeiern und Erlangung sozialer Anerkennung	.20
A_3 und U_1	negatives Verhältnis zu Weihnachtsfeiern und Bekenntnis einer christlichen Überzeugung	.00

A_3 und U_2	negatives Verhältnis zu Weihnachtsfeiern und Erlangung sozialer Anerkennung	.40

Um dies leisten zu können, muss die Zielperson eine Typisierung der manifesten Merkmale des Interviewers vornehmen. Sie wird zum Beispiel die Kleidung, das wahrscheinliche Alter und so weiter taxieren.

Nun ist im nächsten Schritt zu berücksichtigen, dass die Ziele von der befragten Person mit einer unterschiedlichen Intensität verfolgt werden. Es wird angenommen, dass es wichtiger ist, eine christliche Überzeugung zu demonstrieren als soziale Anerkennung beim Interviewer zu erlangen. Konkret seien:

U_1	Wichtigkeit, eine christliche Überzeugung zu bekennen	10
U_2	Wichtigkeit, soziale Anerkennung durch den Interviewer zu erlangen	5

Nun endlich kann die subjektive Nutzenerwartung der Handlungsalternativen ermittelt werden. Dazu wird die Zielperson wie in der Tabelle 6.1.6 gezeigt vorgehen:

Tabelle 6.1.6: Vorgehen bei der Ermittlung der subjektiven Nutzenerwartung, Weiterführung des fiktiven Beispiels (nach Esser 1986a:13)

	p_{i1}	p_{i2}	$p_{i1}U_1$	$p_{i2}U_2$	$p_{ij} + U_j$	=	SEU_i
A_1	.80	.00	(.80) 10	(.00) 5	8 + 0	=	*8*
A_2	.40	.20	(.40) 10	(.20) 5	4 + 1	=	5
A_3	.00	.40	(.00) 10	(.40) 5	0 + 2	=	2

Schließlich wird in dem geschilderten fiktiven Beispiel die Antwortmöglichkeit A1 gewählt, da sie den höchsten subjektiven Nutzen (hier 8) verspricht.

Kritikern erscheint das vorgeschlagene Modell nicht plausibel, da die Befragten bei jeder Antwortentscheidung ein umfangreiches Nutzenkalkül – vermutlich unterbewusst und in nur wenigen Sekunden – zu absolvieren hätten. Diese Verarbeitung wäre mit einem hohen kognitiven Aufwand verbunden und steht im Widerspruch zu Befunden aus der Psychologie. Danach verwenden Personen vereinfachte Entscheidungsregeln wie prozedurale Schemata (Hastie 1981:41) und Heuristiken gerade bei solchen für sie konsequenzlosen Entscheidungssituationen, wie bei einer Fragebogenbearbeitung (vergleiche zum Beispiel Bless/Schwarz 1999:423).

Das kognitionspsychologische Modell

Umfrageforscher etablierten gemeinsam mit Kognitionspsychologen ein Phasenmodell, mit dessen Hilfe der Beantwortungsprozess einer Fragebogenfrage theoretisch erklärt werden kann. Im Gegensatz zur behavioristischen Tradition in der Umfrageforschung konzentrieren sich kognitive Modelle auf die psychologischen Prozesse, die zwischen der Präsentation des Frage-Stimulus und der Abgabe einer Antwort stattfinden (vergleiche Sirken/Schechter

1999:2). Diese Vorgänge werden im kognitionspsychologischen Paradigma als Informationsverarbeitungsprozesse verstanden. Dem Informationsabruf aus dem Gedächtnis bekommt dabei eine zentrale Rolle in den Überlegungen (vergleiche Strack 1994:44) zu. Abbildung 6.1.7 veranschaulicht die vier charakteristischen Teilprozesse bei der Beantwortung von Fragen innerhalb einer Umfragestudie[7].

Abbildung 6.1.7: Kognitionspsychologische Prozesse bei der Beantwortung von Fragebogenfragen

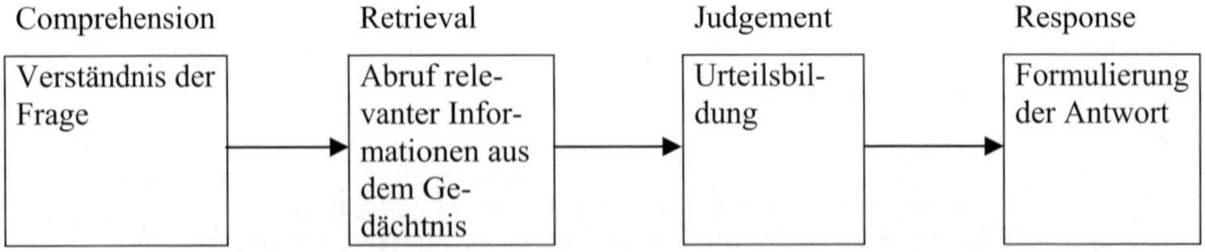

Als erstes müssen die Befragten die ihnen vorgelegten Fragebogenfragen verstehen und sich die Bedeutung des Fragestimulus erschließen (Comprehension). Danach sind die für die Beantwortung relevanten Informationen aus dem Gedächtnis abzurufen (Retrieval). Sie bilden die Grundlage für eine Urteilsbildung (Judgement), deren Ergebnis in einem letzen Schritt formuliert und anhand der gegebenenfalls vorhandenen Antwortvarianten kommuniziert wird (Response).

Eine solche Abfolge ermöglicht den Rückgriff auf zahlreiche Erkenntnisse der Kognitionspsychologie. Auch die Ausrichtung verschiedener Preteststrategien (vergleiche Abschnitt 8) hat ein solches kognitionspsychologisches Modell zur Grundlage. Im Folgenden werden die Abschnitte des Modells näher illustriert.

- Frageverständnis (Comprehension)

Das Verständnis der Frage ist wesentliche Voraussetzung für eine sinnvolle Antwort. Umfrageforscher mahnen deshalb traditionell zur eindeutigen und verständlichen Formulierung von Fragebogenfragen (vergleiche Payne 1949, Noelle-Neumann/Petersen 1998:101), wobei sich die Verwirklichung beider Maximen mitunter widerspricht: Die Formulierung eindeutiger Fragen erfordert umfangreiche und kompliziertere Ausführungen, dies führt dann wiederum zu weniger verständlichen Formulierungen (Fowler 2001:56).

Die Befragten ziehen alle ihnen zur Verfügung stehenden verbalen und nonverbalen Stimuli für die Interpretation des Frageinhalts heran (vergleiche Strack 1994:70ff.). Neben den Antwortvorgaben (vergleiche Dillman 2000:33) und den Skalenbeschriftungen (vergleiche Schwarz et al. 1998) können auch die vorhergehenden Fragen eine Quelle für solche Interpretationshilfen sein. In diesem Zusammenhang wird von Kontexteffekten gesprochen. Kontexteffekte treten immer dann auf, wenn die jeweilige Frage durch zusätzliche

7 In der Darstellung dieses Modells stimmen verschiedene Autoren (vergleiche Strack 1994:53, Sudman/Bradburn/ Schwarz 1996:56 sowie Tourangeau/Rips/Rasinski, 2000:8) inhaltlich überein, verwenden aber teilweise unterschiedliche Bezeichnungen. Eine vergleichende Darstellung von sechs weiteren kognitionspsychologischen Prozessmodellen befindet sich bei Jobe und Herrmann (1996).

Informationen aus dem Umfeld dieser Frage interpretiert wird (vergleiche Strack 1994:57, Sudman et al. 1996:59).

Mithilfe einer Studie des Instituts für Demoskopie Allensbach kann demonstriert werden, wie die den Versuchspersonen präsentierten Antwortmodelle auf deren Antwortverhalten einwirken. Die Autoren stellten zunächst die Frage: Wie erfolgreich waren Sie bisher in Ihrem Leben? Sagen Sie es bitte nach dieser Leiter hier! Sie setzten zwei unterschiedliche Varianten ein (vergleiche Abbildung 2.4) und erzielten die im Abschnitt 2.1 bereits berichteten, stark voneinander abweichenden Resultate.

Beide Versionen führen zu unterschiedlichen Befunden. Die Ursache liegt in der Art der Beschriftung der Skalen, die von den Versuchspersonen zur Interpretation der Frage mit heran gezogen wurden. Die Bezeichnung 0 wird offensichtlich mit einem bestimmten Inhalt, wie erfolglos, assoziiert und die negativen Skalenbeschriftungen könnten als Misserfolge im Leben verstanden werden. In der entsprechenden alternativen Antwortliste fehlten diese Hinweise zum Frageverständnis und führten dementsprechend zu anderen Randverteilungen.

- Informationsbeschaffung (Retrieval)

Zum Abruf der für die Beantwortung einer Frage relevanten Informationen aus dem Gedächtnis wird von den Befragten eine entsprechende Abrufstrategie gebildet. Diese Strategie bewirkt, dass beim Abruf zugleich weitere Informationen erinnert werden und zwar jene, die mit der gesuchten Information verknüpft sind. Tourangeau et al. (2000:9ff.) unterscheiden Abrufprozesse für Fragen nach Fakten wie nach Zeitpunkten, Zeitdauern, Häufigkeiten, Wahrscheinlichkeiten sowie für solche Fragen, die auf die Meinungen der Zielpersonen gerichtet sind.

Kritischer Faktor für die Genauigkeit der Angaben ist dabei die Verfügbarkeit von Gedächtnisinhalten, die über den Umfang der zur Beurteilung vorliegenden Informationsbasis entscheidet. Der Informationsbeschaffungsprozess ist ebenfalls anfällig für Kontexteffekte: Sozialpsychologen sprechen von Priming (Higgins/Rholes/Jones 1977) wenn bestimmte Informationen oder Bezugsrahmen in vorhergehenden Fragen aktiviert werden und damit bei einem späteren Abruf besonders schnell verfügbar sind. Werden dadurch andere, objektiv genauso relevante Informationen vernachlässigt und die Antwort zugunsten der zusätzlich aktivierten Informationen verzerrt, so erzeugt der Kontext Assimilations-Effekte (Schwarz/Strack 1991:38). Gemäß einem Inklusion-Exklusion-Modell von Sudman et al. (1996:109) kann es unter bestimmten Bedingungen aber auch zu entgegengesetzten Reaktionen kommen: Ist das Priming sehr offensichtlich, so werden die verfügbaren Informationen bewusst von einer Bewertung ausgeschlossen. Die Antwort ist dann durch Kontrast-Effekte in die andere Richtung verzerrt (vergleiche Strack 1992:34, Sudman et al. 1996:105).

Ein anschauliches Beispiel für das Auftreten eines solchen Kontexteffekts stellen Schwarz und Bless (1992) vor. In einem Experiment stellten sie Versuchspersonen eine Frage zu ihrer Haltung gegenüber der CDU: „Alles in allem, was halten Sie ganz allgemein von der CDU? Bitte antworten Sie anhand dieser Skala!" (Dieses Beispiel ist bereits im Abschnitt 2.1 in den Abbildungen 2.1 und 2.2 zu sehen gewesen).

Weiterhin variierten sie das Design des Fragebogens und brachten drei Versionen zum Einsatz: In der Version A wurde vor der Frage nach der Haltung gegenüber der CDU die Frage gestellt: „Wissen Sie zufällig, welches Amt Richard von Weizsäcker ausübt, das ihn außerhalb des Parteigeschehens stellt?" In der Version B wurde auf eine Vorfrage verzichtet. Schließlich wurden in der Version C die Versuchspersonen zunächst gefragt: „Wissen Sie zufällig, welcher Partei Richard von Weizsäcker seit mehr als 20 Jahren angehört?" Die bei diesen drei Versionen erzielten Mittelwerte zeigt Tabelle 2.2.

Wie zu sehen ist, erbringen die drei Versionen sehr unterschiedliche Befunde. Bei Version B handelt es sich um ein Ergebnis, das nicht durch Kontexteffekte geprägt werden konnte. In der Version A schneidet die CDU bei den Bewertungen deutlich schlechter ab. Hier bewirkte die Vorfrage, dass das besonders positive Erscheinungsbild, das von Richard von Weizsäcker ausgeht, quasi von der Einschätzung der CDU subtrahiert wurde. Im Gegensatz dazu wurde in Variante C die CDU besonders positiv bewertet. Hier führte die Vorfrage dazu, dass das positive Image von Richard von Weizsäcker zunächst verstärkt wurde und nun bei der Bewertung der CDU eine besondere Rolle spielte.

Sudman et al. (1996:73) differenzieren zwei Gruppen von Determinanten der Verfügbarkeit von Informationen. Die beschriebenen Kontexteffekte zählen sie erstens zu den temporären Determinanten, sie entstehen aus dem Einflussbereich des Fragebogens. Zweitens lassen sich auch permanente (oder chronische) Determinanten ausmachen. Diese variieren mit den Merkmalen des Befragten, zum Beispiel mit dessen Erfahrung oder Expertise auf einem Themengebiet.

- Urteilsbildung (Judgement)

Basierend auf den abgerufenen Informationen formulieren die Befragten in der Phase der Urteilsbildung eine zunächst vorläufige Antwort. Entsprechend der individuellen Erinnerungskraft liegen die dafür gesuchten Informationen bei den Befragten mehr oder weniger umfassend vor und werden bei Bedarf noch durch Interpolationsprozesse ergänzt. Diese Prozesse unterscheiden sich jeweils nach der Art der Information und der Fragestellung.

Die empirisch vielfach dokumentierte Instabilität der Antworten auf Meinungsfragen (Strack 1994:16, auch Tourangeau et al. 2000:13) kann mit einem kognitiven Belief-Sampling-Modell erklärt werden. Demnach liegen Einstellungen und Meinungen keinesfalls vorbereitet, etwa als „wahre Werte", beim Befragten zum Abruf bereit, sondern werden von ihm erst während der Reflektion über die Fragestellung artikuliert beziehungsweise gebildet (vergleiche Strack/Martin 1988:125 und auch Schwarz/Strack 1991:41). Die Urteilsbildung erfolgt dabei auf Basis einer Vielzahl im Gedächtnis abgelegter Überzeugungen, aus denen bereits in der Informationsbeschaffungsphase eine Auswahl getroffen wurde.

Ein Beispiel soll zeigen, wie instabil solche Urteilsbildungen sein können. Im Rahmen von Voruntersuchungen zu einer Studie zum Fernsehkonsum ist die Probing-Technik zum Einsatz gekommen (vergleiche Abschnitt 8). Dabei wurden den Versuchspersonen gezielte Nachfragen gestellt, um die verschiedenen Aspekte der Beantwortung einer Frage näher zu beleuchten. Abbildung 6.1.8 zeigt zwei Beispiele aus dieser Studie.

Abbildung 6.1.8: Zwei Beispiele für Nachfragen zu einer Fragebogenfrage, Quelle: Prüfer/Rexroth (1996b:24)

Erstes Beispiel	
Interviewer:	Wie lange haben Sie in den vergangenen sieben Tagen ferngesehen?
Zielperson:	Oh je, vielleicht sechs Stunden.
Interviewer:	Wie kommen Sie jetzt darauf?
Zielperson:	Geraten, geschätzt – jeden Tag eine Stunde. Mehr jeden Tag. Jeden Tag zwei Stunden. Sind 14 Stunden. Ja 14 Stunden.
Zweites Beispiel	
Interviewer:	Wie lange haben Sie in den vergangenen sieben Tagen ferngesehen?
Zielperson:	Zehn Stunden.
Interviewer:	Und wie sind Sie auf zehn Stunden gekommen?
Zielperson:	Na das Programm ...
Interviewer:	Wie kommt es zu den zehn Stunden?
Zielperson:	Ja also ich habe ungefähr täglich zwei Stunden – nein also es muss 14 Stunden sein. Zwei Stunden, vielleicht auch etwas mehr. Täglich gucke ich ungefähr zwei und eine halbe Stunde insgesamt.

Die beiden Beispiele zeigen, wie – lediglich provoziert durch eine kurze Nachfrage des Interviewers – die Versuchspersonen erneut Informationen abrufen und basierend darauf ein Urteil bilden. In beiden Beispielen weicht dieses Urteil von der zunächst gegebenen Antwort deutlich ab.

- Antwort (Response)

Mit der Abgabe einer Antwort endet dem kognitionspsychologischen Modell zufolge der Antwortprozess. Beim Mapping projizieren die Befragten ihre individuellen Urteile auf die vorgegebenen Antwortmöglichkeiten und überprüfen diese in einem zweiten Schritt (dem sogenannten Editing) nach Konsistenz- und Höflichkeitskriterien (vergleiche Tourangeau et al. 2000:13). Aber auch Effekte der sozialen Erwünschtheit sind bei der Angabe der Antwort in Betracht zu ziehen.

Schwarz et al. (1991, 1998) sehen in diesem Mapping die Ursache für Skaleneffekte: So wählen Personen auf einer elfstufigen Skala zur Häufigkeitseinschätzung mit den verbalisierten Endbezeichnungen „selten" und „oft" signifikant höhere Antwortstufen, wenn diese von null bis zehn, anstatt von eins bis elf nummeriert waren. Offenbar führt auch hier der absolute Nullpunkt dazu, dass Befragte das Ende der Skala als nie interpretieren (Schwarz et al. 1998). Ähnliche Befunde führen auch Dillman (2000:33) und Tourangeau et al. (2000:247) an.

Weitere Daten belegen, dass die Befragten auch die grafische Anordnung und die Größe der Antwortfelder bei einem schriftlichen Fragebogen als Hinweise auf die vom Forscher erwartete Antwortverteilung interpretieren und ihr Antwortverhalten daran anpassen (Schwarz et al. 1998:180).

Oben wurde (vergleiche Abschnitt 2.1) bereits ein ähnliches Beispiel präsentiert. Erfragt wurde die Dauer des Fernsehkonsums. Dabei kamen ebenfalls unterschiedliche Skalen zum Einsatz. Wie in Tabelle 2.3 gezeigt, wird eine deutlich höhere Fernsehdauer angegeben, wenn der Mittelpunkt der Skala nach oben, das heißt, in Richtung auf eine längere Dauer verschoben wird. Hier erfolgt offenbar eine Interpretation der Skala in dem Sinne, dass angenommen wird, die durchschnittliche Fernsehdauer liege bei den Antwortvorgaben (etwa) in der Mitte. Daraus erklärt sich dann die gewonnene Befundlage.

Theorien paralleler Verarbeitungswege

Angesichts der Komplexität des Antwortprozesses erscheint es unrealistisch, dass alle Befragten tatsächlich jeden Schritt zur Beantwortung jeder Frage eines Fragebogens präzise so absolvieren, wie im gezeigten Modell angenommen. Empirische Hinweise, wie die Zustimmungstendenz oder die Häufungen von nicht-substanziellen Antworten beziehungsweise die Wahl neutraler Antwortalternativen, deuten auf gewisse Abkürzungen hin, die von den Befragten auf dem Pfad des kognitionspsychologischen Antwortprozesses vorgenommen werden. Tourangeau et al. (2000:254) bemerken: "There's no reason why respondents should work hard to answer the diffcult questions posed in many surveys. The evidence indicates that many respondents may choose to take it easy instead." Die Autoren schlussfolgern, dass in der Praxis einzelne Komponenten des kognitionspsychologischen Antwortmodells ausgelassen oder zeitgleich von anderen Prozessen überlagert werden (2000:15).

Andere Autoren übertragen die in der Sozialpsychologie häufig eingesetzte Modellvorstellung von parallelen Verarbeitungswegen (vergleiche Petty/Cacioppo 1986, Chaiken/Yaacov 1999) auf den Antwortprozess. Konkret werden im Folgenden die Überlegungen zur Beantwortung von Meinungsfragen von Strack und Martin (1988) und das Satisficing-Optimizing-Konzept von Krosnick und Alwin (1987) diskutiert.

Das Konzept nach Strack und Martin

Hastie und Park (1986) untersuchten die Repräsentation von Meinungsurteilen und Werteinstellungen im menschlichen Gedächtnis und postulieren ein Modell, wonach Personen nur zu wenigen Sachverhalten vorgefertigte Meinungsurteile bilden und behalten. Strack und Martin (1988:133) schlussfolgern analog für die Beantwortung von Meinungsfragen, dass die klassische Vorstellung von wahren Werten, die bei den Zielpersonen, in mentalen Schubladen als vorgefertigte Urteile abgelegt und im Rahmen einer Befragung auf ihre Aktivierung warten, nur *ein* Pfad eines komplexen Modells ist. In vielen Fällen bilden Befragte ihre Meinungsurteile erst als Reaktion auf eine ihnen soeben gestellte Frage. Dies wird in Abbildung 6.1.9 gezeigt.

Abbildung 6.1.9: Unterscheidung zwischen Abruf und Berechnung von Meinungsurteilen, Quelle: Strack/Martin 1988:125, zur Darstellung vergleiche Böhme (2003)

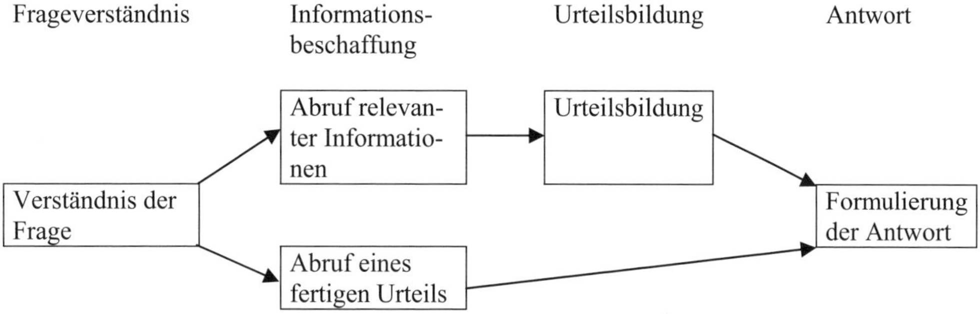

Die Kürze der Antwortzeit – eine typische Meinungsfrage wird in weniger als fünf Sekunden beantwortet (vergleiche Tourangeau et al. 2000:184) – reicht kaum für eine umfassende Abwägung zu komplizierten Sachverhalten und begünstigt damit die Anwendung von heuristischen Strategien zur Urteilsbildung. Stocké (2002:48) arbeitet empirisch heraus, dass Personen, die vorgefertigte Meinungen zu einem kontroversen Sachverhalt haben, diese bei telefonischen Befragungen schneller berichten und stabilere Antworten generieren als Personen mit weniger gefestigten Meinungen.

Das Konzept nach Krosnick und Alwin

Das von Krosnick und Alwin (1987) entwickelte Modell paralleler Verarbeitungswege kann über den Spezialfall der Meinungsfragen hinaus, auf alle Phasen des Antwortprozesses angewendet werden. Weniger motivierte Befragte führen dem Modell zufolge die Abruf- und Verarbeitungsprozesse nur oberflächlich durch oder überspringen sie sogar vollständig. Solche Personen suchen dann aus den ihnen vorgegebenen Antworten eine offenbar hinreichende aus, zum Beispiel eine neutrale Mittel-Kategorie oder wählen die Weiß-Nicht-Möglichkeit (vergleiche Krosnick 1991:213).

Diesem Verhaltenstyp, genannt Satisficer, steht der des Optimizers gegenüber, der alle Teilprozesse unter hohem kognitivem Aufwand mit vorbildlicher Präzision erledigt (vergleiche Abbildung 6.1.10).

Die Wahrscheinlichkeit, dass Befragte die Satisficing-Strategie verwenden, steigt mit der Schwierigkeit der Aufgabe, mit einer niedrigen Motivation sowie mit geringen Fähigkeiten der Befragten (vergleiche Krosnick 1991:225 sowie Narayan/Krosnick 1996:72). Optimizer sind dagegen eher Personen, die ein persönliches Interesse an der jeweiligen Umfrage haben, günstige Konsequenzen durch ihre Teilnahme erwarten oder bei denen die Persönlichkeitseigenschaft Need for Cognition stark ausgeprägt ist (vergleiche Krosnick 1999:549).

Abbildung 6.1.10: Idealtypische Antwortstrategien bei hohem, respektive geringem, kognitivem Einsatz, zur Darstellung vergleiche Böhme (2003:205)

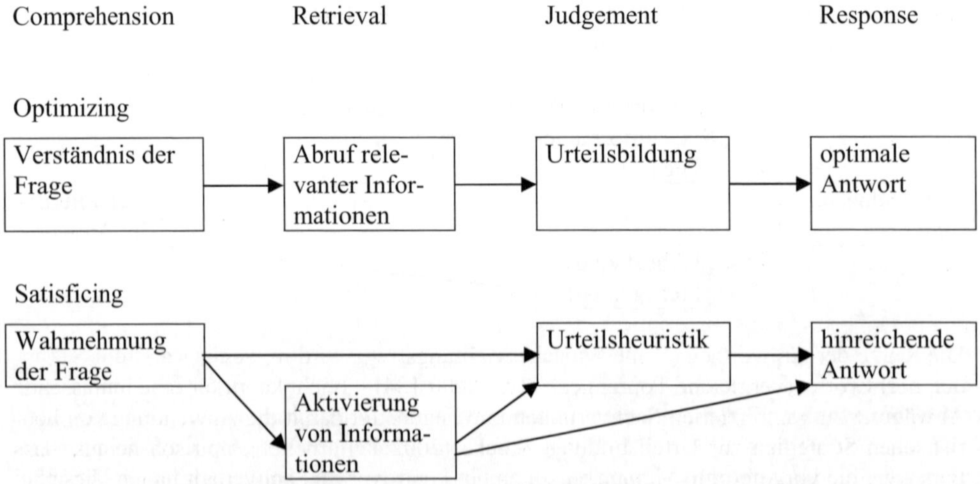

6.1.3 Formen der Befragung und deren Besonderheiten

Nachdem in einem Überblick die verschiedenen Möglichkeiten von Befragungen vorgestellt wurden, sollen nun die wichtigsten Formen genauer betrachtet werden. Dabei geht es neben der standardisierten persönlich-mündlichen, der postalischen und der telefonischen Befragung auch um die qualitativen Ansätze der Befragung. Schließlich eröffnen das Internet und elektronische Medien weitere Möglichkeiten, um den Zugang zu den Zielpersonen zu gestalten. Auch diesen Varianten gilt die Aufmerksamkeit. Abschließend werden Gruppenbefragungen und die Erhebung von Netzwerken besprochen.

Die persönlich-mündliche Befragung

Die persönlich-mündliche Befragung ist eine nach speziellen Regeln gestaltete Kommunikation zwischen einem Interviewer und einer Zielperson, wobei diese Form von besonderem sozialwissenschaftlichen Interesse ist. Als ein wesentliches Element dieser Kommunikation gilt der solchen Erhebungen benutzte Fragebogen. Es stellt sich das Problem, welche Fehlerquellen bei der persönlich-mündlichen Befragung auftreten und mit welchen Mitteln diesen entgegen gewirkt werden kann. Zunächst werden die bei der Face-to-face Befragung in Rechnung zu stellenden Fehler diskutiert, danach gilt das Interesse der Gestaltung eines Fragebogens.

- Fehlerquellen bei der persönlich-mündlichen Befragung

Fehler entstehen, wenn bei der Ausarbeitung eines Befragungsdesigns falsche Entscheidungen getroffen werden[8] (vergleiche Groves et al. 2004:41). Die bei der persönlich-mündlichen Befragung auftretenden Fehlerquellen werden nach den Verursachern unterschieden. Dabei handelt es sich erstens um die Befragten, zweitens um den Fragebogen sowie drittens um die Interviewer und schließlich viertens um die Situation beziehungsweise um die Bedingungen, unter denen das Interview stattfindet. Diese Fehlerquellen werden jetzt diskutiert. Gleichzeitig wird versucht, auf Strategien aufmerksam zu machen, um die genannten Fehler zu vermeiden.

Fehlerquelle 1: Befragtenmerkmale

Die Zielpersonen einer Befragung vertreten unterschiedliche Ansichten, entstammen verschiedenen Altersgruppen, gehören unterschiedlichen Berufsgruppen an, verfügen über differenzierte Ansichten in Bezug auf die Umfrageforschung, sind jeweils mit bestimmten kognitiven und kommunikativen Fähigkeiten ausgerüstet – und so weiter. Alle sollen aber über dieselben Sachverhalte Auskunft geben. Damit ist es naheliegend, dass, neben den erfragten Dingen, auch die Persönlichkeitseigenschaften eines Befragten Einfluss auf dessen Antworten ausüben.

Diese Einflüsse sind vielfältig. Unterschieden werden: Erstens Einflüsse, die aufgrund der Tendenz beim Befragten zustande kommen, seine Antworten an der sozialen Erwünschtheit zu orientieren. Zweitens verschiedene Response Sets bei der Beantwortung der Fragen. Von Response Sets wird gesprochen, wenn die Zielpersonen aus bestimmten Gründen ihre Antworten unabhängig vom erfragten Sachverhalt abgeben, beispielsweise den ihnen vorgelegten Aussagen prinzipiell zustimmen. Drittens, das Vorliegen einer vermeintlichen beziehungsweise einer tatsächlichen Meinungslosigkeit.

Sozial erwünschtes Antworten: Das Phänomen sozial erwünschten Antwortens wurde von Edwards (1957) im Rahmen der Persönlichkeitsforschung bearbeitet. Das Problem besteht darin, dass, je stärker die Abweichung einer erfragten Meinung von der sozialen Erwünschtheit ist, desto unangenehmer wird eine solche Frage von der Zielperson empfunden. So entstehen für sie beim Antworten erhöhte Kosten und damit ist eine geringere Qualität der gegebenen Antwort zu erwarten. Bei den gegebenen Antworten muss die Tendenz in Rechnung gestellt werden, dass sich die Zielpersonen besser darstellen und dabei wünschenswerte Eigenschaften häufiger berichten als unerwünschte. Dabei kommt es darauf an, was nach der individuellen Ansicht der Zielperson in der Gesellschaft für sozial erwünscht gilt.

Wenn die Frage nach der Dauer des Fernsehkonsums gestellt wird, so ist zu bewerten, ob nach Ansicht der Zielperson gesellschaftliche Normen existieren, die die Dauer des Fernsehens betreffen. Falls eine Person diese Ansicht vertritt, ist zu ermitteln, was von ihr als normal betrachtet wird beziehungsweise welche Dauer nach Ansicht der Zielperson von anderen als normal empfunden werden dürfte. Geht man davon aus, dass die befragte Per-

8 An dieser Stelle bleiben Auswahlfehler, die im Rahmen der Stichprobenziehung auftreten können, außer Acht, vergleiche dazu aber den Abschnitt 5.

son deutlich zu viel das Medium Fernsehen konsumiert, so befindet sie sich in einem Konflikt gegenüber dem Interviewer, dies zu berichten und dabei das eigene Ansehen zu wahren. Im Ergebnis können eine Reduktion der berichteten Fernsehdauer und damit eine verfälschte Antwort erfolgen.

Ein anderes Beispiel stellt die Frage nach der Wahlabsicht dar. Für denn Fall, dass die Zielperson eine extreme, in der Gesellschaft am Rand positionierte Partei präferiert, steht sie ebenfalls vor dem Problem, stattdessen eine sozial erwünschte Antwort zu geben. Ein solches Phänomen haben amerikanische Soziologen im Vorfeld einer Wahl in Nicaragua empirisch beobachten können. Sie führten folgendes Experiment durch. Eine Stichprobe wurde zufällig in drei Teile geteilt. Die Elemente aller drei Teilstichproben sollten standardisiert nach ihrer Wahlabsicht befragt werden. Dazu übergaben die Interviewer den Zielpersonen einen Wahlzettel, auf dem die Parteien vermerkt waren, die sich zur Wahl stellten. Weiter überreichten sie den Zielpersonen einen Kugelschreiber mit der Bitte, verdeckt die von ihnen bevorzugte Partei anzukreuzen. In der ersten Teilstichprobe trug der Kugelschreiber keine Aufschrift, in der zweiten Teilstichprobe war er mit dem Logo der Regierungspartei versehen und in der dritten Teilstichprobe bestand die Kugelschreiberbeschriftung aus dem Kürzel einer politisch extremen Partei. Die Resultate waren überraschend. Die Teilstichprobe, die Kugelschreiber ausgehändigt bekam, die mit Abkürzung der politisch extremen Partei versehen waren, kam dem späteren, tatsächlichen Ergebnis der Wahl am nächsten. Ihre Ergebnisse waren auch gegenüber dem Design überlegen, das neutrale Kugelschreiber benutzte.

Dieses Paradoxon lässt sich mithilfe der Verzerrung der Antworten im Sinne einer sozialen Erwünschtheit erklären. Offenbar bestand in der nicaraguanischen Gesellschaft ein Einvernehmen darüber, extremen Parteien nicht die Stimme zu geben. Trotzdem hatte jene extreme Partei eine gewisse Zahl an Anhängern gewonnen. Diese gaben bei Wahlbefragungen nur in den Fällen eine korrekte Antwort, bei denen der Interviewer durch die Übergabe eines entsprechend beschrifteten Kugelschreibers signalisierte, dass er ebenfalls mit der extremen Partei sympathisiert. In den anderen Fällen erfolgte eine Verzerrung der Wahlvorhersage aufgrund des Phänomens der sozialen Erwünschtheit.

Um solchen Verzerrungen entgegen zu wirken, stehen der Sozialforschung verschiedene Strategien zur Verfügung:

- Bei den Frageformulierungen sollten neutrale Begriffe benutzt werden, die möglichst wenig mit sozialen Normen in Beziehung gebracht werden. Nicht zu empfehlen ist es beispielsweise, bei einer Umfrage mit Ausdrücken wie Diebstahl oder Steuerhinterziehung zu operieren. Stattdessen ist anzuraten die Zielperson zu fragen, ob sie schon einmal aus einem Geschäft etwas mitgenommen hat, ohne es zu bezahlen oder ob jemand in seiner Steuererklärung nicht ganz die Wahrheit gesagt hat. Leider ist es nicht immer erkennbar, ob ein Begriff (eventuell auch nur bei bestimmten sozialen Gruppen) mit einer solchen negativen Konnotation versehen ist. Auch vermag die Nutzung neutraler Begriffe ein sozial erwünschtes Antwortverhalten nicht völlig zu verhindern.
- Es kann angebracht sein, suggestiv formulierte Fragestellungen zu benutzen, um Abweichungen von einer sozialen Norm zu entdramatisieren und so zu verharmlosen. Solche Formulierungen könnten lauten: „Wie alt waren Sie, als Sie zum ersten Mal Haschisch genommen haben?“ Oder: „Jeder ist schon einmal in einem öffentlichen Verkehrsmittel gefahren, ohne zu bezahlen. Wie oft haben Sie das bereits getan?“

Oder: „In jeder Partnerschaft gibt es Streit. Wie oft streiten Sie sich?“ Oder: „Viele Menschen nehmen in Geschäften Dinge mit, ohne sie zu bezahlen. Wie oft haben Sie das schon gemacht?“ Die Zielpersonen werden so überrumpelt. Eine solche Strategie ist jedoch auch nicht völlig unproblematisch. Sie vermag unter Umständen die Zielperson stark zu verärgern und zum Abbruch der Befragung zu veranlassen.

- Es besteht die Möglichkeit, mit geeigneten Mitteln die Anonymität der Befragungssituation zu erhöhen. Falls dies gelingt, ist zu erwarten, dass die gegebenen Antworten weniger stark in Richtung auf die soziale Erwünschtheit verzerrt sind. An zwei Beispielen aus dem ALLBUS soll diese Strategie demonstriert werden. *Erstens* ermöglicht es die Benutzung eines Buchstabenmix', die Antwortbereitschaft auf die Einkommensfrage zu befördern. Im ALLBUS wird zunächst direkt nach der Höhe des Einkommens gefragt: „Wie hoch ist das monatliche Nettoeinkommen Ihres Haushaltes insgesamt? Ich meine dabei die Summe, die nach Abzug der Steuern und Sozialversicherungsbeiträge übrigbleibt.“

  Für den Fall, dass eine Zielperson nicht bereit ist, ihr Einkommen auf diese Frage hin anzugeben, verweist der Interviewer nochmals auf die Anonymität und übergibt eine Liste, auf der Einkommens*gruppen* verzeichnet sind. Das Besondere an dieser Liste ist, dass die Einkommensgruppen mit Buchstaben bezeichnet sind und, dass die Reihenfolge der Buchstaben zufällig zu sein scheint. Die Liste mit den Einkommensgruppen hat folgendes, in Abbildung 6.1.11 gezeigtes Aussehen.

Abbildung 6.1.11: Vorlageblatt mit Einkommensgruppen aus dem ALLBUS

B	unter	200 Euro
T	200 Euro bis unter	300 Euro
P	300 Euro bis unter	400 Euro
F	400 Euro bis unter	500 Euro
E	500 Euro bis unter	650 Euro
H	650 Euro bis unter	750 Euro
L	750 Euro bis unter	875 Euro
N	875 Euro bis unter	1.000 Euro
R	1.000 Euro bis unter	1.125 Euro
M	1.125 Euro bis unter	1.250 Euro
S	1.250 Euro bis unter	1.375 Euro
K	1.375 Euro bis unter	1.500 Euro
Z	1.500 Euro bis unter	1.750 Euro
C	1.750 Euro bis unter	2.000 Euro
G	2.000 Euro bis unter	2.250 Euro
Y	2.250 Euro bis unter	2.500 Euro
J	2.500 Euro bis unter	2.750 Euro
V	2.750 Euro bis unter	3.000 Euro
Q	3.000 Euro bis unter	4.000 Euro
A	4.000 Euro bis unter	5.000 Euro
D	5.000 Euro bis unter	7.500 Euro
W	7.500 Euro und mehr	

Damit steht eine Zielperson nicht mehr vor der Hürde, eine bestimmte Summe angeben zu müssen, sondern es ist nun nur noch die Nennung eines scheinbar unverfänglichen Buchstabencodes erforderlich.

Tabelle 6.1.12 zeigt, dass diese Strategie bei einer ganzen Reihe von Zielpersonen erfolgreich eingesetzt wurde. Immerhin konnten auf diese Weise 15 Prozent der Befragten dazu bewegt werden, doch noch eine Antwort auf die Frage zum Einkommen zu geben, obwohl sie dies zunächst abgelehnt hatten.

Tabelle 6.1.12: Antwortverhalten bei der Einkommensfrage aus dem ALLBUS 2000, n = 3.234, eigene Berechnungen

	n	Prozent
Offene Nettoeinkommensabfrage beantwortet	1.746	54
Kein Einkommen	287	9
Offene Nettoeinkommensfrage verweigert	1.195	37
Keine Antwort (die entsprechende Stelle im Fragebogen ist leer)	46	0.2
Gesamt		100
Listenabfrage beantwortet	497	15
Listenabfrage verweigert	698	22
Gesamt		37

Eine *zweite* Möglichkeit, um den Zielpersonen ein höheres Maß an Anonymität zu signalisieren, stellt die Benutzung von Kuverts innerhalb einer persönlich-mündlichen Befragung dar. Den Zielpersonen wird von den Interviewern ein separates Blatt ausgehändigt, auf dem die sensible Frage aufgedruckt ist. Die Anweisung sieht dann vor, dass der Interviewer die Zielperson beim Ausfüllen möglichst wenig beeinflusst, sich beispielsweise zurücklehnt. Im Anschluss steckt die Zielperson selbst das ausgefüllte Blatt in ein Kuvert und gibt es verschlossen dem Interviewer zurück. Auch für die Nutzung dieser Strategie gibt es ein Beispiel aus dem ALLBUS. Den entsprechenden Text zeigt die Abbildung 6.1.13. Hier wurde zugleich die oben beschriebene Strategie benutzt und auf eine möglichst neutrale Begrifflichkeit zurückgegriffen.

Abbildung 6.1.13: Beispiel für die Anwendung der Technik verschlossener Briefe im ALLBUS 2000[9]

Wie Sie wissen, begehen viele Bürger immer wieder eine kleine Gesetzesübertretung. Im Folgenden sind vier solcher kleineren Gesetzesübertretungen genannt. Bitte kreuzen Sie bei jeder dieser vier Verhaltensweisen an, wie oft Sie in Ihrem Leben so etwas schon getan haben.

1. Öffentliche Verkehrsmittel benutzt, ohne einen gültigen Fahrschein zu besitzen.	Noch nie	□
	1 mal	□
	2 bis 5mal	□
	6 bis 10mal	□
	11 bis 20mal	□
	Mehr als 20 mal	□
2. Mit mehr als 0,8 Promille Alkohol im Blut ein Kraftfahrzeug gefahren.	Noch nie	□
	1 mal	□
	2 bis 5mal	□
	6 bis 10mal	□
	11 bis 20mal	□
	Mehr als 20mal	□
3. In einem Kaufhaus oder Geschäft Waren mitgenommen, ohne zu bezahlen.	Noch nie	□
	1 mal	□
	2 bis 5mal	□
	6 bis 10mal	□
	11 bis 20mal	□
	Mehr als 20mal	□
4. Falsche Angaben bei der Einkommenssteuererklärung oder beim Lohnsteuerjahresausgleich gemacht, um weniger Steuern zahlen zu müssen.	Noch nie	□
	1 mal	□
	2 bis 5mal	□
	6 bis 10mal	□
	11 bis 20mal	□
	Mehr als 20mal	□

- Die Randomized-Response-Technik (RRT) kann ebenfalls eingesetzt werden, um sozial erwünschtes Antwortverhalten zu minimieren. Das Vorgehen bei der RRT sieht verschiedene Schritte vor. Wenn zum Beispiel eine Frage nach der Heroin-Nutzung gestellt wird, werden die Zielpersonen in einem ersten Schritt dazu aufgefordert, verdeckt eine Kugel zu ziehen. In einer Urne befinden sich beispielsweise zwei weiße und acht schwarze Kugeln. Wichtig ist, dass der Interviewer die Farbe der gezogenen Ku-

9 Quelle: http://isysweb.za.uni-koeln.de/isysnative/RjpcaHRkb2NzXHNob3J0Y3V0LnBkZlxhbGxiX2ZiXHphMzQ1MWZiLnBkZg==/za3451fb.pdf#xml=http://isysweb.za.uni-koeln.de/isysquery/irla4c0/5/hilite. besucht am 24.04.2009

gel nicht sieht. Danach bekommt die Zielperson zwei Fragen präsentiert. Eine Frage ist die sensible Heroin-Frage (Zum Beispiel: Haben Sie schon einmal Heroin genommen? Ja oder Nein?) und die andere eine völlig harmlose und unverfängliche. Sie könnte lauten: Haben Sie im Mai Geburtstag? Ja oder Nein? Wenn die Zielperson eine weiße Kugel gezogen hat, so wird sie darum gebeten, die eine Frage zu beantworten und entsprechend die andere, wenn zuvor eine schwarze Kugel gezogen wurde. Mithilfe entsprechender Prozeduren (vergleiche Warner 1965, Diekmann 2004:418ff., Groves et al. 2004:225, Schneider 1995) ist es möglich zu errechnen, wie viele Personen nun über Erfahrungen mit Heroin verfügen.

Verwiesen werden soll auf die relativ aufwändige Versuchsanordnung, die bei der Umsetzung der RRT erforderlich wird und die dafür sorgen dürfte, dass deren Anwendung nicht all zu verbreitet ist. Klar ist auch, dass es auf diese Weise zwar möglich wird, einen bestimmten Anteil in der Stichprobe zu schätzen. Nicht realisierbar ist es jedoch, die Antworten bestimmten Personen zuzuordnen.

- Es besteht die Möglichkeit, Faktoranalysen oder vergleichbare Auswertungstechniken (vergleiche Backhaus et al. 2000:252ff.) einzusetzen, um zu ermitteln, in welchem Umfang bei den einzelnen Fragen sozial erwünschte Antworten gegeben worden sind. Danach besteht die Möglichkeit, jene Indikatoren zu eliminieren, bei denen ein zu hoher Anteil solcher sozial erwünschten Antworten ausgemacht worden ist. Schließlich kann der Grad an sozialer Erwünschtheit des Antwortverhaltens mit Hilfe spezifischer Skalen (zum Beispiel Marlow/Crowne 1960, für einen Überblick vergleiche Krebs 1991) gemessen werden. „Durch die Bejahung der positiven und die Verneinung der negativen Eigenschaften kann jeder befragten Person ein Wert für das Bedürfnis nach sozialer Anerkennung bzw. das Bedürfnis, sich selbst in einem positiven Licht darzustellen, zugewiesen werden. Der Summenwert dieser Skalen wird dazu benutzt, dass Ausmaß der durch soziale Erwünschtheit verursachten Verzerrung im Antwortverhalten auf Einstellungsfragen statistisch zu kontrollieren“ (Krebs 1991:3). Prinzipiell wäre es so möglich, Zielpersonen mit einer besonders starken Tendenz zu sozial erwünschten Antworten zu lokalisieren und aus dem Datensatz zu entfernen.

Response Sets: Neben der Tendenz zu sozial erwünschten Antworten bewirken bestimmte Persönlichkeitsmerkmale der befragten Person, dass Antworten mehr oder weniger unabhängig vom eigentlichen Inhalt der jeweiligen Frage und damit systematisch verzerrt gegeben werden. In diesem Fall wird von Response Sets gesprochen. Vor allem zwei Tendenzen sind relevant: *erstens* die Tendenz, bei standardisierten Fragen die Mittelkategorie beziehungsweise eine extreme Antwortkategorie zu bevorzugen sowie *zweitens* die Tendenz, Fragen unabhängig vom Inhalt stets zustimmend beziehungsweise mit Ja zu beantworten. Eine solche Ja-Sage-Tendenz wird auch als Akquieszenz bezeichnet. Auf diese Weise erleichtern sich die Zielpersonen den Antwortprozess.

Response Sets treten vor allem bei Befragten mit einer geringen Ich-Stärke auf. Sie stellen außerdem ein Persönlichkeitsmerkmal bei eher unterprivilegierten Personen dar, das im Alltag erlernt wurde und hier als Behauptungsstrategie dient. Folgendes Beispiel (vergleiche Tabelle 6.1.14) zeigt diese Tendenz zur zustimmenden Beantwortung von Fragen. Dazu wurde in einem Experiment ein (scheinbar) identischer Fragetext so variiert, dass die Zustimmung in der ersten Variante einer Ablehnung in der zweiten Variante entspricht.

Damit wäre zu erwarten gewesen, dass sich beide Werte stark ähneln. Die Ergebnisse zeigen jedoch, dass unterschiedliche Befunde erzielt wurden.

Tabelle 6.1.14: Methodisches Experiment zum Nachweis einer Ja-Sage-Tendenz, Quelle: Carr (1971), zitiert nach Holm (1974)

	Variante	Ergebnis	n
A	Heutzutage weiß man wirklich nicht mehr, auf wen man zählen kann.	61 Prozent Zustimmung	46
B	Heutzutage weiß man, auf wen man zählen kann.	10 Prozent Ablehnung.	48

Als Gegenmittel bieten sich an: Die einzelnen Items einer Fragebatterie sollten so formuliert werden, dass sie die Zieldimension sowohl positiv als auch negativ ausdrücken. Man spricht von einer gegenteiligen Polung. Als ein Beispiel für eine solche Vorgehensweise soll eine Skala aus der Dresdner Notwehrbefragung angeführt werden. Eine Reihe von Aussagen (vergleiche Abbildung 6.1.15) war von den Zielpersonen zu beurteilen. Dabei ging es um die Ermittlung von Einstellungen zur Notwehr. Dazu waren im Fragebogen elf (A bis K) Items enthalten. Einige drückten eine positive Polung beziehungsweise eine positive Haltung gegenüber Notwehr aus (A, C, D, F, I und J), andere eine negative beziehungsweise eine ablehnende Haltung (B, E, G, H, E und K). Nun ist davon auszugehen, dass so die Zustimmungstendenz neutralisiert werden kann.

Abbildung 6.1.15: Frageformulierungen aus der Dresdner Notwehrstudie zur Ermittlung der Einstellung gegenüber Notwehr

A. Wenn jemand ohne Grund angreift, verdient er prinzipiell keinen Schutz. Er ist selbst schuld, wenn er dabei zu Schaden kommt.
B. Unerwartete Situationen, wie zum Beispiel ein Überfall, überfordern einen völlig.
C. Es gibt immer Mittel und Wege, um sich zu wehren, selbst wenn man körperlich angegriffen wird.
D. Man sollte Reizgas bei sich tragen, so dass man auf einen Angriff vorbereitet ist und sich selbst wehren kann.
E. Was einem im Falle eines Angriffs passiert, kann man nicht selbst beeinflussen.
F. Bei einem Angriff sollte man sich selbst verteidigen, um nicht das Ansehen gegenüber seinen Freunden und Verwandten zu verlieren.
G. Im Interesse seiner Familie sollte man sich in Sicherheit bringen, wenn man angegriffen wird.
H. Auch wenn man dazu in der Lage ist, sich bei einem Überfall selbst zu helfen, sollte man besser die Polizei rufen, um sich nicht noch mehr in Gefahr zu bringen.
I. Wenn man einen Einbrecher auf frischer Tat ertappt, ist es einfacher sein Eigentum selbst zu verteidigen als sich auf die Polizei und die Versicherung zu verlassen.
J. Wenn sich jeder, der dazu in der Lage ist, bei einem Überfall selbst zur Wehr setzen würde, gäbe es weniger Verbrechen.
K. Wenn man sich bei einem Überfall zur Wehr setzt, kann es sein, dass man seinem Angreifer einen zu schweren Schaden zufügt.

Ein weiteres Mittel, um der genannten Tendenz zu begegnen, besteht darin, ähnlich wie bei der sozialen Erwünschtheit, bei der Datenauswertung Personen mit einer (zu) starken Ja-Sage-Tendenz zu identifizieren und von einer weiteren Auswertung auszuschließen. Hierzu sind spezielle Skalen entwickelt worden, die für diesen Zweck eingesetzt werden können.

Bei standardisierten Befragungen werden den Zielpersonen die ihnen für ihre Antwort zur Verfügung stehenden Möglichkeiten vorgegeben. Wie zufrieden sind Sie zum Beispiel mit dem genannten Sacherhalt: erstens sehr zufrieden, zweitens zufrieden, drittens teilweise zufrieden, viertens unzufrieden oder fünftens sehr unzufrieden. Eine weitere Tendenz bei der Beantwortung solcher Fragen besteht in der Bevorzugung der Mittelkategorie, in dem Fall „teilweise zufrieden“. Dies setzt voraus, dass die Anzahl der Antwortvorgaben ungerade ist, ansonsten gibt es keine Mittelkategorie. Der Entscheidung darüber, ob den Zielpersonen (als eine Gegenstrategie) eine Skala ohne Mittelkategorie präsentiert werden soll, ist eine umfangreiche und bisher noch nicht entschiedene Diskussion gewidmet worden (vergleiche Porst 2000:53ff., Faulbaum/Prüfer/Rexroth 2009).

Für den Verzicht auf eine solche Mittelkategorie spricht der damit bei den Zielpersonen erzeugte Entscheidungszwang beziehungsweise die dann zu erwartende eindeutigere Antwort. Zugleich wird dadurch jedoch der bei den Befragten für die Beantwortung der Frage erforderliche kognitive Aufwand erhöht beziehungsweise die Kosten für die Zielperson steigen. Als Folge tritt eine höhere Item-Nonresponse-Rate auf. Die Befragten, die sich in der anderen Version für eine Mittelkategorie entschieden hätten, verweigern nun die Antwort.

Meinungslosigkeit: Die tatsächliche oder vermeintliche Meinungslosigkeit von Zielpersonen stellt einen weiteren, die Qualität einer Umfrage beeinflussenden Aspekt dar. Entweder wird eine Weiß Nicht Antwort gegeben, obwohl die Zielperson über einschlägiges Wissen für die Beantwortung der Fragen verfügt, oder es erfolgt die Angabe einer Antwort, obwohl *keine* Meinung zum erfragten Sachverhalt vorliegt (Non-Attitude). Beide Verhaltensweisen führen zu einer Minderung der bei der Befragung gewonnenen Datenqualität.

Um mit diesem Phänomen umgehen zu können, muss man sich darüber klar werden, welcher Sachverhalt mit der Frage aufgeklärt werden soll. Relativ einfach ist die Situation, wenn es sich um eine Wissensfrage handelt. Dies war beispielsweise in der Dresdner Notwehrbefragung bei folgender Frage der Fall (vergleiche Abbildung 6.1.16).

Bei einer Wissensfrage ist die Vorgabe einer Ausweichantwort (hier: „weiß nicht“) unbedingt erforderlich. Sie wurde in der genannten Befragung von immerhin 74 Personen (bei n = 3.463) gewählt[10].

---

10 Immerhin wählten 60 Prozent der Befragten die falsche Vorgabe und gaben an, man sei hier nach dem Gesetz dazu verpflichtet, einer solchen Auseinandersetzung aus dem Wege zu gehen.

Abbildung 6.1.16: Beispiel für eine Wissensfrage aus der Dresdner Notwehrbefragung

Ein Mann gerät mit einem anderen in einem Wirtshaus in Streit. Nachdem der andere das Lokal verlassen hat, wartet der Mann vorsichtshalber eine Stunde bis er das Lokal ebenfalls verlässt. Als er dann vor die Tür tritt, stürzt sich sein Kontrahent mit den Worten „Ich bring dich um" auf ihn. Was glauben Sie, ist laut Gesetz zulässig?

Ist es laut Gesetz zulässig sich zu wehren 1
oder
Ist es laut Gesetz allenfalls zulässig, einer solchen Auseinandersetzung aus dem Weg zu gehen, indem man sich beispielsweise ins Lokal zurück zieht? 2
Weiß nicht 9

Ähnlich gestaltet sich die Situation, wenn etwa eine Einstellungsfrage in Bezug auf einen relativ ungewöhnlichen Sachverhalt gestellt werden soll. Bei einer solchen Fragestellung sollte ebenfalls eine entsprechende Ausweichkategorie vorgesehen werden. Hierzu ein Beispiel aus der Untersuchung ALLBUS 2000 (vergleiche Abbildung 6.1.17).

Abbildung 6.1.17: Beispiel für eine Meinungsfrage mit vorgeschalteter Filterfrage aus dem ALLBUS

		Weiter mit ↓
47	Manche Leute sagen, dass es bei uns heute schon mehr als genug Sozialleistungen gibt und dass man sie in Zukunft einschränken sollte. Andere Leute meinen, dass wir das gegenwärtige System der sozialen Sicherung beibehalten und wenn nötig erweitern sollten. Haben Sie sich zu diesem Problem eine Meinung gebildet?	
	Ja .... □	48
	Nein ....□	**49**

48. Was ist Ihre Meinung:
Sollten die Sozialleistungen in Zukunft gekürzt werden, oder sollte es so bleiben, wie es ist, oder sollte man die Sozialleistungen ausweiten.

Sollten gekürzt werden .... □
Sollten so bleiben wie bisher .... □
Sollten ausgeweitet werden .... □

Der Fragebogenentwickler muss sich über verschiedene Risiken im Klaren sein, wenn er, so wie in Abbildung 6.1.17 gezeigt, vorgeht. Zu rechnen ist erstens mit Personen, die meinen, sie seien stets kompetent genug und könnten zu prinzipiell allen Fragen eine Auskunft geben. Ihnen stehen zweitens Zielpersonen gegenüber, die die Funktion der Filterfrage (47) erahnen und Wissen verneinen (obwohl es vorhanden ist), um auf diese Weise die Befragung etwas abzukürzen. Damit lässt sich bei der Nutzung einer solchen Vorgehensweise (vergleiche Abbildung 6.1.17) ein gewisses Risiko nicht vermeiden.

Handelt es sich jedoch um Einstellungsfragen zu allgemeinen Sachverhalten, so kann auf die Vorgabe einer Sonderkategorie verzichtet werden. Dies trifft zum Beispiel auf die

Frage nach der eigenen Lebenszufriedenheit zu. Hier ist zu erwarten, dass in der Allgemeinbevölkerung ein ausreichendes Verständnis für diesen Sachverhalt vorliegt und dass eine Zielperson dazu in der Lage ist, ein entsprechendes Urteil zu bilden. Damit kann sowohl auf die Vorschaltung einer Filterfrage als auch auf die explizite Präsentation einer Weiß-Nicht-Antwortmöglichkeit verzichtet werden. Selbst ein Verzicht auf die Vorgabe einer Mittelkategorie wäre bei einer solchen Frage denkbar.

Fehlerquelle 2: Der Fragebogen

Der gesamte Abschnitt ist Fehlerquellen gewidmet, die im Rahmen einer persönlich-mündlichen Befragung auftreten können. Auf der Seite des Befragten wurden, hier neben der Tendenz zu sozial erwünschten Antworten, auch Response Sets und das Problem der Meinungslosigkeit angesprochen. Eine weitere potenzielle Fehlerquelle verbirgt sich hinter den Fragen, die – verankert in einem Fragebogen – den Zielpersonen präsentiert werden. Ziel muss sein, dass möglichst alle Fragen von allen Befragten auf die gleiche Weise verstanden und auf der gleichen Grundlage beantwortet werden. Auch hier ist es naheliegend zu unterstellen, dass bestimmte Frageformulierungen jedoch ein jeweils unterschiedliches Frageverständnis bei den Zielpersonen und damit nicht vergleichbare Antworten nach sich ziehen. Einfluss auf das Antwortverhalten nehmen die Reihenfolge, in der die Fragen den Zielpersonen präsentiert werden und die für die Beantwortung der Fragen vorgesehenen Antwortkategorien.

Frageformulierung: Die Formulierung einer Frage, die Position der Frage im Fragebogen, sowie die für die Beantwortung vorgesehenen Kategorien haben Einfluss auf das Antwortverhalten. In Experimenten konnte nachgewiesen werden, dass bereits geringe Veränderungen in der Frageformulierung zu deutlich anderen Antworten führen. Ein bekanntes Beispiel aus dem Jahr 1940, das in keinem Methodenlehrbuch fehlen sollte, ist folgendes (vergleiche Abbildung 6.1.18):

Abbildung 6.1.18: Ergebnisse eines Experiments zu den Konsequenzen einer Variation in der Frageformulierung (vergleiche Rugg 1941)

Variante A	Glauben Sie, dass die USA öffentliches Reden gegen die Demokratie erlauben sollte?
Ergebnis	21 Prozent plädieren für „erlauben“, 61 Prozent sind dagegen und der Rest ist unentschieden.
Variante B	Glauben Sie, dass die USA öffentliches Reden gegen die Demokratie verbieten sollte?
Ergebnis	39 Prozent plädieren jetzt für das Nicht-Verbieten (erlauben) und 46 Prozent sind für das Verbieten.

Reuband (2003:87ff.) verweist auf eine ganze Reihe an Replikationen dieses Experiments (vergleiche Schuman/Presser 1981, Hippler/Schwarz 1986, Waterplas et al. 1988, Glendall/Hoek 1990. Loosveldt 1997, Holleman 2000, Häder/Häder 2009), wobei die Ergebnisse jeweils ähnlich sind.

Es ist vor dem Hintergrund dieser Befunde zu vermerken, wie sensibel das Antwortverhalten auf scheinbar nur leicht veränderte Formulierungen in der Fragestellung reagiert. Wichtig ist dies vor allem bei Replikationsstudien. Hier ist die völlige Äquivalenz des Instruments Voraussetzung, um zwischen zwei Untersuchungen aufgetretene Differenzen in den Antwortverteilungen inhaltlich richtig zu interpretieren.

Reuband macht in diesem Zusammenhang auf einen zweiten praktischen Aspekt aufmerksam. Dieser betrifft die in den benutzten Fragetexten nicht explizit ausformulierten Antwortalternativen. So empfiehlt es sich prinzipiell besser danach zu fragen, ob etwas „verboten oder nicht verboten" beziehungsweise „erlaubt oder nicht erlaubt" sein sollte. Es gelingt ihm dabei zu zeigen (2003:93ff.), dass die Effekte, die im oben genannten Experiment nachgewiesen werden konnten, verschwinden, sobald man den Zielpersonen beide Antwortvarianten im Fragetext präsentiert.

Zusammenfassend sollte dieses Experiment vor allem die Sensibilität der erhaltenen Antworten in Bezug auf die jeweilige Formulierung der Frage zeigen.

Antwortvorgaben: Neben dem Wortlaut einer Frage geht auch von den Vorgaben, die den Zielpersonen für ihre Antworten zur Verfügung gestellt werden, Einfluss auf die Beantwortung der Frage aus. Die Antwortvorgaben liefern den Zielpersonen ein Referenzsystem für ihre Antworten, das heißt sie interpretieren die Antwortvorgaben und ziehen daraus Schlussfolgerungen für ihr Antwortverhalten. Ein Beispiel ist die Frage nach der durchschnittlichen Fernsehhäufigkeit in der letzten Woche, bei der unterschiedlich breite Antwortskalen benutzt wurden (vergleiche Tabelle 2.3 im Abschnitt 2).

Vorausgesetzt einer Zielperson ist nicht bekannt, wie lange sie in einem bestimmten Zeitraum vor dem Fernsehgerät verbracht hat. Dann ist die Beantwortung der entsprechenden Frage für sie mit einem nicht unerheblichen kognitiven Aufwand verknüpft. Der Befragte muss die Fernsehdauer aus dem Gedächtnis rekonstruieren. So müsste er, um den entsprechenden Wert zu finden, sich beispielsweise an alle Tage der letzten Woche erinnern und die einzelnen Stunden zu einer Summe verarbeiten. Diese wäre dann durch sieben zu dividieren. Weiter müsste er sich überlegen, ob die letzten Tage typisch für sein reguläres Fernsehverhalten waren oder ob es Besonderheiten gab und es somit nicht berechtigt wäre, einen entsprechenden Wert zu extrapolieren. Eine einfachere Alternative bietet sich hier an. Dabei kommt der mittleren Antwortvorgabe eine besondere Bedeutung zu. So könnte sich die Zielperson an den vorgelegten Antwortkategorien orientieren. Dabei liegt für den Befragten die Schlussfolgerung nahe, dass in der Mitte der Skala vom Fragebogenentwickler jene Dauer an Fernsehkonsum angegeben ist, die auch für den Durchschnitt der Bevölkerung zutrifft. Nun muss lediglich noch ein Urteil darüber gefällt werden, ob man (vermutlich) ebenso viel, mehr oder weniger als der Durchschnitt fernsieht.

Als Fazit ist festzustellen, dass bei solchen Abfragen eher eine offene Frageformulierung benutzt werden sollte. Damit entfällt der Einfluss der Antwortvorgaben auf das Antwortverhalten. Zugleich erhöht sich jedoch die von der Zielperson zu erbringende kognitive Leistung. Auch stellt sich die Frage nach alternativen Methoden, um den Fernsehkonsum zu ermitteln. Dabei bieten sich elektronische Geräte an, die direkt am Fernsehgerät installiert werden und zu besseren Ergebnissen führen als eine Befragung.

Reihenfolge der Fragen: Die Beantwortung einer Frage sollte sich, so wird der Entwickler der Frage hoffen, am Gegenstand der Frage – also am erfragten Sachverhalt – orientieren.

Innerhalb einer Umfrage kann die Antwort aber auch dadurch beeinflusst werden, dass vorangegangene Fragen auf die folgenden einwirken. Bei diesem sogenannten Halo-Effekt handelt es sich um die Ausstrahlung einer Frage auf die nächste(n). Die von der Zielperson zunächst erinnerten Informationen werden auch bei den Antworten zu den folgenden Frage(n) benutzt. Die Antwort resultiert damit aus der Position der Fragen im Fragebogen. Als Beispiel kann nochmals auf die Frage nach der Haltung gegenüber der CDU verwiesen werden. Je nach dem, wie die vorausgegangene Frage lautete, traten sehr unterschiedlichen Befunden ein (vergleiche die Abbildungen 2.1 und 2.2 im Abschnitt 2).

Bei der Beantwortung der einen Variante wurden durch die Vorfrage positive Assoziationen, die die Zielpersonen mit Richard von Weizsäcker verbanden, auf die Beantwortung der Frage nach der eigenen Haltung gegenüber der CDU übertragen. Ein entsprechend positives Resultat kam auf diese Weise zustande. Bei einer anderen Frageformulierung, die auf die parteipolitische Neutralität des Bundespräsidenten verweist, wird die positive Einstellung gegenüber Richard von Weizsäcker quasi von der Bewertung der CDU abgezogen. Schließlich zeigt die dritte Variante, welche Folgen es hat, wenn keine entsprechenden Fragen vorangestellt werden.

Als Mittel gegen den Halo-Effekt kann man die Fragereihenfolgen innerhalb der Erhebung variieren. Hierfür können bei der persönlich-mündlichen Befragung Kärtchenspiele eingesetzt werden. Dabei werden die zu beurteilenden Sachverhalte auf Karten gedruckt. Diese mischt der Interviewer und präsentiert sie damit den Zielpersonen in einer jeweils unterschiedlichen Reihenfolge. Bei einer telefonischen Befragung oder bei einer computerunterstützten Face-to-face Befragung kann dafür ein Zufallsgenerator eingesetzt werden. So erhofft man sich, dass jeweils unterschiedliche Reihenfolgeeffekte auftreten, die sich in der Summe jedoch neutralisieren.

Ein anderes Mittel bietet die Nutzung von Zwischentexten. Mit entsprechenden Erklärungen werden die Befragten gezielt auf die danach folgenden Fragen eingestimmt und man geht davon aus, dass sich dadurch der Ausstrahlungseffekt vermindern lässt. Auch das Einfügen von Fragen zu einem anderen Sachverhalt kann hilfreich sein, um den Halo-Effekt zu vermindern.

Wichtig ist es mithilfe von Pretests (vergleiche Abschnitt 8) und unter Nutzung von Splits solche Effekte zu lokalisieren. Erst dann kann durch entsprechende Maßnahmen etwas gegen die Ausstrahlung von Fragen unternommen werden.

Fehlerquelle 3: Der Interviewer

Bei einem persönlich-mündlichen Interview handelt es sich um eine soziale Situation, an der die Zielperson sowie ein Interviewer beteiligt sind. Die Befragten reagieren auf unterschiedliche Weise auf die gestellten Fragen, auf die Befragungssituation und auf die Person des Interviewers. Das Antwortverhalten basiert, wie bereits gezeigt wurde, nicht nur auf den tief im Bewusstsein verankerten Vorstellungen, Kenntnissen und Bewertungen der Befragten zum erfragten Sachverhalt, sondern ist teilweise auch eine, erst im Interviewverlauf hervorgerufene, Reaktion auf das Instrument der Befragung, auf die jeweilige Situation und nicht zuletzt auch auf den Interviewer (vergleiche Jacob/Eirmbter 2000:53). In Bezug auf den Einfluss des Interviewers sollen drei Aspekte unterschieden werden: *Erstens* die Beeinflussung des Befragten aufgrund von manifesten Merkmalen des Interviewers, *zwei-*

tens die Beeinflussung des Befragten aufgrund von latenten Merkmalen des Interviewers und *drittens* Einflüsse, die aufgrund von Fehlverhalten des Interviewers, wie etwa durch Fälschungen, erzeugt werden.

Manifeste Merkmale des Interviewers: Das manifeste beziehungsweise sichtbare Verhalten des Interviewers nimmt Einfluss auf den Verlauf des Interviews. Zu nennen sind der Interviewstil, das Ausmaß, in dem der Interviewer den ihm vorgegebenen Anweisungen folgt, die Fragetexte beispielsweise wörtlich vorliest, die vorgegebene Reihenfolge der Fragen einhält, die Antworten der Zielperson verbal kommentiert und / oder sie mimisch begleitet. Zu den sichtbaren Merkmalen des Interviewers zählen aber auch dessen Hautfarbe, Geschlecht, sein wahrscheinliches Alter, eine mögliche körperliche Versehrtheit, die Kleidung, seine Frisur, seine Stimme und so weiter.

Insbesondere dem Einfluss der sichtbaren Merkmale des Interviewers galt bisher das Interesse der sozialwissenschaftlichen Methodenforschung, wobei hier widersprüchliche Untersuchungsergebnisse erzielt worden sind. Innerhalb der Untersuchungen, die einen Interviewereffekt bestätigen konnten (vergleiche zum Beispiel Biemer/Lyberg 2003:171), herrscht jedoch weitestgehend Konsens darüber, dass die äußeren Merkmale insbesondere dann wirksam werden, wenn sie im Bezug zur Thematik des Fragebogens stehen; zum Beispiel dürfte das Geschlecht des Interviewers einen Einfluss auf das Antwortverhalten der Befragten ausüben, wenn im Interview Fragen zu Geschlechterrollen zu beantworten sind.

Es kann weiterhin angenommen werden (vergleiche Scheuch 1973:99), dass der Interviewer seine eigenen Ansichten zu den erfragten Sachverhalten nur unzureichend zu verbergen vermag. Der Befragte registriert auch bereits sehr subtile Zeichen, die die Einstellung des Interviewers zum erfragten Sachverhalt signalisieren. Die Folge ist, dass der Befragte im Sinne sozial erwünschten Antwortens reagiert und sich den vermeintlichen Ansichten des Interviewers anschließt. In der psychologischen Experimentalforschung wurden diese Beeinflussungen unter dem Namen Versuchsleitereffekte bekannt (vergleiche Bortz/Döring 2002:86). Dabei wird davon ausgegangen, dass der Leiter einer Untersuchung seine Erwartungen bezüglich des Ergebnisses eines Experimentes auch unbewusst kommuniziert und die Versuchspersonen darauf in hypothesenbestätigender Weise reagieren.

Die Wirksamkeit manifester persönlicher Merkmale des Interviewers auf die Teilnahmebereitschaft in Telefonumfragen untersuchten Hüfken und Schäfer (2003:328). Ihre Analyse zeigt, dass offen, enthusiastisch und freundlich auftretende Interviewer, die eine heitere Stimmung verbreiten, erheblich höhere Teilnahmequoten erzielen. Selbst in Telefoninterviews können also solche Interviewereffekte wirksam werden. Oksenberg et al. (1988:106f.) belegten, dass eine starke Variation der Stimmhöhe, lautes und schnelles Sprechen sowie ein akzentfreies amerikanisches Englisch zu einer geringeren Verweigerungsrate beitrugen.

Eine Reihe weiterer Analysen bestätigt zudem die Bedeutung demographischer Interviewermerkmale für das Antwortverhalten. So zeigen Groves und Fultz, (1985:47f.) dass bei Telefoninterviews männliche und weibliche Befragte gegenüber männlichen Interviewern einen größeren Optimismus hinsichtlich wirtschaftlicher Indikatoren äußerten als gegenüber Interviewerinnen.

Latente Merkmale des Interviewers: Nicht sichtbare beziehungsweise latente Merkmale des Interviewers, die ebenfalls den Verlauf des Interviews beeinflussen können, sind die Interviewererfahrung, der soziale Status des Interviewers, seine Bildung und seine kognitiven Fähigkeiten und Erwartungen sowie schließlich auch die nicht sichtbar werdenden Einstellungen zu den von ihm gestellten Fragen.

Hyman und Stember (1949:493) konnten zeigen, dass die Interviewereinstellungen auf unterschiedliche Weise wirken. So tendieren jene Befragten, deren Interviewer die Mehrheitsmeinung hinsichtlich bestimmter Parteipräferenzen vertrat, eher in die entsprechende Richtung. War der Interviewer dagegen ein Vertreter einer Minderheitseinstellung, neigten die Antworten der Befragten in Richtung der Weiß-Nicht Kategorie.

Weitere Analysen (vergleiche Reinecke 1991:132) brachten hervor, dass die Meinungen des Interviewers insbesondere dann wirksam werden, wenn die Priorität des Fragethemas für den Interviewer hoch und für den Befragten niedrig ist und der Interviewer eine konsistente Einstellung besitzt. Interessanterweise konnten Finkel et al. (1991:326) sogar den Einfluss dunkelhäutiger Interviewer auf weißhäutige Befragte in einer telefonischen Umfrage nachweisen.

Der Umfrageforschung stehen auch hier wieder einige Techniken zur Verfügung, um dem Einfluss, der (bewusst und teilweise unbewusst) von der Person des Interviewers auf das Ergebnis einer Befragung ausgeht, zu begegnen. So ist dafür zu plädieren, einen erfahrenen, heterogen zusammengesetzten Interviewerstab mit der Befragung zu beauftragen.

Würde bei einer Befragung von 1.000 Personen lediglich ein Interviewer eingesetzt, so wäre ein besonders starker Einfluss eben jenes Interviewers zu erwarten. Dies stellt damit die schlechteste Lösung dar. Würde man 1.000, von ihren Persönlichkeitsmerkmalen her sehr verschiedene, Interviewer mit der Befragung beauftragen (jeder führt nur ein Interview), so dürfte der Einfluss der unterschiedlichen Persönlichkeitsmerkmale der Interviewer auf die Befragten nur gering ausfallen. Jeder Interviewer hinterlässt auf die Befragten einen anderen Eindruck und diese zahlreichen unterschiedlichen Einflüsse neutralisieren sich schließlich. Aus praktischen Gründen (vergleiche auch Abschnitt 5.2.2) ist jedoch auch ein solches Modell nicht realisierbar. Daher muss bei der Zusammenstellung des Interviewerstabes stets ein Kompromiss eingegangen werden.

Es wird nie gelingen, die von der Person des Interviewers ausgehenden Einflüsse völlig zu neutralisieren. Deshalb sollten die wichtigsten Merkmale des Interviewers zu den jeweiligen Datensätzen hinzugespielt werden. Solche Merkmale sind vor allem das Alter, das Geschlecht und der Bildungsgrad. Aber auch der Zeitraum, in dem ein Interviewer bereits für das jeweilige Erhebungsinstitut tätig ist (als Ausdruck für dessen Erfahrungen) kann bei der Datenanalyse hilfreiche Informationen geben. Zu überlegen wäre, ob nicht der Interviewer zunächst selbst den von ihm im Weiteren zu erhebenden Fragebogen beantwortet. Dann könnten auch die Einstellungen des Interviewers dem Datensatz beigefügt und so kontrolliert werden. Entsprechende Versuche wurden bereits unternommen (vergleiche Krausch 2005).

Fehlverhalten des Interviewers: Die Möglichkeiten des Interviewers, die von ihm zu erhebenden Daten zu beeinflussen, sind vielfältig. Neben dem vollständigen oder partiellen Fälschen von Interviews, ist eine Einflussnahme auf die generelle Teilnahmebereitschaft des Befragten, aber auch auf das Antwortverhalten der Zielpersonen bei einzelnen Fragen nicht auszuschließen.

Bei den von den Interviewern vorgenommenen Fälschungen werden drei Arten unterschieden. Die häufigste dürften erstens Teilfälschungen sein, zweitens können auch Totalfälschungen nicht ausgeschlossen werden. Drittens muss eine Verletzung der Auswahlregeln beim Random-Walk beziehungsweise bei der Bestimmung der Zielperson im Haushalt (vergleiche Abschnitt 5.2) befürchtet werden.

Von Teilfälschungen wird gesprochen, wenn der Interviewer zwar den Zielhaushalt und die Zielperson aufgesucht, jedoch mit ihr nicht das komplette Interview geführt hat. So kann es vorkommen, dass von den Interviewern vor allem Informationen zur demographischen Charakteristik der Zielperson eingeholt werden und dann das Interview relativ schnell beendet wird. So umgeht der Interviewer unangenehme Fragestellungen und gewinnt außerdem Zeit. Die fehlenden Angaben werden von ihm dann nachträglich in den Fragebogen eingetragen, also gefälscht. Experimente haben gezeigt (vergleiche Reuband 1990, Schnell 1991), dass es erfahrene Interviewer vermögen, auf diese Weise den zu erwartenden Randverteilungen relativ nahe zu kommen. Eine Aufdeckung von Teilfälschungen ist bei persönlich-mündlichen Befragungen nur relativ schwer möglich. Einen Ausweg können hier – wie noch näher zu zeigen sein wird – computerunterstützte Interviews (CAPI) bilden.

Bei Totalfälschungen wird das komplette Interview vom Interviewer ohne Kontakt mit der Zielperson selbst ausgefüllt. Das Nachrichtenmagazin DER SPIEGEL (1994, Heft 26, Ohrfeige an der Haustür, S. 41 - 46.) stellte beispielsweise eine solche Praxis anhand eines einzelnen Beispiels öffentlich vor und äußerte die Befürchtung, eine ausreichende Gültigkeit von Umfrageergebnissen sei deshalb prinzipiell nicht gegeben.

Schließlich besteht eine dritte Variante von Fälschungen darin, bei der Auswahl des Zielhaushaltes oder bei der Ermittlung der Zielperson im Zielhaushalt nicht korrekt nach den vorgegebenen Regeln zu verfahren. So mag es sein, dass Interviewer bei ihrem Random-Walk nicht an Grundstücken anhalten, die deutlich vor dem Hunde warnen oder / und zu abgelegen sind und sich vor der Stadt befinden, obwohl diese hätten kontaktiert werden müssen. Ein Verstoß gegen die Regeln wäre es zum Beispiel auch, wenn sich die Interviewer nicht ausreichend erkundigen, ob in einem Krankenhauskomplex nicht auch noch eine private Hausmeisterwohnung existiert.

Zur Vermeidung von Fälschungen setzt die Umfrageforschung verschiedene Mittel ein. Diese funktionieren jedoch unterschiedlich effektiv.

Von den Erhebungsinstituten wird mehr oder weniger routinemäßig die Postkartenmethode zur Interviewerkontrolle eingesetzt. Dabei wird ein bestimmter Teil der Befragten mittels einer Antwortpostkate kontaktiert[11]. Dazu werden die Adressen aus den von den Interviewern erstellten Kontaktbögen herangezogen. Die auf den Postkarten enthaltenen Fragen an die Zielpersonen können variieren. Naheliegend ist es, darum zu bitten, Angaben zu machen darüber, ob ein Interviewer mit der Zielperson ein Interview geführt hat, wie lange dieses ungefähr gedauert hat, welche Themen während des Interviews angesprochen wurden, auf welche Weise der Interviewer die zu befragende Person in Ihrem Haushalt ermittelt hat und so weiter.

---

11 Zwischen dem Auftraggeber und dem Erhebungsinstitut kann eine bestimmte Quote vereinbart werden. Zumeist liegt diese zwischen zehn und 20 Prozent.

Eine Bereitschaft der angeschriebenen Personen eine solche Postkarte zu beantworten vorausgesetzt, ist es prinzipiell möglich auf diese Weise Totalfälschungen aufzudecken. Auch können zeitlich deutlich verkürzte Interviews identifiziert und so auch Teilfälschungen verortet werden. Auswahlfehler, die bei der Ermittlung des Zielhaushalts gemacht worden sind, lassen sich dagegen auf diese Weise kaum feststellen.

Ein besonderes Problem bei dieser Postkartenmethode ist der unvollständige Rücklauf. Eine Nichtbeantwortung der Postkarte kann deshalb in keiner Weise mit einer sicheren Total- oder Teilfälschung gleichgesetzt werden.

Als weitere Möglichkeit zur Verhinderung von Fälschungen gelten eine bessere Bezahlung und eine intensivere Schulung der Interviewer. Die Interviewer verrichten zumeist auf Honorarbasis eine Tätigkeit, die ihnen von den Erhebungsinstituten bei Erfolg, das heißt beim Gelingen des Interviews, bezahlt wird. Nicht honoriert wird in der Regel ein besonders langes Random-Walk, um einen entlegenen Zielhaushalt aufzufinden. Auch das wiederholte Aufsuchen eines zunächst erfolglos kontaktierten Haushalts – freilich ohne zuvor zu wissen, ob der Wiederholungsversuch schließlich zum Ziel führt – wird dem Interviewer nicht in jedem Fall finanziell honoriert. Eine ausführliche persönliche Schulung der Interviewer, die unter anderem über die Bedeutung der Einhaltung der Zufallsauswahl informiert, kann ebenfalls hilfreich sein und die Interviewer zu sorgfältiger Arbeit motivieren.

Gegebenenfalls ist es im Interesse der Qualität einer Befragung, wenn längere Feldzeiten für eine Erhebung vorgesehen werden. So bleibt den Interviewern mehr Zeit, um die Haushalte, auch wiederholt, zu kontaktieren und längerfristig Termine mit den Zielpersonen zu vereinbaren. Auf diese Weise können aus Zeitdruck vorgenommene Fälschungen verhindert werden.

Bereits seit einiger Zeit werden bei Befragungen häufig Laptops benutzt (CAPI-Technik). Auf diesen Geräten ist der Fragebogen gespeichert und die Interviewer können die Antworten der Befragten direkt in den PC eingeben. Bei solchen Befragungen wird es möglich, eine besondere Kontrolle des Ausfüllverhaltens vorzunehmen. Da der Interviewer die Fragen vom Bildschirm seines Laptops vorlesen muss, können die in den Rechnern eingebauten Uhren dazu benutzt werden, um extreme Kurzinterviews, also Teilfälschungen, zu identifizieren.

Auch im Rahmen der Anwendung von telefonischen Befragungen (CATI-Befragungen) ergeben sich besondere Möglichkeiten, um allen Fälschungsarten zu begegnen. So kann durch einen Supervisor verfolgt werden, inwieweit der Interviewer die Rekrutierung der Zielpersonen regelgerecht vornimmt. Dazu schaltet er sich gezielt, während der Kontaktanbahnungsphase, in das Gespräch ein. Weiter sind hier infolge technischer Kontrollen Totalfälschungen nahezu ausgeschlossen. Aufmerksamen Supervisoren sollten auch Teilfälschungen nicht entgehen.

Eine Strategie zur Aufdeckung von Fälschungen stellen Kontrollen auf der Basis von Einwohnermeldeamtsstichproben dar. Hier hat der ALLBUS (vergleiche Abschnitt 5.2.1) einige interessante Erfahrungen erbracht. Die meisten ALLBUS-Untersuchungen der Jahre ab 1994 basierten auf Einwohnermeldeamtsstichproben, die es ermöglichen, den Interviewern den Vornamen und Namen sowie die Adresse der zu befragenden Person vorzugeben. Damit entfallen das Random-Walk und damit alle in diesem Zusammenhang möglichen Fehler.

Zusätzlich können aus den Melderegistern auch das Geschlecht und das Alter der Zielperson ermittelt werden. So besteht die Chance, die Arbeit der Interviewer auf neue Weise zu kontrollieren. Während aus dem Namen der Zielperson, den der Interviewer vorgegeben bekommt, das Geschlecht der Zielperson eigentlich erkenntlich sein sollte, ist ihm dessen Alter unbekannt. Bei einer möglichen Fälschung kann über einen Abgleich zwischen den Daten aus dem Interview und aus dem Melderegister eine solche identifiziert werden. Über die Resultate einer solchen Nachprüfung beim ALLBUS berichtet Koch (1995). Die Ergebnisse sollen kurz referiert werden, nicht zuletzt um zu belegen, dass ein generelles Misstrauen in die Befunde der Umfrageforschung nicht berechtigt ist.

Zunächst wurden aufgrund der Postkartenmethode bereits 15 von etwa 3.500 Interviews als auffällig identifiziert. Bei der sich anschließenden intensiveren Kontrolle wurden aufgrund der Informationen aus den Registern 12 Prozent Abweichungen bei der Angabe des Alters und sogar 0.5 Prozent Abweichungen beim Geschlecht ermittelt. Dies waren absolut 196 Problemfälle, die nun mithilfe weiterer Kontrollen zu untersuchen waren. Dabei wurde mittels Telefon sowie mittels Hausbesuchen nach einer Klärung der Abweichungen gesucht. Tabelle 6.1.19. enthält die dabei gemachten Erfahrungen.

Tabelle 6.1.19: Ergebnisse der Interviewerkontrollen beim ALLBUS 1994, nach Koch (1995)

Aktion	Fälle
Anzahl der insgesamt zu klärenden Fälle	196
Davon waren	
- Nicht ermittelbar	50
Anzahl der damit verbleibenden Fälle	146
Davon waren:	
- Totalfälschungen	45
- Falsche Zielperson im Haushalt befragt	51
- Interviewerfehler bei der Datenaufnahme	31
- Fehler im Einwohnermelderegister	19

Zu verweisen ist darauf, dass alle 15 Totalfälschungen, die bereits mithilfe der Postkartenmethode aufgedeckt wurden, auch mittels dieser Strategie festgestellt werden konnten. Von den im Haushalt falsch befragten Zielpersonen gab es auch Fälle, bei denen Mutter und Tochter beziehungsweise Vater und Sohn den gleichen Vornamen trugen, hier damit also nicht von Interviewerfälschungen, sondern lediglich von Verwechslungen gesprochen werden kann. Als Gesamtbilanz ergibt sich bei dieser Studie, dass sechs Prozent der Interviews als verdächtig einzustufen sind und lediglich drei Prozent als falsch. Dabei ist natürlich in Rechnung zu stellen, dass auf die beschriebene Weise nicht alle Fälschungen zweifelsfrei ermittelt werden konnten.

Fehlerquelle 4: Die Situation und das Umfeld, in der das Interview stattfindet

Nun werden Probleme angesprochen, die aufgrund der Situation, in der eine Befragung stattfindet, beziehungsweise die im Umfeld der Kommunikation auftreten können. *Erstens* spielt der Auftraggeber (Sponsorship) einer Umfrage eine Rolle und *zweitens* ist in Rechnung zu stellen, dass dritte Personen bei der Befragung anwesend sein können. In diesem Fall ist zu fragen, welche Wirkung dies auf das Ergebnis der Befragung hat. Auch ist der Ort, an dem die Befragung vorgenommen wird von Bedeutung. Hier wird davon ausgegangen, dass dies die Wohnung der Zielperson ist.

Sponsorship: Es wird erwartet, dass im Ergebnis einer Befragung der interessierende Sachverhalt, zum Beispiel die Wahlabsicht einer bestimmten Personengruppe, ermittelt wird. Dabei sollte es keine Rolle spielen, im Auftrag welcher Partei eine solche Befragung veranstaltet wird. Das Sponsorship bewirkt jedoch, dass die Ergebnisse einer Befragung nicht nur den erfragten Sachverhalt abbilden, sondern durch den Auftraggeber der Umfrage modifiziert werden.

Bei der Vorbereitung auf das Interview wird den Zielpersonen auch der Auftraggeber der Untersuchung bekannt gegeben. Dabei kann es sich entweder um eine staatliche Stelle, um eine Medienanstalt, um ein wissenschaftliches Institut oder auch um ein privates Unternehmen handeln. Für den Fall, dass der Initiator der Erhebung in der Öffentlichkeit ein polarisierendes Erscheinungsbild aufweist, ist zu erwarten, dass die Zielpersonen ihre Antworten modifizieren. Ein treuer Anhänger einer Gewerkschaft könnte bei seinen Antworten dadurch beeinflusst werden, dass er im Auftrag des Unternehmerverbandes befragt wird. In empirischen Studien (vergleiche Stocké/Becker 2004) konnte ein solcher Effekt nachgewiesen werden.

Mit einer Untersuchung des Instituts für Soziologie der TU Dresden sollte das Erscheinungsbild von Umfragen der Marktwirtschaft und von wissenschaftlichen Umfragen ermittelt werden. Die Frage lautete, ob in der Allgemeinbevölkerung zwischen beiden Umfragearten Unterschiede gesehen werden und, falls dies so ist, worin sie bestehen. Dazu wurde eine zufällig ausgewählte Stichprobe von n = 703 wahlberechtigten und deutschsprechenden Personen befragt[12]. Eine Hälfte der Untersuchungspersonen bekam Fragen vorgelegt, die sich ausdrücklich auf *Umfragen der Marktforschung* bezogen. Die andere Hälfte der Stichprobe wurde (nur) nach ihren Ansichten zu *wissenschaftlichen Umfragen* befragt. Ein Vorteil dieser Vorgehensweise besteht darin, dass die Zielpersonen nicht explizit zu Unterschieden zwischen wissenschaftlichen Erhebungen und Umfragen der Marktforschung Stellung nehmen mussten, sondern lediglich jeweils eine Form zu bewerten haben. Die Unterscheidung zwischen beiden Umfrageformen wird erst bei der Auswertung vorgenommen. Der Technik semantischer Differenziale folgend wurden den Zielpersonen jeweils Eigenschaftspaare präsentiert. Die Aufgabe bestand darin zu sagen, welche Eigenschaft auf die jeweilige Umfrageform eher zutrifft. Das Ergebnis zeigt Tabelle 6.1.20.

Mit Ausnahme des Eigenschaftspaares unbeliebt versus beliebt – sowohl marktwirtschaftliche als auch wissenschaftliche Umfragen gelten im gleichen Maße als nicht sonderlich beliebt – unterscheiden sich beide Befragungsarten bei allen übrigen Eigenschaftspaaren signifikant voneinander. Den wissenschaftlichen Umfragen wird vor allem ein höherer Grad an Seriosität sowie eine größere Gründlichkeit zugeschrieben.

12 Die Erhebung fand im Jahr 2004/05 statt und die Daten dieser Umfrage sind erhältlich unter: http://tu-dres-den.de/die_tu_dresden/fakultaeten/philosophische_fakultaet/is/methoden/prof/forschung/Umfrageforschung.

Tabelle 6.1.20: Umfragen der Marktforschung (unten) und wissenschaftlichen Umfragen (oben) zugeschriebene Eigenschaften

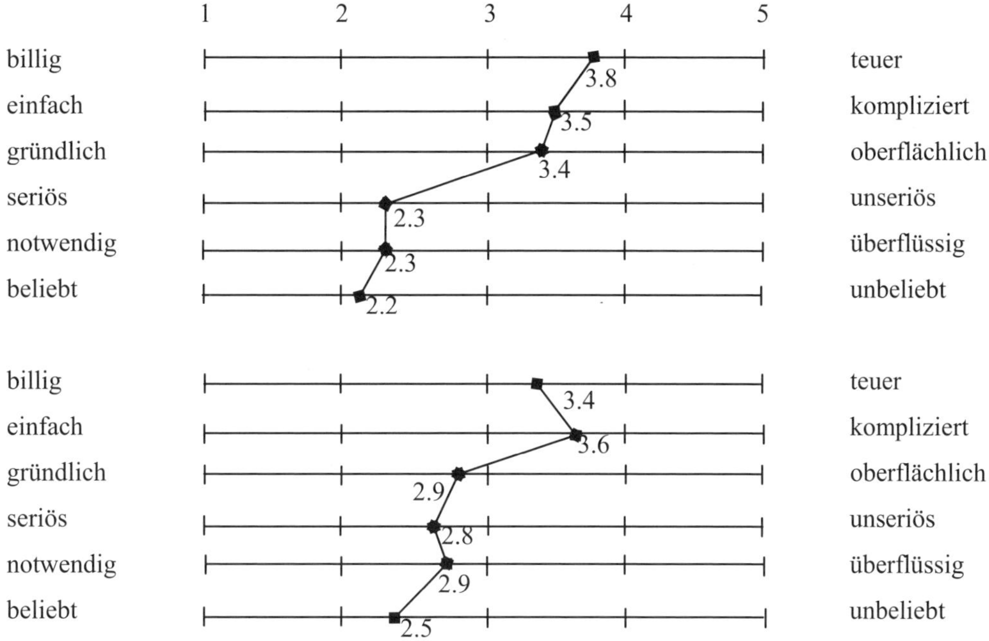

Diese kleine Studie zeigt, dass in der Bevölkerung unterschiedliche Sichtweisen auf die Befragungen verschiedener Auftraggeber existieren. Sie legt damit die Vermutung nahe, dass eine solche Differenzierung auch zu Unterschieden im Antwortverhalten der Zielpersonen führt.

Wirksame Gegenmittel, die den Einfluss des Auftraggebers einer Umfrage auf das Befragtenverhalten neutralisieren, sind schwierig zu finden. Die Forschungsethik sowie die Bestimmungen des Datenschutzes verlangen eine ausreichende Und korrekte Information der Zielpersonen über den Umgang mit den von ihnen gegebenen Antworten, sodass es für eine ehrliche Angabe keine Alternative gibt (vergleiche Abschnitt 4.9).

Nicht verzichtet werden darf und sollte auf Pretests (vergleiche Abschnitt 8), um zumindest den Umfang des Sponsorship auf das Antwortverhalten der Befragten aufzudecken. Replikationen von Studien bieten die Möglichkeit, die Stärke des Effekts zu ermitteln. Schließlich ist zu fordern, bei der Interpretation von Daten einer Befragung auch auf den Auftraggeber der jeweiligen Untersuchung zu verweisen.

Anwesenheit Dritter: Persönlich-mündliche Interviews sollten nach Möglichkeit nicht in Anwesenheit Dritter geführt werden. Selbst wenn mit anwesende Personen nicht direkt in den Verlauf des Interviews eingreifen, so bewirken sie doch eine besondere Form sozialer Kontrolle des Antwortverhaltens der befragten Person (vergleiche zum Beispiel Hartmann 1995, Reuband 1992, Lunsford/Ruszkiewicz 2000). In Schulungen können die Interviewer zwar auf diese Tatsache hingewiesen und dazu aufgefordert werden, Interviews möglichst nicht in Anwesenheit Dritter zu führen, in der Praxis wird es sich jedoch nur bedingt vermeiden lassen, dass etwa Familienmitglieder bei einer persönlich-mündlichen Befragung mit anwesend sind.

Es gilt: Wenn sich eine solche Situation nicht vermeiden lässt, so sollte sie zumindest dokumentiert werden. Auch hier ist auf den ALLBUS zu verweisen. Dessen Datensätze enthalten Informationen darüber, ob eine dritte Person beim Interview anwesend war, um wen es sich handelte und auch, ob diese Person in den Verlauf des Interviews eingegriffen hat. In der Erhebung von 1998 waren immerhin 28 Prozent der Interviews in Anwesenheit Dritter geführt worden. Eine sehr ähnliche Zahl (26 Prozent) berichtet Mohr (vergleiche 1986:67) vom 1984 erhobenen Wohlfahrtssurvey. Diese Angaben ermöglichen es jedoch, den Einfluss dritter Personen bei der Auswertung zu kontrollieren. Zugleich verdeutlichen beide Zahlen das beträchtliche Ausmaß dieses Problems.

Als relativ wirksames Gegenmittel kann eine telefonische Befragung angesehen werden. Zwar ist auch hier die Anwesenheit Dritter nicht auszuschließen, jedoch dürfte deren Einfluss auf das Antwortverhalten geringer ausfallen (vgl. dazu auch Häder/Kühne 2009).

- Die Fragebogengestaltung bei einem Interview

Ein gut gestalteter Fragebogen erleichtert dem Interviewer die Arbeit, hinterlässt beim Befragten einen positiven Eindruck von der Umfrageforschung und liefert dem Sozialwissenschaftler belastbare Informationen. Nun soll ausführlicher auf die Fragebogengestaltung eingegangen werden. Unter anderem sind bei der Konstruktion des Fragebogens die Reihenfolge der Fragen festzulegen und das Layout zu entwerfen. Für diese Schritte existieren einige Hinweise und Regeln, die zuerst dargestellt werden. Danach wird auf die verschiedenen Fragetypen eingegangen. Schließlich geht es um die unterschiedlichen Vorgaben, mit denen die Antworten der Zielpersonen registriert werden können.

Aller Anfang falle schwer, behauptet ein Sprichwort. Dies mag auch bei der Konstruktion eines Fragebogens für dessen Entwickler zutreffen, der noch vor einem weißen Blatt Papier sitzt. Für die Zielperson, der der Fragebogen dann vorgelegt wird und die nun die Fragen beantworten soll, sollte sich das Sprichwort nach Möglichkeit jedoch nicht bewahrheiten.

Fragen zum Anwärmen

Am Anfang eines Fragebogens sollte mit Warming-Up Fragen eine gute Interviewatmosphäre geschaffen werden. Als Fragen zum Anwärmen eignen sich solche, die für die Zielperson besonders interessant und zugleich leicht zu beantworten sind. Somit scheiden Fragen etwa nach dem Alter (zu langweilig) oder nach dem Haushaltsnettoeinkommen (zu schwierig) zu Beginn aus. Auch sollten die zuerst gestellten Fragen bereits zu jenem Themenkomplex gehören, auf den die Befragung insgesamt zielt. Auf diese Weise werden das Interesse und die Neugierde bei den Zielpersonen geweckt beziehungsweise befriedigt. Damit sind demographische Fragen als Einstieg in eine Umfrage nicht geeignet. Der Befragte kennt seinen Familienstand, will aber nun etwas über die von ihm im Rahmen des Interviews erwarteten Auskünfte wissen.

Aus psychologischer Sicht sollte beim Einstieg in die Befragung auch auf Fragen verzichtet werden, bei denen eine Antwort Nein lauten könnte. Solche Nein-Antworten verursachen, wie oben bereits gezeigt, bei bestimmten Befragten höhere kognitive Anstrengungen und können damit demotivierend für die gesamte Befragung wirken.

Schließlich sollten zu Beginn eines Interviews nur Fragen gestellt werden, die für alle Befragten relevant sind. So ist es nicht sinnvoll, eine allgemeine Bevölkerungsbefragung beispielsweise mit Fragen nach der Partnerschaft zu beginnen, selbst wenn man diese Art von Fragen als für den Interviewten besonders interessant interpretieren könnte. An dieser Stelle würde man bei allein lebenden Personen Trifft-Nicht-Zu (TNZ) Antworten provozieren. Auch diese könnten zu Beginn der Befragung demotivierend wirken und beispielsweise bei der Zielperson die Vorstellung wecken, die Untersuchung richte sich an einen exklusiven Personenkreis, zu dem sie selbst (leider?) nicht zählt.

Oben (vergleiche Abschnitt 4.2) wurde das Dresdner Notwehr-Projekt vorgestellt. Im Rahmen einer telefonischen Befragung lautete hier die erste Frage wie folgt:

> „Zu Beginn werden Ihnen einige Situationen vorgestellt, in denen Menschen sich mit eigenen Mitteln zur Wehr setzen. Ich möchte Sie darum bitten mir jeweils zu sagen, wie Sie das Verhalten der jeweiligen Person bewerten.
> Eine Frau steht in der letzten freien Parklücke, um diese für das Auto ihres Mannes zu reservieren. Ein Autofahrer fordert sie dazu auf, ihm Platz zu machen, anderenfalls werde er auf sie zufahren. Die Frau bleibt stehen, da sie davon ausgeht, ein Recht auf die Parklücke zu haben. Der Autofahrer drückt sie daraufhin mit seinem Wagen aus der Parklücke. Die Frau erleidet dadurch Abschürfungen. Wie bewerten Sie das Verhalten des Autofahrers. Halten Sie sein Verhalten für gerechtfertigt oder nicht?“

Die Entwickler des Fragebogens erhofften sich, dass diese Einstiegsfrage für die Zielperson sowohl leicht zu beantworten ist, als auch bereits deutlich auf die weiteren zu beantwortenden Sachverhalte hinführt.

Anspruchsvolle und schwierig zu beantwortende Fragen

Eine weitere Maxime bei der Zusammenstellung der Fragen eines Fragebogens lautet, die wichtigsten Fragen in den vorderen Teil des Fragebogens, also nach Abschluss einer gewissen Anwärmphase, zu platzieren. Dem liegt der Gedanke zugrunde, dass mit den ersten Fragen ein Vertrauensverhältnis zwischen dem Interviewer und der Zielperson aufgebaut wird und zugleich die Befragung von der Zielperson noch nicht als anstrengend empfunden wird. Auf diese Weise kann man verhindern, dass das Interview bereits durch Ermüdung der Zielperson belastet wird.

Die Neugierde, das Interesse und die Aufmerksamkeit, mit der eine Zielperson der Befragung folgt, dürften zu Beginn des Interviews am größten sein. Eine gewisse Spannung, welchen weiteren Verlauf die Befragung nehmen wird, kann unterstellt werden. Zugleich ist jedoch der Grad an Ermüdung und Frustration zu diesem Zeitpunkt – so ist zu hoffen – noch nicht besonders stark. Die Routine und auch die Ermüdung nehmen dann – nicht zuletzt in Abhängigkeit von der Thematik der Befragung und von der Konstitution der Zielperson – in Verlauf des Interviews zu. Nach einer gewissen Zeit dürfte zudem die Neugierde gestillt sein und das Interesse am weiteren Verlauf des Interviews nimmt dann ebenfalls ab.

Weitere Empfehlungen

- Sensible, eventuell einen Abbruch der Befragung durch die Zielperson provozierende Fragen sollten zum Schluss des Interviews gestellt werden. So werden beispielsweise Einkommensfragen in der Regel kurz vor oder direkt am Ende eines Interviews platziert.
- Der Teil des Fragebogens, der die demographischen Informationen über die Zielperson ermittelt, sollte an den Schluss der Befragung gestellt werden. Demographische Fragen sind für die Zielperson nicht interessant. Zugleich dürfte deren Beantwortung keine zu nachhaltigen kognitiven Prozesse erfordern, sodass sie selbst bei einer gewissen Ermüdung von den Zielpersonen noch leicht beantwortet werden können.
- Im Fragebogen sollten bei Bedarf Filterfragen eingesetzt werden. Diese haben die Funktion, die Zielpersonen über Fragen hinweg zu leiten, die für sie nicht zutreffen. Damit wird verhindert, dass den Befragten überflüssige Fragen gestellt werden und sie damit zu schnell die Motivation an der weiteren Teilnahme verlieren.
- Der Fragebogen sollte so konzipiert werden, dass mögliche Fragereihenfolgeeffekte (siehe oben) vermieden werden. Besteht die Vermutung, dass es solche Effekte in einem Fragebogen geben könnte, so können Splitvarianten vorgesehen werden. Dabei wird die Population der Befragten zufällig geteilt. Beide Hälften werden mit Fragebögen konfrontiert, deren Sukzession sich unterscheidet. So kann bei der Datenauswertung ermittelt werden, ob Reihenfolgeeffekte aufgetreten sind. Eine andere Variante stellt die Nutzung von Kartenspielen dar. Diese mischt der Interviewer vor jeder Befragung. Damit bekommen die Zielpersonen die Fragen in jeweils unterschiedlicher Reihenfolge zur Bewertung vorgelegt. So wird vermieden, dass es zu einer systematischen Ausstrahlung kommt.
- Der Fragebogen ist in inhaltliche Themenkomplexe zusammenzufassen. Ähnlich wie bei einer alltäglichen Kommunikation, bei der sukzessive verschiedene Themen besprochen und danach gewechselt werden, ist auch ein Fragebogen zu konstruieren. Falsch wäre es, die Fragen nach dem Zufallsprinzip anzuordnen. Mit Überleitungssätzen können die Übergänge zum nächsten Fragenkomplex gestaltet werden. Solche Überleitungstexte sind auch geeignet, um das Ausstrahlen von Fragen (siehe oben) zu reduzieren.
- Das Layout des Bogens sollte interviewerfreundlich gestaltet sein. Die Fragen sind leicht ersichtlich anzuordnen, es sind klare Anweisungen an den Interviewer zu richten. Ein mehrfarbiger Druck erhöht unter Umständen die Übersichtlichkeit des Fragebogens.
- Die Fragebögen sollten nicht zu lang sein. Selbst wenn die Zielpersonen dazu bereit sein sollten, auch eine sehr lange Befragung zu absolvieren, so lässt themen- und konditionsabhängig die Aufmerksamkeit im Verlauf der Befragung nach. Eine empirisch fundierte Richtzeit kann nicht angegeben werden. Eine persönlich-mündliche Befragung sollte erfahrungsgemäß nicht deutlich länger als eine Stunde dauern. Zu lange

Studien strapazieren unnötig die Geduld der Befragten und schaden dem Ansehen der Umfrageforschung in der Öffentlichkeit.

- Der Fragebogen ist mithilfe von Pretests einer Tauglichkeitsprüfung zu unterziehen (vergleiche dazu Abschnitt 8).
- Durch die Interviewer sind Kontaktprotokolle zu führen sind. Diese enthalten für Kontrollzwecke vor allem Angaben zum Zielhaushalt und zur Zielperson. Auch eine Charakteristik des jeweiligen Interviewers, beispielsweise dessen Geschlecht, Bildungsstand und Alter sollten aus den oben genannten Gründen dem Datensatz zu den Antworten der Zielperson hinzugefügt werden.

Fragetypen und Antwortvorgaben

Für die Frageformulierung sollen einige Regeln vorgestellt werden. Der englische Begriff Wording wird häufig benutzt, um diesen Arbeitsschritt zu benennen.

- Es sind kurze, verständliche und hinreichend präzise Formulierungen zu benutzen. Dies kann ein Widerspruch in sich sein, da verständliche Formulierungen in der Regel ausführlicher und damit wiederum länger ausfallen. Es muss damit zwischen beiden Ansprüchen optimiert werden. Auf Fremdworte ist in Bevölkerungsbefragungen zu verzichten. Bestimmte Begriffe, wie etwa Haushaltsnettoeinkommen, sollten den Zielpersonen erklärt werden.
- Anbiederungen an die Zielperson sowie die Benutzung von Dialekt sollten, um den wissenschaftlichen Charakter der Befragung zu unterstreichen, ebenfalls vermieden werden.
- Doppelte Verneinungen sind sowohl im Fragetext selbst als auch zwischen dem Fragetext und den Antwortvorgaben nach Möglichkeit gleichfalls zu vermeiden. Sie verursachen beim Befragten unnötig hohe Kosten beim Verständnis der Frage.
- Die Antwortkategorien sollten disjunkt, sowie außerdem erschöpfend und präzise sein. Begriffe wie häufig, manchmal, etwas und selten sind unscharfe Begriffe und damit nur wenig für Befragungen geeignet.
- Stark wertbesetzte Begriffe sind zu vermeiden. Dazu zählen etwa Ausdrücke wie Freiheit, Gerechtigkeit, Verbrechen, Kommunist, Boss und Bürokrat.
- Mehrdimensionalität ist bei der Entwicklung der Antwortvorgaben ebenfalls zu umgehen (vergleiche auch Abschnitt 4.3). Fragen, die Aufzählungen mit mehreren gleichzeitig zu bewertenden Sachverhalten enthalten (Wie zufrieden oder unzufrieden sind Sie mit A, B und C?), sind mehrdimensional und damit untauglich.
- Indirekte Fragen sollten nur unter bestimmten Bedingungen bei einer Befragung zum Einsatz kommen. Indirekte Fragen sind solche, die den eigentlich interessierenden Sachverhalt vermittelt über einen anderen eruieren. Bei einigen Sachverhalten kann es aber, beispielsweise zur Vermeidung sozial erwünschten Antwortverhaltens, angebracht sein, auch indirekt zu fragen. So liefert die Frage nach der Anzahl der pro Jahr vergebenen Geburtstagsgeschenke einen Hinweis auf die soziale Isolation beziehungsweise Integration einer Person. Für den Fall, dass der Zusammenhang zwischen der Anzahl an Geburtstagsgeschenken und der sozialen Isolation theoretisch gesichert ist, kann aber eine entsprechende Frage gestellt werden.

- Suggestivfragen sind nicht für Umfragen tauglich. Fragen können bereits eine suggestive Wirkung erzielen, wenn im Fragetext nur eine Antwortmöglichkeit benannt wird. Dies zeigt das folgende, in Abbildung 6.1.21 enthaltene, Beispiel.

Abbildung 6.1.21: Zwei Varianten einer Fragestellung. (Noelle-Neumann 1996)

Variante		Zustimmung
A	Finden Sie, dass in einem Betrieb alle Arbeiter in der Gewerkschaft sein sollten?	36 Prozent
B	Finden Sie, dass in einem Betrieb alle Arbeiter in der Gewerkschaft sein sollten, oder muss man es jedem einzelnen überlassen, ob er in der Gewerkschaft sein will oder nicht?	14 Prozent

In einem doppelseitigen Artikel berichtete die Wochenzeitung DIE ZEIT über empirische Befunde zum Nationalen Seelenzustand der Deutschen (vergleiche Bittner 2002:10f.). Der Aufsatz zeichnet sich positiv dadurch aus, dass man nicht nur über die in der Befragung ermittelten Randverteilungen, sondern auch über den exakten Fragetext informiert wird. Die entsprechenden Indikatoren im Komplex Ausländer zeigt die Abbildung 6.1.22.

Abbildung 6.1.22: Fragetexte einer Umfrage (Bittner 2002)

- Es leben zu viele Ausländer in Deutschland.
- Die vielen ausländischen Kinder in der Schule verhindern eine gute Ausbildung der deutschen Kinder.
- Die in Deutschland lebenden Ausländer sollten sich ihre Ehepartner unter ihren eigenen Landsleuten auswählen.
- Wenn Arbeitskräfte knapp werden, sollte man die in Deutschland lebenden Ausländer wieder in ihre Heimat zurück schicken.

Aus der Sicht des Methodikers muss aufgrund der – unabhängig vom Inhalt der Frage – zu erwartenden Ja-Sage Tendenz mit einer hohen Zustimmung zu allen Fragen gerechnet werden. Diese Zustimmungstendenz dürfte noch dadurch verstärkt werden, dass die Texte nicht ausbalanciert sind, also beide möglichen Antwortpole enthalten (vergleiche auch das in Abbildung 6.1.21 gezeigte Beispiel) und damit deutlich suggestiv wirken. Die Ergebnisse der Befragung fielen dann wie zu erwarten aus. Sie sorgten bei methodisch weniger erfahrenen Personen aber für eine Überraschung. Die Journalisten sahen sich dazu veranlasst, den Bundestagspräsidenten um eine Stellungnahme zu den empirischen Befunden zu bitten. (vergleiche: Der Ellenbogen wird zu wichtig, ZEIT-Gespräch mit dem Bundestagspräsidenten über die Ergebnisse der Studie in der gleichen Ausgabe.)

- Es wird vor allem bei Fragen die den Einstellungen von Personen gelten, empfohlen, eine unterschiedliche Polung der einzelnen Items vorzunehmen. Die Fragen sind zu balancieren, um einer Zustimmungstendenz vorzubeugen. Als Beispiel soll eine Itembatterie zur Rolle der Frau aus dem ALLBUS 2000 gezeigt werden (vergleiche Abbildung 6.1.23). Bestimmte Vorgaben (B, C und D) zielen hier auf ein eher traditionelles Rollenbild der Frau, andere (A und E) auf ein eher modernes.

Abbildung 6.1.23: Statements der Frage 4 aus dem ALLBUS 2000

A	Eine berufstätige Mutter kann ein genauso herzliches und vertrauensvolles Verhältnis zu ihren Kindern finden wie eine Mutter, die nicht berufstätig ist.
B	Für eine Frau ist es wichtiger, ihrem Mann bei seiner Karriere zu helfen, als selbst Karriere zu machen.
C	Ein Kleinkind wird sicherlich darunter leiden, wenn seine Mutter berufstätig ist.
D	Es ist für alle Beteiligten viel besser, wenn der Mann voll im Berufsleben steht und die Frau zu Hause bleibt und sich um den Haushalt und die Kinder kümmert.
E	Es ist für ein Kind sogar gut, wenn seine Mutter berufstätig ist und sich nicht nur auf den Haushalt konzentriert.
F	Eine verheiratete Frau sollte auf eine Berufstätigkeit verzichten, wenn es nur eine begrenzte Anzahl von Arbeitsplätzen gibt, und wenn ihr Mann in der Lage ist, für den Unterhalt der Familie zu sorgen.

- Die Zielpersonen dürfen bei der Antwortsuche nicht überfordert werden, ansonsten tendieren sie dazu, Heuristiken zu nutzen und lediglich eine irgendwie plausible Antwort zu geben. Als Beispiel für eine völlig ungeeignete Frage könnte die folgende stehen: Wie breit und wie lang ist Ihr Wohnzimmer und wie viele Quadratmeter groß ist dieser Raum?
- Motivfragen und Fragen nach Sachverhalten, die bereits längere Zeit zurück liegen – die Recallfragen – sind ebenfalls aufgrund des hohen kognitiven Anspruchs an die Beantworter nach Möglichkeit nicht in das Frageprogramm aufzunehmen. Der Einsatz solcher Indikatoren erbringt in der Regel nur Meinungsäußerungen beziehungsweise Vermutungen über die eigene Motivlage beziehungsweise zum betreffenden Fakt.
- Bei Bedarf sollten Weiß-Nicht Kategorien und andere Sonderantworten wie Trifft-Nicht-Zu eingefügt werden (siehe oben). Immerhin motivieren solche Antwortmöglichkeiten die Befragten dazu, diese dann auch zu wählen.
- Das Problem, ob bei einer Fragestellung den Befragten eine Skala mit Mittelpunkt, das heißt mit einer ungeraden Anzahl an Antwortvorgaben, oder eine Skala ohne Mittelpunkt, also mit einer geraden Anzahl an Antwortvorgaben vorgelegt werden soll, ist schwierig zu beantworten und wird – wie bereits angedeutet – kontrovers diskutiert. So wird vermutet, dass einige Zielpersonen die mittlere Antwortstufe als neutral beziehungsweise als Weiß-Nicht Kategorie interpretieren. Fehlt diese Vorgabe, so wird eine Antwort auf die entsprechende Frage dann häufiger verweigert (vergleiche Porst 2000).

Im ALLBUS 1998 waren folgende, in Tabelle 6.1.24 gezeigte, Fragen zu persönlichen Einstellungen enthalten.

Tabelle 6.1.24: Fragen des ALLBUS 1998, die mit Antwortvorgaben mit unterschiedlich vielen Skalenpunkten versehen waren

Thema	Vorgelegte Liste, Karten	Variablen	Skalentyp
Persönliche wirtschaftliche Lage heute	1	1	5
Allgemeine wirtschaftliche Lage zukünftig	1	1	5
Persönliche wirtschaftliche Lage zukünftig	2	1	5
Allgemeine wirtschaftliche Lage Zukunft	2	1	5
Wichtigkeit verschiedener Lebensbereiche	Kartenspiel	8	7
Musikgeschmack	5	5	5
Wichtigkeit Zeitungsinformation	8	1	7
Wichtigkeit TV für Informationen	8	1	7
Wichtigkeit persönlicher Gespräche zur Erlangung von Informationen	8	1	7
Einflussmöglichkeiten auf Politik	Kartenspiel	11	7
Politikverdrossenheit	9	6	4
Politisch aktiv	10	7	4
Demokratiezufriedenheit	11	1	6
Zufriedenheit mit der Bundesregierung	11	1	6
Soziale Unterschiede	12	3	4
Situation alte neue Bundesländer	15	9	4

Für die Beantwortung kamen verschiedene Skalen zum Einsatz. Nun lässt sich zeigen, ob sich die behauptete Tendenz nachweisen lässt. In Tabelle 6.1.25 wird dazu die Frageanzahl pro Skalentyp zusammengefasst.

Tabelle 6.1.25: Im ALLBUS 1998 benutzte Skalen nach der Anzahl der vorgegebenen Antwortvorgaben

Antwortstufen	Anzahl an Fragen
Fünf	9
Sieben	22
Anzahl an Fragen mit ungerader Zahl an Antwortstufen	31
Vier	25
Sechs	2
Anzahl an Fragen mit gerader Anzahl an Antwortstufen	27

Im Weiteren wurden alle Variablen umkodiert. Hat die Zielperson die jeweilige Frage beantwortet, erfolgte also eine Einordnung in die Skala, wurde der Wert Eins vergeben. Ist die Frage nicht beantwortet worden, der Wert Null. Null wurde auch vergeben, wenn Weiß Nicht oder Keine Angabe beziehungsweise verweigert angegeben worden ist. Bei der folgenden Indexbildung kam es zur Addition der umkodierten Variablen dividiert durch die jeweilige Anzahl an Fragen. Der Index – arithmetischer Mittelwert – wurde für alle Variablen mit geraden beziehungsweise ungeraden Skalenpunkten gebildet (vergleiche Tabelle 6.1.26).

Tabelle 6.1.26: Mittelwerte der gebildeten Indices

	N	Mittelwert	Standardabweichung	Minimum	Maximum
Gerade Skalen	3.234	.95	.11	.11	1
Ungerade Skalen	3.234	.99	.05	.48	1

Der Wilcoxon-Test (vergleiche Brosius 2002:827f.) ergab nun ein statistisch signifikantes Ergebnis, wonach bei der Vorgabe einer geraden Anzahl von Kategorien häufiger die Frage nicht beantwortet wird als im Vergleich zu Fragen, bei denen eine ungerade Anzahl an Antwortmöglichkeiten vorgesehen ist. Damit bestätigt sich die oben gemachte Annahme.

- Viele der genannten Regeln gelten nur unter bestimmten Bedingungen. Letztlich muss sich im Pretest entscheiden, ob der Fragebogen funktioniert.

Beim ZUMA – heute GESIS Leibnitz-Institut für Sozialwissenschaften – ist eine Sammlung mit allen bisher im ALLBUS und im International Social Survey Programme (ISSP) eingesetzten Skalen erstellt worden (vergleiche Prüfer et al. 2003). Diese sowie das Buch von Faulbaum, Prüfer und Rexroth (2009) können bei der Konstruktion eigener Fragen eine hilfreiche Unterstützung sein.

Die schriftliche Befragung

In diesem Abschnitt werden anhand einer Online-Recherche einleitend die vielfältigen Anwendungsmöglichkeiten schriftlicher Befragungen gezeigt. Dazu werden die Ergebnisse einer Recherche in der Datenbank SOWIPORT vorgestellt. Diese Datenbank ist ein kooperatives Angebot der Bertelsmann Stiftung, des Deutsches Zentrums für Altersfragen, des Deutsches Zentralinstituts für soziale Fragen, der Friedrich-Ebert-Stiftung, der GESIS, der Universitäts- und Stadtbibliothek Köln und des Wissenschaftszentrum Berlin für Sozialforschung gGmbH. Hier bekommt man Aufschluss über aktuelle Forschungszusammenhänge, in denen schriftliche Befragungen zum Einsatz gebracht werden. Im Anschluss daran geben auch die Jahresberichte des ADM Auskunft über den Einsatz schriftlicher Umfragen. Danach werden die verschiedenen Varianten schriftlicher Befragungen vorgestellt, die Möglichkeiten und Grenzen dieser Vorgehensweise diskutiert sowie Regeln und Empfehlungen für die Anwendung dieses Instruments aufgezeigt.

- SOWIPORT-Recherche

Mithilfe einer online SOWIPORT-Recherche[13] können Projekte ausgemacht werden, die gemeldet wurden und bei denen das Stichwort „Postalische Befragung" in der Projektbeschreibung enthalten ist. Eine solche Suche ergab im Frühjahr 2009 148 Treffer, 20 Studien datieren aus der Zeit seit 2006. Es zeigt sich dabei, dass postalische Befragungen gegenwärtig für die Untersuchung sehr unterschiedlicher Themen eingesetzt werden. Dies ergibt ein Überblick zu jenen sozialwissenschaftlichen Forschungszusammenhängen, bei denen postalische Befragungen zum Einsatz kommen:

1. Postalische Befragungen können sowohl an *private Einzelpersonen* als auch an *Einrichtungen* gerichtet sein. Ein Beispiel für die Befragung einzelner Personen ist die Untersuchung von 14 bis 17-jährigen Jugendlichen, die in Filderstadt wohnen zu ihrem Freizeitverhalten, welche Angebote von ihnen genutzt oder auch vermisst werden, welche Probleme Jugendliche haben und wie sie die Arbeit des Jugendgemeinderates einschätzen (Freiburger Institut für Angewandte Sozialwissenschaft). Die Befragung von 581 Seniorenwohnanlagen mit dem Schwerpunkt betreutes Wohnen betraf die Probleme hochaltriger Personen, mit dem Risiko an einer Demenz zu erkranken (Gerontologische Forschungsgruppe an der Forschungsstelle für Pädagogische Psychologie und Entwicklungspsychologie) Sie stellt eine Anwendungen postalischer Befragungen bei Institutionen dar.
2. Gut geeignet erscheinen postalische Befragungen für *Absolventenstudien.* Beispiele sind eine Befragung von Public Health-Absolventinnen und –absolventen zum beruflichen Verbleib und zur beruflichen Situation (TU Berlin) sowie eine Befragung von Absolventen zu den Einflussgrößen auf Studienerfolg, zu Stellensuche und zum Einkommen von Sozialwissenschaftlern (Universität Erlangen-Nürnberg).
3. Die postalische Befragung wendet sich in einer Reihe von Projekten auch an andere teilweise sehr *spezielle Populationen.* Als Beispiele sollen genannt werden: eine Befragung ehemaliger Stipendiaten der DFG über Wissenschaft und Karriere Lebenslage Betreuter (Universität Kassel, Wissenschaftliches Zentrum für Berufs- und Hochschulforschung) sowie eine Befragung von Pflegedienst-Mitarbeitern zu Veränderungen in der ambulanten Pflege (Institut für Gesundheitsanalysen und soziale Konzepte Berlin).
4. Die Methode der postalischen Befragung wird genutzt für Erhebungen bei der *Allgemeinbevölkerung in räumlich abgegrenzten Gebieten.* Die Befragung von Einwohnern verschiedener Städte zur kommunalen Kriminalprävention (Universität Heidelberg) sowie eine Partnerbefragung zur sozialen Situation von gemischtkonfessionellen Ehepaaren im Raum Niedersachsen mit Schwerpunkt Weser-Ems (Universität Oldenburg) sind dafür Beispiele.

- ADM-Jahresbericht

Den Jahresberichten der ADM-Institute folgend muss von einem deutlich schwankenden Anteil dieser Administrationsform gesprochen werden. Einen genauen Überblick vermittel-

13 Vergleiche: http://www.sowiport.de/ zuletzt besucht am 20.03.2009

te bereits oben die Tabelle 6.1.1 im Abschnitt 6.1.1. Danach wurden zu Beginn des Jahrhunderts von den genannten Instituten in Deutschland etwa 20 Prozent der quantitativen Interviews postalisch durchgeführt, danach ist die Tendenz deutlich rückläufig. Dafür wird die Substitution dieser Befragungsform durch Online-Interviews verantwortlich gemacht[14].

Schriftlichen Befragungen wird von einigen Autoren ein Comeback im Methodenarsenal der Empirischen Sozialforschung bescheinigt (Diekmann 2004:439). So ist zumindest festzustellen, dass sich postalische Befragungen zumindest einer konstanten Aufmerksamkeit erfreuen. Die Ursachen für diese Situation liegen in einigen besonderen Möglichkeiten, die postalische Befragungen bieten. So dürfte es aufgrund der gewachsenen Kriminalitätsfurcht – vor allem in Großstädten – zu einer Vermeidung von Kontakten mit unbekannten Personen (Interviewern) und damit zu sinkenden Ausschöpfungsquoten kommen. Dies gilt sowohl bei persönlich-mündlichen Befragungen als auch bei telefonischen Interviews. Auch die insgesamt gestiegenen Kosten bei solchen Erhebungen können für diesen Trend verantwortlich gemacht werden.

Im ADM Jahresbericht für 2001 wird auf einen weiteren Aspekt aufmerksam gemacht: „Mit einem Anteil von 28 Prozent hat die Bedeutung schriftlicher Interviews im Jahr 2001 weiter zugenommen. Das dürfte in erster Linie auf die zahlreichen Untersuchungen zur Kundenzufriedenheit zurückzuführen sein, die häufig als schriftliche Befragung durchgeführt werden.“ (ADM 2002:10f.)

Auch bei den von der Deutschen Forschungsgemeinschaft (DFG) geförderten sozialwissenschaftlichen Projekten besitzen dieser Quelle zufolge mit 57 Prozent die postalischen Befragungen einen auffällig hohen Stellenwert, bei 53 Prozent der Forschungsvorhaben werden solche Einzelinterviews eingesetzt (zitiert nach Klein/Porst 2000:4).

- Varianten schriftlicher Befragungen

Die Vorgehensweise bei schriftlichen Befragungen ist vielfältig. Von einer schriftlichen Befragung soll immer dann gesprochen, wenn der Fragebogen von der jeweiligen Zielperson selbst (schriftlich) ausgefüllt wird. Dies kann mit einem gewissen Variantenreichtum erfolgen. So bieten sich als Vorgehensweisen an:

- Der Fragebogen wird von einem Interviewer der Zielperson übergeben und entweder von ihm auch wieder abgeholt oder per Post an den Veranstalter der Befragung gesandt. Der große Vorteil eines solchen Vorgehens besteht in der Möglichkeit, den Fragebogen beim Abholen auf Vollständigkeit kontrollieren zu können, der Nachteil resultiert aus dem immensen Aufwand, der mit dieser Strategie verbunden ist. Beispiele für diese nicht all zu häufig benutzte Vorgehensweise waren die Volkszählungen des Statistischen Bundesamtes, die letzte im Jahr 1987.
- Der Fragebogen wird den Zielpersonen oder den Zielhaushalten per Post zugestellt, hier dann selbständig ausgefüllt und ebenfalls per Post wieder an das Erhebungsinstitut zurückgesandt. Diese Vorgehensweise wird auch als Mail-Survey oder postalische Be-

14 Vgl. http://www.adm-ev.de/pdf/Jahresbericht_04.pdf; Seite 15, aufgerufen am 20.03.2009

fragung bezeichnet. Eine solche Strategie wird teilweise fälschlich als Synonym für die schriftlichen Befragungen überhaupt gebraucht.

- Der Fragebogen wird im Rahmen einer klausurähnlichen Situation, das heißt von einer Gruppe unter Aufsicht ausgefüllt. Hier liegt der Vorteil vor allem in der Kontrolle der Erhebungssituation. Die Evaluation der Lehre im Rahmen einer Studentenbefragung, die in einem Hörsaal stattfindet, ist ein relativ häufig praktiziertes Beispiel für eine solche Vorgehensweise. Auch die PISA-Studie wurde so bei Schülern in Klassen erhoben.
- Es wird bei der schriftlichen Befragung teilweise eine Kombination verschiedener Formen der Administration benutzt. Dabei kann die Zielperson zunächst durch einen Interviewer aufgesucht und befragt werden. Im Anschluss an die Face-to-face Befragung übergibt der Interviewer den schriftlich zu bearbeitenden Fragebogen und versucht, die Zielperson dazu zu motivieren, diesen ebenfalls auszufüllen. Eine solche Vorgehensweise wird auch als Drop-off bezeichnet. Als Beispiel für diese Kombination können der ALLBUS als eine Face-to-face Studie und die Befragungen im Rahmen des International Social Survey Programme (ISSP) als ein Selbstausfüller genannt werden.
- Eine andere Art der Kombination von schriftlicher und mündlicher Befragung sieht vor, dass innerhalb einer PAPI- oder CAPI-Studie einzelne Abschnitte vom Interviewten selbst schriftlich zu bearbeiten sind. Der erhoffte Vorteil dieser Strategie liegt im höheren Grad an Anonymität eines solchen Vorgehens. Benutzt wird diese Art der Kombination vor allem bei heiklen Fragen, wobei der schriftlich von den Zielpersonen bearbeitete Teil der Befragung dann in der Regel in einem verschlossenen Briefumschlag an den Interviewer übergeben wird.

Als wesentliche Voraussetzung für alle genannten Vorgehensweisen muss eine hohe Motivation der Zielpersonen vorliegen, sich an der Befragung zu beteiligen. Dies gilt vor allem bei jenen Varianten, bei denen eine solche Einstellung nicht von einem Interviewer in einem persönlichen Gespräch erzeugt werden kann, also vor allem bei den Mail-Surveys.

- Vor- und Nachteile schriftlicher Befragungen

Aufgrund des Variantenreichtums schriftlicher Befragungen können deren Vor- und Nachteile nicht generell dargestellt sondern müssen differenziert betrachtet werden. Es wird versucht, die hauptsächlichen Möglichkeiten und Grenzen schriftlicher Befragungen zu benennen. Die Vorteile liegen vor allem in folgenden Punkten:

- Schriftliche Befragungen sind kostengünstiger als persönlich-mündliche (egal ob mit Papier und Bleistift oder mit einem Laptop geführt) oder telefonische Studien. Vor allem der erforderliche Personalaufwand ist geringer. Hippler nennt einen Richtwert, danach fallen bei schriftlichen Befragungen nur ein Viertel der Kosten an, die bei einer PAPI-Studie notwendig werden (1988:244). Damit sind postalische Befragungen jedoch auch nicht gerade eine billige Angelegenheit.
- Nimmt man einmal Telefonstudien sowie Studien, die mithilfe von Online-Access-Panels (vergleiche auch Abschnitt 5.4) vermittelt werden, aus, so stellen schriftliche

Befragungen eine in einem relativ kurzen Zeitraum zu realisierende Umfragenvariante dar.

- Für den Fall, dass bei der schriftlichen Befragung die Adressen der Zielpersonen vorhanden sind, zeichnet sich dieses Vorgehen durch eine Stichprobe aus, die, etwa im Unterschied zum ADM-Design, nicht geklumpt ist. Auf dem Postweg lassen sich die Fragebögen bekanntlich leicht in alle Landesteile transportieren.
- Vor allem bei Mail-Surveys kann der fehlende Interviewereinfluss als ein Vorteil angesehen werden. Zahlreiche Studien belegen, dass von der Person des Interviewers ein Einfluss auf die Beantwortung der Fragen ausgeht. Die Abwesenheit eines Interviewers kann jedoch auch zu einem Nachteil dieses Ansatzes werden.
- Verschiedene Autoren erwarten bei schriftlichen Befragungen ehrlichere Antworten der Zielpersonen (vergleiche Schnell/Hill/Esser 2005:359). Da die Befragungssituation nicht durch einen Interviewer kontrolliert wird, entfällt der Hang der Zielpersonen zu sozial erwünschten Antworten. Andere Autoren melden jedoch Zweifel an, ob dies tatsächlich der Fall ist (vergleiche Schnell 2001) und fordern (weitere) empirische Belege für diese Tendenz.
- Vor allem Mail-Surveys bieten den Zielpersonen die Möglichkeit, den Fragebogen zu dem Zeitpunkt auszufüllen, der ihnen am angenehmsten ist. Zugleich steht den Befragten faktisch beliebig viel Zeit zum Durchdenken ihrer Antworten zur Verfügung. Dieser Vorzug gilt vor allem gegenüber Befragungen, bei denen ein Interviewer vor Ort persönlich die Fragestellungen vermittelt.
- Von der Zielperson selbständig ausgefüllte Fragebögen dürften mit einem höheren Grad an Anonymität beantwortet worden sein als Face-to-face Fragebögen, bei denen dies ein fremder Interviewer übernimmt. Dies gilt auch gegenüber telefonischen Befragungen.

Den diversen Möglichkeiten schriftlicher Befragungen stehen verschiedene Grenzen und Probleme gegenüber, die den Charme dieses Ansatzes wieder etwas relativieren. Zu nennen sind:

- Einer der Haupteinwände gegen die Nutzung, vor allem von Mail-Surveys, stellt die kaum vorherzusagende Höhe der Ausfallquote dar. Die Befürchtungen tendieren dahin, dass eine zu hohe Nonresponse-Rate eine Verallgemeinerung der Befunde schriftlicher Befragungen verbietet. Diekmann (2001:441) hält 20 Prozent aber teilweise auch nur fünf Prozent Rücklauf für Mail-Surveys für typisch. Hippler (1988:244) stützt sich auf Richter (1970) und siedelt die Rücklaufquote zwischen zehn Prozent und 90 Prozent an. Für die Höhe des Item-Nonresponse nennt Hippler jedoch deutlich niedrigere Werte. Sie liegen danach zwischen einem und acht Prozent. Anderen Autoren folgend liegen die Ausschöpfungsquoten typischerweise zwischen 30 und 50 Prozent (vergleiche Hopkins/Stanley 1981, zitiert nach Klein/Porst 2000) können aber auf 60 bis 75 Prozent gesteigert werden. Dillman (1978) behauptet dagegen, dass, bei genauer Umsetzung seines Designvorschlages, stets mindestens 60 Prozent Rücklauf erwartet werden können (vergleiche auch Berger 2006:82; Dias de rada 2005)
- Ein weiterer wesentlicher Einwand gegenüber Mail-Surveys stellen mögliche Verzerrungen der Stichprobe infolge einer starken Selbstrekrutierung der Antwortenden dar. Zugleich bleibt es weitgehend unkontrollierbar, wer, unter welchen Bedingungen an

welchem Ort den Fragebogen ausfüllt. Es besteht damit keine wirksame Kontrolle der Datenerhebungssituation. Man weiß nicht, wie ernst die Befragung von den Zielpersonen genommen wird. Vor allem im Vergleich zu telefonischen Befragungen bei denen ein relativ hohes Maß an Kontrolle möglich ist, werden an dieser Stelle die Defizite von Mail-Surveys deutlich.

- Der Vorteil schriftlicher Befragungen, von den Zielpersonen überlegtere sowie weniger sozial erwünschte Antworten zu erhalten, wird zum Nachteil, wenn es den Veranstaltern der Befragung darum geht, spontane Antworten auf die gestellten Fragen zu erhalten. Damit sind schriftliche Befragungen für die Erhebung von Wissensfragen weitgehend ungeeignet. Die Beantworter werden den Fragebogen in der Regel zunächst durchblättern. Unter Umständen werden sie sich danach auch darum bemühen, konsistente also widerspruchsfreie Antworten auf die verschiedenen Fragen des Bogens zu geben.
- Postalische Befragungen bieten den Zielpersonen keine Möglichkeit für (direkte) Rückfragen zur Studie beziehungsweise zu einzelnen Fragen aus dem Erhebungsstandard. Dem kann jedoch durch die Angaben von Telefonnummern oder von E-Mailadressen für Rückfragen im Anschreiben begegnet werden.
- Aus dem Fehlen eines Interviewers resultiert eine weitere Spezifik schriftlicher Befragungen. Den Zielpersonen können keine zu komplizierten Fragebögen, etwa mit zahlreichen Filterführungen oder mit Ranking-Fragen, und auch nur bedingt offene Fragen präsentiert werden. Auch wird die Forderung erhoben, dass der Fragebogen bei dieser Administrationsform besonders gut durchdacht sein soll (vergleiche Scheuch 1967:167f.). Wobei auch ein traditioneller PAPI-Bogen ausreichend verständlich sein muss und nicht erst mithilfe der Erklärungen eines Interviewers den Befragten zugänglich gemacht werden darf. Der Interviewer als „traditionelle Krücke schlecht konstruierter Fragebögen" (Dillman 1978:119) fehlt schließlich bei postalischen Befragungen.

  Geht man davon aus, dass auch die Fragebögen bei einer persönlich-mündlichen oder bei einer telefonischen Befragung selbsterklärend sein sollten, sie also nicht erst einer Interpretation des Interviewers bedürfen, so relativiert sich dieser Vorbehalt gegenüber den schriftlichen Befragungen. Es bleibt allerdings der Wegfall des Interviewers als Motivator zur Teilnahme an der Erhebung.
- Zur Veranstaltung von Mail-Surveys ist das Vorhandensein eines Adressenpools Voraussetzung. Hier kann es sich um Kundendateien, Adressen aus örtlichen Meldeamtsregistern oder Mitgliederlisten handeln. Diese können dann als Grundlage für eine Stichprobenziehung dienen. Für allgemeine Bevölkerungsbefragungen erwächst ein Problem, da der Sozialforschung in der Bundesrepublik Deutschland keine zentralen Melderegister zur Verfügung stehen. Einen Ausweg können Adressauflistungen mithilfe eines Random-Walk bieten. Wobei dann ein weiteres Problem entsteht: die Ermittlung der zu befragenden Zielperson im Haushalt mithilfe eines Zufallsverfahrens (vergleiche Abschnitte 5.2.1 und 5.2.2).
- Bestimmte Bevölkerungsteile wie etwa Wohnungslose, Analphabeten und Personen mit starken Sehstörungen sind nicht mithilfe schriftlicher Befragungen erreichbar.
- Der Forschungsbedarf, um Mail-Surveys auch in bundesweiten Studien einsetzen zu können, ist derzeit noch immens. Vor allem Schnell (2001) nennt hier einige konkrete Fragen, die noch einer Klärung bedürfen.

- Das Vorgehen bei postalischen Befragungen: die Total-Design-Method und die Tailored-Design-Method

Zur Gestaltung von Mail-Surveys und vor allem zur Optimierung der Rücklaufquote bei solchen Erhebungen wurde ein immenser Forschungsaufwand geleistet. Zu nennen ist vor allem Dillman mit seiner Total-Design-Method (TDM). Die zugrundeliegende Idee ist, dass alle Aspekte der Befragung optimal zu gestalten sind, da vor allem aufgrund der Interaktion aller Teilaspekte ein höherer Rücklauf erwartet werden kann. Zusätzlich muss ein Vertrauensverhältnis zwischen den Zielpersonen und den Veranstaltern der Untersuchung geschaffen werden.

Mit den Arbeiten Dillmans erfolgt ein gewisser methodologischer Paradigmenwechsel. Während zunächst vor allem die unfähigen und / oder unwilligen Zielpersonen für die Probleme beim Rücklauf verantwortlich gemacht wurden, wird nun von einer besseren Gestaltung des Designs durch den Organisator der Umfrage Abhilfe erhofft. Ein weiterer Grundgedanke liegt in der Anwendung des Kosten-Nutzen-Konzepts für postalische Befragungen. Hier geht Dillman (1983) davon aus, dass Personen dann am wahrscheinlichsten einen Fragebogen beantworten werden, wenn (erstens) die wahrgenommenen Teilnahmekosten für sie minimiert sowie (zweitens) die Belohnungen maximiert werden und wenn zugleich (drittens) der Befragte darauf vertrauen kann, dass er die versprochenen Belohnungen beziehungsweise den Nutzen auch tatsächlich erhält.

Zu den Kosten, die für die Zielpersonen entstehen, gehören vor allem der erforderliche Zeitaufwand sowie vermutete Schwierigkeiten bei der Beantwortung der Fragen. Auf der Nutzenseite sind beispielsweise zu nennen: der Unterhaltungswert einer Befragung, der Glaube, etwas Positives für die Wissenschaft zu tun, die Identifikation mit dem Thema der Befragung beziehungsweise mit der sie durchführenden Institution.

Um ein Vertrauensverhältnis zwischen der Zielperson und dem Forscher aufzubauen, bietet es sich an, Briefmarken auf das Rücksendekuvert aufzukleben anstatt dieses mit „Empfänger bezahlt“ zu beschriften. Man signalisiert als Veranstalter der Umfrage, dass man den Zielpersonen vertraut und davon ausgeht, dass sie die aufgeklebte Marke genau für diesen Zweck nutzen. Auch sollten vorgesehene Belohungen (Incentives) direkt dem Erstversand beigelegt werden und nicht nur als Prämie für die Teilnahme in Aussicht gestellt werden (vergleiche Berger 2006).

Dillman behauptet (1983:360), dass bei einer konsequenten Anwendung der Total-Design-Method Rücklaufquoten erzielt werden können, die nie unter 60 Prozent liegen. Bei einer Auswertung von insgesamt 48 schriftlichen Befragungen lag demnach die Rücklaufquote im Durchschnitt sogar bei 74 Prozent.

In seiner Weiterentwicklung des Total-Design-Ansatzes schlägt Dillman (2000) vor, die Tailored-Design-Method anzuwenden. Danach sollen Befragungen dem Geiste des 21. Jahrhunderts folgend, im Mixed-Mode Design durchgeführt werden. Diesem Ansatz für Befragungen liegt das gleiche theoretische Modell wie bei der Total-Design-Method zugrunde. Absicht ist es nun zusätzlich, die jeweiligen Schwächen eines Verfahrens durch die Nutzung verschiedener Verfahren zu kompensieren. Diese als Mixed-Mode bezeichnete Technik sieht vor, dass jede Zielperson nach dem von ihr individuell bevorzugten Erhebungsmode befragt wird. Ein Problem, das dabei auftreten könnte, sind die Mode-Effekte. Dabei handelt es sich um Einflüsse, die von den unterschiedlichen Erhebungstechniken auf die Ergebnisse der Befragung ausgehen. So erfolgt die Beantwortung der Fragen nicht nur basierend auf dem erfragten Sachverhalt, sondern sie wird auch – wie schon mehrfach betont – durch die eingesetzte Erhebungstechnik beeinflusst. Mit anderen Worten: eine identische Frage kann andere Antworten erzeugen, wenn sie in einem postalischen oder wenn sie in einem persönlich-mündlichen Interview gestellt wird.

Folgende Aspekte sind bei der Konzipierung einer schriftlichen Befragung zu beachten:

- Das Anschreiben

Es hat sich bewährt, bei postalischen Befragungen ein An- beziehungsweise Begleitschreiben zu verwenden. Aspekte, die in einem solchen Text enthalten sein sollen, betreffen den Nutzen der Studie, die Notwendigkeit der Beteiligung der Zielperson an dieser Studie, die Vorstellung der die Untersuchung veranstaltenden Einrichtung, einen Hinweis auf die Vertraulichkeit im Umgang mit den Ergebnissen der Befragung sowie eine Erklärung der Art und Weise, auf der die Zielperson in die Untersuchungsgruppe gelangt ist.

Vielfach erfolgt die Nutzung einer Identifikationsnummer (ID) zur Rücklaufkontrolle beziehungsweise zur gezielten Abforderung der noch ausstehenden Bögen. Diese ID wird zumeist als Pagniernummer auf die Fragebögen aufgedruckt. Dadurch kann es dazu kommen, dass die Anonymität der Befragung aus der Sicht der Zielperson herabgesetzt erscheint. Es ist deshalb unbedingt erforderlich, dass die mit den aufgedruckten Zahlen verfolgten Ziele im Anschreiben erläutert werden.

Unterschiedliche Erfahrungen liegen zu einem alternativen Vorgehen vor. Dabei werden zusammen mit dem Fragebogen separate, nichtanonyme Antwortpostkarten zur Identifikation des Befragten verschickt. Dies wird mit der Bitte verbunden, den Fragebogen und die Antwortpostkarte getrennt an das erhebende Institut zurück zu senden, um so eine Rücklaufkontrolle zu gewährleisten. Laut Linsky (1975:85) erfüllt ein solches Vorgehen seinen Zweck. Schnell, Hill und Esser (2005:358ff.) widersprechen der Sinnhaftigkeit dieser Strategie, freilich ohne eigene Studien zu benennen.

Schließlich sollte beim Abfassen der Anschreiben auf einige weitere Aspekte Wert gelegt werden. Dabei geht es um eine persönliche (Titel, Vorname und Name) Anrede der Zielperson, um eine handschriftliche Unterschrift des Veranstalters der Befragung mit blauer Tinte, um die Bitte, Kommentare und Hinweise zum Thema der Befragung beziehungsweise zum Fragebogen zu äußern, um die Benutzung eines offiziellen Briefkopfs, um die Angabe eines Termins, bis zu dem der Fragebogen auszufüllen ist, um das Angebot, über die Ergebnisse der Befragung unterrichtet zu werden. Abschließend sollte an eine Danksagung an die Zielperson für deren Teilnahme an der Befragung gedacht werden.

Diskutiert wird die Notwendigkeit der Angabe des für die Beantwortung der Fragen erforderlichen Zeitfonds im Anschreiben. Dieser ist jedoch von einer ganzen Reihe an Faktoren abhängig, beispielsweise von der Anzahl herausgefilterter und damit vom jeweiligen Befragten nicht zu beantwortenden Indikatoren und von der Lesegeschwindigkeit der Zielperson. Bei der Angabe eines zu großen Zeitfonds könnten potenzielle Befragte vom Ausfüllen Abstand nehmen. Die bewusste Angabe eines zu kurzen Zeitraums sollte aus forschungsethischen Gründen unterbleiben. Erfahrungen besagen, dass Befragte bei der Bearbeitung eines interessanten Fragebogens ohnehin dazu tendieren, die benötigte Zeit zu unterschätzen (vergleiche Brückner 1985:69, Kühne/Häder 2009:185ff.). Aus diesen Gründen erscheint die Angabe des für das Ausfüllen erforderlichen Zeitaufwandes im Anschreiben eher entbehrlich zu sein.

- Fragebogen einschließlich Deckblatt

Auch für die Gestaltung des Fragebogens und des Deckblattes sowie der letzten Seite des Fragebogens können einige Hinweise gegeben werden.

Der Fragebogen sollte gebunden oder geheftet sein, also den Zielpersonen in Form einer Broschüre vorgelegt werden. Dazu ist weißes Papier – kein graues Umweltschutzpapier – zu verwenden. Das Format der Broschüre sollte A5 sein. Die letzte Seite sollte ausdrücklich für offene Kommentare und Mitteilungen der Zielpersonen an die befragende Einrichtung vorgesehen werden, also leer bleiben.

Das Deckblatt der Fragebogenbroschüre sollte den Titel der Studie, die veranstaltende Institution einschließlich deren Adresse sowie ein originelles Logo enthalten. Ziel ist es, das Interesse der Zielperson zu wecken.

Auch auf der zweiten Umschlagseite sollten noch keine Fragen abgedruckt werden. Sie ist vorzusehen, um Hinweise zum Ausfüllen des Fragebogens zu geben. An einem Beispiel wäre zu erklären, wie die Antworten anzukreuzen sind, wo es gegebenenfalls Zahlen einzutragen gilt und so weiter.

Obwohl der Fragenreihenfolge bei schriftlichen Befragungen weniger Aufmerksamkeit entgegengebracht zu werden braucht als bei persönlich-mündlichen – man kann davon ausgehen, dass die Zielpersonen ohnehin den Fragbogen zunächst durchblättern, bevor sie damit beginnen, ihn auszufüllen – sollte auch hier die erste Frage sorgfältig ausgewählt werden. Sie soll leicht zu beantworten, am Thema der Gesamtuntersuchung orientiert und für alle Zielpersonen zutreffend sein. Die Erwartungshaltung des Befragten gegenüber der gesamten Studie orientiert sich wesentlich an dieser ersten Frage. Auch der Hinweis, zur Not eine Wegwerffrage an den Anfang zu stellen, wird von einigen Fragebogenentwicklern gegeben.

Der Frageteil zur Demographie sollte sich – wie bei Befragungen üblich – am Ende des Bogens befinden. Solche Fragen sind für die Zielpersonen nicht interessant und sie erfordern in der Regel von ihnen keine besondere Konzentration bei der Beantwortung.

Es empfiehlt sich, mit Filterführungen bei schriftlichen Befragungen sparsam umzugehen. Dort, wo sich Filter nicht vermeiden lassen, sind sie optisch eindeutig zu gestalten.

Auch bei schriftlichen Befragungen sollten einige offene Frage benutzt werden. Dies ist weniger aus inhaltlichen Gründen zu empfehlen – schließlich erfordert die Auswertung offener Fragen vom Forscher einen immensen Aufwand und die Beantwortung vom Befragten ebenfalls erhöhte Kosten – sondern um den Zielpersonen Anmerkungen und Kommentare zu ermöglichen, die sie ansonsten an die Interviewer richten würden.

Die Länge des Fragebogens ist so zu gestalten, dass sie das Vertrauen der Befragten in die Untersuchung unterstützt. Verschiedenen Empfehlungen zufolge (vergleiche Hippler 1985, 1988, Heberlein/Baumgartner 1978) dürften hier zwölf Seiten optimal sein. Bei einem Umfang von nur einer Seite würde dies die Befragung als zu unbedeutend erscheinen lassen, bei einem Umfang von 30 Seiten wird die Teilnahme an der Befragung zur Zumutung.

Das Design des Fragebogens sollte über die gesamte Befragung hin möglichst einheitlich gestaltet sein. Es empfiehlt sich, eine Einteilung des Bogens von oben nach unten vorzunehmen und es sollte darauf verzichtet werden, auf einer Seite von einer rechten auf eine linke Spalte zu springen.

Abbildung 6.1.27 zeigt die Gestaltung eines Deckblattes für eine schriftliche Expertenbefragung in einer Klausursituation. In diesem Fall konnte natürlich auf ein gesondertes Anschreiben verzichtet werden. In diesem Fall enthält das Deckblatt alle wesentlichen Informationen zur Studie.

- Versand und Nachfassaktionen

Für den Versand der Fragebögen wurde eine Reihe von Empfehlungen ausgearbeitet, deren Befolgung wichtig für den Erfolg der Befragung ist. Es soll vor allem auf die folgenden Prinzipien verwiesen werden:

Neben dem Anschreiben und dem Fragebogen ist der Sendung ein – am besten mit einer Wohlfahrts- oder Sondermarke – frankierter und adressierter Rückumschlag beizulegen. Dies stellt eine vertrauensbildende Maßnahme dar. Der Veranstalter der Befragung verzichtet darauf, den Umschlag mit „Empfänger bezahlt" zu beschriften. Er geht damit nicht davon aus, dass die Zielperson den Fragebogen ignoriert und die Briefmarke für sich behält. Er demonstriert dem Empfänger des Bogens damit sein Vertrauen und kann sich davon erhoffen, dass dieser Vertrauensvorschuss erkannt und durch seine Teilnahme an der Befragung erwidert.

Die Kuverts sollten, um sich von Werbesendungen abzuheben, nicht mit Adressaufklebern versehen werden.

Der Erstversand des Instruments sollte so erfolgen, dass der Fragebogen gegen Ende der Woche bei den Zielpersonen eintrifft. Da Fragebögen zumeist am Wochenende ausgefüllt werden, verhindert man, dass die Umfrage zu stark in Vergessenheit gerät. Dies gilt nicht bei Befragung von Firmen oder Institutionen. Hier sollten die Erhebungsunterlagen vielmehr gegen Anfang der Woche den Zielpersonen vorliegen, sodass die Beantwortung in den folgenden Werktagen geplant werden kann.

Zur Steigerung des Rücklaufs ist es erforderlich, verschiedene Mahn- beziehungsweise Nachfassaktionen zu starten. Die erste Erinnerungsaktion sollte nach einer Woche erfolgen. In Form einer Postkarte an alle Beteiligten wird eine Danksagung für die Mitarbeit ausgesprochen und zugleich an alle noch säumigen Personen appelliert, den Fragebogen nun (endlich) auszufüllen.

Abbildung 6.1.27: Beispiel für ein Deckblatt für eine schriftliche Expertenbefragung

TU Dresden
Juristische Fakultät
Lehrstuhl für Strafrecht, Strafprozessrecht & Rechtstheorie
01062 Dresden
Prof. Dr. Knut Amelung
Ines Kilian

Zentrum für Umfragen, Methoden und Analysen (ZUMA)
Postfach 12 21 55

68072 Mannheim
Sabine Klein

TU Dresden
Philosophische Fakultät
Institut für Soziologie
Lehrstuhl für Methoden der Empirischen Sozialforschung
01062 Dresden
Prof. Dr. Michael Häder

Schriftliche Befragung von Juristen zu Einstellungen der Bevölkerung zur Notwehr

Im Rahmen des von der VW-Stiftung geförderten Drittmittelprojektes "Einstellungen über und potentielle Verhaltensintentionen bei Notwehr in der Allgemeinbevölkerung der BRD" wurde in diesem Jahr eine telefonische Befragung durchgeführt, um die Einstellungen der Bevölkerung zu Notwehr zu erheben. Mithilfe einer Zufallsauswahl wurden rund 3.000 Personen im Alter ab 18 Jahren befragt. In der Erhebung wurden Situationen geschildert, in denen Menschen sich zur Wehr setzen. Die Situationen beruhen im Wesentlichen auf Fällen aus der Rechtssprechung. Die Befragten wurden darum gebeten anzugeben, ob sie das Verhalten der jeweiligen Person für gerechtfertigt halten oder nicht.

Ziel **dieser** Befragung ist es nun festzustellen, inwieweit Juristen in der Lage sind, die Bewertungen der Bevölkerung zu schätzen. Daher möchten wir Sie bitten, uns eine Schätzung abzugeben, wie viele Befragte sich bei diesen Fällen jeweils für "gerechtfertigt" und wie viele sich für "nicht gerechtfertigt" entschieden haben. Uns ist klar, dass es sich dabei lediglich um ungefähre Angaben handeln kann. Bitte schätzen Sie in Prozent, wobei wir der Einfachheit halber annehmen, dass es keine "ich weiß nicht" Antworten gegeben hat.

Am Ende der Befragung haben Sie selbstverständlich die Möglichkeit, die Befragung zu kommentieren, falls Sie dies möchten.

Die Befragung ist selbstverständlich anonym. Sollten Sie an den Resultaten der Befragung interessiert sein, so teilen Sie uns dies bitte auf einem gesonderten Blatt mit.
Herzlichen Dank für Ihre Teilnahme!

Die zweite Mahnaktion sollte drei Wochen nach dem Erstversand gestartet werden. Diese richtet sich nun nur noch an Zielpersonen, die sich bisher noch nicht an der Befragung beteiligt haben. Die Postsendung sollte neben einer Erinnerung auch einen erneuten Fragebogen enthalten. Dies dient der Aufwandsminimierung auf Seiten der Befragten, da nicht ausgeschlossen werden kann, dass der Fragebogen aus dem Erstversand inzwischen verlegt worden ist. Eine Voraussetzung für diese Strategie ist, dass der Rücklauf der Fragebögen mithilfe der Identifikationsnummer kontrolliert werden kann.

Die Total-Design-Method sieht sieben Wochen nach dem Erstversand die dritte Mahnaktion vor. Hier ist angeraten, alle bis dahin noch säumigen Zielpersonen mit besonderer Dringlichkeit zur Teilnahme an der Befragung aufzufordern. Wenn auch dieser Aufforderung wiederum ein erneuter Fragebogen beigelegt wird, so minimiert dies ebenfalls die Kosten für den Befragten. In den USA werden dazu die Unterlagen mittels Einschreiben versandt. In Deutschland erscheint diese Vorgehensweise nicht unproblematisch, da hier Einschreibesendungen vor allem für amtliche Mahnungen genutzt werden und teilweise vom Postamt persönlich abzuholen sind. Dies erscheint kontraproduktiv, da damit bei den Zielpersonen die Kosten für eine Teilnahme wieder steigen. Als Alternative können deshalb vorteilhafter auch telefonische Erinnerungen eingesetzt werden.

Bei seiner Weiterentwicklung der Total-Design-Method schlägt Dillman noch einen fünften Kontakt vor, um den Rücklauf zu steigern. Inwieweit man einer solchen Empfehlung folgen sollte, hängt, neben den zur Verfügung stehenden finanziellen und den zeitlichen Ressourcen, auch vom Erfolg der bisherigen Mahnaktionen ab. So gilt eine Faustregel, die besagt, dass jede Mahnaktion unter den noch ausstehenden Teilnehmern in etwa den gleichen Erfolg haben wird wie der Erstversand (vergleiche Hippler 1988:245). Damit ließe sich der Aufwand für einen fünften Kontakt und der dadurch zu erwartende Nutzen relativ leicht errechnen (vergleiche Klein/Porst 2000:15).

- Nutzung von Incentives

Ein weiteres Instrument zur Steigerung des Rücklaufs sind materielle Anreize beziehungsweise Incentives. Dabei kann es sich um (kleine) Geldgeschenke, Gutscheine, Lotterielose und Ähnliches handeln. Bei der Vergabe solcher Anreize sollte betont werden, dass es sich um eine (kleine) Anerkennung für die Teilnahme an der Untersuchung handelt. Zu vermeiden ist der Eindruck, man wolle damit den bei den Zielpersonen entstandenen Aufwand für das Ausfüllen des Bogens entlohnen. Bewährt hat sich die Beilage von Materialien über das Forschungsprojekt, zum Beispiel in Form von Zeitungsausschnitten (für eine ausführliche Darstellung der Literatur vergleiche Berger 2006).

Zu beachten ist, dass die Wirkung von Incentives dann gut ist, wenn der entsprechende Anreiz bereits beim Erstversand den Erhebungsunterlagen beigelegt wird. Weniger wirkungsvoll ist es, diese Incentives nur in Aussicht zu stellen, wenn der Fragebogen von den Zielpersonen auch ausgefüllt wird. Zum einen würde eine solche Strategie auf Kosten der Anonymität der Befragung gehen und zum anderen würde dieses Vorgehen der Maxime widersprechen, den Zielpersonen mit einem Vertrauensvorschuss zu begegnen. Durch Incentives können beispielsweise Mahn- und Erinnerungsaktionen nicht ersetzt werden.

- Die Door-In-The-Face Technik

Eine Vorgehensvariante stellt die Door-In-The-Face Technik dar. Die Grundlage dafür ist die Norm der Reziprozität, der zufolge auf positives Verhalten anderer selbst wiederum positiv reagiert wird (vergleiche Diekmann/Jann 2001). Bei der Umsetzung dieser Technik im Rahmen postalischer Befragungen wird vom Veranstalter gegenüber der Zielperson zunächst eine Maximalforderung erhoben. Dabei kann es sich beispielsweise um einen (besonders) langen Fragebogen handeln, der ausgefüllt werden soll. Diejenigen Personen, die das Ausfüllen eines solchen komplizierten Bogens verweigern, werden dann vor moderatere Ansprüche gestellt. Dies bedeutet, dass an sie beispielsweise ein deutlich kürzerer und / oder einfacher zu bearbeitender Fragebogen verschickt wird. Als Ergebnis dieses

Zugeständnisses auf Seiten des Veranstalters der Erhebung – sich bereits auch mit einem gekürzten Fragebogen zufrieden zu geben – erhofft sich der Forscher nun ebenfalls ein Honorieren durch die Zielperson, also eine Teilnahme an der Befragung.

- Ein Experiment

Eine Reihe von Experimenten war der Rücklaufsteigerung postalischer Befragungen gewidmet. Ein solches Experiment soll – stellvertretend für zahlreiche andere – vorgestellt werden.

Ziel dieses Tests war es, die Wirkungen verschiedener einzelner Designaspekte einer postalischen Befragung zu ermitteln (vergleiche Thoma/Zimmermann 1996). Von ihrem Inhalt her war die Umfrage dazu konzipiert, die Absolventen der Berufsakademie Baden-Württemberg dazu aufzufordern, ihr dort absolviertes Studium zu bewerten und Auskunft über die eigene berufliche Entwicklung zu geben.

Damit stand den Veranstaltern für die Ermittlung der Stichprobe das Verzeichnis der Absolventen der Berufsakademie zur Verfügung. Absolventenbefragungen sind, wie bereits gezeigt wurde, ein relativ häufiges Anwendungsgebiet postalischer Befragungen. Der einfache Zugang zur Stichprobe beziehungsweise zu den Adressen der zu befragenden Personen dürfte dafür ein Grund sein.

Schließlich wurden aus diesem Verzeichnis 2.840 Absolventen ausgewählt. Das Design sah verschiedene Splitvarianten vor, um unterschiedliche Elemente der Versuchsanlage bewerten zu können. Zunächst wurden verschiedene Absolventenjahrgänge um ihre Teilnahme an der Befragung gebeten. Hier ging die Vermutung dahin, dass dadurch unterschiedliche Aufmerksamkeitsgrade gegenüber dem Thema der Befragung überprüft werden können. Wenn es richtig ist, dass je interessanter ein Befragungsthema für die Zielpersonen ist, desto höher die Teilnahmequote an der Umfrage ausfällt, dann müssten sich Absolventen früherer Jahrgänge, für die also ihr Studium bereits länger zurückliegt, weniger an der Umfrage beteiligen.

Zweitens variierte das Begleitschreiben. Ein Teil der Untersuchungspersonen wurde mit einem Schriftstück konfrontiert, das besonders persönlich gehalten und vom Leiter der Einrichtung unterschrieben war. Hier ging die Vermutung dahin, dass ein solches Anschreiben eine höhere Autorität signalisiert und zu einem entsprechend umfangreicheren Rücklauf beiträgt.

Die dritte Splitversion betraf das Erinnerungsschreiben. Eine Untermenge der zu befragenden Personen erhielt das Erinnerungsschreiben in Verbindung mit einem kürzeren Fragebogen, ein anderer Teil erhielt keinen erneuten Fragebogen zugesandt. Es wurde erwartet, dass, aufgrund der Norm der Reziprozität (siehe oben) mithilfe des verkürzten Fragebogens, ein positiver Einfluss auf den Rücklauf der Befragung genommen werden kann. Zu einigen Ergebnissen dieses Tests:

So stellte sich heraus, dass je älter die Absolventenjahrgänge waren, desto geringer fiel der Rücklauf aus. Die Vermutung, nach der ein sinkender Aufmerksamkeitswert gegenüber dem Anliegen der Befragung zu geringerem Rücklauf führt, wurde bestätigt. Immerhin können aber auch weitere Einflüsse, wie etwa besonders umfangreiche berufliche Verpflichtungen bei älteren Absolventenjahrgängen, als Ursache für den geringeren Rücklauf nicht ausgeschlossen werden.

Entgegen den Erwartungen ging vom persönlichen Brief des Direktors der Einrichtung kein positiver Effekt auf den Rücklauf aus. Eventuell kann eine gewisse Sorge um den Datenschutz beziehungsweise die anonyme Behandlung der Antworten hierfür eine gewisse Erklärung liefern.

Schließlich erbrachte der Versand eines kürzeren Fragebogens in der zweiten Welle ein besonders interessantes Ergebnis. Die damit verbundene Betonung der Wichtigkeit des Projekts sorgte nun für einen höheren Rücklauf des ursprünglichen – also des deutlich längeren – Fragebogens.

- Zusammenfassung

In der letzten Zeit wurden umfangreiche methodische Bemühungen angestellt, um das Design postalischer Befragungen weiter zu entwickeln. So kann auf einen Wandel in der Bewertung postalischer Befragungen im Rahmen von Methodenlehrbüchern verwiesen werden. Während Atteslander und Friedrichs sich noch recht zurückhaltend über den möglichen Einsatz postalischer Befragungen äußerten, kann inzwischen, etwa bei Diekmann, eine differenziertere Sichtweise konstatiert werden. Die folgenden Zitate sollen diese Einschätzung belegen:

„Die schriftliche Befragung eignet sich lediglich zur Ermittlung von einfachen Tatbeständen, die dem Befragten nur minimale psychische Probleme stellen." (Atteslander 1984:115)

„Mit schriftlichen Befragungen wird man arbeiten, wenn keine andere Methode als die der Befragung die notwendigen Informationen erbringt, aus Zeit- und Kostengründen aber Interviews nicht möglich sind. [...] Wenn es [...] um eine exakte Hypothesenprüfung einschließlich der Berechnung der Sicherheitsgrenzen der Aussage [...] geht, ist von einer schriftlichen Befragung abzuraten" (Friedrichs 1990:237).

Die „schriftliche, postalische Befragung [ist] eine durchaus überlegenswerte Alternative zu persönlichen und telefonischen Interviews." (Diekmann 2004:443) Folgt man den neuesten methodischen Erkenntnissen, so eignen sich postalische Befragungen auch für repräsentative Stichproben. Noch etwas optimistischer fällt die Bewertung des Leistungsvermögens postalischer Befragungen bei den ausgesprochenen Verfechtern dieses Ansatzes aus. So handelt es sich laut Goyder (1985) um eine optimale Methode für die postindustrielle Gesellschaft und folgt man de Leeuw (1992), zeichnet sich diese Umfragetechnik durch eine besonders gute Datenqualität, vor allem bei sensiblen Fragen, aus. Dass insbesondere heikle Fragen ehrlicher beantwortet würden, vermuten verschiedene Autoren (vergleiche Krysan et al. 1994, de Leeuw 1992:33, Nederhof (1985:296).

Wichtige Voraussetzungen für die Entscheidung, eine postalische Befragung als Erhebungsmodus zu wählen, sind vor allem das Vorhandensein eines Adressenpools, eine (wahrscheinlich) gute Motivation der Zielpersonen zur Teilnahme an der Befragung und – damit im Zusammenhang stehend – eine relativ homogene Zielpopulation. Dementsprechend wird relativ oft von der Nutzung, vor allem bei Absolventenbefragungen, Kundenzufriedenheitsstudien, bei Lehrevaluationen, für Mitgliederbefragungen, für regional begrenzte Studien und für Expertenbefragungen, berichtet. Erfahrungen mit der Konzipierung und Umsetzung bundesweiter Mail-Surveys, bei denen die Allgemeinbevölkerung die Zielpopulation darstellt, liegen dementsprechend bisher nicht vor.

Weiterhin sollte eine strikte Orientierung an den oben vorgestellten Regeln der Total-Design-Method erfolgen. Außerdem liegt die Ausschöpfung bei interessanten Umfragen um 12 Prozent höher gegenüber Befragungen, die zu uninteressanten Themen veranstaltet werden (vergleiche Hippler 1986). Variationen in der Anonymität der Befragung schlagen mit plus minus 15 Prozent zu Buche (vergleiche Wieseman 1972). Die Verwendung von Umweltschutzpapier anstelle von weißem Papier reduziert den Rücklauf um vier Prozentpunkte (vergleiche Hippler/Seidel 1985).

Abschließend ist zu vermerken, dass die Forschungen zur Verbesserung des Designs von postalischen Befragungen noch nicht abgeschlossen sein dürften. Zur Behebung der noch bestehenden, teilweise „gravierenden Unzulänglichkeiten" (Blasius/Reuband 1996:35) sind weitere Anstrengungen erforderlich.

Die telefonische Befragung

Wieder soll einleitend die Verbreitung der telefonischen Befragung in der Praxis der Umfrageforschung als ein Indikator für die Bedeutung dieser Erhebungstechnik betrachtet werden. Tabelle 6.1.1 zeigte dazu bereits die entsprechenden Zahlen. So lag der Anteil der von den ADM-Instituten geführten Telefoninterviews an allen Befragungen im Jahr 2007 bei 40 Prozent. Die Zahl der CATI-Arbeitsplätze an diesen Instituten stieg von 1.529 im Jahr 1995 auf über 4.000 im Jahr 2001 an. Allein das Umfrageinstitut FORSA[15] in Berlin verfügte 2003 über 300 CATI-Plätze an denen 1.200 Interviewer tätig waren und bietet tägliche Mehrthemenumfragen mit Stichprobenumfängen von n = 1.000 Personen an. Andere Institute treten mit vergleichbaren Offerten auf. In den USA sollen inzwischen sogar 90 Prozent aller Befragungen als Telefoninterviews geführt werden.

Ähnlich stark ist das methodische Wissen über telefonische Befragungen vermehrt worden. Zunächst gab es Vorbehalte gegenüber diesem Befragungsansatz. Es wurde angenommen, dass sich dieses Verfahren lediglich für Stichtagsbefragungen eignen würde, dass eine Einschränkung auf Umfragen, bei denen Haushalte und nicht Einzelpersonen die Analyseeinheit darstellen, in Kauf zu nehmen sei sowie, dass nur kurze und unkomplizierte Fragebögen, die zugleich keine all zu hohen Anforderungen an die Zielpersonen stellen, Verwendung finden könnten (vergleiche Scheuch 1967:172f.). Diese Restriktionen gelten derzeit nur noch stark eingeschränkt beziehungsweise können als weitgehend gelöst betrachtet werden.

In älteren und auch in weniger alten Methodenlehrbüchern werden telefonische Befragungen noch entweder gar nicht (vergleiche Atteslander 1984) oder lediglich als Sonderformen beziehungsweise als Variante mündlicher Interviews bezeichnet (vergleiche Kromrey 1998, Friedrichs 1990). In neueren Auflagen wurden diese Standpunkte inzwischen freilich revidiert.

Aufschluss über die rasche Entwicklung der Rahmenbedingungen, die für das Gebiet telefonischer Befragungen relevant sind, gibt auch der schnelle moralische Verschleiß, in dem das Wissen zu dieser Erhebungstechnik nicht mehr aktuell ist. Als Beispiel soll hier nur die Eintragungsdichte in Telefonverzeichnisse genannt werden. Diese, wie bereits an anderer Stelle gezeigt wurde (vergleiche Abschnitt 5.4), für die Stichprobenziehung nicht unwichtige Angabe – wurde noch im Jahr 2001 als nahezu vollständig (Diekmann

15 Vergleiche: http://www.forsa.de/ zuletzt besucht am 09.04.2009.

2001:433) bezeichnet. Bereits kurze Zeit später wurde festgestellt, dass – bei weiter steigender Tendenz – derzeit in Frankfurt 30 Prozent, in Hamburg 32 Prozent und in Berlin 35 Prozent der Telefonbesitzer nicht (mehr) in ein Telefonverzeichnis eingetragen sind (vergleiche Deutschmann/Häder 2002:76).

Damit beschreiben vor allem erstens eine bereits hohe Anwendungsfrequenz sowie zweitens schnelle Veränderungen in den Voraussetzungen für telefonische Befragungen die gegenwärtige Situation dieses Erhebungsansatzes. Es bestehen aber auch noch immer prinzipielle Vorbehalte gegenüber telefonischen Befragungen. So ziehen Noelle-Neumann und Petersen immer noch ein eher zurückhaltendes Fazit: „Das Face-to-face Interview ist im Vergleich zum Telefoninterview das empfindlichere, ‚störanfälligere' aber auch das wesentlich differenziertere und variablere Verfahren. [...] Eine Umfrageforschung, die sich überwiegend auf Telefoninterviews stützt, entwickelt sich auf ihre primitiven Anfangsformen zurück" (2000:198). Es kann an dieser Stelle nicht weiter erörtert werden, inwieweit eine solche Einschätzung (tatsächlich noch) zutrifft. Im Rahmen der Diskussion um die Möglichkeiten telefonischer Befragungen stellt sie immerhin eine Facette dar.

- Das Vorgehen bei telefonischen Befragungen

Bei telefonischen Befragungen wird in der Regel folgendermaßen vorgegangen: Der Fragebogen wird programmiert, sodass die gesamte Erhebung von einem speziellen CATI-System (zum Beispiel CI3[16] oder VOXCO[17]), das heißt mithilfe eines Computers, gesteuert werden kann. Die Interviewer sind in einem Labor jeweils vor Bildschirmen versammelt und führen von dort die Befragung am Telefon durch. Solche Labore betreiben derzeit auch immer häufiger universitäre Einrichtungen zum Beispiel im Rahmen ihrer Methodenausbildung. Das Befragungssystem ermöglicht die automatische Stichprobenziehung und die Bereitstellung der Telefonnummern (nicht unbedingt auch das Anwählen selbst, aber auch dies ist möglich), die Kontrolle der Interviewer durch einen Supervisor, die Anrufverwaltung, die Datenaufnahme, die Filterführung im Fragebogen, die Verschlüsselung offener Fragen, die Permutation von Fragen, das Einspielen von Hörbeispielen sowie eine permanente Erstellung von Zwischenergebnissen. Auch die Abrechnung der von jedem einzelnen Interviewer geleisteten Arbeit kann über das System erfolgen.

Der ADM hat einen Regelkanon (letzte überarbeitete Fassung: Januar 2008[18]) für das Vorgehen bei telefonischen Befragungen erstellt, der sich vor allem dem Datenschutz und der Qualitätssicherung widmet. An diesen Vorgaben sollten sich auch andere Institute bei ihrer Arbeit mit telefonischen Interviews orientieren. Die wichtigsten Regeln betreffen:

- Die Abgrenzung wissenschaftlicher Studien gegenüber kommerzieller Werbung und Verkaufsförderung beziehungsweise der Verzicht auf Werbung im Rahmen wissenschaftlicher Umfragen.
- Die strikte Wahrung der Privatsphäre der Zielpersonen, zum Beispiel durch die Einhaltung der unangemeldeten Anrufzeiten zwischen 9.00 Uhr und 21.00 Uhr.

16 Vergleiche: http://www.sawtoothsoftware.com/products/ci3/ (zuletzt besucht am 09.04.2009).
17 Vergleiche: Vergleiche: http://www.voxco.com/produits/etudes_interviewer_telephone.php (zuletzt besucht am 09.04.2009).
18 vergleiche: http://www.adm-ev.de/pdf/R04_D.pdf (zuletzt besucht am 23.03.2009).

- Die Einhaltung der allgemeinen Datenschutzbestimmungen ähnlich wie bei persönlich-mündlichen Befragungen.
- Das zeitweise Mithören der Telefongespräche durch einen Supervisor zur Qualitätssicherung.
- Schließlich die Festlegung, dass Tonbandaufzeichnungen der Telefonate nur angefertigt werden dürfen, wenn alle beteiligten Personen zustimmen.

- Vorteile und Grenzen

Ein Hintergrund für die hohe Nutzungsfrequenz telefonischer Befragungen sind die wachsenden Probleme bei persönlich-mündlichen Studien, hier vor allem die gesunkenen Ausschöpfungsraten. Besonders die Erhebungen in den letzten Jahren zeigen eine dramatisch zurückgegangene Response-Rate bei den Befragungen des ALLBUS (vergleiche Tabelle 6.1.28). Hinzu kommen gestiegene Kosten und ein erhöhter Zeitaufwand zur Realisierung der Erhebungen (vergleiche Koch 2002). Hier versprachen Telefonbefragungen zunächst Abhilfe, können aber – wie noch zu zeigen sein wird – das Problem auch nicht lösen.

Tabelle 6.1.28: Berichtete Ausschöpfung und Fallpreise der ALLBUS-Untersuchungen von 1996 und 2000 (Quelle: Koch 2002:33)

Studie	Berichtete Ausschöpfungsquote	Fallpreis, ohne Mehrwertsteuer in DM
ALLBUS 1996	49.1 Prozent	ca. 250 DM
ALLBUS 2000	54.2 Prozent	ca. 180 DM

Folgende Vorzüge können vor diesem Hintergrund für telefonische Befragungen gegenüber Face-to-face Befragungen geltend gemacht werden:

- Die Feldarbeit erfolgt computergestützt und computerkontrolliert. Damit werden eine bessere Feldkontrolle und eine bessere Standardisierung des Interviewerverhaltens und somit als Folge objektivere Ergebnisse ermöglicht. Der Spielraum, den die Interviewer bei Einwohnermeldeamts- und vor allem bei ADM-Stichproben im Rahmen der Ermittlung der Zielpersonen besitzen (vergleiche den Abschnitt 5.2), wird im Interesse der Objektivität der Erhebung wesentlich eingeschränkt.
- Aufgrund der Supervision können gezielte (Nach-)Schulungen aller oder einzelner Interviewer angesetzt werden. Dies ist bei den dezentral geführten persönlich-mündlichen Interviews weitgehend unmöglich.
- Die Kosten für Telefonbefragungen sind deutlich geringer als die für persönlich-mündliche Befragungen.
- Die Befragungssituation am Telefon ist unpersönlicher als bei einer Face-to-face Studie. Damit ist zu erwarten, dass die Tendenz zu sozial erwünschten Antworten weniger auftritt.
- Die Interviewten nehmen eine höhere Anonymität der Befragungssituation wahr. Auf dieser Grundlage ist zu vermuten, dass deren Antworten sich weniger an der Person des Interviewers orientieren. Es wird damit – auch aufgrund der unpersönlicheren Be-

fragungssituation – insgesamt eine Tendenz zu besseren Antworten erwartet. Als Beispiel soll eine Studie zitiert werden, die eine Frage nach dem eigenen Wahlverhalten enthielt. Dieser Sachverhalt wurde im Rahmen einer Telefonbefragung besser ermittelt als bei einer Face-to-face Studie (vergleiche Diekmann 2004, Rogers 1976). Teilweise wird einem solchen Befund jedoch auch vehement widersprochen (vergleiche zum Beispiel Noelle-Neumann/Petersen 2000:189).

- Frey et al. (1990:198) zufolge verlangt die heutige Gesellschaft nach besonders schnellen Daten, die „möglichst kurzfristig" zur Verfügung stehen. Umfrageprojekte können mit telefonischen Befragungen extrem schnell abgewickelt werden. FORSA stellt seinen Kunden die Ergebnisse der Befragung von 1.000 Personen beispielsweise innerhalb von 24 Stunden zur Verfügung. Für zahlreiche Studien aus den Sozialwissenschaften mag dieser vermeintliche Vorteil jedoch irrelevant beziehungsweise sogar von Nachteil sein. Darauf wird noch einzugehen sein.
- Bei Rückfragen können sich die Interviewer relativ unkompliziert an den Supervisor wenden.
- Für Zielpersonen, die sich über die Identität des Veranstalters der Befragung Sicherheit verschaffen wollen, kann als vertrauensbildende Maßnahme die Möglichkeit des Rückrufs angeboten werden.
- Auch komplexe Indikatoren haben sich – dank der computerunterstützten Darstellung des Fragebogens am PC des Interviewers – im Rahmen von Telefonbefragungen als erhebbar erwiesen.
- Der Primacy Effect, das heißt die Tendenz, dass bei Fragen mit mehreren Antwortkategorien von den Befragten eine der ersten Kategorien gewählt wird, kann bei telefonischen Befragungen reduziert werden. Vor allem wenn den Zielpersonen die Antwortvorgaben schriftlich vorgelegt werden, lässt sich eine Tendenz feststellen, derzufolge unabhängig vom Inhalt der Frage eine der ersten Vorgaben gewählt wird. Dies ist bei telefonischen Befragungen naturgemäß nicht der Fall.
- Es wird möglich, Hörbeispiele in die Befragung mittels spezieller *.wav-Dateien einzuspielen (vergleiche Häder/Klein 2002). Dies kann sowohl zur weiteren Standardisierung des Interviewerverhaltens als auch zur Auflockerung der Gesprächssituation am Telefon dienen.

Die Nachteile telefonischer Befragungen gegenüber persönlich-mündlichen Studien sind im Wesentlichen die Folgenden:

- Eine Folge der unpersönlicheren Befragungssituation ist eine größere Unsicherheit für den Interviewer bei der Kontaktaufnahme. Um die Zielperson zur Teilnahme an der Befragung zu motivieren, benötigt der Interviewer Skripte. Bei einem am Telefon geführten Interview steht ihm dafür nur die Stimme seines Gegenüber zur Verfügung (vergleiche auch Meier et al. 2005:37ff.). Anders ist die Situation bei einer Face-to-face Befragung. Hier kann beispielsweise die Ausstattung der Wohnung und der Eindruck, den das Wohngebiet hinterlassen hat, die Kleidung und das Aussehen der Zielperson für die Erstellung eines solches Skripts mit heran gezogen werden.
- Eine weitere Folge der unpersönlichen Befragungssituation am Telefon sind häufigere Abbrüche und ein höherer Item-Nonresponse. Es fällt der Zielperson leichter, aus der Rolle des Befragten auszubrechen und durch Auflegen eine telefonische Befragung

vorzeitig zu beenden. Demgegenüber muss ein Befragter bei einem Face-to-face Interview den Interviewer immerhin bitten, die Wohnung vorzeitig wieder zu verlassen.

- Es ist am Telefon keine Nutzung von optischen und anderen Hilfsmitteln wie beispielsweise von Listen, Bildern, Warenproben und Ähnlichem möglich.
- Telefonische Befragungen sollten für eine geringere Dauer konzipiert werden. Als Richtwert werden 30 Minuten und als obere Grenze 45 Minuten angegeben. Es wird aber auch von Befragungen berichtet, die bis zu 1,5 Stunden gedauert haben sollen (vergleiche Diekmann 2004).
- Bei älteren Personen, die ihre Sozialisation noch ohne Telefon absolviert haben, treten häufiger Probleme mit dieser Art der Befragung auf. Sie geben beispielsweise vermehrt auf einzelne Fragen keine Antworten.
- Die Wirkung eines ISDN-Displays, das dem Angerufenen vorab signalisiert, wer der Anrufer ist, auf die Teilnahmebereitschaft der Zielperson ist noch weitgehend unbekannt. Vorstellbar ist, dass bei unbekannten Anrufern, wie bei einem Umfrageinstitut, eine Entgegennahme des Anrufs verweigert wird.
- Ebenfalls problematisch kann sich die Fortsetzung von Face-to-face Befragungsreihen, wie etwa des ALLBUS, mithilfe von Telefonbefragungen gestalten. Hier sind wieder die bereits angeführten Mode-Effekte zu beachten. Ein entsprechender Umstieg setzt umfangreichere Tests voraus (vergleiche Wüst 1998, Häder/Kühne 2009).
- Offene Fragen werden im Rahmen von Telefonstudien einfallsloser beantwortet. Auch sind Recall-Fragen, bei denen Ereignisse aus der Vergangenheit erinnert werden sollen, schwieriger nutzbar. Generell muss auf Fragen, die für die Beantwortung ein höheres Maß an Informationsbeschaffung erfordern, am Telefon eine geringere Antwortqualität erwartet werden. Die Ursachen sind hier die gleichen wie bei der Beantwortung offener Fragen. Personen, die am Telefon befragt werden, gelangen schneller zu ihren Antworten und diese Schnelligkeit geht auf Kosten der für die Antwortfindung im Gedächtnis aktivierten Informationen.
- Es kommt zum Auftreten des Recency-Effects. Werden den Zielpersonen Antwortvorgaben vorgelesen, so lässt sich die Tendenz ausmachen, dass, unabhängig vom Inhalt der Vorgaben, eine der zuletzt genannten Varianten bevorzugt wird.
- Zusätzliche Angaben zur Glaubwürdigkeit der befragten Person fehlen, etwa ein Abgleichen zwischen dem angegebenen Haushaltseinkommen und der Wohnungseinrichtung.
- Für die Befragten gelten Telefoninterviews in höherem Maße als langweilig.
- Obwohl zunächst von höheren Ausschöpfungsquoten bei telefonischen Befragungen berichtet wurde (bis 70 Prozent), ist hier inzwischen eine Angleichung an die bei Face-to-face Befragungen erreichten Response-Raten erfolgt (vergleiche Diekmann 2004:430, Hüfken 2000:11) teilweise liegen sie sogar darunter (vergleiche Schneiderat/Schlinzig 2009).

- Methodik

Die Anwendung telefonischer Befragungen für Umfragen unter der Allgemeinbevölkerung ist an verschiedene Voraussetzungen gebunden. Die erste betrifft vor allem den Versorgungsgrad mit Telefonanschlüssen. Diese Netzdichte hat in Deutschland einen Grad erreicht, der es seit etwa 1997 erlaubt, von einer Vollversorgung zu sprechen. Dies gilt inzwischen auch für Ostdeutschland. Vollversorgung bedeutet, dass mindestens 95 Prozent der Haushalte mit Telefonanschlüssen ausgestattet sind. Konkreten Aufschluss gibt dazu die folgende Tabelle 6.1.29.

Tabelle 6.1.29: Ausstattung privater Haushalte mit Informations- und Kommunikationstechnik in Deutschland, Ergebnisse der laufenden Wirtschaftsrechnungen[19] (Haushalte insgesamt)

Telefonart	1998	2003	2008
Ausstattungsgrad in %			
Telefon	-	98.7	99.0
stationär	96.8	94.5	89.7
mobil	11.2	72.5	86.3
Ausstattungsbestand je 100 Haushalte			
Telefon	-	234.7	268.3
stationär	109.5	120.5	114.5
mobil	12.2	114.2	153.8

Stand: 1. Januar des jeweiligen Jahres. Ohne Haushalte von Selbständigen und Landwirten und ohne Haushalte mit einem monatlichen Haushaltsnettoeinkommen von 17.895 Euro / 18.000 Euro (ab 2002) und mehr.
* Anzahl der Haushalte, in denen entsprechende langlebige Gebrauchsgüter vorhanden sind, bezogen auf hochgerechnete Haushalte der jeweiligen Spalte
** Anzahl der in den Haushalten vorhandenen langlebigen Gebrauchsgüter, bezogen auf hochgerechnete Haushalte der jeweiligen Spalte.

Bei telefonischen Bevölkerungsbefragungen wird bisher vorausgesetzt, dass zu den Telefonanschlüssen, die in den Haushalten installiert sind, mindestens ein Festnetzanschluss gehört. Gegenwärtig ist zu beobachten, dass Haushalte vermehrt auf die Einrichtung von Festnetzanschlüssen zugunsten von Mobiltelefonen verzichten. Dies stellt die Umfrageforschung vor neue Herausforderungen (vergleiche Häder 2000, Häder/Glemser 2006, Häder/Häder 2009). Im Jahr 2008 verfügten im Bundesgebiet etwa zwölf Prozent[20] nur (noch) über ein Mobiltelefon. „TNS Infratest ermittelte in seinem Face-to-face-BUS 2005 auf der Basis von ca. 30.000 Interviews noch einen Anteil von 8.3% der Haushalte, die nur über Mobilfunk erreichbar sind. Zudem werden durch zusätzliche Telefonieanbieter (z.B. Voice over Ip) die Probleme der Stichprobenziehung immer komplexer“ (Gabler/Häder 2006:120). Damit war es erforderlich, nach neuen Wegen zu suchen. Die Lösung stellt ein Mixed-Mode-Design dar, bei dem die telefonische Befragung parallel über das Festnetz und den Mobilfunk geführt wird. Dieses Instrument wird ausführlich beschrieben im Häder/Häder (2009).

Befragungen bestimmter Populationen, die beispielsweise berufsbedingt über Telefonanschlüsse des Festnetzes verfügen – etwa Ärzte, Anwälte, Geschäftsbesitzer und so weiter

19 http://www.destatis.de/basis/d/evs/budtab2.php (zuletzt besucht am 15.02.2005 beziehungsweise am 29.06.06). Die Daten wurden aktualisiert am 15.10.2004 beziehungsweise am 02.03.2006. Die Angaben zu 2001 entstammen den Wirtschaftsrechnungen von 2001-2003, die restlichen aus den Wirtschaftsrechnungen von 2003-2005. Die Daten für das Jahr 2008 entstammen der in der folgenden Fußnote angegebenen Quelle.

20 Zuhause in Deutschland - Ausstattung und Wohnsituation privater Haushalte, http://www.destatis.de/basis/d/evs/budtab6.php (zuletzt besucht am 23.03.2009)

– können auch erfolgen, wenn die Netzdichte in der Allgemeinbevölkerung geringer ist beziehungsweise wieder wird.

Weiterhin muss es möglich sein, Zufallsstichproben für solche telefonischen Befragungen zu ziehen. Da keine auch nur in etwa vollständigen Listen aller Telefonanschlüsse zur Verfügung stehen, müssen dazu besondere methodische Anstrengungen unternommen werden. Das Telefonbuch ist als Auswahlrahmen nicht mehr geeignet. Gegenwärtig sind in Deutschland circa 40 Prozent der Rufnummern nicht mehr gelistet, das heißt im Telefonbuch eingetragen sind, wobei dieser Anteil steigt. In den USA hat es sich durchgesetzt, Telefonnummern zufällig zu generieren. Dieses Verfahren – Random Digit Dialing (RDD) – setzt jedoch eine bestimmte Struktur des Telefonnummernsystem voraus und ist in Deutschland damit in dieser Form nicht anwendbar.

Die gegenwärtige Praxis der Ziehung von Telefonstichproben wurde detailliert im Abschnitt 5 behandelt.

Auf einige Probleme, die bei der Anwendung dieser Technik entstehen können, sei kurz verwiesen:

- Es werden mit diesem Verfahren auch Fax-, und Geschäftsanschlüsse sowie Anrufbeantworter und auch nicht vergebene Telefonnummern angewählt. Dies lässt sich jedoch nicht vermeiden. Bei der Nutzung automatischer Anwählmaschinen minimiert sich jedoch der entstehende Aufwand.
- Mehrfachanschlüsse sind bei diesem Design überrepräsentiert, da sie eine höhere Inklusionswahrscheinlichkeit besitzen. Wenn in der Befragung eine entsprechende Nachfrage nach der Anzahl der vorhandenen Anschlüsse im Haushalt gestellt wird, lässt sich dieses Problem mittels einer Designgewichtung mehr oder weniger gut lösen. Dabei wird vorausgesetzt, dass die angerufenen Personen zuverlässig über diese Aspekte Auskunft geben können.
- Ankündigungsschreiben wirken sich auch bei Telefonbefragungen positiv auf die Response-Rate aus (vergleiche Friedrichs 2000:171ff., Hüfken 2000:11ff.). Dies setzt jedoch die Kenntnis der Adressen und eine Telefonbuchauswahl voraus und lässt sich bei der genannten RLD-Technik nicht realisieren.

Aus der Sicht der Stichprobenziehung muss auch auf verschiedene Vorzüge telefonischer Befragungen verwiesen werden:

- Vor allem ist die geringere Klumpung im Vergleich zu ADM- oder auch Einwohnermeldeamtsstichproben als Vorzug zu nennen.
- Eine auf einer CD-ROM basierende RLD-Technik ermöglicht das Hinzuspielen von Hintergrundvariablen. So sind elektronische Rufnummernverzeichnisse erhältlich, die auch Informationen beispielsweise zur wirtschaftlichen Lage, zur Arbeitslosenquote und zu weiteren sozial relevanten Aspekten innerhalb des jeweiligen Vorwahlbereichs enthalten.
- Schließlich gewährleistet – wie bereits erwähnt – der Supervisor eine permanente Kontrolle der Interviewer. Während sich die Auswahl der Zielperson im Zielhaushalt bei einer ADM-Stichprobe weitgehend einer Kontrolle durch das Erhebungsinstitut entzieht, kann diese kritische Phase der Befragung am Telefon gut kontrolliert werden.

Aber auch dem Problem von Fälschung und Teilfälschungen von Interviews kann begegnet werden.

- Während bei Face-to-face Befragungen jeder zusätzliche Kontaktversuch mit einem hohen Aufwand verbunden ist, kann eine Telefonbefragung hier effektiver vorgehen. Das Befragungssystem automatisiert die Steuerung der Anrufzeiten und legt Rückrufe beispielsweise auf verschiedene Tageszeiten beziehungsweise Wochentage fest. Auch wird es möglich, die Terminverwaltung per Computer steuern zu lassen, beispielsweise wenn von der Zielperson um einen Rückruf zu einer bestimmten Zeit gebeten wird. Schließlich ist es auch möglich, ein aufgrund von Zeitnot unterbrochenes Interview an der entsprechenden Stelle zu einem späteren Zeitpunkt fortzusetzen.

Auf einige technische Aspekte von Telefonbefragungen wurde bereits verwiesen. Auch hier lässt sich gegenüber persönlich-mündlichen Befragungen eine ganze Reihe an Vorteilen benennen. So kann die Filterung bei Telefonbefragungen als gelöst angesehen werden. Es können Konsistenzprüfungen der Antworten beziehungsweise der von den Interviewern in den PC eingegebenen Angaben programmiert und noch während des Interviews vorgenommen werden. Die gesonderte Dateneingabe beziehungsweise -übertragung in ein maschinenlesbares Daten-File entfällt. Zwischenauswertungen werden somit leicht möglich. Das Befragungsprogramm ermöglicht weiterhin eine automatische und zufällige Permutation von Antwortvorgaben oder / und Fragestellungen. Reihenfolgeeffekte können so leichter neutralisiert werden. Dies gilt freilich auch bei persönlich-mündlichen Befragungen, die mithilfe eines Laptops geführt werden (CAPI).

Schließlich gelten Telefonbefragungen – wie ebenfalls bereits angesprochen – als eine besonders schnelle Variante, um Informationen zu gewinnen. In so befragten Tempo-Stichproben dürften jedoch leicht erreichbare Personen überpräsentiert sein. Dies gilt umso mehr, je schneller eine Befragung abgewickelt wird. Das Design einer Blitzbefragung schließt die erforderlichen Rückrufe zu verschiedenen Wochentagen und an unterschiedlichen Tageszeiten aus. Es verzichtet damit auf einen wesentlichen Vorzug, den dieses Design beinhaltet.

Um die Methoden der Telefonbefragungen weiter zu illustrieren sollen noch einige Aspekte erörtert werden:

Es hat sich gezeigt, dass Telefonumfragen mit den gleichen Problemen zu kämpfen haben, die auch bei Face-to-face Erhebungen auftreten. Dabei handelt es sich zum Beispiel um den Bildungsbias, auch bei Telefonumfragen ist eine zu geringe Beteiligung bei Personen mit Volks-, Haupt- oder ohne Schulabschluss zu verzeichnen.

Die Gestaltung der Fragebögen bei Telefonbefragungen folgt den gleichen Grundregeln, die auch für andere Umfragen gelten (siehe oben). Dies betrifft beispielsweise die Reihenfolge der Fragen, die Notwendigkeit einer eindeutigen Formulierung der Indikatoren und so weiter. Rating-Fragen können problemlos in beiden Modi benutzt werden. Jedoch empfiehlt es sich, zu stark differenzierte Antwortskalen bei CATI-Befragungen umzustellen. Bekanntlich muss auf die Nutzung von Vorlageblättern, die die Antwortskalen den Befragten optisch präsentieren, am Telefon verzichtet werden. Möglich sind hier Skalen, die in Analogie zu Schulnoten aufgebaut sind und solche, die sich die Zielpersonen problemlos vorstellen können. Auch Thermometerskalen, die beispielsweise von Null bis 100 reichen und mit deren Hilfe etwa der Grad an Zustimmung zu einer bestimmten Aussage ermittelt werden kann, sind bei Telefonbefragungen einsetzbar. Damit die kognitiven Fähigkeiten der Zielpersonen nicht überfordert werden, sollten nicht mehr als fünf verbalisierte Antwortkategorien den Zielpersonen zur Auswahl vorgelesen.

Um Vergleiche mit Skalen zu ermöglichen, die umfangreichere Vorgaben beinhalten, beziehungsweise um die Fortsetzung von Befragungsreihen zu gewährleisten, kann die Unfolding-Technik benutzt werden. Infrage kommt diese Technik beispielsweise bei der Links-Rechts- oder der Oben-Unten-Frage. Beide Indikatoren benutzen ursprünglich weit mehr als fünf Vorgaben. Die Lösung sähe so aus, dass zunächst danach gefragt wird, ob sich die Zielperson politisch eher links, eher rechts oder eher in der Mitte einordnen würde. Danach erfolgt dann eine weitere Frage, die darauf abzielt, wie weit rechts oder wie weit links sich ein Befragter einordnen würde.

Dagegen sind Ranking-Fragen bei Telefonumfragen schwieriger einsetzbar. Hier fehlt besonders die optische Unterstützung durch vorzulegende Listen oder Kärtchenspiele. Aber auch auf diese Fragetechnik muss bei telefonischen Befragungen nicht völlig verzichtet werden. Wichtig ist der Umfang der in eine Hierarchie zu bringenden Sachverhalte. Auch die einfacher zu bewältigenden Paarvergleiche bieten sich an, um die kognitiven Anforderungen an die Zielpersonen nicht zu groß werden zu lassen. Bei Paarvergleichen wird jeder zu bewertende Sachverhalt jedem anderen gegenüber gestellt. Begrenzt wird der Einsatz dieser Technik durch die mit der Anzahl der zu beurteilenden Items schnell wachsenden Zahl an notwendigen Vergleichen.

Offene Fragen können und sollten auch bei telefonischen Befragungen eingesetzt werden, um der Kommunikation etwas von ihrem künstlichen Charakter zu nehmen. Wichtig ist, dass die zu erwartenden Antworten aufgrund einer nur geringen Denkleistung beim Befragten zustande kommen dürften (vergleiche Noelle-Neumann/Peterson 2000:183ff.). Immerhin bietet die CATI-Technik bessere Möglichkeit für eine Feldvercodung der offenen Fragen. Während bei einem PAPI-Interview die gegebenen Antworten vom Interviewer (wortwörtlich) notiert werden muss, kann der CATI-Interviewer am Computer nach einer Einordnung der Antwort suchen.

Von besonderer Bedeutung sind bei telefonischen Befragungen die Gestaltung der Einleitung sowie die Entscheidung für die geeignetsten ersten Fragen. Als Empfehlungen können dazu genannt werden:

- Die erste Frage sollte eine geschlossene sein, um dem Befragten zu signalisieren, dass das Interview leicht zu absolvieren ist.
- Die zweite Frage könnte offen gestellt werden. Damit erhält der Befragte die Möglichkeit, sich relativ frei zu artikulieren und eine Beziehung zum Interviewer aufzubauen. Auch wird der Zielperson so die Möglichkeit eingeräumt, möglicherweise Unmut zu äußern und diesen damit abzubauen.

Als Beispiel kann das Politbarometer zitiert werden, das von der Forschungsgruppe Wahlen in Mannheim (FGW) veranstaltet wird. Das Vorgehen sieht so aus:

- Die erste Frage gilt dem Bundesland, in dem die Zielperson wahlberechtigt ist. Hier kann die Antwort leicht gefunden werden, zugleich wird ein Bezug zum Inhalt der Befragung hergestellt. Auch der Regel, nach der die erste Frage einer Umfrage nicht verneint werden darf, wird Rechnung getragen.

- Die zweite Frage richtet sich auf die Einwohnerzahl des Wohnorts in dem der Befragte lebt. In der Regel ist diese nicht genau bekannt. So eröffnet sich die Möglichkeit für ein Gespräch mit dem Interviewer. Auch die Anonymität der Befragung unterstreicht diese Frage, da offenbar dem Anrufer diese Information nicht vorliegt. Bei Bedarf bietet es sich an, den Zielpersonen die vorgenommene Zufallsauswahl näher zu erklären. Psychologisch baut eine solche Frage auf einer besonderen Identifikation mit dem eigenen Wohnort auf.
- Die dritte Frage zielt im Politbarometer auf die derzeit wichtigsten Probleme in Deutschland. Es handelt sich um eine offene Abfrage. Es soll dem Befragten das Gefühl vermittelt werden, dem Interviewer ein gleichwertiger Partner zu sein. Zugleich wird das inhaltliche Profil der gesamten Befragung so bereits gut angesprochen.

Einige Besonderheiten bringt der Datenschutz bei Telefonumfragen mit sich. Beantwortet werden muss die Frage, ob es einer nicht in ein Telefonverzeichnis eingetragenen Person zuzumuten ist, überraschend angerufen und um die Teilnahme an einer Befragung gebeten zu werden. Hierzu liegt inzwischen eine richterliche Entscheidung vor[21]. Dabei wurde eine Güterabwägung vorgenommen. Auf der einen Seite geht es um die Forschungsfreiheit und um die Nutzung einer attraktiven Erhebungstechnik. Auf der anderen Seite steht der Schutz der Privatsphäre der sich gegebenenfalls belästigt fühlenden Zielperson. Die Auffassung des Gerichts geht dahin, dass es einer Person zugemutet werden kann, einen solchen Anruf zumindest entgegen zu nehmen und gegebenenfalls eine Teilnahmeverweigerung zu signalisieren. Wichtig ist, dass keine kommerziellen Zwecke mit dieser Befragung verbunden werden, etwa Werbung für ein bestimmtes Produkt betrieben wird. Für den Fall, dass die Zielperson oder der Zielhaushalt die Kooperation verweigert, sind die dadurch für sie entstehenden Kosten relativ gering: Der Telefonanschluss ist lediglich für kurze Zeit blockiert. Demgegenüber würde der Verzicht auf die Generierung von Telefonnummern – dies wäre die Konsequenz, falls es untersagt würde, nicht gelistete Personen zu kontaktieren – die Anwendung telefonischer Befragungen sinnlos machen. Die Kosten auf Seiten der Umfrageforschung wären entsprechend immens.

Der ADM hat eine Richtlinie für Telefonbefragungen herausgegeben. Die wesentlichen Aspekte dieser Richtlinie betreffen:

- Das Generieren von Zufallsnummern ist nicht verboten.
- Harte Verweigerer dürfen nicht mehr angerufen werden.
- Bei Wiederholungsbefragungen müssen den Zielpersonen entsprechende Informationen zum Datenschutz gegeben werden.
- Die (derzeit noch seltene) Nutzung von Sprachcomputern für die Befragung ist nicht ohne weiteres erlaubt. Hierfür ist ebenfalls die Einwilligung der Zielperson einzuholen.

21 Vergleiche: http://www.kanzlei-prof-schweizer.de/bibliothek/neu/index.html?datum=2005-11, und http://www.kanzlei-prof-schweizer.de/bibliothek/urteile/index.html?id=12951 jeweils zuletzt besucht am 09.04.2009.

Mit dem folgenden Text wurde die Dresdner Notwehr-Studie, eine telefonischen Befragung, eröffnet:

Guten Tag, mein Name ist .... Ich rufe im Auftrag der USUMA GmbH, einem Markt-, Meinungs- und Sozialforschungsinstitut, in Berlin an. Wir führen eine Umfrage, im Auftrag der Technischen Universität Dresden und des ZUMA in Mannheim, zu kritischen Situationen in die man jeden Tag geraten kann, durch. Um die Umfrage repräsentativ darstellen zu können, möchte ich in Ihrem Haushalt gerne eine Person befragen, die mindestens 18 Jahre alt ist. Wohnen mehrere Personen ab 18 Jahren in Ihrem Haushalt, möchte ich mit der Person sprechen, die zuletzt Geburtstag hatte. Darf ich Ihnen zu dem Thema einige Fragen stellen?

INTERVIEWER: Falls die Zielperson nicht am Telefon ist, bitte ans Telefon holen lassen oder falls Zielperson nicht anwesend ist, Termin vereinbaren!

NUR BEI BEDARF: Ihre Telefonnummer wurde durch ein wissenschaftliches Zufallsverfahren ausgewählt. Die Umfrage ist freiwillig, aber es ist sehr wichtig, dass möglichst alle ausgewählten Personen daran teilnehmen, damit die Umfrage ein richtiges Ergebnis liefert. Die Auswertung erfolgt anonym, also nicht in Verbindung mit Ihrem Namen, Ihrer Anschrift oder Telefonnummer.

- Zusammenfassung

Die wesentlichsten Probleme bei telefonischen Befragungen sind: erstens die unverbindliche Befragungssituation, die die Gefahr eines Abbruchs des Interviews durch die Zielperson mit sich bringt und zweitens die Notwendigkeit, einen relativ einfachen Fragebogen einzusetzen und auf eine abwechslungsreiche – auch visuell ansprechende – Gestaltung der Fragen verzichten zu müssen. Dem stehen verschiedene Vorteile gegenüber. Vor allem erstens die deutlich geringeren Kosten, zweitens die Möglichkeit einer Supervision, drittens das Fehlen einer Klumpung der Stichprobe sowie viertens die inzwischen guten methodischen Erfahrungen.

Telefonbefragungen besitzen einen festen Platz im Methodenkanon der Empirischen Sozialforschung. Zur oben zitierten Kritik von Noelle-Neumann und Petersen (2000) ist anzumerken: Erstens, die genannten Grenzen telefonischer Befragungen sind von der Sozialforschung zur Kenntnis zu nehmen und bei der Interpretation der Befunde zu berücksichtigen. Zweitens können methodische Forschungen dazu beitragen, noch bestehende Defizite zu verringern. Eventuell kann die technische Entwicklung auf dem Gebiet der Telekommunikation neue Möglichkeiten eröffnen.

Qualitative Befragungen

Befragungen spielen sowohl im Rahmen des quantitativen als auch des qualitativen Forschungsparadigmas eine wichtige Rolle. Um das Verhältnis zwischen und um die Leistungsfähigkeit von quantitativen und qualitativen Methoden wurde teilweise eine rege Diskussion geführt (vergleiche zum Beispiel Hopf 1993:11ff. und Schnell/Hill/Esser 2005 sowie die Darstellungen im Abschnitt 3.8). Dabei ist immer wieder die Frage strittig, ob und inwieweit qualitative Methoden dazu taugen, auch Theorien beziehungsweise Hypothesen zu überprüfen. Zum Verständnis dieser „mitunter spannungsgeladenen“ (Bortz/ Döring 2002:295) Auseinandersetzung wird nun auf den analytisch-nomologischen und auf den interpretativen Ansatz der Sozialforschung eingegangen. Danach werden einige qualitative Techniken der Befragung und die entsprechenden Strategien der Datenauswertung genauer vorgestellt.

Das Verständnis der analytisch-nomologischen Wissenschaft basiert vor allem auf der Annahme, dass das letztendliche Ziel, auch der sozialwissenschaftlichen Forschungen, in der Erkenntnis von Gesetzen besteht. Gesetze zeichnen sich dadurch aus, dass sie Zusammenhänge beschreiben, die sich unabhängig von den handelnden Individuen realisieren. In Hypothesen werden im Interesse der Gesetzeserkenntnis wissenschaftlich begründete Vermutungen über solche Zusammenhänge formuliert. Bei deren Überprüfung müssen nun solche Techniken zum Einsatz kommen, bei denen individuelle Einflüsse weitgehend vermieden werden. Verfolgt, wenn auch sicherlich nicht völlig erreicht, wird das Ideal einer objektiven Messung, bei der das messende Subjekt keinen Einfluss auf das Ergebnis der Messung hat. Entsprechend angelegt sind die bisher vorgestellten Befragungsstrategien. Sie zeichneten sich vor allem durch einen hohen Grad an Standardisierung aus. Diese Standardisierung erscheint erforderlich, um die subjektiven Einflüsse, die zum Beispiel bei einer Befragung von einem Interviewer ausgehen, zu minimieren. Ein solches Paradigma ist freilich nicht unumstritten.

Der Publizist und Historiker Joachim Fest vertritt in einem Essay einen anderen Standpunkt. Er beschäftigt sich beispielsweise (vergleiche 2003:38) mit der Rolle, die besondere Persönlichkeiten wie etwa Adolf Hitler und Michail Gorbatschow in der Geschichte gespielt haben. In diesem Zusammenhang stößt Fest sogar auf einen – wie er es nennt – Grundirrtum von Geschichte: Es geht um das „ganz und gar falsche Verständnis von der Natur des Menschen [...]. Alle kausale Bravour, die man den Ereignissen unterschiebt, ist nichts als Anmaßung. Was tatsächlich vorgeht, ist das ewig unübersichtliche Drama unwissender, irrender, sich bewährender oder versagender Menschen. [...]. Die Geschichte ist aber viel weniger Wissenschaft, als ihre akademischen Wortführer gern glauben machen, weil alle Wissenschaft mit Gesetzmäßigkeiten operiert. Gerade die aber gibt es in historischen Abläufen nicht, sondern nur Turbulenzen, Launen, Krampfzustände und die alle Verhältnisse immer wieder durcheinander werfenden Entladungen.“

Ist man davon überzeugt, dass die subjektive Willkür einzelner Personen – und nicht objektive Gesetze oder ein Gruppendruck – die Geschichte bestimmen und arbeitet man an entsprechenden Fragestellungen (Wie konnte ein profilloser Durchschnittstyp wie Adolf Hitler an die Macht kommen? Wie konnte ein Einzelner die Auflösung eines, auf den konsequenten Machterhalt orientierten, Weltreichs bewerkstelligen?), so helfen standardisierte Methoden nicht weiter. Solche Probleme lassen sich nur mithilfe offener, also qualitativer Methoden bearbeiten. Standardisierungen zur Objektivitätserhöhung sind an dieser Stelle nicht mehr hilfreich.

Entsprechend anders stellen sich auch die Grundannahmen der interpretativen Sozialwissenschaft, auf die sich die qualitativen Befragungsformen stützen, dar. Hier lautet die Prämisse, dass es in der Gesellschaft keine objektiv existierenden Strukturen gibt. Diese werden vielmehr von den handelnden Individuen stets neu konstruiert. Daraus erwachsen für die einzusetzenden Methoden weitreichende Folgen. So ist ein besonderes Maß an Offenheit bei der Erhebung erforderlich, um auf die handelnden Individuen eingehen zu können und deren individuelle Interpretationen der Wirklichkeit zu ermitteln. Für die qualitative Sozialforschung ist es damit wichtig, auch alle möglichen Randbedingungen der Erhebung mit zu berücksichtigen. Somit besteht hier ein besonderer Bedarf an flexiblen Methoden, weil nur sie dies zu leisten in der Lage sind. Eine Standardisierung der Methoden, um möglichst objektive Ergebnisse zu gewinnen, ist hingegen unwesentlich oder hinderlich.

Vorgestellt werden sollen das fokussierte Interview, das narrative Interview sowie das problemzentrierte Interview. Anschließend sollen einige Techniken der Auswertung solcher Befragungen angesprochen werden. Auf die grundsätzliche Diskussion um qualitative und quantitative Methoden wird dann am Ende des Abschnittes nochmals eingegangen.

- Charakteristika qualitativer Befragungen

Die Befragungstechniken wurden bereits in standardisierte, teilstandardisierte sowie nicht-standardisierte Ansätze unterschieden. Diese Einteilung bezieht sich auf die Situation der Befragung, auf die dafür eingesetzten Fragestellungen und auch auf die den Zielpersonen präsentierten Antwortvorgaben. Das offene, nicht-standardisierte Konzept einer qualitativen Befragung zeichnet sich durch Merkmale aus, die es von standardisierten und teilstandardisierten Ansätzen unterscheidet. Die Folgenden sind besonders augenfällig:

Bei strukturierten Befragungen wird ein standardisierter Fragebogen eingesetzt der es ermöglicht, die gewonnenen Antworten vieler Personen zusammen zu fassen und zu verallgemeinern. Qualitative Befragungen tragen eher den Charakter eines zwanglosen Gesprächs. Dieses wird durch einen stärkeren Einfluss sowohl der Zielperson als auch des Interviewers geprägt. Damit werden vom Interviewer andere Verhaltensweisen erwartet. Spezielle Schulungen müssen dem Interviewer vermitteln, seine Frageformulierungen an die jeweilige Situation im Interview anzupassen. Er wirkt damit künstlichen (standardisierten) Interviewsituationen entgegen. An die Stelle vorfixierter Fragen treten freie, teilweise spontane situationsabhängige Formulierungen, damit kommt es zu Antworten, die vorher nicht strukturiert werden können. Nicht selten sind, anders als bei quantitativen Befragungen, die Interviewer und die an inhaltlichen Fragen interessierten Forscher identische Personen.

Qualitative Befragungen zeichnen sich also durch die Betonung der Subjektbezogenheit aus. Nicht der Fragebogen bestimmt vorab den Verlauf des Gesprächs, sondern sukzessive die Reaktionen des Befragten. Dies gelingt nur dadurch, dass die Situation der Befragung offen gehalten wird, also nicht bereits im Vorhinein festgelegt wird. Damit soll erreicht werden, dass die Untersuchung nicht künstlich wirkt, sondern auf eine Art und Weise vollzogen wird, die dem Alltag nahe kommt.

Solche Befragungen zeichnen sich dadurch aus, dass sie stärker in die Tiefe gehen, die Zielpersonen mehr zu Wort kommen lassen, eine intensivere Auswertung erfordern, sich häufig an Subkulturen, soziale Randgruppen und ähnliche Populationen wenden sowie für Pretests besonders geeignet sind.

Bei verschiedenen qualitativen Ansätzen wird ein theoretisches Sampling eingesetzt, um die zu befragende Person zu bestimmen. Dahinter verbirgt sich die theoriegeleitete, das heißt bewusste Auswahl der zu untersuchenden Personen beziehungsweise der zu analysierenden Fällen. Zumeist wird dabei auf besonders typische Fälle oder auch gerade im Gegenteil auf auffällige Ausnahmen zurückgegriffen.

- Das fokussierte Interview

Eine Form qualitativer Befragungen ist das Fokus-Interview, das von Merton und Kendall entwickelt und dargestellt (1979:171ff.) wurde. Das fokussierte Interview bedient sich des folgenden Vorgehens:

- Zunächst erfolgt die Vorgabe eines bestimmten Stimulus an den zu Befragenden. Dabei kann es sich zum Beispiel um einen Film, einen Werbespot, eine Warenprobe oder etwas Ähnliches handeln. Es kann aber auch eine im Alltag erlebte Situation, wie die Elbe-Flut, zum Ausgangspunkt gemacht werden. Dieser Stimulus liefert dann die Grundlage für die sich anschließende Befragung. Als besonders nützlich hat sich das fokussierte Interview auch zur Interpretation unerwarteter Ereignisse sowie von Ausnahmefällen erwiesen.
- Nun wird ein Leitfaden eingesetzt, der die Analyse der Wirkung des Stimulus vornimmt. Für die Erarbeitung dieses Leitfadens können Inhaltsanalysen, beispielsweise des gezeigten Films beziehungsweise der Berichterstattung in der Presse über die Flut, herangezogen werden. Auch Vermutungen über die Wirkung des Stimulus bei den Zielpersonen können bei der Ausarbeitung des Leitfadens mit einfließen.
- Daran schließt sich die Erhebung der Reaktionen der Zielperson anhand dieses Leitfadens an. Es geht darum, die subjektiven Erfahrungen des Befragten in Bezug auf den Stimulus zu ermitteln, um auf dieser Grundlage die gehegten Vermutungen zu validieren und weiter zu entwickeln.
- Da der Interviewer mit der Situation vertraut ist, kann er, ergänzend zum Leitfaden mehr oder weniger vorbereitete Nachfragen an die Zielperson stellen. Ziel von fokussierten Interviews kann sowohl eine erste Hypothesenüberprüfung als auch das Auffinden neuer Hinweise sein.

Als ein gutes Beispiel für die sinnvolle Anwendung fokussierter Interviews gilt ein Experiment zur Wahlbeteiligung (vergleiche Merton/Kendall 1993:171ff.). Den Ausgangspunkt lieferte die Tatsache, dass der Versand bestimmter Materialien die Teilnahme an den Wahlen steigert. Um den Fragen nachzugehen, weshalb dies so ist, welche Rolle dabei der Absender solcher Materialien spielt, was der konkrete Inhalt der Materialien bewirkt und so weiter, bieten sich prinzipiell zwei Lösungen an: Entweder greift man auf eine relativ komplizierte experimentelle Versuchsanordnung zurück, variiert in einem Split die Absender, bildet verschiedene Kontroll- und Vergleichsgruppen, wiederholt die Erhebung und so weiter (vergleiche dazu Abschnitt 7.1) oder – deutlich einfacher – man benutzt dafür fokussierte Interviews mit dem hier beschriebenen Vorgehen.

Auf die besondere Funktion der Interviewer bei qualitativen Befragungen wurde bereits verwiesen. Bei fokussierten Interviews sind vom Interviewer vor allem die folgenden Prinzipien zu beachten:

- Es gilt die Maxime der Nichtbeeinflussung. Der Interviewer sollte sich auf ein Minimum an Instruktionen beschränken, er sollte vor allem nicht-direktiv auftreten. Die Zielperson soll Dinge äußern, die für sie selbst wichtig sind und nicht primär über Sachverhalte berichten, die der Interviewer gerne hören möchte. Alle Angaben der Zielperson sind dabei prinzipiell von Interesse. Zu empfehlende Formulierungen für eine unstrukturierte Frage sind zum Beispiel:

  „Was beeindruckte Sie an diesem Film am meisten?" „Was fiel Ihnen an diesem Film besonders auf?"

  Als Beispiele für gelungene teilstrukturierte Fragen können gelten: „Was haben Sie Neues aus diesem Flugblatt erfahren, dass Sie ja vorher nicht kannten?" „Was empfanden Sie bei dem Teil, in dem ... geschildert wird?"

  Der Interviewer soll die Fragen aus dem Leitfaden zurückhaltend stellen, um nicht den Redefluss der Zielperson zu unterbrechen. Dass er mit dem Problem irrelevanter Abschweifungen konfrontiert werden kann, muss in Kauf genommen werden. Überleitungen zu anderen Komplexen sollen nach Möglichkeit durch den Befragten – und nicht durch den Interviewer – erfolgen.
- Weiter gilt das Prinzip der Spezifizität. Das beinhaltet, dass die Reaktionen der Zielperson auch auf Details herauszufinden sind. Einmal angenommen, eine Person macht nach der Betrachtung eines Propagandafilms eine Äußerung wie: „Der Anblick marschierender Soldaten in diesem Film erzeugt bei mir Angst." Diese Aussage reicht jedoch nicht aus, um die Ursache der Angst zu ermitteln. Zu fragen wäre dann zum Beispiel: „Waren für die geschilderte Angst bestimmte Gesichter von Personen, irgend welche Kommentare im Film oder noch etwas anderes verantwortlich?" Die Zielperson benötigt vom Interviewer geschickte Orientierungshilfen, um die entsprechenden Informationen geben zu können. Solche Hilfen sind die *retrospektive Introspektion* und die *explizite Bezugnahme* auf die jeweilige Situation.

  Bei der *retrospektiven Introspektion* erfolgt eine Vergegenwärtigung der in der Vergangenheit liegenden Situation. Beispielsweise können (nochmals) Fotos aus der betreffenden Zeit gezeigt oder Rundfunksendungen vorgespielt werden. Ein sinnvolles Fragebeispiel könnte dann lauten: „Wenn Sie zurückdenken, was hat Ihnen bei diesem Film Angst gemacht?"

  Bei der Methode der *expliziten Bezugnahme* auf eine Situation wird diese nochmals vergegenwärtigt und mit einer unstrukturierten Frage gekoppelt. Beim Propagandafilm, der Angst erzeugt hat, könnte die Nachfrage lauten: „Gab es irgend etwas, das bei Ihnen diesen Eindruck entstehen ließ?" So kann dann ermittelt werden, dass es vor allem die Stechschrittparade und die Sieg-Heil-Rufe waren, die die Angst bei dem Betrachter erzeugt haben. Diesen Aspekten kommt somit ein besonderer Symbolgehalt in Bezug auf die Angst zu.

  Die Definition der Situation soll im fokussierten Interview „vollständig und spezifisch genug zum Ausdruck kommen" (Merton/Kendall 1993:178).
- Es geht im fokussierten Interview um die Erfassung des gesamten Spektrums an Reaktionen der Zielperson auf den Stimulus. Dazu sollen nicht nur die jeweils erwarteten, sondern möglichst alle Reaktionen registriert werden. Die auslösenden Stimuli und die erzeugten Reaktionen sind umfassend zu ermitteln. Bei wortkargen Informanten muss der Interviewer hilfreich eingreifen.

- Ein weiteres Prinzip betrifft die Tiefgründigkeit des Interviews. Durch gezielte Nachfragen gilt es auszuloten, welche affektiven Wertungen die Befragten vornehmen. Ziel muss es sein, ein Höchstmaß „an selbstenthüllenden Kommentaren des Informanten darüber, wie er das Stimulusmaterial erfahren [hat]“ (Merton/Kendall 1993:197), zu sammeln. Eine Fokussierung der Gefühle kann zum Beispiel mit Fragen wie: „Was empfanden Sie, als ...“ vorgenommen werden. Auch die Wiederholung impliziter oder geäußerter Gefühle durch den Interviewer hat sich bewährt. Auf diese Weise wird die Zielperson sowohl dazu angeregt, weitere Gefühle zu äußern und zugleich signalisiert so der Interviewer sein Verständnis für die geäußerten Emotionen.

  Als Indikatoren, die auf solche emotional stark besetzten Sachverhalte hindeuten, können gelten: „verlängerte Pausen, Selbst-Berichtigungen, Zittern in der Stimme, unvollständige Sätze, verlegenes Schweigen, undeutliche Aussprache“ (Merton/Kendall 1993:193).

- Das narrative Interview

Das narrative Interview (vergleiche Schütze 1977, 1983) ist eine Erzählform, die vor allem benutzt werden kann, um besonders erfahrungsnahe, subjektive Aussagen zu gewinnen. Hier handelt es sich zumeist um biographische Abläufe, die von der Zielperson im Rahmen des Interviews geschildert werden. Allgemeines Ziel ist es auch hier, Sichtweisen und Handlungen zu verstehen.

Der Interviewer gibt bei einem narrativen Interview lediglich ein Thema vor und ermuntert dann die Zielperson zum Erzählen. Danach kommt es darauf an, möglichst keine Unterbrechung mehr vorzunehmen. Der Interviewer übernimmt die Rolle des Zuhörers.

Für das Erzählen wird der Zielperson ausdrücklich freigestellt, was und wie sie berichtet. Dabei wird eine gewisse Eigendynamik vorausgesetzt. Bei seiner Erzählung hat der Interviewte unbewusst eine Reihe an Aufgaben zu lösen. Drei gelten als besonders zentral:

- Die Gestalterschließung: Die Erzählung muss so erfolgen, dass sie für den Zuhörer verständlich ist. Die handelnden Personen müssen beispielsweise vorgestellt werden. Besondere Höhepunkte sind vom Erzähler besonders herauszuarbeiten.
- Der Kondensierungszwang: Im Rahmen der Erzählung müssen vom Befragten Schwerpunkte gesetzt werden. So ist zu erwarten, dass zum Beispiel bei der Schilderung einer erlebten Katastrophe, auf bestimmte Einzelheiten besonders ausführlich eingegangen wird. Andere Details können dagegen übersprungen oder nur kurz gestreift werden.
- Der Detaillierungszwang: Der Erzähler muss die Erzählung so gestalten, dass sie für den Zuhörer auch Zusammenhänge deutlich werden lässt und die Motive der Handelnden verständlich werden.

Der Erzählphase schließt sich eine Nachfragephase an. In dieser Phase des narrativen Interviews erfolgt die Klärung noch offen gebliebener Punkte. Schließlich wird in der abschließenden Bilanzierungsphase der Zielperson die Möglichkeit gegeben, auf Nachfragen einzugehen. Narrative Interviews können eine Länge von bis zu drei Stunden haben. Sie werden mitgeschnitten und für die Auswertung dann transkribiert, das heißt nach vorgegebenen Regeln verschriftlicht (vergleiche Abschnitt 9.1).

- Das problemzentrierte Interview

Eine weitere Form qualitativer Befragungen ist das problemzentrierte Interview (vergleiche Witzel 1992). Der Interviewer stellt dabei Fragen nach einem teilstrukturierten Leitfaden. Im Unterschied zum narrativen Interview übt der Interviewer hier eine relativ aktive Rolle aus. Dies ist vor allem bei fehlender narrativer Kompetenz der Zielperson erforderlich. Am Ende des Gesprächs erfolgt dann zumeist noch die separate Abfrage demographischer Daten beziehungsweise weiterer Angaben.

Häufig wird vorgeschlagen, problemzentrierte Interviews mit anderen Methoden, wie zum Beispiel Fallstudien (vergleiche Abschnitt 7.2), Inhaltsanalysen (vergleiche Abschnitt 6.3) oder mit Gruppendiskussionen zu kombinieren.

- Die Auswertung qualitativer Befragungen

Auch bei der Auswertung der erhobenen Informationen zeichnen sich qualitative Befragungen durch ein typisches eigenes Vorgehen aus. Auf drei grundlegende Ansätze soll verwiesen werden, über weitere Prinzipien wird später noch berichtet (vergleiche Abschnitt 9.1).

Die Grounded Theory: Eine besondere Rolle bei der Datenauswertung (und zugleich auch bei deren Erhebung) nimmt unter den qualitativen Ansätzen inzwischen die Grounded Theory ein. Die Grounded Theory gilt als die klassische, theorieentdeckende Methode. Es handelt sich dabei um eine Vorgehensweise, die eine „in den Daten gegründete Theorie" entwickelt (vergleiche Brüsemeister 2000).

Die Grounded Theory zeichnet sich durch die Nutzung verschiedener Datenquellen aus. Die auf diese Weise gewonnenen Informationen werden dann schrittweise zu generalisieren versucht.

Als ein Beispiel[22] soll eine Untersuchung zur Elbe-Flut herangezogen werden, die am Institut für Soziologie der TU Dresden erhoben wurde. In einem ersten Schritt wird beobachtet, wie die Flut von den Menschen erlebt wurde. Dabei interessieren alle möglichen Zusammenhänge, etwa der Beruf, die Familie, erlittene Schäden, erlebte Hilfe und so weiter. Darauf aufbauend können dann, zweitens, genauere Untersuchungen angestellt werden, zum Beispiel können Vergleiche erstellt werden, auf welche Weise die Tätigkeit verschiedener Hilfsorganisationen (Technisches Hilfswerk, Bundeswehr, Berufsfeuerwehr und freiwillige Feuerwehr) wahrgenommen wurden, oder welche Rolle bei einer Katastrophe die sozialen Unterschiede – dann noch – spielen. In einem dritten Schritt werden die ge-

22 Bekanntheit hat auch das Beispiel von der Dame in Rot erlangt: In einem teuren Lokal beobachtet jemand in der Küche eine Frau, die ein rotes Kleid trägt. Der Verstand des Beobachters signalisiert ihm Skepsis und Neugier. Damit beginnen weitere Nachforschungen und Überlegungen. Die Dame in Rot wird gezielt beobachtet, zum Beispiel bei der Küchenarbeit, bei verschiedenen Kommunikationen. Die Ergebnisse der Nachforschungen werden dann klassifiziert, wobei dafür beispielsweise Theorien über die Dienstleistungsgesellschaft genutzt werden können (vergleiche Strauss/Corbin 1996).

wonnenen Daten in Patterns (Teilprozesse) geordnet. Dazu wird auch auf bestehende Theorien für Erklärungen, etwa zur Sozialstruktur, zurückgegriffen (Ideenpool). Vor allem ein besonders flexibler Gebrauch von verschiedenen Daten zeichnet dieses Vorgehen aus.

Die ethnomethodologische Konversationsanalyse: Die ethnomethodologische Konversationsanalyse wurde Mitte der 1960-er Jahre in den USA begründet. Soziale Gruppen (Ethno-) werden mit diesem Ansatz daraufhin untersucht, welche Methoden von ihnen „bei der Abwicklung ihrer alltäglichen Angelegenheiten ganz selbstverständlich" (Bergmann 1991) genutzt werden. Die Akteure gelten bildlich als leere Blätter, die gemeinsam mit anderen die soziale Wirklichkeit erst festlegen müssen, die Blätter also füllen.

Als typische Beispiele, die mithilfe des Ansatzes der ethnomethodologischen Konversationsanalyse untersucht worden sind, können Klatschgespräche, Beratungsgespräche im Sozialamt, das Abschied nehmen, die Kommunikation einer Flugzeugbesatzung oder telefonische Feuerwehrnotrufe (vergleiche Bergmann 1993) genannt werden.

Die Auswertung solcher Analysen erfolgt dann daten- und nicht theoriegeleitet. Der Schwerpunkt liegt wiederum auf der jeweiligen Situation. Betrachtet werden die Auswirkungen von bestimmten Äußerungen auf den Fortgang der Interaktion. Es handelt sich damit um ein reines Auswertungsverfahren.

Auf das Beispiel der Analyse von Feuerwehrnotrufen zurückkommend, haben sich folgende Phasen unterscheiden lassen: Erstens die Begrüßung, hier verdeutlicht bereits eine prägnante Intonation dem Anrufer, dass „er es mit einer Einrichtung zu tun hat, die sich – selbst ohne konkrete Alarmierung – bereits in höchster Bereitschaft befindet, gewissermaßen in den Startlöchern sitzt und nur auf einen geeigneten Anlass wartet, um in Aktion zu treten." (Bergmann 1991). Zweitens die Schilderung des Anliegens, drittens eine Abklärungsphase, viertens die Einsatzzusicherung und schließlich fünftens das Gesprächsende.

Die Objektive Hermeneutik: Der wörtlichen Bedeutung von Hermeneutik zufolge handelt es sich dabei um die: „Lehre von der Auswertung von Texten sowie von nicht-sprachlichen Kulturäußerungen". Die Objektive Hermeneutik sucht nun nach einem objektiven, gegenständlichen Sinngehalt von Zeichen, Geräten, sozialen Formen und Ähnlichem (vergleiche Freyer 1928). Dieser Ansatz wurde von Ulrich Oevermann in den 1970-er Jahren entwickelt. Es handelt sich auch hier um ein reines Auswertungsverfahren. Dieses dient der Rekonstruktion latenter Sinnstrukturen des alltäglichen Handelns mithilfe hermeneutischer Textinterpretation. Das Mittel der objektiven Hermeneutik sind Sequenzanalysen. Dazu werden (erstens) alle in einem Text latent enthaltenen Bedeutungsmöglichkeiten ermittelt, danach wird (zweitens) empirisch überprüft, welche der Möglichkeiten gewählt wird.

Das folgende Beispiel soll diese Analysetechnik demonstrieren. Gegeben sei der folgende Text: „Eine Frau, 39 Jahre alt, mit einem promovierten, zehn Jahre älteren Diplomkaufmann verheiratet, hat zwei Schulkinder und lebt in sehr guten ökonomischen Verhältnissen. Sie nimmt ein Studium auf." Nun startet die Suche nach möglichen Rechtfertigungen für dieses Verhalten. Denkbar wären nun beispielsweise die folgenden Deutungen (vergleiche Oevermann/Allert/Konau 1984:28f.):

1. Ein Studium war schon immer geplant, es wurde nur wegen der Familiengründung aufgeschoben.

2. Die Frau bemerkt, dass sie in der Familie allein nicht mehr ausgefüllt ist und versucht, etwas sozial Anerkanntes zu tun.
3. Die Frau meint, sie sei in Relation zum Mann nicht genug gebildet, sie will mehr mitreden können.
4. Die Frau vermutet ein baldiges Ende der Ehe und will deshalb auf eigenen Füßen stehen.
5. Der frühere Beruf füllt die Frau nicht mehr aus, sie will sich für einen qualifizierteren weiterbilden.
6. Emanzipationskonzeptionen und der Wunsch nach Selbstverwirklichung veranlassen den Studienbeginn der Frau.
7. Das Studium entspricht der Frau, ihren bisherigen Interessen im sonstigen Leben.
8. Die Frau hat zu wenig zu tun.
9. Erst jetzt bestehen die äußeren Möglichkeiten (zum Beispiel durch ein Fernstudium), um ein Studium aufzunehmen

Bei dieser Strategie wird nach Kontexten gefahndet, in denen eine beobachtete Handlung – die Aufnahme eines Studiums – Sinn macht, unabhängig von den möglichen Intensionen des Akteurs. Danach erst kommt es zur zweiten Phase, der Befragung der betreffenden Person.

- Probleme nicht- und teilstandardisierter Befragungen

Mit der komprimierten Behandlung der qualitativen Verfahren der Befragung (für eine ausführliche Darstellung vergleiche zum Beispiel Denzin/Lincoln 2000) wird zugleich die prinzipielle Berechtigung dieses Ansatzes im Methodenarsenal der empirischen Sozialforschung dokumentiert. So findet zwar noch immer eine Diskussion um qualitative und quantitative Designs statt, jedoch wird kaum ein Ausschließlichkeitsanspruch für nur eine der beiden Vorgehensweisen erhoben beziehungsweise die Berechtigung der jeweils anderen Strategie bezweifelt.

Abschließend sei auf einige Probleme qualitativer Verfahren verwiesen:

- Die Stichprobenauswahl: sie erfolgt bei qualitativen Studien in der Regel bewusst. Es werden also bestimmte „Typen“ gesucht und dann untersucht. Dies wirft die Frage nach der Verallgemeinerbarkeit solcher Befunde auf.
- Reliabilität und Validität sind Grundprobleme quantitativer Erhebungen. Hier haben Tests gezeigt, wie sensibel Zielpersonen reagieren, wenn auch nur scheinbar unbedeutende Veränderungen im Erhebungsstandard, beispielsweise bei der Formulierung einer Frage, vorgenommen werden (vergleiche Abschnitt 2.1). Die Befunde qualitativer Studien dürften ähnlich sensibel gegenüber Einflüssen sein.
- Weitere Stichworte sind der Interviewereinfluss, die selektive Wahrnehmung und der Self-Fulfilling-Prophecy-Effekt (vergleiche Abschnitt 4.6). Auch hier sind bei qualitativen Befragungen Quellen für systematische Verzerrungen der Antworten zu vermuten.
- Bei der Datenauswertung qualitativer Studien liegt eine beachtliche Materialfülle vor. 40 Interviews á zwei bis drei Stunden ergeben circa 2.000 Seiten transkribierten Text.

- Verwiesen werden soll schließlich auf die hohen Anforderungen, die bei qualitativen Studien an den Interviewer gestellt werden, auf die erforderliche sprachliche Kompetenz der Zielperson und schließlich auf einen nicht unbeträchtlichen Zeitaufwand, der für die Durchführung qualitativer Befragungen benötigt wird.

Gruppendiskussionen

Es werden Mutmaßungen darüber angestellt, ob Gruppendiskussionen als eine bestimmte Technik der Befragung aufgefasst werden können und damit neben die postalischen, telefonischen und persönlich-mündlichen Befragungstechniken zu stellen sind, oder, ob dieses Verfahren als eine eigenständige Methode zu verstehen ist. Hier wird Lamnek (1998:25, vergleiche auch S. 31f.) gefolgt: „Letztlich muss keine Entscheidung darüber getroffen werden, ob die Gruppendiskussion eine eigenständige Methode der Datenerhebung ist, oder ob sie eher als eine spezifische Befragungstechnik gilt, die in der Gruppensituation im Austausch aller Beteiligten mündlich Fragen und Antworten austauschen. Sie ist wohl beides und je nach methodologischer Orientierung und Forschungsdesign eher das eine oder das andere."

Die Gruppendiskussion stellt eine zumeist nichtstandardisierte mündliche Form einer Befragung von Gruppen dar. Lamnek definiert die Gruppendiskussion als „ein Gespräch mehrerer Teilnehmer zu einem Thema, dass der Diskussionsleiter benennt [...] und das dazu dient, Informationen zu sammeln (1998:11)." Die beiden tragenden Elemente dieses Verfahrens sind also erstens die Interaktion in einer Gruppe sowie zweitens die Unterordnung der Kommunikation unter ein wissenschaftliches Interesse, das vom Forscher oder Diskussionsleiter besorgt wird.

Während es in der Umfrageforschung nicht selten darum geht, aus (vielen) individuellen Antworten, die von verschiedenen Interviewern standardisiert gesammelt werden, eine statistische Durchschnittsmeinung zu konstruieren, sollen bei Gruppendiskussionen die Einzelmeinungen in ihrer kontextuellen und gesellschaftlichen Bedingtheit erfasst werden. Demgegenüber abstrahiert die Umfrageforschung von den verschiedenen sozialen Kontexten, in denen die Interviews stattfinden und fasst am Ende alle Antworten auf eine Frage zu einem Wert zusammen. Anders wiederum die Gruppendiskussion: In der Berücksichtigung der sozialen Situation, in der eine Auskunft gegeben wird, liegt eine wesentliche Spezifik dieses Ansatzes. Eine ganze Reihe an sozialen Verhaltensweisen findet schließlich im Kontext eines mehr oder weniger öffentlichen Alltags und damit unter Bedingungen statt, die mit denen bei einer Gruppendiskussion durchaus vergleichbar sind.

Dabei ist es unerheblich, ob Gruppendiskussionen, was häufiger der Fall ist, in künstlich für diesen Zweck geschaffenen Gruppen oder in real existierenden und kooperierenden Gruppen (Realgruppen) stattfinden.

Gruppendiskussionen sind aufgrund ihrer Spezifik stärker mit der qualitativen als mit der quantitativen Forschung verwandt. Vor allem von ihren Protagonisten wird behauptet, dass die Bedeutung von Gruppendiskussionen in den letzten Jahren zugenommen hat. Konsens besteht darüber, dass dieses Instrument insgesamt noch relativ wenig methodische Beachtung erfährt.

Ein methodologischer Grundgedanke von Gruppendiskussionen besteht darin, dass sich die Teilnehmer in der Gruppengesprächssituation zu detaillierteren Äußerungen entschließen als sie das bei einem persönlich-mündlichen Interview tun würden. Aufgrund einer speziell geschaffenen Gruppensituation wird erwartet, dass hier von den Teilnehmern auch tieferliegende Bewusstseinsinhalte berichtet werden. Angesichts einer entsprechenden Situation kommt es – anders als bei einer persönlich-mündlichen Befragung – dazu, dass die Diskutanten psychische Kontrollen abbauen und sich zu spontanen und unkontrollierten Äußerungen entschließen. „Auch sei es in Gruppendiskussionen oft leichter als in Einzelinterviews, Fragen sehr privater, intimer Natur mit den Befragten zu erörtern. Diese zunächst paradox erscheinende Annahme wird damit begründet, dass unter dem Eindruck freimütiger, offenherziger Diskussionsbeiträge einiger Teilnehmer auch stärker gehemmte Versuchspersonen zu ‚offenen' Äußerungen in solchen Fragen ermutigt werden" (Mangold 1973:230).

Gruppendiskussionen sind erstmals 1936 von Kurt Lewin und Ronald Lippitt (1938) sowie von Dorwin Cartwright und Alvin Zander (1953) genutzt worden. Auch die Namen von Robert F. Bales (1950), der Gruppendiskussionen vor allem für die Kleingruppenforschung nutzte, sowie von Robert K. Merton sind eng mit dem Verfahren verbunden. Letzterer wurde mit seinen Arbeiten zu Focus Groups (vergleiche 1987) bekannt. Beide Ansätze sind relativ eng miteinander verwandt.

In Deutschland begann die Frankfurter Schule im Rahmen von Untersuchungen zum politischen Bewusstsein Gruppendiskussionen einzusetzen (vergleiche Pollock 1955). Daneben haben Mangold (1960) und Nießen (1977) für die Weiterentwicklung der methodologischen Grundlagen von Gruppendiskussionen gesorgt. Jeder der drei Autoren hat dabei eine eigene Handschrift bei der Weiterentwicklung von Gruppendiskussionen hinterlassen:

Bei *Pollock* konzentriert sich die Zielsetzung von Gruppendiskussionen auf die nicht-öffentliche Meinung. In Auseinandersetzung und unter Kritik an Einzelbefragungen stellt er fest, dass diese nicht-öffentliche Meinung nicht gleich der Summe aller bei individuellen Interviews anonym erfassten Einzelmeinungen sei. Vielmehr sollten Meinungen adäquat in der wirklichen sozialen Umgebung erhoben werden. Nicht-öffentliche Meinungen werden damit vor allem in Gruppensituationen feststellbar.

Mangold geht es demgegenüber um die informellen situationsunabhängigen Gruppenmeinungen. Auch diese lassen sich nur in einer Gruppensituation ermitteln. Sie kommen zustande als „Konsens, der über ein bestimmtes Thema durch wechselseitige Beeinflussung der einzelnen Teilnehmer und der Gruppe innerhalb der Diskussionsgruppe entsteht" (Lamnek 1995:143). Was also bei der quantitativen Sozialforschung eher als ein ärgerlicher Störfaktor gilt, die Beeinflussung des Interviews durch die Anwesenheit dritter Personen (siehe oben), wird bei Gruppendiskussionen bewusst gewollt und in den Mittelpunkt des Verfahrens gestellt.

Das Verhältnis des Individuums zur Gruppe und die Art und Weise, in der eine Gruppe das individuelle Handeln beeinflusst sind demnach typische Fragestellungen, die mithilfe von Gruppendiskussionen bearbeitet werden können.

Nach *Nießen* ist die Gruppendiskussion konsequent dem qualitativen methodologischen Paradigma zuzuordnen. Er geht von zwei Voraussetzungen aus: erstens sollten nur bereits bestehende Realgruppen befragt werden und zweitens sollten die Teilnehmer an einer Gruppendiskussion in irgendeiner Form auch vom Thema der Diskussion persönlich betroffen sein. Während sich Mangold für situationsunabhängige Gruppenmeinungen interessiert geht es Nießen um die situationsabhängige Gruppenmeinung. Geht man, wie das interpretative Paradigma, davon aus, dass die soziale Wirklichkeit in Abhängigkeit von der Situation durch die handelnden Akteure generiert und definiert wird, so bieten sich Gruppendiskussionen geradezu an, um solche Gruppenmeinungen adäquat zu erfassen.

Schließlich verweist Lamnek (1998:57f.) auf das rege Interesse der Marktforschung an Gruppendiskussionen. Dieses führt er darauf zurück, dass mit dieser Methode auf relativ einfache und schnelle Weise Meinungen, Einstellungen und Verhaltensweisen ermittelt werden können. Die Gruppenprozesse selbst interessieren in der Marktforschung dagegen nur am Rande, beispielsweise in Bezug auf die Meinungsführerschaft bestimmter Personen in Gruppensituationen.

- Erkenntnisabsichten

Eine gute Zusammenfassung von Erkenntnisabsichten, die mit dem Instrument der Gruppendiskussion verfolgt werden können, legt Lamnek vor (vergleiche 1998:59ff.). Die von ihm identifizierten elf Richtungen sollen an dieser Stelle verkürzt und leicht kommentiert wiedergegeben werden. Danach eignen sich Gruppendiskussionen für:

1. Die Aufdeckung von gruppeninternen Prozessen und Abläufen. So wird während der Erhebung in der Gruppe eine bestimmte Dynamik ausgelöst, aus der dann Erkenntnisse gezogen werden können.
2. Die Ermittlung von Gruppenmeinungen. Bestimmte Gegenstände und für die Forschung relevante Inhalte werden in der Gruppe diskutiert und dazu wird dann kollektiv eine entsprechende Stellungnahme erarbeitet.
3. Die Informationsvermittlung in der Markt- und Meinungsforschung. Dabei geht es – anders als unter 1. und 2. – um die individuellen Meinungen, Einstellungen, Verhaltensweisen und so weiter der Teilnehmer an einer Gruppenbefragung.
4. Die Exploration. In einem frühen Stadium eines Forschungsprojekts kann man neben dem Studium relevanter Literatur auch Gruppendiskussionen nutzen, um Hypothesen zu generieren. Solche Diskussionen zur Ideensuche lassen sich sowohl mit Experten aber auch mit Mitgliedern der interessierenden Population führen.
5. Pretests. Wie im Abschnitt 8 noch ausführlicher gezeigt wird, können beispielsweise Fragebogenentwürfe in Gruppendiskussionen behandelt werden. Damit spielen Gruppendiskussionen auch bei der Instrumentenentwicklung für sozialwissenschaftliche Erhebungen eine hilfreiche Rolle.
6. Als Korrektiv und / oder Komplement zu einer Fragebogenerhebung. Beispielsweise im Anschluss an oder in Auswertung einer standardisierten Befragung sollen Gruppendiskussionen die Befunde hinterfragen. Hier dürfte es sich jedoch angesichts der geringen Objektivität und Zuverlässigkeit um eine eher randständige Funktion von Gruppendiskussionen handeln.
7. Zur Plausibilisierung und Illustration empirischer Befunde. In Gruppendiskussionen angelegte Zitatensammlungen können dazu herangezogen werden, um quantitative (statistische) Befunde zu untermauern, um sie plastischer zu machen, sie mit Leben zu versehen.
8. Im Rahmen von Assessment-Centern. „Assessment-Center sind heutzutage in fast allen Unternehmensbereichen bei der Personalauswahl und Personalentwicklung für

gehobene oder gar Führungspositionen Standardmethoden“ (Lamnek 1998:63). Hier sollen Gruppendiskussionen dazu dienen, die Managementfähigkeiten von Personen zu erkennen und damit auf die Führungspositionen die entsprechenden Bewerber auszuwählen (vergleiche Obermann 1992:142, aber auch bereits Mangold 1973:228).

9. Für die Methodentriangulation. Um die Möglichkeiten und Grenzen verschiedener sozialwissenschaftlicher Instrumente genauer zu ergründen und um empirische Befunde weniger angreifbar zu machen, werden parallel unterschiedliche Methoden eingesetzt, um den selben Sachverhalt zu erforschen. Hier kommt den Gruppendiskussionen ebenfalls eine wichtige Bedeutung zu.
10. Als therapeutisches Instrument in der klinischen Psychologie haben Gruppendiskussionen eine Bedeutung.
11. Zur Evaluationsforschung. Hier wird versucht zu ermitteln, inwieweit in der Praxis vorgenommene Interventionen auch tatsächlich den vorgesehenen Zweck erfüllen (vergleiche dazu ausführlicher den Abschnitt 7.4). Allerdings dürfte auch hier der Nutzen von Gruppendiskussionen nur relativ gering sein, da es schwierig ist, auf der Grundlage von Gruppendiskussionen zu Verallgemeinerungen zu gelangen.

- Vorteile und Grenzen von Gruppendiskussionen

Auf der Grundlage dieser, den Gruppendiskussionen zugesprochen Erkenntnismöglichkeiten, lassen sich nun die Vor- und Nachteile dieses Ansatzes gut zusammenfassen. Die besondere Attraktivität von Gruppendiskussionen liegt in ihrer Nutzung als qualitatives Verfahren. Sie erfüllten vor allem die methodologische Prämisse des qualitativen Paradigmas (vergleiche Lamnek 1998:78): Mit Offenheit, Flexibilität und Alltagsnähe werden bei Gruppendiskussionen die Daten erhoben. Hinzu kommt, dass Gruppendiskussionen, wohl wie kein anderes Verfahren, das Studium von gruppendynamischen Prozessen erlauben. Interessieren bestimmte soziale Untersuchungsobjekte beziehungsweise soziale Verhaltensweisen, so kann angenommen werden, dass bei Gruppendiskussionen die Erkenntnisse verhaltensrelevanter, also realitätsnäher, sind, da sie in einem natürlichen – sozialen – Umfeld erhoben werden.

Schließlich sind Gruppendiskussionen mit all jenen Grenzen gegenüber den quantitativen Ansätzen behaftet, die bereits dargestellt wurden und auf alle anderen qualitativen Ansätze zutreffen. Dies betrifft vor allem die Frage der Verallgemeinerbarkeit der Befunde. So erscheint es kaum realistisch, die Gesprächsteilnehmer etwa mithilfe einer Zufallsauswahl zu rekrutieren und die Ergebnisse für eine definierte Grundgesamtheit zu verallgemeinern. Weiterhin ist ein starker Einfluss des Diskussionsleiters auf die Ergebnisse der Untersuchung zu erwarten. Eine Überprüfung der Zuverlässigkeit einer Gruppendiskussionssitzung, also die Wiederholbarkeit der Resultate, erscheint ebenfalls nicht gegeben zu sein. Auch entstehen Unwägbarkeiten infolge der ungleichmäßigen Beteiligung der verschiedenen Diskussionsteilnehmer am Gespräch. Über die Schweiger in solchen Diskussionsrunden fehlen naturgemäß die relevanten Informationen. Demgegenüber gilt die Beeinflussung, die infolge der Aufzeichnung der Diskussion mit den entsprechenden Geräten zustande kommt, als relativ gering.

- Durchführung von Gruppendiskussionen

In der Literatur wird über Gruppendiskussionen berichtet, bei denen zwischen drei und 20 Personen beteiligt waren (vergleiche Mangold 1973:229), wobei Gruppengrößen zwischen sechs und zehn Personen als optimal gelten. Das Problem bei zu kleinen Gruppen besteht darin, dass hier die individuellen Besonderheiten der Teilnehmer zu stark ins Gewicht fallen, während bei zu großen Gruppen der informelle Charakter des Gesprächs gestört wird.

Zur Verminderung des Phänomens schweigender Diskussionsteilnehmer sollte die Gruppe gezielt zusammengesetzt werden. Für die Zusammenstellung einer Diskussionsgruppe bieten sich prinzipiell zwei Varianten an: Eine eher homogene oder – das Gegenteil – eine heterogene Zusammensetzung des Kreises. Beide Varianten bringen bestimmte Vorteile mit sich. So fördern sozial homogen zusammengesetzte Gruppen die Diskussionsfreude der einzelnen Teilnehmer. Wenn man unter sich ist, werden beim Gespräch erfahrungsgemäß gewisse Hemmungen abgebaut. Dagegen gibt es auch solche Erfahrungen, denen zufolge eine Inhomogenität der Teilnehmer die Diskussion zu beleben vermag. In diesem Fall ist es für die Diskutanten besonders interessant auch einmal die Ansichten von Angehörigen anderer sozialer Schichten zu rezipieren.

Ein Diskussionsleiter eröffnet und leitet schließlich die Diskussion, er erteilt den einzelnen Rednern das Wort. Der Diskussionsleiter sollte im Verlauf der Diskussion abklären, ob einzelne Ansichten von der gesamten Gruppe geteilt werden oder, ob es Untergruppen gibt, die eine andere Auffassung vertreten. Möglich ist es auch, dass der Diskussionsleiter den Teilnehmern konträre Ansichten präsentiert und dazu dann Meinungsäußerungen erbittet. Schließlich kann er weitergehende Informationen in die Diskussion einbringen und die Reaktion der Gruppe beobachten.

Der Diskussionsleiter sollte einzelne, weniger gehemmte Sprecher fördern, er lockert so die Atmosphäre auf und versucht in der Folge auch andere Personen dazu zu bringen, sich aktiv an der Diskussion zu beteiligen. Besonders von Vorteil ist es, wenn es gelingt, auf diese Weise eine Gruppennorm zu etablieren, bei der die Äußerung der eigenen Meinung zur Verpflichtung wird.

Bei Diskussionen in Gruppen, bei denen die Beteiligten eigens für dieses Gespräch rekrutiert wurden, lassen sich nach Spöhring (1989:223) bestimmte Phasen unterscheiden. Spöhring hat dazu das Dreiphasenmodells von Mangold (1973:240) weiterentwickelt. Diese Phasen werden in Abbildung 6.1.30 gezeigt.

- Auswertung

Die Diskussion sollte mithilfe eines Aufnahmegerätes mitgeschnitten werden, wobei auch eine Videoaufzeichnung möglichst aller Interaktionen der Teilnehmer günstig ist. Grundsätzlich soll den Diskussionsteilnehmern die volle Anonymität zugesichert werden. Dazu hat es sich bewährt, für die Teilnehmer Decknamen zu vergeben. Mangold schlägt die folgenden weiteren Auswertungsschritte für eine Gruppendiskussion vor:

Abbildung 6.1.30: Tabellarisches Verlaufsmodell von Gruppendiskussionen nach Spöhring (1989)

Diskussionsphase	Erscheinungsform	Hypothese über Ursachen
I. Fremdheit	Vorsichtige Wendungen; Unverbindlichkeit; Rückversicherung	Unsichere, weil fremde Situation; Aushandeln der Definition
II. Orientierung	Vorfühlen; stimulierende und provokative Äußerungen	Wunsch nach Gewissheit; Suche nach Gemeinsamkeiten
III. Anpassung	Rücksichtnahme auf vorhergegangene Äußerungen; Nachreden	Bedürfnis nach Zustimmung; Freude an der Bestätigung eigener Meinungsdispositionen; Gruppe als ‚objektive Instanz'
IV. Vertrautheit	Stellungnahme gegenüber anderen Gruppenmitgliedern; übereinstimmende Aussagen; ergänzende Zwischenrufe; Konsens	Bekanntsein der Einstellungen der Gruppenmitglieder; Wohlbehagen im Kollektiv; Furcht vor Isolierung
V. Konformität	Einheitliche Gruppenmeinung; kein Abweichen einzelner; Monologe; Zurückfallen auf bestimmte Themen; Parteinahme gegen Außenseiter; Abwehr von Führungsversuchen; Vertuschen von Entgleisungen	Ansteckung; Gruppensuggestion; Identifizierung; Sorge um den Zusammenhalt der Gruppe
VI. Abklingen der Diskussion	Abklingen der Spannung; Nachlassen der Intensität der Diskussion; Unaufmerksamkeit; Wiederholungen	Genügen an der hergestellten Konformität; Ermüdung

- In der ersten, qualitativen Phase der Auswertung werden die im gesamten Diskussionsverlauf angesprochenen Themen aufgearbeitet und die Stellungnahmen der Gruppe dazu dargestellt.
- Zweitens können dann die Diskussionsverläufe, die von Angehörigen der gleichen sozialen Gruppen stammen, verglichen werden. Dabei sind Übereinstimmungen und Unterschiede aufzudecken.
- Drittens „findet ein Vergleich zwischen den ‚typischen' Gruppenmeinungen von Gesprächsgruppen verschiedener sozialer Struktur statt, die im Rahmen einer soziologischen Fragestellung untersucht wurden" (Mangold 1973:252).

Lamnek (1998:162ff.) gibt zwei Kriterien vor, nach denen die Auswertung von Gruppendiskussionen unterschieden werden kann. Dabei handelt es sich erstens um die Frage, ob eine inhaltlich-thematische, eine gruppendynamische Auswertung oder eine Synthese aus beiden Ansätzen vorgenommen werden soll. Zweitens kann die Auswertung danach beschrieben werden, ob sie deskriptiv, reduktiv oder explikativ / intensiv erfolgen soll.

Bei einer *deskriptiven* Analyse kommt es zu einer zusammenfassenden Widergabe der wesentlichen Inhalte des Diskussionsverlaufs, typische Zitate werden vorgestellt und der Diskussionsablauf wird geschildert. Eine *reduktive* Analyse ist auf den Informations- und

Erkenntnisgewinn fokussiert. Dazu wird das erstellte Transkript vom Umfang her reduziert. Schließlich kann auch eine explizit qualitative, hermeneutische Interpretation (vergleiche Oevermann et al.1979) vorgenommen werden.

Für eine ausführliche Beschreibung von Auswertungsstrategien für Gruppendiskussionen vergleiche Lamnek (1998:162ff.). Hier findet sich auch die folgende (vergleiche Abbildung 6.1.31) Übersicht zu den grundsätzlichen Analysestrategien.

Abbildung 6.1.31: Grundsätzliche Analysestrategien für Gruppendiskussionen im Überblick nach Lamnek (1998:167)

- *Gruppendynamische Analysen* sind weniger bedeutsam und weniger häufig als die *inhaltlichen Auswertungen.*
- Daher werden Gruppendiskussionen in der Regel *inhaltsanalytisch* ausgewertet.
- Gruppendiskussionen können *deskriptiv, reduktiv* und/oder *explikativ* ausgewertet werden.
- Die häufigste Analyseform dürfte die *deskriptive*, gefolgt von der *reduktiven* sein.
- Die *reduktive* Inhaltsanalyse versucht, die Fülle des Datenmaterials so zu reduzieren, dass *Informationsgewinn* entsteht.
- Hierzu können *statistisch-quantitative* Analysen eingesetzt werden; dies ist aber nicht notwendigerweise erforderlich.
- Auch eine *qualitativ-typologische* Auswertung ist eine reduktive Analyse.
- *Interpretativ-explikativ-extensive* Analyseverfahren kommen nur im Wissenschaftsbetrieb vor und sind daher bei Gruppendiskussionen eher selten.
- *Reduktive* Inhaltsanalysen bedürfen – gleichgültig ob sie statistisch oder typologisch ausgerichtet sind – einer *Kategorienbildung*. Die diversen, begrifflich unterschiedlich gefassten Einheiten
  - Kodiereinheit
  - Kontexteinheit
  - Auswertungseinheit
  - physische Einheit
  - Bezugseinheit
  - thematische Einheit und so weiter

  indizieren unterschiedliche, damit verbundene Analysestrategien und Erkenntnisziele.

Soziometrische Befragungen

Bei Befragungen werden, wie in den vorangegangenen Abschnitten beschrieben, zumeist Auskünfte von (vielen) einzelnen Personen eingeholt. Diese Informationen betreffen in der Regel die Einstellungen und Verhaltensweisen genau dieser Zielpersonen. Das sozialwissenschaftliche Interesse kann aber auch Sachverhalten gelten, die stärker mit den sozialen Beziehungen der Menschen verbunden sind. So könnte hypothetisch angenommen werden, dass die Parteienpräferenz einer bestimmten Person im Zusammenhang steht mit den Parteienpräferenzen jener Menschen, mit denen diese Person engere soziale Beziehungen unterhält. Für die Überprüfung einer solchen Hypothese reicht es nun ganz offensichtlich nicht aus, die Zielperson lediglich nach der eigenen Parteienpräferenz zu befragen. Wichtig wäre es auch zu erfahren, mit welchen Menschen diese Person überhaupt soziale Beziehungen unterhält und dann, welche Parteien diese Menschen favorisieren.

Einer anderen Hypothese zufolge könnte die Meinungsführerschaft einer Person in einer Gruppe mit bestimmten Eigenschaften verknüpft sein, über die jene Person verfügt, die diese Meinungsführerschaft innehat. Auch für die Bearbeitung einer solchen Hypothese ist es nicht ausreichend, nur Informationen einzuholen, die eine einzelne Person betreffen. Hier müsste vielmehr ermittelt werden, wer überhaupt Meinungsführer in einer Gruppe ist und zugleich, welche Eigenschaften diese Person von den anderen Gruppenmitgliedern zugeschrieben bekommt.

Die Empirische Sozialforschung nutzt soziometrische Befragungen und – als eine weiterentwickelte Form – Netzwerkanalysen, um solche und ähnliche Fragestellungen zu bearbeiten. Mit dem Begriff Soziometrie werden Analysen zwischenmenschlicher Präferenzen bei Gruppenmitgliedern bezeichnet. Nach Bjerstedt (1956) handelt es sich um eine „quantitative Untersuchung zwischenmenschlicher Beziehungen unter den Aspekten der Bevorzugung, der Gleichgültigkeit und der Ablehnung in einer Wahlsituation.“ Die soziometrischen Befragungen nutzen in der Regel standardisierte Befragungen in real kooperierenden kleinen sozialen Gruppen, etwa in Schulklassen, Arbeitsgruppen, Armee-Einheiten und in ähnlichen Gebilden. Damit zeichnet sich dieser Ansatz dadurch aus, dass hier nur (viele) atomisierte Personen, sondern komplette Gruppen betrachtet werden.

Prinzipiell denkbar wäre auch die Anwendung der Methode der Beobachtung (vergleiche Abschnitt 6.2), um bestimmte Verhaltensweisen in einer Gruppe zu ermitteln. So könnte etwa die Sitzordnung in einer Schulklasse vom Lehrer beobachtet und nach verschiedenen Gesichtspunkten bewertet werden.

Als Begründer der Soziometrie gilt Jakob L. Moreno (1934). Seine Intensionen gingen weit über die hier zur Diskussion stehende sozialwissenschaftliche Analyseebene hinaus. Morenos Visionen bestanden, neben der gezielten Integration von Gesellschaftsmitgliedern in Gruppen, auch in der Therapie von Menschen und zielten letztlich auf eine Neuordnung der Gesellschaft nach dem Vorbild des wissenschaftlichen Sozialismus. Freilich erwiesen sich diese weitgesteckten Ziele (bisher) als unpraktikabel.

Die Grundidee des soziometrischen Ansatzes besteht darin, dass in sozialen Systemen bestimmte soziale Strukturen auch auf informellen Beziehungen beruhen. Diese werden zum Gegenstand der soziometrischen Befragungen gemacht. Ausgehend von einem Kontinuum, das von Zuneigung bis Abneigung reicht, wird jedes Gruppenmitglied dazu aufgefordert, seine Beziehungen zu den anderen Gruppenmitgliedern zu bewerten. Auf diese Weise können soziometrische Konfigurationen sichtbar gemacht werden. Bei diesen, aufgrund von Zuneigung und Abneigung entstandenen Strukturen, kann es sich um Kontakte, Freundschaften, Feindschaften, Ratgeber, Vertraute, Helfer, Isolierte und so weiter handeln. Stets bilden die einzelnen Individuen in der Gruppe den Ursprung und das Ziel solcher Kontakte. Dabei werden verschiedene Beziehungen unterschieden: Paare, Triaden, symmetrische und asymmetrische, Brückenbeziehungen und so weiter.

Zur Darstellung solcher Befunde erfolgt die Aufstellung einer Soziomatrix. In dieser Matrix werden in den Zellen die berichteten Kontakte abgetragen. Die Randsummen entsprechen der Summe der erhaltenen Wahlen. Tabelle 6.1.32 zeigt ein (fiktives) Beispiel für ein Ergebnis einer soziometrischen Befragung mit acht (A bis H) Personen. Die Person A hat beispielsweise die Person C gewählt und wurde ebenfalls von C gewählt.

Tabelle 6.1.32: Beispiel (fiktiv) für eine Soziomatrix, oberhalb der Diagonalen befinden sich die abgegebenen und unterhalb die erhaltenen Wahlen

	A	B	C	D	E	F	G	H	Σ
A	-	0	1	1	1	1	0	0	4
B	0	-	0	0	1	1	1	1	4
C	1	0	-	1	0	0	1	1	4
D	0	0	1	-	1	1	1	0	4
E	1	1	0	0	-	1	1	0	4
F	0	0	1	1	0	-	1	1	4
G	0	1	0	1	0	1	-	1	4
H	1	1	0	0	0	1	1	-	4
Σ	3	3	3	4	3	6	6	4	32

Eine weitere Möglichkeit der Auswertung besteht in der Berechnung von Indices und Koeffizienten. Dazu liegen eine Fülle an Varianten vor (vergleiche für eine Übersicht Nehnevajsa 1973:270ff. und Ardelt 1989:184ff.) An dieser Stelle sollen nur die wichtigsten erwähnt werden:

- Soziometrischer Status: Hier handelt es sich um die Summe der erhaltenen Wahlen.
- Sozialer Status: Darunter wird die Zahl der Beziehungen einer Person (Spalten- plus Zeilensumme) verstanden.
- Kohäsionsindex: Der Anteil positiver, gegenseitiger Wahlen an allen möglichen Wahlen stellt diesen Index dar.
- Ermittlung soziometrisch isolierter Personen: Diese Gruppenmitglieder erhalten weder Wahlen noch Ablehnungen.
- Soziometrische Außenseiter: Hier handelt es sich um Gruppenmitglieder, die mehr Ablehnungen erhalten als der Durchschnitt der Gruppe.

Friedrichs (1990:261ff.) stellt eine Reihe weiterer Indices vor, mit deren Hilfe soziometrische Befragungen ausgewertet werden können. Er nennt beispielsweise: die Wahrscheinlichkeit der Wahl, den Interessenquotienten, den Anziehungsquotienten, die Integration in die eigene beziehungsweise in die andere Teilgruppe, die Gruppenentropie und die Expansion.

Eine weitere Möglichkeit für die Auswertung und Darstellung der Ergebnisse soziometrischer Befragungen sind die Soziogramme. Dabei handelt es sich um die Richtungsgraphen der ermittelten Interaktionen. Als Beispiele sind in der Abbildung 6.1.33 aufgeführt: die Triade (A, B und C), der Außenseiter (E), der Star beziehungsweise synonym der Stern (D erhält zahlreiche Wahlen), die Dreier-Cliquen mit (I, J und K beziehungsweise K,L und M) und die Brückenbeziehung (Person K ist in zwei Cliquen integriert) sowie die Graue Eminenz (Person F wird nur von zwei Sternen einer Gruppe gewählt.

Die Zielscheibendiagramme von Northway (1940) liefern eine weitere Möglichkeit. Dazu werden zunächst die Quartile der erhaltenen Wahlen ermittelt. „Üblicherweise werden die Individuen mit höchsten Quartilen (die, natürlich schätzungsweise, 25% der am häufigsten gewählten Individuen) im inneren Ring des Diagramms platziert usf., so dass der äußere Ring das niedrigste Quartil einschließt – die am wenigsten gewählten Individuen im Verhältnis zum Wahlmuster der Gruppe" (Nehnevajsa 1973:269).

Abbildung 6.1.33: Verschiedene Gruppenkonfigurationen, dargestellt jeweils mithilfe von Soziogrammen

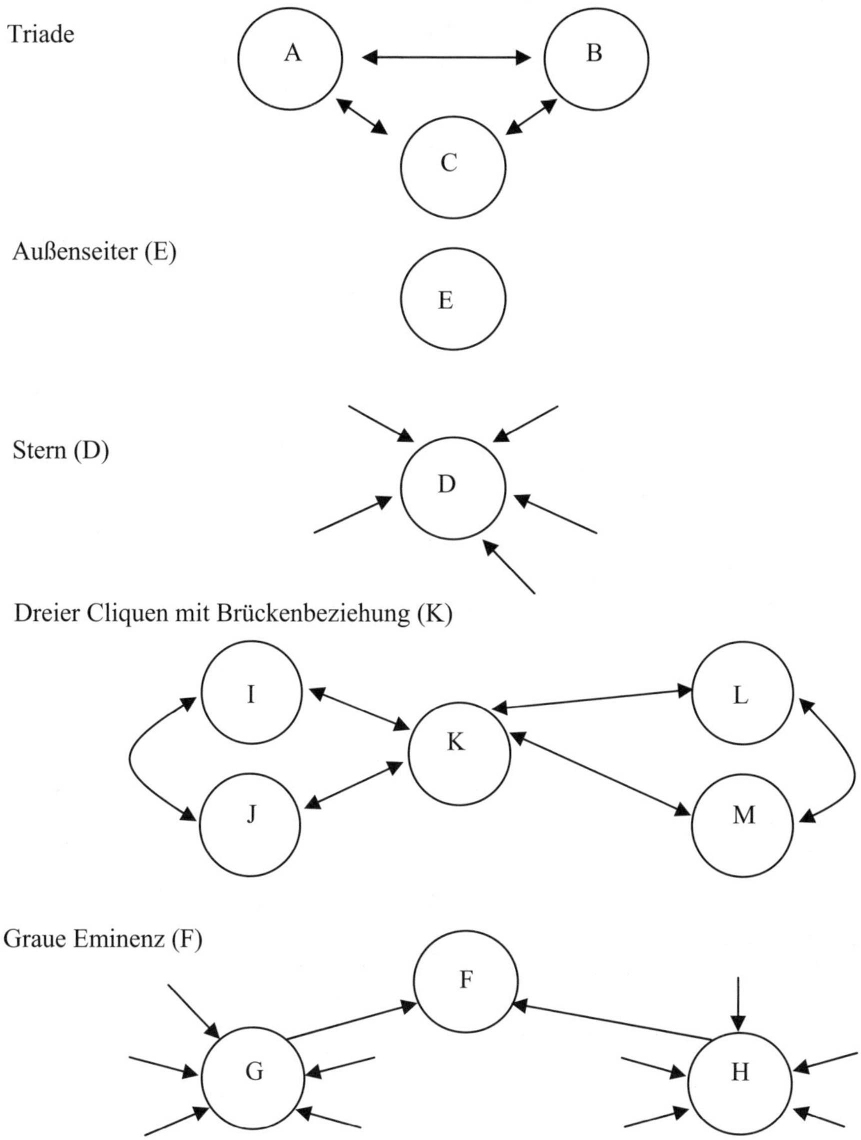

Folgende methodische Voraussetzungen sollten erfüllt sein, wenn man sich dazu entschließt, eine soziometrische Befragung zu veranstalten:

- Die betreffende Gruppe sollte nicht zu groß sein. Jedes Gruppenmitglied muss jedes andere Gruppenmitglied kennen und zumindest prinzipiell mit diesem in Interaktion treten können.
- Es ist erforderlich, Kriterien abzuleiten, nach denen die Gruppenstruktur untersucht werden soll. So sind Aktivitäten zu ermitteln, die jene soziometrischen Konfigurationen hervorbringen. Typische Fragen einer soziometrischen Erhebung lauten: „Mit wem möchten Sie am liebsten zusammenarbeiten?“ „Mit wem möchten Sie am liebsten die Weihnachtsfeier vorbereiten?“ „Wen würden Sie am ehesten um Rat und Hilfe in einer persönlichen Angelegenheit bitten?“ „Wen möchten Sie gern einmal nach Hause einladen?“
- Zu beachten ist schließlich eine gewisse Anfälligkeit der Befunde gegenüber aktuellen gruppendynamischen Prozessen.

Daneben sind weitere Aspekte zu beachten: So ist zu entscheiden, ob nur positive oder ob auch negative Wahlen (Ablehnungen) bei der Befragung zugelassen werden sollen. Letztere erbringen ein vollständigeres Bild von der Gruppensituation. Es könnte für die Gruppenmitglieder jedoch peinlich sein, solche Ablehnungen gegenüber dem Untersuchungsleiter zu äußern. Zu entscheiden ist weiterhin, wie viele Wahlen pro Person zulässig sind. Auch hier wäre es im Interesse einer möglichst vollständigen Abbildung der Gruppensituation günstig, zu allen Mitgliedern der Gruppe eine Einschätzung einzuholen. Dies wäre beispielsweise mithilfe einer Ratingskala möglich, die den Zielpersonen die folgende Aufgabe stellt:

„Wie gern oder wie ungern arbeiten Sie mit den einzelnen Mitgliedern Ihrer Gruppe zusammen? Bitte bewerten Sie jedes Gruppenmitglied mithilfe der folgenden, von sehr gern bis sehr ungern reichenden, Skala!“ Weitere Varianten könnten sein:

- Wie gern oder ungern würden Sie gemeinsam mit [Namen aller Gruppenmitglieder] eine Seminararbeit anfertigen?
- Wie gern oder ungern würden Sie gemeinsam mit [Namen aller Gruppenmitglieder] in der Freizeit etwas unternehmen?
- Wie gern oder ungern würden Sie [Namen aller Gruppenmitglieder] um Hilfe bei einem persönlichen Problem bitten?
- Wen würden Sie am liebsten zu Ihrem Geburtstag einladen und bei wem können Sie sich das nicht vorstellen?
- Inwieweit verfügen [Namen aller Gruppenmitglieder] über die folgenden Eigenschaften: Ehrgeiz, sicheres Auftreten, Hilfsbereitschaft, fachliche Kompetenz?
- Wer aus Ihrer Gruppe stellte für Sie den idealen Chef (den idealen Kollegen, den idealen Mitarbeiter) dar?
- Was glauben Sie, wer aus Ihrer Gruppe wird angegeben haben, dass er / sie gern mit Ihnen zusammenarbeiten möchte?

Soziometrische Befragungen werden in der Regel als schriftliche Umfrage veranstaltet, die zumeist im Rahmen einer Klausur, das heißt unter Aufsicht und Anleitung, stattfindet. Nur selten werden soziometrische Befragungen mündlich, als Interview, geführt.

Bei der Auswertung lassen sich nun die Persönlichkeitsstrukturen der Inhaber bestimmter Beziehungen untersuchen. Über welche Eigenschaften verfügen beispielsweise Personen, die gemeinsam eine Clique bilden, Personen, die isoliert sind und so weiter.

Weiterhin wird es möglich, die soziale Selbstwahrnehmung einzelner Personen zu ermitteln. Dazu wird in der Gruppe auch nach den vermuteten (positiven und negativen) Wahlen gefragt. Daraus lassen sich der angenommene und der tatsächliche Status einer Person innerhalb einer Gruppe ermitteln. Dieser kann wiederum mit anderen Merkmalen der jeweiligen Persönlichkeit in Beziehung gesetzt werden.

Eine weitere Möglichkeit, Gruppenstrukturen zu untersuchen, besteht darin, die Mitglieder der Gruppe danach zu befragen, wen sie sich aus der Gruppe am ehesten als Leiter, als Kollegen oder als Mitarbeiter vorstellen könnten. Wenn diese Befragung mit der Einschätzung verschiedener Persönlichkeitsmerkmale der Gruppenmitglieder, wie etwa Kompetenz, Ehrlichkeit, sicheres Auftreten und so weiter, verbunden wird, so erhält man Auskunft darüber, welche Eigenschaften an die Träger der genannten Funktionen geknüpft werden.

Weitere Sachverhalte, wie etwa die Präferenz für bestimmte politische Ansichten, können anhand von soziometrischen Strukturen (politische Präferenzen der Bezugspersonen, deren Schichtzugehörigkeit und so weiter) vorhergesagt werden.

Vor allem in den Erziehungswissenschaften werden soziometrische Befragungen genutzt, um die Strukturen zum Beispiel von Schulklassen zu untersuchen.

Kurz sollen einige inhaltliche Ergebnisse vorgestellt werden, die mithilfe solcher soziometrischer Befragungen gewonnen werden konnten:

- Zu erwarten sind stets unregelmäßige Verteilungen der soziometrischen Wahlen. In allen sozialen Gruppen existieren damit gewisse Hierarchien (vergleiche Nehnevajsa 1973:285).
- Ein hoher soziometrischer Status korreliert mit der Einsicht in die Beziehungsverhältnisse der jeweiligen Gruppe, ein niedriger Status drückt dementsprechend eher eine falsche Perzeption aus (vergleiche Lemann/Solomon 1952 und Gronlund 1955).
- Feststellbar ist eine starke Korrelation zwischen dem soziometrischen Status und dem Intelligenzgrad einer Person. Die erzielten Leistungen, der seelische Gesundheitszustand, der sozioökonomische Status und der Grad der Teilnahme am Gruppenleben hängen voneinander ab (vergleiche Wardlow/Greene 1952, Grossman/Wrighter 1948, Thorpe 1955).
- Die soziometrischen Wahlen werden in den Statushierarchien in der Regel nach oben gerichtet (vergleiche Lundberg/Steele 1937, Proctor/Loomis 1951, Longmore 1948).
- Personen mit einem hohen sozialen Status werden als Träger der Werte der Gruppe angesehen (vergleiche Hallworth 1953, French/Mensh 1948, Powell 1951).
- Soziometrische Freunde sind zumeist homogen in Bezug auf den Bildungsstand und in Bezug auf allgemeine Persönlichkeitsmerkmale. Sie leben außerdem räumlich enger zusammen (vergleiche Urdan/Linzey, 1954, Maisonneuve 1954).
- Gruppen, die anhand ihrer soziometrischen Wahlen zusammengestellt werden, arbeiten effektiver zusammen als andere (vergleiche Zelst 1952).

- Die Effizienz von Gruppenleistungen korreliert mit der soziometrischen Kohäsion der Gruppe (vergleiche Chesler/Steenberg/Brueckel 1956, Fiedler 1954).

Weitere Ergebnisse stellt Nehnevajsa (1973:285ff.) vor.

Netzwerkanalysen

In letzter Zeit hat in den Sozialwissenschaften die Bedeutung von Netzwerkanalysen stark zugenommen. Dabei handelt es sich um eine besondere Art beziehungsweise um eine Weiterentwicklung der soziometrischen Verfahren. Netzwerkanalysen gehen über die Nutzung von Befragungen (innerhalb von Gruppen) hinaus. Außerdem berücksichtigen sie, dass nicht nur einzelne Personen, sondern auch Firmen, Organisationen und selbst Staaten Netzwerke bilden können.

Während bei einigen Autoren die Soziometrie als „weitgehend anspruchslose Sammlung einfacher Erhebungstechniken und Indexbildungen" (Schnell/Hill/Esser 2005:169f.) gilt, trifft dies für Netzwerkanalysen keinesfalls zu (vergleiche Jütte 2002, Trappmann et al. 2005, Jansen 2003). Zunächst gilt es, komplette und ego-zentrierte Netzwerkanalysen voneinander zu unterscheiden. *Komplette Netzwerkanalysen* beziehen direkte Informationen von allen Mitgliedern des Netzwerkes in die Analyse mit ein. So es sich um ein relativ umfangreiches Netzwerk handelt, stellt dies eine besonders aufwändige Untersuchungsmethode dar. In vielen Fällen werden deshalb als Alternative *ego-zentrierte Netzwerkanalysen* erstellt (vergleiche Wolf 2004:244ff.). Bei diesen wird von einer Untersuchungsperson ausgegangen. Diese wird nach ihren Bezugspersonen befragt. Dazu bedient sich die Methode der egozentrierten Netzwerkanalyse der Netzwerks- oder Namensgeneratoren. Zum Beispiel wurden die Zielpersonen im ALLBUS 1980 und 1990 gefragt:

„Wir haben jetzt einige Fragen zu den Personen, mit denen Sie häufig privat zusammen sind: Denken Sie bitte einmal an die drei Personen, mit denen Sie am häufigsten privat zusammen sind. Es kann sich dabei sowohl um Verwandte als auch um nicht verwandte Freunde oder Bekannte handeln, nur nicht um Personen, die mit Ihnen im selben Haushalt wohnen. Nennen wir die drei Personen der Einfachheit halber "A", "B" und "C". Damit sie nicht verwechselt werden, notieren Sie doch bitte auf diesem Blatt hier jeweils den Vornamen oder ein besonderes Stichwort zur Kennzeichnung. Denken Sie bei den nächsten Fragen zuerst immer an die Person A.

(Interviewer: Blatt und Stift übergeben – zuerst für "A" die Fragen V755 bis V761 stellen, dann für "B", dann für "C" und Antworten unter dem entsprechenden Buchstaben eintragen. Falls überhaupt keine Personen als Freunde oder Bekannte genannt werden, dann weiter mit nächster Frage.)

Indikatoren, die den Bezugspersonen galten, waren beispielsweise: „Ist A männlich oder weiblich?" und: „Können Sie mir sagen, welche Partei A gewählt hat?"

Mithilfe solcher Fragestellungen lassen sich nun Probleme bearbeiten wie: Handelt es sich um ein heterogenes oder um ein homogenes, um ein offenes oder um ein integriertes Netzwerk? Welche Zusammenhänge bestehen zwischen den Eigenschaften der Mitglieder des

Netzwerkes und denen des Egos? Haben Merkmale des Netzwerkes Einfluss auf das Ego, zum Beispiel auf dessen politische Wahlentscheidungen?

Es existieren aber auch Beispiele für die Nutzung kompletter Netzwerkanalysen. Zwei werden im Weiteren zwei vorgestellt:

Schweizer und Schnegg (1998) analysieren die soziale Struktur eines Romans mithilfe der Netzwerkanalyse[23]. Grundlage dafür ist Ingo Schulzes Buch: „Simple Storys. Ein Roman aus der ostdeutschen Provinz" (1998). Hier werden die Veränderungen der Menschen in der ostthüringischen Kleinstadt Altenburg beschrieben. Dabei spielen 38 Personen eine wesentliche Rolle. Die Erzählung ist nun so angelegt, dass jeweils eine bestimmte Person mit ihren Ansichten im Mittelpunkt gestellt wird. In den einzelnen Abschnitten tauchen dann die anderen Personen wieder – aufeinander bezogen – auf. Es handelt sich also um die Schilderung eines kompletten sozialen Systems, das aus einer bestimmten Anzahl an Akteuren und Beziehungen besteht.

„Eine wesentliche Aufgabe jedes Ethnographen besteht darin, zu erkennen, wie die in einem sozialen Feld agierenden Personen verwandtschaftlich, ökonomisch, politisch und kommunikativ miteinander verflochten sind und welche Teilmengen von Personen (Cliquen, Gruppen, Positionen) wir aufgrund enger Interaktionen und / oder gleicher Lage in diesem System unterscheiden können." (ebenda)

Die Analyse bedient sich der folgenden Vorgehensweise. In einem ersten Schritt werden alle positiven (zum Beispiel Heirat, Verwandtschaft, Freundschaft, Liebe) und alle negativen (zum Beispiel Hass, Scheidung, Entlassung) Beziehungen zwischen diesen 38 Personen registriert (vergleiche Abbildung 6.1.34). In einem weiteren Schritt wird eine Liste erstellt, die darüber Auskunft gibt, wer mit wem in welcher Beziehung steht. Die weitere Analyse erfolgt mittels Computerprogrammen. Diese ermöglichen die Visualisierung der festgestellten Beziehungen. Ein Graph versanschaulicht die gesamten Beziehungen zwischen diesen Personen. Weiter können in einer Abbildung nur die positiven Beziehungen dargestellt werden. Auch lässt sich die Existenz ermitteln von „*Teilgruppen* strukturell ähnlicher Akteure [...], die untereinander und mit Dritten gleichartige Beziehungen unterhalten." (S. 3)

Im Ergebnis erweist sich die Netzwerkanalyse als brauchbare „Forschungsrichtung der Ethnologie und benachbarter Sozialwissenschaften (Soziologie, Ökonomie, Psychologie, Kommunikationswissenschaft)", um den alten Strukturalismus (Levi-Strauss 1967) fortzusetzen und weiter zu entwickeln.

23 Text vom 20.5.1989 aus dem Internet: http://www.uni-koeln.de/phil-fak/voelkerkunde/doc/simple.html, besucht am 09.04.2009

Abbildung 6.1.34: Darstellung der positiven Beziehungen (Heirat, Verwandtschaft, Liebe, Freundschaft)

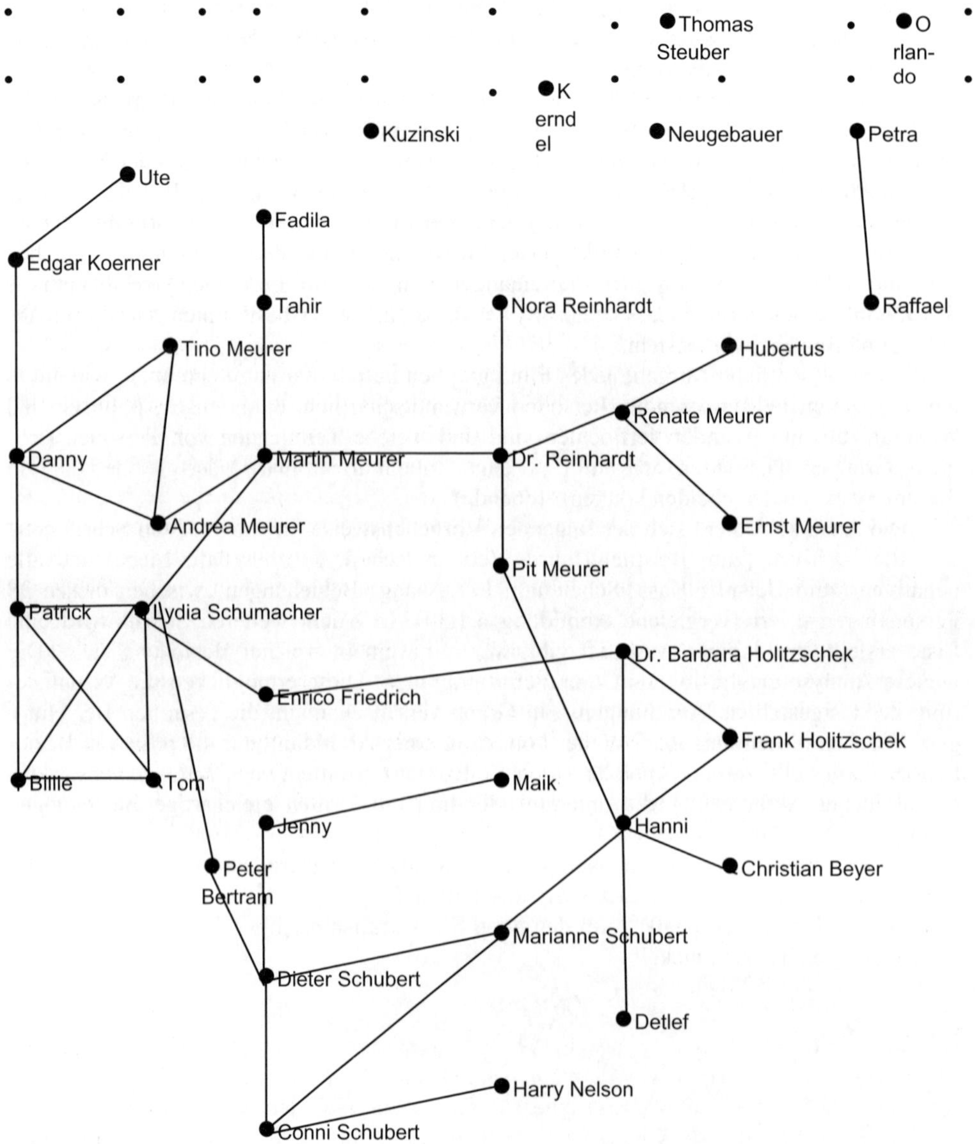

Ein zweites Beispiel für eine komplette Netzwerkanalyse stellen Fürst et al. (1999) vor. Hier handelt es sich um die Untersuchung des regionalen Netzwerkes der Stadt Hannover.[24] Die Netzwerkanalyse basiert auf einer regionalwissenschaftlichen Perspektive.

Die Idee ist, dass Regionen als besonders erfolgreich gelten, „in denen gut zusammenwirkende Netzwerke existieren“ (S. 1). Die Forschergruppe interessiert sich bei der Untersuchung der Akteursnetzwerke, „ob es solche Netzwerke gibt, wen sie umfassen und wie sie auf Themen der Regionalentwicklung einwirken können u.a. aber auch weniger ‚produktiv' für die Regionalentwicklung sein können, wenn sie wichtige Akteure ausblenden, wenn sie in der Themenwahl sehr selektiv oder wenn sie von den Akteuren selbst für das eigene Handeln als relativ unwichtig eingeschätzt werden.“ (S. 1)

Das Vorgehen war zweistufig. Im ersten Schritt (Herbst 1997) wurden alle bedeutenden Personen und Organisationen in der Region Hannover erfasst. Danach erfolgte eine erste Reduktion auf 628 Akteure und 459 Organisationen, wobei als Kriterium für die Reduktion der Einfluss auf die regionale Entwicklung diente, den die Akteure zu nehmen in der Lage sind. Im zweiten Schritt (1998) wurde diese Reduktion systematisch fortgesetzt, so dass schließlich noch 179 Personen im Pool verblieben.

Danach ging es um die Bestimmung der zu untersuchenden Dimensionen. Die Entscheidung fiel auf: a) interorganisatorische Beziehungen, b) interpersonelle Beziehungen, c) informelle Beziehungsoptionen sowie auf d) gruppenstrukturierte Beziehungen. In einer telefonischen Befragung (nach einer postalischen Ankündigung) wurden dann die entsprechenden empirischen Informationen erhoben. Diese ermöglichen nun eine Beschreibung des Netzwerkes aufgrund seiner soziodemographischen Struktur (S. 3), seiner Alters- und Berufsstruktur, nach Sektoren der Tätigkeit, nach der Stärke des Einflusses, nach der Innen- und Außenorientierung der Akteure, nach dem Feld des Engagements sowie nach der Art der Verbundenheit der Akteure untereinander.

Die Autoren fassen den Nutzen ihrer Untersuchung wie folgt zusammen: „Das Zusammenspiel von Entscheiderinnen und Entscheidern in der Region war bisher nicht transparent. Mit der Untersuchung des regionalen Akteursnetzwerkes wurde das Zusammenspiel zum ersten Mal – wie bei einem fotografischen Schnappschuss – abgebildet. Die Akteure können sich aus der Distanz als Mitglieder eines Geflechts erkennen und die Struktur des Regionalnetzes selbst bewerten.“ (S. 14)

Neue Formen der Befragung

Das Statistische Bundesamt veranstaltete 1999 gemeinsam mit dem Arbeitskreis Deutscher Markt- und Sozialforschungsinstitute e.V. (ADM) und der Arbeitsgemeinschaft Sozialwissenschaftlicher Institute e.V. (ASI) eine Konferenz, die sich den neuen Erhebungsinstrumenten in der Sozialforschung widmete. Auf dieser Tagung arbeitete der Geschäftsführer des ADM, Erich Wiegand, fünf Trends heraus, die die Entwicklung und den Einsatz neuer Erhebungsinstrumente beschreiben und die Qualität der Forschungsergebnisse beeinflussen (vergleiche Wiegand 2000:12ff.). Dabei nannte er:

24 Ergebnisse finden sich bei Schubert et al. (2001) beziehungsweise sind zugänglich über das Internet unter http://www.sw.fh-koeln.de/sozial_raum_manage- ment/netz/arutxt_eng.htm, zuletzt besucht am 01.03.2006.

- Die Pluralisierung der Formen des Interviews. Während ehemals eine eindeutige Dominanz von Befragungen nach der Face-to-face Methode zu verzeichnen war, kommen, den Geschäftsberichten der ADM-Institute zufolge, nun verstärkt auch verschiedene weitere Befragungsformen zum Einsatz.
- Es findet eine Computerisierung und Technisierung der Datenerhebung statt. Im Einzelnen wird auf die Nutzung zentraler CATI-Labors verwiesen. Diese ermöglichen es beispielsweise, dass Sprache automatisch aufgezeichnet wird, sodass die Interviewer, selbst bei offen gestellten Fragen, die Antworten nicht mehr mitschreiben müssen. Weiter gewinnt die Nutzung von PCs beziehungsweise von Laptops zur Unterstützung von Befragungen, die CAPI-Befragungen, an Bedeutung. Im Business-to-Business Bereich kommt es zum Einsatz von Fax-Geräten für den Versand der Fragebögen. Auch das Verschicken von Disketten, auf denen die zu bearbeitenden Fragebögen gespeichert sind, das Disk-by-Mail Verfahren (DBM), ist zu nennen. Schließlich gewinnen verschiedene Formen von Online-Befragungen an Bedeutung. Der Verlauf von Gruppendiskussionen wird mithilfe von Videoaufzeichnungen dokumentiert.
- Bereits seit geraumer Zeit ist auch die Tendenz erkennbar, zu einer verstärkten Standardisierung der Erhebungsinstrumente zu gelangen. Besonders bei den Fragen zur demographischen Charakteristik der Zielpersonen wurden entsprechende Standards, eine sogenannte Standarddemographie, entwickelt. Diese ermöglichen vor allem eine hohe Vergleichbarkeit der Resultate. Aber auch die Auswertungspräsentation bei der Marktforschung nutzt solche Standards beispielsweise zum Aufzeigen der Kundenbindung oder der Positionierung von Waren.
- Beobachtet werden kann weiterhin eine Verstetigung des Forschungsprozesses. Eine solche kontinuierliche Dauerbeobachtung verdrängt inzwischen die ad hoc Forschung. Sie ermöglicht der Marktforschung beispielsweise eine kontinuierliche Beobachtung von Produktzyklen. Ein wichtiges Stichwort ist an dieser Stelle auch der Aufbau von Befragtenpools, den Access-Panels.
- Eine Reihe an methodischen Problemen bringt die zunehmende Internationalisierung der Umfragen mit sich. Das Problem der Vergleichbarkeit der Ergebnisse steht dabei im Mittelpunkt.

In der folgenden Übersicht (vergleiche Abbildung 6.1.35) wird die Vielfalt an Erhebungsinstrumenten, die der Sozialwissenschaft inzwischen zur Verfügung steht, noch aus einem anderen Blickwinkel vorgestellt. Dabei wird von den drei traditionellen Techniken (Postalische Befragung, Telefoninterview und persönlich-mündliche Befragung) ausgegangen und deren inzwischen in vielfältigen Formen eingetretene Computerunterstützung gezeigt.

Im Weiteren kann nur auf einige der neuen Tendenzen näher eingegangen werden. So finden das computerunterstützte mündliche Interview (CAPI), die über das Internet beziehungsweise Web (www) vermittelten Befragungen, die Nutzung von Faxgeräten beziehungsweise eines Postversands für die Zustellung von Befragungsdisketten (Disk-by-Mail) sowie die Rekrutierung eines festen Stammes an befragungswilligen Personen (Access-Panels) Beachtung.

Abbildung 6.1.35: Die technologische Evolution der Umfrageforschung (vergleiche Groves et al. 2004:140)

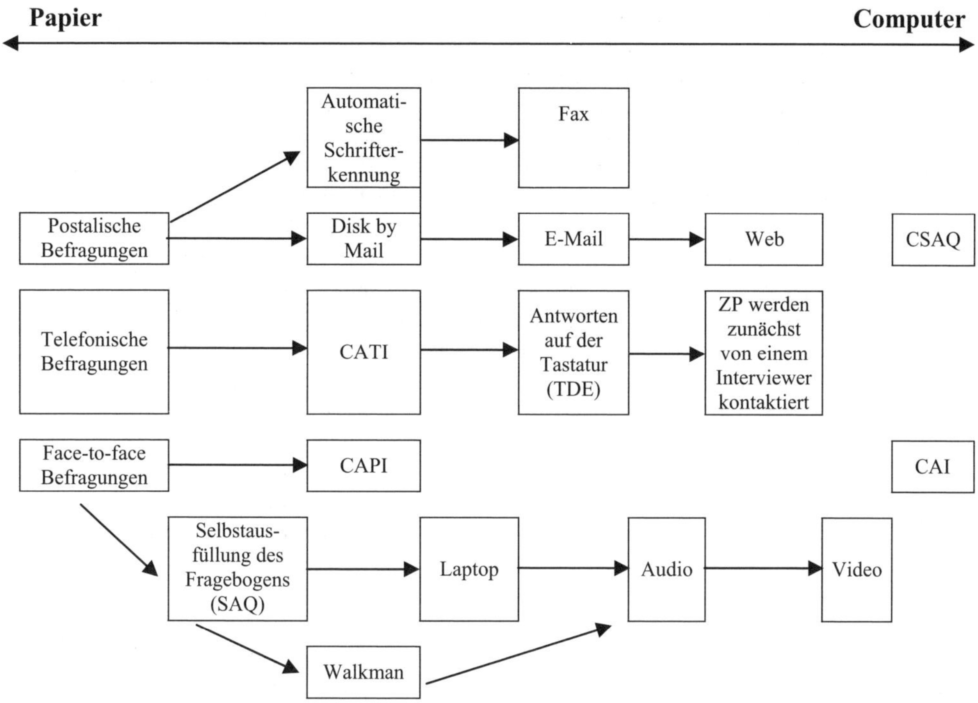

CSAQ: Computergestützte Selbstbefragungen
CAI: Computergestützte Befragungen

CAPI: Computerunterstützte persönliche Befragungen

Das Besondere an Face-to-face Befragungen besteht darin, dass sich der Interviewer und die Zielperson gegenüber sitzen und eine soziale Beziehung aufbauen. Bei herkömmlichen Interviews (PAPI) notiert der Interviewer die Antworten der Zielperson auf einem aus Papier bestehenden Fragebogen. Nun bringt es verschiedene Vorteile mit sich, wenn der Fragebogen des Interviewers durch einen Personalcomputer ersetzt wird. Auf dem Computer werden sowohl der Fragebogen als auch die Antworten der befragten Person gespeichert. Dabei besteht weiterhin die Möglichkeit, dass der Interviewer zusätzliche Hilfsmittel für die Befragung bei sich führt und benutzt. Dies können beispielsweise Vorlagekärtchen, Warenproben, Zeitschriften-Dummys oder Listen sein.

Auch der ALLBUS bedient sich seit der Erhebung im Jahr 2000 der CAPI Technik, freilich nicht ohne einen Split, um mögliche Methodeneffekte beim Übergang von einem in den andern Erhebungsmode zu ermitteln (vergleiche Koch et al. 2001), zu verwenden.

Pfleiderer (2000:57ff.) diskutiert verschiedene Beweggründe, die einen solchen Umstieg auf die CAPI Technik bewirken können. Er nennt vier Argumente: erstens die anfallenden Kosten, zweitens die Qualität der Umfragedaten, drittens die Geschwindigkeit beziehungsweise die für die Untersuchung erforderliche Zeit sowie viertens die neuen Möglichkeiten, die mit der Computertechnik einhergehen.

Die mit der CAPI Technik verbundene Kostendiskussion geht in zwei Richtungen: CAPI verursacht zusätzliche Kosten und spart zugleich andere Kosten ein. Kosten entstehen vor allem aufgrund der erforderlichen Erstausstattung der Interviewer mit PCs und mit der nötigen Software, aufgrund der damit in Verbindung stehenden Schulung der Interviewer sowie aufgrund des erforderlich werdenden größeren Programmieraufwandes. Kosteneinsparend wirken dagegen das Wegfallen des Fragebogendrucks und des Datenprüfens, die nicht mehr erforderlichen Versandkosten (Porto) sowie die insgesamt eingesparte Zeit.

Die Nutzung der CAPI Technik kann Einfluss auf die Qualität einer Befragung in verschiedener Hinsicht ausüben. In Bezug auf den Fragebogen sind positive Einflüsse aufgrund der Automatisierung der Filterführung und der Permutationen von Fragen und / oder Antwortvorgaben zu erwarten. Außerdem besteht die Möglichkeit, zu datenbankgestützten Rückfragen direkt während des Interviews. Bei Pretests kann mithilfe der internen Uhr des PCs ein genaues Bild über die Bearbeitungsgeschwindigkeit gewonnen werden. So lassen sich beispielsweise Fragen identifizieren, die für ihre Bearbeitung einen besonders hohen Zeitfonds erfordern. Ein unter Umständen negativer Effekt könnte der nahezu völlige Verlust an Flexibilität darstellen, mit dem der CAPI Interviewer und damit auch die Zielpersonen konfrontiert werden.

Die Realisierung der Stichprobe kann durch CAPI ebenfalls sowohl positiv als auch negativ beeinflusst werden. Die stärkere Kontrolle des Interviewers erschwert zumindest Teilfälschungen, bei denen vom Interviewer nicht alle Fragen ordnungsgemäß gestellt werden. Eine entsprechende Kontrolle kann programmiert werden und das Überspringen von Fragen verhindern. Perspektivisch wäre es auch denkbar, dass das Interview, über ein Mobilfunktelefon vermittelt, internetbasiert erfolgt. Der Fragebogen wird dann während der Befragung aus dem Netz abgerufen und die Ergebnisse entsprechend sofort abgelegt. Dies würde Fälschungen weiter erschweren. Stark vereinfacht ist auch die Rücklaufkontrolle. Bei einem täglichen Zustellen der Befragungsergebnisse an das Institut via Modem bestünde stets die Möglichkeit, entsprechende Prüfungen vorzunehmen. Noch weitgehend unklar ist, ob nicht eine fehlende Akzeptanz der PC-Technik bei bestimmten Personen anzutreffen ist, die dann systematische Ausfälle beziehungsweise Antwortverzerrungen erzeugen könnte. Verwiesen sei auch auf das Problem der Stromversorgung für die PCs und schließlich kann auch nicht völlig ausgeschlossen werden, dass technische Fehler einen Datenverlust erzeugen können.

Die Qualität der Daten wird wiederum durch den Computereinsatz positiv beeinflusst, wenn scheinbar unlogische Antworten gezielt hinterfragt und die Wild-Codes (Eingabefehler) vermieden werden. Auch entfällt die bei herkömmlich geführten Interviews erforderliche, nachträgliche Verschriftlichung der bei offenen Fragen gegebenen Antworten. Es bestehen die technischen Voraussetzungen dazu, die von den Zielpersonen im Rahmen eines Interviews gegebenen Antworten auf eine offene Frage über ein im Laptop eingebautes Mikrofon mitzuschneiden (vergleiche Biemer et al. 2003). Auch zur Kontrolle der Interviewer können solche Mitschnitte herangezogen werden.

Ein weiterer Aspekt, der an dieser Stelle zu diskutieren ist, betrifft den für eine Befragung nötige Zeitfonds. So wird die Meinung vertreten, dass der erforderliche Zeitfonds bei CAPI Befragungen im Vergleich zu Papier-und-Bleistift Studien nur „allenfalls minimal reduziert“ (Pfleiderer 2000:67) wird. Erfahrungen von Infratest Burke zeigen, dass sich aber aufgrund verschiedener anderer Arbeitsschritte bei CAPI- gegenüber PAPI Befragungen eine durchschnittliche Zeitersparnis von fünf Tagen ergibt (Pfleiderer 2000:68).

Ein letzter Argumentationsschwerpunkt betrifft die zahlreichen neuen Möglichkeiten, die die Nutzung von Multimedia PCs für CAPI mit sich bringen. So lassen sich beispielsweise auf dem Bildschirm Werbespots zeigen und auch Hörbeispiele können vorgespielt werden.

Befragungen über das World Wide Web (www)

Die Ausweitung des Kreises von Personen, die das Internet nutzen, erfolgt mit großer Geschwindigkeit (vergleiche Groves et al. 2004:151). Es handelt sich einer Quelle zufolge um einen Zuwachs in Höhe von etwa 0.5 Prozent pro Monat.[25] Damit stellt sich die Frage nach der Nutzung der daraus resultierenden neuen Möglichkeiten auch für Befragungen. „Die Vorteile eines solchen Unterfangens liegen auf der Hand, da bei Befragungen über das Internet, im Vergleich zu postalischen Umfragen, der finanzielle Aufwand geringer ist und sich innerhalb kurzer Zeiträume Befragungen mit extrem hohen Fallzahlen realisieren lassen“ (Bandilla/Bosnjak 2000:166).

Angesichts der großen Geschwindigkeit, in der sich der Internetnutzerkreis erweitert, ist es äußerst schwierig, ein Urteil über die sich für die Veranstaltung von Befragungen bietenden Möglichkeiten abzugeben. Es zeichnet sich gegenwärtig ab, dass internetbasierte Befragungen in näherer Zukunft vor allem in den folgenden vier Bereichen Anwendung finden werden (Bandilla/Bosnjak 2000:116):

- Bei Mitarbeiterbefragungen, die sowohl lokal aber auch in international vernetzten Unternehmen stattfinden können.
- Für die Befragung von Spezialpopulationen (zum Beispiel Experten und Studenten), die zu einem großen Prozentsatz über einen Internetzugang verfügen. Auch Delphi-Studien (vergleiche Kirsch 2000, Florian 2000) lassen sich vermittelt über das Internet abwickeln.
- Die Befragung von registrierten Internetnutzern zeichnet sich dadurch aus, dass die Grundgesamtheit bekannt ist und somit entsprechende Auswahlprozeduren entwickelt werden können.
- Ihre Eignung für Pretests zur Vorbereitung allgemeiner Bevölkerungsbefragungen haben internetbasierte Studien bereits bewiesen (vergleiche Bandilla/Bosnjak 2000:166).

Zu warnen ist jedoch vor einer zu starken Euphorie und vor einer zu starken Autorität, die offenbar von großen Teilnehmerzahlen ausgeht, wie etwa bei dieser Feststellung: „Wie geht's Deutschland? Dieser Frage widmet sich eine große Online-Umfrage [...] Ende vergangenen Jahres waren die Bürger aufgefordert worden darüber Auskunft zu geben, was sie denken, was sie fühlen, was sie fordern. Die Resonanz war überwältigend: 450.000 Deutsche haben den Fragebogen im Internet ausgefüllt. `Perspektive Deutschland´ ist damit die aussagekräftigste gesellschaftspolitische Umfrage, die es je bei uns gegeben hat“ (Wintzen-

25 Vergleiche auch: http://www.clickz.com/stats/sectors/geographics/article.php/3468391 zuletzt besucht am 24.03.2009.

berg 2004:54). Sicherlich sind auf diese Weise hohe Teilnehmerzahlen billig und schnell erreichbar, diese stellen jedoch allein kein Qualitätskriterium für eine Umfrage dar (vergleiche Abschnitt 5.2).

Die Nutzung des Internets für Befragungen kann auf verschiedene Weise erfolgen. Derzeit werden vor allem drei Strategien umgesetzt: die Befragung erfolgt per E-Mail, die Befragung wird mittels WWW-Fragebögen durchgeführt oder es werden dafür Online-Panels benutzt.

Bei den E-Mail Befragungen handelt es sich um die einfachste Variante: die Fragebögen werden den Zielpersonen auf diesem Wege preisgünstig, schnell und asynchron zugestellt. Die Empfänger bearbeiten den Fragebogen und senden ihn auf dem gleichen Wege zurück. Dieses Vorgehen wird bereits seit den 1980-er Jahren veranstaltet (vergleiche Kiesler/Sproull 1986).
Bei den WWW-Befragungen wird die Hypertext Markup Language (HTML) – Software benutzt. Diese bietet zahlreiche neue Möglichkeiten für die Fragebogengestaltung, beispielsweise eine Unterstützung der Befragung durch Ton und (bewegte) Bilder. Teilnehmen können an solchen Befragungen in der Regel alle Personen, die Zugang zu den entsprechenden Seiten im Internet haben. Solche Befragungsaktionen können über Werbebanner bekannt gemacht werden. Damit kann bei der Beurteilung der Stichprobenziehung nicht von einer kontrollierten Strategie ausgegangen werden. Entsprechend vorsichtig sind die Befunde solcher selbstrekrutierten Studien zu interpretieren.

Online-Panels sind eine Sonderform der Access-Panels. Sie können im Idealfall über eine Zufallsauswahl – beispielsweise telefonisch – rekrutiert werden. Interessierte Personen erklären sich zu einer (mehr oder weniger) regelmäßigen Teilnahme an Befragungen bereit. Dieser Personenkreis stellt seine demographischen Angaben zur Verfügung. Damit kann dann der Veranstalter einer Online-Befragung via Internet gezielt auf einen ganz bestimmten zu befragenden Personenkreis zurückgreifen.

Fax-Befragungen und Disk-by-Mail

Neben den bis hierher beschriebenen Möglichkeiten zur Präsentation des Fragebogens bieten sich auch noch zwei weitere an: Der Fragebogen kann per Fax der Zielperson zugestellt, von ihr ausgefüllt und ebenfalls per Fax wieder an das erhebende Institut zurückgesandt werden. Eine weitere Variante ist das Disk-by-Mail Verfahren. Dies besteht darin, den Fragebogen zu programmieren, ihn auf eine Diskette zu spielen und diese dann der Zielperson zuzustellen. Beide Vorgehensweisen werden vor allem im Business-to-Business Bereich benutzt (vergleiche Wiegand 2000). Denkbar ist, dass zukünftig CD-ROMs die Disketten ersetzen werden.

Die erste Nutzung soll im März 1986 in den USA erfolgt sein (COMPAQ). Die Voraussetzung ist natürlich, dass alle Beteiligten über einen Zugang zu einem PC verfügen. In solchen Fällen sind dann beispielsweise Firmenbefragungen (zum Beispiel bei Hard- und Software-Produzenten) möglich. Wichtig ist und vorausgesetzt werden muss eine starke Motivation zur Teilnahme, beispielsweise aufgrund eines erwarteten eigenen Nutzens aus den Ergebnissen der Befragung. Die Vorteile liegen dann auf der Hand:

- Es ist keine gesonderte Übertragung auf Datenträger erforderlich und damit von einer Zeitersparnis und Fehlerminimierung auszugehen.
- Plausibilitäts- und Konsistenzprüfungen sind während der Befragung möglich.
- Die Filterführung erfolgt automatisiert.
- Eine zufällige Permutation der Fragen wird möglich, somit können Reihenfolgeeffekte vermieden werden.
- Bei den relativ seltenen Anwendungen wurde ein relativ guter Rücklauf von circa 50 Prozent erzielt, woraus wiederum auf eine relativ hohe Akzeptanz gegenüber dieser Technik geschlossen werden kann.

Dem stehen jedoch folgende Grenzen beziehungsweise Probleme gegenüber:

- Eine umfangreiche Testphase ist, ähnlich wie bei CATI- und CAPI-Befragungen, nötig, um das Befragungsprogramm einsetzen zu können.
- Offene Fragen sind nur begrenzt einsetzbar, da deren Beantwortung nur zögerlich erfolgt.
- Eine Möglichkeit, den Fragebogen auch zurückzublättern und bereits gegebene Antworten zu korrigieren, muss geregelt werden.
- Eine Art und Weise des Umgangs mit Kategorien wie „keine Antwort" oder „weiß nicht" ist zu finden. Bei einer expliziten Vorgabe erhöht man die Wahl der Kategorie, wenn keine entsprechenden Vorgaben vorgesehen sind, erhöht man die Item-Nonresponse-Rate. Als Lösung bietet sich möglicherweise die Vorgabe eines Zeitlimits an. Wird dieses überschritten, so kann die jeweilige Frage automatisch als Sonderstufe (Item-Nonresponse) deklariert werden.
- Weiterhin sind verschiedene technische Aspekte zu klären. Hierzu zählen das Betriebssystem, die Laufwerkstypen, die Nutzung der Vorteile von Farbmonitoren, die Verträglichkeit mit anderen installierten Programmen und Ähnliches.
- Rückfragen sollten den Zielpersonen auf eine möglichst einfache Weise ermöglicht werden.
- Der Fragebogen muss von den Befragten leicht zu handhaben sein. Dazu könne Hilfefenster, die F1-Taste, die ESC-Taste und Ähnliches vorgesehen werden.
- Auf einen Virenschutz ist zu achten. Dies kann über einen gesonderten Hinweis erfolgen, die Diskette kann in eine Folie eingeschweißt werden und so weiter.
- Auch hier sollten telefonische Nachfassaktionen erfolgen.

Über Versuche, die Leistungsfähigkeit von Fax-Umfragen zu ermitteln, berichten Schneid (vergleiche 1995, 1997), Bathelt/Griebel (2001)[26] und Walker (1994). Hier stehen vor allem wieder Kosten und Nutzenargumente im Mittelpunkt. Als kostenverursachend wirken bei einem postalischen Versand besonders das Porto und die Zeit. Hier erwies sich eine FAX-Befragung jeweils als schneller und billiger. So benötigte man für eine weltweite Studie nur 40 Sekunden pro Seite beziehungsweise 1.29 €. Das Beispiel resultiert aus einer Befragung bei 291 Marktforschungsinstituten in 52 Ländern. Der inhaltliche Fokus lag auf der Nutzung computerunterstützter Befragungsprogramme. Probleme traten beispielsweise

26 Bathelt/ Griebel (2001): Die Struktur und Reorganisation der Zulieferer- und Dienstleitungsbeziehungen des Industriepark Höchst (IPK), erhältlich unter: http://www.geo.uni-frankfurt.de/ifh/Forschung/Publikationen/Archiv/downloads/IWSG/IWSG_02-2001.pdf, zuletzt besucht am 09.04.2009.

bei der Befragung in Kuba, im Libanon und in Nepal auf, da hier keine FAX-Nummern ermittelt werden konnten. 65 Institute waren auch nach drei Versuchen nicht per Fax erreichbar. Jedoch fehlen Vergleichsdaten, um diesen Befund bewerten zu können. Positiv sind außerdem der sehr schnelle Rücklauf (im Durchschnitt ein bis zwei Tage) sowie die günstigen Kosten zu vermerken.

Ein anderer Versuch betraf eine FAX-Umfrage in Europa (vergleiche Schneid 1997). Hier lagen die Kosten für eine Seite sogar nur zwischen 0.33 € und 0.52 €. Dazu konnte der kostengünstigere Nachtversand via Modem, das heißt nach 18.00 Uhr, genutzt werden.

Walker (1994) berichtet von einer Studie, bei der die Teilnehmer zunächst postalisch befragt wurden. An alle diejenigen Zielpersonen, die den postalisch zugestellten Fragebogen nicht beantworteten, wurde der Fragebogen per Fax versandt. Dieses Vorgehen vermittelte bei den Zielpersonen den Eindruck einer besonderen Dringlichkeit und führte zu einer Response-Rate von immerhin 83 Prozent (vergleiche auch Babbie 2002:265f.).

Zusammenfassend ist einzuschätzen: Auch computerunterstützte FAX-Programme sind für den Fragebogenversand nutzbar. Hier lässt sich beispielsweise die Zahl der Versuche (Anwahlen) festlegen. Es existieren jedoch (noch) zahlreiche technische Probleme. So müssen mitunter eine relativ lange Übertragungsdauer sowie aufwändigere Programmierarbeiten in Kauf genommen werden.

Für allgemeine Bevölkerungsbefragungen sind beide Vorgehensweisen (Fax-Befragungen und Disk-by-Mail) gegenwärtig keine tauglichen Strategien. Verwiesen sei auch auf mögliche rechtliche Probleme bei den (unaufgefordert erfolgenden) Fax-Befragungen.

Angesichts der immer stärkeren Ausbreitung des Internets und der sich damit für eine elektronische Übermittlung anbietenden Möglichkeiten dürften sowohl FAX-Befragungen als auch die Disk-by-Mail Technik unter Umständen zukünftig keine all zu große Bedeutung gewinnen.

Access-Panels

Access-Panels haben nicht unbedingt etwas mit dem Computereinsatz bei Umfragen zu tun. Sie sollen als eine Technik, die in letzter Zeit zunehmend an Bedeutung gewonnen hat, aber ebenfalls an dieser Stelle vorgestellt werden. Access-Panels werden wie folgt charakterisiert (vergleiche Hoppe 2000:147):

- Es handelt sich um eine Anzahl vorrekrutierter Haushalte oder Zielpersonen.
- Für eine Befragung wird aus diesem Pool ein bestimmter Kreis von Teilnehmern ausgewählt.
- Eine solche Auswahl kann relativ zielgerichtet erfolgen, da über die einzelnen Teilnehmer bereits eine Vielzahl an Informationen vorliegt.
- Die Befragung erfolgt dann ad hoc.
- Festgestellt worden ist eine besondere Eignung dieser Technik gerade für exklusive Zielgruppenerhebungen.

Die Technik der Access-Panels wurde vor dem Hintergrund einer und als Lösungsweg für eine sich verkomplizierende Situation in der Umfrageforschung entwickelt. Diese kann vor allem beschrieben werden durch eine zunehmende Reserviertheit in der Bevölkerung gegenüber Interviewern sowie durch eine verfestigte Skepsis in Bezug auf den Umgang mit persönlichen Daten. Weiter kommt es bei den Zielgruppen in der Marktwirtschaft zu einer verstärkten Fraktionierung, das heißt es besteht ein Interesse an Personen, die über sehr spezielle Eigenschaften verfügen. Diese sind bei Umfragen entsprechend schwierig auffindbar. Nicht zuletzt dürfte auch ein beträchtlicher Zeit- und Kostendruck zur Attraktivität der Access-Panels beigetragen haben (vergleiche Hoppe 2000:148).

Die Mitglieder eines Access-Panels können sowohl telefonisch als auch per Internet befragt werden. Eine gewisse Pionierrolle haben hier die Niederlande mit den Telepanels gespielt (vergleiche Saris 1998) bei denen Fernsehgeräte eine entscheidende Rolle spielen. Dabei wird eine bestimmte Stichprobe von Haushalten regelmäßig per Videotext über Bildschirme befragt. Dazu sind diese über Modems beziehungsweise Telefonleitungen mit dem Rechner des Erhebungsinstituts verbunden. Diese Ausrüstung wird kostenfrei zur Verfügung gestellt, um Verzerrungen zu verhindern. Auch dürften selbst ältere Personen im Umgang mit der Fernbedienung geübt sein.

Bandilla und Bosnjak (2000:168) verweisen auf einen in den USA unternommenen Projektversuch. Hier wird die Vermittlung zwischen Zielperson und Erhebungsinstitut über das Internet vorgenommen. 30.000 Haushalte bekommen dafür kostenlos Internetrechner zur Verfügung gestellt. Ziel sind Stichproben, die die Allgemeinbevölkerung abbilden.

Ein zentrales Problem bei der Nutzung von Access-Panels stellt die Frage dar, inwieweit die gewonnenen Ergebnisse verallgemeinerbar sind. In der Regel wird nicht davon ausgegangen, dass Access-Panels (derzeit) dazu geeignet sind, Befragungen durchzuführen, deren Ergebnisse auf die Allgemeinbevölkerung übertragen werden können. Verfechter dieses Verfahrens vertreten – wahrscheinlich zu recht – die Ansicht, dass man immerhin Aussagen über bestimmte Zielgruppen, beispielsweise die Konsumenten eines ganz bestimmten Produkts, auf diesem Weg gewinnen kann (vergleiche Hoppe 2000:147 und Abschnitt 5.4).

Bandilla stellt ein Experiment vor, das sich der Frage widmet, inwieweit die Ergebnisse einer Face-to-face geführten allgemeinen Bevölkerungsbefragung und die Ergebnisse einer über ein internetbasiertes Access-Panel gewonnenen Erhebung miteinander verglichen werden können. Im Ergebnis stellt sich heraus, dass dies auf der Ebene der Allgemeinbevölkerung nicht möglich ist. Beschränkt man sich jedoch auf die Subpopulation, die auch im Access-Panel vertreten war, und vergleicht diese Befunde mit den Befunden zur gleichen Subpopulation aus der allgemeinen Bevölkerungsbefragung, so zeigt sich, dass es hier keine prinzipiellen Unterschiede in den Ergebnissen mehr gibt. Dieses Experiment spricht für die Vermutung, dass es allein aufgrund des unterschiedlichen Erhebungsmodus keine prinzipiellen Unterschiede in den Ergebnissen gibt.

In Access-Panels sind teilweise zahlreiche potenzielle Befragte verzeichnet. Das in Deutschland beheimatete Marktforschungsinstitut IPSOS spricht davon, dass eine Panelgröße von 35.000 Haushalten und 85.000 Personen für die an diesem Institut anfallenden Untersuchungen angemessen sei (vergleiche Hoppe 2000:162).

6.1.4 Beispiele für Umfragestudien

Der Empirischen Sozialforschung und einer interessierten Öffentlichkeit steht eine ganze Reihe an Datensätzen zur Verfügung. Diese werden vor allem vom GESIS Leibnitz-Institut für Sozialwissenschaften, Abteilung Datenarchiv und Datenanalyse am Standort Köln (ZA) aufbereitet und können gegen eine relativ geringe Gebühr[27] insbesondere für wissenschaftliche und für Ausbildungszwecke genutzt werden. Die hier abgelegten Untersuchungen wurden in der Regel öffentlich finanziert. Eine breite Nutzung dieser Ressourcen stellt somit einen optimalen Umgang mit den verausgabten Mittel dar. Auch für Replikationen und für Reanalysen ist es wichtig, dass diese anhand des Datensatzes nachvollzogen werden können. Folgende Erhebungen werden näher beschrieben: die Allgemeine Bevölkerungsumfrage der Sozialwissenschaften (ALLBUS), das European Social Survey (ESS), der Mikrozensus (MZ) sowie das Sozioökonomische Panel (SOEP).

Zahlreiche weitere Datensätze sind mithilfe von Online-Recherchen[28] im Datenbestandskatalog auffindbar und können über das GESIS Leibnitz-Institut für Sozialwissenschaften bezogen werden.

Die Allgemeine Bevölkerungsumfrage der Sozialwissenschaften (ALLBUS)

Es stehen den Nutzern verschiedene Informationsquellen zum ALLBUS zur Verfügung. Eine Reihe davon ist auch online beim GESIS Leibnitz-Institut für Sozialwissenschaften abrufbar. Die folgenden sind besonders hilfreich:

- Die *Codebücher* mit der Dokumentation der beim ALLBUS eingesetzten Fragebögen sind als ASCII-File, auf DVD[29] oder auf Papier erhältlich.
- Die *Datensätze* der einzelnen Erhebungen sowie einige kumulierte Datensätze, die alle Indikatoren, die mindestens einmal repliziert wurden, enthalten.
- Die *Methodenberichte*, die zum Beispiel Auskunft geben über die Herkunft der verwendeten Fragen, sind auf dem Postweg, online[30] oder ebenfalls auf einer CD-ROM erhältlich.
- Eine *Bibliographie* mit allen (bekannten) Arbeiten, die die Daten des ALLBUS benutzt haben,[31] sowie zahlreiche weitere Informationen[32] zum ALLBUS sind außerdem verfügbar.

---

27 Die Gebührenordnung des GESIS Leibnitz-Instituts für Sozialwissenschaften für die Bestellung von Datensätzen und Codebüchern ist online auffindbar unter: http://www.gesis.org/dienstleistungen/daten/recherche-datenzugang/datenarchiv-service/gebuehrenordnung/?0= zuletzt besucht am 24.03.2009.

28 Vergleiche: http://www.gesis.org/dienstleistungen/daten/recherche-datenzugang/datenbestandskatalog/ zuletzt besucht am 24.03.2009.

29 Online erhältlich unter: http://www.gesis.org/dienstleistungen/daten/umfragedaten/allbus/datenzugang/bestellformular-www/ zuletzt besucht am 09.04.2009.

30 Online erhältlich unter: http://www.gesis.org/dienstleistungen/daten/umfragedaten/allbus/methodenberichte/ zuletzt besucht am 09.04.2009.

31 Online erhältlich unter: http://www.gesis.org/dienstleistungen/daten/umfragedaten/allbus/allbus-bibliografie/ zuletzt besucht am 09.04.2009.

32 Informationen und weitere Links zum ALLBUS gibt es online unter: http://www.gesis.org/dienstleistungen/daten/umfragedaten/allbus/?L=2 zuletzt besucht am 09.04.2009.

Beim ALLBUS handelt es sich um eine Umfrageserie zu Einstellungen, Verhaltensweisen und zur Sozialstruktur der Bevölkerung in Deutschland (vergleiche Mayer/Schmidt 1984, Braun/Mohler 1991, Terwey 1998, Koch/Wasmer 2004). Sie wird seit 1980 mithilfe persönlich-mündlicher Interviews in zweijährigem Abstand erhoben. 1991 fand aufgrund der deutschen Vereinigung eine zusätzliche Befragung statt, bei der erstmals auch in Ostdeutschland lebende Personen einbezogen wurden. Seit dem Jahr 2000 erfolgt die Nutzung der CAPI-Technik bei der Erhebung. Besonderen Wert wird beim ALLBUS auf eine methodisch anspruchsvolle Umsetzung sowie auf eine transparente Darstellung der benutzten Methodik gelegt.

Das ALLBUS-Fragenprogramm besitzt folgenden Aufbau: In einer Erhebung werden in der Regel jeweils ein bis zwei Themenschwerpunkte (zum Beispiel abweichendes Verhalten, religiöse Orientierungen, Einstellungen zu sozialer Ungleichheit) behandelt. Zusätzlich werden zu verschiedenen weiteren Bereichen Itembatterien und kleinere Einzelindikatoren eingesetzt. Die Themenschwerpunkte werden in einem zehnjährigen Turnus, die Einzelindikatoren und die Itembatterien in einem zwei- oder vierjährigen Abstand repliziert.

Eine Übersicht zu den variierenden Themenschwerpunkten der einzelnen Erhebungen des ALLBUS enthält die Abbildung 6.1.36.

In jedem ALLBUS sind Fragen zur Links-Rechts-Einstufung des Befragten, zu dessen Wahlabsicht („Sonntagsfrage"), zur materialistischen beziehungsweise postmaterialistischen Wertehaltung (Inglehart-Items), zum politischen Interesse, zur subjektiven Schichteinstufung, zur Gewerkschafts- und Parteimitgliedschaft, zur Konfession und zur Häufigkeit des Kirchgangs enthalten. Ergänzt wird die Befragung durch sehr detaillierte demographische Informationen zum Befragten.

Abbildung 6.1.36: Übersicht zu den Themenschwerpunkten des ALLBUS[33]

1980	Politik und Behörden (Einstellungen zu verschiedenen politischen Aspekten, Parteisympathie, Einschätzung sozialer Konflikte, Behördenkontakte und Einstellungen zu Behörden) Freundschaftsbeziehungen (Merkmale von Freunden)
1982	Religion und Weltanschauung
1984	Soziale Ungleichheit und Wohlfahrtsstaat
1986	Bildung und Kulturfertigkeiten
1988	Einstellungen zum politischen System und politische Partizipation
1990	Sanktion und abweichendes Verhalten, Politik und Behörden, Freundschaftsbeziehungen (Teilreplikation des Schwerpunktes 1980)
1991	Familie, Beruf, Ungleichheit, Politik, Probleme der deutschen Vereinigung
1992	Religion und Weltanschauung (Teilreplikation des ALLBUS 1982) Probleme der Vereinigung
1994	Soziale Ungleichheit und Wohlfahrtsstaat (Replikation des ALLBUS 1984)
1996	Einstellungen gegenüber ethnischen Gruppen in Deutschland
1998	politische Partizipation und Einstellungen zum politischen System
2000	kein Schwerpunktthema, stattdessen Replikationen von Fragen aus dem gesamten bisherigen ALLBUS-Programm
2002	Religion, Weltanschauung und Werte (teilweise Replikation des Religionsschwerpunktes von 1982 und 1992)
2004	Freizeitaktivitäten und Mediennutzung, Soziale Ungleichheit und Wohlfahrtsstaat, Politische Einstellungen, Technischer Fortschritt und Computer, Gesundheit
2006	Einstellungen gegenüber ethnischen Gruppen in Deutschland (Replikation ALLBUS 1996)

33 Vergleiche: http://www.gesis.org/dienstleistungen/daten/umfragedaten/allbus/allbus-inhalte/schwerpunktthemen/ zuletzt besucht am 24.03.2009.

Die Grundgesamtheit der ALLBUS-Untersuchungen stellten bis einschließlich 1990 alle wahlberechtigten Personen in der (alten) Bundesrepublik und in West-Berlin, die in Privathaushalten leben, dar. Seit 1991 handelt es sich um die erwachsene Wohnbevölkerung (das heißt Deutsche und Ausländer, soweit sie die deutsche Sprache ausreichend beherrschen) in West- und Ostdeutschland.

Die Stichprobengröße umfasste bis 1990: etwa 3.000 Befragte, 1991 wurden jeweils rund 1.500 Interviews in West- und in Ostdeutschland geführt und seit 1992 beträgt die Nettofallzahl circa 2.400 Interviews in den alten und 1.100 Interviews in den neuen Bundesländern.

Als Stichprobenstrategie kam von 1980 bis 1992 sowie 1998 das ADM-Stichprobendesign zum Einsatz. 1994, 1996 und seit 2000 wurden Gemeindestichproben mit Ziehung von Personenadressen aus den Einwohnermelderegistern eingesetzt. Der ALLBUS ist damit keine Panel-Studie.

Der ALLBUS ist ein Vorhaben der GESIS, das in Kooperation mit einem wissenschaftlichen Beirat realisiert wird. Die Arbeitsgruppe ALLBUS bei der GESIS-Abteilung Dauerbeobachtung der Gesellschaft ist für Konzeption, Design, Frageprogramm und Durchführung (in Kooperation mit dem beauftragten privaten Umfrageinstitut) der Erhebungen zuständig.

Der European Social Survey (ESS)

Der European Social Survey (ESS) ist eine 2002 aus der Taufe gehobene Untersuchungsreihe, die sich zum Ziel gestellt hat, erstens auf methodisch besonders anspruchsvolle Weise den Zusammenhang zwischen den sich verändernden europäischen Institutionen auf der einen Seite und den Einstellungen und Verhaltensmustern der nationalen Bevölkerungen auf der anderen Seite zu ermitteln und zu erklären. Das zweite Ziel des ESS ist methodischer Art, es geht darum, ein anspruchsvolles Instrument zu entwickeln, das im interkulturellen Kontext eingesetzt werden kann.

Ähnlich wie beim ALLBUS können die Materialien und Unterlagen des ESS – einschließlich des Datenfiles – kostenfrei über das Internet bezogen werden[34]. Auch der ESS ist um ein hohes Maß an Transparenz bemüht und stellt den Nutzern dementsprechend umfangreiche Materialien zur Verfügung.

Es ist beabsichtigt, die Erhebungen in einem zweijährigen Rhythmus zu wiederholen. Teilnehmerländer der ersten Welle sind: Belgien, Dänemark, Deutschland, Finnland, Frankreich, Griechenland, Großbritannien, Irland, Israel, Italien, Luxemburg, die Niederlande, Norwegen, Österreich, Polen, Portugal, Schweden, die Schweiz, Slowenien, Spanien, die Tschechische Republik, die Türkei und Ungarn.

Während die Koordination der Studie durch die European Science Foundation gefördert und von einer eigenen Gruppe getragen wird, erfahren die einzelnen nationalen Studien die Förderung jeweils durch nationale Forschungsförderungseinrichtungen. Auf der nationalen Ebene verantworten nationale Koordinatoren die Arbeit am ESS.

Die Datenerhebung nutzt persönlich-mündliche Interviews von etwa einer Stunde Dauer. Auf diese Interviews folgt ein kurzer, von den Zielpersonen selbst auszufüllender

34 Die Materialien können online bezogen werden über www.europeansocialsurvey.org., zuletzt besucht am 09.04.2005.

Ergänzungsfragebogen. Der Fragebogen besteht aus einem Kern-Modul von etwa einer halben Stunde. Dieses soll in allen Runden weitgehend konstant gehalten werden. Weiterhin gibt es zwei rotierende Module. Sie werden in bestimmten zeitlichen Intervallen wiederholt eingesetzt. Jedes Modul ist einem eigenen Thema gewidmet. Das rotierende Modul verfolgt das Ziel, eine in die Tiefe gehende Betrachtung einer Reihe einzelner akademisch oder politisch interessanter Angelegenheiten vorzunehmen. Das Kern-Modul zielt stattdessen auf die Beobachtung des Wandels und der Kontinuität einer großen Breite an sozioökonomischen, soziopolitischen, soziopsychologischen und soziodemographischen Variablen.

Um eine methodisch unangreifbare Studie vorlegen zu können und um das Prinzip der Gleichheit beziehungsweise Äquivalenz zu sichern, sind eine Reihe an Konventionen erarbeitet worden, die für die einzelnen nationalen Studien als verbindlich erklärt wurden. Solche Konventionen betreffen vor allem die Auswahlstrategie, die Übersetzung der Fragebögen und aller anderen Materialien sowie die Feldarbeit. So wird auch gesichert, dass alle Ergebnisse vergleichbar dokumentiert werden.

Eine besondere Aufmerksamkeit gilt beispielsweise der Sicherung einer hohen Response-Rate, einer permanenten Berichterstattung der Feldinstitute bereits während der Feldphase über den Fortgang der Arbeiten, der Interviewerschulung auf der Basis einer einheitlichen Richtlinie, der Verwendung standardisierter Ankündigungsschreiben und entsprechender Kontaktprotokolle.

Die in dieser Vielzahl an Ländern durchgeführte Studie muss sich Sachverhalten stellen, die bei internationalen und interkulturellen Untersuchungen typisch sind:

- Die Sicherung der Vergleichbarkeit der nationalen Stichproben durch konsequente Nutzung von Zufallsauswahlen.
- Die Erreichung einer hohen Teilnahmerate bei allen Nationen.
- Das Zusammenstellen und Übersetzen von getesteten, funktional äquivalenten Fragebögen.
- Die Gewährleistung einer konsistenten Feldarbeit und einer entsprechenden Kodierung in allen beteiligten Ländern.
- Die Harmonisierung von Messinstrumenten wie etwa der Links-Rechts-Skala und des liberal-autoritären Kontinuums.
- Die Sicherung eines einfachen und schnellen Zugangs zu den dokumentierten Daten.

Festlegungen, die von allen Teilnehmerländern des ESS zu befolgen sind betrafen neben der *Auswahlstrategie* (vergleiche dazu Abschnitt 5.3) vor allem:

Feldarbeit: Alle Interviews wurden im Face-to-face Modus von persönlich geschulten Interviewern geführt, wobei von ihnen mindestens vier Anläufe zur Kontaktierung der Zielpersonen an unterschiedlichen Tagen und zu unterschiedlichen Zeitpunkten zu machen waren. Begrenzt wurde die Anzahl der von einem Interviewer zu führenden Interviews. Außerdem fand eine zentrale Qualitätskontrolle statt (Vergleiche auch Abschnitt 7.5).

Übersetzung: Der ESS Originalfragebogen wurde mit Anmerkungen für dessen Übersetzung versehen. Für jede sprachliche Minderheit eines Landes, die mehr als fünf Prozent der Grundgesamtheit ausmacht, musste eine eigene Übersetzung des Fragebogens erstellt werden. Alle Übersetzungen sind durch dritte Personen beurteilt worden und jeder bei der Übersetzung vorgenommene Arbeitsschritt wurde für die weitere Arbeit dokumentiert.

Beobachtung von Ereignissen: Alle Antworten einer Befragung können durch aktuelle Ereignisse beeinflusst werden. Die Nähe einer Wahl, wirtschaftliche oder politische Unruhen oder auch eine Naturkatastrophe können das Antwortverhalten verändern. Für zukünftige Auswertungen des ESS sind solche Einflüsse in Rechnung zu stellen. Jedes Teilnehmerland dokumentiert deshalb wichtige politische, soziale und ökonomische Faktoren während der Feldzeit. Aufbereitet in einem Standard, werden diese Berichte zu Bestandteilen jedes nationalen Datensatzes.

Reliabilität und Validität: Der ESS nutzt vielfältige Instrumente, um Messfehler zu reduzieren und zu korrigieren. So wurden in verschiedenen Experimenten alternative Ansätze getestet. In allen Ländern fanden Voruntersuchungen statt.

Zugang: Die komplett dokumentierten Datensätze der multinationalen Runden stehen – seit dem Sommer 2003 – zur Verfügung. Wissenschaftler, Journalisten und politisch Interessierte in Europa und darüber hinaus haben Zugang zu diesen Daten. Ein Herunterladen aller wichtigen Unterlagen aus dem Internet ist möglich.

Der Mikrozensus (MZ)

Zahlreiche Informationen zum Mikrozensus (MZ) können ebenfalls dem Internet entnommen werden.[35] Der Mikrozensus ist die amtliche Repräsentativstatistik über die Bevölkerung und den Arbeitsmarkt der Bundesrepublik Deutschland, an der jährlich ein Prozent aller Haushalte beteiligt ist (vergleiche Lüttinger 1999 und Müller 1999:7ff.). Insgesamt nehmen damit rund 370.000 Haushalte mit 820.000 Personen teil; darunter etwa 160.000 Personen in rund 70.000 Haushalten in den neuen Bundesländern und in Berlin-Ost. Im Statistischen Bundesamt erfolgt die organisatorische und technische Vorbereitung des Mikrozensus. Die Durchführung der Befragung und die Aufbereitung obliegen dann den Statistischen Landesämtern.

Alle Haushalte haben beim Mikrozensus die gleiche Auswahlwahrscheinlichkeit (vergleiche Hartmann/Schimpl-Neimanns 1992). Es wird eine einstufige geschichtete Flächenstichprobe durchgeführt, das heißt, aus dem Bundesgebiet werden Flächen ausgewählt, in denen alle Haushalte und Personen befragt werden. Jährlich werden ein Viertel aller in der Stichprobe enthaltenen Haushalte ausgetauscht. Folglich bleibt jeder Haushalt vier Jahre in der Stichprobe.

Das Frageprogramm des Mikrozensus besteht aus einem festen Grund- und aus einem Ergänzungsprogramm mit jährlich wiederkehrenden Tatbeständen, die überwiegend mit einer Auskunftspflicht belegt sind. Damit wird die Teilnahme an der Befragung für die Zielpersonen zur Pflicht. Es gelingt auf diese Weise, eine nahe der 100 Prozentmarke lie-

---

35 http://www.destatis.de/jetspeed/portal/cms/Sites/destatis/Internet/DE/Content/Wissenschaftsforum/MethodenVerfahren/Mikrozensus/SUFMikrozensus.psml zuletzt besucht am 09.04.2009.

gende Response-Rate zu erzielen. Zugleich resultiert aus dieser Auskunftspflicht eine Verpflichtung des Veranstalters, die Einhaltung der Datenschutzbestimmungen besonders sorgfältig zu überwachen. Darüber hinaus gibt es in vierjährigem Rhythmus Zusatzprogramme, die teilweise von der Auskunftspflicht befreit sind. Aus Gründen des Datenschutzes werden die Originaldaten des Mikrozensus auf besondere Weise anonymisiert (vergleiche zur Problematik der Anonymisierung Wirth 1992:7ff.) und können danach als Scientific-Use-File Wissenschaftlern für eigene Analysen zur Verfügung gestellt werden. Ein einfaches Herunterladen der Datensätze aus dem Internet, wie etwa beim ALLBUS und beim ESS, ist somit beim Mikrozensus nicht möglich.

Der Mikrozensus dient der Bereitstellung statistischer Informationen über die wirtschaftliche und soziale Lage der Bevölkerung sowie über die Erwerbstätigkeit, den Arbeitsmarkt und die Ausbildung. Er schreibt die Ergebnisse der Volkszählungen fort. Zudem dient er der Evaluierung anderer amtlicher Statistiken, wie zum Beispiel der Einkommens- und Verbrauchsstichprobe.

Das jährliche Grundprogramm des Mikrozensus umfasst unter anderem Merkmale zur Person (wie Alter, Geschlecht, Staatsangehörigkeit), zum Familien- und Haushaltszusammenhang sowie darüber hinaus die Merkmale Haupt- und Nebenwohnung, Erwerbstätigkeit, Arbeitssuche, Arbeitslosigkeit, Nichterwerbstätigkeit, Kind im Vorschulalter, Schüler, Student, allgemeiner und beruflicher Ausbildungsabschluss, Quellen des Lebensunterhalts sowie Angaben zur gesetzlichen Rentenversicherung, zur Pflegeversicherung und zur Höhe des Individual- und Haushaltsnettoeinkommens.

Im jährlichen Ergänzungsprogramm werden unter anderem zusätzliche Fragen zur Erwerbstätigkeit gestellt und Angaben zu einer früheren Erwerbstätigkeit sowie zur beruflichen und allgemeinen Aus- und Fortbildung erhoben. Im Rahmen der vierjährigen Zusatzprogramme werden beispielsweise Angaben zum Berufs- und Ausbildungspendeln, zur Wohnsituation, zur Krankenversicherung sowie zur Gesundheit und Behinderteneigenschaft erhoben.

Zurzeit kann der Mikrozensus von 2006 – sowie die Datensätze vorangegangene Erhebungen – als Scientific-Use-File bereitgestellt werden. Alle Dateien werden auf einer CD-ROM im ASCII-Format weitergegeben.

Die Bereitstellung des faktisch anonymisierten Einzelmaterials erfolgt durch das Statistische Bundesamt. Die Betreuung und die Information der Nutzer werden vom Statistischen Bundesamt in Kooperation mit dem GESIS Leibnitz-Institut für Sozialwissenschaften durchgeführt. Ausführliche Informationsunterlagen über vorhandene Variablen und verwendete Systematiken können vom Statistischen Bundesamt bezogen werden. In Zusammenarbeit mit der GESIS werden weitere Informationen zu den Daten wie etwa Fragebogen, Datensatzbeschreibungen, Setups zum Einlesen der Mikrozensusfiles in SPSS, auch im World Wide Web bereitgestellt und können dort abgerufen werden.

Das Sozioökonomische Panel (SOEP)

Das Sozio-ökonomische Panel (SOEP) ist eine Wiederholungsbefragung privater Haushalte in Deutschland, die mit dem Anspruch auftritt, repräsentative Befunde zu liefern. Sie wird im jährlichen Rhythmus seit 1984 bei denselben Personen und Familien in der Bundesrepublik durchgeführt. Im Juni 1990, also noch vor der Währungs-, Wirtschafts- und Sozialunion, wurde die Studie auf das Gebiet der ehemaligen DDR ausgeweitet. Zur adäquaten Erfassung des gesellschaftlichen Wandels wurde in den Jahren 1994/95 eine „Zuwanderer-Stichprobe“ eingeführt. Weitere zusätzliche Stichproben wurden in den Jahren 1998, 2000 und 2002 in die laufende Erhebung integriert.

Mit Hilfe des SOEP können die politischen und gesellschaftlichen Veränderungen beobachtet und analysiert werden. Der Datensatz gibt sowohl Auskunft über objektive Lebensbedingungen als auch über die subjektiv wahrgenommene Lebensqualität, über den Wandel in verschiedenen Lebensbereichen und über die Abhängigkeiten, die zwischen verschiedenen Lebensbereichen und deren Veränderungen existieren.

Die Stärken des SOEP bestehen vor allem in seinen besonderen Analysemöglichkeiten durch:

- das Längsschnittdesign (Panelcharakter, vergleiche dazu Abschnitt 4.6),
- den Haushaltskontext (Befragung aller erwachsenen Haushaltsmitglieder),
- die Möglichkeit für innerdeutsche Vergleiche,
- die überproportionale Ausländerstichprobe (Das SOEP ist gegenwärtig die größte Wiederholungsbefragung bei Ausländern in der Bundesrepublik Deutschland. Die Stichprobe umfasst auch Haushalte mit einem Haushaltsvorstand türkischer, spanischer, italienischer, griechischer oder ehemals jugoslawischer Nationalität. Für diesen Zweck wurde der Fragebogen übersetzt.),
- die Erhebung von Zuwanderung (das SOEP ist gegenwärtig die einzige Stichprobe von Zuwanderern, die von 1984 bis 1995 nach Westdeutschland gekommen sind).

Das SOEP zeichnet sich durch eine hohe Stabilität in der Teilnahme aus. 1984 beteiligten sich im SOEP-West 5.921 Haushalte mit 12.290 erfolgreich befragten Personen an der Erhebung. Nach 23 Wellen im Jahr 2006 sind es immerhin noch 3.476 Haushalte mit 6.203 Personen[36].

Das SOEP deckt ein weites Themenspektrum ab. Es liefert kontinuierlich Informationen, unter anderem über: die Haushaltszusammensetzung und die Wohnsituation, die Erwerbs- und Familienbiographien, die Erwerbsbeteiligung und die berufliche Mobilität, Einkommensverläufe, die Gesundheit, die gesellschaftliche Partizipation und die Lebenszufriedenheit. Auch beim SOEP werden jährlich wechselnde Schwerpunktthemen bearbeitet.

Seit dem Befragungsjahr 2000 werden zusätzlich von den 16- bis 17-Jährigen Haushaltsmitgliedern jugendspezifische Biographiedaten erhoben. Seit 2003 beantworten Mütter von Neugeborenen Fragen nach zentralen Indikatoren, die für die Entwicklungsprozesse von Kindern eine hohe Erklärungskraft aufweisen. Und schließlich: Seit 2005 an werden auch die Eltern von zwei- und dreijährigen Kindern besonders befragt, seit dem Geburtsjahrgang 2003 stellt das SOEP damit auch eine Geburts-Kohortenstudie dar.[37]

Der anonymisierte Mikro-Datensatz des SOEP wird Universitäten und anderen Forschungseinrichtungen für Forschung und Lehre gegen eine geringe Nutzungsgebühr zur Verfügung gestellt. Für die Datennutzung ist aus Gründen des Datenschutzes der Abschluss eines Datenweitergabevertrages mit dem Deutschen Institut für Wirtschaftsforschung in

36 Vergleiche: http://www.diw.de/deutsch/soep/uebersicht_ueber_das_soep/27180.html#79566 aufgerufen am 09.04.2009.

37 Vergleiche: http://www.diw.de/deutsch/soep/uebersicht_ueber_das_soep/27180.html#79566 aufgerufen am 09.04.2009.

Berlin (DIW) notwendig. Insgesamt arbeiten gegenwärtig über 400 Forschungsgruppen im In- und Ausland mit den SOEP-Daten.

Die SOEP-Daten werden als Rohdaten sowie in verschiedenen Formaten auf CD-ROM weitergegeben. Schulungskurse für den Umgang mit den SOEP-Daten finden jährlich statt. Der SOEP-NEWSLETTER[38] informiert alle Datennutzer regelmäßig über Neuerungen, die das SOEP betreffen. Auch die Durchführung und Entwicklung des „Sozio-oekonomisches Panels" erfolgt in Form einer „Serviceeinrichtung für die Forschung" im Rahmen der Leibniz-Gemeinschaft (WGL) mit Sitz am DIW Berlin. Die SOEP-Gruppe gibt die Daten an die interessierte Fachöffentlichkeit weiter und erstellt eigene Analysen. Die Feldarbeit führt Infratest Sozialforschung (München) durch.

6.2 Sozialwissenschaftliche Beobachtungen

Die wissenschaftliche Beobachtung stellt, neben der Befragung und der Inhaltsanalyse, eine der drei Grunderhebungsmethoden in den Sozialwissenschaften dar. In diesem Abschnitt werden einleitend einige mit dem Beobachtungsdesign verbundene methodologische Annahmen diskutiert. Sodann werden die vielfältigen Formen der wissenschaftlichen Beobachtung vorgestellt und schließlich wird die Anwendung der Methode an einem konkreten Beispiel demonstriert.

6.2.1 Grundprobleme wissenschaftlicher Beobachtungen

Für das Beobachten existieren in der Umgangssprache zahlreiche ähnliche Ausdrücke: etwa betrachten, anstarren, hinsehen, etwas im Auge behalten, fixieren, erspähen, beäugen, bemerken und so weiter (vergleiche auch Bortz/Döring 2002:263). Beobachten ist also eine vielfältige alltägliche Angelegenheit. Damit könnte man annehmen, dass zwischen dem wissenschaftlichen Beobachten und den alltäglichen Betrachtungen eine gewisse Verwandtschaft besteht. Gemeinsam haben beide Formen in der Tat, dass sie bestimmte Entscheidungen erfordern. So muss entschieden werden, was genau im Zentrum der Aufmerksamkeit stehen soll. Weiterhin sind sowohl im Alltag als auch in der Wissenschaft beim Beobachten Interpretationsleistungen erforderlich, um das Beobachtete zu bewerten. Einleitend sollen der Begriff beziehungsweise die Kriterien für eine wissenschaftliche Beobachtung geklärt werden.

In den Sozialwissenschaften wird eine enge und eine weite Bedeutung des Begriffs Beobachtung benutzt. Der *weiten* Fassung folgend, handelt es sich bei der Beobachtung um eine Methode, die die Sozialforschung bei allen Formen der empirischen Erhebung einsetzt. Ein Interviewer stellt eine Frage und registriert – beobachtet – die Antwort der Zielperson. Ein inhaltsanalytisch tätiger Forscher beobachtet – wertet aus – die Eintragungen in alten Tagebüchern und interpretiert diese. Ein Marktforscher diskutiert mit einer Gruppe die Vor- und Nachteile eines neuen Produkts und registriert – beobachtet wiederum – dessen Vermarktungsmöglichkeiten (vergleiche Mees/Selg 1977 und Cranach/Frenz 1969).

38 Vergleiche http://www.diw.de/deutsch/sop/newsletter/ zuletzt besucht am 09.04.2009.

Im *engeren* Sinne bedeutet Beobachten das direkte, unmittelbare Registrieren der für einen Forschungszusammenhang relevanten Sachverhalte. Bei den beobachteten Sachverhalten kann es sich um Sprache, um bestimmte Verhaltensweisen, auch um nonverbales Verhalten (Mimik, Gestik und ähnliches), um soziale Merkmale (Fahrzeigtyp, Kleidung, Abzeichen und ähnliche Symbole) und um geronnenes Verhalten (Schaufensterauslagen, Klingelschilder und ähnliche Dinge) handeln. „Gegenüber dem üblichen Wahrnehmen ist das beobachtende Verhalten planvoller, selektiver, von einer Suchhaltung bestimmt und von vorneherein auf die Möglichkeit der Auswertung des Beobachteten im Sinne der übergreifenden Absicht gerichtet" (Graumann 1966:86).

Wie bereits angedeutet, finden Beobachtungen und Wahrnehmungen auch im alltäglichen Leben statt, so dass es angezeigt ist, wissenschaftliches Beobachten von den alltäglichen Betrachtungen noch genauer abzugrenzen. Als Kriterien, die eine Beobachtung erfüllen muss, um sich die Bezeichnung wissenschaftlich zu verdienen, gelten folgende (vergleiche auch Greve/Wentura 1997:12ff.):

- Die Basis für die wissenschaftliche Beobachtung bilden Hypothesen. Darin wird fixiert, welche Zusammenhänge mithilfe der Beobachtung abgeklärt werden sollen (vergleiche auch Feger 1983:3). König (1973:32) spricht vom Prinzip der Gezieltheit einer wissenschaftlichen Beobachtung. Der Beobachter nimmt damit eine bewusste Unterscheidung vor. Dabei steht der Alltagsroutine des Betrachtens auf der einen Seite eine systematische Bearbeitung bestimmter Fragestellungen unter Einbeziehung theoretischer Vorerörterungen bei wissenschaftlichen Beobachtungen auf der anderen Seite gegenüber.
- Wissenschaftliche Beobachtungen müssen einer Form der Kontrolle unterzogen werden. Dies kann beispielsweise mithilfe mehrerer Beobachter geschehen, deren Resultate miteinander verglichen werden. Auch mithilfe einer strengen Systematik kann die Nachvollziehbarkeit der Befunde einer wissenschaftlichen Beobachtung gewährleistet werden. König spricht hier vom Kontrollprinzip (König 1973:31).
- Ein weiteres Kriterium wissenschaftlicher Beobachtungen ist deren Zielgerichtetheit. Die Auswahl der zu beobachtenden Einheiten ist nach wissenschaftlichen Kriterien zu begründen. Implizit werden damit auch die nicht zu beobachtenden Sachverhalte bestimmt.
- Schließlich werden wissenschaftliche Beobachtungen von vornherein so angelegt, dass sie einer systematischen, intersubjektiv nachvollziehbaren Auswertung und Replikation unterzogen werden können.

Einige journalistische und ethnologische Versuche – zum Beispiel Günter Wallraffs Beschreibungen seiner Selbstbeobachtungen als vermeintlich ausländischer Arbeitnehmer in Deutschland – mögen sich hier im Grenzgebiet zu wissenschaftlichen Beobachtungen ansiedeln. Sie erfüllen jedoch nicht alle der hier genannten Kriterien.

Auch steht außer Frage, dass infolge zufälliger Beobachtungen durchaus interessante wissenschaftliche Erkenntnisse gezogen werden können[39]. Ursprünglich prägte Merton dafür den Begriff „Serendipity Pattern" (1957:104ff.). Dabei handelt es sich um „die zufäl-

---

39 Solche Beobachtungen stellte zum Beispiel Wilhelm Röntgen an, als er die später nach ihm benannten Strahlen ‚zufällig' entdeckte.

lige Beobachtung eines unerwarteten, anormalen aber strategisch wichtigen Datums, das zum Anlass einer neuen Theorie oder der Erweiterung einer alten Theorie wird [...] es ist die Fähigkeit zur Bewahrung der naiven Beobachtung bei einem wissenschaftlich durchgebildeten Beobachter gemeint, der auch die Tragweite dessen zu erkennen vermag, was ihm der Zufall zugetragen hat“ (König 1973:25).

Wissenschaftliches Beobachten hat sich zielgerichtet und systematisch mit zwei Problemen auseinander zu setzen. Ein erstes Problem besteht in der selektiven Wahrnehmung. So ist es prinzipiell nicht möglich, einen sozialen Sachverhalt in seiner Totalität zu beobachten. Beispielsweise gehen von einer Gruppeninteraktion so viele Reize aus, dass es – selbst mit modernen technischen Hilfsmitteln – nicht möglich wäre, alle zu registrieren. Deshalb ist es erforderlich, jene Sachverhalte vorab zu fixieren, die für die Bearbeitung der Hypothesen wesentlich sind und demzufolge die Beobachtung entsprechend zu fokussieren und zu strukturieren. So mag es unter Umständen für einen Beobachter interessant erscheinen, wie oft sich ein Redner auf seiner Wahlkampfrede verspricht oder wie häufig er sich an die Nase fasst. Wenn jedoch im Zentrum der wissenschaftlichen Betrachtungen politische Strategien zur Bekämpfung der Arbeitslosigkeit stehen, sind die hier genannten Beobachtungen höchstwahrscheinlich sehr nebensächlich. Unter einem anderen Aspekt mag es jedoch durchaus sinnvoll sein, auch die Versprecher eines Redners und das Sich-an-die-Nase-Fassen zu beobachten.

Das zweite Problem betrifft das Interpretieren von beobachteten Verhaltensweisen, von Symbolen und des geronnenen Verhaltens vor allem in fremden sozialen Milieus. Hier besteht die Schwierigkeit darin, den beispielsweise mit einem bestimmten Verhaltensakt eines Akteurs verbundenen Sinn richtig zu erkennen. Während das Kopfnicken in Deutschland und in vielen anderen Ländern Zustimmung signalisiert, bedeutet diese Verhaltensweise in Bulgarien das genaue Gegenteil. Das Gleiche gilt zum Beispiel für die richtige Deutung von Symbolen, die etwa jugendliche Subpopulationen nutzen, um anderen ihre Zugehörigkeit zu einer bestimmten Kultur zu signalisieren.

König (1973:7ff.) verweist auf den „Fehler des ersten Blickes“. Er beschreibt dazu die Kontroverse zwischen Redfield (1934) und Lewis (1953). Beide führten Beobachtungen in einer bestimmten mexikanischen Gemeinde durch. Redfield war beeindruckt von der Integrationsfähigkeit und auch von der gegenseitigen Anpassung der sich eigentlich widerstrebenden Interessen in dieser Gemeinde. Lewis beobachtete etwas später in derselben Gemeinde. Er berichtete dagegen über ein von gegenseitigem Misstrauen zerfressenes Gemeinwesen, in dem es zur totalen Unterprivilegierung bestimmter Schichten gekommen ist. Die Ursache für diese unterschiedlichen Beurteilungen lag in der „Unbelehrbarkeit der einmal bezogenen Position des ersten Beobachters, also ein typischer Fehler des ersten Blickes“ (König 1973:7). Auf den ersten Blick folgte also kein zweiter und genau dies war hier der Fehler.

Bortz und Döring (2002) nennen fünf Modellierungsregeln, die bei wissenschaftlichen Beobachtungen zu befolgen sind. Dabei handelt es sich um:

1. Die Selektion: Aus einem Universum muss, wie bereits dargestellt, eine gezielte Auswahl bestimmter Reize getroffen werden, die dann bei der Beobachtung zu registrieren sind.

2. Die Abstraktion: Das zu beobachtende Ereignis wird aus seinem konkreten Umfeld herausgelöst und auf die im Forschungszusammenhang wesentliche Bedeutung beschränkt. Wenn es gilt, in einem Wohngebiet soziale Statussymbole zu beobachten, so dürfte es zum Beispiel uninteressant sein, wie häufig in einer bestimmten Zeiteinheit Interaktionen zwischen den Anwohnern stattfinden.
3. Die Klassifikation: Danach erfolgt eine Zuordnung des beobachteten Ereignisses zu bestimmten Ereignisklassen. Um beim Beispiel der Beobachtung von Statussymbolen zu bleiben, wäre beispielsweise zu entscheiden, ob eine bestimmte Automarke auf einen niedrigen, mittleren oder hohen sozialen Status hindeutet.
4. Die Systematisierung: Die beobachteten Einzelereignisse – hier kann es sich um Klingelschilder, den Zustand der Vorgärten, um die Anzahl der Geschäfte mit Billigangeboten oder eben um Automarken handeln – werden zusammengestellt und zu einem Gesamtprotokoll verdichtet.
5. Die Relativierung: Schließlich ist zu prüfen, inwieweit eine Integration des Beobachtungsmaterials in einen theoretischen Rahmen erfolgen kann beziehungsweise, ob eventuell die ermittelten Sachverhalte in irgendeiner Weise den Status von Ausnahmen besitzen.

Allgemein können – vor allem im Unterschied zu Befragungen – die folgenden *Vorteile* von sozialwissenschaftlichen Beobachtungen ausgemacht werden:

- In Beobachtungen werden keine verbalen Selbstdarstellungen abgefragt, sondern das zu Beobachtende wird unverfälscht durch subjektive Reflexionen einer Zielperson fixiert. Der Einfluss eines Interviewers auf den Gegenstand der Untersuchung existiert nicht. Dies ist vor allem bei Sachverhalten von Bedeutung, die sozial stark normiert sind (vergleiche Abschnitt 6.1.2). Anstatt zu fragen „Gehen Sie als Fußgänger auch schon mal bei Rot über die Kreuzung?“ lässt sich besser beobachten, wie es im wirklichen Leben zugeht.
- Beobachtungen eignen sich gut, um neu aufgetretene Phänomene systematisch zu ergründen. Auch ohne all zu differenziertes Vorwissen können solche Sachverhalte zunächst einmal „nur“ beobachtet und auf diese Weise exploriert werden.
- Beobachtungen sind – vor allem im Unterschied zu schriftlichen Protokollen – besonders gut geeignet, wenn es darum geht, eine Handlung auch mithilfe von Mimik, Gestik und Ähnlichem (weiter) zu deuten.
- Für die Erforschung von unbewussten Verhaltensweisen bieten Beobachtungen gute Vorteile und stellen oftmals den einzig möglichen Zugang dar (vergleiche Schaller 1980).
- Die Beobachtung ist unmittelbarer, denn sie erfolgt zeitgleich zum Geschehen. Nicht nur die Interviewereinflüsse entfallen damit, sondern ebenso Fehler, die aufgrund von Erinnerungsfehlleistungen zustande kommen.

Auf drei Facetten, die dem Einsatz von Beobachtungen wiederum bestimmte *Grenzen* setzen, soll ebenfalls hingewiesen werden:

- Die erste Facette betrifft die erforderlichen Kosten und den notwendigen Zeitaufwand. Hier dürften Befragungen deutlich billiger und weniger zeitaufwendig sein, wenn es darum geht, vergleichbare Datenmengen über Sachverhalte zu gewinnen.
- Eine zweite Facette stellen die potenziellen Themenbereiche dar, die mithilfe einer Befragung untersucht werden könnten Sie sind vielfältiger und universeller als jene, die über eine Beobachtung erhebbar sind. Während sich eine Kommunikation im Rahmen einer Befragung über beinahe jeden Sachverhalt herstellen lässt, ist es nur in sehr begrenztem Maße möglich, Beobachtungen zu sozialwissenschaftlich relevanten Fragestellungen durchzuführen. So wird beispielsweise die Sonntagsfrage nach der Wahlabsicht auch weiterhin im Rahmen von Befragungen erhoben werden müssen.
- Der methodologische Forschungsstand, also das Wissen über das Funktionieren von Befragungen stellt eine dritte Facette dar. Dieser ist sehr viel weiter und differenzierter als der zu Beobachtungen.

6.2.2 Formen der Beobachtung

Eine wissenschaftliche Beobachtung kann auf vielfältige Weise vorgenommen werden. Vor allem die jeweilige Rolle, die der Beobachter im Feld übernimmt, kann variieren. Im Weiteren werden die verschiedenen Formen der Beobachtung näher vorgestellt.

Teilnehmende und nichtteilnehmende Beobachtungen

Das Kriterium für diese Unterscheidung ist die Rolle, die der Beobachter einnimmt. Die Unterscheidung geht bereits auf Lindemann (1924) zurück. Wird der Beobachter zum Bestandteil der zu beobachtenden Gruppe, so spricht man von einer teilnehmenden Beobachtung. Beteiligt sich der Beobachter nicht selbst am Gruppenleben, sondern beschränkt sich auf seine Rolle als Betrachter, so wird von einer nichtteilnehmenden Beobachtung gesprochen. Teilnehmende Beobachtungen ermöglichen dem Beobachter detailliertere Einblicke in das Gruppenleben. Zum Problem kann jedoch werden, dass der Beobachter infolge seiner Tätigkeit in der Gruppe das eigentlich zu beobachtende Objekt beeinflusst. So wären unter Umständen bestimmte Prozesse anders verlaufen, wenn der Beobachter nicht in der Gruppe tätig geworden wäre. Auch die von einem Beobachter zu erwartende Diskretion und die Forschungsethik sind sensible Aspekte teilnehmender Beobachtungen. Schließlich sind teilnehmende Beobachtungen im besonderen Maße mit dem Phänomen des „Going native“ konfrontiert. Dabei handelt es sich um einen Distanzverlust des Beobachters gegenüber den Beobachtungsobjekten. Ein solcher Distanzverlust kann aufgrund der sozialen Interaktion zwischen dem Beobachter und dem Beobachteten eintreten. Er führt dazu, dass sich der Beobachter zu stark mit den zu beobachtenden Personen identifiziert und infolgedessen bestimmte Phänomene nicht (mehr) wahrnimmt. Bekannt wurden die teilnehmenden Beobachtungen besonders durch eine Studie, die Whyte (1951) bei Street Corner Gangs durchführte.

Feld- und Laborbeobachtungen

Von einer Feld- oder naturalistischen Beobachtung wird gesprochen, wenn die Beobachtung unter natürlichen Bedingungen abläuft. Laborbeobachtungen bedienen sich dagegen einer künstlich geschaffenen Umgebung. Der Vorteil von Laborbeobachtungen besteht in der Möglichkeit, alle Randbedingungen kontrollieren beziehungsweise den Einfluss von Störgrößen verhindern zu können. Das zu beobachtende Objekt wird im Labor von allen nicht gewollten Einflüssen abgeschirmt. Auf diese Weise wird es einfacher möglich, die Wirkung der unabhängigen auf die abhängige Variable zu ermitteln. Der Preis für diese Abschirmung ist jedoch eine unter Umständen praxisferne, künstliche Situation. Sie veranlasst dazu, die Frage nach der Verallgemeinerbarkeit der gewonnenen Befunde zu stellen. Entsprechend anders ist die Situation bei Feldbeobachtungen (vergleiche auch Glück 1971).

Offene und verdeckte Beobachtungen

Die Unterscheidung der Beobachtungen nach den Kriterien offen und verdeckt resultiert aus dem Wissen der Zielpersonen, Objekt einer Beobachtung zu sein. Verdeckte Beobachtungen – beispielsweise hinter einem Einwegspiegel – besitzen aufgrund ihres nichtreaktiven Charakters einen besonderen Charme. Es ist bekannt, dass, allein aufgrund der Tatsache, dass eine Untersuchung stattfindet, sich das zu untersuchende Objekt verändert, dass also die Erhebungssituation das Verhalten beeinträchtigt (vergleiche auch den Abschnitt 4.7). Dieser Nachteil tritt bei verdeckten Beobachtungen nicht auf. Zu beachten sind bei verdeckten Beobachtungen jedoch ethische Probleme der Forschungsanlage. Vor allem bei verdeckt teilnehmenden Beobachtungen stößt man noch auf eine Reihe von weiteren Problemen. Neben der Veränderung des zu beobachtenden Objekts aufgrund der Teilnahme des Beobachters am Gruppengeschehen, sei vor allem auf die Notwendigkeit verwiesen, einen Zugang zum Untersuchungsobjekt zu bekommen[40]. Außerdem steht der verdeckt agierende Beobachter vor dem Problem, seine Beobachtungen auch (verdeckt) protokollieren zu müssen. Dies wird in den meisten Fällen im Nachhinein passieren und ist damit wiederum fehleranfällig.

Selbst- und Fremdbeobachtungen

In der Regel werden bei Beobachtungen speziell geschulte Beobachter eingesetzt. Es gibt aber auch Beispiele, bei denen in einer Selbstbeobachtung – diese Form wird auch Introspektion genannt – auf den Einsatz des Beobachters verzichtet wird und sich eine Person selbst beobachtet. Bewährt haben sich Selbstbeobachtungen zum Beispiel bei der Ermittlung der Zeitverwendung, also bei Zeitbudgetstudien (vergleiche dazu Abschnitt 7.6).

40 Die verdeckt teilnehmende Beobachtung einer radikalen Partei durch sogenannte V-Männer des Verfassungsschutzes warf in der Bundesrepublik die Frage auf, inwieweit solche Ergebnisse juristisch genutzt werden können, um ein Verbot dieser Partei zu bewirken. Um Zugang zum Untersuchungsfeld zu erhalten, mussten sich die V-Leute aktiv an der Tätigkeit der Partei beteiligen. Letztlich stellte sich heraus, dass nicht zuletzt aufgrund des Einflusses, den die V-Leute auf die Partei genommen hatten, ein solches Verbot nicht ausgesprochen werden konnte.

Auch die empirische Erforschung von Einkommen und Verbrauch eines Haushalts ist teilweise auf Selbstbeobachtungen angewiesen (vergleiche für ein anderes Beispiel Zapf 1989). Als problematisch einzuschätzen ist bei dieser Vorgehensweise natürlich das für wissenschaftliche Studien eingeforderte Kriterium der Überprüfbarkeit und der Nachvollziehbarkeit der Ergebnisse. So dürften Selbstbeobachtungen nur dann wissenschaftlich sinnvoll sein, wenn sie mithilfe eines hochstandardisierten Instruments geführt werden. Für eine historische Skizze zu den Introspektionen vergleiche Greve/Wentura (1997:14ff.).

Standardisierte, teilstandardisierte und nicht standardisierte Beobachtungen

Der Grad, in dem das Vorgehen bei einer Beobachtung vorab fixiert ist, entscheidet darüber, ob es sich um eine (voll) standardisierte, eine teilstandardisierte oder um eine nicht standardisierte beziehungsweise unstandardisierte Beobachtung handelt. Bei den standardisierten Beobachtungen werden entsprechende Beobachtungsschemata eingesetzt. Vergleichbar etwa mit dem standardisierten Fragebogen bei einem persönlich-mündlichen Interview, werden hier alle zu erfassenden Sachverhalte vorab festgelegt. Über die Selektion der zu ermittelnden Kategorien wird also bereits im Vorfeld der Beobachtung entschieden. Ähnlich wie bei Befragungen können hier beispielsweise auch Schätzskalen zum Einsatz kommen. So ist es möglich, dass verschiedene Beobachter mit dem gleichen Beobachtungsschema auszurüsten und auf diese Weise die Zuverlässigkeit der Beobachtung zu ermitteln. Wie bereits angedeutet, kann die Standardisierung des Vorgehens als eine Voraussetzung für die Überprüfbarkeit und die Kontrolle der Ergebnisse einer Beobachtung und damit für die Wissenschaftlichkeit des Ansatzes betrachtet werden. Damit erwächst für nicht-standardisierte (wissenschaftliche) Beobachtungen wiederum ein gewisser Legitimationsbedarf.

Direkte und indirekte Beobachtungen

Bei direkten Beobachtungen wird der zu untersuchende Sachverhalt, beispielsweise eine Interaktion in einer Gruppe, während des Vollzugs registriert. Dies kann mithilfe technischer Aufnahmegeräte erfolgen oder auch durch einen Beobachter vorgenommen werden. Indirekte Beobachtungen wenden sich dagegen den Verhaltensspuren zu. Dabei handelt es sich um die vergegenständlichten Ergebnisse des Verhaltens, beispielsweise um Abfall, um Abnutzungen oder um den Pizza-Konsum (vergleiche auch Abschnitt 4.7). Letztere Vorgehensweise wurde oben bereits ausführlicher dargestellt.

Technisch vermittelte und technisch unvermittelte Beobachtungen

Das Kriterium für die Unterscheidung ist hier, ob zwischen dem zu beobachtenden Sachverhalt und dem Beobachter ein technisches Hilfsmittel zwischengeschaltet ist oder nicht. Dabei kann es sich um eine Videoanlage, Tonaufzeichnungsgeräte und Ähnliches handeln. Vor allem die Wiederholbarkeit der Beobachtung sowie die Möglichkeit, die Zeitlupentechnik zu benutzen, sprechen für den Einsatz der entsprechenden technischen Geräte (vergleiche auch Manns et al. 1987:25).

6.2.3 Beobachtungsfehler

Standardisierte Beobachtungen müssen ähnlichen Gütekriterien genügen, wie sie bereits für die standardisierten Befragungen eingefordert wurden. Dazu zählt vor allem die Reliabilität und die Validität (vergleiche Abschnitt 4.5).

Mit Reliabilität beziehungsweise mit Zuverlässigkeit wird die Reproduzierbarkeit eines empirischen Befundes bezeichnet. So liefert beispielsweise eine Befragung dann zuverlässige Ergebnisse, wenn diese nach einem gewissen Zeitabstand wiederholt ermittelt werden können (Test-Retest-Design). Ähnlich verhält es sich bei den Beobachtungen: „Generell beschreibt also Reliabilität die Reproduzierbarkeit von Beobachtungen unter theoretisch für das Auftreten des Beobachteten äquivalenten Bedingungen" (Feger 1983:24).

Wenn bei einer Beobachtung verschiedene Beobachter, die sich demselben Sachverhalt zuwenden, zu denselben Ergebnissen gelangen, so kann man ebenfalls von einer zuverlässigen Beobachtung sprechen. Sollte ein Beobachter in der Lage sein, das zu beobachtende Phänomen erneut beobachten zu können, beispielsweise mithilfe eines Videomitschnittes, so ist es prinzipiell auch möglich, dass diese Ergebnisse verglichen und so die Zuverlässigkeit der Beobachtung anhand der Beobachtungen auch nur eines Beobachters festgestellt werden kann.

Mit der Validität beziehungsweise mit der Gültigkeit eines Erhebungsinstruments ist dessen Eignung gemeint, genau jenen Sachverhalt zu ermitteln, der mit dem Instrument gemessen werden soll. Der Vergleich mit einer Zielscheibe beim Bogenschießen mag die Reliabilität und die Validität relativ gut zu verdeutlichen. Wenn ein Schütze stets auf die gleiche Stelle trifft, so sind seine Treffer zuverlässig. Damit ist jedoch noch nicht gesagt, dass dieser Schütze auch immer ins Schwarze trifft. Das ist nun mit der Validität gemeint. Die Treffer sind dann valide, wenn sie genau dort platziert werden, wo sie auch hingelangen sollen.

Um die Validität einer Beobachtung zu ermitteln, bieten sich theoretisch verschiedene Möglichkeiten an. Eine Variante besteht darin, das Ergebnis einer Beobachtung mit einem Kriterium zu vergleichen, das unabhängig von dieser Beobachtung ermittelt wird. Wichtig ist hier, dass dieses Kriterium tatsächlich den gleichen Sachverhalt beinhaltet, der auch mithilfe der Beobachtung festgestellt werden soll. Weiterhin besteht die Möglichkeit, verschiedene Beobachtungen zu einem sogenannten Konstrukt zusammen zu fassen. Nun bedarf es einer Theorie, die eine Aussage darüber trifft, in welchem Verhältnis die einzelnen beobachteten Sachverhalte zueinander stehen. Beobachtungen, die zu Ergebnissen führen, die dieser Theorie widersprechen, sind demnach nicht valide.

Einen Ansatz zur Systematisierung von konkreten Beobachtungsfehlern haben Greve und Wentura erarbeitet. Diesen zeigt die Abbildung 6.2.1.

Abbildung 6.2.1: Übersicht über die wichtigsten konkreten Fehlerquellen nach Greve und Wentura (1997:60)

1 Fehler zu Lasten des Beobachters

(1a) Wahrnehmung
1. Konsistenzeffekte
2. Einfluss vorhandener Informationen
3. Projektion
4. Erwartungseffekte
5. Emotionale Beteiligung
6. Logische oder theoretische Fehler
7. Observer drift

(1b) Interpretation
1. Zentrale Tendenz
2. Persönliche Tendenzen oder Dispositionen

(1c) Erinnerung
1. Kapazitätsgrenzen
2. Erinnerungsverzerrungen und –selektionen

(1d) Widergabe

2 Fehler zu Lasten der Beobachtung
1. Reaktivitäts- und Erwartungseffekte
2. Beobachtungs- und Untersuchungsbedingungen
3. Probleme des Beobachtungssystems

3 Fehler zu Lasten äußerer Bedingungen

Der Beobachter fungiert als ein wesentlicher Bestandteil des gesamten Messinstruments. Seine Aufgaben bestehen darin, während des Geschehens die erforderlichen Informationen auszusuchen und diese aufzunehmen, sie zu beurteilen, sie gegebenenfalls zu verkoden und schließlich zu protokollieren. Dieses Aufgabenspektrum des Beobachters stellt prinzipiell eine erste Fehlerquelle dar. Der zweite Komplex betrifft Fehler, die aufgrund des gewählten Zugangs zum Untersuchungsgegenstand, also hier konkret der Beobachtung, auftreten können. Schließlich ist drittens in Rechnung zu stellen, dass es infolge ungünstiger äußerer Bedingungen zu Beobachtungsfehlern kommen kann.

Fehler zu Lasten des Beobachters

Der *Wahrnehmungsfehler*: Diese Art von Fehlern tritt vor allem dann auf, wenn das zu beobachtende Objekt, beispielsweise eine bestimmte Verhaltensweise oder ein Symbol, vom Beobachter nicht richtig erkannt und gedeutet wird. Einige Beispiele hierfür wurden oben bereits genannt. Dazu zählen weiter:

- Der Halo-Effekt: Hier wird die Beobachtung infolge eines Gesamteindrucks geleitet, den sich der Beobachter verschafft hat. Dieser strahlt dann auf alle folgenden Beobachtungen aus. Der Beobachter ist darum bemüht, das zu Beobachtende konsistent beziehungsweise widerspruchsfrei wahrzunehmen (vergleiche auch Schaller 1980). Die Wirkung eines Halo-Effekts wurde bereits auch bei Befragungen ausgemacht (vergleiche Abschnitt 6.1.2). Hier strahlt die Beantwortung einer Frage auf die Beantwortung der Folgefragen aus.
- Fehler, die aufgrund des Einflusses der zeitlichen Abfolge entstehen: Dabei kann das zu beobachtende Geschehen zu stark aufgrund des ersten Eindrucks bewertet werden. Im Folgenden werden dann die Ereignisse selektiv wahrgenommen und quasi am ersten Eindruck ausgerichtet. Aber auch Informationen, die von anderen Beobachtern stammen und vorab berichtet werden, können die Erwartungen des Untersuchungsleiters beeinflussen und damit Fehler bei der Beobachtung verursachen.
- Beobachter können zu Projektionen neigen: In diesem Fall werden verstärkt solche Sachverhalte beobachtet und berichtet, die die jeweiligen Beobachter individuell besonders wahrnehmen oder gerade auch nicht wahrnehmen wollen. Hier kann durch den Einsatz verschiedener Beobachter Abhilfe geschaffen werden.
- Erwartungseffekte: Damit ist die Neigung der Beobachter zu hypothesenkonformen Einschätzungen gemeint. Nach dem Motto, wer sucht, der findet, werden vor allem – teilweise sicherlich unbewusst – solche Dinge wahrgenommen, die den eigenen Erwartungen entsprechen.

  Hierzu zählt auch der Milde-Effekt. Dabei handelt es sich um eine zu großzügige Beurteilung durch den Beobachter. Der Milde-Fehler tritt beispielsweise bei teilnehmenden Beobachtungen infolge eines besonders engen sozialen Kontaktes zwischen dem Beobachter und dem Beobachteten beziehungsweise aufgrund einer zu großen emotionalen Beteiligung des Beobachters auf. Das Problem wird vor allem dann besonders evident, wenn „der Beobachter die Wertvorstellungen der Beobachteten teilt, weil er dann in der Illusion lebt, er könne aufgrund unmittelbarer Beobachtung einen direkten Einblick ohne vermittelnde Hypothesen gewinnen" (König 1973:12).

  Auch die Nutzung einer Beobachtungslogik durch die einzelnen Beobachter spielt bei dieser Fehlerkategorie eine Rolle. Für den Fall, dass die Beobachter das Geschehen nicht wie vorgesehen, streng anhand des Beobachtungsprotokolls, sondern, davon abweichend, nach einer eigenen Erwartungslogik werten, wären die Beobachtungen verschiedener Beobachter nicht mehr vergleichbar.
- Die emotionale Beteiligung der Beobachter beziehungsweise die zu starke Identifikation mit dem Objekt der Beobachtung kann zu Fehlern führen. Vor allem bei teilnehmenden Beobachtungen, die über einen längeren Zeitraum geführt werden, kann es dazu kommen, dass sich die Beobachter zu stark mit dem Beobachtungsobjekt identifizieren. Es geht hier die erforderliche Distanz verloren. Aber auch ein umgekehrter Effekt ist denkbar, der Beobachter distanziert sich zu stark vom Beobachtungsobjekt.
- Logische und theoretische Fehler sind in Rechnung zu stellen: Dabei wird an Einflüsse gedacht, die aufgrund impliziter Theorien (vergleiche Abschnitt 3.6) der Beobachter zustande kommen. Implizite Theorien werden von den Menschen im Alltag benutzt, um mit wahrgenommenen Sachverhalten umgehen zu können. Auch Vorurteile zählen zu diesen impliziten Theorien. Bei wissenschaftlichen Beobachtungen sind sie freilich fehl am Platze.

- Das Observer Drift meint die „allmähliche Veränderung des Standards eines Beobachters" (Greve/Wentura 1997:64). Dabei können die zunächst erlernten Beobachtungsregeln mit der Zeit wieder in Vergessenheit geraten, Ermüdung kann eintreten, die Motivation des Beobachters kann nachlassen und so weiter.

Die Deutungs- beziehungsweise *Interpretationsfehler.* Zu dieser Art Fehler werden all jene zusammengefasst, die die Wahrnehmung beeinflussen.

- Die Fehler der zentralen Tendenz treten insbesondere bei der Abgabe von Einschätzungen beziehungsweise Bewertungen der zu beobachtenden Objekte auf. Hierfür werden den Beobachtern in der Regel Skalen vorgegeben, auf denen sie ihre Bewertung abzugeben haben. Denkbar wäre es beispielsweise, den Grad an Gepflegtheit zu bewerten, der ein Vorgarten in einem Wohngebiet aufweist. Tests haben gezeigt, dass die Beobachter in solchen Situationen vor der Wahl extremer Bewertungskategorien eher zurückscheuen.
- Persönliche Tendenzen und Dispositionen des Beobachters können die Beobachtung negativ beeinflussen. So können Personen dazu neigen, prinzipiell entweder besonders strenge oder auch besonders milde Urteile abzugeben. Hierzu wäre auch die Neigung zu zählen, vor allem sozial erwünschte Sachverhalte wahrzunehmen und zu registrieren.

Die Erinnerungsfehler. Bei teilnehmenden und insbesondere bei verdeckt teilnehmenden Beobachtungen ist eine unmittelbare Protokollierung der beobachteten Sachverhalte während des Geschehens kaum realisierbar. Damit können vor allem Erinnerungsfehler auftreten, wenn erst nach einem gewissen zeitlichen Abstand das Beobachtungsprotokoll erstellt wird. Zwei Arten sind zu unterscheiden:

- Menschen stoßen in Bezug auf ihre individuellen Aufnahmemöglichkeiten irgendwann an ihre Kapazitätsgrenzen.
- Systematische Verzerrungen und –selektionen können auftreten, wenn die beobachteten Sachverhalte kognitiv abgespeichert werden und dabei mit anderen, bereits gespeicherten, Informationen harmonisieren müssen.

Die Widergabefehler: Neben bewusst gefälschten Beobachtungen kann es auch zu Verzerrungen der Beobachtungen aufgrund eines Konformitätsdrucks kommen. Solche Fehler konnten mithilfe entsprechender Experimente auch empirisch nachgewiesen werden.

Fehler zu Lasten der Beobachtung

Neben den hier diskutierten Fehlern, die zu Lasten des Beobachters gehen, sind auch Fehler in Rechnung zu stellen, die zu Lasten der Beobachtung gehen. Vor allem bei offenen (nicht verdeckten) Beobachtungen kommt es zu reaktiven Messungen. Dabei handelt es sich um Messungen, die aufgrund der Tatsache, dass eine solche Messung stattfindet, verfälscht werden. Eine beobachtete Person weiß, dass sie beobachtet wird und verhält sich deshalb anders als in einer alltäglichen Situation.

Ein Gegenmittel sind hier die sogenannten Blind- und Doppelblindversuche. Diese werden vor allem in der Pharmaforschung zur Beurteilung der Wirksamkeit von Medikamenten benutzt. So erhalten alle Zielpersonen ein Präparat verabreicht. Jedoch handelt es sich nur bei einem Teil der den Versuchspersonen übergebenen Mittel um das zu überprüfende Medikament. Die Vergleichsgruppe wird lediglich mit einem Placebo behandelt. Wichtig ist, dass es den Versuchspersonen (Blindversuch) beziehungsweise auch dem Versuchsleiter (Doppelblindversuch) nicht bekannt ist, wer zur Experimental- und wer zur Vergleichsgruppe gezählt wird.

Die Interaktion Beobachter-Beobachteter kann das Ergebnis der Beobachtung beeinflussen. Dies ist vor allem bei teilnehmenden Beobachtungen – jedoch nicht nur – der Fall. Hier wird die zu beobachtende Situation dadurch verfälscht, dass eine weitere Person, der Beobachter, mit im Feld agiert.

Fehler zu Lasten der äußeren Bedingungen

Vor allem bei Laborbeobachtungen, die in einer künstlichen Atmosphäre stattfinden, können die äußeren Bedingungen das Ergebnis der Beobachtung fehlerhaft gestalten (vergleiche auch Abschnitt 7.1). Dies ist beispielsweise der Fall, wenn die Versuchsbedingungen so stark kontrolliert werden, dass Verallgemeinerungen (externe Validität) nicht mehr möglich sind.

6.2.4 Die Entwicklung des Beobachtungsdesigns

Bei standardisierten Beobachtungen klassifiziert ein Beobachter Handlungen und andere relevante Sachverhalte entsprechend einer bestimmten Anweisung. Im Interesse einer möglichst weitgehenden Objektivierung dieser Klassifizierungen wird ein Beobachtungs-Leitfaden ausgearbeitet. Ein solcher Leitfaden kann unterschiedliche Kriterien und Anweisungen für die Beobachtung enthalten:

- Bestimmte Zeichensysteme können registriert werden. Dabei kann es sich zum Beispiel um Gähnen, um Zwischenrufe, um Anfragen bei einem Vortrag und Ähnliches handeln. Möglich ist es, sowohl die Häufigkeit als auch die Dauer solcher Ereignisse zu protokollieren.
- Klassifizierungen können vorgenommen werden. Beobachtungsinstrumente werden genutzt, um Handlungen mit Hilfe von Kategoriensystemen einzuordnen. Bei der Beobachtung von Gruppendiskussionen kann beispielsweise zu entscheiden sein, ob ein Beitrag konstruktiven, neutralen oder destruktiven Charakter in Bezug auf die Problemlösung hat.
- Bewertungen von Intensitäten sind möglich. Die Nutzung von Schätzskalen bietet im Kontext von standardisierten Beobachtungen die Chance, um zum Beispiel die Intensität der Zustimmung und / oder Ablehnung zu einem Diskussionsbeitrag auf einer mehrstufigen Skala zu erfassen.
- Abfolgen lassen sich beobachten. Um schnell ablaufende Vorgänge, wie etwa Kommunikationen auf einem Spielplatz, zu beobachten, wurde das Multi-Moment-

Verfahren entwickelt. Dieses sieht vor, in bestimmten Zeitintervallen die relevanten Sachverhalte zu erheben.

Stichprobe

Bei der Festlegung der zu beobachtenden Stichprobe ist zu entscheiden, ob eine Ereignis- oder eine Zeitstichprobe eingesetzt werden soll, um die zu beobachtenden Einheiten auszuwählen. Die Grundlage für diese Entscheidung liefert die Art und Weise, in der der zu beobachtende Sachverhalt abläuft. Bei einer Ereignisstichprobe wird protokolliert, ob ein bestimmter Sachverhalt auftritt und wie oft dies der Fall ist. Denkbar wäre, dass man beobachtet, wie oft sich bei einer Diskussion jeder Teilnehmer zu Wort meldet und wie lange er spricht. Bei einer Zeitstichprobe wird der Zeitraum der Beobachtung in Zeitabschnitte gegliedert. Bei der Beobachtung der Diskussionsrunde würde dann – etwa alle drei Minuten – registriert werden, welcher Teilnehmer gerade einen Diskussionsbeitrag bestreitet. Relativ gleichmäßig ablaufende Ereignisse lassen sich zweckmäßig mit einer solchen Zeitstichprobe beobachten. Ist dies nicht der Fall, so empfiehlt sich eher eine Ereignisstichprobe.

Zeitstichproben eignen sich „mehr zur Beschreibung des gesamten Geschehens und Ereignisstichproben mehr zur Dokumentation bestimmter Verhaltensweisen“ (Bortz/Döring 2002:272).

6.2.5 Das soziale Prestige eines Wohngebietes – als ein Beispiel für eine standardisierte, nichtteilnehmende Fremdbeobachtung im Feld

Jetzt sollen die Entwicklung und die Umsetzung eines Beobachtungsdesigns anhand eines konkreten Beispiels demonstriert werden. Dazu wird ein Projekt vorgestellt, bei dem es um die Beobachtung des sozialen Prestiges verschiedener Dresdner Wohngebiete ging. Diese Beobachtung wurde in den Jahren 2004/2005 standardisiert, nichtteilnehmend und als Feldbeobachtung konzipiert und umgesetzt. Das Hauptziel dieser Studie bestand jedoch darin, Studierende mit der Methode der Beobachtung vertraut zu machen, ihnen die zu absolvierenden Schritte zu vermitteln und sie dabei auch auf mögliche Fehler aufmerksam zu machen.

Um eine standardisierte Beobachtung durchführen zu können, muss auf der Basis von Hypothesen ein Beobachtungsplan ausgearbeitet werden (vergleiche Bortz/Döring 2002: 269ff.). Dabei sind eine Reihe von Entscheidungen zu treffen, die – schrittweise – die Anlage der Erhebung präzisieren. Hierzu gehören:

Theoretisches Konzept

Die Beobachtung sollte eine mögliche Klumpung gleicher Lebensstile in Wohngebieten aufdecken. Dazu wurden zwei Hypothesen erstellt:

1. In einem Wohngebiet leben vor allem Personen mit gleichen sozialen Status.

2. Je höher beziehungsweise je niedriger der soziale Status von Personen ist, desto homogener ist das Wohngebiet, in dem sie leben.

Diese Hypothesen sollten nun mithilfe einer Beobachtung empirisch bearbeitet werden.

Operationalisierung

Um Hypothesen empirisch überprüfen zu können, müssen die in ihnen enthaltenen Begriffe operationalisiert werden. Offensichtlich lassen sich solche Sachverhalte wie Sozialer Status oder Homogenität eines Wohngebietes nicht direkt anhand eines bestimmten Kriteriums ablesen. Stattdessen sind beobachtbare Sachverhalte zu benennen, die es dann im Rahmen einer Beobachtung erlauben, Schlussfolgerungen auf diese latenten Sachverhalte zu ziehen. Folgende Dinge müssen dabei Beachtung finden:

- Sind die gewählten Indikatoren tatsächlich empirisch beobachtbar? So mag zwar der Eigentümer eines Hauses (der Bewohner selbst, eine Genossenschaft oder ein gemeinnütziger Verein) auf den sozialen Status der hier lebenden Menschen hindeuten, jedoch dürfte es schwierig sein, mithilfe einer Beobachtung diesen Eigentümer zu ermitteln. Damit wäre an dieser Stelle ein solcher Indikator untauglich.
- Deuten die festgelegten Indikatoren mit ausreichender Sicherheit auf die gesuchten sozialen Sachverhalte? Hier könnte man die in der Wohngegend geparkten Fahrzeuge beobachten und deren Wert abschätzen. Dabei muss unterstellt werden, dass die Fahrzeuge auch den Anwohnern gehören und nicht von fremden Personen hier abgestellt worden sind.

Die Entscheidung fiel darauf, die folgenden Indikatoren zum Einsatz zu bringen: Der Sanierungsgrad der Gebäude, die Gartengestaltung, mögliche Grundstückssicherungen wie Kameras und Ähnliches, Hundekot auf den Fußwegen, die Art und der Zustand der Briefkästen, der Zustand der Mülltonnen und deren Sauberkeit, ein möglicher Leerstand im Haus – wobei vermutlich ein geringer Leerstand auf attraktivere Wohnungen hindeutet – vor den Häusern geparkte Fahrzeuge und deren Wert, schließlich die Art und der Zustand der Klingelschilder, wobei hier auch akademische Titel sowie Hinweise auf bestimmte Berufe Beachtung finden sollten.

Weiter wurde festgelegt, dass es einen Beobachtungsbogen „Haus“, der dazu dient alle Wohnungen eines Hauses zu protokollieren, und einen Beobachtungsbogen „Wohngebiet“, in dem das Umfeld des Hauses protokolliert wird, geben sollte.

Kodierschema

Der Beobachtungsplan enthält Anweisungen, wie die zu beobachtenden Sachverhalte zu registrieren und zu protokollieren sind. Dazu wird der zu beobachtende Sachverhalt weiter in Elemente zerlegt, die dann zum Gegenstand der Beobachtung werden. Hier ist es hilfreich, den Beobachtern Ankerbeispiele als Hilfsmittel zur Verfügung zu stellen. Diese können dann Beispiele dafür geben, welche Fahrzeugtypen in die Kategorien obere, mittlere und untere Preisklasse eingeordnet werden sollen.

Der Beobachtungsbogen „Haus“ hatte das folgende, in Abbildung 6.2.2 gezeigte Aussehen.

Abbildung 6.2.2: Beobachtungsbogen „Haus“ für die standardisierte Beobachtung sozialer Milieus in Stadtteilen

---

1.1 Was trifft auf das Haus zu? (nur ein Kreuz)
Einfamilienhaus ( )
Zweifamilienhaus ( )
Mehrfamilienhaus ( )

1.2 Stil des Hauses (nur ein Kreuz)
Freistehendes Haus (4 Seiten offen) ( )
Doppelhaus (3 Seiten offen) ( )
Reihenhaus (2 Seiten offen) ( )
Plattenbau ( )
Hinterhaus /Seitenflügel ( )

1.3 Anzahl der Etagen (Bitte eintragen! Falls nur ein Erdgeschoss vorhanden ist, dann Null eintragen!)

____

1.4 Anzahl der Haushalte pro Haus (Bitte eintragen! Anhand der Namensschilder an den Briefkästen ermitteln! Leerstehende Wohnungen werden mitgezählt.)

____

1.5 Sanierungsgrad (nur ein Kreuz)
Neubau .... ( )
Saniert (abgeputzte Fassade, neues Dach, neue Fenster oder in gutem Zustand, neue Türen) .... ( )
Teilsaniert (neues Dach oder neue Fassade, keine aufsteigende Feuchtigkeit, ein Element aus „saniert“ fehlt .... ( )
Unsaniert (alles in altem Zustand) .... ( )
verfallen/ruinenhaft .... ( )
nicht einzuordnen .... ( )

1.6 Grundstückssicherung (alles Zutreffende ankreuzen!)
Kamera ( )
Alarmanlage ( )
Hund / Warnung vor dem Hund ( )
Bewegungsmelder (auch mit einem Lichtschalter verbundene) ( )

2. PKW-Stellplätze (Motorradstellplätze u.ä. sind hier nicht gemeint!)
2.1 Sind direkt vor dem Haus bzw. dem Grundstück Stellplätze für PKW vorhanden?
ja ( ) *nein* ( ) weiter mit: 2.9

2.2 Art der Stellplätze (alles Zutreffende ankreuzen!)
Garage auf dem Grundstück ( )
separate Parkanlage / Sammelparkplatz ( )
Tiefgarage ( )

2.3 Anzahl an Stellplätzen besser Anzahl der Stellplätze(Bitte eintragen)

____
nicht erkennbar / nicht einsehbar ( ) weiter mit 2.9

2.4 Sind die Stellplätze reserviert?
ja, alle ( ) *ja, einige* ( ) *nein, keine* ( ) weiter mit: 2.6
Nicht erkennbar ( ) weiter mit 2.6

2.5 Art der Reservierung (alles Zutreffende ankreuzen)
Kennzeichen der Pkws ( )
Schranke ( )
Parkpoller ( )
Parkkontrollgerät, z.B. Parkuhr ( )

2.6 Zustand der Garagen (nur ein Kreuz)
Guter Zustand (keine Mängel an Fassade oder Einfahrtstor).......................... ( )
Mittlerer Zustand (kleine Mängel an Fassade oder Einfahrtstor).................... ( )
Schlechter Zustand (große Mängel an Fassade oder Einfahrtstor, Putz fehlt oder ist stark beschädigt; beschädigtes Einfahrtstor, beschmierte Fassade) ( )
Keine Garagen vorhanden .... ( )

2.7 Befestigung der Zufahrt zu den Parkanlagen auf dem Grundstück (nur ein Kreuz)
unbefestigt (Boden, Kies) .... ( )
befestigt (gepflastert, asphaltiert) .... ( )
Keine Parkanlagen auf dem Grundstück vorhanden .... ( ) weiter mit 2.9

2.8 Zustand der Parkanlagen auf dem Grundstück (nur ein Kreuz)
Guter Zustand (keine Mängel) ( )
Mittlerer Zustand (kleine Mängel, kleine Risse, kleine Unebenheiten) ( )
Schlechter Zustand (große Mängel, große Löcher) ( )

2.9 Ist eine Garten- bzw. Grundstücksbegrenzung (Zäune u.ä.) vorhanden?
ja ( ) *nein* ( ) weiter mit 2.16

2.10 Was trifft auf die Begrenzung zu? Handelt es sich um ... ? (alles Zutreffende ankreuzen)
Zaun / Gitter ( )→ weiter mit 2.11
Mauer ( )→ weiter mit 2.12
Hecke ( )→ weiter mit 2.13

2.11 Was trifft auf den Zaun, das Gitter zu? (Nur ein Kreuz)
besonders aufwändig (d.h. künstlerisch, extrem stabil, teuer, sehr hoch) ( )
standardmäßig ( )
betont einfach gehalten ( )

2.12 Ist die Mauer: (Nur ein Kreuz)
Unverputzt ( )
Verputzt ( )
Gestrichen ( )

2.13 Ist die Hecke *gepflegt* ( ) *ungepflegt* ( ) oder ist *keine Hecke vorhanden* ( )?

2.14 Existieren Beschädigungen an der Umzäunung?
Unbeschädigt: keine sichtbaren Schäden.. ( )
geringfügig beschädigt: geringe sichtbare Schäden, die die Funktion oder ästhetische Wahrnehmung der Grundstücksbegrenzung nur geringfügig einschränken (z.B.: fehlende Gartentür, abgeplatzter Putz, rostiger Maschendrahtzaun)................................. ( )
schwer beschädigt: große sichtbare Schäden, welche die Funktion der Begrenzung stark einschränken. (z.B.: zerborstene Zaunlatten, umgekippte Pfeiler) .... ( )

2.15 Gibt es Verzierungen an der Umzäunung, welche offenbar deren Wert steigern?
ja ( ) *nein* ( )

2.16 Ist ein Müllstellplatz vorhanden? *ja* ( ) *nein* ( ) weiter mit 3.1

2.17 Wie viele Mülltonnen sind sichtbar? (Bitte die Anzahl eintragen)

____

2.18 Ist der Müllstellplatz gegen die Umgebung abgegrenzt bzw. sind die Mülltonnen in ein Gehäuse gefasst?

ja ( ) *Nein* ( ) weiter mit 2.24

2.19 Woraus ist die Abgrenzung? (alles Zutreffende ankreuzen)
Holzabgrenzung ( )
Metallabgrenzung ( )
pflanzliche Abgrenzung ( )
Mauer ( )

2.20 Ist der Müllstellplatz verschließbar? *ja* ( ) *nein* ( )

2.21 Für wie viele Wohnungen ist der Müllplatz zuständig? (Bitte angeben)

____
nicht einzuschätzen ( )

2.22 In welchem Zustand ist der Müllstellplatz?
völlig sauber (überhaupt kein Abfall außerhalb der Tonnen) ( )
leicht verschmutzt (wenige kleine Abfallteile liegen außerhalb der Tonnen) ( )
verschmutzt (vereinzelte grobe Abfallteile) ( )
stark verschmutzt (auf dem Stellplatz sieht es aus wie in der Tonne) ( )

3.1 Anzahl der Fenster pro Haus (Bitte alle eintragen, Beschränkung auf die Frontseite der Häuser, pro Eingang bzw. Haus)

____

3.2 Größe der Fenster (Bitte jeweils eintragen! Achtung: die Summe muss jeweils genau die unter 3.1 angegebene Zahl ergeben!)
Anzahl kleiner Fenster (z.B. Toilettenfenster): ____________
Anzahl mittlerer Fenster: (Standardgröße): ______________
Anzahl großer Fenster (z.B. Panoramafenster): _____________

3.3 Bei wie vielen Fenstern gibt es äußeren Fensterschmuck (z.B. Bemalung/Ornamente)? (Bitte Anzahl jeweils eintragen)
________________ *Fenster sind geschmückt.*
________________ *Fenster sind nicht geschmückt.*
________________ *Fenster sind nicht erkennbar.*

3.4 Bei wie vielen Fenstern gibt es innen Fensterschmuck (z.B. Blumen)?
________________ *Fenster sind geschmückt.*
________________ *Fenster sind nicht geschmückt.*
________________ *Fenster sind nicht erkennbar.*

3.5 Wie viele Fenster sind saniert?
________________ *Fenster sind saniert.*
________________ *Fenster sind nicht saniert.*
________________ *Fenster sind nicht erkennbar.*

3.6 Sind spezielle Fensterformen, z.B. runde Fenster, vorhanden?

ja ( ) *nein* ( )

3.7 Bei wie vielen Fenstern sind innen Gardinen u.ä. vorhanden?
__________________ *Fenster mit Gardinen.*
__________________ *Fenster ohne Gardinen.*
__________________ *Fenster sind nicht erkennbar.*

3.8 Bei wie vielen Fenstern sind außen Jalousien, Fensterläden u.ä. vorhanden?
__________________ *Fenster mit Jalousien.*
__________________ *Fenster ohne Jalousien.*
__________________ *Fenster sind nicht erkennbar.*

3.9 Wie viele Fenster sind beschädigt?
__________________ *beschädigte Fenster.*
__________________ *Fenster ohne Beschädigung.*
__________________ *Fenster sind nicht erkennbar.*

3.10 Wie viele Fenster sind verschlagen (mit Pappe, Sperrholz u.ä. vernagelt)?
__________________ *Fenster sind nicht verschlagen.*
__________________ *Fenster sind verschlagen.*
__________________ *Fenster sind nicht erkennbar.*

3.11 Wie viele Klingelschilder sind im Haus vorhanden?
____

3.12 Wie viele Klingelschilder (Wohnungen, keine Büros u.ä.) sind beschriftet?
____

3.13 Wie viele Briefkästen (Wohnungen, keine Büros u.ä.) gibt es im Haus?
____

3.14 Wie viele Briefkästen sind davon verklebt?
____

3.15 Gibt es Schilder wie „Zu vermieten" „Zu verkaufen" u.ä.?
ja ( ) nein ( )

3.16 Gibt es sonstige Beschädigungen (auch Graffiti) an den Briefkästen, bei der Beleuchtung usw.?
ja ( ) nein ( )

4.1. Wie viele Autos sind auf dem Grundstücksgebiet insgesamt geparkt? (Bitte Anzahl angeben)
__________________ *Autos*
nicht eindeutig feststellbar ( )

4.2 Anzahl an Autos in der ... (Bitte jeweils eintragen)
oberen Preisklasse (ab 35.000 €): Mercedes E-, S-, M-, G- Klasse, Mercedes SL, SLK, CL, CLK, AMG, BMW 5er, 6er, 7er, Z3, Z4, Z8, Audi A6, A8, Audi TT, Opel Signum, Peugeot 607, VW Phaeton, Touareg, Porsche, Ferrari, Maserati, Lamborgini

____

mittleren Preisklasse: (~ 16.000 bis 34.000 €): Mercedes A-, C- Klasse, BMW 1er, 3er, Audi A2, A3, A4, VW Golf, Passat, Peugeot 206, 307, 407, Opel Astra, Zafira, Vectra, Alfa Romeo, Ford Mondeo, Focus, Toyota Avensis, Corolla, Nissan Almera, Primera, Volvo; größere Citroen, Fiat, Honda

____

unteren Preisklasse: (bis 15.000 €): Opel Corsa, Ford KA, Fiesta, VW Lupo, Polo, kleinere Citroen, Fiat (Panda, Punto), Honda, Nissan (Micra),Toyota, Seat, Peugeot

____

4.3 Anzahl an Autos, die ... (Bitte Anzahl jeweils eintragen)
sauber, gepflegt sind: Auto sieht aus wie frisch geputzt, saubere Karosserie, saubere Scheiben (innen aufgeräumt)

____

gepflegt, aber leicht verschmutzt sind (leicht unaufgeräumt): insgesamt. gepflegter Eindruck, nur wenig Schmutzspritzer, innen liegen nur wenig Sachen herum- max.5

____

verschmutzt, ungepflegt sind: viele Dreckspritzer (Matsch, Vogeldreck, Baumharz), innen liegen viele Sachen kreuz und quer herum

____

4.4 Anzahl an Autos mit Schäden (Bitte Anzahl jeweils eintragen)
ohne äußere Schäden: keine Kratzer, keine Beulen

____

kleinere Schäden: kleinere Kratzer, keine Beulen

____

mittlere Schäden: Kratzer und kleinere Beulen

____

große Schäden: große Kratzer und große Beulen

____

4.5 Anzahl an Autos mit ... (Bitte Anzahl jeweils eintragen)
teurer Ausstattung: Ledersitze, edle Armaturen, hochwertiges Radio, evtl. Navigations-System

____

normaler Ausstattung: Sitze, Armaturen usw.

____

4.6 Anzahl an Autos im Alter von etwa: (Bitte Anzahl jeweils eintragen und das Alter schätzen)
unter 5 Jahre

____

älter als 5 Jahre, unter 10 Jahre

____

älter als 10 Jahre

____

Hier den Zeitpunkt der Beobachtung (Datum, Wochentag und Uhrzeit) angeben:

____

Hier den Ort der Beobachtung angeben (Straße und Hausnummer):

____

Bestimmung der zu beobachtenden Einheiten

Für die Bearbeitung der beiden Hypothesen wurden, unter Berücksichtigung der für die Beobachtung im Rahmen eines Seminars vorhandenen Kapazitäten, fünf Stadtteile gezielt ausgewählt, sie bilden die Grundgesamtheit. Danach sollten in diesen Stadtteilen zufällig die Beobachtungen stattfinden. Es wurde das folgende, zweistufige Vorgehen praktiziert.

- Erster Schritt: Systematische Bestimmung der Wohngegend

Es gibt 99 Stadtviertel (01 – 99) in Dresden. Fünf Stadtviertel, die möglichst verschiedene Charakteristika aufweisen, sollten ausgewählt werden. Dabei fiel die bewusste Wahl auf ein Stadtviertel, das vor allem mit Villen bebaut ist (Gruna), auf ein Stadtviertel, das vom gehobenen Mittelstand bewohnt wird (Laubegast), auf ein Stadtviertel mit gemischter Bevölkerung (Innere Neustadt); auf ein Stadtviertel mit Plattenbauten (Gorbitz-Süd) sowie auf ein Stadtviertel mit Industrieansiedlung (Friedrichstadt). Jeder Stadtteil hat in der Verwaltung eine Nummer und zwar Gruna: 57, Laubegast: 62, Innere Neustadt: 13, Gorbitz-Süd: 95 und Friedrichstadt 05.

- Zweiter Schritt: Zufällige Auswahl von Straßen aus dem Straßenverzeichnis

Das Straßenverzeichnis aus dem Jahr 2003, das von der Kommunalen Statistikstelle der Stadt Dresden herausgegeben wird, ist alphabetisch geordnet und enthält unter anderem Informationen darüber, in welchem Stadtgebiet sich eine bestimmte Straße befindet. In einem ersten Schritt wurden im Register für jedes Stadtgebiet sämtliche Straßen gekennzeichnet (jedes Stadtviertel mit einer anderen Farbe). Für die fünf ausgewählten Stadtteile wurde nun die folgende Anzahl von Straßennamen festgestellt: Gruna 53, Laubegast 58, Innere Neustadt 54, Gorbitz-Süd 15, Friedrichstadt 37. Nun sollten aus jedem Stadtgebiet vier Straßen zufällig gezogen werden. Bei der Entscheidung für vier Straßen pro Stadtviertel bestand die Möglichkeit, jede Straße von mehreren Beobachtern protokollieren zu lassen. Bei einer höheren Anzahl an Straßen wäre dies problematisch geworden.

Mit einem speziellen Ziehungsverfahren wurden die Straßen pro Stadtviertel zufällig gezogen. Diese Ziehung ergab das folgende Ergebnis: Gruna: 50, 04, 53, 06; Laubegast: 58, 27, 05, 51; Innere Neustadt: 35, 34, 01, 31; Gorbitz-Süd: 14,12, 03, 02 und Friedrichstadt: 12, 07, 03, 11. Damit standen dann für die Beobachtung die folgenden Straßen fest:

- Gruna: Wiesenstraße, Am Grüngürtel, Zwinglistraße, An den Gärten
- Laubegast: Zur Bleiche, Klagenfurter Straße, Azaleenweg, St. Pöltener Weg
- Innere Neustadt: Melanchthonstraße, Löwenstraße, Albertstraße, Köpckestraße
- Gorbitz-Süd: Wilsdruffer Ring, Tannenberger Weg, Espenstraße, Ebereschenstraße
- Friedrichstadt: Friedrichstraße, Bremer Straße, Bauhofstraße, Flügelweg

Nun konnten der Startpunkt und die Länge der Beobachtung bestimmt werden. Die Beobachtungen sollten samstags oder sonntags jeweils in der Zeit zwischen 10.00 Uhr und 14.00 Uhr stattfinden.

Es wurden beobachtet: erstens die Häuser beziehungsweise die Wohneinheiten und zweitens das die Wohneinheiten umgebende Wohngebiet.

Bei der *Beobachtung der Häuser* beziehungsweise der *Wohneinheiten* bildete die kleinste Hausnummer der Straße den Anfang. Beobachtet wurde in Richtung zu den größeren Hausnummern. Die Beobachtung fing also bei der ersten Wohneinheit beziehungsweise bei der kleinsten Hausnummer an, die Beobachtung sollte 50 Wohneinheiten lang geführt werden, nach der 50. Wohneinheit wurde die Beobachtung abgebrochen. Als Wohneinheit galt ein Haushalt beziehungsweise ein Klingelschild. Dabei war zu beachten, ob das zu beobachtende Haus ein Einfamilienhaus (entspricht nur einer Wohneinheit) oder ein Mehrfamilienhaus ist. Auch Leerstand wurde bei den Wohneinheiten mitgezählt. Ruinen oder komplett leerstehende Häuser zählten jedoch nicht. Vom Startpunkt aus wurden alle Wohneinheiten auf der gleichen Straßenseite beobachtet. Falls die Straße nicht 50 Wohneinheiten lang war, wurde bei der nächsten Möglichkeit nach rechts abgebogen und dort mit der Beobachtung fortgefahren Hat dies nicht ausgereicht, musste nun links abgebogen werden (im Falle, dass eine Abbiegung in die jeweils vorgeschriebene Richtung nicht möglich war, sollte in die entgegengesetzte Richtung abgebogen werden). Bei Sackgassen war in die andere Richtung zu gehen und hier die nächste Möglichkeit zum rechts- beziehungsweise zum links abbiegen zu nutzen. Reine Geschäftshäuser, Büros, Praxen, Läden galten nicht als Wohneinheiten. Hinterhäuser, Seitenflügel und Ähnliches (auch Häuser, die nur über Höfe zugänglich sind) sollten ebenfalls beobachtet werden.

Für die *Beobachtung des Wohngebietes* wurde festgelegt, dass der Bereich im Umkreis der zu beobachtenden Wohneinheiten beobachtet werden sollte. Hier galt das Gebiet, das innerhalb von fünf Minuten zu Fuß zu erreichen war, als Wohngebiet.

Pretest

Im Rahmen einer Voruntersuchung in einer anderen Wohngegend wurden das geplante Vorgehen sowie das Beobachtungsprotokoll getestet. Einige Überarbeitungen waren erforderlich, beispielsweise wurden verschiedene Beschreibungen in das Beobachtungsprotokoll zusätzlich aufgenommen, um so zu sichern, dass alle Beobachter dasselbe Verständnis der zu registrierenden Sachverhalte haben. Insbesondere die Beobachtung der Fahrzeuge sollte so etwas mehr objektiviert werden.

Haupterhebung

Die Haupterhebung wurde von etwa 30 Beobachtern zu Beginn des Jahres 2005 durchgeführt. Das Projekt war Bestandteil der Methodenausbildung am Institut für Soziologie der Technischen Universität Dresden.

Datenaufbereitung und Auswertung

Insgesamt wurden auf diese Weise 195 Wohneinheiten in den genannten Wohngebieten beobachtet. Die einzelnen Beobachtungsprotokolle wurden in ein SPSS-Datenfile überführt und auf Plausibilität hin überprüft[41]. Dem schloss sich die Datenauswertung an. An dieser Stelle soll beispielhaft auf eine Indexbildung eingegangen werden. Während bei der Operationalisierung der komplexe Sachverhalt soziales Prestige in einzelne Dimensionen zerlegt worden war, bestand die Aufgabe nun darin, diese Zerlegung in einen Index wieder zusammen zu führen. Dieser drückte dann den gesuchten Sachverhalt als einen Zahlenwert

---

41 Die entsprechende Datei kann beim Autor über das Internet bestellt und herunter geladen werden: michael.haeder@tu-dresden.de

aus. Konkret sollte ein additiver Summeindex gebildet werden[42] (vergleiche auch Abschnitt 4.3.3). Die Bildung des Indizes erfolgte so, dass ein höherer Wert auf ein höheres soziales Prestige des Wohngebiets hindeutet. In diesen Index flossen folgende Variablen ein:

- *Hau*: die Größe des Hauses, bei einem Einfamilienhaus wurde eine 2 und bei einem Zweifamilienhaus wurde eine 1 kodiert.
- *Hhz*: die Haushalte pro Haus, bei bis zu fünf Haushalten pro Haus wurde eine 1 kodiert.
- *San*: der Sanierungsgrad des Hauses, Neubauten und sanierte Häuser wurden mit 2 und teilsanierte Häuser wurden mit 1 kodiert.
- *Zau*: der Zustand des Zaunes, waren keine Schäden erkennbar, wurde ein 2 und waren geringe Schäden vorhanden wurde eine 1 kodiert.
- *Mül*: der Zustand des Müllplatzes, für einen sauberen Müllplatz wurde eine 2 und für einen nur leicht verschmutzten Müllplatz wurde eine 1 vergeben.
- *Fe1*: die Fenstersanierung, waren alle Fenster saniert, so wurde eine 1 kodiert.
- *Fe2*: Fensterschäden, lagen keine Fensterschäden vor, so wurde eine 1 kodiert.

Über die Berechnung von Cronbachs Alpha ist der Index überprüft und danach stufenweise verbessert worden. Im Ergebnis wurden folgende Indikatoren in die Indexbildung einbezogen, die dann die in Tabelle 6.2.3 gezeigten Reliabilitätsmaße aufwiesen.

Tabelle 6.2.3: Reliabilitätsbestimmung für den Index zum sozialen Prestige mittels SPSS Reliabilitätsanalyse (Alpha), n = 195

Variable	Korrigierte Item-Skala-Korrelation	Cronbachs Alpha, wenn Item weggelassen
Hau	.756	.557
Hhz	.735	.564
San	.401	.679
Zau	.209	.714
Mül	.334	.697
Fe1	.452	.686
Fe2	.239	.712

Alpha = .71

Nun bestand die Möglichkeit, diesen Index jeweils für die untersuchten Wohngebiete zu ermitteln und so die Hypothesen zu überprüfen. Das entsprechende Ergebnis ist in Tabelle 6.2.4 enthalten.

42 Fehlende Werte wurden durch Mittelwerte ersetzt.

Tabelle 6.2.4: Soziales Prestige (Index) verschiedener Wohngebiete in Dresden

Wohngebiet	Index	Standardabweichung
Gorbitz Süd	6.1	1.51
Friedrichstadt	6.3	2.22
Innere Neustadt	6.7	1.84
Gruna	10.5	1.75
Laubegast	10.6	1.76
Gesamt	9.5	2.49

Tatsächlich konnte das erwartete Ergebnis mehr oder weniger bestätigt werden. So weisen das Villenviertel und der Stadtteil, der vom gehobenen Mittelstand bewohnt wird, die höchsten Werte auf. Das durch Plattenbauten gekennzeichnete Gebiet schneidet noch etwas schlechter ab als die Industrieansiedlung.

Der Grad an Homogenität des Wohngebiets kann aufgrund der Streuung des Index′ beurteilt werden. Hier wurde erwartet, dass je höher das soziale Prestige beziehungsweise je niedriger der soziale Status eines Wohngebiets ist, desto homogener gestaltet sich dieses. In unserer kleinen Studie hatten die am besten (Laubegast und Gruna) beziehungsweise am schlechtesten (Gorbitz Süd) bewerteten Gebiete auch die geringsten Streuungen.

6.3 Inhaltsanalysen

Mit der Inhaltsanalyse wird, in Anschluss an die Abschnitte zur Befragung und Beobachtung, die dritte sozialwissenschaftliche Grundmethode der Datenerhebung vorgestellt und diskutiert. Die Analyse von Inhalten richtet sich im Alltag auf vielfältige Behältnisse. Denkbar sind etwa die Inhalte eines Fasses Weins, einer Zeitung, unserer Staatskasse, eines Reagenzglases aber auch Mageninhalte können zum Gegenstand von Analysen werden. Ganz offenbar ist der Begriff der Inhaltsanalyse hier noch klarer zu bestimmen.

Einer Definition zufolge wird die Inhaltsanalyse als eine Forschungslogik zur systematischen Erhebung und Aufbereitung von Kommunikationsinhalten in Texten, Bildern, Filmen, Schallplatten und Ähnlichem verstanden (vergleiche zum Beispiel Diekmann 2001:481, entsprechend auch Früh 2001, Schulz 2003, Rössler 2005; für andere Bestimmungen siehe Berelson 1952, Merten 1995). Damit sind erstens nicht nur Texte Gegenstand von sozialwissenschaftlichen Inhaltsanalysen, sondern prinzipiell alle Träger relevanter Informationen. Zweitens stellen sich Inhaltsanalysen dieser Bestimmung zufolge als offen dar, sowohl für die Untersuchung kommunizierter manifester als auch für verborgene, latente Sachverhalte. So lässt sich beispielsweise ein Zeitungsartikel nicht nur daraufhin untersuchen, welche Nachrichten er zu einem Sachverhalt enthält, sondern auch danach, welche Informationen in ihm nicht enthalten sind, die jedoch im angesprochenen Kontext zu erwarten gewesen wären. Wenn in einem Lied „Telefon, Gas, Elektrik – unbezahlt das geht auch“ gesungen wird, (Mensch von Herbert Grönemeyer) so kann man hier ebenfalls einen solchen latenten Sachverhalt vermuten. Auch an dieser Stelle könnte eine Inhaltsanalyse ansetzen und nach dem Sinn dieser Sequenz suchen.

Um einen Eindruck von der vielfältigen Nutzung von Inhaltsanalysen zu vermitteln, werden einige Beispiele für die Anwendung vorgestellt. Danach wird das Wesen dieser Methode näher behandelt und schließlich an einem konkreten Beispiel das Vorgehen beschrieben.

6.3.1 Beispiele für Inhaltsanalysen

Anhand einer Reihe von Beispielen (vergleiche für noch weitere Illustrationen quantitativer Inhaltsanalysen Mohler und Frehsen 1989) aus dem sozialwissenschaftlichen Umfeld soll gezeigt werden, welche breite Anwendungspalette die Inhaltsanalyse ermöglicht. Untersucht wurden bisher unter anderem:

- 5.030 Übungsaufgaben aus 17 Geschichts-, Geographie und Sozialkundebüchern unterschiedlicher Klassenstufen der UdSSR. Aus Mangel an empirischen Materialien über die ideologische Lage in der Sowjetunion bot sich ein solcher Zugang an. Dabei zeigte sich, dass erstens der Geschichte und nicht etwa der Sozialkunde das Hauptgewicht bei der Weitergabe der marxistischen Ideologie zukommt und dass zweitens ab der Klasse vier eine deutliche Zunahme der Ideologie-Weitergabe an den sowjetischen Schulen erfolgte. (vergleiche Cary 1976)
- Parteiprogramme und Wahlkampfkampagnen der Republikaner und der Demokraten in den USA im Zeitraum von 1844 bis 1964. Ermittelt wurden darin die Häufigkeiten der benutzen Wörter einer bestimmten Kategorie. Die Inhalte der Parteiprogramme unterlagen danach zwei Zyklen: erstens einer 152 Jahre dauernden Periode und zweitens einem Zyklus von 48 Jahren. Werden zu einem bestimmten Zeitpunkt bestimmte Wörter besonders häufig benutzt, erfolgt dann einen halben Zyklus später ein deutlicher Verzicht auf diese Begriffe. So dominierten in den Jahren 1844, 1932 und 1980 Termini, die den Wohlstand der Nation beschrieben, in den Jahren 1848, 1896 und 1966 standen politische Streits im Mittelpunkt, in den Jahren 1812, 1860, 1908 und 1956 schloss sich eine kosmopolitische Phase an und schließlich folgte bei den Wahlkämpfen 1872, 1920 und 1968 eine konservative Phase (vergleiche Namenwirth 1986).
- Gegenstand weiterer Analysen waren die Thronreden (Speeches from Throne) in Großbritannien, die zur Eröffnung der Sitzungen des Parlaments in einem Zeitraum von 1689 bis 1972 gehalten wurden. Diese Analysen bestätigten die Möglichkeit einer Übertragbarkeit des amerikanischen Modells zum kulturellen Wandel nach Namenwirth auf Großbritannien. Es ergaben sich jedoch zwei Zyklen anderer Länge: Ein Zyklus mit der Dauer von 72 Jahren und einer mit der Dauer von 148 Jahre. Hier sind, neben einer integrativen und einer instrumentalen Phase, auch eine expressive und eine adaptive Phase ausgemacht worden (vergleiche Weber 1986).
- Zur Erforschung von Geschlechtsrollen im Rahmen der Kleingruppenforschung wurden Protokolle von verschiedenen Gruppensitzungen analysiert. Dabei zeigte sich bei der Inhaltsanalyse, dass Männer in einer reinen Männergruppe ihre Gefühle stärker in Form von Geschichten ausdrücken, Beziehungen zueinander durch Lachen hervorkehren und, dass mehr Aggressionsthemen besprochen werden als bei einer geschlechtsheterogenen Zusammensetzung der Gruppe. Frauen in reinen Frauengruppen diskutieren stärker über sich selbst und über ihre Familien. In gemischtgeschlechtlich zusam-

mengesetzten Gruppen reden Frauen weniger über Heim und Familie und vertreten dafür eher traditionelle Rollen. Männer übernehmen hier die Führungsrolle, erzählen weniger Geschichten und reflektieren Gefühle stärker (vergleiche Aries 1973, 1977).

- 816 Heiratsannoncen, die in den Wochenzeitungen DIE ZEIT und in „Heim und Welt" im Juni und Juli 1973 veröffentlicht wurden. Es unterschied sich dabei vor allem das in den Anzeigen jeweils vermittelte Fremdbild des gesuchten Partners. Während erstere Zeitung von der oberen Mittelschicht gelesen wird, handelt es sich bei den Lesern der zweiten Zeitung um Angehörige der unteren Mittelschicht. Für die Analyse wurde unter anderem auch der Type-Tocken-Ration ermittelt. Hierbei handelt es sich um ein Maß für die Reichhaltigkeit des in den Texten benutzten Vokabulars. Dieser ergibt sich aus dem Verhältnis zwischen der Anzahl verschiedener Wörter zur Gesamtanzahl der benutzten Wörter. Die von den Inserenten bei „Heim und Welt" beim Partner gewünschten Attribute waren vor allem jung, vital, gesund und intelligent. Die Eigenschaften reiselustig und musisch waren dagegen bei Partnern gewünscht, die die ZEIT-Leser präferierten (vergleiche Kops 1984). Eine Analyse von Kontaktanzeigen homosexueller Männer hat Marscher (2004) vorgelegt.
- 22 Briefe von Selbstmördern, 18 Briefe von simulierten Selbstmördern sowie die Briefe von acht Todgeweihten (vergleiche Henken 1976). Bei den simulierten Selbstmördern handelte es sich um Versuchspersonen, die aus der Perspektive eines Selbstmörders einen solchen Brief verfasst haben. Ziel war es, typische Persönlichkeitsmerkmale der verschiedenen Gruppen herauszufinden. Dabei ergab sich, dass in der Bevölkerung nur ein stereotypes Wissen über Selbstmordmotive vorliegt. Die Unterschiede in den Schreibstilen zwischen den Todgeweihten und den Selbstmördern waren geringer als zwischen der Bevölkerung und den Selbstmördern.
- Das Forscherteam um Paul Lazarsfeld hat im Rahmen der Studie „Die Arbeitslosen von Marienthal" Schulaufsätze erstens daraufhin untersucht, wie teuer die dort gewünschten Weihnachtsgeschenke sind. Anschließend wurden diese Werte verglichen mit denen aus einem Ort, in dem die Arbeitslosigkeit keine so prägende Rolle spielte wie in Marienthal. Zweitens wurde ausgezählt, wie häufig die grammatikalische Form des Konjunktivs – als ein Indikator für Resignation und Hoffnungslosigkeit – in den Aufsätzen benutzt wurde (vergleiche Jahoda/Lazarsfeld/Zeisel 1960).
- Viktor Klemperer (1968) analysierte die ihm vor allem in Tageszeitungen zugängliche Propagandasprache des Dritten Reiches (LTI) und zog daraus Schlussfolgerungen auf die politische und militärische Situation des Landes. Er ordnete dabei ebenfalls bestimmten Begriffen der Propagandasprache eine Indikatorfunktion zu: „Im Dezember 1941 kam Paul K. einmal strahlend von der Arbeit. Er hatte unterwegs den Heeresbericht gelesen. ‚Es geht ihnen miserabel in Afrika', sagte er. Ob sie das wirklich zugäben, fragte ich – sie berichten doch sonst immer nur von Siegen. ‚Sie schreiben: Unsere heldenhaft kämpfenden Truppen. Heldenhaft klingt wie Nachruf, verlassen Sie sich drauf.' Seitdem hat heldenhaft in den Bulletins noch viele, viele Male wie Nachruf geklungen und niemals getäuscht" (Klemperer 1968:15).
- Anbieterinformationen von Automobilherstellern zum Autokauf wurden daraufhin analysiert, wie mit Kaufrisiken umgegangen wird. Dazu wurden von Experten 82 solche Risiken identifiziert, beispielsweise zu kleiner Kofferraum, hohe Rostschädenanfälligkeit und hoher Kraftstoffverbrauch. Es zeigte sich, dass in den Prospekten und Werbeanzeigen häufiger nachprüfbare Informationen in Form eines schwierig lesbaren

Kleindrucks gegeben wurden. Am häufigsten finden sich Informationen über den Benzinverbrauch, auf Rostprobleme wird dagegen am seltensten eingegangen (vergleiche Grunert 1981).

6.3.2 Spezifika sozialwissenschaftlicher Inhaltsanalysen

Ähnlich wie die Beobachtung und die Befragung (vergleiche Abschnitte 6.1 und 6.2) ist auch die Inhaltsanalyse eine Technik, die mit bestimmten Tätigkeiten aus dem alltäglichen Leben verwandt ist. Bei der sozialwissenschaftlichen Inhaltsanalyse handelt es sich um eine Vorgehensweise, die bestimmten Regeln folgt. Während die alltägliche Lektüre des Inhaltes einer Tageszeitung mit der dem jeweiligen Leser überlassenen Beliebigkeit, beispielsweise von hinten nach vorne erfolgen kann, wird die sozialwissenschaftliche Inhaltsanalyse durch ein Regelwerk strukturiert. Eine solche Regel legt die Auswahl der zu analysierenden Texte fest, sie gibt die zu kodierenden Einheiten vor und so weiter. Bestimmte methodische Gütekriterien, wie das der Reliabilität und der Validität, sind auch bei der Inhaltsanalyse zu gewährleisten. Dazu können die Ergebnisse einer Inhaltsanalyse beispielsweise mithilfe des Einsatzes mehrerer Verkoder überprüft werden. Dieses Regelwerk ermöglicht es zugleich, das bei einer Analyse gewählte Vorgehen nachzuvollziehen und so zu prüfen, aufgrund welcher Instrumente welche Schlussfolgerungen gezogen werden. Weiterhin zeichnet sich die sozialwissenschaftliche gegenüber der alltäglichen Inhaltsanalyse durch ihre Zielgerichtetheit aus. Sie ist in der Regel hypothesengeleitet. Wissenschaftliche Zielstellungen sind die Auslöser für die Anwendung dieser Technik.

6.3.3 Klassifikationsmöglichkeiten von Inhaltsanalysen

Sozialwissenschaftliche Inhaltsanalysen weisen, ähnlich wie auch die anderen Erhebungsmethoden, einen beträchtlichen methodischen Variantenreichtum auf. Sie können – wie bereits demonstriert – vielfältige Quellen nutzen und auch entsprechend unterschieden werden. Einige Beispiele für Quellen, die inhaltsanalytisch erschlossen werden können, sind oben vorgestellt worden (vergleiche auch Merten 1995:16). Auf drei Ansätze zur Strukturierung des Vorgehens bei Inhaltsanalysen soll verwiesen werden. Ein Ansatz geht auf Früh zurück, ein anderer auf Berelson und schließlich findet sich ein weiterer bei Diekmann.

Ein allgemeines Modell der Inhaltsanalyse, das deren mögliche Ziele veranschaulicht, hat Berelson vorgelegt. Es wird in Abbildung 6.3.1 gezeigt.

Abbildung 6.3.1: Deskription und Inferenz als Ziele der Inhaltsanalyse bei Berelson, nach Merten (1995:56)

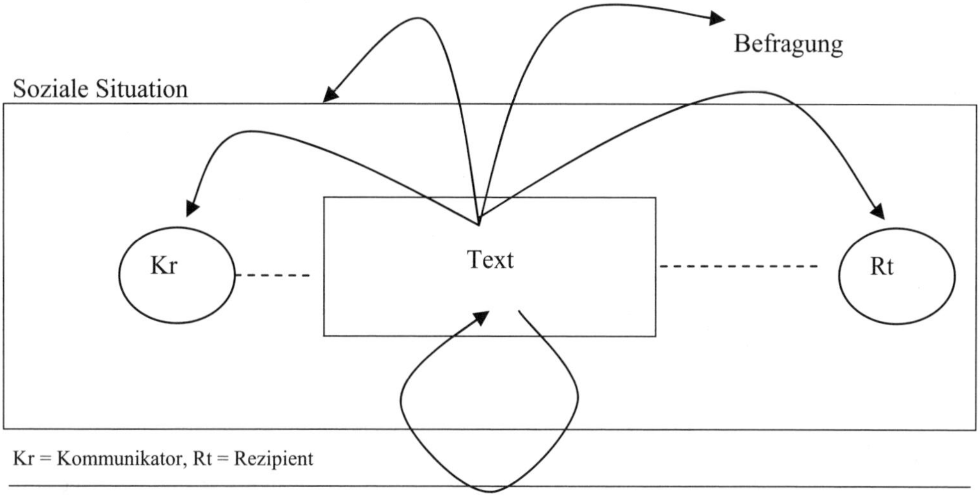

Das Modell beinhaltet den Produzenten (Kr) eines Textes, er verschlüsselt darin sein Anliegen, um dieses schließlich zu versenden. Weiter enthält das Modell den Adressaten (Rt), der dieses Anliegen beziehungsweise diesen Text empfängt, es entschlüsselt und verstehen muss. Auch der Text selbst ist Bestandteil des Modells. Schließlich wird die soziale Umwelt, in der der Text entstanden ist, in das Modell integriert. Als mögliche Ziele der Inhaltsanalyse sind darauf aufbauend zu nennen:

- *Erstens* werden Schlussfolgerungen über den Produzenten des Textes gezogen.
- *Zweitens* kann der Adressat, der Empfänger eines Textes, im Mittelpunkt des Interesses stehen.
- *Drittens* ist es denkbar, auch eine rein formale Beschreibung des betreffenden Textes vorzunehmen.
- Daneben kann *viertens* auf den sozialen Kontext beziehungsweise auf die soziale Situation der Kommunikation geschlussfolgert werden. Damit wird die Wirkung der Umgebung in Rechnung gestellt, die auf die genannten Prozesse einen Einfluss nimmt.
- Denkbar ist es aber auch, dass *fünftens* die Ergebnisse qualitativer Befragungen mithilfe der Inhaltsanalyse untersucht werden (vergleiche dazu weiter unten).

Nach Lasswell (1952, zitiert nach Silbermann 1974) kann man die verschiedenen Ziele der Inhaltsanalyse auf eine Kurzformal bringen: „Wer sagt was über welchen Kanal zu wem und mit welcher Wirkung?“

Früh (2001:41ff.) unterscheidet in einem eigenen Ansatz ebenfalls fünf Richtungen der Inhaltsanalyse. Alle basieren auf einem ähnlichen Basismodell wie das zuvor dargestellte. Es besteht jedoch aus dem Sender, dem Text und dem Empfänger. Diesen Ansatz zeigt die Abbildung 6.3.2.

Abbildung 6.3.2: Kommunikationsmodell nach Früh (2001:41)

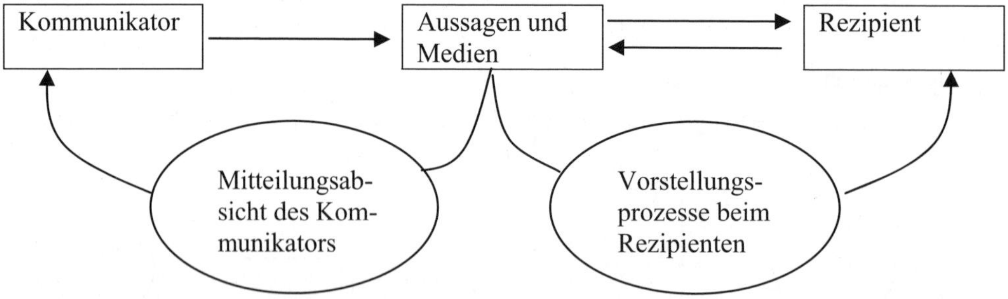

Auch bei Früh steht ein Kommunikator an Anfang des Kommunikationsmodells. Dieser möchte mit dem Rezipienten in Verbindung treten und ihm eine Nachricht zukommen lassen. Bewusstseinsinhalte können jedoch – wie bereits festgestellt – nicht direkt von Person zu Person transferiert werden, so dass der Kommunikator sein Anliegen verkoden muss. Dazu benutzt er bestimmte Zeichensysteme (beispielsweise die Sprache) und ein Medium (beispielsweise eine Zeitung oder das Fernsehen). Diese Zeichensysteme müssen vom Rezipienten rekonstruiert werden – er muss diese Zeitung lesen oder die Fernsehsendung anschauen und sie auch verstehen. Damit lassen sich nun auch die verschiedenen Aufgaben einer Inhaltsanalyse – Früh weiter folgend – umschreiben:

Die Inhaltsanalyse kann der Untersuchung von verschiedenen Textmerkmalen dienen. So ist es möglich, etwa aus dem zahlenmäßigen Verhältnis von Verben zu Adjektiven, aus der Häufigkeit des Gebrauchs des Konjunktivs und aus der Reichhaltigkeit des benutzten Vokabulars Schlussfolgerungen zu ziehen. Hier handelt es sich um den *formal-deskriptiven Ansatz* (Früh 2001:41f.). Dabei werden lediglich rein äußerliche und nicht etwa inhaltliche Merkmale eines Textes untersucht. Auch die oben bereits vorgestellte Type-Token-Ratio wäre hier einzuordnen.

Weiterhin kann man aufgrund der Inhaltsanalyse auf den Verfasser der jeweiligen Mitteilungen schließen. Jede Quelle hat eine bestimmte Entstehungsgeschichte, der sich der *diagnostische Ansatz* zuwendet. Hier werden Schlussfolgerungen beziehungsweise Inferenzen aus den Mitteilungen auf den Autor dieser Mitteilungen gezogen. Eine solche Dekodierung des Inhalts gilt als das Hauptproblem der Inhaltsanalyse. Die diagnostischen Analysen zielen auf die Relation Produzent und Mitteilung. Hier werden Fragen bearbeitet wie: Was will der Autor mit seinem Text sagen? Aus welcher Situation heraus ist der Text entstanden? Welche Wirkung will der Autor mit seinem Text erzielen? So lassen sich beispielsweise Heiratsannoncen darauf hin untersuchen, welches Selbstbild dort von den Annoncierenden beim Leser vermittelt wird.

Schließlich richten sich Mitteilungen stets an einen bestimmten Adressaten. Der Empfänger einer Mitteilung reagiert auf bestimmte Merkmale dieser Mitteilung. Diesen Wirkungen wendet sich der *prognostische Ansatz* der Inhaltsanalyse zu. Die prognostischen Analysen sagen etwas zur Wirkung eines Textes beim Empfänger, beispielsweise dazu, welches zukünftige Verhalten des Rezipienten zu erwarten ist. Dabei handelt es sich um eine vor allem im Rahmen der Erforschung von Propaganda zentrale Problemstellung der Inhaltsanalyse.

Daneben existiert noch eine weitere Richtung der Inhaltsanalyse: die *kommunikationstheoretische Analyse*. Der Wirkungszusammenhang zwischen dem Sender und dem Empfänger ist hier der Gegenstand. Wie wirkt beispielsweise der Fernsehkonsum auf Kinder? Gerade bei solchen Fragestellungen ist eine Erweiterung des Designs durch andere Methoden der Datenerhebung sinnvoll.

Schließlich soll die von Diekmann (2004:496ff.) vorgenommene Charakteristik vorgestellt werden. Er unterscheidet *Frequenzanalysen, Kontingenzanalysen* und *Bewertungsanalysen*.

Die einfachste Form stellen *Frequenzanalysen* dar. Bei Frequenzanalysen wird die Häufigkeit des Auftretens bestimmter Einheiten im Text festgestellt. Dabei kann es sich um einzelne Wörter, um bestimmte Ausdrücke, Themen und so weiter handeln. Frequenzanalysen sind für die Untersuchung von Fernsehfilmen, von Fotos in Illustrierten und Ähnlichem geeignet. Es bietet sich an, diese mithilfe von Computern durchzuführen. Zum Problem kann dabei das Erkennen der richtigen semantischen Bedeutung bestimmter Begriffe werden, erinnert sei nochmals an den Begriff „Tiger“, der – wie gesehen – sehr verschiedene Auslegungen erfahren kann. Eine Hypothese, die behauptet, die Bedeutung eines bestimmten Sachverhalts sei aufgrund der Häufigkeit der Nennung bestimmter Begriffe in den Medien beobachtbar, könnte mit einer Frequenzanalyse untersucht werden.

Eine zweite Form ist die *Kontingenzanalyse*. Die berücksichtigt neben Häufigkeiten auch Assoziationsstrukturen. Mit Assoziationsstrukturen werden die Verknüpfungen von zwei Begriffen wie zum Beispiel „Umwelt“ und „Diktatur“ oder „Steuerreform“ und „Ruin“ oder „Freiheit“ und „Gleichheit“ aufgedeckt. Kontingenzanalysen interessieren sich dafür, ob solche Begriffe in einem Text besonders häufig gemeinsam auftreten.

Drittens werden *Bewertungsanalysen* oder *Intensitätsanalysen* eingesetzt. Sie dienen der Messung der Intensität von Bewertungen, die vom Autor im Text vorgenommenen wurden. Bestimmte, in einem Text bewertete, Einstellungsobjekte werden daraufhin untersucht, mit welcher Intensität die Bewertung ausfällt.

6.3.4 Vorteile und Grenzen

Die Inhaltsanalyse bietet gegenüber anderen sozialwissenschaftlichen Untersuchungsansätzen verschiedene Vorteile. Dazu zählen vor allem:

- Die Möglichkeit, langfristig den sozialen Wertewandel zu erforschen. Während es in Befragungen relativ schwierig ist, Sachverhalte zu thematisieren, die weiter zurück in der Vergangenheit liegen, lassen sich mithilfe der Inhaltsanalyse auch historische Texte untersuchen. Wie gezeigt, bieten sich zum Beispiel die Thronreden aus verschiedenen Jahrhunderten an, um Zyklen von sozialen Veränderungen auszumachen.
- Die Ergebnisse von Inhaltsanalysen werden nicht durch einen Interviewereinfluss belastet, sie sind damit nicht reaktiv. Dies gilt freilich nur, wenn die Produktion der Texte nicht durch den Forscher beeinflusst wurde.
- Eine Verfälschung durch eventuelle Erinnerungsfehler ist bei Inhaltsanalysen auszuschließen.
- Inhaltsanalysen können – wiederum im Unterschied zu Befragungen – im Prinzip beliebig oft wiederholt werden, ohne dass sich das Objekt der Analyse verändert. Da-

mit ist es möglich, die Zuverlässigkeit des Erhebungsbogens (Kodierschema) zu überprüfen beziehungsweise diesen bei Bedarf zu modifizieren und danach am selben Text erneut einzusetzen. Der Faktor Zeit spielt damit eine untergeordnete Rolle.
- Es werden Aussagen zu Personen (Rezipienten und Kommunikatoren) ermöglicht, die auf andere Weise nicht mehr erreicht werden können. Auch ist es, wieder anders als bei Befragungen, nicht erforderlich, auf die Kooperationsbereitschaft anderer Personen zu bauen.
- Inhaltsanalysen gelten gegenüber anderen Methoden als billiger.

Dem stehen einige Probleme gegenüber, die die Anwendung der Inhaltsanalyse beeinträchtigen können:

- Quantifizierende Inhaltsanalysen arbeiten mit einem Kodier- beziehungsweise Klassifikationsschema. Die Zuverlässigkeit dieser Klassifikationen gilt es zu gewährleisten. Zum Beispiel kann es aufgrund der Mehrdeutigkeit von Begriffen und aufgrund von Ungenauigkeiten im Schema zu Fehlern bei der Analyse kommen.
- Eine wichtige Funktion kommt bei der Inhaltsanalyse den Verkodern zu. Diese weisen bestimmten Textmerkmalen bestimmte Ausprägungen im Kodierschema zu. Bei den Verkodern müssen sowohl Lernprozesse während des Verkodens als auch eine Ermüdung in Rechnung gestellt werden. Beides kann die Qualität der Ergebnisse negativ beeinträchtigen.
- Inhaltsanalysen sollten sich der Forderung nach Stabilität (ein Verkoder verkodet den gleichen Text auf die gleiche Weise erneut), nach Wiederholbarkeit (mehrere Verkoder bearbeiten den gleichen Text) und nach Genauigkeit (zu Übungszwecken sind Vergleiche mit einer Standardkodierung zu ziehen) stellen. Damit erhöht sich der notwendige Forschungsaufwand bei Inhaltsanalysen.
- Um Inhaltsanalysen durchführen zu können, muss die Existenz und der Zugang zu relevanten Quellen gegeben sein.
- Zur Interpretation der Texte muss eine Vielzahl von Annahmen, die Hilfshypothesen, getroffen werden. So ist es beispielsweise notwendig, wenn man etwa anhand der Anzahl an polizeilichen Anzeigen Schlussfolgerungen auf die Kriminalitätsrate ziehen will, in Rechnung zu stellen, dass bestimmte Fälle nur denn polizeilich angezeigt werden, wenn ein Versicherungsschutz besteht. Dies mag vor allem bei Fahrraddiebstählen der Fall sein. Während bei Befragungen unter Umständen Nachfragen an die Zielpersonen gestellt werden können, existiert diese Möglichkeit bei Inhaltsanalysen nicht.

6.3.5 Die Umfrageforschung im Spiegel der Presse, ein Beispiel für eine Inhaltsanalyse

Am Beispiel einer Untersuchung zum Bild der Umfrageforschung in den Medien anhand von Zeitungsartikeln sollen nun die verschiedenen Phasen einer Inhaltsanalyse dargestellt werden.

In der *ersten Phase* ging es darum, das mit der Inhaltsanalyse verfolgte Ziel möglichst konkret zu bestimmen. So stellt die sinkende Response-Rate eine besondere Herausforderung für die Umfrageforschung dar (vergleiche Abschnitt 5.8.1 und Stoop 2005). Eine der Determinanten der Teilnahmebereitschaft ist der Ruf, den die Umfrageforschung in der

Gesellschaft besitzt. Dieses Image dürfte auf unterschiedliche Weise zustande kommen. Es ist nicht auszuschließen, dass die eigenen Erfahrungen – als Zielperson – mit Umfragen den Ruf bestimmen, der dieser Methode zugesprochen wird. Aber auch in den Medien werden Umfragen beurteilt und bewertet. Daraus ergeben sich verschiedene Fragen, die inhaltsanalytisch bearbeitet werden sollten:

1. Wie berichten die Medien über die Ergebnisse von Umfragen? Welche Aspekte einer Befragung werden den Lesern vor allem mitgeteilt und welche nicht?
2. Wie wird über die Umfrageforschung berichtet? Wird beispielsweise die Verlässlichkeit der Befunde infrage gestellt, wird die Anonymität der Befragten angezweifelt, wird die Teilnahmebereitschaft als ein Problem thematisiert und so weiter.

Beide Fragen bildeten den Mittelpunkt der Inhaltsanalyse.

In der *zweiten Phase* sind die relevanten Texte zu benennen. Mit anderen Worten: Die Grundgesamtheit aus der die zu analysierenden Texte auszuwählen waren, musste bestimmt werden. Diese sollte alle Artikel, die in den folgenden Zeitungen im Jahr 2004 veröffentlicht worden waren, umfassen: DIE ZEIT, Der SPIEGEL, Frankfurter Allgemeine Zeitung, Süddeutsche Zeitung und Berliner Zeitung Online. Danach konnte eine Stichprobenstrategie bestimmt werden. Zu entscheiden war, ob etwa eine komplette Analyse jeder x-ten Ausgabe einer Zeitung vorgenommen werden sollte, oder ob dem eine Totalerhebung aller Zeitungen vorzuziehen war. Im vorliegenden Fall wurden aus jeder Veröffentlichungsreihe zufällig Ausgaben ausgewählt und diese dann als Cluster vollständig analysiert. Bei der Online-Zeitung wurden dagegen bestimmte Wochentage zufällig gezogen und danach komplett betrachtet. Bei der Bestimmung der Grundgesamtheit und bei der Entscheidung für eine Auswahlstrategie spielten vor allem die zur Verfügung stehenden Ressourcen eine Rolle.

Tabelle 6.3.3 zeigt, wie viele relevante Artikel schließlich in den einzelnen Medien mithilfe dieser Strategie aufgefunden wurden.

Tabelle 6.3.3: In die Inhaltsanalyse aufgenommene Artikel pro Medium

Medium	absolute Häufigkeit	Prozent
Der SPIEGEL	65	20.8
DIE ZEIT	77	24.7
Berliner Zeitung online	80	25.6
Frankfurter Allgemeine Zeitung	5	1.6
Süddeutsche Zeitung	84	26.9
(Angabe fehlt)	(1)	(0.3)
Gesamt	311	99.7

Der *dritte Schritt* diente dazu, die Analyse- beziehungsweise Zähleinheiten zu bestimmen. Es ist denkbar, Zeitungsflächen, Sendeminuten, Wörter, Überschriften, Verben, Fremdworte, Wortverbindungen und so weiter als Zähleinheiten vorzusehen. Die Entscheidung fiel darauf, jeweils komplette Artikel zu analysieren. Es handelt sich um Texte, die nun in folgende Kategorien eingeteilt wurden: 1. Leserbriefe, 2. Kurznotizen, 3. Artikel und 4. längere Berichte (mit einem Umfang von über einer Seite).

In der *vierten Phase* wurde das Kategoriensystem entwickelt. Es enthält die zu kodierenden Merkmale und bildet den Kern der Inhaltsanalyse. Das Kategoriensystem ist mit dem Fragebogen eines Interviewers vergleichbar, nur dass es nicht an eine Zielperson, sondern an einen Text gerichtet ist. Im Kategoriensystem werden im Rahmen der Operationalisierung die Ausprägungen der interessierenden Merkmale festgelegt. Dazu werden eine Reihe theoretischer Annahmen zugrunde gelegt.

Das Kategoriensystem kann unterschiedlich gestaltet werden. Drei Typen lassen sich unterscheiden:

- Das eindimensionale System, bei dem lediglich zwischen dem Vorkommen beziehungsweise der Nennung versus das Nichtvorkommen / der Nichtnennung bestimmter Begriffe oder Sachverhalte unterschieden wird.
- Das synthetische Kategoriensystem, das mehrere Dimensionen zugleich erfasst.
- Schließlich das relationale Kategoriensystem, das über den manifesten Inhalt hinaus geht und Relationen zwischen Merkmalen kodiert.

Die sich anschließende *fünfte Phase* einer Inhaltsanalyse beinhaltet die Aufstellung von Kodierregeln. Ähnlich wie die Hinweise an den Interviewer bei einer standardisierten Befragung werden für die Kodierer Anweisungen zusammengestellt, die bei der Bearbeitung des jeweiligen Textes zu beachten sind. Bei der geplanten Studie sollten Bewertungen verkodet werden, die im Text über Umfragen vermittelt wurden. Dazu standen den Verkodern die folgenden Möglichkeiten zur Verfügung:

Positiv	In der Tendenz erfolgt im Artikel eine eindeutig positive Darstellung von Umfragen.
Negativ	In der Tendenz liegt eine eindeutig negative Darstellung vor.
Beides	Es wird im Artikel sowohl positiv als auch negativ wertend über Umfragen berichtet.
Neutral	Die Berichterstattung erfolgt ohne eine Bewertung der Umfrageforschung.
Trifft nicht zu	Es sind im Artikel keinerlei Aussagen enthalten, die auf eine Bewertung schließen lassen.

Falls der Artikel latente Bewertungen von Umfragen enthält, musste entschieden werden, wie diese ausfielen. Im zweiten Teil des Kodierschemas musste beispielsweise entschieden werden, ob bestimmte Wissensaspekte (Informationen und Fakten über Umfragen) im Text enthalten sind.

In diesem Zusammenhang war es erforderlich, die Wissensaspekte weiter zu operationalisieren. Ein Indikator galt den Informationen über die Art und Weise der Frageformulierung bei Umfragen. Hierunter wurden Bemerkungen wie *„Die Fragen wurden methodisch gesehen schlecht gestellt“* oder *„An der Frageformulierung wurde sorgfältig gearbeitet“* verstanden.

Für die Analyse des Images von Umfragen wurde ein synthetisches Kategoriensystem entwickelt. Es wird in Abbildung 6.3.4 gezeigt.

Abbildung 6.3.4: Kategoriensystem zur Verkodung der Berichterstattung über Umfragen in den Medien

Quelle: Ausgabe: Seite: ID:

Kategorisierung:
Leserbrief
Kurze Notiz (weniger als 1 Seite)
Artikel (1 Seite)
Umfassender Bericht (mehr als 1 Seite)

Grafiken/Tabellen vorhanden ja/nein
Studie in der Überschrift erwähnt ja/nein

A) Bewertung von Umfragen (subjektive Gefühle)

Positiv:	eindeutig positive Darstellung
Negativ:	eindeutig negative Darstellung
Beides:	sowohl positive als auch negative Bewertung
Neutral:	Nennung ohne Bewertung
Trifft nicht zu:	keine Aussage enthalten

1. Dauer der Befragung (*positiv: erfrischend kurz; Befragung hatte genau die richtige Länge; negativ: langatmig, ermüdend lang*)
positiv negativ beides neutral trifft nicht zu

2. Klarheit der Frageformulierung aus Sicht des Befragten (*Klarheit = eindeutig, verständlich, präzise, ohne Fachausdrücke*)
positiv negativ beides neutral trifft nicht zu

3. Unterhaltungswert der Befragung für den Befragten (*positiv: Spaß, kurzweilig, abwechslungsreich; negativ: langweilig, eintönig*).
positiv negativ beides neutral trifft nicht zu

4a) Bewertung der Zuverlässigkeit von Umfrageergebnissen (*positiv: eindeutige Ergebnisse; Gefühl, dass Ergebnisse wahr/gültig sind; negativ: Gefühl, dass Ergebnisse unwahr/ vieldeutig/ überholt/ veraltet sind*)
positiv negativ beides neutral trifft nicht zu

4b) Faktische Darstellung von Umfrageergebnissen (*Umfrageergebnisse werden wie Tatsachen präsentiert*)
positiv negativ beides neutral trifft nicht zu

5. Gefühl der Informiertheit über Umfragen (*positiv: Leute fühlen sich gut informiert, glauben zu wissen, wie Umfragen gemacht werden; negativ: Leute haben keine Ahnung von Umfragen; das Wichtigste wird verschwiegen*)
positiv negativ beides neutral trifft nicht zu

6. Wie nachhaltig wird bei Befragungen auf Menschen zugegangen? (*positiv: unaufdringlich, angenehm; negativ: aufdringlich, belästigend*)
positiv negativ beides neutral trifft nicht zu

7. Glaube an den anonymen Umgang mit Antworten (*positiv: Menschen glauben an die anonyme Behandlung ihrer Antworten; Vertrauen in den Datenschutz bei Umfragen; negativ: Unsicherheit darüber, an wen die Antworten gelangen; Befürchtung, dass Antworten unerlaubt an Dritte weitergegeben werden, Umfragen dienen nur dazu, den Verbraucher zu Werbezwecken auszuhorchen*)
positiv negativ beides neutral trifft nicht zu

B) <u>Wissen über Umfragen</u>

8. Informationen über die Art und Weise der Frageformulierung bei Umfragen. (*Die Fragen wurden methodisch gesehen schlecht gestellt" oder „ An der Frageformulierung wurde sorgfältig gearbeitet")*
kurz erwähnt ausführlich dargestellt keine genannt nicht einschätzbar

9. Informationen über den Nutzen von Umfragen für die Bevölkerung (*Aussagen zur Unterhaltsamkeit / zum Informationsgewinn durch Umfrageergebnisse)*
kurz erwähnt ausführlich dargestellt keine genannt nicht einschätzbar

10. Informationen darüber, dass Umfragen nach wissenschaftlichen Methoden durchgeführt werden müssen (*Aussagen zur Stichprobengröße und –ziehung, Ausbildung der Interviewer, Nennung wissenschaftlicher Institute)*
kurz erwähnt ausführlich dargestellt keine genannt nicht einschätzbar

11. Informationen über die Art und Weise des Kontaktes der Interviewer mit den Befragten (*Interviewer hat wiederholt versucht, die Zielperson zu erreichen)*
kurz erwähnt ausführlich dargestellt keine genannt nicht einschätzbar

12. Informationen zum Datenmissbrauch (*durch Umfragen gewonnene Angaben wurden gegen den Willen des Befragten für Werbezwecke an Dritte weitergegeben)*
kurz erwähnt ausführlich dargestellt keine genannt nicht einschätzbar

13. Informationen über die Verhinderung von Datenmissbrauch (*Daten werden vertraulich behandelt, Daten werden nicht unberechtigt an Dritte weitergegeben)*
kurz erwähnt ausführlich dargestellt keine genannt nicht einschätzbar

14. Informationen über den Umgang, das Verbleiben und die Verwendung der Umfrageergebnisse (*die Ergebnisse der Umfrage wurden zur Verbesserung von Produkt X eingesetzt)*
kurz erwähnt ausführlich dargestellt keine genannt nicht einschätzbar

15. Informationen über die Gründe, warum Medien über Umfragen berichten.
(Erhöhen der Auflage des Mediums, Informieren der Bevölkerung über Trends)
kurz erwähnt ausführlich dargestellt keine genannt nicht einschätzbar

<u>C) Verhalten bei Umfragen</u> (Handlungsabsichten, Teilnahmeverhalten: warum sollte man teilnehmen / nicht teilnehmen)
16. Es ist selbstverständlich, an einer Befragung teilzunehmen.
kurz erwähnt ausführlich dargestellt nicht genannt nicht einschätzbar

16a: weitere Gründe, an einer Befragung teilzunehmen *(Unterhaltsamkeit von Umfragen, einen persönlichen Beitrag leisten, finanzielle Anreize, seine Bürgerpflicht tun)*
kurz erwähnt ausführlich dargestellt nicht genannt nicht einschätzbar

17. Es ist Zeitverschwendung, an einer Befragung teilzunehmen.
kurz erwähnt ausführlich dargestellt nicht genannt nicht einschätzbar

17a: weitere Gründe, nicht an einer Befragung teilzunehmen (*Angst vor Verbrechen, Datenschutz wird nicht eingehalten, Angst nicht genügend zu wissen, Eindringen in die Privatsphäre, zeitliche Kosten)*
kurz erwähnt ausführlich dargestellt nicht genannt nicht einschätzbar

---

In der *sechsten Phase* erfolgte der Pretest. Im Rahmen dieser Voruntersuchung wurden vor allem die Kodieranweisungen auf Eindeutigkeit überprüft, die getroffene Auswahl der zu untersuchenden Materialien wurde hinterfragt, die erforderliche Anzahl an Kodierern wurde ermittelt und schließlich konnte der für die Kodierung notwendige Zeitaufwand abgeschätzt werden. Für den Pretest ließen sich zweckmäßigerweise Ausgaben der genannten

Medien benutzen, die nicht zur Grundgesamtheit gehörten, da sie beispielsweise aus einem anderen Erscheinungsjahr stammten. Danach konnten die Erhebungsunterlagen und das Auswahlkonzept auf der Grundlage der Pretestergebnisse überarbeitet und die Strategie der eigentlichen Erhebung nochmals überdacht werden.

Die *siebte Phase* der Inhaltsanalyse ist die Feldphase. Sie sieht die Kodierung des Materials durch verschiedene Kodierer anhand des Kodierbogens vor. Er bildet die Grundlage für die im Anschluss zu erstellende Datenmatrix. Ähnlich wie bei einer Befragung sind die Daten aufzubereiten und in ein Datenfile zu überführen (vergleiche Abschnitt 9.1). Statistische Analysen, wie Häufigkeitsauszählungen und Vergleiche, bilden dann die Hauptbestandteile der folgenden *achten Phase*, der Auswertung.

6.3.6 Spezielle Formen von Inhaltsanalysen

Computergestützte Inhaltsanalysen

Einige Besonderheiten weist die computergestützte Inhaltsanalyse auf. Diese Form einer Inhaltsanalyse kann auf sehr unterschiedlichen technischen Niveaus erfolgen. Zur Erleichterung der Interpretation von Texten ist es bereits möglich, mit konventionellen Textverarbeitungsprogrammen zu arbeiten. Mit deren Hilfe können bestimmte Begriffe gezählt werden. Sie lassen sich mit einem Textprogramm auffinden und leicht markieren. Daneben besteht auch die Möglichkeit zu halbautomatischen und zu automatischen Inhaltsanalysen. Das Programm TEXTPACK ist dazu in der Lage, nach Eingabe der Texte gleiche Einheiten (Worte) aufzulisten, dabei mehrdeutige Begriffe zu identifizieren und manuell zu bearbeiten sowie statistische Datenanalysen vorzunehmen[43].

Ein Beispiel für die automatische Verarbeitung von Texten liegt im Rahmen der Berufsverkodung mit der Nutzung der ISCO-Klassifikation (International Standard Code of Occupation) der Internationalen Arbeitsorganisation (ILO) vor. Sie ermöglicht es bei Befragungen, 30.000 Berufe automatisch mit einem entsprechenden Code zu versehen und in 390 Kategorien für berufliche Tätigkeiten einzuteilen (vergleiche Hoffmeyer-Zlotnik/Hess/Geis 2006:101ff.). Dabei ist es auch möglich, synonyme Ausdrücke wie etwa Metzger, Schlachter und Fleischer per Computer zu identifizieren. Daneben besteht die Möglichkeit, das System bei jeder Anwendung zu erweitern und es auf diese Weise zu verbessern.

Tabelle 6.3.5 zeigt den ISCO-Code einiger im Rahmen der Dresdner Notwehrstudie befragten Personen.

Vor allem der durch das Internet und die mithilfe von CD-ROMs gegebenen Möglichkeiten eines Zugangs zu elektronisch gespeicherten Texten, wie etwa Zeitungen oder Chat-Rooms, räumt der computergestützten Inhaltsanalyse neue Möglichkeiten ein. Die Nutzung von Scannern ermöglicht es schließlich, auch herkömmliche Texte elektronisch zu verarbeiten und mit Computerunterstützung zu analysieren.

43 Weitere Programme – für die qualitative Inhaltsanalyse – sind zum Beispiel AQUAD (vergleiche http://www.aquad.de/ besucht am 09.04.2009) oder ATLAS (vergleiche Muhr 1997).

Tabelle 6.3.5 Berufe (ISCO 88) der in der Dresdner Notwehrstudie befragten Personen (Auszug)

Soldat	7	Uni.- HS-lehrer	5	Datenverarbeitungsfachkräfte	19
Leitende Verwaltungsbedienst.	5	Wiss. Lehrer Primarber.	5	Datenverarbeitungsassistenten	2
Leitende Bedienst. Interessenorg.	1	Wiss. Lehrer Vorschule	25	Bediener Datenverarbeitungsanl.	8
Leitende Bedienst. pol. Parteien	2	Wiss. Sonderschule	4	Photographen	7
Leiter Arb.geber-Arb.nehm.verb.	2	Schulräte	2	Fernsehanlagenbed.	1
Geschäftsleiter	2	Sonst. Wiss. Lehrkräfte	1	Bediener med. Geräte	1
Direktoren Hauptgeschäftsfüh.	4	Sonst. Wissensch.	1	Deckoffiziere	1
Produktionsleiter Verarb. Gewer.	2	Unternehmensberatungsfachkr.	1	Flugverkehrslotsen	1
Prod.leiter Groß- Einzelhandel	1	Wirtschaftsrechnungssachverst.	10	Baukontrolleure	1
Übrige Prod.- Operationsleiter	3	Unternehmensberatungsfachkr.	12	Sicherheitskontrolleure	7
Sonstige Bereichsleiter	2	Juristen	4	Biotechniker	8
Finanzdirektoren Verwaltungsl.	2	Anwälte	7	Hygienetechn.	1
Personalleiter Sozialdirektoren	4	Richter	2	Augenoptiker	4
Verkaufs- Absatzleiter	8	Sonstige Juristen	1	Physiotherapeuten	8
Werbeleiter	1	Bibliothekare	1	Pharma. Ass.	4
Versorgungs- Vertriebsleiter	4	Wirtwissenschaftler	20	Mod. Med. Fachberufe	3
Leiter EDV-Abteilung	4	Soziologen	1	Nicht-wiss. Krankenschw.	95
Sonstige Bereichsleiter	10	Philologen	4	Nicht-wiss. Hebammen	2
Betriebsleiter	25	Psychologen	4	Heilpraktiker	3
Betriebsleiter Landwirt.	1	Sozialarbeiter	31	Nicht-wiss. Lehrkr.	22
Betriebsleiter verarb. Gewerbe	5	Autoren	13	Sonstige nicht-wiss. Lehrkr.	11
Betriebsleiter Baugewerbe	1	Bildhauer	1	Effektenhändler	5
Betriebsleiter Groß- Einzelhand.	26	Komponisten	12	Versicherungsvertreter	16
Betriebsleiter Restaurant Hotel	10	Choreographen	1	Immobilienmakler	7
Betriebsleiter Transportwesen	2	Geistliche	10	Tech. Kaufm. Handelsvertr	15
Betriebsleiter gewerbl. Dienstl.	7	Techniker u.ä.	21	Einkäufer	1
Betriebsleiter Körperpflege	2	Physikal. ing.wissen. Techniker	15	Finanzfachkr.	2
Sonstige Betriebsleiter	3	Chemo- und Physikotechniker	21	Handelsmakler	1
Wissenschaftler	9	Bautechniker	5	Verwaltungsfachkräfte	56
Physiker, Chemiker	1	Elektrotechniker	3	Verwaltungssekretäre	27
Astronomen	1	Elektronik- Fernmeldetechniker	10	Fachkräfte Rechtsangel.	22
Chemiker	3	Fleischer	6	Buchhalter	32
Mathematiker	1	Bäcker	12	Verwaltungsfachkräfte	8
Informatiker	5	Möbeltischler	27	Zoll u.ä.	9
Systemplaner ,-analytiker	8	Korbflechter	1	Steuerbedienstete	3
Programmierer	9	Weber	2	Sozialverwaltungsbedienst.	9
Informatiker	1	Schneider Hutmacher	19	Polizeikommissare	5
Architekten, Ingenieure	47	Näher	1	Sozialpfleg.	50
Stadtplaner	8	Polsterer	3	Dekorateure	7
Bauingenieure	10	Schuhmacher	1	Fernsehsprecher	1
Elektroing.	2	Schlosser	26	Berufssportler	1
Elektronik- Fernmeldeing.	7	Elektroniker	3	Bürokräfte	310
Maschinenbauing.	14	Aufsichtskräfte Produktion	16	Stenotypisten	5
Chemieingenieure	3	Anlagen- Maschinenbediener	34	Datenerfasser	1
Bergbauingenieure	3	Metallschmelzer	2	Sekretärinnen	58
Kartographen	5	Glasschmelz- kühlofenbediener	1	Buchhaltungsang.	21
Architekten	14	Bediener Papierherstellungsanl.	1	Finanzangestellte	31
Biowiss. Mediziner	1	Bediener chem. Verfahrensanl.	7	Lagerverwalter	2
Biologen, Botaniker	2	Bediener Dampfmaschinen	3	Fertigungsplaner	2
Agrar- u.ä. Wissenschaftler	1	Bedien. automat. Montagebänder	1	Speditionsang.	11
Ärzte	23	Maschinenbediener	4	Bibliotheksange	1
Zahnärzte	2	Maschinenbautechniker	9	Postverteiler	7
Tierärzte	3	Chemiebetriebstechniker	2	Kodierer	1
Apotheker	2	Bergbautechniker	1	Sonst. Büroang.	12
Wiss. Krankenpfl.- Geburtshilfe	1	Technische Zeichner	13	Büroang. Kundenkontakt	6
Wissenschaftliche Lehrkräfte	91	Physikalische ing.wiss. Techn.	6	Kassierer	8

Qualitative Ansätze der Inhaltsanalyse

Abschließend soll auf die stärker qualitativ ausgerichtete, nicht- beziehungsweise teilstandardisierte Inhaltsanalyse eingegangen werden. Zum Zweck einer hypothesengenerierenden Forschung kann es sinnvoll sein, ein Dokument zunächst relativ offen, ohne ein zuvor festgelegtes Kategoriensystem zu untersuchen. Hier ist erstens besonders das Verfahren nach Mayring (1993) zu nennen (für weitere Hinweise vergleiche Kuckartz 2005), dieses sieht vor:

1. Eine Zusammenfassung. Dabei werden die wesentlichen Aussagen eines Textes herausgearbeitet (zusammengefasst) und auf einzelne Kategorien reduziert. Zum Beispiel können die Ergebnisse eines offenen Interviews auf einige wenige Aspekte reduziert werden.
2. Die Explikation. Bei diesem Schritt erfolgt eine Bedeutungsanalyse problematisch erscheinender Textstellen. Das Heranziehen von weiteren Materialien über den Untersuchungsgegenstand ist dazu möglich und wird empfohlen.
3. Die Strukturierung. Dabei werden Strukturmerkmale eines Textes unter Verwendung eines Kategoriensystems herausgefiltert.

Der Vergleich mit der Betrachtung eines auffälligen Felsbrockens, der in einer Landschaft aufgefunden wurde, verdeutlicht das Vorgehen nach Mayring: Zunächst wird aus der Ferne das Teil an sich betrachtet (erster Schritt: Zusammenfassung) und dessen Auffälligkeiten herausgestellt. Danach geht es darum, besonders interessante Details zu analysieren (zweiter Schritt: Explikation) und dazu auch andere Informationsquellen zu aktivieren. Schließlich wird die innere Struktur des Felsbrockens erforscht, dieser wird sinnbildlich aufgebohrt, um tiefere Einsichten zu erhalten (dritter Schritt: Strukturierung).

Als weitere, qualitativ orientierte Technik der Inhaltsanalyse ist die *Hermeneutik* zu nennen (vergleiche Oevermann et al. 1979). Dabei geht es um eine qualitative Textinterpretation, bei der das Verstehen des Sinns eines Textes das Ziel ist. Während bei der standardisierten Vorgehensweise ein Kategoriensystem mit den vorab erarbeiteten Indikatoren, die Voraussetzung ist, soll bei der Hermeneutik der Text erst nach offenen Regeln ausgelegt beziehungsweise gedeutet werden. Das Dokument soll in seiner Ganzheit erschlossen werden. Nicht gefragt ist das Auszählen der Häufigkeit einzelner Worte, wie bei den Frequenzanalysen. Für die hermeneutische Analyse soll sich der Forscher in den Autor des Textes hineinversetzen und dessen Text zerlegen. Während bei standardisierten Inhaltsanalysen erwartet wird, dass die Ergebnisse unabhängig vom jeweiligen Verkoder ausfallen, sind damit bei qualitativen Inhaltsanalysen stark personenabhängige Resultate anzunehmen (zu qualitativen Techniken vergleiche Abschnitt 3.8).

Als Beispiel für eine Inhaltsanalyse, die mit hermeneutischen Methoden arbeitet, soll die Auswertung eines narrativen Interviews zum Thema „Traumatisierte Lebensläufe in Israel" vorgestellt werden. Den Ausgangspunkt bildet der Gedanke, dass Entscheidungen im Lebenslauf eine objektive Bedeutung besitzen, unabhängig von den ursprünglichen Intensionen (vergleiche Oevermann et al. 1979) des Handelnden. In einem ersten Schritt erfolgt die chronologische Ordnung der Lebensdaten, wie sie aus einem narrativen Interview gewonnen worden sind. Daran schließt sich die sequenzielle Untersuchung der einzelnen Lebensstationen auf ihre latenten Bedeutungsgehalte hin an. Diese sequenzielle Analyse biographischer Daten legt die harten biographischen Daten unabhängig vom weiteren biographischen Verlauf aus. Dem folgt dann eine Information über den tatsächlich eingeschlagenen Lebensweg. Danach wird dieser Schritt erneut wiederholt (vergleiche Fischer-Rosenthal 1996). Dazu ein konkretes Beispiel:

a. Martin Janker (Pseudonym), 1911 in Saarbrücken als Sohn jüdischer Eltern geboren
b. Studiert in Heidelberg vier Semester Medizin, Physikum
c. 1932 / 33 lernt er seine zukünftige Frau in einer jüdischen Organisation kennen
d. 1934 dreimonatige Arbeit in einer Autowerkstatt

In einer ersten Sequenz wird jetzt gefragt, was der Schritt (d.), die dreimonatige Arbeit in einer Autowerkstatt bedeuten kann. Folgende Lesarten sind dazu möglich. Die Arbeit in der Autowerkstatt wird aufgenommen:

(1) weil Juden in Nazideutschland das Arztstudium verboten wurde,
(2) weil seine zukünftige Frau ein Kind erwartete und er die Familie ernähren wollte,
(3) weil er einen studentischen Ferienjob ausübte,
(4) weil er vorhatte, nach Palästina auszuwandern, wo Automechaniker gebraucht wurden.

Nun ist zu fragen, wie die folgende Sequenz (e.) im Lebenslauf, bei den einzelnen Deutungen jeweils aussähe. Bei (3) wäre dies die Fortsetzung des Studiums, bei (2) die Geburt eines Kindes und so weiter. Nun wird die tatsächlich berichtete Lebensstation betrachtet:

e. 1934: Janker wanderte nach Palästina aus; hier Tätigkeit als ungelernter Arbeiter am Bau.

Zu dieser Sequenz wird wieder gefragt, welches deren Bedeutung sein kann. Welche Lesarten für (e.): wären möglich? Denkbar wäre, dass die Auswanderung und die Tätigkeit auf dem Bau motiviert sind durch:

1. Für jeden Einwanderer waren in dieser Zeit ein Zupacken und ein Engagement für Palästina unabdingbar. Das Verhalten war vom Patriotismus getragen.
2. Janker wurde bei der illegalen Einwanderung verhaftet und von der Mandatsverwaltung zu schwerer körperlicher Arbeit verurteilt.
3. Der Betreffende übte die Arbeit nur vorübergehend aus, um anschließend wieder zu studieren.
4. Er arbeitete nicht für einen jüdischen Staat, sondern für Araber in einer dortigen arabischen Siedlung / Stadt, weil er zu einer anderen Glaubensrichtung überwechselte.

Nun kann ergründet werden, wie die berichtete Sequenz (f.) in Abhängigkeit von (1), (2), (3) und so weiter jeweils aussehen müsste. So könnte man vermuten, dass die Person, falls (1) zuträfe, ihr Studium wieder aufnehmen wird. Die nächste, dann tatsächlich berichtete Lebensstation lautet jedoch:

f. Es kam zu Nervenbeschwerden und einer ärztlichen Behandlung. Seither und bis in die Gegenwart kommt es sowohl zu chronischer Diarrhö als auch zum regelmäßigen Gebrauch von Beruhigungsmitteln oder Stimmungsaufhellern.

Das bedeutet zunächst, dass Lesart (1) nicht zutreffen kann, ebenso dürfte (3) nicht möglich sein, während man (2) nicht ausschließen kann. Entsprechend würden die weiteren Sequenzen abgehandelt werden.

Der nächste Schritt bei der Auswertung betrifft die Bewertung der von Janker jeweils gewählten (oder nicht gewählten) Handlungsalternativen. So lässt sich selbst das nicht gelebte Leben mithilfe entsprechender Strukturhypothesen rekonstruieren.

7 Komplexe Designs

Im vorangegangenen Abschnitt wurden mit der Befragung, der Beobachtung und der Inhaltsanalyse die sozialwissenschaftlichen Grundmethoden für die Erhebung von empirischen Informationen vorgestellt. Wiederholt ist auf die Vielfalt an Techniken verwiesen worden, die bei der Anwendung der genannten Methoden zu beobachten ist. Im folgenden Abschnitt werden nun komplexe Designs behandelt. Sie zeichnen sich dadurch aus, dass sie sich der Grundmethoden bedienen und diese auf eine jeweils besondere Weise anordnen. So werden beispielsweise bei sozialen Experimenten Beobachtungen und Befragungen eingesetzt, bei Delphi-Studien postalische Befragungen, bei den Untersuchungen des Zeitbudgets kommen Selbstbeobachtungen zum Einsatz. Aufgrund der besonderen Anordnung der Grundmethoden ergeben sich jedoch jeweils eigene Erkenntnismöglichkeiten. Diese werden nun vorgestellt und diskutiert.

7.1 Soziale Experimente

7.1.1 Wesen und Geschichte sozialer Experimente

Bevor die Geschichte der experimentellen Methode betrachtet wird, sie lässt sich relativ weit zurückverfolgen, ist wiederum eine Vielfalt bei der Nutzung des Begriffs Experiment zu konstatieren. Folgt man Schulz (1970:22), so lassen sich mindestens die folgenden Varianten ausmachen:

- Experiment meint ein Verfahren, das versuchsweise benutzt wird und das sich durch ein Herumtasten und Ausprobieren auszeichnet. Es dient vor allem dazu, Erfahrungen zu sammeln.
- Experiment steht als Synonym für eine spezielle empirisch-wissenschaftliche Vorgehensweise.
- Experiment bezeichnet eine Art der Beweisführung, die vor allem Kausalzusammenhänge aufzudecken vermag.
- Der Begriff Experiment wird weiterhin dazu benutzt, um eine bestimmte Versuchsanordnung zu benennen. Diese zeichnet sich vor allem durch mehr oder weniger starke künstliche Elemente aus.
- Schließlich werden auch besonders gewagte Unternehmungen (wie zum Beispiel die Gründung der DDR oder gar der gesamte Sozialismus) als Experimente bezeichnet.

Die Geschichte der Experimente beschreibt zum Beispiel Petersen (2002:11ff.) ausführlicher. Er verweist dabei darauf, dass der ursprüngliche Inhalt des Begriffs Experiment (geprägt durch den Franziskanermönch Roger Bacon, der etwa von 1210 bis 1294 lebte) eher mit der Maxime, eigene Beobachtungen zu machen, umschrieben werden kann. Dem liegt die Auffassung zugrunde, dass für die richtige menschliche Erkenntnis der Welt ein bloßes Nachdenken nicht ausreicht, da dieses leicht in die Irre führen kann. Aber auch zu experimentieren, ohne dabei nachzudenken, also *ausschließlich* zu beobachten, hielt Bacon für nutzlos. Der Inhalt eines solchen Experimentbegriffs entspricht damit in etwa dem heutigen Verständnis von Empirie. Danach bilden Theorie und Empirie eine Einheit: Die Theorie besitzt einen starken Bezug zur Empirie und damit ist auch die Empirie ohne Theoriebezug nicht denkbar (vergleiche Abschnitt 3).

Die Forderung nach Einführung der Experimente in die Wissenschaft geht auf Francis Bacon (er lebte von 1561 bis 1626) zurück. Bacon verband mit dieser Forderung den Appell an die Forscher, selbst empirisch zu arbeiten und wissenschaftliche Schlussfolgerungen aufgrund solcher eigenen Beobachtungen zu ziehen. Er brach damit mit einer Denktradition, die vor allem beziehungsweise ausschließlich auf die Autorität klassischer Werte baute und diese in der Wissenschaft als anerkannte Autorität betrachtete.

Schließlich ist mit der Begriffsentwicklung von Experiment der Name John Stuart Mill (1806-1873) verbunden. Ihm ist ein Wandel vom passiven zum aktiven Begriff des Experiments zu verdanken. Damit wird ausgedrückt, dass bei Experimenten nicht mehr nur einfach von außen beobachtet, sondern auch aktiv in die Wirklichkeit eingegriffen wird. Auf diese Weise gelingt es schließlich die Möglichkeit zu schaffen, auch Kausalzusammenhänge aufzudecken.

Soziale Experimente gelten als die Krone der Erkenntnis. Es handelt sich dabei um eine besonders strenge Form der Hypothesenüberprüfung, die zur Aufdeckung von Ursache-Wirkungs-Zusammenhängen beitragen kann. Die hervorgehobene Stellung sozialer Experimente resultiert aus verschiedenen Gründen, die weiter unten noch konkreter dargestellt werden.

Im Weiteren wird das Wesen von Experimenten beschrieben und danach werden dann die verschiedenen Formen von Experimenten vorgestellt. Experimente lassen sich durch folgende Eigenschaften charakterisieren:

- Sie zeichnen sich durch die parallele Nutzung einer Vergleichs- und einer Experimentalgruppe aus, wobei zu sichern ist, dass beide Gruppen eine äquivalente Struktur aufweisen.
- Bei Experimenten erfolgen eine Veränderung in der Experimentalgruppe und die nachfolgende Beobachtung der so erzeugten Wirkung.
- Schließlich ist auf den Einsatz mehrerer Messungen zu verweisen. So werden zu unterschiedlichen Zeitpunkten und zwar mindestens einmal vor und mindestens ein weiteres Mal nach der Einführung des experimentellen Stimulus Erhebungen durchgeführt.

Während in der Experimentalgruppe eine bestimmte Veränderung vorgenommen wird, sind in der Vergleichsgruppe möglichst konstante Bedingungen zu sichern. Es leuchtet auch ein, dass nur dann die zum zweiten Untersuchungszeitpunkt ermittelten Unterschiede zwischen Experimental- und Vergleichsgruppe auf die Wirkung der experimentellen Veränderung zurück geführt werden können, wenn die Zusammensetzung beider Gruppen vergleichbar ist. Dazu wird das Verfahren der Randomisierung benutzt. Randomisierung ist eine Form der Kontrolle der Untersuchungssituation. Mithilfe eines kontrollierten Zufalls erfolgt die Zuweisung der Untersuchungspersonen in eine der beiden Gruppen. Dies kann auf einfache Weise nach dem Prinzip der Lostrommel geschehen. Darüber hinaus ist es aber wichtig, das Ergebnis dieser Zufallszuweisung zu kontrollieren. So könnte das Resultat einer solchen einfache Zufallsauswahl sein, dass es ungewollte Unterschiede zwischen beiden Gruppen gibt. Wie oben (vergleiche Abschnitt 5.1) dargestellt, ist das Ergebnis eines Zufallsexperiments nicht sicher vorhersehbar. Einem solchen Ergebnis kann mithilfe einer Schichtung des Zuweisungsverfahrens entgegengewirkt werden. Dazu wird beispielsweise festgelegt, dass die Alters- und Geschlechterproportion in beiden Gruppen identisch sein soll. Diese Proportion wird dann bei der zufälligen Zuweisung der Versuchspersonen in eine der beiden Gruppen kontrolliert und damit gewährleistet.

Möglichst identische Versuchsbedingungen in beiden Gruppen und eine vergleichbare Zusammensetzung der Gruppen sind damit entscheidend für den Erfolg eines sozialen Experiments.

Soziale Experimente bieten prinzipiell die Chance, Kausalanalysen vorzunehmen. Während sich bei einfachen Querschnittserhebungen ein Zusammenhang zwischen zwei Merkmalen ermitteln lässt, kann bei Experimenten auch die Richtung dieses Zusammenhangs ausgemacht werden. Da eine Wirkung (W) stets zeitlich versetzt nach der Ursache (U) eintritt, lassen sich solche Ursache-Wirkungszusammenhänge (U → W) aufdecken. Experimente, bei denen vor und nach der Einführung eines experimentellen Stimulus eine Messung vorgenommen wird, können dabei ermittelte Veränderungen auf den eingeführten Stimulus zurückführen. Für Querschnittsuntersuchungen gilt dies jedoch nicht.

Weiter muss darauf verwiesen werden, dass für Experimente in den Sozialwissenschaften strenge ethische Maßstäbe anzusetzen sind. Würde man beispielsweise bei einem Experiment, das die Wirkung eines neuen Arbeitslosenförderungsprogramms (= experimenteller Stimulus) testet, methodisch konsequent vorgehen, so müsste man alle infrage kommenden Versuchspersonen zufällig (= Randomisierung) der Experimental- oder der Vergleichsgruppe zuweisen. In der Praxis werden freilich eher sozialpolitische beziehungsweise ethische Kriterien eine Rolle spielen, wenn es darum geht, ein solches Förderprogramm zu implementieren. Denkbar wäre zum Beispiel, dass Förderprogramme eher bei besonders hoffnungsvollen Fällen eingesetzt werden. Damit bestünde jedoch nicht die Möglichkeit, die mögliche Wirkung dieses Förderprogramms bei allen Arbeitslosen im Experiment zu ermitteln.

7.1.2 Arten von Experimenten und deren Fehlerquellen

Es lassen sich verschiedene Arten von Experimenten unterscheiden (vergleiche auch Zimmermann 1972). Am häufigsten ist die Rede von Labor-Experimenten, von Feld-Experimenten und von Quasi-Experimenten.

- Labor-Experimente finden unter kontrollierten, und das bedeutet unter künstlichen Bedingungen (eben im Labor) statt, beispielsweise können die Versuchspersonen in ein Teststudio gebeten werden, in dem konstante Bedingungen herrschen, also zum Beispiel spontan keine Handys klingeln. Hier werden sie mit unterschiedlichen Varianten eines neuen Produktes bekannt gemacht und sollen dieses bewerten. Dabei ist es denkbar, dass alle Reaktionen der Testperson präzise beobachtet werden können (mittels Einwegspiegel, Kameras und so weiter). Labor-Experimente haben weiterhin den Vorteil, dass es gelingt, hier nahezu alle Gegebenheiten (die so genannten Randbedingungen) zu überwachen beziehungsweise diese konstant zu halten. So werden zum Beispiel Störungen durch Interventionen Dritter vermieden. Der dafür in Kauf zu nehmende Nachteil ist die Realitätsferne eines solchen Vorgehens.

- Feld-Experimente finden unter natürlichen Umständen statt. Hier ist erstens die Kontrolle aller Bedingungen erschwert. Dies gilt zweitens auch für die Aufzeichnung aller Reaktionen der Versuchspersonen. Es besteht dafür jedoch eine hohe Realitätsnähe und entsprechend bessere Voraussetzungen für eine Verallgemeinerung der ermittelten Befunde.
- Quasi-Experimente sind solche, bei denen die oben genannten Charakteristika sozialer Experimente nicht vollständig erfüllt werden. Quasi-Experimente ändern die beschriebene (vollständige) Versuchsanordnung ab. So kann die Randomisierung fehlen und / oder es werden lediglich die Wirkungen einer Einflussgröße im Nachhinein – unter Wegfall der Messung zum Ausgangszeitpunkt t_0 – ermittelt. Quasi-Experimente machen sich dazu teilweise ganz normale Abläufe in der Realität zunutze. Diese erfolgen zumeist nicht aufgrund einer wissenschaftlichen Fragestellung, sondern werden anders verursacht. Verstünde man die DDR (und ihr Zusammenbrechen) als Experiment, das von immensem sozialwissenschaftlichen Interesse ist, so leuchtet es ein, dass hier weder die erforderlichen Vorher-Nachher-Messungen, noch eine zufällige Einteilung der Versuchspersonen in die beiden Gruppen (Ost- und Westdeutschland) erfolgen konnten. Wissenschaftlich wertlos sind damit Quasi-Experimente jedoch nicht.

Zwei weitere Arten von Experimenten sind zu erwähnen:

- *Experimente mit einem Ex-post-facto-Design*: Damit sind Experimente gemeint, bei denen die Zuweisung zu den beiden Gruppen erst nach der experimentellen Veränderung erfolgt ist. Dies ist bei Quasi-Experimenten häufig der Fall. Im Ergebnis eines zumeist relativ seltenen Ereignisses werden die im Umfeld anzutreffenden sozialen Veränderungen dann sozialwissenschaftlich untersucht. Auf eine Messung vor der experimentellen Veränderung wird verzichtet.
- *Experimente mit einem Ex-ante-Design* zeichnen sich entsprechend dadurch aus, dass bereits vor der experimentellen Veränderung die Bildung der beiden Gruppen erfolgt ist. Dies wird beim klassischen Design vorausgesetzt. Ex-ante-Experimente besitzen damit einen deutlich höheren Aussagewert.

Um die verschiedenen Arten von Experimenten zu verdeutlichen, kann eine schematische Darstellungsweise benutzt werden. Die beteiligten Gruppen, die vorgenommenen Messungen sowie die experimentelle Veränderung werden darin veranschaulicht. Bei der ersten Darstellung (vergleiche Abbildung 7.1.1) handelt es sich um ein unvollständiges Design beziehungsweise ein Quasi-Design.

Abbildung 7.1.1: Die Vorgehensweise bei unvollständigen experimentellen Designs I

	Zeitpunkt		
	t_0	t_1	t_2
Experimentalgruppe	-	Experimentelle Veränderung	Messung
-	-	-	-

In der Abbildung 7.1.1 ist zu erkennen, dass es weder eine Vergleichsgruppe gibt, noch dass vor der experimentellen Veränderung eine Messung stattgefunden hat. Diekmann (2001:291) schildert ein Beispiel, um die Unzulänglichkeit einer solchen Vorgehensweise zu demonstrieren. Danach könnte man schauen, bei welcher Geschwindigkeit (= experimentelle Veränderung) mehr Verkehrsunfälle auftreten, bei 50 oder bei 200 km/h. Da die Unfallhäufigkeit bei 50 km/h größer sein dürfte als bei 200 km/h könnte ein entsprechender Fehlschluss nahe liegen. Dieser würde lauten, dass eine höhere Geschwindigkeit zu weniger Unfällen führt. Bei diesem Design fehlt aber eine Vergleichsgruppe, die sich dadurch auszeichnet, dass sie *nicht* von einem Unfall betroffen ist. Man müsste dann auch hier die gefahrenen Geschwindigkeiten messen und könnte somit die entsprechenden Fehlschlüsse vermeiden.

Auch beim folgenden Design (vergleiche Abbildung 7.1.2) handelt es sich um eine unvollständige Versuchsanordnung.

Abbildung 7.1.2: Die Vorgehensweise bei unvollständigen experimentellen Designs II

	Zeitpunkt		
	t_0	t_1	t_2
Experimentalgruppe	Messung	Experimentelle Veränderung	Messung
-	-	-	-

Auch bei diesem Design fehlt die Vergleichsgruppe. Eine solche Versuchsanordnung läge vor, wenn man beispielsweise erkälteten Personen, von denen man weiß, dass sie an dieser Erkrankung nicht schon immer leiden (= Messung zum Zeitpunkt t_0), ein Lutschbonbon verabreichen (= experimentelle Veränderung bei t_1) und danach die Wirkung dieser Intervention messen würde. Eine so ermittelte Verbesserung des Gesundheitszustandes auf den experimentellen Stimulus zurückführen zu wollen, wäre unter Umständen ebenfalls ein Fehlschluss. Auch hier würde das Bemühen einer Vergleichsgruppe (ebenfalls erkältete Personen, die jedoch nicht den Lutschbonbons ausgesetzt werden) zu differenzierteren Erkenntnissen führen. Unter Umständen gesunden beide Gruppen zum gleichen Zeitpunkt und eine Wirkung der Lutschbonbons wäre damit zu verneinen. Auch bei einem solchen Design würde es sich um eine zu starke Simplifizierung sozialer Experimente handeln, die dann nicht zu tauglichen Aussagen führte.

Bereits etwas anders sieht die Situation beim Survey-Design aus (vergleiche Abbildung 7.1.3). Hier existieren zwar zwei Gruppen, jedoch hat nur in einer eine experimentelle Veränderung stattgefunden. (An dieser Stelle soll nicht weiter darüber nachgedacht werden, inwieweit es sich beim Survey-Design tatsächlich um ein unvollständiges experimentelles Design handelt.)

Abbildung 7.1.3: Die Vorgehensweise beim Survey-Design

	Zeitpunkt	
	t_0	t_1
Experimentalgruppe	Experimentelle Veränderung	Messung
Vergleichsgruppe	-	Messung

Survey-Designs zeichnen sich durch eine hinreichend große Zahl (meist 1.000 und mehr) von Personen aus, die befragt werden. So könnte aufgrund einer Fragestellung (Waren Sie bereits einmal in einer Situation, in der Sie einer anderen Person zur Hilfe gekommen sind und diese gegen einen Angreifer verteidigt haben?) die Einteilung in die beiden Gruppen quasi während der Erhebung mithilfe einer retrospektiven Frage vorgenommen werden. Daneben wird im Rahmen des Surveys nach einer Reihe weiterer Sachverhalte gefragt und so indirekt auf die Wirkung, die von der experimentellen Veränderung ausgeht, geschlossen.

Es liegt hier natürlich ebenfalls kein klassisches Experiment vor, da die zum Zeitpunkt t_0 gegebenenfalls bereits bestehenden Unterschiede zwischen beiden Gruppen nicht ermittelt worden sind. Damit ist auch nicht klar, ob die eventuell festgestellten Unterschiede zwischen der Experimental- und der Vergleichsgruppe nicht auch schon *vor* der experimentellen Veränderung (also der einer anderen Person erwiesenen Hilfeleistung) bestanden haben. Zur Aufdeckung von Kausalitäten sind solche Survey-Designs nicht geeignet.

Das klassische experimentelle Design wird in Abbildung 7.1.4 dargestellt. Es zeichnet sich durch erstens, die Bildung von zwei Gruppen, zweitens, die Kontrolle der Randbedingungen (zum Beispiel durch Randomisierung [R], Elimination von Störgrößen, Konstanthaltung von Randbedingungen), durch drittens, die Manipulation einer unabhängigen Variable sowie durch viertens, die Messung der Ausgangsbedingungen vor der experimentellen Veränderung und mindestens einer Messung nach der experimentellen Veränderung aus.

Abbildung 7.1.4: Das klassische experimentelle Design

			Zeitpunkt	
		t_0	t_1	t_2
R	Experimentalgruppe	Messung	Experimentelle Veränderung	Messung
R	Vergleichsgruppe	Messung	-	Messung

Zwei besondere Formen des klassischen Experiments sind der Blindversuch und der Doppelblindversuch. Diese Formen kommen zum Beispiel in der Medizin zum Einsatz. Beim Blindversuch wissen die Versuchspersonen nicht, zu welcher Gruppe innerhalb des Experiments sie gehören. Beim Doppelblindversuch gilt dies auch für das übrige am Versuch beteiligte Personal. Besteht das Ziel darin, die Wirkung eines neuen pharmazeutischen

Präparates zu testen, so ist die Vermeidung von Artefakten eine wesentliche Aufgabe der Versuchsanordnung. Einer Patientengruppe werden deshalb Placebos verabreicht und der anderen das eigentlich interessierende Medikament. Unter der Voraussetzung, dass beide Gruppen entsprechend strukturiert sind (die gleiche Schwere der Erkrankung aufweisen, in der Alters- und Geschlechtsstruktur ähnlich sind, von der übrigen Konstitution her harmonieren und so weiter), kann man nun die Wirkung des Mittels beobachten, ohne befürchten zu müssen, dass es sich um ein Artefakt handelt, das beispielsweise aufgrund der Reaktivität der Messung eingetreten ist.

Nun kann es sein, dass die Versuchsleiter sich – durchaus unbewusst – besonders um jene Personen kümmern, die nicht mit dem Placebo behandelt worden sind. So würde dann wieder eine ungleiche Behandlung in den beiden Gruppen vorliegen. Um auch dies zu verhindern, kann zum Doppelblindversuch gegriffen werden, bei dem beispielsweise die Ärzte und das Pflegepersonal vor Beginn des Experiments nicht über die Gruppenzuteilung informiert werden.

Im Weiteren wird auf typische *Fehlerquellen,* die bei sozialen Experimenten auftreten können, und auf entsprechende Gegenstrategien eingegangen:

- Bei der experimentellen Anordnung wird unterstellt, dass es einen Zusammenhang zwischen der unabhängigen Variable, die verändert wird, und der abhängigen Variable gibt. Es können jedoch weitere unbekannte Zusammenhänge wirken, das heißt, die abhängige Variable wird nicht oder nicht nur von der manipulierten unabhängigen Größe beeinflusst. Ein Experiment hat zum Beispiel ergeben, dass der Verkauf von Weihnachtsmännern befördert wird, wenn diese in besonders schönem buntem Weihnachtspapier verpackt sind. Dabei darf jedoch nicht vergessen werden, dass an dieser Stelle eine Drittvariable, die Jahreszeit, wirkt. So dürfte in den Sommermonaten der Verkauf von Weihnachtsmännern auch nicht über eine besonders attraktive Verpackung befördert werden können.
- Effekte der Messung. Beim klassischen Design eines sozialen Experiments sind mindestens zwei Messungen in beiden Gruppen vorgesehen. Diese können – unbeabsichtigt – selbst das zu messende Objekt verändern und damit die Übertragung der Ergebnisse des Experiments auf andere externe Untersuchungseinheiten erschweren. Zur Reaktivität von Messungen vergleiche Abschnitt 4.7.
- Die Randomisierung kann einen negativen Effekt auf die Teilnehmer des Experiments haben. Lost man zum Beispiel die Teilnahme an einem Experiment aus, so kann bei der Vergleichsgruppe, die der Verlosung zufolge nicht der vermeintlich attraktive experimentelle Stimulus verabreicht wurde, ein Verlierer-Problem auftreten. Das kann insbesondere dann der Fall sein, wenn es um eine Form von Belohnung, wie zum Beispiel die Teilnahme an einer Weiterbildung geht, deren Wirkung im Experiment überprüft werden soll. Auch umgekehrt können sich die Mitglieder der Experimentalgruppe als Gewinner fühlen und sich gegenüber dem experimentellen Stimulus besonders aufgeschlossen verhalten. Damit kann auf beide Gruppen ein nicht gewollter Einfluss ausgeübt werden.
- Wie bereits betont, ist es möglich, dass die Randomisierung nicht sofort gelingt. Die nach einem Lostrommelmodell vorgenommene zufällige Einteilung in die beiden

Gruppen eines Experiments kann im Ergebnis trotzdem zu systematischen Unterschieden zwischen beiden Gruppen führen.

- Reifungsprozesse, die während der Laufzeit des Experiments bei den Teilnehmern auftreten können, sind in Rechnung zu stellen. Im obigen Beispiel, bei dem an erkältete Menschen Lutschbonbons verabreicht wurden (= experimenteller Stimulus) können Reifungsprozesse auftreten. Eine Heilung findet hier eventuell ohnehin statt. Reifungsprozesse sind umso wahrscheinlicher, je langfristiger ein Experiment angelegt ist.
- Vor allem bei Feldexperimenten ist das zwischenzeitliche Geschehen in der Umwelt des Experiments kaum beeinflussbar. Auf dem Markt können konkurrierende Produkte auftauchen, neue Gesetze können erlassen werden, politische Krisen können ausbrechen beziehungsweise friedlich beigelegt werden und vieles mehr. Dies alles ist bei Feldexperimenten kaum beeinflussbar, könnte jedoch auf die abhängige Variable einwirken.
- Nicht gewollte Einflüsse können auch (bereits kleine) Veränderungen im Messinstrument, zum Beispiel bei den Frageformulierungen, bei einem Interviewer- oder Versuchsleiterwechsel und so weiter, haben.
- Schließlich kann eine fehlerhafte Auswahl der Versuchsteilnehmer sowie Ausfälle während des Experiments, zum Beispiel aufgrund von Abbrüchen, den Werte des Ergebnisses negativ beeinflussen.

Als Gegenmittel stehen verschiedene Strategien zur Verfügung. Eine Variante ist die systematische Elimination unbeabsichtigter Störgrößen. Dies ist vor allem bei Laborexperimenten gut möglich. Für den Fall, dass Laborexperimente nicht infrage kommen, sollte für ein weitgehendes Konstanthalten der Versuchsbedingungen gesorgt werden. Ziel ist es, dass in beiden Gruppen stets möglichst gleichartige Versuchsbedingungen herrschen.

Zur Absicherung der Befunde sollten die Experimente möglichst oft repliziert werden. Die Methode des Doppelblindversuchs kann eingesetzt werden. Durch die Einbeziehung von weiteren Gruppen in das Experiment wird es möglich, die von der Messung zum Zeitpunkt t_0 ausgehenden Einflüsse zu kontrollieren. Hier handelt es sich um den Vier-Gruppen-Versuchsplan von Solomon (vergleiche Abbildung 7.1.5).

Abbildung 7.1.5: Der Vier-Gruppen-Versuchsplan von Solomon

		Zeitpunkt		
		t_0	t_1	t_2
R	Experimentalgruppe 1	Messung	Experimentelle Veränderung	Messung
R	Experimentalgruppe 2	-	Experimentelle Veränderung	Messung
R	Vergleichsgruppe 1	Messung	-	Messung
R	Vergleichgruppe 2	-	-	Messung

Die Idee des Designs ist, dass mögliche Einflüsse der Messung zum Zeitpunkt t_0 aufgrund von Vergleichen zwischen den entsprechenden Gruppen zum Zeitpunkt t_2 aufgedeckt werden könnten. Der Preis für diese zusätzlichen Informationen besteht freilich in einem entsprechend aufwändigerem Design.

Weitere bei sozialen Experimenten zu beachtende Aspekte sind die interne und die externe Validität. Von interner Validität wird gesprochen, wenn bei der Versuchsdurchführung keine Störvariablen aufgetreten sind und damit das Experiment auch die beabsichtigten Sachverhalte ermittelt. Die externe Validität meint dagegen die Generalisierbarkeit der bei einem einzelnen Experiment gefundenen Ergebnisse. Während bei Labor-Experimenten aufgrund der guten Kontrollmöglichkeiten von einer relativ hohen internen Validität ausgegangen werden kann, ist hier aufgrund der Künstlichkeit der Situation die externe Validität ein besonderes Problem. Ein Vorteil von Labor-Experimenten liegt auch in der relativ problemlosen Herstellung beziehungsweise Standardisierung des experimentellen Stimulus. Beim Feld-Experiment gestaltet sich die Situation spiegelverkehrt. Hier ermöglichen die Originalbedingungen eine relativ leichte Übertragung auf externe Bedingungen. Die fehlende Kontrolle beziehungsweise eine zu geringe Überwachung der Umgebung des Experiments gefährdet dagegen die interne Validität.

Nur selten sind alle Voraussetzungen erfüllt, um nach dem klassischen experimentellen Design verfahren zu können. Häufiger kommen deshalb die Quasi-Experimente zum Einsatz (vergleiche Abbildung 7.1.6). Solche Experimente erfüllen die strengen Anforderungen an ein klassisches Design nicht vollständig, zum Beispiel wird keine Randomisierung bei der Zuordnung zu den Gruppen eingesetzt, so dass die Wirkung eventueller Drittvariablen nicht ausgeschlossen werden kann. Damit kann hier das Ideal eines Experiments lediglich angestrebt werden.

Abbildung 7.1.6: Experimentelle Versuchsanordnung ohne Randomisierung

	Zeitpunkt		
	t_0	t_1	t_2
Experimentalgruppe	Messung	Experimentelle Veränderung	Messung
Vergleichsgruppe	Messung	-	Messung

Mithilfe eines sozialen Experiments soll in einem Betrieb beispielsweise die Wirkung eines neuen finanziellen Leistungsanreizes überprüft werden. Der experimentelle Stimulus ist damit die neue Form des Anreizes. Nun ist zu sichern, dass neben der Experimentalgruppe auch eine äquivalente Vergleichsgruppe für die Analyse zur Verfügung steht. In letzterer kommt der experimentelle Stimulus nicht zum Einsatz.

Eine Möglichkeit besteht nun darin, die Gruppen nach relevanten Aspekten gezielt zusammenzusetzen (= Randomisierung), zum Beispiel nach den Kriterien Qualifikation, Alter und Geschlecht. Daraufhin würden dann die Gruppen zunächst nach diesen Kriterien strukturiert und danach die Versuchspersonen nach dem Zufallsprinzip der einen oder andren Gruppe zugeordnet werden. Damit erhält man zwei in den genannten Merkmalen äquivalente Gruppen. Fraglich bleibt freilich, ob die einbezogenen Merkmale tatsächlich die für den Untersuchungszweck relevanten sind. Diese gezielte Zuordnung nach bestimmten Merkmalen ist ein Beispiel für das auch als Matching bezeichnete Vorgehen.

Nun ist bei diesem Experiment weiter zu beobachten, welche Umweltbedingungen während der Laufzeit des Experiments wirken. So könnte es sein, dass es aufgrund der experimentellen Veränderung auch zu Veränderungen in der Zusammensetzung der Experimental- und Vergleichsgruppe kommt, bestimmte Mitarbeiter scheiden aus diesen Gruppen aus, andere kommen unter Umständen hinzu. Hier ist zu sichern, dass solche Einflüsse – sie dürften in der Praxis kaum zu verhindern sein – zumindest beobachtet, protokolliert und bei der Auswertung berücksichtigt werden.

Eine weitere Variante stellen *Zeitreihen-Experimente* dar. Bei dieser relativ aufwendigen Form werden mehrere Messungen vor und mehrere Messungen nach der experimentellen Veränderung vorgenommen. Auf diese Weise kann der Trend vor der experimentellen Veränderung sowie der Trend nach der experimentellen Veränderung verglichen werden. So lassen sich vor allem Reifungsprozesse besser erkennen, auch können beispielsweise kurzfristige Effekte der experimentellen Veränderung sowie jahreszeitliche Schwankungen ausgemacht werden (vergleiche Abbildung 7.1.7).

Abbildung 7.1.7: Design eines Zeitreihenexperiments

		Zeitpunkt	
	t_0 t_1 t_2 t_3	t_4	t_5 t_6 t_7 t_8
Experimentalgruppe	Messungen	Experimentelle Veränderung	Messungen
Vergleichsgruppe	Messungen	-	Messungen

Ein Beispiel, bei dem ein solches Zeitreihenexperiment angebracht wäre, ist die Untersuchung der Wirkung eines neuen Scheidungsgesetzes. Hier könnte es im Vorfeld der Gesetzesänderung zu einer Abwartungshaltung kommen und damit zu einem Aufschub der Scheidungsabsicht. Denkbar wäre dann auch, dass unmittelbar nach Verabschiedung des Gesetzes erst dessen Wirkung abgewartet werden soll und es ebenfalls wiederum zu einem Aufschub der Scheidung kommt. Möglich ist aber auch, dass der durch die Abwartungshaltung erzeugte Stau zu einer besonders hohen Scheidungshäufigkeit führt. Es wäre dann verfehlt, diese Situation alleine auf das neue Gesetz zurückführen zu wollen. Hier böte ein Zeitreihenexperiment die Möglichkeit, solche Einflüsse zu kontrollieren. Damit ließe sich mithilfe von Zeitreihenexperimenten verhindern, dass bei solchen längerfristig konditionierten Prozessen Fehlschlüsse erfolgen.

7.1.3 *Das GfK-BehaviorScan – Beispiel für ein sozialwissenschaftliches Experiment aus der Marktforschung*

In der Empirischen Sozialforschung existieren nur relativ wenig Beispiele für die erfolgreiche Nutzung sozialer Experimente (vergleiche dazu auch Petersen 2002:31, 67, 69). Zu nennen ist allerdings ein Experiment über das Noelle-Neumann und Köcher (1997) berichten. Dieses ging 1983 und 1984 der Frage nach, ob mehr Fernsehsender auch zu mehr Familienstreit führen Dies erwies sich – um es vorweg zu nehmen – als falsch. Dazu wurde im Jahr 1983, vor Aufnahme des Sendebetriebs zahlreicher privater Sendestationen in Deutschland, der 1984 erfolgte, und im Anschluss daran im Jahr 1985 eine Reihe entsprechender Befragungen durchgeführt und so die ursprüngliche Vermutung verworfen.

In einem Experiment mit entlassenen Strafgefangenen belegte Zeisel (1982), dass es zu keiner positiven Wirkung kommt, wenn diese ein Jahr lang nach ihrer Entlassung aus dem Gefängnis Arbeitslosengeld erhalten, unabhängig von ihren Bemühungen um einen Arbeitsplatz. Ziel des Experiments war es, eine bessere Wiedereingliederung dieser Personen zu ermöglichen. Das Ergebnis des Experiments fiel jedoch nach 12 Monaten negativ aus. In der Kontroll- und in der Vergleichsgruppe war die Zahl der wieder straffällig gewordenen Personen gleich groß (vergleiche auch Petersen 2002:68f.).

Das GfK-BehaviorScan der GfK Nürnberg kann als ein Beispiel für eine umfangreiche marktwissenschaftlich-experimentelle Studie angesehen werden. Nicht selten wird Überraschung über das immense Wissen der Marktforscher geäußert, wie beispielsweise hier:

„Die Erbsenzähler der Markwirtschaft tragen mehr Informationen über die Deutschen zusammen als Bundeskriminalamt, Konzerne und Parteien. Die Computerdaten des GfK-Rechenzentrums würden 250 Mio. DIN A4-Seiten füllen – Tendenz unaufhörlich steigend. [...] Und im Testmarkt Hassloch, einer pfälzischen 20.000-Einwohner-Gemeinde, weiß die GfK, dank elektronischer Erfassung, bis zum letzten Kaugummi, was die Haushalte einkaufen, wie viel sie wofür ausgeben, welche Supermärkte sie bevorzugen und auf welche Werbespots sie am liebsten hereinfallen[1].

In diesem von der GfK seit 1986 betriebenen Testmarkt Hassloch (vergleiche Graf/Litzenroth 1991) werden unter anderem systematisch die folgenden experimentellen Versuchsbedingungen hergestellt[2]:

- In einer Anzahl an Experimentalhaushalten (n = 2.000) werden gezielt Testwerbesendungen im Fernsehen (durch Überblendung anderer Werbung) ausgestrahlt, in der Kontrollgruppe (n = 1.000) werden diese Sendungen nicht übertragen.
- In allen Haushalten wird das Fernsehverhalten mithilfe elektronischer Instrumente registriert (ob das Fernsehgerät während der Werbeausstrahlung auch tatsächlich eingeschaltet ist). Die Motivation zur Teilnahme an diesem sozialen Experiment wird beispielsweise unterstützt durch eine Teilerstattung der Kabelgebühren des Fernsehens und durch eine kostenlose Zustellung einer Fernsehzeitung (HÖRZU).
- Die Zuordnung der Haushalte in die Vergleichs- oder in die Experimentalgruppe erfolgt mithilfe eines Matching-Verfahrens. Zusätzlich werden dafür bestimmte Strukturmerkmale der Haushalte ermittelt. Diese reichen von der soziodemographischen Struktur bis zur Haustierhaltung. Die Größe der Experimentalgruppen erlaubt es zum Beispiel auch, ein Media-Mix-Design einzusetzen. Dabei werden bestimmte Haushalte nur mit Werbung im Supermarkt konfrontiert, andere erhalten zusätzlich Inserate in der Fernsehzeitung und eine weitere Gruppe kann auch noch über das Fernsehen mit entsprechenden Werbesendungen bedacht werden.
- Die Versorgung mit solchen Werbeexperimenten kann – gestützt durch die über die Haushalte bekannten Strukturdaten – warengruppenspezifisch erfolgen. Dabei werden

1 Vergleiche: http://www.radiobremen.de/tv/daecher/archiv/086.html, besucht am 15.06.2004

2 Vergleiche: http://www.sueddeutsche.de/wirtschaft/922/341765/text/ weitere Informationen finden sich hier: http://www.stern.de/wirtschaft/unternehmen/meldungen/:Verbraucher-H%E4rtetest-Alltag:-Tests-Produkte-Ha%DFloch/517312.html, http://www.focus.de/finanzen/news/tid-12695/gesellschaft-klein-deutschland-mitten-in-der-pfalz_aid_351714.html und http://www.nationalgeographic.de/php/magazin/redaktion/2005/07/redaktion_plz.htm alle besucht am 6.05.2009

Vergleichs- und Experimentalgruppe (einheitlich) mit sonst gleichem Einkaufsverhalten (= ein Kriterium der Randomisierung) gebildet.

- In Fernsehzeitungen, die eigens nur in Hassloch in der Pfalz an bestimmte Haushalte vertrieben werden, ist wiederum in einer Experimentalgruppe gezielt Werbung platziert worden, entsprechend wurde die Vergleichsgruppe nicht mit dieser Werbung konfrontiert. Damit wird dem Experiment eine weitere interessante Facette beigestellt.
- Flächendeckend wird in der Region auch noch das Kaufverhalten der Experimental- und der Vergleichshaushalte beobachtet. So gelingt es der GfK Nürnberg eigenen Angaben zufolge in sechs regionalen Testgeschäften immerhin 90 bis 95 Prozent der Lebensmitteleinkäufe ihrer Testhaushalte zu registrieren.
- Schließlich werden über einen längeren Zeitraum hinweg die entsprechenden Daten erhoben. Diese Verlaufsdaten ermöglichen beispielsweise Aussagen zur Nachhaltigkeit der untersuchten Werbebeiträge[3] (vergleiche Abbildung 7.1.7).

7.2 Fallstudien

Bei Fallstudien (teilweise werden auch die Begriffe Einzelfallstudien, Kasuistik oder Case Studies benutzt) geht es um die komplexe, ganzheitliche Analyse einer bestimmten Untersuchungseinheit. Bei einer solchen Untersuchungseinheit kann es sich um recht verschiedene Objekte handeln (vergleiche auch Alemann/Ortlieb 1975:159ff.). Als Beispiel sollen genannt werden:

- Man kann eine einzelne Person untersuchen. Es interessieren sich beispielsweise die klinische Psychologie und die Medizin für die Erforschung einer bestimmten Krankheit, die bei einer konkreten Person aufgetreten ist und die zunächst an einem einzelnen Patienten (= der Fall) untersucht wird. Von Interesse für die Soziologie sind oft auch ausgewählte Lebensabschnitte einer bestimmten Person, die dann im Rahmen einer biographischen Studie zum Gegenstand der Betrachtung gemacht werden.
- In Fallstudien lässt sich auch eine Personengruppe betrachten. Dabei kann es sich um eine Gemeinde, eine Sekte oder auch, wie in der Studie „Die Arbeitslosen von Marienthal“ (vergleiche Jahoda/Lazarsfeld/Zeisel 1960), um einen nach ganz bestimmten Kriterien ausgewählten Personenkreis handeln. Besondere Bekanntheit hat die Fallstudie „The Polish Peasant in Europe and America“ von Thomas und Znaniecki aus den Jahren 1918 bis 1920 erlangt. Sowohl kleine, real kooperierende soziale Gruppen, wie etwa Vereine, als auch territoriale Einheiten oder bestimmte zeitliche Perioden (vergleiche Babbie 2002:285) können zu Analyseobjekten bei Fallstudien werden.
- Eine soziale Organisation, wie etwa der Deutsche Bundestag oder eine bestimmte politische Partei, können mithilfe einer Fallstudie näher betrachtet werden.
- Schließlich kann auch die Analyse einer Gesellschaft oder einer Kultur im Rahmen politologischer oder ethnologischer Studien mithilfe des Einsatzes des Instruments Fallstudie erfolgen.

---

3 Weitere, detailliertere Informationen zum GfK-BehaviorScan finden sich unter der folgenden Quelle http://www.versuchsszenarien.de/scenes02/hassloch/Vortrag_Dr_Wildner.pdf, zuletzt besucht am 09.04. 2009.

Fallstudien sind keine eigene Erhebungstechnik wie etwa Befragungen und Beobachtungen, sondern es handelt sich hier – ebenso wie bei sozialen Experimenten – um eine spezielle Strategie, die sich verschiedener Techniken bedient. Goode und Hatt beschreiben das Wesen dieses Ansatzes: „Die Einzelfallstudie ist [...] keine besondere Technik. Sie ist vielmehr eine bestimmte Art, das Forschungsmaterial so zu ordnen, dass der einheitliche Charakter des untersuchten sozialen Gegenstandes erhalten bleibt. Anders ausgedrückt ist die Einzelfallstudie ein Ansatz, bei dem jede soziale Einheit als ein Ganzes angesehen wird" (1962:300).

Wer sich dazu entschließt, eine Fallstudie zu veranstalten, der sollte verschiedene *methodische Aspekte* beachten. Vor allem geht es um:

Die jeweiligen Analyseeinheiten – egal, ob es sich um eine einzelne Person oder um eine komplette Kultur handelt – sollen als Ganzes betrachtet werden. Im Unterschied zur standardisierten Umfrageforschung wird a priori keine Zerlegung des Falls in (vermutlich relevante) Dimensionen vorgenommen. Gerade durch die möglichst umfassende Betrachtung des Falles als Ganzheit wird bei diesem Ansatz eine Einbeziehung aller infrage kommenden Determinanten eines Problems ermöglicht.

Die Analyseeinheit wird in Fallstudien nicht nur als ein komplexes Ganzes, sondern auch im Zusammenhang mit der jeweiligen Umwelt betrachtet. So würde man den überraschenden Wahlerfolg einer politischen Partei (= der Fall) nicht nur aufgrund der inneren Struktur dieser Partei in Erfahrung bringen, sondern auch das gesamte politische System, beispielsweise andere, konkurrierende Parteien, in die Betrachtung einbeziehen. Damit muss ein zu analysierender Fall so komplex definiert werden, dass auch alle infrage kommenden Bestimmungsgrößen mit in die Betrachtung eingehen können. Andererseits ist der Fall aber auch so eng zu bestimmen, dass es noch möglich ist, mithilfe zahlreicher methodischer Zugänge die Fragestellungen zu bearbeiten.

Fallstudien zeichnen sich weiterhin durch die Benutzung verschiedener methodischer Strategien für die Informationsgewinnung aus. Zum Einsatz können zahlreiche Formen der Befragung, der Beobachtung und der Inhaltsanalyse kommen. Die Liste der bei Fallstudien möglichen „Versuchspläne lässt sich keineswegs vollständig anführen, weil für jede spezifische Fragestellung ein von *inhaltlichen* Gesichtspunkten determinierter Plan erstellt werden kann" (Roth/Holling 1999:270, Hervorhebung wie im Original; vergleiche auch Tack 1980). Besonders für Fallstudien geeignet sind beispielsweise qualitative Befragungen, verschiedene Formen der Inhaltsanalyse und Gruppendiskussionen.

Bei Fallstudien wird der Standardisierungsgrad der einzusetzenden Methoden relativ niedrig bleiben. Gefragt ist an dieser Stelle der Ideenreichtum des jeweiligen Forschers. Damit können nur relativ geringe Ansprüche an die Objektivität, die Reliabilität und teilweise auch an die Validität von Fallstudien gestellt werden. Dieses Manko kann jedoch durch andere Aspekte, wie die größere Detailtreue der Fallstudien, wieder kompensiert werden. Eine solche Detailtreue wird dazu benutzt, um die Spezifik des jeweiligen Falles besonders intensiv aufzudecken.

Es braucht kaum erwähnt zu werden, dass auf Fallstudien beruhende Erkenntnisse nicht zu weiter reichenden Verallgemeinerungen herangezogen werden können. Problematisch bleibt die Klärung der Frage, welche Schlussfolgerungen aus dem Studium eines Falles für andere Fälle gezogen werden können.

Fallstudien sind auch die Methode der Wahl, wenn es um die Erforschung seltener Ereignisse, wie etwa die erlebte Solidarität und das Wir-Gefühl bei Katastrophen, geht. Da sich solche Ereignisse nicht nach statistischen Auswahlregeln bearbeiten lassen, bieten sich zu Fallstudien eine Alternativen.

Fallstudien offerieren bei einem Mangel an Geld und an Sachmitteln die Möglichkeit, trotzdem interessante Informationen über das Untersuchungsobjekt zu gewinnen. Während quantifizierende Untersuchungen in der Regel kosten- und zeitintensiv sind, lassen sich Fallstudien mit geringerem Aufwand umsetzen. Es darf nicht außer Acht gelassen werden, dass der bei Fallstudien einzusetzende Methodenmix besondere methodischer Kompetenzen erfordert.

Nicht zuletzt sprechen teilweise auch ethische Gründe für die Anwendung von Fallstudien. Wenn beispielsweise eine Drogentherapie evaluiert werden soll (vergleiche Abschnitt 7.4), ist es in der Regel nicht möglich, eine Zufallsauswahl an Versuchspersonen in das zu bewertende Interventionsprogramm aufzunehmen. Stattdessen können Fallstudien benutzt werden, um die Wirkung des Programms bei den Patienten qualitativ zu beurteilen.

Im Rahmen der Empirischen Sozialforschung vermögen Fallstudien einige wichtige *Funktionen* zu übernehmen:

- Die Erkundung (noch) unklarer Sachverhalte mit dem Ziel, zu einer Hypothesenbildung zu gelangen. Anhand eines konkreten Falles können Anregungen für die Generierung einer wissenschaftlichen Vermutung gewonnen werden. Damit bereiten Fallstudien standardisierte Erhebungen vor.
- Fallstudien können als Hauptmethode, etwa bei der Analyse typischer oder besonders seltener Fälle, eingesetzt werden.
- Fallstudien eignen sich gut zur anschaulichen Illustration bestimmter Ereignisse. Anhand konkreter Schilderungen können so Zusammenhänge plastisch dargestellt werden.

Der Einsatz von Fallstudien – als einer stark qualitativ orientierten Methodik – kann mit der Arbeit eines Detektivs verglichen werden (vergleiche Abschnitt 3.8). In einem Fall werden Ermittlungen in verschiedene Richtungen vorgenommen. Einige davon stellen sich unter Umständen als erfolglos heraus, aufgrund anderer Nachforschungen kann der Fall aufgeklärt werden. Mit diesem Befund wird dann zunächst nur der betreffende Fall geklärt. Prinzipiell ist es jedoch denkbar, dass auf diese Weise auch ein Beitrag zur Theorieentwicklung geleistet und die bei der Klärung des Falles gewonnenen Erkenntnisse für Verallgemeinerungen aufbereitet werden können. Zu Beginn seiner Tätigkeit verfügt der Detektiv nicht über eine bestimmte Strategie, um den Fall aufzuklären, ist jedoch mit der Nutzung unterschiedlicher Techniken vertraut. Das zur Anwendung kommende Design ergibt sich sukzessive, aufgrund der vorangegangenen Befunde.

Einem anderen Modell folgend (vergleiche Burawoy et al. 1991:9ff. und Babbie 2002:285), haben Fallstudien jedoch „the purpose of discovering flaws in, and modifying, existing social theories“. Es soll mittels Fallstudien nach Daten gesucht werden, die im Widerspruch zu bestehenden theoretischen Ansätzen stehen.

Die Vorteile von Fallstudien seien abschließend noch einmal hervorgehoben: Es handelt sich um ein in den Sozialwissenschaften gleichberechtigtes Verfahren, das eine differenzierte Datenerhebung und –auswertung ermöglicht. Dabei können sehr verschiedenartige Untersuchungsobjekte beziehungsweise Probleme in den Mittelpunkt der Betrachtung gestellt werden. Fallstudien können sowohl bei einzelnen Personen als auch bei ganzen Kulturen zum Einsatz kommen. Gut geeignet ist diese Technik auch, wenn mit der Untersuchung explorative Absichten verfolgt werden, oder wenn es darum, geht Studien mit Pilotcharakter zu veranstalten. Die bei Fallstudien einzusetzenden Vorgehensweisen sind so vielfältig wie es auch die Ziele sein können. So mag man Briefe analysieren, in narrativen Interviews Lebensläufe erfragen, Tiefeninterviews führen, Zeitungsnotizen, Statistiken, Gerichtsakten und Fotos untersuchen oder auch Gruppengespräche führen.

Als typische Anwendungsgebiete für Fallstudien nennen Bortz und Döring (2002:579) in Anlehnung an Petermann (1996) die pädagogische, sonderpädagogische und die klinische Forschung. Kromrey (1998:507) führt die Ethnomethodologie als besonders häufigen Nutzer von Fallstudien an (vergleiche zum Beispiel Whyte 1967). Baake (1995:45) hebt die Pädagogik hervor, die über eine außerordentlich lange Tradition in der Nutzung von Fallstudien verfügen soll. Berger und Wolf verweisen schließlich auf die Kleingruppenforschung und auf die Analyse von Persönlichkeiten als häufigste Anwendungsgebiete von Fallstudien (1989:331).

7.3 Delphi-Befragungen

7.3.1 Anliegen des Delphi-Ansatzes

In dem Ort Delphi soll der Sage nach im 8. Jahrhundert vor Christus in einem Tempel ein Orakel beherbergt gewesen sein. Fragen mussten dem Orakel schriftlich formuliert vorgelegt werden, wobei die Antworten zumeist zweideutig waren. 480 vor Christus kam es zum Ende der größten Blütezeit des Orakels (vergleiche Grupp 1995:26ff.).

Auf das Jahr 1948 wird ein erster Verweis auf die Benutzung eines nach dem Orakel benannten Forschungsansatzes in neuerer Zeit datiert. Ende der 1940-er Jahre setzte die RAND Corporation (Santa Monica, USA) Delphi in 14 Experimenten für militärische Zwecke ein (vergleiche Linstone/Turoff 1975:10, Dalkey 1963, Dalkey/Helmer 1969).

1964 wurden Delphi-Befragungen auch in der Öffentlichkeit bekannt. Es erschien der „Report on a Long Range Forecasting Study" (Gordon/Helmer 1964). Seit den 1970-er Jahren kam es auch in Westeuropa – einschließlich Deutschland zur Ausbreitung der Delphi-Methode (vergleiche Albach 1970, Cuhls et a. 1995, Aichholzer 2000). Erwähnenswert ist in diesem Zusammenhang auch die erste Untersuchung zur Entwicklung von Wissenschaft und Technologie, die 1971 vom National Institute of Science and Technology Policy (NISTEP) in Japan begonnen wurde. Diese ist bis in die Gegenwart erhoben worden.

Die Delphi-Methode lässt sich als stark strukturierter Gruppenkommunikationsprozess charakterisieren, in dessen Verlauf Sachverhalte, über die naturgemäß unsicheres und unvollständiges Wissen existiert, von Experten beurteilt werden (vergleiche Häder/Häder 1995b:12). Die Grundidee von Delphi besteht darin, in mehreren Wellen Expertenmeinungen zur Problemlösung zu nutzen und dabei ein anonymes Feed-back einzusetzen. Das klassische Delphi-Design besteht aus folgenden Schritten:

1. Die Operationalisierung der Fragestellung. Es geht dabei darum, die abhängige Variable zu bestimmen.
2. Dem schließt sich die Ausarbeitung eines standardisierten Frageprogramms für eine zumeist postalische oder über das Internet vermittelte Erhebung an.
3. Dieses Instrument dient dann der anonymen Befragung einer Expertengruppe (erste Welle).
4. Nach dem die Befragungsergebnisse in Form einer statistischen Gruppenantwort aufbereitet wurden, kommt es zur anonymisierten Rückmeldung dieser Ergebnisse an die Teilnehmer der Befragung.
5. Schließlich wird vor diesem Hintergrund die Befragung mit einem weitgehend identischen Instrument wiederholt.

Neben diesem Standardvorgehen existiert eine Reihe von Varianten, die für eine gewisse Vielfalt bei der Benutzung des Ansatzes sorgen. So bestehen unterschiedliche Ansichten über die notwendige Zahl und die Art und Weise der Auswahl der Experten. Es gibt unterschiedliche Auslegungen der erforderlichen Anzahl an Wellen, auch wird das Feedback unterschiedlich gestaltet. Teilweise werden bei den Experten Self-Ratings über die eigene Kompetenz erfragt und es ist ein relativ beliebiger Einsatz unterschiedlicher Aufgabentypen bei der Befragung zu beobachten. Schließlich bestehen unterschiedliche Ansichten über das Abbruchkriterium von Delphi-Befragungen. Dies kann ein Konsens unter den Teilnehmern oder die Stabilität der erhaltenen Antworten sein.

Vier Typen von Delphi-Befragungen werden inzwischen unterschieden (vergleiche Häder 2002:24ff.):

Typ 1: Delphi-Befragungen zur Ideenaggregation

Hier handelt es sich um einen ausschließlich qualitativen Ansatz. Er zeichnet sich durch einen Verzicht auf die quantifizierenden Runden aus. Die Teilnehmer werden lediglich mit einer Problemstellung konfrontiert und danach dazu aufgefordert, sich in Form eines Aufsatzes hierzu zu äußern. Wie bei qualitativen Befragungen üblich, wird auf die Vorgabe von vorformulierten Antwortkategorien verzichtet. Für die Rückmeldungen an die Teilnehmer werden diese Argumente nur grob aufbereitet. Danach wird die qualitative Befragung wiederholt und weitere Argumente werden gesammelt. Dieser Ansatz ist umso erfolgreicher, je mehr Ideen für die Problemlösung hervorgebracht und qualifiziert werden. Dazu ist in der Regel (vergleiche Hasse 1999) eine nur relativ geringe Anzahl an Teilnehmern erforderlich. In bestimmten Fällen muss aufgrund der von den Teilnehmern vorgebrachten individuellen Argumentationsketten auf die Anonymität der Beteiligten verzichtet werden.

Typ 2: Delphi-Befragungen für eine möglichst exakte Bestimmung eines unsicheren Sachverhalts

Dieser Typ dient dazu, ähnlich wie bei einer Wetterprognose, sich Klarheit über eine bestimmte noch unklare Angelegenheit zu schaffen. Das war das ursprüngliche Ziel des Delphi-Ansatzes. Zugrunde liegt dem eine bestimmte Idee des Forecastings: Die Zukunft soll mit solchen Studien determiniert und teilweise geplant werden. Hier muss auf das Problem der Self-Fulfilling-Prophecies und der Self-Destroying-Prophecies verwiesen werden. So kann die Wirkung einer (zunächst richtigen) Vorhersage dazu beitragen, dass die Wirklichkeit gezielt verändert und die Vorhersage dadurch widerlegt wird. Auch zunächst falsche Vorhersagen – zum Beispiel zur Verknappung einer Ware auf dem Markt – können dadurch bestätigt werden, dass sie entsprechendes Handeln – wie etwa vermehrte Einkäufe – auslösen.

Mit diesem Ansatz wurden beispielsweise in weit über 300 Sitzungen Preisprognosen in Obstanbaugebieten am Bodensee und an der Niederelbe (vergleiche Janssen 1976) erstellt. Immerhin betrug der Notierungsfehler, der auf der Basis der Delphi-Befragungen festgestellt werden konnte, zum Ende der Saison lediglich - 0,9 Prozent.

Typ 3: Delphi-Befragungen zur Ermittlung und Qualifikation der Ansichten von Experten über einen diffusen Sachverhalt

Delphi-Befragungen können genutzt werden, um die Meinungen einer ganz bestimmten Personengruppe zu erheben, beispielsweise um gezielte Schlussfolgerungen über erforderliche Interventionen zu gewinnen, um auf ein absehbares Problem zu reagieren sowie zur Sensibilisierung gegenüber Fehlentwicklungen. Wichtig ist hier vor allem, dass die Ansichten aller Teilnehmer methodisch einwandfrei abgebildet werden.

Dieses neue Konzept unterscheidet sich vom ‚Forecasting', das für die Nachkriegszeit typisch war, dadurch, dass es nicht versucht zu determinieren, wie die Zukunft werden wird, oder sie gar bis ins Detail zu planen, sondern vielmehr eine Kommunikation über die Zukunft sowie zu ihrer aktiven Gestaltung in den Vordergrund stellt (vergleiche Cuhls 2000).

Ein Beispiel ist hier die Aufdeckung von Forschungsbedarf in der Berufsbildungsforschung. Es ging darum, mithilfe einer Expertenbefragung den Grad der Dringlichkeit verschiedener Forschungsrichtungen zu ermitteln (vergleiche Brosi/Krekel/Ulrich 1999).

Typ 4: Delphi-Befragungen zur Konsensbildung unter den Teilnehmern

Auch zur Vorbereitung demokratischer Entscheidungen können Delphi-Befragungen genutzt werden. Hier kommuniziert ein bestimmter Teilnehmerkreis (zum Beispiel Interessengruppen) über einen möglichst genau vorstrukturierten Sachverhalt. Auf diese Weise soll ein kontinuierlicher Diskussionsprozess angestoßen werden, der schließlich zu Konsens führt. Dazu werden die Ansichten der Teilnehmer zu ganz bestimmten Fragestellungen wiederholt erfragt. Sie lösen weitergehende Denkprozesse aus und nicht zuletzt aufgrund einer Gruppennorm wird ein gewisser Konsens erarbeitet.

Als Beispiel soll hier ein Projekt dienen, das Empfehlungen für konsensorientierte Politik im Bereich Mikroelektronik und Arbeitsmarkt erarbeitete (vergleiche Mettler/Baumgartner 1997). Das Ziel bestand darin, in Nordrhein-Westfalen möglichst vielen Bürgern der verschiedenen Sozialschichten zu erlauben, unterschiedlichste Gesellschaftsvisionen in Form normativer Szenarien zu entwickeln. Es waren begründete Maßnahmevor-

schläge an das politische System zu richten, Konsens über die wünschenswerten Grundzüge der zukünftigen Gesellschaft sollte so erzeugt werden.
In der folgenden Tabelle 7.3.1 werden die wichtigsten Charakteristika der vier Typen nochmals gezeigt.

Tabelle 7.3.1 Übersicht zu den wichtigsten Merkmalen der vier Typen von Delphi-Befragungen

Typ einer Delphi-Befragung			
1	*2*	*3*	*4*
qualitativ	qualitativ und quantitativ	qualitativ und (vor allem) quantitativ	quantitativ
Kaum Operationalisierung des Problems	der zu bewertende Sachverhalt wird möglichst exakt definiert		stark vorangetriebene Operationalisierung
Ziel: Ideenaggregation	Ziel: Bestimmung eines Sachverhalts	Ziel: Ermittlung der Ansichten von Experten	Ziel: Konsens
Beispiel: Hasse (1999)	Janssen (1976)	Brosi/Krekel/Ulrich (1999)	Mettler/Baumgartner (1997)

Zusammenfassend lässt sich feststellen: Delphi-Befragungen wurden zur Bearbeitung sehr unterschiedlicher inhaltlicher Fragestellungen benutzt. Prognosen für Entwicklungen auf verschiedenen Gebieten stellen die häufigste Anwendung dar (vergleiche zum Beispiel Henry-Huthmacher/Wilamowitz-Moellendorff 2005). Die Aufklärung retrospektiver Sachverhalte, die Ermittlung des State-of-the-Art, Evaluationsansätze sowie die Feststellung von Forschungsbedarf sind weitere Anliegen von Delphi-Befragungen (vergleiche Häder 2002, Häder 2009). Klammer für die Nutzung der Delphi-Technik sind stets unsichere Sachverhalte, die mithilfe dieser Methode einer Aufklärung näher gebracht werden sollen.

In Tabelle 7.3.2 wird das jeweilige Vorgehen bei der Rekrutierung der Experten beziehungsweise Teilnehmer gezeigt.

7.3.2 Die Zukunft der Dresdner Frauenkirche, Beispiel für eine Delphi-Befragung

Das Vorgehen bei der Konzipierung, Umsetzung und Ergebnisdarstellung einer Delphi-Befragung soll wieder anhand eines Beispiels gezeigt werden. Ziel der Studie war es, unter Experten eine Kommunikation zur Zukunft der wieder errichteten Frauenkirche in Dresden zu führen (für Einzelheiten vergleiche Häder/Kretzschmar 2005a, 2005b)

Tabelle 7.3.2: Prinzipien für die Rekrutierung der Experten beziehungsweise Teilnehmer für Delphi-Befragungen

Typ der Studie	
Ideenaggregation	Alle denkbaren Standpunkte sollen durch mindestens einen Teilnehmer vertreten sein, wenige Experten mit jeweils unterschiedlichem professionellen Hintergrund reichen aus
Bestimmung eines unsicheren Sachverhalts	Hypothesen über die für die Problemlösung erforderliche Expertise sind zu entwickeln, daraus ist eine bestimmte Strategie zur Rekrutierung der geeigneten Experten zu finden, generelle Aussagen zur erforderlichen Teilnehmerzahl sind nicht möglich, mehr Teilnehmer verbessern nicht unbedingt das Ergebnis
Quantifizierung und Qualifikation von Expertenmeinungen	Totalerhebung des interessierenden Personenkreises beziehungsweise zufällige oder bewusste Auswahl; je mehr Befragte, um so aussagekräftiger wird das Ergebnis
Konsens	Struktur einer Grundgesamtheit muss in der Stichprobe abgebildet werden, mit steigender Teilnehmerzahl sinkt der Auswahlfehler

Operationalisierung der Fragestellung

Als relevante Dimensionen des Diskurses zur Frauenkirche wurden identifiziert:

- Die geschichtliche Dimension: Wird die Frauenkirche noch als Symbol des protestantischen Bürgertums wahrgenommen?
- Die architektonische Dimension: Welche Konsequenzen hat der Wiederaufbau für das Stadtbild Dresdens und dessen Gestaltung?
- Die Erinnerungsdimension: Was wird im Zusammenhang mit der Dresdner Frauenkirche vorrangig erinnert?
- Die kulturelle Dimension: Welche kulturellen Äußerungsformen werden mit der Frauenkirche verbunden?
- Die Dimension der Kritik: Worauf zielt die Kritik am Wiederaufbau?
- Die Religiöse Dimension: Welche religiöse Funktion könnte die Frauenkirche erfüllen?
- Die politische Dimension: Welche Funktion erfüllt die Frauenkirche im Rahmen politischer Debatten?
- Die mediale Dimension: Wie inszenieren die Medien das Bild der Frauenkirche?
- Die wirtschaftliche Dimension: Welche wirtschaftlichen Erwartungen werden mit dem Wiederaufbau verbunden?

Ausarbeitung des Frageprogramms

Die Befragung zielte darauf ab, eine Prognose für das Jahr 2013 zu erstellen. Es waren neben einer globalen Einschätzung (Was vermuten Sie, wie wird sich die Zuwendung der

Menschen zur Dresdner Frauenkirche in den nächsten zehn Jahren, also etwa bis 2013, entwickeln? Wird sie eher noch weiter steigen, so bleiben wie zurzeit oder eher geringer werden?) auch die Wahrscheinlichkeit und der Grad der Erwünschtheit verschiedener, um die Frauenkirche gruppierter Szenarien, zu bewerten.

Die Szenarien wurden aus den gezeigten Dimensionen des Diskurses über die Frauenkirche abgeleitet. Abbildung 7.3.3 zeigt eine Seite des Fragebogens.

Befragung einer Expertengruppe

Um ihre Teilnahme wurden 100 namhafte Vertreter aus Politik, Wirtschaft, Kultur, Kirche und den Medien gebeten. Es handelte sich vor allem um Förderer des Wiederaufbaus der Dresdner Frauenkirche.

Obwohl es sich bei den Teilnehmern teilweise um weltbekannte Künstler, um Vertreter der Wirtschaft auf der Ebene der Vorstandssprecher großer deutscher Unternehmen sowie um führende Politiker und um Repräsentanten der evangelischen Landeskirche handelte, konnte – wahrscheinlich aufgrund des attraktiven Gegenstands der Befragung – eine beachtliche Antwortbereitschaft verzeichnet werden. Immerhin nahmen am Diskurs über die Frauenkirche an der ersten Welle 76 und in der abschließenden zweiten 60 Experten teil. Befragt wurden 27 Experten aus dem Bereich Religion, 38 Personen aus Wirtschaft und Politik sowie 34 Vertreter, die dem Bereich Kultur zuzurechnen sind.

Aufbereitung der Ergebnisse und anonymisierte Rückmeldung

Die Antworten wurden statistisch ausgewertet und – wie bei Delphi-Befragungen üblich – in anonymisierter Form als Prozentwerte den Experten zugestellt. Zugleich erging an sie die Aufforderung, vor dem Hintergrund der ihnen übermittelten Gruppenmeinung, in einer zweiten Welle nochmals ein Urteil zu den genannten Fragen abzugeben.

Wiederholung der Befragung

Die wiederholte Abgabe der entsprechenden Urteile führt, so konnte inzwischen gezeigt werden, (vergleiche Häder 2002, Bardecki 1984, Becker 1974) zu einer nochmaligen kognitiven Auseinandersetzung mit dem Gegenstand der Frage und zu einer Qualifikation der ursprünglichen Antworten. Die zweite Welle folgte der ersten in einem Abstand von etwa vier Wochen.

Abbildung 7.3.3: Seite 6 des Delphi-Fragebogens zur Zukunft der Frauenkirche

Mit den folgenden Fragen möchten wir versuchen vorherzusagen, welche Rolle die Frauenkirche nach ihrer Fertigstellung einmal spielen wird. Was meinen Sie, inwieweit werden **in etwa zehn Jahren** die folgenden Aussagen über die Dresdner Frauenkirche zutreffen und für wie wünschenswert halten Sie es, falls eine solchen Entwicklung einträte? Bitte versuchen Sie einmal, sich in das Jahr 2013 zu versetzen.
Zunächst interessieren uns **religiöse und kulturelle** Aspekte.

Bitte machen Sie in jeder Zeile *zwei* Kreuze!

Ein solche Entwicklung hielte ich für...

	sehr wahrscheinlich	wahrscheinlich	teils teils	unwahrscheinlich	sehr unwahrscheinlich	sehr wünschenswert	wünschenswert	teils teils	nicht wünschenswert	überhaupt nicht wünschenswert
34. Die Frauenkirche wird von einer Gemeinde für Gottesdienste genutzt werden.	□	□	□	□	□	□	□	□	□	□
35. Die Frauenkirche wird sich zu einem wichtigen Ort für kulturelle Veranstaltungen entwickelt haben ...	□	□	□	□	□	□	□	□	□	□
36. Die Einnahmen durch den Tourismus rund um die Frauenkirche werden die Grundlage für einen umfassenden historischen Wiederaufbau Dresdens gelegt haben	□	□	□	□	□	□	□	□	□	□
37. Die Begeisterung für die Frauenkirche wird zu einer Wiederbelebung des religiösen Lebens in Dresden geführt haben	□	□	□	□	□	□	□	□	□	□
38. Auch 2013 wird die Erinnerung an die Nacht der Zerstörung Dresdens noch wach sein und es wird Gedenkfeiern geben	□	□	□	□	□	□	□	□	□	□
39. Die Aufmerksamkeit der Medien gegenüber der Frauenkirche wird nach ihrer Einweihung deutlich abgenommen haben	□	□	□	□	□	□	□	□	□	□
40. Die Frauenkirche wird ein bekanntes Wahrzeichen der westlicher Kultur geworden sein	□	□	□	□	□	□	□	□	□	□
41. Die Frauenkirche wird ständig von der Polizei gesichert werden müssen	□	□	□	□	□	□	□	□	□	□

Ergebnisdarstellung

Zur Veranschaulichung wird an dieser Stelle nur ein Aspekt der Studie gezeigt, die Beurteilung einiger Szenarien nach ihrer Erwünschtheit und die Bewertung der Wahrscheinlichkeit ihres Eintretens. Abbildung 7.3.4 zeigt beide Facetten.

Oben rechts sind beispielsweise besonders wahrscheinliche und zugleich besonders wünschenswerte Szenarien zusammengefasst, unten links stehen dagegen jene, die sowohl für unerwünscht als auch für unwahrscheinlich gehalten werden. Die Pfeile deuten die Veränderung der Bewertungen in der zweiten gegenüber der ersten Welle an. Vor allem die Erinnerung an die Nacht der Zerstörung Dresdens (38) wird nach Ansicht der Experten bei den Menschen auch 2013 noch präsent bleiben. Dies wird zugleich als eine besonders zu bewahrende Tradition interpretiert. Vehement abgelehnt, das heißt für sehr unwahrscheinlich gehalten und zugleich nicht erwünscht, werden die beiden negativ formulierten (41 und 46) Annahmen: „die Frauenkirche wird von Polizei gesichert werden müssen" und „das Umland verliert Touristen gegenüber der Stadt Dresden".

Abbildung 7.3.4 Wahrscheinlichkeit und Erwünschtheit verschiedener Szenarien der zukünftigen Nutzung der Frauenkirche, Veränderung der Mittelwerte von der 1. zur 2. Welle[4]

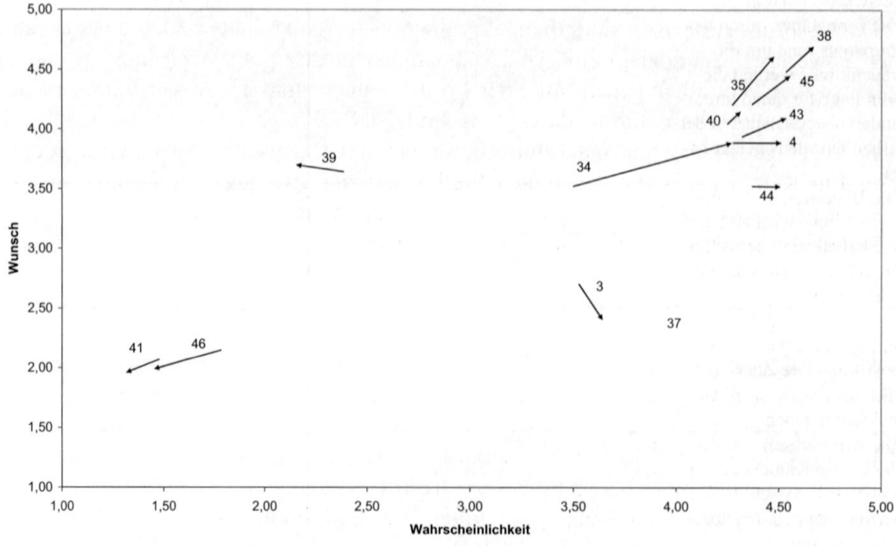

4 Die Beschriftung der Graphik folgt der in Abbildung 7.3.3 benutzten Zählung. Die dort nicht genannten Szenarien haben folgende Bedeutung: 43) Der Wiederaufbau der Frauenkirche gibt Impulse für zahlreiche weitere Bauvorhaben in der Stadt. 44) Verbesserte Verkehrsanbindungen erhöhen die Attraktivität der Stadt als Wirtschaftsfaktor. 45) Die Frauenkirche gehört zu den zehn meistbesuchten Sehenswürdigkeiten Deutschlands. 46) Das Umland verliert Touristen gegenüber der Stadt Dresden. und 47) Die Innenstadtentwicklung wird beschleunigt und die Attraktivität der innerstädtischen Einkaufsgebiete wird erhöht.

7.4 Evaluationsstudien

7.4.1 Das Anliegen von Evaluationsstudien

Die Evaluationsforschung nimmt eine Bewertung (= Evaluation) von Maßnahmen oder von Interventionen vor. Auch Evaluationsstudien sind keine eigene Methode, sondern stellen ein komplexes Design dar, das verschiedene, unterschiedliche Techniken zur Anwendung bringt. Damit zeichnen sich Evaluationsstudien ebenfalls nicht durch eine bestimmte gemeinsame Vorgehensweise, sondern durch ihre Zielstellung aus.

Für das Evaluationsdesign gelten alle jene methodischen Regeln, die auch für die anderen Zugänge zu den Untersuchungsobjekten vorgestellt wurden (vergleiche Kapitel 6). Vor allem mit sozialen Experimenten besteht eine Reihe an Analogien.

Die Begriffe Erfolgskontrolle, Effizienzforschung, Begleitforschung, Programmevaluation und Wirkungskontrolle werden synonym für den Ausdruck Evaluationsstudien benutzt (vergleiche Thierau/Wottawa 1998:13).

Nach Rossi und Freeman beinhaltet Evaluationsforschung „die systematische Anwendung empirischer Forschungsmethoden zur Bewertung des Konzepts, des Untersuchungsplans, der Implementierung und der Wirksamkeit sozialer Interventionsprozesse" (1993:5). Auf die gleiche Weise definieren auch Bortz und Döring die Evaluationsforschung (vergleiche 2002:101f.).

Der Ursprung der wissenschaftlichen Evaluationsforschung liegt in den 1930-er Jahren in der Bewertung von sozialpolitischen Maßnahmen in den USA im Bildungs- und Gesundheitswesen. Vor allem gegen Mitte der 1960-er Jahre erfuhr der Ansatz dann eine deutliche Entwicklung. Diese führte dazu, dass Ende der 1980-er Jahre die Evaluationsforschung sogar zum stärksten Wachstumsfaktor der amerikanischen Sozialwissenschaften wurde. Ein Kennzeichen für den hohen Stellenwert der Evaluationsforschung sind beispielsweise spezielle Ausbildungsprogramme für Evaluatoren sowie die Entwicklung genuiner Standards, denen Evaluationsprojekte zu genügen haben (vergleiche Thierau/Wottawa 1998:67).

Der Begriff der sozialen Interventionsprozesse, deren Wirkung durch Evaluationsstudien erfasst werden soll, muss besonders weit gefasst werden. So finden Evaluationen nicht nur für Antidrogenprogramme oder für die Anti-AIDS-Kampagnen statt, sondern beispielsweise auch für die Bewertung des Erfolgs von Marketingstrategien und von neuen juristischen Gesetzen. Wottawa und Thierau (1998:61) nennen eine ganze Reihe weiterer Zielstellungen, mit denen bisher Evaluationsstudien angelegt wurden. Dazu zählen die Bewertung von Therapieerfolgen im Strafvollzug (vergleiche Waxweiler 1980) genauso wie die Ermittlung der Akzeptanz von Formen der Müllbeseitigung und des Lärms (vergleiche Scharnberg/Wühler/Finke/Guski 1982) oder ein Vergleich der Tauglichkeit verschiedener Methoden zur Förderung der kindlichen Kreativität (vergleiche Levin/Glass/ Meister 1986).

Evaluationsstudien zeichnen sich weiterhin dadurch aus, dass sie – im Unterschied etwa zur Grundlagenforschung – in konkrete Empfehlungen für den Auftraggeber münden. Damit ist klar, dass die Ergebnisse solcher Studien für die Beteiligten eine beträchtliche Brisanz besitzen können und deshalb gegenüber Kritik besonders gerüstet sein müssen. Spätestens dann, wenn im Ergebnis einer Evaluationsstudie behauptet wird, eine Maßnahme beziehungsweise Intervention sei wirkungslos geblieben (und sollte damit besser beendet werden), muss die Seriosität des Vorgehens bei der Evaluation detailliert nachgewiesen werden. Um dies zu gewährleisten, muss die Evaluationsforschung nach strengen wissenschaftlichen Kriterien ablaufen. Persönliche Vorlieben und Erwartungen des Auftraggebers oder des Evaluators dürfen keinen Einfluss auf die Befunde von Evaluationsprojekten haben. Damit liegt es auch nahe, dass Selbstevaluationen kaum dazu in der Lage sind, solchen Standards zu genügen. Aus diesem Grund handelt es sich bei der Evaluationsforschung in der Regel um Auftragsforschung, also um Projekte, die von externen Personen übernommen werden.

So mag das Management eines Unternehmens die Frage stellen, ob die von ihm für einen bestimmten Zweck verausgabten Mittel, zum Beispiel für eine Imagekampagne, auch sinnvoll veranschlagt worden sind. In diesem Zusammenhang werden dann eine Reihe verschiedener Interessen und Wünsche tangiert, die von den Evaluatoren möglichst wertfrei bearbeitet werden sollten. Neben dem Auftraggeber einer Evaluation dürfte vor allem der Projektträger, der die zu evaluierende Maßnahme, wie hier die Imagekampagne, umgesetzt hat, Interessen am Ausgang des Evaluationsprozesses haben. Damit sind an einer Evaluation idealer Weise drei Akteure beteiligt: erstens der Auftraggeber, der am Nutzen einer Maßnahme oder Kampagnen interessiert ist, dies kann beispielsweise ein Unternehmen sein. Zweitens die für die Umsetzung der jeweiligen Maßnahme verantwortliche Institution, beispielsweise eine Werbeagentur, die nicht selten daran interessiert ist, die von ihr begonnene Arbeit fortzusetzen. Drittens ist natürlich der Evaluator beteiligt, der die Wirkung der Maßnahme feststellt. Für den Evaluator besteht ganz besonders die Verpflichtung, neutral aufzutreten, also weder die Interessen des einen oder des anderen Akteurs zu vertreten. Zugleich ist er dazu verpflichtet, den Evaluationsprozess und dessen Ergebnisse so darzustellen, dass die beteiligten Akteure diese auch verstehen können. Denkbar wäre auch, zusätzlich einen wissenschaftlichen Beirat einzusetzen, der die Evaluation überwacht beziehungsweise die Evaluatoren berät.

Eine Voraussetzung für die Akzeptanz des Evaluationsergebnisses ist die vollständig nachvollziehbare Dokumentation des Vorgehens sowie die Verwendung unstrittiger Fakten als Grundlage für die Bewertung. So ist es für die Akzeptanz der Evaluationsergebnisse von Vorteil, wenn die drei genannten Akteure bei der Konzipierung der Evaluation zusammenarbeiten.

Hier ein Beispiel dafür, wie *nicht* mit den Ergebnissen einer Evaluation umgegangen werden sollte: Das Ergebnis einer vom US-amerikanischen Präsidenten Richard Nixon in Auftrag gegebenen Studie zur Ermittlung der Wirkung von Pornographie lautete: „After a diligent, multifaceted evaluation, the commission reported that pornography didn't appear to have any of the negative social consequences often attributed to it. Exposure to pornographic materials, for example, didn't increase the likelihood of sex crimes" (Babbie 2002:347). Nun war beabsichtigt, auf der Grundlage dieses Befundes eine entsprechende Gesetzesänderung vorzunehmen. Da Nixon das Ergebnis der Evaluation jedoch für falsch erklärte, blieb diese aus. Offenbar widersprach das Resultat der Evaluation den tief verinnerlichten Auffassungen des amerikanischen Präsidenten.

Die bei einer Evaluation zutage geförderten Befunde werden in der Regel nicht – wie in der Grundlagenforschung – einer breiten Öffentlichkeit zur Verfügung gestellt. Letztendlich wird, wie im Beispiel des amerikanischen Präsidenten, der Auftraggeber über die Nutzung des bei der Evaluation erhobenen Materials entscheiden.

Das Ziel eines Evaluationsprojektes besteht darin, die Wirkung einer Intervention zu beurteilen. Bei der Nutzung der Evaluationsergebnisse muss klar sein, dass eine solche Bewertung stets relativ bleibt. So lassen sich praktisch nie alle auf ein bestimmtes System wirkende Einflüsse kontrollieren beziehungsweise konstant halten. Ziel muss jedoch sein, für die Bewertung mithilfe der jeweils neuesten Forschungsmethodik möglichst exakte Aussagen zu gewinnen. Ein weiteres Problem tritt insbesondere dann auf, wenn (trotz aller Mühe) eine solche Evaluationsstudie nur ein unsicheres, risikobehaftetes Ergebnis erbracht hat, das dann die Grundlage für weitere Entscheidungen liefern soll.

In diesem Zusammenhang ist nochmals darauf zu verweisen, dass eine Evaluation voraussetzt, dass auch alle beteiligten Akteure das Ergebnis der Studie akzeptieren. Ohne die prinzipielle Bereitschaft aller Betroffenen, Veränderungen aufgrund des Evaluationsergebnisses vorzunehmen, wäre der gesamte Prozess unsinnig. Es würde dann höchsten darum gehen, etwas zu bestätigen, was ohnehin nicht zu verändern ist. Dies erscheint auch ein Grund dafür zu sein, dass in totalitären gesellschaftlichen Systemen die Evaluationsforschung chancenlos war beziehungsweise ist, während gerade in den USA, dem Herkunftsland der Evaluationsstudien, eine besondere Innovationsbereitschaft besteht. Auf eine interessante Ausnahme wurde bereits verwiesen.

Grundlage für die Evaluation bilden Theorien. Bortz und Döring unterscheiden zwischen wissenschaftlichen und technologischen Theorien: „*Wissenschaftliche Theorien* dienen der Beschreibung, Erklärung und Vorhersage von Sachverhalten; sie werden in der Grundlagenforschung entwickelt. *Technologische Theorien* geben konkrete Handlungsanweisungen zur praktischen Umsetzung wissenschaftlicher Theorien; sie fallen in den Aufgabenbereich der angewandten bzw. Evaluationsforschung“ (2002:106 – kursiv wie im Original, M.H.).

7.4.2 Das Vorgehen bei Evaluationsstudien

Eine wesentliche Voraussetzung für die Evaluationsforschung ist, dass ein Konzept der zu bewertenden Maßnahme vorliegt. Dabei müssen vor allem Informationen über das mit der zu bewertenden Maßnahme angestrebte Gesamtziel vorhanden sein. Wurde ein solches Ziel nicht definiert oder gibt es nur diffuse Vorstellungen vom Zweck einer Maßnahme, so erschwert dies eine Evaluation oder macht sie unmöglich.

Auch die von der Maßnahme betroffene Zielpopulation ist eindeutig zu benennen. Nur auf diese Weise lässt sich dann bei einer Evaluation klären, ob die verausgabten Mittel tatsächlich berechtigt angelegt worden sind. Je konkreter es gelingt, das Ziel und die Zielpopulation zu benennen, desto aussagekräftiger (deutlicher) kann das Ergebnis einer Evaluation ausfallen.

Dass es nicht unbedingt einfach ist, ein solches Gesamtziel beziehungsweise die dazu erforderlichen Teilziele zu fixieren, mögen die Evaluationsbemühungen um die Hochschulen in Deutschland zeigen. Es kann bei der Evaluation nach der Summe der eingeworbenen Drittmittel, nach einer fiktiven Empfehlung der Hochschullehrer für einen zu wählenden Studienort, nach dem Können der Absolventen, nach der durchschnittlichen Studiendauer, nach der Quote, der nach einer bestimmten Zeit vermittelten Absolventen, nach der Anzahl durchgefallener Studenten, nach der Größe der Seminare, nach dem Unterhaltungswert von Vorlesungen, nach der Zufriedenheit mit der Betreuung oder / und nach der Anzahl an

Studenten pro Professor geschaut werden. Alle einzelnen Facetten dürften interessant und wichtig für die Bewertung einer Hochschule sein. Jedoch ist es nicht zwangsläufig, dass auch alle genannten Kriterien auf derselben Dimension liegen.

Ein weiterer Aspekt, der bei der Evaluationsforschung zu beachten ist, stellt die prinzipielle methodische Umsetzbarkeit der Fragestellung dar. Würde man von einem Evaluator beispielsweise wissen wollen, ob die bei der Vereinigung der beiden deutschen Staaten für die Verbesserung der Infrastruktur in Ostdeutschland verausgabten finanziellen Mittel berechtigt waren oder nicht, so müsste man wohl – zumindest im Nachhinein – konstatieren, dass die den Sozialforschern zur Verfügung stehenden Mittel und Methoden nicht ausreichen, um hierzu ein belastbares Urteil abgeben zu können. Aus methodischer Sicht wünschenswert wäre es gewesen, ein Vergleichs(-gruppen)konzept zu verwenden. So hätte man einen zufällig ausgewählten Teil Ostdeutschlands finanziell auf eine andere Weise unterstützen sollen und dabei wäre dann zu beobachten gewesen, wie sich demgegenüber der verbleibende Rest entwickelt.

Damit ist noch eine weitere relevante Dimension der Evaluationsforschung angesprochen worden: die ethische Verantwortung aller Akteure. So mögen bestimmte Designelemente, die aus methodischer Sicht als wünschenswert im Sinne eines zuverlässigen Ergebnisses gelten, aufgrund von ethischen Bedenken unterbleiben müssen. Dies gilt vor allem immer dann, wenn es sich um Interventionen handelt, die Eingriffe in das Leben einzelner Menschen nach sich ziehen. Einmal angenommen, es wurde eine neue medizinische Behandlungsmethode entwickelt. So liegt es nahe, diese vor allem bei Patienten anzuwenden, die besonders stark erkrankt sind und die diese Therapie vor allem benötigen. Aus der Sicht eines Evaluators hätte die neue Therapie jedoch nach dem Zufallsprinzip verabreicht werden müssen und wäre in der Vergleichsgruppe gar völlig zu unterlassen gewesen.

Ein weiterer ethischer Aspekt stellt der Verzicht auf Falschinformationen dar. Inzwischen undenkbar ist eine 1932 in Alabama (USA) durchgeführte Studie. Dabei wurden arme schwarze Männer rekrutiert, angeblich um kostenlos die Wirkung verschiedener Mittel gegen Syphilis zu überprüfen. Einige hundert Männer nahmen an diesem Projekt freiwillig teil. In Wirklichkeit bekamen diese Personen jedoch überhaupt keine Medikamente, Ziel war es vielmehr, den normalen Verlauf der Krankheit zu studieren (vergleiche Jones 1981 und Babbie 2002:346).

Auch können bei der Umsetzung eines Evaluationsdesigns logistische und administrative Probleme auftreten.

Auf folgende Probleme bei Evaluationsstudien soll aufmerksam gemacht werden, hierüber sollte zwischen allen Beteiligten eine Übereinkunft erzielt werden (vergleiche auch Babbie 2002:331ff.):

1. Was ist das eigentliche Ziel der zu bewertenden Maßnahme. Dieses muss genau bestimmt werden. Verhaltensveränderungen stellen hier besonders anspruchsvolle Ziele dar, beispielsweise im Kontext von AIDS.
2. Dem folgt die Operationalisierung des Ziels. Welches Verhalten soll durch die Maßnahme verändert werden, soll die Nutzung sauberer Nadeln, die Verwendung von Kondomen, die Absolvierung eines HIV-Tests oder das Aneignen von Wissen über AIDS erreicht werden. Hier handelt es sich um die abhängige Variable.
3. Die für die Evaluation geeigneten Messinstrumente sind zu erarbeiten. Sie sollen die abhängige Variable messen. Denkbar wäre es, die Verkaufszahlen von Kondomen

zu beobachten, die Häufigkeit von HIV-Tests zu registrieren oder die Zahl neuer Infektionen festzustellen. Es muss entschieden werden, ob selbstberichtetes Verhalten oder doch besser über Statistiken erhobenes Verhalten der Evaluation zugrunde gelegt werden soll.

4. Der Kontext der Maßnahme ist zu bestimmen. Soll zum Beispiel eine Schulung von Arbeitslosen bewertet werden, die das Ziel verfolgt, die Berufschancen dieser Personen zu verbessern, so ist in die Bewertung auch die Situation am Arbeitsmarkt (= Systemumwelt) einzubeziehen. Eine ideale Lösung wäre hier die Bildung einer Kontrollgruppe, die nicht von der Maßnahme betroffen ist, sich jedoch in der selben Systemumwelt aufhält.
5. Die tatsächliche Wirkung der Intervention ist zu kontrollieren. Um weiter beim Beispiel der Evaluation einer Arbeitslosenschulung zu bleiben, wäre zu untersuchen, wie viele Fehltage die einzelnen Personen haben, die an der betreffenden Schulung teilnehmen sollten. Mitunter reicht es also nicht aus, die Versuchspersonen lediglich zufällig bestimmten Gruppen zuzuteilen.
6. Die Zuweisung zur Kontroll- und zur Vergleichsgruppe ist zu kontrollieren. Beide Gruppen müssen, um die Wirkung einer Maßnahme beurteilen zu können, zu Beginn der Intervention vergleichbar strukturiert sein.
7. Die Zielgruppe der Intervention ist genau zu bestimmen. So ist festzulegen, ob mit der Maßnahme beispielsweise alle Arbeitslosen, nur junge Arbeitslose oder lediglich unqualifizierte Arbeitslose erreicht werden sollen.
8. Zu fragen ist, ob die Evaluation die Entwicklung neuer Messmethoden erfordert, oder ob auf die Nutzung bewährter Ansätze zurückgegriffen werden kann.
9. Erfolg und Misserfolg einer Maßnahme sind zu definieren. Eine solche Bestimmung erfolgt zumeist aufgrund einer Kosten-Nutzen Abwägung. Wenn eine Maßnahme Kosten in einer bestimmten Höhe verursacht hat und der Nutzen größer ist als diese Kosten, so war sie erfolgreich. Wenn aber zum Beispiel ein neues Lernkonzept bewertet werden soll – das Kosten in einer bestimmten Höhe verursacht hat – und im Ergebnis sich die Leistungen der Schüler um eine bestimmte Punktezahl bei einem standardisierten Leistungstest verbessern, fällt eine solche Kosten-Nutzen Bewertung schwerer. Eine Möglichkeit wäre hier, die erforderlichen Kosten und den Nutzen eines anderen Tests zur Beurteilung heranzuziehen.
10. Auch ist nach nicht beabsichtigten Wirkungen einer Maßnahme zu fragen. So können sich zum Beispiel Windräder durchaus für die umweltfreundliche Stromgewinnung bewähren, zu fragen ist aber auch, wie solche Windräder das ästhetische Landschaftsempfinden beeinflussen.

7.4.3 Arten von Evaluationsstudien

Unterscheiden kann man die Evaluationsstudien in begleitende Evaluationen – hier wird die Intervention laufend beurteilt und gegebenenfalls dabei auch kurzfristig modifiziert – oder in Evaluationsprojekte, die erst nach Abschluss der jeweiligen Maßnahme bewertet werden. Bortz und Döring benutzen dafür auch die Begriffe formative und summative Evaluation (2002:112). So erfolgt die Evaluation bei der zuerst genannten Form in bestimmten regelmäßigen Abständen bereits während der Laufzeit der Intervention. Bei der zweiten Form wird zusammenfassend (summativ), nach Beendigung der Intervention evaluiert.

Im Rahmen einer Evaluationsstudie muss – wie bereits betont – der Nachweis geführt werden, dass die betreffenden Resultate *nur* infolge der Intervention aufgetreten sind und ansonsten ausgeblieben wären. Es geht also darum, andere Einflussgrößen – wie etwa jahreszeitliche Schwankungen, Alterungsprozesse bei den Beteiligten – auszuschließen. Um dies zu erreichen, müssen idealer Weise eine Experimental- und eine Vergleichsgruppen in das Design der Evaluation einbezogen werden. Ähnlich wie bei einem experimentellen Design (vergleiche Abschnitt 7.1) wird lediglich in der Experimentalgruppe die Veränderung vorgenommen. Dies liegt nahe, wenn man sich vorstellt, man wollte die Wirkung eines Erkältungsmittels evaluieren. Hier dürfte es wichtig sein zu prüfen, ob nicht auch völlig ohne solche Beigaben – wie in der Kontrollgruppe – die Erkältung in derselben Zeit hätte bekämpft werden können.

Das Gleiche gilt für die zufällige Zuweisung der Zielpersonen in die Experimental- und die Vergleichsgruppe (Randomisierung). Um bei unserem Beispiel zu bleiben, könnte man mit Umsetzungsproblemen rechnen, wenn nicht den am schlimmsten von einer Krankheit betroffenen Personen auch die neue, vermeintlich moderne Behandlungsmethode zugute kommen soll – sondern vielmehr eine Zufallsauswahl über die Zuweisung zur neuen Behandlungsmethode entscheidet. In einem solchen Fall könnten jedoch zwischen Experimental- und Vergleichgruppe festgestellte Unterschiede nicht mehr (nur) auf die Wirkung der zu evaluierenden Maßnahme zurückgeführt werden.

Die hier genannten Forderungen an eine Evaluation beschreiben ein idealtypisches Vorgehen. In der Praxis wird sich dies kaum umsetzen lassen. Damit setzen Evaluationsstudien stets auch Optimierungen voraus. Um dies genauer zu beschreiben, soll ein entsprechendes Beispiel besprochen werden.

Folgende drei Typen von Evaluationsstudien können voneinander abgehoben werden:

1. *Experimentelle Designs*: Diese zeichnen sich durch Vorher- und Nachermessungen und eine Randomisierung bei der Gruppenzuweisung aus. Sie erlauben eine differenzierte Auswertung der Wirkung des Stimulus. So könnte sich zum Beispiel herausstellen, dass eine getroffene Maßnahme nur bei einer bestimmten Subpopulation eine Wirkung hat.
2. Vor allem aufgrund der ethischen Probleme können bei der Evaluation häufig keine experimentellen Designs benutzt werden. Stattdessen kommen *Quasi-Experimentelle-Designs* zur Anwendung. Diese können weiter unterschieden werden in:
   2.1 *Time-Series Designs*: Sie werden ohne die Nutzung einer Vergleichsgruppe lediglich in der Experimentalgruppe mehrmals wiederholt. Das Fehlen der Vergleichsgruppe bewirkt jedoch, dass keine zuverlässige Kontrolle externer Einflüsse erfolgen kann.
   2.2 *Designs mit nichtäquivalenten Vergleichsgruppen*: Dabei wird eine ohnehin bereits existierende Vergleichsgruppe zur Kontrolle benutzt. Soll zum Beispiel eine neue Lehrform evaluiert werden, so müssten eigentlich die Schüler per Randomisierung in die beiden Gruppen aufgeteilt werden. Dies ist aus praktischen Gründen zumeist kaum möglich. Stattdessen bietet sich ein Ver-

gleich von bereits bestehenden Klassen an, die zu Beginn der Maßnahme ähnlich strukturiert sind.

Ein anderes Beispiel wäre die Nutzung von bewussten Verweigerern einer zu evaluierenden medizinischen Therapie als nichtäquivalente Vergleichsgruppe im Rahmen der Evaluation.

2.3 Als dritte Unterscheidungsform der Quasi-Experimentellen Designs sind die *multiplen Zeitreihendesigns zu nennen.*

3. Auch *Qualitative Evaluationen* können eingesetzt werden. Babbie (2002) berichtet von einer Antidrogen-Kampagne bei Schwangeren. Hier wurde den Teilnehmern vermittelt, dass Babys ein geringeres Geburtsgewicht haben, wenn die Frauen während der Schwangerschaft rauchen. Die dazu geführten qualitativen Interviews ergaben, dass bei den Teilnehmern jedoch die Meinung existierte, dass bei leichteren Babys auch einfachere Geburt möglich sei. Diese Information hätte selbst bei einem kompletten experimentellen Design nicht gewonnen werden können. Hier bietet es sich an, die quantitative Evaluation durch einen qualitativen Ansatz zu ergänzen.

7.4.4 Die Evaluation des Three-Strikes Gesetzes in den USA, ein Beispiel

In einigen US-amerikanischen Bundesstaaten ist in den 1990er-Jahren ein neues Gesetz in Kraft getreten, das sogenannte Three-Strikes Law. Dieses zielt darauf, mithilfe drastischerer Maßnahmen die Verbrechen zu reduzieren. Dazu sollen kriminelle Lebensläufe insbesondere dadurch verhindert werden, dass Wiederholungstäter stärker bestraft werden. Bei einer erneuten Tat wird die Strafe verdoppelt. Sollte eine Person zum dritten Mal kriminell werden, so würde eine 25-jährige Freiheitsstrafe verhängt werden. So ist das Ziel der neuen Gesetzgebung immerhin eindeutig definiert.

Scheinbar deutet das Ergebnis der Gesetzesänderung nun auf einen vollen Erfolg hin: Im Verlauf von nur fünf Jahren kam es zu einem Absenken der Mordfälle in Kalifornien um 51 Prozent. Damit seien Kosten in Höhe von 21.7 Milliarden Dollar gespart und eine Million Verbrechen verhindert worden (vergleiche BayInsider 1999[5]). Zumindest teilweise wurde dieses Ergebnis als eine Folge der neuen Gesetzgebung interpretiert.

Jedoch hielt dieser Befund einer genauren Überprüfung nicht stand. So stellte sich 1994 heraus, dass das neue Gesetz jährliche Kosten in Höhe von etwa 5.5 Milliarden US-Dollar verursacht, beispielsweise für die Gefängnisse, in denen die Kriminellen untergebracht werden (vergleiche Greenwood et al. 1994). Zugleich ist es offensichtlich, dass Personen, die im Gefängnis untergebracht sind, in der Regel keine neuen Verbrechen auf der Straße begehen können. Damit muss vom neuen Gesetz nicht unbedingt eine präventive Wirkung ausgehen. So kann der Rückgang der Mordrate nur auf bestimmte Weise dem neuen Gesetz zugeschrieben werden.

Eine andere Studie stellte 1996 fest (vergleiche Greenwood et al. 1996), dass aufgrund der neuen Rechtssprechung etwa eine Million US-Dollar erforderlich sind, um 60 Verbrechen zu verhindern. Würde man dieselbe Summe Geldes jedoch dafür investieren, um an

---

5 Vergleiche http://www.bayinsider.com/news/1999/03/01/three_strikes.html, besucht am 25.07.2006. Weitere Informationen unter http://www.threestrikes.org/index.html.

den Schulen für einen längeren Verbleib der Schüler zu werben beziehungsweise um die Quote jener Personen zu reduzieren, die die Schule ohne einen Abschluss verlassen, so ließen sich so immerhin 258 Verbrechen verhindern. Einer solchen Gegenüberstellung folgend handelte es sich dann doch um ein sehr uneffektives Gesetz.

Offenbar wird in den USA jedoch generell die Bedeutung von Gefängnisstrafen überschätzt (vergleiche Irwing/Austin 1997 und Babbi 2002:349), während andere Varianten der Verbrechensbekämpfung übersehen werden. Zugleich lassen sich an diesem Beispiel sehr gut verschiedene Aspekte der im Rahmen von Evaluationsprojekten diskutierten Probleme nachvollziehen.

7.5 Interkulturelle Studien – das Beispiel des European Social Survey

Interkulturelle empirische Studien haben einen hohen Stellenwert erlangt. Nicht zuletzt vor dem Hintergrund des sich vereinigenden und damit vergrößernden Europas, angesichts der international agierenden Wirtschaftsunternehmen sowie im Zusammenhang mit der Globalisierung ist es plausibel anzunehmen, dass die Bedeutung solcher Studien noch weiter zunimmt. Neben kommerziellen interkulturellen Studien existieren verschiedene akademische Untersuchungsreihen, die sich diesem Anspruch stellen (vergleiche O'Shea/Bryson/Jowell 2003). Als Beispiele können das International Social Survey Programme (ISSP), der European Value Survey (vergleiche Abschnitt 6.1.4 und van Deth 2004) beziehungsweise der World Value Survey, das Eurobarometer und vor allem der European Social Survey (ESS) genannt werden. Insbesondere letzterer zeichnet sich durch hohe methodische Ansprüche aus. Er dient als Modell für Umfragestudien dieser Art.

Interkulturelle Studien stehen vor den gleichen methodischen Herausforderungen wie auch alle anderen sozialwissenschaftlichen Untersuchungen. Für die Umfragen ist ein Fragebogen zu entwickeln, ein Pretest ist zu erheben, die Feldarbeit muss organisiert werden und die gewonnenen Daten sind aufzubereiten, zu dokumentieren und auszuwerten (vergleiche hierzu die jeweiligen Abschnitte). Daneben sind interkulturelle Studien jedoch noch mit verschiedenen weiteren Problemen konfrontiert. Verwiesen werden soll auf die Übersetzung der Erhebungsinstrumente in die jeweiligen Landessprachen, auf die Entwicklung eines Stichprobendesigns, das sich in den jeweiligen Ländern realisieren lässt und schließlich zu vergleichbaren Ergebnissen führt, auf die Organisation einer in allen beteiligten Ländern vergleichbaren Feldarbeit und nicht zuletzt auf die Schaffung einer solchen interkulturell agierenden Organisationsstruktur, die die Durchsetzung der entwickelten methodischen Standards bei allen Beteiligten zu garantieren vermag.

7.5.1 Organisationsstruktur

Es wurde in den vorangegangenen Abschnitten bereits festgestellt, dass bei empirischen Untersuchungen eine Reihe an (richtigen) Entscheidungen zu treffen sind. Diese betreffen beispielsweise den Wortlaut der zu stellenden Fragen, deren Reihenfolge, das Vorgehen beim Pretest und vieles andere mehr. Dies gilt natürlich auch und besonders für interkulturelle Forschungen. Zugleich ist es evident, dass auch die Umsetzung der beim ESS selbst gestellten hohen methodischen Standards entsprechend überwacht werden muss. Für diese

Zwecke ist es erforderlich, dass es eine zentrale Studienleitung gibt, die die Verantwortung für das Gesamtprojekt trägt und die letztlich alle nötigen Entscheidungen trifft. Ein solches Gremium sollte zudem über einen Zugriff auf das erforderliche methodische Expertenwissen verfügen. Für das ESS wurde eigens die in Abbildung 7.5.1 gezeigte Organisationsstruktur geschaffen. Diese sieht neben einer zentralen Koordinierungsgruppe auch vor, dass es in den Teilnehmerländern jeweils Projektverantwortliche gibt.

Abbildung 7.5.1 Die Organisationsstruktur des ESS (vergleiche ESS Round 1, Technical Report 2003:5)

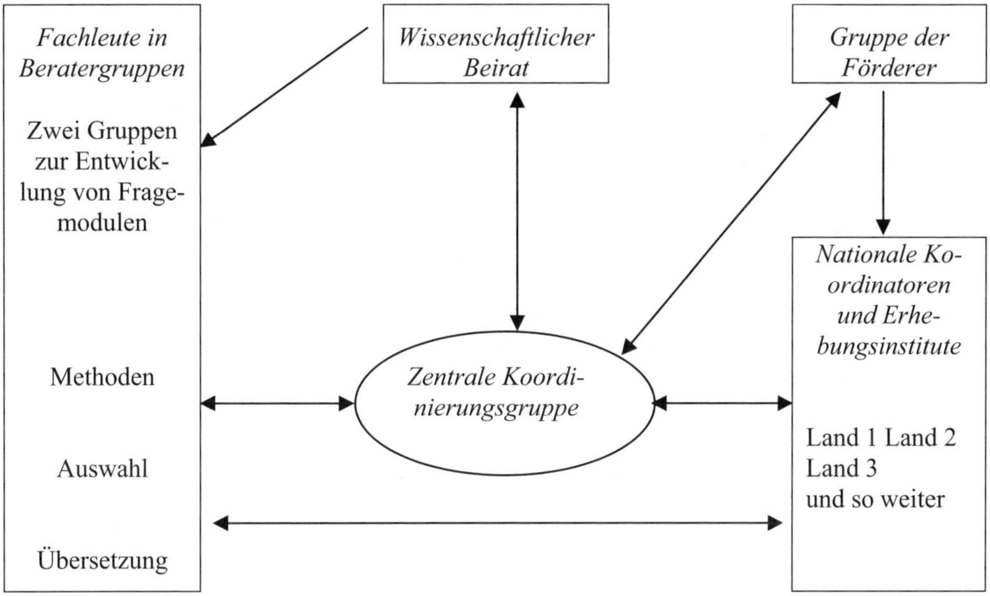

Nicht enden wollende Fragebogendiskussionen, Interessenskonflikte in Bezug auf die zu setzenden inhaltlichen Schwerpunkte einer Studie, Meinungsunterschiede hinsichtlich der zu wählenden methodischen Alternative und als Folge die Überziehung der Zeitpläne sowie das Eingehen unausgewogener Kompromisse sind Erfahrungen, die von den Beteiligten bei empirischen Untersuchungen sehr schnell gesammelt werden können. Je größer und je homogener (alle Beteiligten wollen gleichberechtigt mitbestimmen) ein Projektteam ist, desto ausgeprägter können solche Auseinandersetzungen ausfallen. Es ist also erforderlich, Organisationsstrukturen zu finden, um gerade bei interkulturellen Vergleichsstudien Konflikte zu vermeiden. Ausgerüstet mit den entsprechenden Erfahrungen sind die Veranstalter des ESS erfolgreich einen anderen Weg gegangen.

So wurden Organisationsprinzipien festgelegt, die eine straffe Abstimmung der Fragen zwischen der Zentralen Koordinierungsinstanz und den einzelnen Länderverantwortlichen ermöglichen. Daneben sind verschiedene von den nationalen Verantwortlichen unabhängig agierende Teams zur methodischen Fachberatung (Stichprobenziehung, Übersetzung und so weiter) geschaffen worden. Es wird bei der Organisation des ESS auf diese Weise versucht, eine sorgfältige Balance zwischen den Top-down und den Bottom-up Elementen in der Organisation zu halten.

Im Folgenden werden ausgewählte methodische Aspekte des ESS als Beispiel für das Vorgehen bei einer interkulturellen Studie vorgestellt. In diesem Zusammenhang soll nicht unerwähnt bleiben, dass die Umsetzung eines solchen Konzepts umfangreiche finanzielle und personelle Mittel sowie einen immensen Zeitrahmen erfordert[6]. Angesichts der erforderlichen immensen Ressourcen erscheint es wenig realistisch, all zu nachdrücklich für eine Kopie der beim ESS praktizierten Strategie zu plädieren. Wichtig ist an dieser Stelle der Verweis auf die bei interkulturellen Vergleichsstudien zu lösenden Probleme.

7.5.2 Übersetzung

Eine prinzipielle Übereinkunft zu den generellen Inhalten einer interkulturell vergleichenden Erhebung vorausgesetzt, besteht das Problem der Übersetzung der Erhebungsinstrumente in die Landessprachen der beteiligten Länder. Zumeist wird von den Beteiligten in englischer Sprache ein Quellfragebogen erarbeitet, der nach seiner Fertigstellung in die jeweiligen Landessprachen zu übersetzen ist.

Zur Beschreibung des Ziels solcher Übersetzungen wird der Begriff der Funktionalen Äquivalenz benutzt. Es hat sich als relativ wenig Erfolg versprechend erwiesen, mithilfe eines externen Übersetzungsbüros diese Aufgabe zu erledigen. Wie bereits dargestellt (vergleiche Abschnitt 6.1.3), können scheinbar geringe Veränderungen in der Formulierung einer Frage zu einem anderen Antwortverhalten führen. Es kommt also darauf an, den Originalfragebogen mithilfe sozialwissenschaftlicher Kompetenz inhaltlich äquivalent in die Landessprachen zu übersetzen. Diese Übersetzungen müssen von jedem einzelnen Land vorgenommen werden, wobei dafür im Rahmen des ESS von einer Expertengruppe eine zentrale Richtlinie erarbeitet wurde (vergleiche: An Outline of ESS Translation Strategies and Procedures 2002[7]).

Diese Richtlinie enthält eine sequentielle Prozedur, die mithilfe des Acronyms TRAPD ausgedrückt wird. TRAPD steht für Übersetzen (*T*ranslation), für Berichten (*R*eview), für sich für eine Version entscheiden (*A*djudication), für Pretesten (*P*retesting) und schließlich für Dokumentieren (*D*ocumentation). Es handelt sich hier um einen Ansatz, bei dem die Übersetzung des Fragebogens in einer interdisziplinär zusammengesetzten Gruppe vorgenommen wird und die dabei fünf verschiedene Schritte unterscheidet.

Bewusst wird damit beim ESS auf den Einsatz eines Übersetzung-Rückübersetzung-Konzepts verzichtet. Dieses sähe eine Übersetzung des Originalfragebogens in die jeweilige Landessprache und danach eine – relativ mechanische – Rückübersetzung dieses Fragebogens ins englische Original vor, um zu prüfen, ob infolge der Übersetzung Veränderungen in den Formulierungen vorgenommen wurden.

Das TRAPD-Modell geht differenzierter vor. Hier werden zunächst drei verschiedene Rollen definiert, erstens die des Übersetzers, zweitens die des Berichterstatters und drittens die des Entscheiders. Jede Rolle ist danach von Personen, die über bestimmte Fähigkeiten

6 "The central coordination and design has been funded through the European Commission's Fifth and Sixth Framework Programmes and the European Science Foundation. The national scientific funding bodies in each country cover the costs of fieldwork." (http://www.europeansocialsurvey.com/ Zugriff am 09.04.2009)

7 Die umfangreichen Materialien zum ESS werden im Internet veröffentlicht. Die Homepage, auf der sich die Links zu den einzelnen Texten – auch zur Übersetzung – befinden, findet sich unter der URL: http://www.europeansocialsurvey.com/ letzter Zugriff am 09.04. 2009.

verfügen, zu übernehmen. Als Übersetzer sollen in der Regel pro Fragebogen zwei Personen tätig werden. Sie erstellen eine erste Übersetzung des Bogens. Der im Anschluss tätig werdende Berichterstatter sollte ebenfalls über gute Fähigkeiten beim Übersetzen verfügen. Er sollte aber außerdem auch mit dem Design der Studie und mit den methodischen Prinzipien der Fragebogengestaltung vertraut sein. Für diese Tätigkeit ist im vorgesehenen Modell eine Person ausreichend. Schließlich arbeitet der Entscheider – die dritte Instanz – mit den Übersetzern und dem Berichterstatter zusammen. Er legt abschließend fest, welche Version der Übersetzung zum Einsatz kommen soll.

Der ESS empfiehlt außerdem, eine parallele Übersetzung desselben Fragebogens durch verschiedene, unabhängige Übersetzer vorzunehmen, wobei die gesamte Übersetzung zu dokumentieren ist. Weiterhin wird der Originalfragebogen von den Autoren mit Anmerkungen für die Übersetzung versehen, um Missverständnissen vorzubeugen und um die Übersetzung zu erleichtern. Dies schließt auch Hintergrundinformationen zur eigentlichen Zielstellung der Frage mit ein.

So lautet beispielsweise der Fragetext der ersten Frage im Original: „On an average weekday, how much time, in total, do you spend watching television? Please use this card to answer." Bei der Übersetzung ins Deutsche wurden dazu die folgenden Anmerkungen gemacht:

„We use Werktag ('working day') because this indicates that the time span in demand is Monday to Friday. 'Anhand von Liste 1' we repeat the number of the card to use in every question – this is done throughout the whole questionnaire"

7.5.3 Stichprobenstrategie

Für interkulturelle Studien müssen handhabbare und ebenfalls äquivalente Strategien der Stichprobenziehung entwickelt werden. Hier resultieren die Probleme vor allem aus den national jeweils sehr unterschiedlichen Gegebenheiten für die Stichprobenziehung. Dies gilt vor allem in Bezug auf die Möglichkeit des Zugriffs auf möglichst aktuelle und vollständige Auswahlrahmen wie Einwohnerregister, für das Vorliegen von Erfahrungen im Umgang mit solchen Registern sowie für die damit jeweils verbundenen Kosten der Stichprobeziehung[8].

Dabei soll beim ESS so vorgegangen werden, wie dies von Kish empfohlen wird (vergleiche auch Abschnitt 5.3): "Sample designs may be chosen flexibly and there is no need for similarity of sample designs. Flexibility of choice is particularly advisable for multinational comparisons, because the sampling resources differ greatly between countries. All this flexibility assumes probability selection methods: known probabilities of selection for all population elements" (1994:173 vergleiche dazu auch Gabler/Häder/Lahiri 1999, Häder et al. 2003, Häder/Gabler 2003).

Damit ist zu konstatieren, dass in den beteiligten Ländern nicht identische Strategien bei der Auswahl eingesetzt werden sollen, sondern vielmehr die jeweils am besten geeignete Methode zu nutzen ist. Nun besteht das Problem, jene Strategien zu finden, die zu ver-

8 „Sampling fort he European Social Survey - Round 4: Principles and Requirements", runterzuladen unter http://www.europeansocialsurvey.org/index.php?option=com_content&view=article&id=80:sampling-designs&catid=123:survey-methodology (Zugriff am 09.04.2009)

gleichbaren Resultaten führen. Bei der Lösung dieser Frage geht das ESS von den Vertrauensintervallen aus.

Jede Schätzung eines Parameters einer Grundgesamtheit aufgrund der in einer (Zufalls-)Stichprobe ermittelten Verteilung ist mit einem bestimmten Vertrauensintervall umgeben (vergleiche Abschnitt 5.1). Mit einer angebaren Wahrscheinlichkeit lässt sich sagen, innerhalb welcher Grenzen der wirkliche Wert in der Grundgesamtheit liegt. Die Breite dieses Intervalls hängt wesentlich von der genutzten Stichprobenstrategie ab. So implizieren identisch große Stichprobenumfänge nicht unbedingt auch identisch große Vertrauensintervalle. Bei einer einfachen Zufallsauswahl ist beispielsweise das Konfidenzintervall geringer (das heißt, die Aussagen können mit einer größeren Sicherheit getroffen werden) als bei einer mehrstufig, geschichteten Auswahl, bei der es zum Beispiel zu Klumpungen kommen kann.

Auf der anderen Seite kann mit unterschiedlichen Stichprobendesigns ein identisches Vertrauensintervall erzielt werden Wenn beispielsweise bei einer geschichteten Auswahl der Stichprobenumfang erhöht wird, lässt sich auf diese Weise mit einem geringeren Stichprobenumfang die gleiche Wirkung erzielen wie bei einer einfachen Zufallsauswahl. Diese Überlegung wurde beim ESS zum Einsatz gebracht.

Dazu wurde für alle teilnehmenden Länder ein Nettostichprobenumfang definiert. Nun war es Angelegenheit der nationalen Erhebungsinstitute, ein solches Stichprobendesign zu implementieren, das einer einfachen Zufallsauswahl möglichst nahe kommt. Dies stieß in den einzelnen Ländern auf sehr unterschiedliche Realisierungsbedingungen. Trotzdem ließen sich Stichproben mit einem vergleichbaren Vertrauensintervall erheben und zwar mithilfe unterschiedlicher Stichprobenumfänge. Damit wurde Äquivalenz mithilfe unterschiedlicher Stichprobenumfänge erreicht (vergleiche auch Abschnitt 5.3).

7.5.4 Interkulturelle Feldarbeit, Organisation und Kontrolle

Für die Durchführung der Feldarbeit bei interkulturellen Studien wird in der Regel eine entsprechende Anzahl an national agierenden Feldinstituten benötigt. Auch in dieser Beziehung bestehen naturgemäß wesentliche Unterschiede zwischen den einzelnen Ländern beziehungsweise Instituten. Damit kommt es auch in diesem Zusammenhang darauf an, besondere Anstrengungen zu unternehmen, um die gewünschte Äquivalenz während der Feldarbeit zu gewährleisten.

Wieder soll das ESS als Vorbild dienen, um ein mögliches Modell zu demonstrieren. Bei dieser Studie wurde auf die Einhaltung verschiedener Kriterien Wert gelegt.

Zunächst, so wird vorgeschlagen, sollte der Abschluss der Verträge mit den einzelnen nationalen Feldinstituten möglichst in englischer Sprache erfolgen, um der Zentralen Koordinierungsgruppe eine Kontrolle der Feldarbeit zu ermöglichen. Alle eingegangenen Verträge sollten entsprechend den Richtlinien „Declaration on Ethics of the International Statistical Institute[9]“ vom August 1985 abgeschlossen werden. Dringend empfohlen wird hier:

- Das Versenden von Ankündigungsschreiben,

9 Vergleiche: http://www.cbs.nl/isi/ethics.htm letzter Zugriff am 09. 04. 2009.

- Das Aufsuchen aller vorgesehenen Adressen, Haushalte beziehungsweise Personen (dies verhindert, dass nur beziehungsweise vor allem gut erreichbare Personen befragt werden) sowie eine entsprechende Dokumentation mithilfe besonderer Formulare,
- Die Zufallsauswahl aller Haushalte sowie eine Zufallsauswahl der Zielperson im Haushalt,
- Eine optionale Benachrichtigung der lokalen Polizei über die stattfindende Feldarbeit, um alten beziehungsweise unsicheren Personen gegebenenfalls Rückfragen zu ermöglichen,
- Schließlich – bei harten Verweigerern – das Erstellen einer Beschreibung des betreffenden Wohnquartiers.

Weitere Regelungen betreffen die persönlichen Schulungen aller Interviewer (oft erfolgt diese lediglich schriftlich), die Nutzung ganz bestimmter Kontaktprotokolle sowie schließlich eine 14-tägige Berichterstattung über den jeweiligen Fortgang der Erhebungsphase einschließlich einer Vorhersage der zu erwartenden Response-Rate an das zentrale Koordinierungsteam des ESS.
Weiter waren alle Teilnehmerländer dazu aufgerufen, eine bestimmte Responserate, im Falle des ESS 70 Prozent, zu realisieren beziehungsweise diese anzustreben. Auch sollte der Anteil derjenigen Personen, die während der Feldzeit nicht kontaktiert werden konnten, drei Prozent nicht überschreiten. Angezielt wurde weiter, dass mindestens 90 Prozent derjenigen Personen, die den Hauptfragebogen beantwortet haben, auch den vorgesehenen Zusatzbogen ausfüllen. Die Feldarbeit selbst sollte während nur eines Monats in einem vorgegebenen Zeitraum (in der ersten Welle betraf dies die Zeit zwischen dem 1. September und dem 31. Dezember 2002) erfolgen. Für die Runde 4 war vorgesehen, am 1. September die Feldarbeit zu beginnen und sie bis Ende Dezember 2008 abzuschließen[10].

Eine Qualitätskontrolle der Interviewerarbeit war bei mindestens fünf Prozent der Teilnehmer, bei mindestens zehn Prozent der Verweigerer und bei mindestens zehn Prozent der nicht kontaktierten Personen vorzunehmen. Von einem Interviewer sollten innerhalb der ESS-Befragung nicht mehr als 48 Interviews realisiert werden. Zusätzlich waren in allen Ländern wichtige nationale Ereignisse wie Streiks, Wahlen und so weiter zu protokollieren, die unmittelbar vor und während der Feldzeit im jeweiligen Land stattfanden.

7.6 Zeitbudgetstudien

7.6.1 Methodische Konzepte für Zeitbudgetstudien

Es ist immer spannend danach zu fragen, wie viel Zeit im Leben mit welchen Tätigkeiten verbracht worden ist. Zeitbudgetstudien dienen der empirischen Ermittlung des Zeitpunktes und der Zeitdauer, zu denen bestimmte Tätigkeiten ausgeführt werden. Daneben können auch noch weitere Aspekte der Zeitverwendung, wie beispielsweise gleichzeitig ausgeübte Nebentätigkeiten, soziale Kontakte zu bestimmten Zeitpunkten sowie die Orte, an denen die Zeit verbracht wird, erhoben werden.

---

10 Vergleiche: http://www.europeansocialsurvey.org/index.php?option=com_content&view=article&id=74&Itemid=245 (Zugriff am 09.04.2009)

Für die Erforschung des Zeitbudgets stehen der Empirischen Sozialforschung verschiedene methodische Zugänge zur Verfügung. Hier sind zu nennen:

- Die aktivitätsorientierte Befragung (vergleiche Blass 1990:54ff., Haugg 1990:76ff.), bei der versucht wird, die Häufigkeit bestimmter Tätigkeiten in einem bestimmten Zeitintervall zu ermitteln. Dazu wird den jeweiligen Zielpersonen auf Listen eine Reihe an Aktivitäten präsentiert. Es schließt sich dem dann eine Abfrage der typischen durchschnittlichen Dauer dieser Tätigkeiten an. Aus methodischer Sicht wird ein solches Vorgehen jedoch aus verschiedenen Gründen als untauglich bewertet (vergleiche Gershuny 1990:23ff.). Vor allem kann auf diese Weise die Dauer der einzelnen Tätigkeiten nur unpräzise erfasst werden. Weiter ist von starken Verzerrungen durch sozial erwünschtes Antworten (vergleiche Abschnitt 6.1) auszugehen. Zudem ist eine Unterscheidung zwischen primären und sekundären (den Nebenbei-Beschäftigungen) Tätigkeiten nicht möglich. Auch können keine Angaben zur Platzierung der einzelnen Tätigkeiten im Tagesverlauf gemacht werden. Schließlich muss, um die Zielpersonen nicht zu überfordern, die Abfrage der Zeitverwendung auf eine relativ geringe Anzahl an Tätigkeiten begrenzt werden, die zudem teilweise auch nur ungenau voneinander abgegrenzt werden können.
- Das Yesterday-Interview, bei dem die Zielpersonen am folgenden Tag nach der von ihnen am Vortag verbrachten Zeit gefragt werden (vergleiche Juster 1985, Holz 2000). Neben einem immensen Befragungsaufwand ist bei diesem methodischen Zugang vor allem die Neigung bei den Befragten zu beobachten, eher einen vermeintlichen Durchschnittstag zu berichten, als tatsächlich den vorangegangenen Ablauf eines Tages zu beschreiben.
- Schließlich bietet die Tagebuchmethode die derzeit wohl beste Möglichkeit, das Zeitbudget empirisch zu erfassen. Es handelt sich dabei um eine Form der standardisierten Selbstbeobachtung. Dabei werden von den Zielpersonen über einen definierten Zeitraum alle Tätigkeiten mit einer bestimmten Mindestlänge selbst protokolliert. Auch der Ort, an dem die Tätigkeit ausgeführt wird, die dabei anwesenden Personen sowie weitere, parallel dazu ausgeführte Tätigkeiten können erfragt werden. Schließlich ist es auch möglich, subjektive Bewertungen dieser Tätigkeiten mit zu erheben, beispielsweise können Tätigkeiten daraufhin beschrieben werden, wie gern diese von den Zielpersonen ausgeführt werden.

Die Tagebuchmethode ist in der Bundesrepublik Deutschland (ähnlich wie auch in Österreich[11]) der von der amtlichen Statistik bevorzugte Ansatz zur Ermittlung des Zeitbudgets der Bevölkerung. Sie zeichnet sich noch durch einige weitere Vorzüge aus: Die Beschreibung der ausgeübten Tätigkeiten kann die Zielperson im Tagebuch mit den eigenen Worten, das heißt mit den ihr geläufigen Begriffen, vornehmen. Eine solche Form der Erhebung wird auch offene Protokollierung bezeichnet. Die spätere Verkodung der Tätigkeiten übernimmt dann der Auswerter. Auf diese Weise haben sich – wie noch zu zeigen sein wird – bis zu 200 Aktivitäten als erhebbar erwiesen. Dem steht die komplizierter zu handhabende

11 Beispielsweise wurde im Rahmen des 1992 in Österreich durchgeführten Mikrozensus bei über 25.000 Personen auch das Zeitbudget mithilfe von Zeitverwendungsprotokollen ermittelt. Andere Instrumente, wie etwa Befragungen zur am Vortag verbrachten Zeit, erwiesen sich dagegen als weniger praktikabel (vergleiche Beham/Huter/Nowak 1998:2).

geschlossene Protokollierung gegenüber. Bei dieser Strategie werden die Zielpersonen darum gebeten, ihre Tätigkeiten mithilfe vorgegebener Kategorien zu beschreiben.

Mithilfe der Tagebuchmethode gelingt es, einen 24 Stunden Rahmen einzuhalten, das heißt, von den Zielpersonen werden jeweils ganze Tage protokolliert[12]. Dabei können sowohl Primär- als auch Sekundärtätigkeiten ermittelt werden. Auch die Verzerrungen aufgrund sozialer Erwünschtheit fallen hier, nicht zuletzt aufgrund des Fehlens eines Interviewers, relativ gering aus. Vorzüge gegenüber anderen Ansätzen ergeben sich außerdem aus der genaueren Erfassung der absolvierten Tätigkeiten als auch aus der Möglichkeit, Tageszeiten und Tätigkeiten in zeitlich geordneter Abfolge zu erheben.

Für die Teilnehmer an solchen Zeitbudgetstudien müssen hohe Voraussetzungen in Bezug auf deren Motivation vorhanden sein, beziehungsweise es müssen besondere Anstrengungen unternommen werden, um bei ihnen eine solche Motivation zu erzeugen. Um die Motivation der Teilnehmer nicht zu stark zu beanspruchen, beziehungsweise um die bei der Zielperson entstehenden Kosten gering zu halten, sollte sich ein solches Zeitverwendungsprotokoll auf einen relativ kurzen Zeitraum beschränken. Hier könnte es sich etwa um drei Tage handeln. Wichtig ist nicht zuletzt auch hier die Wahrung der Anonymität aller beteiligten Personen.

Problematisch und gegebenenfalls als ein Nachteil dieser Technik muss die weitgehend fehlende Kontrolle der von den Zielpersonen gemachten Angaben gewertet werden. So verfügen die Forscher praktisch nicht über die Möglichkeit, die Angaben der Protokollanten zu überprüfen. Dies gilt freilich auch für die oben genannten anderen Zugänge zum Zeitbudget.

An dieser Stelle sollen nun die Zeitbudgetstudien der Amtlichen Statistik in Deutschland – des Statistischen Bundesamtes – vorgestellt und besprochen werden.

Die in den Jahren 1991/92 veranstaltete Studie nahm eine Erhebung in 7.200 Haushalten vor. Dazu wurde nach Ehling (vergleiche 2001:222) eine geschichtete Auswahl der Haushalte eingesetzt. Insgesamt sind 32.000 Zeitbudget-Bögen an die hier zur Grundgesamtheit gehören Haushaltsmitglieder ausgeteilt worden. Dabei handelte es sich um alle Personen im Alter ab 12 Jahre. Deren Aufgabe bestand dann darin, an zwei aufeinander folgenden Tagen alle Tätigkeiten zu protokollieren, wobei ein Fünf-Minuten-Rhythmus eingehalten werden sollte. Zusätzlich wurden Einführungs- und Schlussinterviews, beispielsweise zu den Merkmalen des sozialen und räumlichen Kontextes der Aktivitäten, geführt. Die Daten dieser Studie sind seit dem Jahr 2000 als Scientific Use File oder als Public Use File, das 80 Prozent der Fälle beinhaltet, erhältlich.

Die Studie, die in den Jahren 2001/02 folgte, beinhaltete eine Erhebung in insgesamt 5.000 Haushalten (Netto). Auch hier wurde wieder eine geschichtete Auswahl der Haushalte vorgenommen. Zur Population zählten bei dieser Studie alle Haushaltsmitglieder bereits im Alter ab zehn Jahren. Diese sollten an insgesamt drei Tagen (davon zwei Wochentage) ihre Zeitverwendung in einem Tagebuch protokollieren. Dazu wurde, anders als in der 1991/92 veranstalteten Studie, ein Zehn-Minuten-Rhythmus vorgegeben. Diese Erhebung erstreckte sich über ein ganzes Jahr. Sie wurde durch einen Zwei-Phasen-Pretest (vergleiche Abschnitt 8) vorbereitet.

12 In Finnland – ein Land, das beim PISA-Test bekanntlich besonders gut abgeschnitten hat – füllten bereits Kinder ab zehn Jahren mit guten Ergebnissen solche Zeittagebücher aus (vergleiche Niemi 1983, Holz 2000:184).

Von ihrem Inhalt her richteten sich die Erhebungen auf folgende Aspekte:

- Die eigentliche Hauptaktivität
- Die wichtigste gleichzeitige Aktivität
- Auf jene Personen, mit denen diese Aktivitäten gemeinsam verbracht wurden
- Die Verkehrsmittel, mit denen die Wege zurückgelegt wurden
- Der Aufenthaltsort zu Beginn und am Ende des jeweiligen Tagebuchtages
- Eine allgemeine Einschätzung des Verlaufs des beschriebenen Tages (um unter Umständen außergewöhnliche Ereignisse erkennen zu können)
- Reisen an den Tagebuchtagen und schließlich
- Wann das Tagebuch geführt wurde.

Beide Datensätze ermöglichen es, interessante Fragestellungen zu bearbeiten. Verwiesen sei auf die Folgenden:

- Probleme, die die Arbeitszeit betreffen: Welche Veränderungen, unterschieden beispielsweise nach dem Geschlecht, lassen sich zwischen beiden Erhebungszeitpunkten nachweisen? Welche Anteile haben etwa Teilzeit- und Vollzeitbeschäftigungen, werden von Personen auch mehrere Jobs parallel ausgeübt, wie groß ist der Anteil geringfügiger Beschäftigungen?
- Kommt es zu einer Verschiebung, die weg von der Haushalts- und hin zu einer Marktproduktion geht oder werden Waren und Dienstleistungen gerade umgekehrt verstärkt in den eignen Haushalten erzeugt?
- Wie ist die Zeitverwendung bei Jugendlichen?
- Welche innerfamiliäre Arbeitsteilung wird praktiziert, in wieweit beteiligt sich der Mann an der Hausarbeit?
- Lassen sich aufgrund der veränderten Ladenöffnungszeiten auch Veränderungen bei den Einkaufszeiten beobachten?
- Geht die steigende Erwerbstätigkeit der Frauen zu Lasten der Zeit, die gemeinsam mit den Kindern verbracht wird?
- Ist das Recht auf einen Kindergartenplatz tatsächlich eine Hilfe für Frauen, um Beruf und Familie besser verbinden zu können?
- Wie wirken sich die neuen elektronischen Medien auf die sozialen Kontakte in der Freizeit aus?
- Kann man aufgrund des Vergleichs der beiden Untersuchungen von einer steigenden Vereinsamung älterer Menschen sprechen?
- Ist eine Veränderung der Gesamtarbeitszeit bei bestimmten sozialen Gruppen, zum Beispiel bei allein erziehenden und bei berufstätigen Frauen zu beobachten?
- Bei welchen Aspekten des Zeitbudgets gab es in den letzten zehn Jahren die größten Veränderungen?
- Besteht aufgrund der ermittelten Befunde ein politischer beziehungsweise ein sozialpolitischer Handlungsbedarf?

7.6.2 Zeitkonzepte

Bei der Auswertung von Zeitbudgetstudien kommen theoretische Zeitkonzepte zum Tragen. Diese sorgen für eine Strukturierung der mit bestimmten Tätigkeiten verbrachten Zeit. Während es für die Betrachtung des Zeitfonds in der Industriegesellschaft noch ausreichend gewesen sein mag, lediglich zwischen der Arbeitszeit und der Freizeit zu differenzieren, werden inzwischen feiner strukturierte Konzepte eingesetzt:

Geißler (1993) sieht drei Elemente der Zeitverwendung: erstens die *persönliche Zeit*, zweitens die *Sozialzeit*, die in der Familie oder für ehrenamtliche Tätigkeiten verbracht wird, und drittens die *Erwerbsarbeitszeit*.

Opaschowski (1976) unterscheidet die Zeitverwendung aufgrund des unterschiedlichen Grades an Disponibilität, mit der über die Zeitverwendung individuell entschieden werden kann. Dabei treten ebenfalls drei Arten von Zeit auf. Erstens die *Determinationszeit*, diese kann auch als abhängige Zeit bezeichnet werden. Sie wird für Tätigkeiten wie Schlaf, Essen, Körperpflege aber auch für die Erwerbstätigkeit und den Schulbesuch aufgewendet. Auch traditionelle Handlungsmuster in der Familie begründen die Determinationszeit. Zweitens wird von der *Obligationszeit* gesprochen, in der bestimmte Verpflichtungen wie Schulaufgaben, Arbeiten im Haushalt, Tätigkeiten für die Kirche oder für Vereine erledigt werden. Schließlich gibt es drittens noch die *Dispositionszeit*, die die eigentliche Freizeit darstellt. Diese kann nun für Hobbys, Nichtstun und so weiter benutzt werden.

Ein weiteres Konzept hat Schweitzer (1990) entwickelt. Das ebenfalls dreigliedrige System stellt den Raum, in der die Zeit verbracht wird, als Differenzierungsmerkmal in den Mittelpunkt. So gibt es (erstens) die *öffentliche Zeit*, die Zeit die für primäre Aktivitäten wie Arbeit und Ausbildung genutzt wird. Sie wird dazu verwendet, um Geld, Güter, Macht und Ansehen zu erwerben. Daneben steht (zweitens) die *familiale Zeit*, die Zeit für häusliche und handwerkliche Tätigkeiten sowie für die Familienmitglieder verwandte Zeit umfasst. Es handelt sich um Zeit, die für die Entstehung, Erhaltung und Pflege des familialen Lebens aufgewendet werden muss. Schließlich zeichnet sich (drittens) die *persönliche Zeit* dadurch aus, dass sie für die persönliche Regeneration und die außerberufliche Qualifikation verausgabt wird. Persönliche Zeit ist Zeit für eigene Interessen und Bedürfnisse. So ist zum Beispiel ein Mittagessen mit Kollegen Bestandteil der öffentlichen Zeit, ein Mittagessen mit der Familie wäre der familiäre Zeit zuzuschreiben und schließlich wäre die gleiche Tätigkeit Bestandteil der persönlichen Zeit, wenn sie alleine stattfände.

In Tabelle 7.6.1 wird die Aufteilung in diese drei zuletzt vorgestellten Zeitarten bei verschiedenen Gruppen gezeigt.

Tabelle 7.6.1: Zeitstruktur bei verschiedenen Bevölkerungsgruppen

Verhaltensähnliche Personengruppen	Öffentliche Zeit [min]	Familiäre Zeit [min]	Persönliche Zeit [min]
Vollerwerbstätige	570	280	590
Teilerwerbstätige	270	530	640
Schüler, Studenten, Auszubildende	430	240	770
Hausfrauen, Arbeitslose, Rentner ohne Kinder	50	690	700

7.6.3 Beispiele für Ergebnisse von Zeitbudgetstudien

Bevor an einem Beispiel die Arbeitsschritte zur Erhebung einer Zeitbudgetuntersuchung beschrieben werden, sollen zwei Beispiele für die Nutzung von Zeitbudgetdaten des Statistischen Bundesamtes vorgestellt werden. Das erste Beispiel betrifft die Verkehrsmittelwahl (vergleiche Kramer 2001, Hertkorn et al. 2001).

Zunächst erscheint die Relevanz dieser Fragestellung im Kontext der Erhaltung der Umwelt offensichtlich zu sein: So werden durch den Straßenverkehr nicht unerhebliche CO_2-Emissionen verursacht. Aber auch für die Regionalplanung, beispielsweise den Ausbau des Öffentlichen Personennahverkehrs oder für die Errichtung von Infrastruktur, ist die individuell getroffene Verkehrsmittelwahl ein wichtiger Aspekt. Entsprechend angelegte Zeitbudgetstudien vermögen es nun, denjenigen Teil des Tages beziehungsweise den Teil der Wege, die in öffentlichen Verkehrsmitteln zurückgelegt werden, zu ermitteln.

Bei der Determination der Zeitverwendung lässt sich auch das Zusammenspiel von Elementen auf der Mikro- und auf der Makroebene empirisch beobachten. So können Zusammenhänge zwischen den objektiven Eigenschaften eines Wohnorts auf der Makroebene (die Einschätzung der Wohnlage kann zum Beispiel über den bei Verkäufen von Wohnraum erzielten Quadratmeterpreis erfolgen) und auf der Mikroebene (die Ausstattung der sich dort befindenden Haushalte und die soziodemografischen Merkmale der in diesen Gebiet lebenden Personen) konstatiert werden. Schließlich lässt sich die konkrete Zeitverwendung der Individuen in ein Modell einordnen.

Damit wird es möglich, Hypothesen empirisch zu bearbeiten, die einen Zusammenhang zwischen den Wohnorttypen (auf der Makroebene) und dem Zeitverbrauch für bestimmte Arten von Mobilität bei bestimmten Personen (auf der Mikroebene) behaupten. Als abhängige Variable wird beispielsweise die Wahl des jeweiligen Verkehrsmittels bestimmt. Die unabhängigen Variablen bei einer solchen Studie können sein:

- Die jeweiligen Wohnorttypen, deren Zentralität und deren Verkehrsanbindung
- Der Fahrzweck, handelt es sich zum Beispiel um Fahrten zur Arbeit, zur Schule oder um Fahrten, um Freunde zu treffen
- Das Fahrziel, also ein bestimmter Ort
- Die Tageszeit, zu der die Fahrt stattfindet
- Die zurückzulegende Entfernung
- Die Zeitspanne, die zur Überwindung der Entfernung erforderlich ist
- Die von den Zielpersonen wahrgenommene Dauer des Weges
- Der Grad an Zumutbarkeit, die die Wahl alternativer Verkehrsmittel mit sich bringen würde
- Das Ausmaß des Freiheitsgefühls bei der Wahl des Verkehrsmittels
- Individuelle Merkmale der betreffenden Personen, wie deren familiäre Situation, das Alter und der Beruf.

Von Meyer/Weggemann (2001) und Clauphein et al. (2001) stammt das zweite Beispiel für eine Zeitbudgetstudie. Dabei geht es um den für das Essen verausgabten Zeitfonds. Die Relevanz der Fragestellung lässt sich auch bei dieser Problematik relativ leicht begründen. So werden – als ein rein quantitatives Argument – etwa zehn Prozent der täglichen Aktivitäten rund um das Essen verwendet. Durchschnittlich werden danach 80 Minuten für die

Essensaufnahme und 50 Minuten für die Zu- und Nachbereitung der Mahlzeiten (in der Sprache der Zeitbudgetforschung Beköstigung) verbraucht. Ein weiteres Argument für die Bedeutung des Themas ist inhaltlicher Natur. So gibt es in der heutigen Gesellschaft weniger Kinder und zugleich offenbar immer stärkere berufliche Verpflichtungen, wie Terminschwierigkeiten und Ähnliches. Zu fragen ist, ob das Leben in einer solchen flexiblen Gesellschaft – nach dem Vorbild der USA – auch in einem anderen Ernährungsverhalten manifest wird. Mithilfe von Zeitbudgetstudien lassen sich die folgenden Fragen beantworten:

- Gibt es eine Tendenz zum situativen Essen, ist eine Loslösung von festen Mahlzeitterminen erkennbar, oder gelten weiter die traditionellen Essgewohnheiten?
- Werden weniger üppige Mahlzeiten und dafür mehr edle, teure und schlichte Essen konsumiert?
- Geht die Tendenz zum Außer-Haus-Essen oder dominieren die häuslichen Mahlzeiten?
- Welches ist die Hauptmahlzeit, Mittagessen oder Abendbrot?
- Kommt es zum partnerschaftlichen Verhalten bei der Zu- und Nachbereitung der Mahlzeiten?
- Wird mehr alleine oder mehr in Gemeinschaft gegessen?

Auf der Basis der Zeitbudgetstudien des Statistischen Bundesamtes können zu den gestellten Fragen Antworten präsentiert werden. Dabei zeigt sich, dass keine Anzeichen für ein situatives Essen gefunden wurden. Es werden in Deutschland weiterhin feste Mahlzeiten gepflegt. Für Außer-Haus-Mahlzeiten werden durchschnittlich nur neun Minuten und für häusliches Essen immerhin 70 Minuten Zeit aufgewendet. Es gibt weiterhin deutliche Spitzenzeiten, zu denen das Frühstück, das Mittagessen und das Abendbrot stattfinden. Hier haben sich somit ebenfalls traditionelle Muster erhalten. Die Hauptmahlzeit, dabei handelt es sich um jene, die am längsten dauert, findet bei Männern und bei Personen über 35 Jahre abends statt. Bei Frauen gibt es keine Unterschiede zwischen Mittagessen und Abendbrot. Auch eine Abnahme der traditionellen Familienmahlzeiten kann in Deutschland (noch) nicht konstatiert werden. Weiterhin konstant ist die Rollenverteilung zwischen den Geschlechtern in Bezug auf die Beköstigung. Lediglich Männer über 65 Jahre beteiligen sich dabei deutlich stärker. Schließlich werden durchschnittlich 2.9 Mahlzeiten pro Tag eingenommen, davon 2.7 gemeinsam mit anderen Personen.

7.6.4 Design einer Zeitbudgeterhebung

Nun soll vorgeführt werden, wie das Design für eine Zeitbudgetstudie aussehen kann. Dabei soll die Frage im Mittelpunkt stehen, in wieweit eine bezahlte Nebentätigkeit (im Weiteren kurz Job) bei Studenten deren Studienverhalten beeinflusst. So sind Zusammenhänge zwischen dem Ausüben eines Jobs und den Studienleistungen, der Studiengestaltung und der Studiendauer zu erwarten. Aber auch die Freizeitgestaltung, die subjektiven Einstellungen zum Studium, der Zeitumfang, der für eine Partner(schaft) und für soziale Kontakte zur Verfügung steht, dürfte davon beeinflusst sein, ob neben dem Studium einem Job nachgegangen wird oder nicht. Auch die frei verfügbare Zeit für Freunde, Fernsehen, Musik hören,

Lesen, Hobbys und Sport sowie finanzielle Zwänge spielen in diesem Zusammenhang eine Rolle. Die empirische Studie lässt sich von den folgenden Problemen leiten:

- Ein Job verknappt den frei verfügbaren Zeitfonds und veranlasst die Studierenden zu einer präziseren Zeiteinteilung im Studium und in der Freizeit.
- Die Zeit für den Job geht nicht auf Kosten der Zeit für das Studium. Dies gilt jedoch nur, solange der für den Job erforderliche Zeitfonds nicht eine bestimmte Grenze überschreitet.
- Jobs, die von ihrem Inhalt her dem eigenen Studium näher liegen, werden von älteren Studierenden und von Studierenden mit besseren Studienleistungen ausgeübt.
- Es existieren keine geschlechtsspezifischen Unterschiede beim Jobben.
- Eventuelle zeitliche Konflikte werden zugunsten des Jobs gelöst.
- Die Zeit für Jobs geht auf Kosten der Freizeit, nicht auf Kosten der Zeit für das Studium.

Bei der Designentwicklung ist als erstes zu entscheiden, für welche Population Aussagen getroffen werden sollen. Zumeist ist es aus erhebungspraktischen Gründen sinnvoll, an dieser Stelle bestimmte Beschränkungen vorzunehmen. Dies kann dadurch erfolgen, dass zum Beispiel nur für Studierende im Hauptstudium oder nur für Studierende einer Fakultät Aussagen getroffen werden sollen.

Für die Bearbeitung des genannten Problems ist es weiterhin notwendig, einen Vergleichsansatz zu wählen. So sollten sowohl Studierende mit als auch ohne Job in die Untersuchung einbezogen werden.

Weiter muss gewährleistet sein, dass eine detaillierte Erfassung des gesamten Tagesablaufs erfolgt. Dabei kann der Zeitfonds für den Job jedoch als Blockzeit protokolliert werden. Es interessiert nicht, womit sich eine Person während ihrer Nebentätigkeit beschäftigt, sondern lediglich die Dauer der Tätigkeit und dessen Verortung im Tagesablauf (wird etwa Nachtarbeit geleistet?) spielen eine Rolle. Damit wird die Erhebung des Zeitbudgets deutlich erleichtert.

Drei Instrumente werden benötigt: erstens das eigentliche Zeitprotokoll, zweitens ein Bogen mit ergänzenden Fragen sowie drittens ein Anschreiben, das den Zielpersonen das Anliegen der Studie erläutert. Auch eine Ausfüllanweisung ist zu erstellen.

Das Zeitprotokoll soll – nach dem Vorbild der Erhebungen der Amtlichen Statistik – neben den Haupttätigkeiten auch Nebentätigkeiten erfassen. Weiter muss gefragt werden, wie gern eine Tätigkeit ausgeführt wird sowie mit wem diese Tätigkeit gemeinsam ausgeführt wird.

Um den Vergleichsansatz zu realisieren, sind bei den zu protokollierenden Tagen Unterscheidungen vorzunehmen. Es handelt sich entweder um Tage, an denen die Studierenden einem Job nachgehen sind oder um Tage, an denen nicht gejobbt wird.

Bei den Zielpersonen soll es sich um solche handeln, die entweder einem Job nachgehen – wobei mit diversen Arbeitszeitmodellen gerechnet werden muss – oder um solche, die dies nicht tun.

Die einzelnen Instrumente haben das folgende, in den Abbildungen gezeigte, Aussehen. Das Zeitprotokoll (vergleiche Abbildung 7.6.2) ist tabellarisch aufgebaut. Die Zielpersonen werden darum gebeten, alle Tätigkeiten einzutragen, die länger als 15 Minuten dauern. Dazu wird ihnen eine entsprechende Anleitung übergeben. Sie enthält, neben einer

Beispielseite, den Verweis darauf, dass für den Job eine Blockzeit angegeben werden kann sowie die Bitte, auch die eigene Ausfüllzeit zu protokollieren.

Schließlich gilt es, einen Zusatzbogen zu entwickeln. Dieser muss, um die genannten Probleme bearbeiten zu können, Fragen zum Studienerfolg, zur Zufriedenheit mit dem Job sowie zu den Gründen, weshalb ein Job ausgeübt wird, enthalten. Weiter sind demographische Daten sowie Besonderheiten während der Zeit der Erhebung zu benennen. Der Zusatzbogen hat schließlich das in Abbildung 7.6.3 gezeigte Aussehen.

Die geschilderte Erhebung wurde im Rahmen einer Lehrveranstaltung am Institut für Soziologie an der TU Dresden umgesetzt. Die Daten sind ebenfalls über das Internet abrufbar.

Abbildung 7.6.2: Anleitung zum Ausfüllen des Zeitprotokolls sowie Zeitprotokoll

„S t u d i u m m i t u n d o h n e J o b?"

Wie bereits erwähnt, soll ein **Zeitprotokoll-Tagebuch für drei Tage** erstellt werden. Die „Jobber" unter Ihnen sind gebeten, einen Werktag, an welchem gearbeitet wird, einen Werktag, an welchem nicht gearbeitet wird, sowie einen Tag des Wochenendes zu betrachten.
Die „Nichtjobber" füllen bitte ein Zeitprotokoll-Tagebuch für zwei Werktage sowie einen Tag des Wochenendes aus. Die Auswahl der genauen Wochentage bleibt Ihnen überlassen. Die betrachteten Tage können, müssen aber nicht, aufeinanderfolgen.
Bei Teilnahme an der Zeitbudgetstudie wird darum gebeten, alle drei Tage vollständig zu protokollieren.
Es ist sinnvoll mehrmals täglich das Tagebuch zu ergänzen.
Die Zeitprotokollierung erfolgt im 15 Minuten Takt, jedoch können länger andauernde Tätigkeiten zu einem Block zusammengefasst werden (siehe Beispiel). Angaben zu den Tätigkeiten sollten so exakt und präzise wie möglich gemacht werden.
Kreuzen Sie ebenfalls an „Mit wem" Sie Ihre Zeit verbracht haben (mehrere Kreuze sind hier natürlich möglich).
Die „Zufriedenheit mit der verbrachten Zeit" bezieht sich sowohl auf die Haupttätigkeit als auch auf die eventuell gleichzeitig ausgeübte Tätigkeit. Bewerten Sie Ihre subjektive Zufriedenheit mit dem jeweiligen Zeitabschnitt des Tages (z.B. Frühstück und Zeitung lesen).

Zeit		Tätigkeit		Mit wem						Zufriedenheit mit verbrachter Zeit				
Stunde	Minuten	Haupttätigkeit (bitte möglichst exakt beschreiben)	gleichzeitige Tätigkeit (bitte möglichst exakt beschreiben)	Alleine	Partner	Andere Familienmitglieder	Kollegen/Kommilitonen	Freunde	Andere	sehr zufrieden	zufrieden	teils teils	unzufrieden	sehr unzufrieden
05	00-15			X							X			
	15-30			X							X			
	30-45			X							X			
	45-60	Schlafen		X							X			
06	00-15			X							X			
	15-30			X							X			
	30-45	Frühstück	Zeitung lesen			X						X		
	45-60	Körperpflege	Radio hören	X						X				
07	00-15	Ankleiden + Tasche packen	Radio hören	X								X		
	15-30	Fußweg z. Bhf. + Busfahrt	Unterhalten/Gespräch				X		X					X
	30-45						X	X				X		
	45-60						X	X				X		
08	00-15	Vorlesung: Mathematik I					X	X				X		
	15-30						X	X				X		
	30-45						X	X				X		
	45-60						X	X				X		
09	00-15	Pause: Fußweg Trefftzbau	Gespräch über Vorlesung					X				X		
	15-30						X	X		X				
	30-45	Vorlesung:					X	X		X				
	45-60						X	X		X				

Beispiel zum Ausfüllen des Zeitprotokoll-Tagebuchs
Bei eventuellen Rückfragen wenden Sie sich bitte an ...
Vielen Dank und Viel Spaß beim Ausfüllen

Studium mit und ohne Job

Datum ....

ID ....

Zeit		Tätigkeiten		Mit wem						Zufriedenheit mit verbrachter Zeit				
Stunde	Minuten	Haupttätigkeit (bitte möglichst exakt beschreiben)	gleichzeitige Tätigkeit (bitte möglichst exakt beschreiben)	Alleine	Partner	Andere Familienmitglied.	Kollegen, Kommilitonen	Freunde	Andere	sehr zufrieden	zufrieden	teils teils	unzufrieden	sehr unzufrieden
00	00-15													
	15-30													
	30-45													
	45-60													
01	00-15													
	15-30													
	30-45													
	45-60													
02	00-15													
	15-30													
	30-45													
	45-60													
03	00-15													
	15-30													
	30-45													
	45-60													
04	00-15													
	15-30													
	30-45													
	45-60													

Abbildung 7.6.3: Der Zusatzfragebogen

ID:..........

Studium mit und ohne Job

Bitte die jeweils zutreffende Antwort mit dunklem Stift im entsprechenden Antwort-Feld ankreuzen. Kein Bleistift!

Bei Korrekturen malen Sie bitte das gültige Kästchen aus und kreisen es ein!

Zunächst ein paar Fragen zum Studium:

	Sehr unzufrie-den				Sehr zufrieden
01) Wie zufrieden oder unzufrieden sind Sie alles in allem mit Ihrem Studium?	1	2	3	4	5
	□	□	□	□	□

02) Werden Sie Ihr Studium in der dafür vorgegebenen Regelstudienzeit beenden?
voraussichtlich ja □
voraussichtlich nein □

03) Welche Note haben Sie beim Vordiplom bzw. zur Zwischenprüfung erreicht? ....

04) In welche der folgenden Kategorien würden Sie sich von Ihren Leistungen im Studium her einordnen?
- Im ersten Drittel □
- Im zweiten (mittleren) Drittel □
- Im letzten Drittel □

Die nun folgenden Fragen beziehen sich auf den Job, welcher im Zeitprotokoll erhoben wird.

05) Üben Sie neben Ihrem Studium eine bezahlte Tätigkeit/Job aus?
ja □ (bitte weiter mit Frage 06)
nein □ (bitte weiter mit Frage 14)

06) Was trifft auf Ihren Job zu? Wie üben Sie ihn aus (mehrere Antworten sind möglich)

Regelmäßig	□
auf Abruf	□
an Tagen in der Woche	□
am Wochenende	□
ganztägig	□
halbtags	□
stundenweise	□
tagsüber	□
abends/nachts	□

07) Wie viele Stunden arbeiten Sie durchschnittlich im Monat?

bis zu 20 Stunden	□
20 bis unter 40 Stunden	□
40 bis unter 60 Stunden	□
60 bis unter 80 Stunden	□
mehr als 80 Stunden	□

08) Seit wie vielen Monaten jobben Sie schon neben Ihrem Studium?

Seit .... Monaten

09) Welche Art von Job üben Sie aus? (bitte möglichst genau angeben)

....

10) Warum jobben Sie?	trifft nicht zu 1	2	3	4	trifft zu 5
Ich jobbe vorwiegend aus finanziellen Gründen.	□	□	□	□	□
Ich jobbe zur Abwechslung.	□	□	□	□	□
Ich jobbe, um jemandem einen Gefallen zu tun.	□	□	□	□	□
Ich jobbe aus fachspezifischem und studienergänzendem Interesse.	□	□	□	□	□

11) Wofür verwenden Sie Ihr Einkommen?	trifft nicht zu 1	2	3	4	trifft zu 5
Mein Einkommen brauche ich für meinen Lebensunterhalt (Lebensmittel, Miete usw.).	□	□	□	□	□
Mein Einkommen benötige ich zur Deckung von Studienkosten (Semesterbeitrag, Bücher usw.).	□	□	□	□	□
Mit dem Einkommen finanziere ich meine Freizeitaktivitäten, persönliche Vorlieben und Hobbys.	□	□	□	□	□

12) Gibt es ein besonderes Ziel, für welches Sie Ihr Einkommen sparen?

ja □, welches? ....

nein □

13) Waren die protokollierten Tage typisch für Ihren sonstigen Alltag?

Ja, die protokollierten Tage waren typisch □

Nein, es ist etwas Besonderes passiert. □

Bitte begründen Sie kurz was!

Angaben zur Person:

14) Ihr Geschlecht weiblich □

männlich □

15) In welchem Jahr sind Sie geboren? ....

16) Wie ist Ihr Familienstand? □ ledig

□ verheiratet

□ geschieden

□ getrennt lebend

□ verwitwet

17) Haben Sie Kinder? ja □, wie viele? ....

nein □

18) Welche Fachrichtung(en) studieren Sie?

□ Im Hauptfach ....

□ Im Nebenfach ....

□ Im Diplomstudiengang ....

19) In welchem Fachsemester studieren Sie? ....

Danke!

Am Pretest beteiligten sich 18 Personen. Diese Studierenden haben jeweils über drei Tage hinweg eine strukturierte Selbstbeobachtung vorgenommen. Damit liegen Angaben zu insgesamt (18 * 3 * 24 =) 1.296 Stunden vor. Diese Angaben setzen sich zusammen aus insgesamt 5.184 berichteten Einzeltätigkeiten (15-Minutentakt).
Im Pretest sollten die folgenden Fragen beantwortet werden:

- Wie genau beziehungsweise wie zuverlässig erfolgte *vermutlich* die Protokollierung des Tagesablaufs?
- Ist der gewählte 15-minütige Rhythmus im Zeitprotokoll angemessen, ist er zu grob beziehungsweise bereits zu detailliert?
- Wie oft am Tag sollte die Zeitverwendung protokolliert werden?
- Wie viel Zeit benötigt man für das Ausfüllen des Protokolls?
- Wie genau klappt die Erinnerung an konkrete Zeitabschnitte und an konkrete Tätigkeiten?

- Welche Randverteilungen wurden beim Zusatzbogen erzielt?
- Ist es für die Zielpersonen nur zumutbar, drei Tage zu protokollieren oder sind auch an vier Tagen Protokolle möglich?

Für die Auswertung einer solchen offenen Zeitbudgetstudie ist ein Klassifikationsschema für die Elemente des Zeitbudgets erforderlich. Die Ausarbeitung solcher Klassifikationen stellt eine der kompliziertesten Aufgaben im Rahmen von Zeitbudgetstudien dar. An dieser Stelle sei auf die Ansätze von Geißler (1993), Opaschowski (1976) und Schweitzer (1990) verwiesen. Gross (1996) berichtet davon, dass in einer Studie über 500 Einzelaktivitäten erfasst wurden, die dann für die Auswertung zu Hauptaktivitäten zusammengefasst werden mussten.

Im Anschluss an die Erhebung des Pretests folgte eine Verschlüsselung der berichteten Aktivitäten in zehn Hauptgruppen. Dazu wurde auf ein vorliegendes Modell zurückgegriffen[13]. Danach hat das Kodierschema folgendes Aussehen:

0. Persönlicher Bereich / Physiologische Regeneration (01 Schlafen, 02 Essen und Trinken, 03 Andere Tätigkeiten im persönlichen Bereich / physiologische Regeneration)
1. Erwerbstätigkeit (12 Nebenerwerbstätigkeit, 13 Qualifizierung, 14 mit Erwerbstätigkeit verbundene Zeit, 15 mit eigener Arbeitssuche verbundene Zeit, 16 mit Erwerbstätigkeit verbundene Mittagpausen)
2. Qualifikation /Bildung (21 Schule /Hochschule [Lehrveranstaltungen], 22 Hausaufgaben / Vor- und Nachbereitung von Lehrveranstaltungen [Schule / Hochschule], 23 Qualifikation / Fort- und Weiterbildung aus persönlichen Gründen)
3. Haushaltsführung und Betreuung der Familie (31 Zubereitung von Mahlzeiten, 32 Instandhaltung von Haus und Wohnung, 33 Herstellung, Ausbessern und Pflege von Textilien, 34 Gartenarbeit und Tierpflege, 35 Bauen und Reparieren, 36 Einkaufen und Inanspruchnahme von Fremdleistungen, 37 Haushaltsplanung und –organisation, 38 Kinderbetreuung, 39 Pflege und Betreuung von Erwachsenen)
4. Ehrenamtliche Tätigkeit, Freiwilligenarbeit, informelle Hilfe (41 Ausübung von Ämtern oder ehrenamtlichen Funktionen, 42 Informelle Hilfe für andere Haushalte)
5. Soziales Leben und Unterhaltung (51 Soziale Kontakte, 52 Unterhaltung und Kultur, 53 Teilnahme an Versammlungen)
6. Teilnahme an sportlichen Aktivitäten (61 Körperliche Bewegung, 64 Jagen, Fischen und Sammeln, 65 Rüstzeiten für sportliche Aktivitäten)
7. Hobby und Spiele (71 Künste, 72 Technische und andere Hobbys, 73 Spiele)
8. Massenmedien (81 Lesen, 82 Fernsehen und Videos sehen, 83 Radio / Musik, 84 Computer)
9. Wegezeiten und unbestimmte Zeitverwendung

Mithilfe dieses Schemas konnte dann die Berechnung der verausgabten Zeitumfänge, eine Ermittlung eines Durchschnittstages der Pretestteilnehmer sowie eine erste Auswertung in den Teilgruppen (mit und ohne Job) erfolgen. Tabelle 7.6.4 zeigt dazu eine Übersicht.

13 Statistisches Bundesamt: Konzeption und Ablauf der Zeitbudgeterhebung der Amtlichen Statistik 2001/2002.

Tabelle 7.6.4: Durchschnittlicher Zeitaufwand für verschiedene Tätigkeiten (in Minuten) bei verschiedenen Personen im Pretest

Tätigkeit	alle	mit Job (n = 6)	ohne Job (n = 12)
Schlafen	505.0	517.5	498.8
Essen und Trinken	99.7	90.0	104.6
andere Tätigkeiten zur persönlichen Regeneration	70.5	74.0	68.8
bezahlte Nebentätigkeit (Job)	53.0	159.2	-
Vor- und Nachbereitung der Lehre	11.4	13.4	10.4
Zubereitung von Mahlzeiten	13.9	10.0	15.9
Einkaufen	20.3	15.9	22.5
Unterhaltung und Kultur	66.0	51.5	72.9
Fernsehen	53.6	78.4	41.0
Hobbys nachgehen	7.0	14.2	3.4

Ein Tag (24 Stunden) entspricht 1.140 Minuten

Damit konnte für die Teilnehmer am Pretest beispielsweise festgestellt werden, dass deren nicht unbeträchtliche Nebentätigkeit nicht auf Kosten der Vor- und Nachbereitung der Lehre geht.

8 Pretests

Oben (vergleiche Abbildung 6.1.8) wurden zwei Dialoge zwischen einem Interviewer und einer Zielperson wiedergegeben. Der Interviewer stellte der Zielperson eine Frage nach ihrem Fernsehkonsum in den vergangenen sieben Tagen. Er erhielt darauf ohne weiteres eine scheinbar gültige Antwort. Er wäre dann in einem normalen Interview zur nächsten Frage übergegangen. Aber aufgrund einer Nachfrage („Wie kamen Sie darauf?") stellte sich heraus, dass die Antworten der Zielpersonen jeweils stark unzutreffend waren. Wären die Interviews nach der Antwort der Zielperson abgebrochen beziehungsweise mit der nächsten Frage fortgesetzt worden, so bestünde offenbar eine immense Diskrepanz zwischen der gegebenen Antwort und der tatsächlichen Dauer des Fernsehens. Besonders interessant ist, dass es bis dahin keinerlei Hinweise auf eine solche Differenz gab. Weder hat die Zielperson eine Rückfrage gestellt, noch war die Antwort in irgendeiner Weise unlogisch (etwa „zwölf Tiger"). Dies muss den Entwickler eines Erhebungsinstruments sensibilisieren. So erweist sich die Idee, dass ein nichtfunktionierendes Instrument in der Voruntersuchung in irgendeiner Weise auffallen wird, offenbar als so nicht haltbar. Weiter unten werden dazu noch weitere Befunde präsentiert, um dies ausführlich zu illustrieren. Damit gilt weiter die Maxime: "Even after years of experience, no expert can write a perfect questionnaire." (Sudman/Bradburn 1982)

Die Regeln für die Fragebogengestaltung (vergleiche Abschnitt 6.1.3) können lediglich dazu beitragen, grobe Fehler zu vermeiden. Bislang blieben alle Regeln aber immer unvollständig. Sie ließen den Fragebogenentwicklern Spielräume und schlossen zahlreiche Ausnahmeregelungen nicht aus. Die Sozialforschung ist deshalb auf spezielle Methoden angewiesen, die im Rahmen von Voruntersuchungen zuverlässig Auskunft über die Qualität der Instrumente zu liefern vermögen. Selbst das ansonsten sehr hilfreiche Fragebogenbewertungssystem (FBS) erspart es dem Fragebogenentwickler nicht, den Bogen einem Pretest zu unterziehen (vergleiche Faulbaum/Prüfer/Rexroth 2009:126).

Damit gilt auch folgende Maxime noch immer: „If you don't have the resources to pilot test your questionnaire, don't do the study." (Sudman/Bradburn 1982)

In der Literatur werden bisher die mithilfe eines Pretests zu verfolgenden Ziele relativ bunt dargestellt. So soll es bei Voruntersuchungen darum gehen:

- Die Verständlichkeit der Fragen zu überprüfen
- Die bei den Antworten aufgetretene Varianz zu ermitteln
- Die Übersichtlichkeit des Fragebogens zu testen
- Eventuelle Schwierigkeiten, die Zielpersonen bei der Beantwortung von Fragen haben, zu ermitteln
- Die theoretische Aussagekraft des Fragebogens zu prüfen und
- Die Feldbedingungen vorwegzunehmen, um das Funktionieren des vorgesehenen Designs zu ermitteln, das heißt beispielsweise möglichst keine Studentenbefragungen zu nutzen.

8.1 Die Verfahren im Überblick

Die bei Voruntersuchungen eingesetzten Strategien lassen sich in drei Gruppen unterscheiden[1]: *Erstens* die im Feld eingesetzten Pretestverfahren: hier entstammen die Zielpersonen der Grundgesamtheit und werden unter möglichst ähnlichen Bedingungen untersucht, wie sie später für die eigentliche Erhebung vorgesehen sind. *Zweitens* die kognitiven Pretesttechniken beziehungsweise Labor-Verfahren sowie *drittens* Verfahren, die auf Expertenurteilen basieren. Die kognitiven Verfahren versuchen – wie im obigen Beispiel – im Labor, das heißt unter künstlichen Bedingungen, die Prozesse und Schritte zu erhellen, die eine Zielperson bei der Beantwortung von Fragebogenfragen absolviert. Zu allen drei Gruppen stehen den Sozialwissenschaftlern wiederum verschiedene Verfahren zur Verfügung. Die Tabelle 8.1.1 gibt dazu einen Überblick. Die einzelnen Verfahren werden im Weiteren ausführlicher diskutiert. Danach wird an einem Beispiel das Vorgehen bei einem Pretest im Detail demonstriert.

Tabelle 8.1.1: Überblick zu verschiedenen Pretestverfahren (vergleiche Prüfer/Rexroth 1996a:96)

Pretestverfahren im Feld	Kognitive Verfahren	Andere Verfahren
Standard Pretest	Think-Aloud	Focus Groups
Behaviour Coding	Probing	Experten
Problem Coding	Confidence Rating	
Random Probe	Paraphrasing	
Intensive Interview	Sorting-Verfahren	
Qualitative Interviews	Response Latency	
Analyse der Antwortverteilungen		
Split-Ballot		

Verschiedene Autoren fassen die Split-Ballot- beziehungsweise die randomisierten Experimente als eine eigenständige Verfahrensgruppe zur Ermittlung der Qualität von Fragebogenfragen auf. Auch wird teilweise die Technik des Definierens noch zu den kognitiven Verfahren hinzu gezählt (Groves et al. 2004:249f.).

8.2 Pretestverfahren im Feld

8.2.1 Standard Pretest / Beobachtungspretest

Beim Standard Pretest, auch Beobachtungspretest genannt, handelt es sich um die am häufigsten eingesetzte Strategie. Dabei wird die vorliegende Form des Fragebogens einer Anzahl an Zielpersonen präsentiert und dazu werden deren Reaktionen bei der Beantwortung beziehungsweise beim Ausfüllen des Bogens beobachtet. Leider lassen sich kaum weitere

1 An dieser Stelle wird die besondere Aufmerksamkeit auf Pretests für Umfragen gelegt. Aber auch bei Beobachtungen und bei Inhaltsanalysen haben Pretests zu erfolgen. Die dabei zu beachtenden Regeln werden in den entsprechenden Abschnitten (6.2 und 6.3) besprochen.

verbindliche Regeln für den Standard Pretest angeben. Unterschiedliche Empfehlungen deuten darauf hin, dass es einen großen Spielraum für die Gestaltung der Methodik gibt:

- So soll die Stichprobengröße zwischen zehn und 200 Personen liegen (Schnell/Hill/Esser 2005:327), sie beträgt zumeist jedoch 20 bis 50 Personen.
- Es können entweder Quotenauswahlen, zumeist nach den Kriterien Geschlecht und Alter, oder auch Zufallsauswahlen eingesetzt werden.
- Es wird empfohlen, als Interviewer entweder besonders geschulte Personen, oder solche Interviewer, die auch bei der eigentlichen Erhebung tätig werden, oder die Mitglieder der Forschungsgruppe einzusetzen.

Beim Standard Pretest handelt es sich in der Regel um eine einmalige Befragung unter möglichst realistischen Bedingungen, wobei es um die Beobachtung von Auffälligkeiten und Problemen geht. Ein aktives Hinterfragen durch die Interviewer, etwa zum Verständnis der Indikatoren, ist nicht vorgesehen.

Die Beobachtungspretests bringen verschiedene *Vorteile* mit sich. Sie sind relativ billig, ohne großen Zeitaufwand durchführbar und sie erlauben es, die Dauer einer Befragung realistisch zu ermitteln. Dies ist vor allem dann wichtig, wenn eine Einschaltung in eine Mehrthemenbefragung vorgesehen ist und dafür die erforderlichen Kosten ermittelt werden müssen. Die Erhebungsinstitute kalkulieren ihre Kosten aber auch bei Exklusivstudien nicht zuletzt aufgrund des für die Befragung erforderlichen Zeitaufwandes.[2]

Als *Grenzen* des geschilderten Vorgehens sind zu nennen: Die Idee, dass nicht ausreichend funktionierende Fragen im Standard Pretest auffallen stimmt – wie oben gezeigt – zumindest nicht in jedem Fall. Die Zielpersonen geben auch auf recht erstaunliche Fragen unter Beibehaltung der Konversationsregeln dem Interviewer eine scheinbar logische Antwort. Auch bei Nichtwissen oder Unverständnis der Frage kann man nicht davon ausgehen, dass dieses zugegeben wird, dass es zu Rückfragen kommt oder dass in einem solchen Fall eine Antwort verweigert wird.

Das Vorgehen beim Beobachtungspretest ist zudem nur wenig systematisch. Welche Reaktionen die Interviewer als Auffälligkeiten vermelden, wird von ihnen subjektiv festgelegt. Bei solchen Auffälligkeiten mag es sich um ein Stirnenrunzeln der Zielperson, um eine auffällig lange Pause zwischen der Fragestellung und der Beantwortung oder auch um einen direkten Kommentar zur gestellten Frage handeln. Damit stellen Beobachtungspretests ein relativ grobes Verfahren zur Ermittlung der Güte eines Befragungsinstruments dar.

8.2.2 Behaviour Coding

Eine gegenüber den Beobachtungspretests verfeinerte Vorgehensweise ist das Behaviour Coding. Hier handelt es sich um eine strukturierte Verhaltensbeobachtung von Interviewern und Interviewten. Auch beim Behaviour Coding präsentiert ein Interviewer einer Zielperson die Fragen eines Fragebogens und erbittet die entsprechenden Antworten. Das Verhalten beider Personen wird von einem Beobachter systematisch kodiert. Als Hilfsmittel kön-

2 Verschiedene Erhebungsinstitute bieten Einschaltungen in Mehrthemenumfragen an. Bei solchen Buseinschaltungen werden die zu entrichtenden Gebühren entweder pro Minute oder pro Frage ermittelt.

nen dafür auch Tonband- oder Videomitschnitte von den jeweiligen Pretest-Interviews erstellt werden.

Ein solches Kodesystem kann das Verhalten des Interviewers und des Interviewten pro Frage beziehungsweise pro Antwort erfassen. Zum Beispiel (vergleiche Prüfer/Rexroth 1985 und Oksenberg/Cannell/Kalton 1991) kann für die Kodierung folgendes, in Tabelle 8.2.1 gezeigtes, Schema benutzt werden.

Tabelle 8.2.1: Kodiersystem für das Behaviour Coding (vergleiche Oksenberg/Cannell/ Kalton 1991)

Code	Beschreibung	
		Interviewer ... (nur eine Kategorie auswählen)
E	Exact	- liest exakt den Wortlaut
S	Slight change	- nimmt leichte Veränderungen bei den Fragen vor
M	Major change	- nimmt starke Veränderungen vor, so dass sich die Bedeutung verändert
		Befragter ... (alles Zutreffende vermerken)
1	Interruption	- antwortet vorzeitig (unterbricht)
2	Clarification	- will eine Wiederholung der Frage oder eine Erklärung der Frage oder macht eine Bemerkung, die auf Verständnisprobleme hindeutet
3	Adequate answer	- antwortet adäquat
4	Qualified answer	- antwortet adäquat und macht eine zusätzliche Bemerkung, die auf Unsicherheit schließen lässt
5	Inadequate answer	- antwortet inadäquat
6	Don't know	- antwortet weiß nicht
7	Refusal to answer	- verweigert die Antwort

Der naheliegende Vorteil des Behaviour Codings gegenüber den Beobachtungspretests liegt in den aufgrund des benutzten Kodierschemas vergleichbareren Ergebnissen dieses Verfahrens. Nachteilig ist dagegen, dass die Ursachen für registrierte Auffälligkeiten ungeklärt bleiben. Auch liegt dem Behaviour Coding letztlich die gleiche Idee wie dem Standard Pretest zugrunde, unklare Fragen würden zu auffälligem Antwortverhalten führen. Das Verfahren ist außerdem relativ aufwändig und auch der Einfluss der erforderlichen Mitschnitte des Interviews bleibt unklar.

Eine besondere Form des Behavior Codings stellen Faulbaum, Deutschmann und Kleudgen (2003) vor. Sie modifizieren das Verfahren, um es für CATI-Fragebögen bei telefonischen Befragungen anwenden zu können. Die Grundidee des Ansatzes besteht darin, bei einer etwas größeren Stichprobe (die Autoren schildern den Einsatz bei 100 Interviews) von den Interviewern systematisch Auffälligkeiten im Befragtenverhalten zu kodieren und dabei auf die Computertechnik der Telefonbefragung zurückzugreifen. Die Interviewer beurteilen das Befragtenverhalten danach, ob es zu einer spontanen Antwort gekommen ist oder ob die Beantwortung nicht spontan erfolgte. Beide Verhaltensweisen werden weiter unterschieden. So kann eine spontane „Antwort entweder vollständig adäquat in dem Sinne sein, dass die Antwort durch den Interviewer einer der zulässigen Antwortkategorien zugeordnet werden kann oder sie ist insofern inadäquat, als der Interviewer eine Zuordnung nicht ohne Nachfragen“ (2003:23) vornehmen kann.

Insgesamt werden damit folgende Arten einer spontanen Antwort unterschieden: erstens, die Antwort entspricht genau einer Antwortvorgabe. Zweitens, die Antwort entspricht nicht ganz genau einer Antwortvorgabe. Drittens, die Antwort kann erst durch Nachfragen zugeordnet werden. Viertens, es wurde vorzeitig geantwortet, das heißt bevor die Frage vollständig vorgelesen wurde und fünftens, die Antwort wurde verweigert beziehungsweise es wurde mit „weiß nicht“ geantwortet.

Bei den nicht-spontanen Antworten wird unterschieden zwischen Problemen, erstens, die aufgrund der Akustik zustande gekommen sind. Zweitens, die wegen einer unklaren Bedeutung eines Begriffs auftreten. Drittens, die vom Frageverständnis herrühren und viertens, die wegen unklarer Antwortkategorien auftreten.

Während des telefonischen Interviews kodieren die Interviewer nicht nur die substanziellen Antworten der Befragten, sondern nehmen auch eine Charakteristik der Antworten nach dem hier beschriebenen Muster (spontan versus nichtspontan und so weiter) vor. Dazu stehen ihnen die Funktionstasten (F) des Computers zur Verfügung. Da die Codierung während eines normalen Interviews zusätzlich vorgenommen werden muss, kann das dafür zu nutzende Schema nur relativ einfach ausfallen.

Die Vorteile des geschilderten Verfahrens liegen vor allem in der raschen Verfügbarkeit der gewonnenen Ergebnisse und in der relativ einfachen Handhabbarkeit.

8.2.3 Problem Coding

Beim Problem Coding handelt es sich um ein am ZUMA Mannheim entwickeltes und praktiziertes Vorgehen. Dabei erfolgt (ähnlich wie beim Behaviour Coding) eine systematische Bewertung der Verhaltensweisen – hier aber lediglich – der Zielperson während des Interviews. Dazu wird jedoch, um die Interviewer nicht zu überfordern, ein reduziertes Kodesystem für die Beobachtung genutzt. Dieses beschränkt sich auf die Ausprägungen Null für adäquat und Eins für nicht adäquat. Das Problem Coding wird von den Interviewern bereits während der Befragung und nicht erst im Nachhinein vorgenommen. Es erfordert damit besonders gut mit dieser Technik vertraute und geschulte Interviewer.

Sollte es während eines Interviews zu inadäquaten Antworten kommen, so werden die Interviewer in einer zweiten Stufe nach Beendigung des Interviews dazu aufgefordert, hierzu konkreter Stellung zu nehmen beziehungsweise ihre Erfahrungen darzulegen.

8.2.4 Random Probe

Die Technik des Random Probe (vergleiche Schuman 1966) lässt sich nur für geschlossene Fragen einsetzen. Das Random Probe sieht vor, bei zufällig ausgewählten Indikatoren Zusatzfragen an die Zielperson zu stellen, um das Frageverständnis zu überprüfen. Zum Beispiel könnten so pro Fragebogen zehn von 200 Fragen eines Interviews näher überprüft werden. Dazu werden Schuman folgend (1966:241) solche Fragen gestellt wie:

- Bitte nennen Sie ein Beispiel dafür, was Sie meinen!
- Ich verstehe Sie und warum haben Sie das geantwortet?
- Können Sie mir bitte etwas mehr dazu sagen?

8.2.5 Intensive Interview

Das Ziel des Intensive Interview (vergleiche Belson 1981, 1986) ist es, auch ein falsches Frageverständnis bei einer formal richtigen Antwort zu erkennen. Eine formal richtige Antwort liegt bei einer standardisierten Befragung vor, sobald die Zielperson eine zulässige Antwortkategorie nennt. Um jedoch auch ein falsches Frageverständnis aufzudecken, müssen der Zielperson konkrete Nachfragen gestellt werden. Dazu werden nach dem Ende des Interviews dem Befragten bestimmte Verständnisfragen vorgelegt. Im ersten Schritt werden die jeweils zu untersuchende Frage und die bereits gegebene Antwort vom Interviewer nochmals verlesen und die Zielperson wird danach dazu aufgefordert, ihre ursprüngliche Antwort nun zu begründen. Dabei stellt der Interviewer, wie bei einem Tiefeninterview üblich (vergleiche Abschnitt 6.1.3), gegebenenfalls weitere Nachfragen. In einem zweiten Schritt werden dann auch noch standardisierte Nachfragen zum Frageverständnis gestellt.

8.2.6 Qualitative Interviews

In einem frühen Stadium der Fragebogenentwicklung können auch qualitative Interviews zum Einsatz kommen. Hier handelt es sich um nicht standardisierte Tiefeninterviews, bei denen der Interviewer an die Zielperson Nachfragen richtet. Er hinterfragt die zuvor bei der standardisierten Erhebung gewonnenen Antworten, er erkundigt sich nach möglichen Alternativen und so weiter. Wichtig ist, dass hier – im Unterschied zur quantitativen Befragung – die persönlichen Ansichten der Zielperson weitgehend den Verlauf des Gesprächs bestimmen. Sie haben zum Beispiel die Möglichkeit zu berichten, inwieweit sie sich und ihre Probleme im standardisierten Fragebogen wiedergefunden haben, ob Problemkreise vollständig abgedeckt wurden, wo aus ihrer Sicht die besondere Relevanz der Thematik der Befragung liegt, welche vorgegebenen Antworten für sie unbefriedigend oder unvollständig waren und so weiter.

Für die qualitativen Interviews sind damit ebenfalls besonders gut geschulte und mit dem Gegenstand der Befragung vertraute Interviewer nötig.

8.2.7 Analyse von Antwortverteilungen

Eine Auskunft über die Qualität der eingesetzten Instrumente kann auch eine erste Analyse der im Pretest ermittelten Antwortverteilungen liefern. Die Voraussetzung dafür ist, dass eine relativ hohe Anzahl an zu befragenden Personen mit dem zu bewertenden Instrument konfrontiert worden ist. Dann wird es möglich, vor allem auf nur minimal oder nicht besetzten Kategorien aufmerksam zu werden. Auch extreme, das heißt so nicht erwartete, unplausible Häufigkeitsverteilungen können Hinweise für eine notwendige Überarbeitung des Bogens liefern. Schließlich kann auch die häufige Wahl von Ausweichkategorien wie

„weiß nicht“, „verweigert“ und Ähnliches, zumindest grobe Hinweise auf noch bestehende Unzulänglichkeiten bei der Instrumentenentwicklung liefern.

8.2.8 Split-Ballot-Technik

Die Split-Ballot-Technik sieht vor, dass bei der (Vor-) Untersuchung mehrere Varianten einer Frage eingesetzt werden. Sinnvoll wäre diese Technik beispielsweise dann, wenn sich die Fragebogenentwickler nicht darüber einig sind, wie sie im Rahmen einer Untersuchung am besten nach der Nutzung illegaler Drogen fragen sollen, persönlich-mündlich oder mithilfe eines von der Zielperson selbst auszufüllenden Bogens. Zur Klärung dieses Problems muss die beim Pretest befragte Population zufällig geteilt werden. Jede Unterpopulation erhält dann eine der beiden infrage kommenden Varianten. Im Ergebnis der Befragung wird nach unterschiedlichen Häufigkeitsverteilungen zwischen beiden Split-Gruppen gesucht. Diese Unterschiede werden dann auf die eingesetzten methodischen Varianten zurückgeführt. Leider ist damit noch nicht geklärt, welche der erprobten Versionen nun die bessere wäre. Teilweise kann man hier aufgrund theoretischer Annahmen zu einer Lösung gelangen. So dürfte vermutlich in diesem Beispiel jene Variante die bessere sein, die einen höheren berichteten Drogenkonsum ermittelt.

Eine Voraussetzung bei der Split-Ballot-Technik ist, dass relativ große Stichproben eingesetzt werden. Die Split-Ballot-Technik ist gut dazu geeignet, um sie in Kombination mit anderen Verfahren zu verwenden.

Teilweise wird auch im Rahmen der eigentlichen Erhebung diese Strategie benutzt. Sie gibt dann beispielsweise Auskunft für die Gestaltung von Folgeuntersuchungen.

8.3 Kognitive Verfahren

Diese Verfahren verfolgen das Ziel, bei den Befragten das Frageverständnis sowie deren Vorgehen bei der Informationsbeschaffung und Antwortfindung aufzudecken. Dabei lehnen sie sich an das oben bereits behandelte kognitionspsychologische Modell (vergleiche Abschnitt 6.1.2) der Beantwortung von Fragebogenfragen an. Die kognitiven Interviews basieren auf der von Simon (vergleiche Ericsson/Simon 1980, 1984) und seinen Kollegen entwickelten Technik der Protokollanalysen. Das Interesse gilt dabei ursprünglich der Frage, auf welche Weise mathematische Aufgaben oder auch Schachprobleme gelöst werden können.

Auch hier haben sich wieder verschiedene Vorgehensweisen etabliert. Ein entsprechender Überblick findet sich zum Beispiel bei Prüfer und Rexroth (1999, 1996a,b, 2005) und bei Groves et al. (2004:246ff.).

8.3.1 Think Aloud Methode

Die Think Aloud Methode sieht vor, dass die Zielperson zu lautem Denken aufgefordert wird während sie eine Frage beantwortet. Eine entsprechende Anweisung könnte beispielsweise lauten:

„Ich werde Ihnen jetzt gleich eine Frage stellen. Danach fordere ich Sie dazu auf, laut zu denken. Sie sollen bitte alle Gedanken laut aussprechen, die Ihnen durch den Kopf gehen. Bitte beginnen Sie damit, sobald Sie die Frage gehört haben und fahren Sie so lange fort, bis Sie zu einer Antwort gelangt sind. Das müssen natürlich keine ganzen Sätze sein. Sollten Sie einmal ins Stocken kommen, so werde ich Sie daran erinnern, weiter zu sprechen."

Auf der Grundlage der dabei erfolgten Tonbandaufzeichnungen werden die Antworten verschriftet und danach qualitativ ausgewertet.

Zwei Strategien lassen sich bei der Think Aloud Technik unterscheiden: Erstens lautes Denken direkt während der Beantwortung der Frage (Concurrent Think Aloud) und zweitens das Rekapitulieren der eigenen Gedankengänge erst nach der Beantwortung der Frage (Retrospective Think Aloud). Besonders die erste Vorgehensweise stellt hohe Anforderungen an die Zielpersonen. Es hat sich gezeigt, dass bei weitem nicht alle Personen dazu in der Lage sind, diese Aufgabenstellung zu bewältigen.

Ein besonderes Problem beim Restrospective Think Aloud besteht darin, dass nicht ausgeschlossen werden kann, dass die Zielperson bei ihrem Bericht zu stark versucht, die gegebene Antwort zu begründen und dabei zu wenig oder nicht über die von ihr absolvierten Gedankengänge berichtet.

Die Technik des Think Aloud ist besonders gut dazu geeignet, Probleme vom Verständnis der Frage an bis hin zur Formulierung der jeweiligen Antwort aufzudecken.

8.3.2 Probing / Nachfragetechnik

Bei der Probing- oder Nachfragetechnik werden gezielt Zusatzfragen zu bestimmten Indikatoren gestellt, um das Antwortverhalten der Zielpersonen besser kennen zu lernen. Dies kann auf vielfältige Weise erfolgen. Die Vielfalt betrifft einmal den Zeitpunkt, zu dem die Nachfragen erfolgen und zum anderen auch die Zielrichtung, die beim Probing verfolgt wird. Follow-up-Probings erfolgen nach der Beantwortung der Frage und Post-Interview-Probings werden nach dem Interview gestellt. Comprehension Probings dienen dem Frageverständnis. Dazu kann die Zielperson darum gebeten werden, die Bedeutung von einzelnen Begriffen aus dem Fragetext zu erläutern oder Aspekte, der von ihr gegebenen Antwort, zu erklären. Die Information-Retieval Probings werden besonders für retrospektive Fragen genutzt. Sie verfolgen das Ziel, den Schritt der Informationsbeschaffung transparent zu machen. Confidence Ratings richten sich schließlich auf die subjektiv vermutete Verlässlichkeit der gegebenen Antworten.

An einigen Beispielen soll die Probing Technik näher verdeutlicht werden. Zunächst wird in Abbildung 8.3.1 ein Beispiel für ein Follow-up-Probing zur Begründung der gewählten Antwortstufe zitiert, danach in Abbildung 8.3.2 ein Beispiel für ein Post-Interview-Probing zum Begriffsverständnis.

Abbildung 8.3.1: Erstes Beispiel für ein Probing im Rahmen eines kognitiven Pretests

Fragetext: „Das Ziel der Nationalsozialisten war, durch den Krieg gegen die Sowjetunion den jüdischen Bolschewismus zu beseitigen.“

Text des Probings unmittelbar nach der Beantwortung der Frage mithilfe einer siebenstufigen Skala: „Und warum haben Sie sich für diesen Skalenwert entschieden?“

Antworten auf diese Probingfrage

Skalenwert	der spontan gegebenen Antwort auf die Nachfrage
4	Das weiß ich nicht. Ich kann mit der Aussage nichts anfangen.
2	Ich weiß es nicht, aber ich glaube es nicht. Habe die zwei vergeben aufgrund meines Bauchgefühls.
4	Bin mir relativ unsicher, dachte ich nehme einen Mittelweg. Die vier deshalb, weil ich es nicht weiß
1	Weil ich mir einfach nicht vorstellen kann, dass die Nationalsozialisten ein anderes Ziel hatten, als in dem Fall Land zu gewinnen. Vermute es aber, habe keinen blassen Schimmer.
6	Ich vergebe ungern eins und sieben. Mit der sechs möchte ich relativieren und ich glaube, dass es das Ziel der Nationalsozialisten war.
5	Es war immer das Ziel der Nationalsozialisten gegen die Juden zu handeln.

Abbildung 8.3.2: Zweites Beispiel für ein Probing im Rahmen eines kognitiven Pretests

Fragetext: „Hinter der offiziellen Kritik am Kommunismus haben viele Nazis und Mitläufer nach 1945 den alten nationalsozialistischen Antibolschewismus versteckt.“

Text des Probings nach Abschluss des Interviews: „Was verstehen Sie unter nationalsozialistischem Antibolschewismus?“

Antworten auf die Probingfrage

Skalenwert	der spontan gegebenen Antwort auf die Nachfrage
5	Das sind Leute, die gegen den Bolschewismus waren, also gegen linke Ideale. Und nationalsozialistisch ist dann noch eine Stufe mehr, die extrem dagegen waren.
Weiß nicht	Das war offensichtlich. Nationalsozialismus ging total gegen den Kommunismus.
6	Das war im Dritten Reich alles, was mit Kommunismus verbunden war, dass man das alles abgelehnt hat.
3	Das weiß ich nicht so genau. Bolschewismus gleich Kommunismus. Die drei soll die Mitte sein, weil ich es nicht so genau weiß.
3	Oh je, da kann ich nicht viel dazu sagen, das weiß ich eigentlich gar nicht.

Ganz offensichtlich gibt es bei fast allen Zielpersonen Probleme beim Verständnis der beiden Fragen und auch bei der Antwortfindung. Man kann mit dieser Technik auch sehr gut deutlich machen, dass der Skalenwert vier von den Zielpersonen als Mittelpunkt der siebenstufigen Skala zugleich als Ausweichkategorie benutzt und von ihnen mit der Bedeutung „weiß nicht" versehen wird.

8.3.3 Paraphrasing

Das Paraphrasing beinhaltet die Aufforderung an die Zielperson, nach der von ihr gegebenen Antwort die Frage mit den eigenen Worten zu wiederholen. Auf diese Weise lassen sich vor allem Probleme beim Verständnis der Frage aufdecken. Dazu gibt Abbildung 8.3.3 ein Beispiel.

Abbildung 8.3.3: Drittes Beispiel für ein Paraphrasing im Rahmen eines kognitiven Pretests

Fragetext: „Im Vergleich dazu, wie andere hier in Deutschland leben, glauben Sie, dass Sie Ihren gerechten Anteil erhalten, mehr als Ihren gerechten Anteil, etwas weniger oder sehr viel weniger?"

„Bitte wiederholen Sie die Frage, die ich Ihnen gerade gestellt habe, mit Ihren eigenen Worten."

Antworten

1. „Glauben Sie, dass Sie in Ihrer jetzigen Tätigkeit, verglichen mit anderen in Deutschland lebenden, den gerechten Anteil bekommen, weniger gerecht, einigermaßen gerecht oder ganz ungerecht?"
2. „Dass ich sagen sollte, dass ich im Vergleich zu anderen Bevölkerungsteilen über Maßen vom Sozialstaat profitiere."
3. „Ob ich eigentlich mit dem, was ich besitze, was ich habe, mit dem, was ich tun kann, zufrieden bin."

Auch das Ergebnis des Paraphrasing liefert dem Fragebogenentwickler konkrete Hinweise zum Frageverständnis. So gelingt es in diesem Beispiel den Zielpersonen nicht, die Frage und auch die vorgesehenen Antwortstufen sinngemäß zu rekapitulieren.

8.3.4 Sorting

Beim Sorting geht es ebenfalls um das Verständnis von Begriffen. Hier werden die Zielpersonen darum gebeten, einen Stapel mit Kärtchen zu sortieren. Auf den einzelnen Kärtchen sind beispielsweise verschiedene Freizeittätigkeiten aufgedruckt und zwar solche, die mit relativ hohen und solche, die mit nur geringem Aufwand betrieben werden können. Beim Free-Sort soll eine Gruppierung dieser Kärtchen nach eigenen Kriterien vorgenommen werden. Beim Dimensional-Sort werden dagegen die entsprechenden Kriterien, nach denen die Karten zu sortieren sind, vorgegeben.

8.3.5 Response Latency

Der Gedanke, der der Methode des Response Latency – also der Messung der Zeit, die die Befragten benötigen, um eine Antwort zu finden – zugrunde liegt, besteht darin, dass lange Reaktionszeiten auf Probleme im Frageverständnis hindeuten. Vor allem bei CATI-Interviews ist es technisch relativ leicht möglich, diese Zeitspanne sehr exakt zu ermitteln. Aber auch bei Befragungen, bei denen die Zielperson den Fragebogen selbständig am Computer bearbeitet (Computer Assisted Self Interviewing – CASI), ist der Einsatz dieser Technik gut möglich. Jedoch liegen derzeit noch nicht allzu viele Erfahrungen mit der Technik der Antwortzeitmessung vor.

Stocké nutzte dieses Verfahren, um die Informationsverfügbarkeit bei den Zielpersonen zu ermitteln. Die Antwortzeit dient als Indikator, um zu zeigen, „mit welcher Intensität das Einstellungsobjekt und die berichtete Bewertung im Gedächtnis des Befragten verbunden sind“ (2002:31). Sollte eine Zielperson noch keine Einstellung zu einem erfragten Sachverhalt gebildet haben, so würde dies eine zeitintensive Suche nach sich ziehen.

Zusammenfassend lassen sich einige wesentliche Vorteile kognitiver Verfahren ausmachen. Dazu gehören eine relativ schnelle Durchführung der verschiedenen Tests sowie, aufgrund der kleinen Fallzahlen, nur relativ geringe Kosten. Zu beachten ist jedoch, dass die Zielpersonen, von denen im Pretest teilweise komplizierte Aufgaben bewältigt werden sollen, wie etwa lautes Denken, für ihre mitunter nicht unbeträchtliche Mühe eine Anerkennung erhalten sollten. Während Beobachtungspretests einen relativ kompletten Fragebogen voraussetzen, können die kognitiven Verfahren bei verschiedenen Stadien der Frageentwicklung, also auch bei noch relativ unfertigen Fragebögen, sowie lediglich bei ausgewählten Fragen eingesetzt werden.

Ein Nachteil der kognitiven Verfahren besteht darin, dass sie keine Aussagen zum Funktionieren des Fragebogens als Ganzes erlauben. Aufgrund der meist geringen Fallzahl ist es auch schwierig, zu Verallgemeinerungen der Befunde zu gelangen.

8.4 Expertenbewertungen

Es hat sich in vielen Fällen als sinnvoll erwiesen, Experten bei der Ausarbeitung von Erhebungsinstrumenten hinzuzuziehen. Dabei kann und sollte es sich auch um Personen handeln, die mit der distanzierten Sicht eines externen Fachmanns die entwickelten Instrumente zu beurteilen in der Lage sind. Sie sollten also nicht selbst bei der betreffenden Fragebogenentwicklung involviert gewesen sein.

In Fokus-Gruppen, die bereits in frühen Phasen der Ausarbeitung des Instruments zusammen gerufen werden können, lassen sich Hinweise auf die Akzeptanz und das Verständnis des Themas der Befragung beziehungsweise einzelner Begriffe und Fragen feststellen. Ein mögliches Vorgehen für die Bewertung eines schriftlichen Fragebogens könnte so aussehen, dass die Teilnehmer der Fokus-Gruppensitzung zunächst den Bogen selbst ausfüllen. Danach wird in der Gruppe diese Befragung wiederholt und mit einer Diskussion der Eindrücke verbunden. Solche Fokus-Gruppen können aber auch durch normale Mitglieder der zu befragenden Population gebildet werden.

Auch die Konsultation einzelner Experten für die Gestaltung von Fragebögen kann Hinweise erbringen. So können beispielsweise der Wortlaut der Fragen, die Struktur der Fragen, die Antwortmöglichkeiten, die Sukzession der Fragen und die Intervieweranweisungen von den Experten beurteilt werden. Diese kostengünstige Strategie gilt jedoch nur als wenig reliabel. Mit anderen Worten: Verschiedene Experten könnten unterschiedliche Probleme identifizieren.

Abschließend soll auf eine vergleichende Studie verwiesen werden. Presser und Blair (1994) berichten über eine Untersuchung zum Erfolg unterschiedlicher Preteststrategien. Dazu wurden vier Gruppen gebildet, die mit unterschiedlichen Instrumenten jeweils denselben, aus 140 Einzelfragen bestehenden Fragebogen überprüfen sollten. In Gruppe eins wurden von acht Interviewern in zwei Wellen (n = 35 beziehungsweise n = 43) telefonische Interviews geführt und anschließend die Erfahrungen in der Gruppe diskutiert. In Gruppe zwei erstellten die Forscher Behavior Codings der Interviewer, während in Gruppe drei mit 30 Personen kognitive Interviews (Follow-Up Probes und Think Aloud) geführt wurden. Schließlich diskutierten in der vierten Gruppe zwei Expertenpanels das Instrument.

Während das Expertenteam 160 Probleme ausmachte, wurden bei den anderen lediglich etwa 90 lokalisiert. Während kognitive Tests besonders geeignet waren, um Verständnisprobleme aufzudecken, konnten mit dem Behavior Coding und in der Gruppe eins vor allem Probleme, die bei den Interviewern auftreten, ausgemacht werden. Schließlich stellte sich die Expertenrunde als der kostengünstigste Ansatz heraus.

Als Fazit bleibt festzuhalten, dass es oftmals nicht ausreicht, beim Pretest nur ein Verfahren einzusetzen, um alle möglichen Probleme bei der Fragekonstruktion zu erkennen. Prüfer und Rexroth (1999) plädieren daher für einen Multi-Method- beziehungsweise Zwei-Phasen-Pretest.

8.5 Das Pretestdesign der Dresdner Notwehrbefragung 2001

Im Abschnitt 4.2 wurde das Design des Dresdner Notwehrprojekts 2001 vorgestellt und das Anliegen sowie der Ablauf dieser Untersuchung detaillierter geschildert. An dieser Stelle soll nun die Preteststrategie exemplarisch dargelegt werden.

8.5.1 Im Pretest zu bearbeitende Probleme

Den Ausgangspunkt für die Erstellung des Instruments bildeten Fallbeschreibungen, bei denen Personen sich auf das Notwehrrecht berufen haben. Eine Aufgabe bei der Fragebogenentwicklung bestand darin, aus diesen Fallbeispielen ein Instrument zu konstruieren, mit dessen Hilfe die Einstellungen der Allgemeinbevölkerung zur Notwehr (valide und reliabel) telefonisch abgefragt werden konnten. Als Quelle dienten zumeist Gerichtsakten, aus denen diese Fälle zusammengetragen wurden. Dabei traten verschiedene Probleme auf:

- Die hier vorliegenden Falldarstellungen waren für eine wortgetreue Wiedergabe am Telefon zu lang. Solche Fragen hätten nicht nur die kognitive Aufnahmefähigkeit und die Geduld des Befragten überfordert, sondern auch der Interviewer wäre durch die Fülle des vorzulesenden Textes zu stark belastet worden. Zudem wäre der anvisierte Zeitrahmen für die durchschnittliche Dauer eines Interviews von 25 Minuten nicht einzuhalten gewesen. Deshalb wurden in einem ersten Schritt alle Fälle gekürzt. Der Pretest musste zeigen, ob dies gelungen ist.

  Der Fall 1 (vergleiche Abbildung 3.2 im Abschnitt 3.4) lautete nach der Kürzung nun: „Eine Frau steht in der letzten freien Parklücke, um diese zu reservieren. Ein Autofahrer fordert sie dazu auf, ihm Platz zu machen, anderenfalls werde er auf sie zufahren. Die Frau bleibt stehen, da sie davon ausgeht, ein Recht auf die Parklücke zu haben. Der Autofahrer drückt sie daraufhin mit seinem Wagen aus der Parklücke. Die Frau erleidet dadurch Abschürfungen" (im Fragebogen Fall 1).
- Die Fälle lagen ursprünglich nicht in einer für eine Bevölkerungsbefragung notwendigen umgangssprachlichen Form vor. Sie mussten entsprechend übersetzt werden.
- Der Pretest musste – unter Zuhilfenahme der Facettentheorie (vergleiche Borg 1992) – zeigen, ob die im Fragebogen beschriebenen Fälle nach der Kürzung tatsächlich (noch) die drei gewünschten Facetten enthielten (vergleiche Tabelle 8.5.1).

  Der oben zitierte Fall 1 sollte beispielsweise die Sachverhalte a1 (der Angriff erfolgt auf ein immaterielles Gut, nämlich den Parkplatz), b1 (die Verletzung ist leicht) und c2 (der Angreifer ist nicht überlegen) beinhalten. Der Pretest sollte nun zeigen, ob dies mit der benutzten Formulierung tatsächlich gelungen ist.

Tabelle 8.5.1: Übersicht zu den mit den Fragebogenfragen angezielten Inhalten

a Angriff wird verübt auf	b: Folgen der Notwehrhandlung	c: Status des Angreifers
a1: immaterielles Gut	b1: leichte Verletzung	c1: Angreifer ist überlegen
a2: Sachwert(e)	b2: schwere Verletzung	c2: Angreifer ist nicht überlegen
a3: Leib und Leben	b3: Tod	

8.5.2 Das Pretestdesign

Es existieren mehrere Varianten zur Durchführung von Pretests (vergleiche Abschnitt 8.1). Für das Notwehr-Projekt wurde ein spezielles kognitives Vorgehen gewählt. Es sollten die Techniken des Paraphrasing und des Probing benutzt werden, vor allem um das Begriffsverständnis zu überprüfen und um zu beobachten, ob die Zielpersonen in der Lage sind, auf diese Fragen eine adäquate Antwort zu finden.

Dazu wurde in einem ersten Schritt – wie von Prüfer und Rexroth (1996b, 1999) empfohlen – der Fall von einem Interviewer vorgelesen und der Befragte um eine Bewertung gebeten. Es handelte sich hier noch um das gleiche Vorgehen, wie es auch für die eigentliche Befragung vorgesehen war. Zusätzlich sollten dann jedoch alle spontanen Äußerungen des Befragten vom Interviewer registriert werden. Dies war das *erste* kognitive Element des Pretests. In einem *zweiten* Schritt wurde den Befragten dann die Aufgabe gestellt, den Fragetext mit den eigenen Worten zu wiederholen.

Interessant war nun, inwieweit der Befragte bei seiner Darstellung tatsächlich alle Dimensionen eines Falles (vergleiche Tabelle 8.5.1) richtig wiederzugeben vermochte. Bei unklaren Schilderungen oder bei einer offensichtlich falschen Wiedergabe, wurden *drittens* Nachfragen (Probes) gestellt. Es ging darum festzustellen, ob die entsprechenden Dimensionen im Falle einer Nicht-Nennung wenigstens noch im Bewusstsein des Befragten etabliert waren. Im Falle einer Falsch-Nennung, sollten weitere Nachfragen mögliche Ursachen dafür identifizieren.

Jeder einzelne Fall wurde *viertens* mit einem General Probe abgeschlossen, darunter versteht man eine allgemeine Nachfrage nach weiteren Problemen (hier: mit dem jeweiligen Fall), die sich an alle Befragten richtet.

Die anderen für die Befragung vorgesehenen Indikatoren unterschieden sich in ihrer Struktur und Konstruktion von den eben behandelten Fällen. Deshalb musste hier auch eine andere Herangehensweise für den Pretetst gewählt werden. In einem ersten Schritt wurden 19 Fragen in gemischter Form 13 zufällig ausgewählten Personen mit der Bitte vorgelegt, jene zehn zu identifizieren, die am schwierigsten zu verstehen sind. Dies diente einer Vorselektion, da die Einbeziehung aller Fragen in den Pretest zu umfangreich erschien. Insgesamt elf Indikatoren kristallisierten sich dabei als unter Umständen problematisch heraus. Diese wurden jeweils zusammen mit einer Skala auf ein gesondertes Blatt gedruckt (vergleiche Abbildung 8.5.2). Mithilfe der Skala wurde dann erfragt, inwieweit Klarheit zum oben aufgeführten Item besteht.

Der Befragte sollte zuerst alle Indikatoren durchgehen und seine Bewertungen vornehmen. In allen Fällen, bei denen die Befragten sich nicht für den Wert Null entschieden, folgte eine Nachfrage. Diese verlangte von den Befragten eine Begründung des von ihnen gewählten Wertes. Dadurch sollte Aufschluss über mögliche Unklarheiten geschaffen werden.

Abbildung 8.5.2: Für den Pretest benutztes Vorlegeblatt

"Wie klar ist Ihnen dieser Satz? Bitte bewerten Sie dies anhand einer Skala. Der Wert 0 bedeutet, dass Ihnen der Satz völlig klar ist, der Wert 10 bedeutet, dass Ihnen der Satz überhaupt nicht klar ist. Mit den Werten dazwischen können Sie Ihre Meinung abstufen. Bitte kreuzen Sie den entsprechenden Wert an."

8.5.3 Die Durchführung

Der Pretest wurde lediglich bei neun Personen durchgeführt. Diese wurden aufgrund der Quotenmerkmale Alter und Bildung rekrutiert. Damit der Umfang des Pretest nicht zu groß wurde, bekam nicht jeder Befragte alle Fälle vorgelegt. Die Fälle wurden stattdessen so aufgeteilt, dass jeder Fall insgesamt von sechs Personen bewertet und nacherzählt wurde. Die Befragten erhielten für ihre Teilnahme ein Honorar.

8.5.4 Ergebnisse

Insgesamt bestätigte der Pretest die methodische Umsetzung der inhaltlichen Konzeption. Bezogen auf einzelne Fälle waren jedoch Änderungen vorzunehmen. Beispielhaft sollen an dieser Stelle die Pretestergebnisse zum Fall 1 gezeigt werden (vergleiche Abbildung 8.5.3). Aufgrund der Befunde musste dieser Fall leicht modifiziert werden.

Abbildung 8.5.3: Pretestbefunde zum Fall 1 des kognitiven Tests (N=6)

Erster Schritt, spontane Bemerkungen

ID		Antwort
1	-	nicht
2	-	nicht
5	-	nicht
6	Das ist nicht gerechtfertigt, wenn ich auch ein gewisses Verständnis dafür aufbringen kann.	nicht
7	Nötigung	nicht
9	-	nicht

Zweiter Schritt, *Paraphrasing*

ID	
1	Eine Frau steht in der Parklücke, um die Parklücke freizuhalten. Ein Autofahrer kommt, will die Parklücke besetzen, aber die Frau lässt es nicht zu und der Autofahrer verletzt sie dann.
2	Eine *Fahrerin*[3] wird von einem Fahrer gedrängt wegen einer Parklücke, der Fahrer bedroht sie – glaube ich – wegen der Parklücke. Die Frau sagt, dass sie ein Recht dazu hat und bekommt von dem Fahrer Schürfwunden.
5	Eine Frau wollte Auto parken, der andere Fahrer wollte auch parken und er wollte die Frau raushaben.
6	Eine *junge* Frau steht in der letzten freien Parklücke, um den Parkplatz zu reservieren: Daraufhin kommt ein Autofahrer angefahren und bittet sie, Platz zu machen. Die *junge* Frau bleibt trotzdem stehen. Der Mann, der ihr vorher gesagt hat, dass er sie mit dem Auto beiseite schieben wird, tut dies, und fügt ihr dabei Schürfwunden zu.
7	Eine Frau hält einen Parkplatz frei, indem sie sich dahinstellt. Ein Autofahrer kommt des Weges und will in diese Parklücke da reinstoßen und er fordert die Frau auf Platz zu machen, aber diese Frau sagt: ‚Nein, ich bleibe hier stehen, und als der Autofahrer sie dann sanft wegschiebt, erleidet sie Hautabschürfungen. Ich bin der Meinung, das war ein Fehler vom Autofahrer, er hätte nicht fahren sollen, das war einwandfrei Nötigung, obwohl die Frau eigentlich auch Mitschuld war.
	Eine Frau steht in einer Parklücke, wobei ich versuche, mir das vorzustellen, das

3 Bemerkungen der Zielpersonen, die im Widerspruch zum Untersuchungskonzept stehen, werden *kursiv* gedruckt.

9	gelingt mir nicht ganz, ein Mann fordert sie auf, die Parklücke frei zu machen, weil er meint, sie gehört ihm, das tut sie nicht, daraufhin schiebt er sie raus, also räumlich faktisch kann ich mir das nicht vorstellen, aber wenn ich es mal so annehme, dabei, sie erleidet Abschürfungen, verstehe ich nicht, ja.

Dritter Schritt, gezielte *Probings* bei unklaren Darstellungen im Paraphrasing

ID	*N1: Weshalb kam es hier zu einer Auseinandersetzung?*
5	Dass beide wollten in der gleichen Parklücke parken, aber die Frau war erster. Und der Mann hat kein Recht gehabt da zu parken

ID	*N2: Wurde die Frau verletzt? Wenn ja, wie schwer?*
1	Sie hat Schürfwunden erlitten.
5	*Ich glaube nicht.*
7	Ja, Hautabschürfungen, ach das war nicht schwer. Leichte Hautabschürfungen.

Vierter Schritt, allgemeine Nachfrage nach Problemen

ID	
9	ZP.: Ja also schon Probleme mir das vorzustellen, wie jemand in der Parklücke sein kann und jemand anders meinen kann, die wäre seine, ja also weiß ich nicht so recht, wie die Parklücke aussehen soll, also wie jemand, gut also ein Auto kann ein anderes Auto aus der Parklücke schieben, das ist vielleicht möglich, wobei es eigentlich nicht geht. Int.: Die Frau stand dort. ZP: Die stand in der Parklücke, aber ich habe mir sofort vorgestellt, die sitzt in ihrem Auto.

8.5.5 Der Pretest am Erhebungsinstitut

Mit dem Erhebungsinstitut wurde schließlich ein Standard-Pretest vereinbart. Dieser sollte vor allem das technische Funktionieren des CATI-Instrumentes überprüfen sowie die beim kognitiven Pretest gewonnenen Befunde ergänzen.

9 Aufbereitung und Auswertung der Daten

9.1 Aufbereitung der Daten und Fehlersuche

9.1.1 Aufbereitung qualitativer Daten

Die Aufbereitung der Daten bei einer qualitativ angelegten Studie unterscheidet sich grundlegend von der bei primär quantitativ orientierter Forschung. Zunächst soll das Vorgehen bei der Auswertung qualitativer Daten näher betrachtet werden. Hier geht es hauptsächlich darum, das Textmaterial zu verschriften, um dadurch sowohl eine nachvollziehbare Aufbereitung als auch eine möglichst komplette Rekonstruktion beispielsweise der qualitativen Befragung möglich zu machen.

Für die Verschriftung, auch als Transkription bezeichnet, existieren verschiedene Systeme. Die konkrete Entscheidung, wie genau ein Gespräch transkribiert werden soll, hängt vom Ziel der Analyse ab. So muss sich der Forscher fragen, ob es für sein Forschungsziel beispielsweise relevant ist, auch den Dialekt eines Sprechers wiederzugeben.

Für das Transkibieren werden ein besonderes Abspielgerät und viel Ausdauer benötigt. Es kommt dabei darauf an, nicht nur den gesprochenen Text zu fixieren, sondern auch alle weiteren Merkmale, die ein Gespräch geprägt haben, zu erfassen. Dazu zählen Lachen, Pausen, gleichzeitiges Reden verschiedener Personen, das Heben oder Senken der Stimme, besondere Betonungen und so weiter. Daneben sorgen auch unvollständige Sätze, Füllworte, eigene Regeln für die Groß- und Kleinschreibung und Ähnliches für eine auf den ersten Blick nicht gerade übersichtliche Darstellung des Gesprächs.

Das gesprächsanalytische Transkriptionssystem (GAT) nach Selting et al. (1998; andere Vorgehensweisen werden zum Beispiel von Ehlich/Switalla 1976 und Ramge 1978 vorgestellt) soll an dieser Stelle (vergleiche Abbildung 9.1.1) beispielgebend für ähnliche Verschriftungsregelungungen dargestellt werden.

Abbildung 9.1: Gesprächsanalytisches Transkriptionssystem nach Seting et al. (1998)

Sequentielle Struktur / Verlaufsstruktur	
[ ]	Überlappungen und Simultansprechen
=	schneller, unmittelbarer Anschluss neuer Beiträge oder Einheiten

Pausen	
(.)	Mikropause
(-), (- -), (- .- . -)	kurze, mittlere, längere Pause von circa 0.25 bis 0.75 Sekunden Dauer
(2.0)	Pause von mehr als 1 Sekunde Dauer

Sonstige segmentale Konventionen	
Un-äh	Verschleifung innerhalb von Einheiten
: , : : , : : :	Dehnung, Längung, je nach Dauer
äh, öh, etc.	Verzögerungssignale, sogenannte gefüllte Pausen
´	Abbruch durch Glottalverschluss

Lachen	
So (h) o	Lachpartikel beim Reden
Haha hehe hihi	silbisches Lachen
((lacht))	Beschreibung des Lachen

Rezeptionssignale	
Hm, ja, nein, nee	Einsilbige Signale
H=hm, ja=a, nei=ein	zweisilbige Signale
, hm `hm	mit Glottalverschluss, meist verneinend

Akzentuierung	
akZENT	Primär- beziehungsweise Hauptakzent
akzEnt	Sekundär beziehungsweise Nebenakzent
AK ! ZENT !	Extrem starker Akzent

Tonerhöhung am Einheitsende	
?	hoch steigend
,	mittel steigend
-	gleichbleibend
;	mittel fallend
.	tief fallend

sonstige Konventionen	
((hustet))	Para/außersprachliche Handlungen / Ereignisse
<< hustend >>	sprachbegleitende para- und außersprachliche Handlungen und Ereignisse mit Reichweite
<< erstaunt >>	interpretierende Kommentare mit Reichweite
( )	unverständliche Passage je nach Länge
(solche)	vermuteter Wortlaut
al (s) o	vermuteter Laut oder Silbe
(solche/welche)	alternative Vermutung
((...))	Auslassung im Transkript
→	Hinweis auf eine im Text diskutierte Transkriptzeile

Ein- und Ausatmen	
. h, . hh, .hhh	Einatmen je nach Dauer
H, hh, hhh	Ausatmen je nach Dauer
Lautstärke und Sprechgeschwindigkeitsveränderungen	
<< F >>	Forte, laut
<< fortissiom >>	fortissimo, sehr laut
<< p >>	piano, leise

<< pp >>	pianissimo, sehr leise
<< all >>	allegro, schnell
<< len >>	lento, langsam
<< cresc >>	crescendo, lauter werdend
<< dim >>	diminuendo, leiser werdend
<< acc >>	accelertando, schneller werdend
<< rall >>	rallentando, langsamer werdend

Bei der Transkription wird im Allgemeinen eine dreispaltige Tabelle benutzt. In der ersten Spalte erfolgt die laufende Nummerierung der Zeilen. Diese ermöglicht es, bei der späteren Auswertung auf bestimmte Stellen des Gesprächs zu verweisen. In der zweiten Spalte wird der Sprecher benannt. Dies dürfte in der Regel entweder die Zielperson (ZP) oder der Interviewer (I) sein. In der dritten Spalte wird dann schließlich der Inhalt des Gesprächs aufgeschrieben. In Abbildung 9.1.2 wird ein Beispiel für die Transkription eines narrativen Interviews zum Erleben des Elbe-Hochwassers im Jahr 2002 gezeigt.

Abbildung 9.1.2: Anfang eines Transkripts zu einem narrativen Interview

01	I	ich möchte gerne wissen wie die flut (.)
02		vor sich gegangen ist
03		= was passiert ist wie du es
04		wahrgenommen hast und was du dabei
05		gedacht und empfunden hast
06	ZP	ja (.) , also = , das fing am
07		montagmittag ja mit pirna AN (--)
08		wo die flut << acc >> ja schon raus kam
09		<< rall >>
10		beziehungsweise die gottlEUba
11	I	ja die gottleuba
12	ZP	hm: und << acc>> in prina wohnt ja
13		Meine << rall >> SCHWägerin
14		mit ihren zwee kindern
15		= und die ist ja ooch komplETT
16		abgesoffen gewesen
17		auf der bahnhofstrasse
18	I	Hm
19	ZP	= und die rief nachmittags mich AN, dass
20		eben schon das wasser in ihrer
21		wohnungstür vorbei fließt (- -)
22		dachte das kann doch nicht sein (- -)
23		jedenfalls : hat sie uns runter
24		bestellt, wir sollen runter kommen
25		die KINDER abholen
26		ist mein mann runter gefahren und (.)

27		da war schon alles vorBEI = also da
28		<< all >> stand er schon << all >>
29		bis zur brust im wassser (- -) na:
30		durften die kinder dort bleiben
31		und am DIenstag früh :
32		Fings dann hier an
33		(4,0)
34		so und da war ich auch auf arbeit früh
35		gegangen (.) da kam dann
36		Plötzlich am Vormittag meine GROße
37		nach hause von der schule =

Unter Einhaltung der Datenschutzregeln, die vor allem die Anonymisierung des Textes verlangen, sollte dann das Urmaterial, also das Tonband archiviert werden. Auch bei der Transkription sollte so vorgegangen werden, dass Namen von Personen und gegebenenfalls auch Ortsbezeichnungen mithilfe geeigneter Abkürzungen bezeichnet werden. Dies ermöglicht es dann, das Transkript zu veröffentlichen, ohne dadurch die Zielperson zu deanonymisieren.

9.1.2 Aufbereitung quantitativer Daten

Bei der Aufbereitung der Ergebnisse einer quantitativen Untersuchung geht es darum, für die folgende statistische Analyse ein computerlesbares Datenfile zu erstellen. Dazu sind verschiedene Schritte erforderlich:

Die Kodierung und die Datenübertragung

Sieht man einmal von CATI- und CAPI-Befragungen ab, so endet die Feldphase mit einer Anzahl ausgefüllter Fragebögen, Beobachtungsprotokollen oder – wie bei einer Inhaltsanalyse – mit den dabei erstellten Kodierbögen. Diese können im günstigen Fall unter der Nutzung von Scannern maschinenlesbar erfasst werden. Besteht diese Möglichkeit nicht, so muss per Hand die Eintragung der Ergebnisse in die Maske eines EDV-Programms wie SPSS erfolgen.

Die Fehlerkontrolle und -bereinigung

Vor allem bei einer manuellen Dateneingabe muss auf die sich anschließende Fehlerkontrolle besondere Aufmerksamkeit gelegt werden. Die Fehlerkontrollen sollten in verschiedene Richtungen vorgenommen werden:

- Die Suche nach Wild-Codes. Hier handelt es sich um Werte, die außerhalb des zulässigen Bereichs liegen. Wird beispielsweise das Geschlecht mit den Werten 1 für männlich, 2 für weiblich und 9 für keine Angabe verkodet, so handelt es sich bei allen anderen an dieser Stelle auftauchenden Werten um Wild-Codes. Wild-Codes lassen sich mithilfe einfacher Häufigkeitsanalysen entdecken. Sie sollten – sofern dies noch möglich ist – durch einen Abgleich mit den Erhebungsunterlagen aufgeklärt werden. Besteht diese Chance nicht, so sind solche Werte zu entfernen beziehungsweise als Sonderstufen wie „keine Angabe“ auszuweisen.

- Die Suche nach unplausiblen Werten. Bei CATI- und PAPI-Befragungen kann auch dieser Schritt bereits während der Datenerhebung erfolgen. Bei der manuellen Übertragung der Daten muss der Suche nach unplausiblen Werten jedoch eigens Beachtung geschenkt werden. So ist es zwar möglich, dass eine Zielperson 18 Jahre alt und zugleich Witwe ist, auch kann es sein, dass ein Professor kein Abitur besitzt, sonderlich wahrscheinlich sind solche Konstellationen freilich nicht. Unter Umständen ist die Witwe ja nicht 18 sondern bereits 81 Jahre alt. Soweit die Originalunterlagen aus der Erhebung noch zugänglich sind, sollte versucht werden, das Zustandekommen unplausibler Werte aufzuklären. Für den Fall, dass eine solche Aufklärung nicht (mehr) möglich ist, sollten diese Werte im Datensatz verbleiben. Dabei wird allerdings erwartet, dass bei der Auswertung sorgfältig mit solchen Werten umgegangen wird.
- Die Suche nach inkonsistenten Werten. Dies sind Werte, die aus logischen Gründen nicht vorkommen können. So ist es beispielsweise nicht möglich, dass eine 21-jährige Zielperson bereits seit 30 Jahren in der gleichen Wohnung wohnt. Weiterhin können sich bei Ranking-Fragen nicht zwei Angaben auf dem gleichen Platz befinden. Mitunter lassen sich in einem Datensatz eine ganze Reihe solcher logischer Kontrollen durchführen. Sie dienen letztlich einer besseren Datenqualität und sollten von daher besonders ernst genommen werden. Auch solche inkonsistenten Werte sind anhand der Originalunterlagen zu überprüfen und zu korrigieren beziehungsweise aus dem Datensatz zu eliminieren.
- Die Behandlung fehlender Werte. Fehlende Werte können aufgrund einer ganzen Reihe von Ursachen zustande kommen. So kann der Interviewer vergessen haben, die entsprechende Frage zu stellen, aufgrund eines Filters wurde der Indikator übersprungen, die Zielperson verweigert zu dieser Frage die Auskunft oder signalisiert ihr Nichtwissen und so weiter. Für solche Fälle sind im Analyseprogramm die sogenannten Sonderstufen vorzusehen.

Wichtig ist schließlich, dass das gesamte Vorgehen bei der Fehlerkontrolle dokumentiert wird. Die bei der Dateneingabe vorgenommenen Berichtigungen oder Streichungen von Fällen können für sekundäranalytische oder methodische Studien wichtig sein. Auch wird an dieser Stelle nochmals deutlich, welche Vorteile die CATI- und CAPI-Technik mit sich bringt, bei der diese Schritte – eine ordentliche Programmierung soll einmal vorausgesetzt werden – entfallen können.

Die Umformung von Variablen

Zur Vorbereitung der statistischen Datenanalyse ist es weiterhin erforderlich, eine Reihe an Variablen umzuformen beziehungsweise neue Variablen zu bilden. So empfiehlt es sich beispielsweise, aus den Indikatoren, die die materialistische beziehungsweise postmaterialistische Wertehaltung nach Inglehart erhoben haben, einen entsprechenden Index zu bilden, das heißt also, eine neue Variable zu konstruieren (vergleiche Abschnitt 4.3).

Rekodierungen sind ebenfalls notwendig, für den Fall dass – wie im Abschnitt 6.1.3 beschrieben und empfohlen – die Einkommensfrage den Zielpersonen erst offen und bei Nichtbeantwortung danach als Listenfrage gestellt wird. Hier sind also zunächst zwei Variablen im Datensatz enthalten, die für die folgende Auswertung aus praktischen Gründen nun zusammengeführt werden sollten.

Eine Umformung von Variablen wird beispielsweise auch dann erforderlich, wenn bei telefonischen Befragungen die Unfolding Technique eingesetzt wurde. Dies war zum Beispiel in der Studie zum Image von Umfragen der Fall. Wie bereits gezeigt (vergleiche Abschnitt 6.1.3), wurde dabei ein Polaritätsprofil erstellt. Den Zielpersonen wurde – um sie kognitiv nicht zu überfordern – in einem ersten Schritt die Frage gestellt, ob sie Umfragen für beliebt oder für unbeliebt halten, oder ob keiner der beiden Begriffe auf Umfragen zutrifft. In Abhängigkeit von der gegebenen Antwort wurde im zweiten Schritt danach gefragt, in welchem Maße Umfragen nun (un)beliebt seien: nur etwas oder sehr. Für die Auswertung konnten nun diese beiden Fragen zu einer synthetisiert werden.

Je nach Auswertungsabsicht kann es hilfreich sein, weitere im Originalbogen separat erhobene Variablen zusammen zu fassen. Auch dieser Schritt sollte für Reanalysen nachvollziehbar dokumentiert werden.

Umkodierung von Variablen

Für die Auswertung kann es sinnvoll sein, Variablen umzukodieren. Die Frage nach dem höchsten Schulabschluss sah bei der Dresdner Notwehrstudie die folgenden Antwortmöglichkeiten vor: erstens „noch Schüler“, zweitens „ohne Hauptschulabschluss“, drittens „Hauptschulabschluss“, viertens „Realschulabschluss“, fünftens „Abitur“, sechstens „Fachhochschulreife“, siebtens „abgeschlossenes Fachschulstudium“, achtens „abgeschlossenes Hochschulstudium“ sowie neuntens „anderer Schulabschluss“. Teilweise sind eine solch differenzierte Angaben bei der weiteren Auswertung nicht erforderlich, so dass es sich beispielsweise anbietet, die neun Gruppen zu nur drei Gruppen umzukodieren. Denkbar wäre zum Beispiel eine Einteilung in: Erstens niedriger, zweitens mittlerer und drittens hoher Bildungsabschluss.

Für bestimmte Auswertungen kann es auch sinnvoll sein, die Variablen zu dichotomen Merkmalen zu verdichten. So wird mithilfe der Sonntagsfrage beispielsweise erhoben, welche Partei eine Zielperson mit ihrer Zweitstimme zu wählen beabsichtigt (falls am nächsten Sonntag Wahlen stattfänden). Würde man sich nur für die potenziellen Wähler der CDU interessieren, so könnte man aus der Sonntagsfrage eine entsprechende dichotome Variable bilden. Diese hätte die Ausprägungen 0 (= beabsichtigt nicht, die CDU zu wählen) und 1 (= beabsichtigt, die CDU zu wählen). Auch die Bezeichnung Dummy-Variable wird für solche Umkodierungen genutzt.

Die Behandlung offener und halboffener Fragen

Nur selten werden standardisierte Befragungen ausschließlich mithilfe vollstandardisierter Indikatoren erhoben. Vielmehr ist es häufig üblich, den Zielpersonen auch einige (in der Regel wenige) offene Fragen vorzulegen. Zumeist notiert der Interviewer in solchen Fällen dann wörtlich die gegebenen Antworten. Diese Aufzeichnungen müssen nun ebenfalls verschriftet werden. Auch ist es möglich, ex post auf der Grundlage dieser offenen Antworten dann eine Kategorienbildung vorzunehmen. Bei diesem teilweise sehr aufwändigen Schritt werden bestimmten Antworten Zahlen zugeordnet.

Dies trifft auch auf halboffene oder Hybrid-Fragen zu. Bei diesen ist eine Reihe von standardisierten Antworten vorgesehen, zusätzlich wird aber auch offen nach den betreffenden Sachverhalten gefragt.

Im Rahmen der Dresdner Notwehrstudie war beispielsweise nicht nur von Interesse, wie die Befragten über einzelne Notwehrfälle denken und diese bewerten, sondern auch, welche Erfahrungen sie selbst bereits mit Notwehr gemacht haben. Dazu wurde zunächst gefragt, ob die Zielperson schon einmal einer anderen Person zu Hilfe gekommen ist (Notwehrhilfe). Nach diesem zugleich als Filterfrage fungierenden Indikator war von Interesse, wer die angegriffene Person war. Dazu wurde zunächst danach gefragt, ob es sich um eine bekannte Person oder um eine fremde Person handelte. War ersteres der Fall, so wurde die folgende, in Abbildung 9.1.3 gezeigte Frage gestellt.

Abbildung 9.1.3: Beispiel für eine Hybrid-Frage aus der Dresdner Notwehrstudie

q24c War die angegriffene bekannte Person ...

q24c_01:	...ein Familienangehöriger/eine Familienangehörige	1
q24c_02	...ein Freund/eine Freundin	2
q24c_03	...ein entfernter Bekannter/eine entfernte Bekannte .	3
q24c_04	...jemand anderes, und zwar:	
	Interviewer: Bitte notieren: ______________________	4
q24c_ka:	keine Antwort	

Die CATI-Interviewer notierten bei q24c_04 wörtlich die Antworten, die an dieser Stelle gegeben wurden. Dabei ergab sich bei der Auswertung[1] das in Abbildung 9.1.4 gezeigte Bild.

Abbildung 9.1.4: Antworten auf die offene Abfrage nach der bekannten Person, für die Notwehrhilfe geleistet wurde

	Anzahl
TNZ (Filter)	3.420
arbeitskollege	2
Arbeitskollege	3
Arbeitskollegen	1
arbeitskollegin	1
Arbeitskollegin	1
ein Fremder	1
ein Kunde	1
eine zu betreuende Jugendliche	1

1 Der Datensatz dieser Erhebung ist unter der Studiennummer 4253 bei der Abteilung Datenarchiv und Datenanalyse der GESIS in Köln erhältlich.

Fremde	2
Fremde Person	1
freunde und bekannte bzw. auch fremde	1
Frisch vermähltes Paar	1
Kind	3
kind auf schulhof	1
Klient	1
Kollege	1
kollege	1
Kollegin	1
Leute, die man vom Sehen kennt	1
Mitbewohnerin Mietshaus	1
Nachbarin	1
Nachbarn	1
Person in der s-Bahn	1
Schüler	2
schüler	4
Schüler von ihr	1
Schülerin	1
Schulkind	1
Unbekannt	1
unbekannte	1
Unbekannte	1
völlig unbekannte Leute	1
vom sehen	1

Bei dieser Tabelle sind verschiedene Dinge interessant: *Erstens* haben die einzelnen Interviewer dieselben Antworten jeweils unterschiedlich notiert. Beispielsweise mit: arbeitskollege, Arbeitskollege, Arbeitskollegen, arbeitskollegin, Arbeitskollegin, Kollegin, Kollege und kollege. Aus den acht unterschiedlichen Antworten wird so bei einer entsprechenden Zusammenfassung nur eine.

Zweitens haben verschiedene Zielpersonen den vorgeschalteten Filter nicht richtig verstanden. Danach sollte die hier gezeigte Frage eigentlich nur dann gestellt werden, wenn es sich um eine „andere" bekannte Person handelt. Damit hätten zumindest die folgenden Antworten hier nicht erscheinen dürfen: Fremde, Fremde Person, unbekannt, unbekannte, Unbekannte und völlig unbekannte Leute.

Drittens ist anzunehmen, dass auch die Antwortvorgabe „ein entfernter Bekannter / eine entfernte Bekannte", die den Zielpersonen am Telefon vorgelesen wurde, nicht so von ihnen wahrgenommen wurde, wie dies von den Fragebogenkonstrukteuren ursprünglich beabsichtigt worden war. So sollten Antworten wie: „Leute, die man vom Sehen kennt" und „vom sehen" eigentlich in die Kategorie q24c_03 (vergleiche Abbildung 9.3) eingeordnet werden.

Damit muss nun entschieden werden, welche Veränderungen im ursprünglichen Datensatz vorgenommen werden sollen.

Aufgrund der großen Bedeutung soll hier nochmals auf die Dokumentation aller bei der Datenaufbereitung vorgenommenen Veränderungen am Originaldatensatz verwiesen werden. Diese sollten Eingang in die entsprechenden Feld- und Methodenberichte finden (vergleiche Abschnitt 10).

Behandlung fehlender Werte

Bei der Verkodung standardisierter Fragen muss für jede Antwortmöglichkeit ein bestimmter Zahlenkode vorgesehen werden. Aber auch bei Item-Nonresponse oder bei nicht zutreffenden Fragen muss eine bestimmte Kodierung vergeben werden. In der Dresdner Notwehrstudie wurde beispielsweise nach der Anzahl der im Haushalt lebenden Personen gefragt. Die entsprechende Angabe wurde dann in das Daten-File übernommen. Für den Fall jedoch, dass eine Zielperson sich weigert, hierzu eine Angabe zu machen, wurde der Wert –1 an der entsprechenden Stelle im Datensatz vermerkt. Bevor nun eine Auswertung zur durchschnittlichen Haushaltsgröße der Befragten gemacht werden konnte, musste der Wert –1 als Missing beziehungsweise als fehlender Wert im Datensatz vereinbart und auf diese Weise von der Berechnung des Mittelwerts ausgeschlossen werden. Wäre dies unterblieben, so hätte man natürlich einen Fehler begangen. In der konkreten Befragung fiel dieser – aufgrund nur sehr weniger fehlender Werte – jedoch nicht besonders groß aus. Die mittlere Haushaltsgröße veränderte sich von 2.65 (ohne die Vereinbarung fehlender Werte) auf 2.67 (bei Ausschluss der fehlenden Werte).

9.2 Grundprinzipien der statistischen Analysen

Nach der Fertigstellung des Daten-Files und nach der Dokumentation der am Originaldatensatz vorgenommenen Veränderungen kann mit der statistischen Datenanalyse begonnen werden. Hierzu liegen eine Reihe guter Ratgeber vor, die entsprechende Empfehlungen enthalten. Verwiesen werden soll auf Kühnel/Krebs (2001), Backhausen et al. (2000), Bortz (1999) Andreß et al. (1997), Benninghaus (1998) Wittenberg/Cramer (2000), Wittenberg (1998) und auf Zöfel (2003).

Die statistische Auswertung der Daten ist stark vom jeweiligen Erkenntnisinteresse des Untersuchenden und dem von ihm gewählten Design abhängig. Aus diesem Grund fällt eine Standardisierung der Arbeitsschritte bei der statistischen Datenanalyse schwer. Diskutiert werden sollen an dieser Stelle jedoch einige prinzipielle Fragen bei der statistischen Datenanalyse. Außerdem wird in einem eigenen Abschnitt beispielhaft gezeigt, in welchen Schritten eine solche Analyse vorgenommen werden kann.

Bei der Auswertung gilt es, den Unterschied zwischen der deskriptiven Statistik und der Inferenzstatistik zu beachten. Bei der deskriptiven Statistik geht es um die Beschreibung der untersuchten Zielpersonen mit statistischen Mitteln. Dabei ist es prinzipiell egal, ob es sich um eine Stichprobe oder um eine Totalerhebung handelt. Die mit der deskriptiven Statistik gewonnenen Befunde beziehen sich jeweils (lediglich) auf die untersuchten Einheiten beziehungsweise Personen. Mit solchen Auswertungen wird in der Regel die Datenanalyse begonnen.

Bei einem inferenzstatistischen Vorgehen werden dagegen bestimmte Charakteristika (auch als Parameter bezeichnet) der Grundgesamtheit aufgrund der Kennwerte, die in der Stichprobe ermittelt wurden, geschätzt. Diese Schätzungen schließen dann auch – anders als bei der deskriptiven Statistik – die Angabe von Fehlerbereichen (Vertrauensintervallen) sowie Signifikanzprüfungen mit ein (vergleiche Abschnitt 5.1). Beide Strategien werden im Weiteren kurz besprochen.

9.2.1 Deskriptive Auswertungen

Um einen Überblick über die gewonnenen Befunde zu erhalten, sollten in einem ersten Auswertungsschritt deskriptive Analysen erstellt werden. Bei den univariaten Darstellungen geht es darum, die empirisch ermittelten Ausprägungen *eines* Merkmals zu beschreiben. *Bivariate* Analysen beziehen dazu zwei und *multivariate* Auswertungen mehrere Sachverhalte in die Betrachtung ein.

Für die univariaten Darstellungen können vor allem zwei Maßzahlen herangezogen werden, um die untersuchten Einheiten zu beschreiben: der Mittelwert und die Streuung. Eine wichtige Voraussetzung bei der Datenanalyse ist die Verständigung über das jeweils vorliegende Skalenniveau (vergleiche Abschnitt 4.4.1), da dieses die für eine Auswertung infrage kommenden Methoden determiniert. Folgende Techniken können für die Beschreibung der untersuchten Population – je nach Skalenniveau – eingesetzt werden:

Klassifikatorische Nominalskala

Die Nominalskala dient dazu, bestimmten Objekten Zahlen zuzuordnen, um diese voneinander unterscheiden zu können. Ein aus der Dresdner Notwehrstudie entnommener Indikator, der Ergebnisse auf diesem Skaleniveau erbringt, ist die Frage zum Beruf der Zielperson (vergleiche Abbildung 9.2.1).

Abbildung 9.2.1: Frage zum Beruf des Befragten. Quelle: Dresdner Notwehrstudie

Sind Sie / waren Sie ...

Arbeiter	1	⇨S16b
Angestellter	2	⇨S16c
Beamter (Berufssoldat/Richter)	3	⇨S16e
Landwirt	4	⇨S16f
Freiberufler	5	⇨S16f
sonstiger Selbständiger (bisher nach alter Rechtschreibung) oder Unternehmer	6	⇨S16f
mithelfender Familienangehöriger	7	⇨S17
Auszubildender	8	⇨S16d
Mitglied einer PGH	9	⇨S16f
keine Angabe	-1	⇨S17

Die in der letzten Spalte enthaltenen Angaben betreffen einen Filter.

Tabelle 9.2.2 zeigt die ermittelte Antwortverteilung.

Tabelle 9.2.2: Berufe der Zielpersonen, die im Rahmen der Dresdner Notwehrstudie sowie Berufe der im Mikrozensus Befragten wurden

		Häufigkeit	Gültige Prozente	Mikrozensus
Gültig	Keine Angabe	37	1.1	3.1
	Arbeiter	511	15.5	29.3
	Angestellter	2.085	63.3	46.4
	Beamter (Berufssoldat/Richter)	239	7.3	6.8
	Landwirt	21	.6	-
	Freiberufler	71	2.1	} 10.1
	sonstiger Selbständiger / Unternehmer	228	6.9	
	mithelfender Familienangehöriger	8	.2	1.1
	Auszubildender	93	2.8	4.4
	Gesamt	3.292	100	
Fehlend	Filter[2]	171		
Gesamt		3.463		

Zur Darstellung eines Mittelwerts kommt hier lediglich der Modalwert infrage. Er gibt an, welches Objekt beziehungsweise im vorliegenden Fall, welcher Beruf in der Stichprobe am häufigsten vertreten ist. Dabei handelt es sich um mehr als 2.000 Personen, die angaben, als Angestellte tätig zu sein (63 Prozent).

Um die Qualität der Stichprobe zu beurteilen, kann diese Verteilung mit einer Referenzstichprobe, beispielsweise mit der des Mikrozensus[3] aus dem Jahr 2000, verglichen werden. Dabei wird zugleich ein typisches Problem der Umfrageforschung deutlich: In der Stichprobe der Dresdner Notwehrbefragung sind offenbar zu wenig Arbeiter und zu viele Angestellte vertreten.

Ordinalskala

Bei einer Ordinalskala lassen sich die einzelnen Objekte in eine Reihenfolge bringen, so dass das jeweils folgende Objekt größer beziehungsweise stärker ausgeprägt ist als das vorangegangene. Bei der Ordinalskala wird keine Aussage zu den Abständen zwischen den einzelnen Objekten gemacht. In der Dresdner Notwehrstudie wurde, nachdem die Tätigkeit einer Zielperson grob ermittelt wurde (vergleiche Abbildung 9.5), konkreter nachgefragt. So wurde allen 511 Arbeitern die folgende, in Abbildung 9.2.3 gezeigte, Frage gestellt. Es

2 Personen, die sich an allgemeinbildenden Schulen noch in der Ausbildung befinden, bekamen diese Frage nicht vorgelegt.

3 Vergleiche zum Mikrozensus von 2000: http://www.gesis.org/Methodenberatung/Untersuchungsplanung /Standarddemografie/dem_standards/demsta2004.pdf zuletzt besucht am 09.03.2006.

kann davon ausgegangen werden, dass mit aufsteigender Skala die Qualifikation der Zielpersonen zunimmt.

Abbildung 9.2.3: Frage an Arbeiter nach ihrer Qualifikation, Quelle: Dresdner Notwehrstudie

Sind Sie / Waren Sie...?

...ungelernt	1
...angelernt	2
...Facharbeiter	3
...Vorarbeiter, Kolonnenführer	4
...Meister, Polier, Brigadier	5

Hierzu zeigt Tabelle 9.2.4 die in der Stichprobe gefundene Antwortverteilung.

Tabelle 9.2.4: Struktur der Arbeiter, die in der Dresdner Notwehrstudie befragt wurden

		Häufigkeit	Prozent	Gültige Prozente	Kumulierte Prozente
Gültig	Ungelernt	57	1.7	11.3	11.3
	Angelernt	114	3.3	22.6	33.9
	Facharbeiter	300	8.7	59.1	93.0
	Vorarbeiter, Kolonnenführer	21	0.6	4.2	97.1
	Meister, Polier, Brigadier	15	0.4	2.9	100
	Gesamt	507	14.6	100	
Fehlend	Filter	2.952	85.3		
	Keine Angabe	4	0.1		
	Gesamt	2.956	85.4		
Gesamt		3.463	100		

Um hier eine Aussage zum Mittelwert treffen zu können, lässt sich der Median heranziehen. Dieser Wert gibt an, an welcher Stelle der Skala kumulierte 50 Prozent der Antworten liegen. Dies kann man der Spalte „Kumulierte Prozente" entnehmen. Danach liegt der Median in der Gruppe der Facharbeiter.

In der Tabelle wird nochmals der Umgang mit fehlenden Werten beziehungsweise mit den Sonderstufen deutlich. So haben vier Personen die Frage nach dem Beruf nicht beantwortet und 2.952 Personen ist die Frage erst gar nicht gestellt worden (da sie zuvor angaben, keine Arbeiter zu sein, bewirkte der Filter ein Überspringen der Frage). Selbstverständlich wurden diese Befragten bei der Bildung des Medians dann nicht mit berücksichtigt, sondern als fehlend klassifiziert.

Intervallskala

Bei einer Intervallskala lassen sich nun auch die Abstände zwischen den einzelnen Objekten als gleich groß bestimmen. In der Dresdner Notwehrstudie findet sich dazu ebenfalls ein entsprechender Indikator.

Eine Frage ermittelte zunächst, ob sich die jeweilige Person schon einmal in einer Situation befand, in der sie einer anderen Person zur Hilfe kam und diese gegen einen Angreifer verteidigte. Bei einer Bejahung wurde dann weiter gefragt, wie oft ihr das schon passiert sei. Die Interviewer waren dazu angehalten, die entsprechende Zahl zu notieren. Es ergab sich das in Tabelle 9.2.5 gezeigte Ergebnis.

Tabelle 9.2.5: Häufigkeit der bisher geleisteten Notwehrhilfe, Quelle: Dresdner Notwehrstudie

		Häufigkeit	Prozent	Gültige Prozente	Kumulierte Prozente
Gültig	0	2.369	68.4	68.7	68.7
	1	477	13.8	13.8	82.5
	2	294	8.5	8.5	91.0
	3	139	4.0	4.0	95.0
	4	52	1.5	1.5	96.5
	5	36	1.0	1.0	97.6
	6	8	.2	.2	97.8
	7	9	.3	.3	98.1
	8	5	.2	.2	98.2
	10	32	.9	.9	99.1
	12	3	.1	.1	99.2
	15	9	.3	.3	99.5
	20	17	.5	.5	100
	Gesamt	3.450	99.6	100	
Fehlend	System	13	.4		
Gesamt		3.463	100		

Bei einer Intervallskala lässt sich, wie in den Schulen bei Zensurenskalen auch vielfach praktiziert, als Mittelwert das arithmetische Mittel bilden. Es beträgt hier 0.8.

Weitere Informationen über die erzielten Antworten liefern die *Streuungsmaße*. Hier handelt es sich um so etwas wie die Gütekriterien der Mittelwerte. Je geringer die Streuung ausfällt, desto genauer ist der Schätzer für den gesuchten Populationsparameter.

Ein nochmaliger Blick auf die Tabelle 9.2.5 beziehungsweise auf den Mittelwert mag dies verdeutlichen. Man könnte aufgrund des arithmetischen Mittels von knapp 1 vermuten, dass die befragten Personen bisher jeweils etwa ein Mal Anlass dazu hatten, Notwehrhilfe zu leisten. Diese Interpretation wäre jedoch nicht sonderlich gelungen. Wenn man sich die Verteilung der Antworten beziehungsweise die Streuung anschaut, so stellt man fest, dass die meisten Menschen bisher keine Notwehrhilfe geleistet haben – und dafür andere um so häufiger. Eine konkrete Aussage dazu liefert ein Streuungsmaß. Für dessen Berechnung existieren wiederum verschiedene Varianten:

- Der Range. Hier handelt es sich um die Spannweite beziehungsweise die Differenz zwischen dem maximalen und dem minimalen Wert. Im obigen Beispiel (vergleiche Tabelle 9.2.5) beträgt die Spannweite immerhin (20 – 0 =) 20. Der breite Range deutet bereits an, dass ein arithmetisches Mittel von 0.8 Notwehrhilfen pro Befragten nur wenig aussagekräftig ist.
- Bei intervallskalierten Daten kann die Standardabweichung ermittelt werden. Dies ist die Wurzel aus der durchschnittlichen quadratischen Abweichung der einzelnen Werte vom Mittelwert. Der betreffende Wert beträgt hier 2.15 Notwehrhilfen. Die Standardabweichung hat die Dimension der jeweiligen Messwerte.
- Die Varianz, die nichts anderes ist als das Quadrat der Standardabweichung, kann weiterhin errechnet werden. Sie wird jedoch ohne Dimension angegeben.
- Bei ordinal- und intervallskalierten Daten ist es möglich, den Quartilsabstand zu benennen. Er ist auch dann geeignet, wenn Antwortvorgaben genutzt werden, die an den Rändern offene Kategorien aufweisen. Häufig werden diese zum Beispiel bei der Abfrage des Einkommens eingesetzt. Man verwendet dazu Vorgaben wie „bis zu 500 Euro" am unteren Ende und „10.000 Euro und mehr" am oberen. Für die Häufigkeit der Notwehrerfahrung ergeben sich die folgenden Werte:

  25 Prozent der Befragten verfügen über keine solchen Erfahrungen.
  50 Prozent der Befragten verfügen ebenfalls über keine entsprechenden Erfahrungen.
  75 Prozent der Befragten verfügen über eine einmalige Erfahrung mit Notwehrhilfe.

  Auch diese Werte stellen eine gute Interpretationshilfe für das arithmetische Mittel dar.
- Zur Veranschaulichung der Verteilung können auch Grafiken wie etwa Diagramme und Boxplots erstellt werden. Diagramme sind die einfachste Form der Darstellung (vergleiche Abbildung 9.2.7).

Abbildung 9.2.6: Häufigkeit der bisher geleisteten Notwehrhilfe, dargestellt als Diagramm (Quelle: Dresdner Notwehrbefragung)

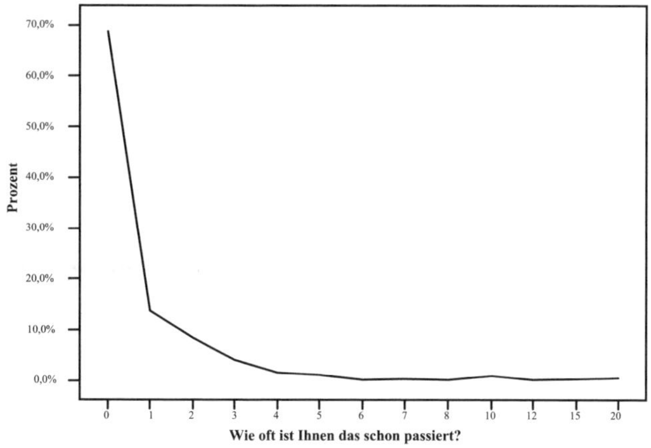

In Boxplots werden der Median, der Interquartilsbereich, eventuelle Ausreißer und Extremfälle einzelner Variablen angezeigt. Abbildung 9.2.7 zeigt das Einkommen der Personen, die über Notwehrerfahrungen verfügen im Vergleich zum Einkommen jener Befragten, für die das nicht zutrifft. Dabei ist zu erkennen, dass Befragte mit Notwehrhilfeerfahrungen ein höheres Einkommen angaben, als solche ohne. Dieser Befund widerspricht Vermutungen, denen zufolge die Notwehrhilfe mit einer Schlägermentalität zu verbinden ist und legt demgegenüber eher nahe, den verantwortlichen Schutz von fremden Gütern als Motiv für Notwehrhilfe anzunehmen.

Abbildung 9.2.7: Einkommen von Personen mit und ohne Notwehrhilfeerfahrung, dargestellt in Form von Boxplots (Quelle: Dresdner Notwehrstudie)

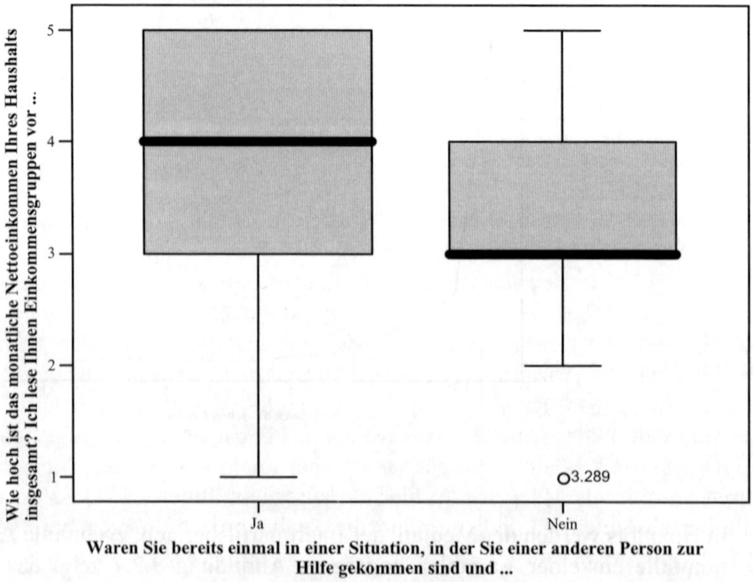

Bei den Boxplots symbolisiert der dicke Strich die Lage des Medians. Der obere und der untere Strich – besonders gut zu erkennen bei der Gruppe der Personen *ohne* Notwehrhilfeerfahrungen – deuten die Lage des oberen beziehungsweise des unteren Extremwertes an. Der dunkle Bereich, etwa in der Mitte der Darstellungen, verweist auf die mittleren 50 Prozent.

Neben den univariaten Darstellungen werden häufig auch bivariate Auswertungen vorgenommen. Diese erlauben Aussagen darüber, ob bei den untersuchten Personen zwischen zwei Sachverhalten ein Zusammenhang besteht oder nicht. Die in Abbildung 9.2.7 dargestellten Befunde ermöglichen bereits eine solche Aussage. Es stehen verschiedene weitere Vorgehensweisen zur Verfügung:

- Bei dichotomen Sachverhalten können Vier-Felder-Tafeln erstellt werden. Dazu wieder ein Beispiel aus der Dresdner Notwehrstudie (vergleiche Tabelle 9.2.8): Hier war folgendes Ereignis zu bewerten: „Eine Frau wurde von einem fremden Mann gewalttätig angegriffen. Eine sichere Abwehr war ihr nur dadurch möglich, dass sie auf den Mann mit einem Messer einstach. Der Mann wurde dabei tödlich verletzt." Erwartet wurden hier geschlechtsspezifische Antworten. Die Hypothese lautete, dass Frauen aufgrund ihrer geschlechtsspezifischen Sozialisation das geschilderte Vorgehen der Geschlechtsgenossin eher für gerechtfertigt halten als Männer.

Tabelle 9.2.8: Bewertung eines Notwehrfalles durch Männer und Frauen (beobachtete Häufigkeiten) Quelle: Dresdner Notwehrstudie

	Männer	Frauen	Gesamt
Gerechtfertigt	1.052	1.213	2.265
Nicht gerechtfertigt	437	623	1.060
Gesamt	1.489	1.836	3.325

Einer Konvention zufolge wird in die Spalten der Tabelle die unabhängige und in die Zeilen die abhängige Variable aufgenommen. Hier werden nur die gültigen Fälle angegeben. Personen, die eine Bewertung des betreffenden Falles ablehnten, waren aus der Analyse ausgeschlossen. Ebenfalls abgebildet sind die Randverteilungen. Diese ergeben sich aus der Summierung der jeweiligen Spalten- beziehungsweise der Zeilenhäufigkeiten. Rechts unten ist schließlich die Anzahl der gültigen Fälle vermerkt. Diese Angabe ist wichtig, da sich aufgrund des Item-Nonresponse die Zahl der Fälle etwas reduziert hat.

Man sieht in der Tabelle, dass deutlich mehr Frauen den geschilderten Fall für gerechtfertigt hielten als Männer. Erkennbar ist aber auch, dass in der Stichprobe mehr Frauen vertreten waren als Männer. Um hier ein aussagekräftigeres Bild zu erhalten, werden anstelle der absoluten Häufigkeiten nun die Spaltenprozente angegeben (vergleiche Tabelle 9.2.9).

Tabelle 9.2.9: Bewertung eines Notwehrfalles durch Männer und Frauen (Spaltenprozente) Quelle: Dresdner Notwehrstudie

	Männer	Frauen	Gesamt
Gerechtfertigt	71	66	68
Nicht gerechtfertigt	29	34	32
Gesamt	100	100	100

Der Befund ist überraschend: Das geschilderte Verhalten wird von Frauen (34 Prozent) häufiger abgelehnt als von Männern (29 Prozent). Nun liegt die Frage nahe, ob eine solche Erkenntnis von der Stichprobe auch auf die Grundgesamtheit übertragbar ist. Hierbei handelt es sich um ein Problem, das von der schließenden beziehungsweise der Inferenzstatistik beantwortet werden kann.

Um solche Häufigkeitsunterschiede näher zu betrachten und um zu ermitteln, ob dieser Unterschied zufällig zustande gekommen ist, kann man die χ^2 -(Chi-Quadrat) Methoden einsetzen. Solche Methoden können für nominal skalierte Daten, aber auch für intervallskalierte Daten herangezogen werden (vgl. Abschnitt 9.2.2.).

Eine Möglichkeit, multivariate Verteilungen grafisch darzustellen, sind die Iconplots zum Beispiel in der Version der Chernoff-Gesichter. Solche Auswertungen können unter anderem mit dem Programmpaket Statistica vorgenommen werden. „Iconplots sind multidimensionale Symbole, die Fälle oder Beobachtungseinheiten darstellen“ (Statistica Manuel 2005:1). Die Werte verschiedener Variablen werden bei den Chernoff-Gesichtern verschiedenen Elementen eines Gesichts zugewiesen.

Neben den Chernoff-Gesichtern können auch Kreise, Sterne, Strahlen, Polygone, Säulen, Linien und Profile zum Einsatz kommen. Dem liegt der Gedanke zugrunde, dass sich grafische Darstellungen und auch gerade menschliche Gesichter gut eignen, um Auffälligkeiten in den Daten schnell zu erkennen. Dazu werden bestimmten Merkmalen eines Gesichts wie etwa der Nasenlänge oder der Augenbrauenhöhe jeweils Variablen zugewiesen. Beispielhaft gezeigt werden soll die simultane Bewertung von 18 Fällen (vergleiche auch Abbildung 3.2) sowie das Geschlecht und das Alter der Befragten. In Tabelle 9.2.10 wird zunächst festgelegt, welche Gesichtselemente welchen Variablen entsprechen. Danach (vergleiche Abbildung 9.2.11) erfolgt die Darstellung der Antwortprofile von zwölf Zielpersonen über die so definierten Merkmale.

Tabelle 9.2.10: Iconplot Definition der Chernoff-Gesichter

Variable	Gesichtselement	Situation
q1	Gesichtsbreite	Eine Frau steht in der letzten freien Parklücke, um diese zu reservieren. Ein Autofahrer fordert sie dazu auf, ihm Platz zu machen, anderenfalls werde er auf sie zufahren. Die Frau bleibt stehen, da sie davon ausgeht, ein Recht auf die Parklücke zu haben. Der Autofahrer drückt sie daraufhin mit seinem Wagen aus der Parklücke. Die Frau erleidet dadurch Abschürfungen.
q2	Ohrenniveau	Ein Mann beobachtet, wie ein anderer Mann sein Fahrrad stiehlt und damit davon fährt. Er verfolgt den Dieb und bringt ihn zu Fall. Dabei wird der Fahrraddieb leicht verletzt.
q3	Halbgesichtshöhe	Ein Boxer wird vor einer Diskothek von vier jungen Männern bedroht. Er schlägt – durch gezielte Hiebe ins Gesicht – die Angreifer in die Flucht und verletzt sie dabei leicht.
q4	Exzentrizität obere Hälfte	Ein Bauer beobachtet aus größerer Entfernung, dass ein Mann gerade dabei ist seine Scheune, in der die Ernte sowie wertvolle Maschinen lagern, in Brand zu setzen. Da der Mann auf Zurufen des Bauers nicht reagiert und der Bauer nicht schnell genug zur Scheune laufen kann, schießt er auf den Mann und verletzt ihn dabei schwer.
q5	Exzentrizität untere Hälfe	Weil ihm vor kurzem sein auf der Straße geparktes Auto zerkratzt wurde, mustert jemand vor seinem Haus vier junge Männer. Diese fühlen sich dadurch provoziert. Deshalb beginnen die jungen Männer mit Steinen zu werfen. Als die Steinewerfer näher kommen, gibt der Angegriffene einige ungezielte Schüsse ab. Ein Schuss trifft einen Steinewerfer und verursacht eine Querschnittslähmung.
q6	Nasenlänge	Ein Fremder dringt in eine Wohnung ein. Der Wohnungsinhaber verteidigt seine Räumlichkeiten zunächst vergeblich mit einem Spazierstock, danach wehrt er den Eindringling durch einen tödlichen Messerstich ab.
q7	Position Mundmitte	Ein Mann wurde von einem anderen, *stärkeren,* grundlos zusammengeschlagen. Nach einigen Stunden wird er erneut von der gleichen Person massiv angegriffen. Dieses Mal kann er sich wehren, indem er den Angreifer mit einem vorsorglich eingesteckten Messer ersticht.
q8	Mundkrümmung	Ein Autofahrer belästigt auf einer Landstraße durch seinen Fahrstil einen anderen Fahrer. Bei einem verkehrsbedingten Halt steigt der Belästigte aus und geht auf den anderen drohend zu. Darauf zieht dieser eine Pistole und nötigt den anderen damit zum Rückzug.

q9	Mundlänge	Jemand schaut nachts in einem öffentlichen Park einem Pärchen beim Liebesspiel zu. Als der Liebhaber den Zuschauer zum Verschwinden auffordert, meint dieser, er habe das gleiche Recht sich in dem Park aufzuhalten wie das Paar. Als der Liebhaber daraufhin den Zuschauer angreift, erweist sich der Zuschauer als *körperlich unterlegen*. Er kann sich nur mit einem Messer wehren und verletzt dabei den Liebhaber lebensgefährlich.
q10	Augenmittelhöhe	In ein Ferienhaus wurde bereits 13-mal eingebrochen. Der Besitzer stellt daraufhin ein mit Zündpulver versehenes Radio sowie Schilder, die vor Bomben warnen, auf. Bei einem erneuten Einbruch explodiert das Radio und der Einbrecher verliert dadurch seine Hand.
q11	Augenmittenabstand	Ein Wirt hat schon länger Streit mit einer Gruppe Jugendlicher. Als diese in sein Lokal eindringen und ihn angreifen, fällt er rücklings und wehrt sich schließlich mit Hilfe einer Eisenstange, wobei er zwei Angreifer schwer verletzt.
q12	Augenneigung	Ein Mann beleidigt einen anderen, indem er ihm vorwirft, er sei an seiner Kriegsgefangenschaft in der Sowjetunion selbst schuld. Es kommt zu einer Prügelei, bei der sich der Beleidiger als *deutlich überlegen* erweist. Der Beleidigte bringt dann aber den anderen unglücklich zu Fall, dabei erleidet der Beleidiger so schwerwiegende Verletzungen, dass er stirbt.
q2a	Augen Exzentrizität	Ein Mann sieht wie ein anderer sein Fahrrad stiehlt. Er stellt den Mann zur Rede. Der körperlich überlegene Dieb greift daraufhin den Fahrradbesitzer an. Bei der folgenden Auseinandersetzung wird aber der Dieb durch den Fahrradbesitzer leicht verletzt.
q3a	Augen Halblänge	Wie würden Sie das Verhalten des Boxers bewerten, wenn es sich nur um *einen* Angreifer gehandelt hätte, der den Boxer bedrohte?
q6a	Pupillenposition	Einmal angenommen, der Eindringling wäre bewaffnet gewesen. Wie würden Sie das Verhalten des Wohnungsinhabers dann bewerten.
q7a	Augenbrauenhöhe	Wie würden Sie das Verhalten des Angegriffenen bewerten, wenn sein Peiniger *nicht* körperlich überlegen gewesen wäre.
q9a	Augenbrauenwinkel	Einmal angenommen, derjenige, der dem Pärchen nachts im öffentlichen Park beim Liebesspiel zuschaut, wäre *körperlich überlegen* gewesen.
q12a	Augenbrauenlänge	Einmal angenommen, der Mann, der die Beleidigung ausgesprochen hat, wäre körperlich *unterlegen* gewesen.
Geschlecht der Zielperson	Ohrenradius	
Alter der Zielperson	Nasenbreite	

Abbildung 9.2.11: Die Darstellung von zwölf Befragten aus der Dresdner Notwehrstudie mithilfe von Chernoff-Gesichtern

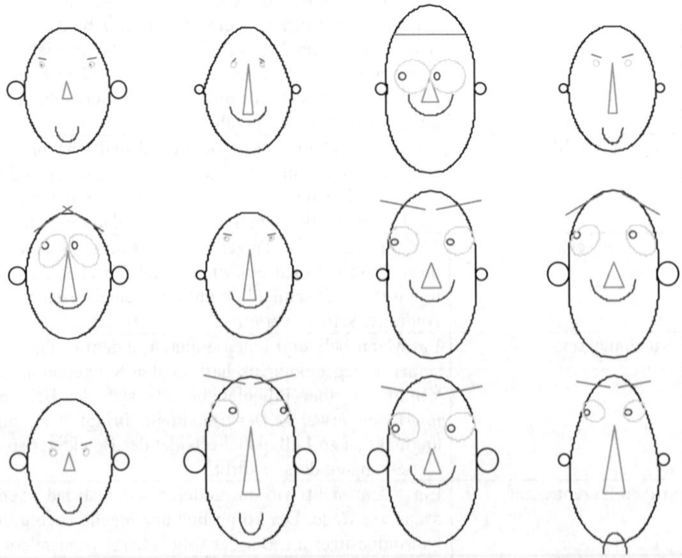

Korrelationen

Im folgenden Beispiel soll nun interessieren, inwieweit die Beantwortung zweier Fragen nach den Kontrollüberzeugungen miteinander im Zusammenhang stehen. Die beiden Fragen lauten:

- (x) Unerwartete Situationen, wie zum Beispiel ein Überfall, überfordern einen völlig.
- (y) Es gibt immer Mittel und Wege, um sich zu wehren, selbst wenn man körperlich angegriffen wird.

Hier wird davon ausgegangen, dass bei der Beantwortung der Fragen ein gegenläufiger Trend zu beobachten ist. Personen, die meinen, eine Notwehrsituation kontrollieren zu können, müssten der zweiten Frage stärker zustimmen und die erste Frage entsprechend stärker ablehnen. Um dies zu untersuchen, kann eine Korrelation berechnet werden. Für eine vereinfachte Demonstration werden hier lediglich die Antworten von jenen 14 Personen gezeigt, die als Meister, Polier oder Brigadier tätig sind und die diese beiden Fragen beantwortet haben (siehe oben). Weiterhin wird angenommen, dass die beiden Fragen Daten auf Intervallskalenniveau produziert haben. Tabelle 9.16 zeigt die Antworten auf beide Fragen sowie die Schritte zur Berechnung des Korrelationskoeffizienten.

Der Korrelationskoeffizient (r_{xy}) wird nach der folgenden Formel (vergleiche Kühnel/Krebs 2001:404) berechnet:

$$r_{xy} = \frac{n \cdot \sum x_i \cdot y_i - \left(\sum x_i\right) \cdot \left(\sum y_i\right)}{\sqrt{n \cdot \sum x_i^2 - \left(\sum x_i\right)^2} \cdot \sqrt{n \cdot \sum y_i^2 - \left(\sum y_i\right)^2}}$$

Die einzelnen dazu erforderlichen Rechenschritte können in Tabelle 9.2.12 nachvollzogen werden. Diese ermöglichen es dann, wie weiter unten demonstriert wird, die Formel anzuwenden.

Tabelle 9.2.12: Antworten auf die genannten Fragen (x_i) und (y_i) durch Meister, Poliere und Brigadiere, Quelle: Dresdner Notwehrbefragung

ID	x_i	y_i	$(x_i)^2$	$(y_i)^2$	$x_i * y_i$
1	3	3	9	9	9
2	3	2	9	4	6
3	4	4	16	16	16
4	2	4	4	16	8
5	4	2	16	2	8
6	1	3	1	9	3
7	4	2	16	4	8
8	3	1	9	1	3
9	2	4	4	16	8
10	3	4	9	16	12
11	4	3	16	9	12
12	4	4	16	16	16
13	4	4	16	16	16
14	2	4	4	16	8
Σ	43	44	145	150	133

n = 14

$$r_{xy} = \frac{14 * 133 - 43 * 44}{\sqrt{14 * 145 - (43)^2} * \sqrt{14 * 150 - (44)^2}}$$

$$r_{xy} = -0.16$$

Der Korrelationskoeffizient kann Werte zwischen –1 und +1 annehmen. Bei –1 handelt es sich um einen perfekt negativen Zusammenhang. Eine 0 signalisiert keinen Zusammenhang zwischen den beiden Größen. Als Faustregel (vergleiche Kühnel/Krebs 2001:404f.) gelten folgende verbale Interpretationen des Korrelationskoeffizienten:

Betrag von r_{xy}	
0 bis .005	zu vernachlässigen
über .005 bis .20	gering
über .20 bis .50	mittel
über .50 bis .70	hoch
über .70	sehr hoch

Damit hat sich – allein bei Betrachtung des Vorzeichens – bei den 14 relativ willkürlich ausgesuchten Personen die Vermutung bestätigt: Personen, die der ersten Frage zustimmen tendieren dazu, die zweite abzulehnen. Dieser Zusammenhang besteht jedoch nur in geringem Maße.

9.2.2 Inferenzstatistische Analysen

Während es in den bisher gezeigten Analyseschritten darum ging, lediglich die untersuchten Fälle zu beschreiben, werden nun Verfahren diskutiert, die es erlauben, Schlussfolgerungen aus den untersuchten Elementen auf eine Grundgesamtheit zu ziehen. Bei solchen Schlussfolgerungen sind jedoch Fehler nicht auszuschließen (vergleiche Abschnitt 5.1).

Oben wurde gezeigt, dass die Frauen, die in der Untersuchung befragt wurden, eine bestimmte Verhaltensweise häufiger als ungerechtfertigt ansehen als Männer. Inferenzstatistische Analysen sollen nun darüber Auskunft geben, ob sich dieser Befund auf die Grundgesamtheit übertragen lässt. Dazu werden Hypothesen erstellt. Eine Hypothese lautet: Es besteht kein Unterschied zwischen Männern und Frauen bei der Bewertung des betreffenden Notwehrfalls. Diese Hypothese wird auch als H_0 beziehungsweise Nullhypothese bezeichnet. Die andere Hypothese sieht so aus: Zwischen Männern und Frauen besteht in Bezug auf die Bewertung des betreffenden Notwehrfalls ein Unterschied. Hier handelt es sich dann um die H_1-Hypothese, die die Alternative zur Nullhypothese darstellt. Sie wird deshalb auch Alternativhypothese genannt.

Im nächsten Schritt wird geschaut, welche Hypothese anhand der Daten angenommen werden kann. Da es sich um eine Stichprobenerhebung handelt, kann eine solche Aussage nicht mit Sicherheit getroffen werden. Deshalb muss nun eine Wahrscheinlichkeit festgelegt werden, die als Maßstab für eine Entscheidung genutzt werden kann.

Der α- und der β-Fehler

Der α-Fehler, auch als Fehler erster Art bezeichnet, gibt die Wahrscheinlichkeit an, dass eine H_o-Hypothese abgelehnt wird, obwohl die Nullhypothese tatsächlich zutreffend ist. Man spricht auch von einem falsch-positiven Ergebnis. Beim β-Fehler, oder beim Fehler zweiter Art, handelt es sich um die Wahrscheinlichkeit, dass die H_o-Hypothese irrtümlich beibehalten wird, obwohl die Nullhypothese unzutreffend ist. In einem solchen Fall würde dann also ein tatsächlich bestehender Zusammenhang übersehen werden. Damit läge ein falsch-negatives Ergebnis vor (vergleiche auch Dubben/Beck-Bornholdt 2004:61ff.).

Übertragen auf eine Gerichtsverhandlung, in deren Verlauf Argumente für und gegen die Schuld eines Angeklagten zusammengetragen werden, würde dies beim α-Fehler bedeuten, dass eine tatsächlich unschuldige Person irrtümlich schuldig gesprochen wird. Um den α-Fehler möglichst sicher zu vermeiden, dürften also keine Beschuldigten verurteilt werden. Dann tritt jedoch der β-Fehler auf. Dieser gibt analog die Wahrscheinlichkeit dafür an, dass eine schuldige Person irrtümlich freigesprochen wird oder, in den Sozialwissenschaften: dass ein tatsächlich bestehender Zusammenhang übersehen wird. Um den β-Fehler sicher zu vermeiden, müssten also alle Beschuldigten auch verurteilt beziehungsweise alle vermuteten Zusammenhänge bestätigt werden. Damit wird zugleich deutlich, in welchem Zusammenhang der α-Fehler und der β-Fehler stehen, sie verhalten sich komplementär zueinander.

In den Sozialwissenschaften ist es – ähnlich wie in der Rechtssprechung – üblich, mit dem α-Fehler zu arbeiten. Dieser gibt die Wahrscheinlichkeit dafür an, dass bei einer Untersuchung ein Zusammenhang negiert wird, obwohl dieser in Wirklichkeit besteht. Man ist (in den Sozialwissenschaften wie auch in der Rechtssprechung) bestrebt, diesen Fehler möglichst gering zu halten und nimmt damit bewusst in Kauf, dass tatsächlich bestehende Zusammenhänge übersehen, beziehungsweise, dass eine schuldige Person *nicht* verurteilt wird (da die Beweise zum Beispiel nicht ausreichend sind).

Zwei weitere Sachverhalte gilt es bei der inferenzstatistischen Datenanalyse zu beachten:

Erstens, wenn nach einer empirischen Untersuchung eine H_0-Hypothese angenommen wurde, so ist dies nicht der endgültige Beweis dafür, dass ein vermuteter Zusammenhang tatsächlich nicht existiert. Es bleibt stets eine bestimmte Ungewissheit, die weitere Untersuchungen notwendig macht (vergleiche Abschnitt 3.5).

Zweitens stelle man sich vor, eine H_0-Hypothese sei zutreffend. Das heißt, es gibt keinen Zusammenhang zwischen zwei betrachteten Variablen. Wenn nun 100 Forscher die jeweilige H_0- beziehungsweise analog die entsprechende H_1-Hypothese bearbeiten, so werden bei einer Irrtumswahrscheinlichkeit von 0.05 immerhin 95 Forscher die H_0- aber auch fünf von ihnen die H_1-Hypothese annehmen. Letztere werden dann behaupten, dass es (mit 95-prozentiger Wahrscheinlichkeit) einen Zusammenhang zwischen den Merkmalen gebe. Da es aber nun in der Regel weitaus interessanter ist, über einen ermittelten Zusammenhang zu publizieren als das Fehlschlagen einer Vermutung publik zu machen, besteht eine gewisse Gefahr, dass dies auch und vor allem jene Forscher tun, die das Ergebnis H_1 festgestellt haben. Damit wäre dann in der Literatur eine ganze Reihe von Fehlern zu erwarten. Um dies zu verhindern, sollte man Wert darauf legen, verstärkt Replikationsstudien in Angriff zu nehmen, also eine Vermutung mehrfach zu überprüfen.

Signifikanztests und die Stärke eines Zusammenhangs

Häufig wird bei der Datenanalyse auf Signifikanztests zurückgegriffen. An dieser Stelle soll auf den Unterschied zwischen dem Ergebnis eines Signifikanztests und der Stärke eines Zusammenhangs verwiesen werden. Hier handelt es sich jeweils um unterschiedliche Sachverhalte, was bei der Datenauswertung nicht selten für Missverständnisse sorgt.

Die Signifikanz stellt eine Prüfgröße auf einem bestimmten Niveau, zum Beispiel fünf Prozent, dar. Wird ein solches Signifikanzniveau festgelegt, so sagt dies aus, dass jeder 20.

Test einen Effekt entdeckt, obwohl es einen solchen in der Grundgesamtheit gar nicht gibt. Hier liegt eine starke Abhängigkeit von der Anzahl der untersuchten Fälle vor. Je mehr Fälle in der Stichprobe enthalten sind, desto sicherere Aussagen kann man treffen. (Voraussetzung ist hier, dass eine Zufallsstichprobe erhoben wurde.)

Nun kann beispielsweise mit einem bestimmten Signifikanzniveau (die Irrtumswahrscheinlichkeit beträgt zum Beispiel $\alpha = 0.05$) festgestellt werden, welche der beiden Hypothesen (H_0 oder H_1) zutrifft. Sinnlos wäre es, würde man mit den Daten einer Totalerhebung ein solches Niveau ermitteln. Da bereits alle Elemente der Grundgesamtheit untersucht wurden, kann man die Befunde nicht auf andere Personen übertragen und damit gibt es auch keine Möglichkeit für einen Irrtum beziehungsweise eine Irrtumswahrscheinlichkeit oder ein Signifikanzniveau.

Anders sieht es aus, wenn es um die *Stärke eines Zusammenhangs* geht. Die Stärke des Zusammenhangs zwischen zwei Variablen sollte unabhängig von der Zahl der dazu untersuchten Fälle sein. Die entsprechende Aussage bezieht sich zunächst lediglich auf die untersuchten Einheiten. Es handelt sich um die Angabe von Zusammenhangsmaßen bei den untersuchten Fällen. Die Stärke eines Zusammenhangs kann auch im Rahmen einer deskriptiven Auswertung ermittelt werden (vergleiche Abschnitt Korrelation). Ein Signifikanzniveau dagegen nicht.

Der χ^2 (Chi-Quadrat) Test

Weiter oben wurden die Bewertungen eines Notwehrfalles von Männern und Frauen gezeigt (vergleiche die Abbildungen 9.12 und 9.13). Hier stellte sich heraus, dass die befragten Frauen anders antworteten als erwartet. Dies kann aufgrund des Stichprobenfehlers zufällig geschehen sein. Es ist aber auch denkbar, dass der in der Stichprobe ermittelte Unterschied auf einen Unterschied in der Grundgesamtheit hindeutet. Dies vermag nun der χ^2 -Test zu klären.

Der χ^2-Test nimmt einen Vergleich zwischen der beobachteten Verteilung und einer theoretischen Verteilung vor. In der ersten Zelle (Männer, die das Verhalten rechtfertigen) sind 1.052 Personen enthalten. Bei der Ermittlung der theoretischen Verteilung wird so vorgegangen: Sie errechnet sich aus dem Produkt der Randverteilungen der betreffenden Spalte und der betreffenden Zeile (im obigen Beispiel: 2.265 multipliziert mit 1.489 ergibt 3.372.585) dividiert durch den Umfang der Stichprobe von 3.325. Dies führt zu dem Wert 1.014. Dieser Wert liegt also unter dem der tatsächlich beobachteten Fälle. Entsprechend lässt sich die erwartete Verteilung auch für die restlichen Zellen ermitteln. Der weitere Rechenweg wird in Tabelle 9.2.13 vorgeführt.

Tabelle 9.2.13: Berechnung eines χ^2 Wertes

	a	B	b	a - b	$(a - b)^2$	$(a - b)^2 / b$
1	1.052	(2.265 * 1.489) / 3.325	1.014	38	1.444	1.42
2	1.213	(1.836 * 2.265) / 3.325	1.251	-38	1.444	1.15
3	437	(1.060 * 1.489) / 3.325	475	-38	1.444	3.04
4	623	(1.836 * 1.060) / 3.325	585	38	1.444	2.47
Σ						*8.08*

a: Inhalte der Zellen aus der Tabelle 9.2.8
b: Zeilen- beziehungsweise Spaltenrandsummen sowie Stichprobenumfang aus Tabelle 9.2.8

Der χ^2-Wert ist die Summe der Spalte $(a - b)^2 / b$. Ob nun der hier soeben errechnete Wert von 8.08 noch eine zufällige Abweichung darstellt, ergibt ein Vergleich mit der bekannten χ^2-Verteilung.

Zuvor ist aber noch die Zahl der Freiheitsgrade zu bestimmen. Sie beträgt hier 1. Wenn die Randverteilungen der Spalten und Zeilen gegeben sind, so kann man lediglich eine Zelle frei wählen. Die anderen Zellen lassen sich dann durch Subtraktion dieses Wertes von den Randverteilungen ermitteln.

Anhand von Tabellen (vergleiche zum Beispiel Bortz 2001) oder mittels eines EDV-Statistikprogramms kann nun festgestellt werden, dass der in der Stichprobe ermittelte Unterschied mit 95-prozentiger Wahrscheinlichkeit auch in der Grundgesamtheit anzutreffen ist.

χ^2-Berechnungen können auch bei Sachverhalten mit einer größeren Anzahl an Ausprägungen zum Einsatz kommen. Hier ist jedoch zu beachten, dass die Zellen jeweils mindestens mit fünf Fällen besetzt sein müssen, um solche Berechnungen anstellen zu können. Lässt sich dies nicht realisieren, so müssen die Ausprägungen einer Variable, beispielsweise das Alter oder das Einkommen, zu größeren Gruppen zusammengefasst werden. Weiterhin gilt die Berechnungsvorschrift nur für uneingeschränkte Zufallsauswahlen, da sonst der Design-Effekt zu berücksichtigen ist.

Vergleich von Mittelwerten (t-Test)

Bei intervallskalierten Daten können Mittelwertvergleiche angestellt werden. Dazu kann man den t-Test benutzen. Das obige Beispiel weiterführend, soll ein einfaches Problem bearbeitet werden. Es interessiert nun, ob eine höhere Zustimmung zu dem geschilderten Fall nicht nur geschlechtsspezifisch erfolgt, sondern auch vom Alter der Zielperson abhängig ist.

Es könnte etwa argumentiert werden, dass jüngere Menschen im Falle einer Notwehrsituation über ein höheres Maß an Kontrolle verfügen. Sie fühlen sich stärker als ältere dazu in der Lage, in einer entsprechenden Situation zu bestehen. Daraus könnte nun wiederum die Vermutung abgeleitet werden, dass sie auch für eine nachhaltigere Form der Gegenwehr plädieren.

Um dem nachzugehen, kann man das arithmetische Mittel des Alters der Zielpersonen ermitteln und zwar getrennt für die Gruppe, die das Verhalten als gerechtfertigt ansieht und für jene, die dies als nicht gerechtfertigt interpretiert. Bei einer solchen deskriptiven Beschreibung stellt sich heraus, dass die Personen in der Stichprobe, die das geschilderte Verhalten als gerechtfertigt bewerten, im Durchschnitt 43.8 Jahre und jene, die dies nicht tun, 46.7 Jahre alt sind. Damit liegt der erwartete Unterschied in der Stichprobe tatsächlich vor. Mithilfe von Boxplots (vergleiche Abbildung 9.2.14) lässt sich dieser Eindruck grafisch untermauern.

Abbildung 9.2.14: Das Alter von Zielpersonen, die einen Fall als gerechtfertigt verus als nicht gerechtfertigt auffassen (Quelle: Dresdner Notwehrbefragung)

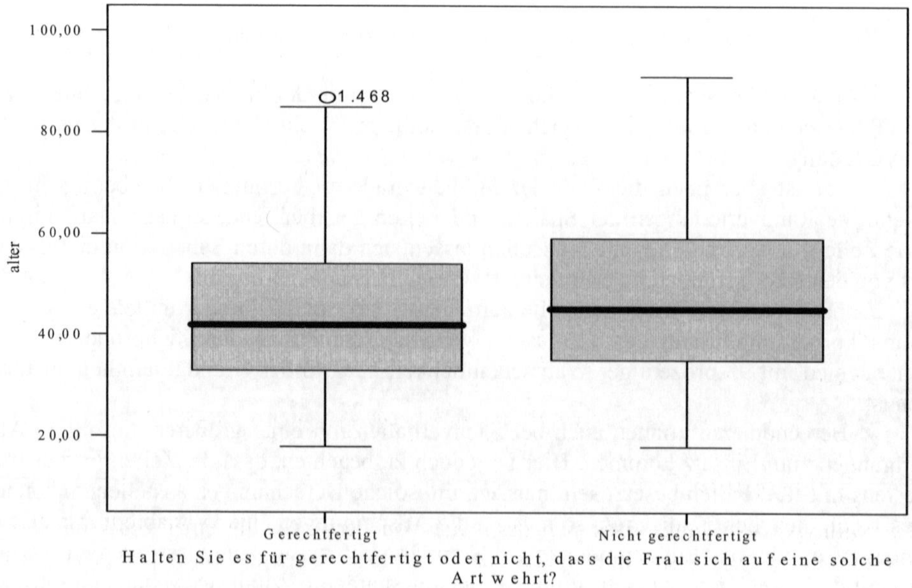

Nun wäre wieder zu prüfen, ob die ermittelte Differenz von fast drei Jahren aufgrund des Stichprobenfehlers zustande gekommen sein könnte, oder ob sie signifikant ist, also mit einer bestimmten Wahrscheinlichkeit auf einen Unterschied in der Population schließen lässt. Dazu wäre ein t-Test zu bemühen.

Der entsprechende t-Wert errechnet sich nach der Formel:

$$t = \frac{m_1 - m_2}{\sqrt{\left[\frac{n_1 + n_2}{n_1 * n_2}\right]\left[\frac{(n_1 - 1) * s_1^2 + (n_2 - 1) * s_2^2}{n_1 + n_2 - 2}\right]}}$$

Auch hier muss der ermittelte Wert wieder mit dem entsprechenden Wert entweder aus einer Tafel oder mithilfe eines EDV-Statistikprogramms verglichen werden. In Tabelle

9.2.15 wird die Ausgabe der mithilfe von SPSS erstellten Berechnungen gezeigt (vergleiche auch Wittenberg/Cramer 2000:201ff.). Dabei zeigt sich schließlich, dass mit 95-prozentiger Wahrscheinlichkeit die ermittelten Altersunterschiede zwischen beiden Gruppen nicht zufällig zustande kommen. Zu beachten ist wiederum, dass dies für uneingeschränkte Zufallsstichproben gilt, das heißt kein Design-Effekt berücksichtigt werden muss.

Tabelle 9.2.15: SPSS-Ausgabe für die Berechnung eines t-Tests

		Levene-Test der Varianzgleichheit		T-Test für die Mittelwertgleichheit						
		F	Signifikanz	T	df	Sig. (2-seitig)	Mittlere Differenz	Standardfehler der Differenz	95% Konfidenzintervall der Differenz	
									Untere	Obere
Alter	Varianzen sind gleich	5,693	*,017*	-5,000	3322	,000	-2,86120	,57227	-3,98324	-1,73916
	Varianzen sind nicht gleich			-4,912	1981,145	*,000*	-2,86120	,58245	-4,00348	-1,71892

Die Nullhypothese lautet, dass sich das Alter von Personen, die einen Fall auf eine bestimmte Weise bewerten, nicht bedeutsam vom Alter jener Personen unterscheidet, die diesen Fall anders bewerten. Zunächst ist dazu nach dem Ergebnis des Varianzhomogenitätstests (F-Test nach Levene, vergleiche Dayton 1970:34f.) zu fragen. SPSS errechnet zwei t-Tests. Einen für den Fall, dass die Varianzen der abhängigen Variable für die beiden Teilgruppen gleich (in der SPSS-Ausgabe oben) sind und den anderen für den Fall, dass sie ungleich sind. Die angegebene Signifikanz beträgt hier .017. Daraus folgt die Zuständigkeit des t-Tests für nicht gleiche Varianzen (also der untere in der Tabelle). Hier zeigt sich nun, dass die ermittelten Altersunterschiede zwischen den beiden Gruppen nicht zufällig sind. Man kann also behaupten, dass das Alter einen signifikanten Einfluss auf die Bewertung des Falls hat.

9.2.3 Die CHAID-Analyse

Eine weitere – freilich noch nicht all zu häufig eingesetzte – Methode zur Datenanalyse stellt der Chi-Square-Automatic-Interaction-Detector (CHAID) dar.

CHAID ist ein Verfahren zur Untersuchung kategorialer Daten. Es wurde 1980 von Kass entwickelt (vergleiche Magidson 1994, für ein anderes Beispiel zur Anwendung des Verfahrens vergleiche Sievers 1994). Diese inzwischen weiter entwickelte Prozedur ist

Bestandteil eines das Programmpaket SPSS ergänzenden Moduls und trägt den Namen Answer Tree. Der darin enthaltene CHAID-Algorithmus wird wie folgt beschrieben:

Es handelt sich um eine „Sequenz von Segmentierungen und Zusammenfassungen, gesteuert durch die Ergebnisse von diversen Assoziationsanalysen (z.B. Kreuztabellenanalysen), in denen jeweils der Zusammenhang des Kriteriums mit einem Prädiktor beurteilt wird.

- Im ersten Schritt wird die Stichprobe in die Kategorien des besten Prädiktors aufgeteilt, wobei zuvor Kategorien ohne signifikante Unterschiede zusammengefasst werden. *Gut* ist ein Prädiktor dann, wenn er eine signifikante Assoziation mit dem Kriterium nachweist (...). Unter den guten Prädiktoren wird derjenige mit dem kleinsten p-Level im Assoziationstest zum besten gekürt.
- Im zweiten Schritt wird für jede der erhaltenen Gruppen eine weitere Zerlegung versucht, wobei natürlich nur noch die restlichen Prädiktoren verwendet werden. ...

Der Algorithmus läuft in jedem Zweig des entstehenden Baumes so lange, bis kein signifikanter Prädiktor mehr gefunden wird.“[4]

Es soll nun versucht werden, diese Prozedur an einem sinnvollen Beispiel aus der Dresdner Notwehrbefragung zu demonstrieren. Bisher sind verschiedene empirische Hinweise dafür gefunden worden, dass Notwehrhilfe vorrangig von bestimmten Persönlichkeitstypen geübt wird. Diesem Gedanken soll nun mithilfe der CHAID-Analyse konkrerter nachgegangen werden. Eine entsprechende Frage könnte damit lauten: Wie lassen sich Personen näher beschreiben, die über Erfahrungen in der Notwehrhilfe verfügen? Für die Beantwortung dieser Frage sollen verschiedene sozio-demographische Variablen herangezogen werden. Es soll untersucht werden, inwieweit jede einzelne Variable dazu beitragen kann, die genannten Erfahrungen zu erklären. Dazu muss in einem ersten Schritt festgelegt werden, welche Größen überhaupt dafür in Betracht kommen. Folgenden Variablen werden als Prädiktoren einbezogen:

- Einkommen, gruppiert in drei Einkommensgruppen: unter 511 € (= 1), zwischen 511 und unter 2.300 € (= 2) sowie über 2.300 € (= 3)
- Geschlecht der Zielperson
- Deutsche Staatsbürgerschaft: ja (= 1) beziehungsweise nein (= 0)
- Stadt: Bewohner einer Stadt mit 100.000 Einwohnern und mehr (= groß) gegenüber Bewohnern einer kleineren Stadt beziehungsweise Gemeinde (= klein)
- Formale Bildung in drei Gruppen: Hauptschule (= 1), Realschule (= 2) und Abitur (= 3)
- Herkunft: aus West- beziehungsweise Ostdeutschland
- Wahl: eine Wahlentscheidung wird in der Sonntagsfrage berichtet (= 1) beziehungsweise nicht berichtet (= 0)
- Das Vorhandensein eigener Notwehrerfahrungen: ja oder nein
- Auszubildende: ja (= 1) oder nein (= 0)
- Kirchgangshäufigkeit: nie und nicht regelmäßig (= 1) sowie regelmäßig (= 0)

4 Vgl.: http://www.uni-trier.de/urt/user/baltes/docs/chaid6/chaid6.pdf, zuletzt besucht am 13.04.2006.

In Abbildung 9.2.16 wird nun das Ergebnis der CHAID-Analyse als Baum gezeigt.

Abbildung 9.2.16: Chaid-Analyse

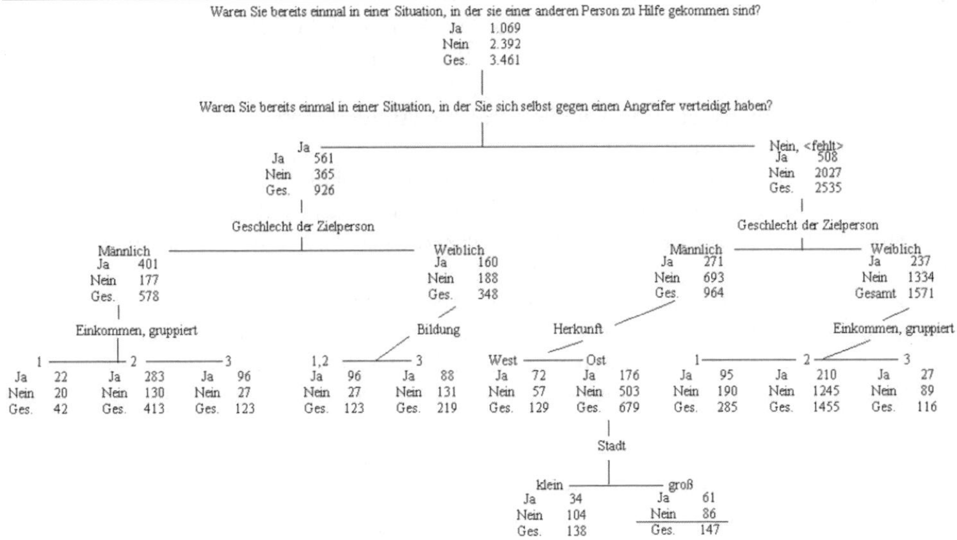

Dieser Abbildung soll nun von oben nach unter ausgewertet werden. Die Befragtenpopulation (n=3.461) wird daraufhin betrachtet, wie sie die erste Frage („Waren Sie bereits einmal in einer Situation, in der Sie einer anderen Person zu Hilfe gekommen sind?) beantwortet hat. Von allen Prädiktorvariablen (siehe oben) erklärt die Frage danach, ob man selbst bereits einmal in einer solchen Situation war (zweite Frage), die Antworten auf die erste Frage am stärksten. Nun sieht man auf der linken Seite des Baumes, dass Personen mit eigener Notwehrerfahrung (n=926) deutlich häufiger auch anderen Personen in einer solchen Situation geholfen haben (n=561). Auf der rechten Seite finden sich dagegen alle Personen ohne eigene Notwehrerfahrungen (n=2.535). Von ihnen haben anteilig deutlich weniger (n=508) Notwehrhilfe geleistet.

Von nun an haben wir es mit zwei Subpopulationen zu tun: links jene mit und rechts jene ohne eigene Notwehrerfahrungen. In beiden Populationen wird jetzt wieder untersucht, welche von den verbleibenden Variablen jeweils die stärkste Erklärungskraft besitzt. Bei den Personen mit eigener Notwehrerfahrung (links) erklärt nun die Variable Geschlecht das Antwortverhalten am stärksten. Dies trifft aber auch auf die rechte Seite zu. Nun ist die ursprüngliche Population bereits in vier Subpopulationen aufgeteilt worden. Die Antwortstrukturen lassen sich aus der Abbildung entnehmen.

Nun geht das Verfahren in die nächste Runde. Für alle vier Populationen werden wieder mit den verbleibenden Prädiktorvariablen die Tests berechnet. Dabei zeigt sich (links), dass Männer, die über eigene Notwehrerfahrungen verfügen (n=578), sich nun aufgrund ihres Einkommens am stärksten unterscheiden. Bei den Frauen mit eigenen Notwehrerfahrungen (n=348, der Ast rechts daneben) ist der Bildungsgrad die am stärksten erklärende Variable.

Zu beachten ist, dass das Programm selbständig Kategorien zusammenlegt (wie im Beispiel bei der Variable „Einkommen, gruppiert“ die Gruppe 1 und 2 sowie bei der Variable „Bildung“ ebenfalls die Gruppen 1 und 2), wenn die beiden Kategorien sich hinsichtlich der Kriteriumsverteilung nicht signifikant unterscheiden.

Die Berechnung des Baumes hat bei dieser Analyse zehn Endknoten erbracht. Diese repräsentieren jeweils Gruppen, die sich aufgrund einer bestimmten Kombination von Merkmalsausprägungen voneinander unterscheiden. Die gefundenen Gruppen unterscheiden sich also möglichst stark in Hinblick auf ihre Antwortquoten, das heißt in Bezug auf die vorliegende Notwehrhilfeerfahrung.

Alle nicht mehr in der Darstellung aufgetauchten Prädiktoren haben nicht das geforderte Signifikanzniveau von $p = 0.05$ erreicht. Dies trifft zu für die vier Größen „deutsche Staatsbürgerschaft“, „Wahlentscheidung“, „Auszubildender (Azubi)“ und „Kirchgangshäufigkeit“.

Die im Knoten drei zusammengefassten Personen weisen mit 78 Prozent den größten Anteil an Notwehrhilfeerfahrenen auf. Es handelt sich dabei um Männer, die selbst bereits über Notwehrerfahrungen berichten und zugleich über ein besonders hohes Einkommen verfügen. Dem stehen die Personen in Knoten neun gegenüber. Hier handelt es sich um Frauen ohne eigene Notwehrerfahrungen, die nur über ein mittleres oder geringes Einkommen verfügen. Sie gaben in der Befragung lediglich zu 14 Prozent an, Notwehrhilfeerfahrungen zu haben. Zwischen diesen beiden Gruppen ist der ermittelte Unterschied ganz offenbar immens.

Als stärkste Prädiktoren für das Notwehrhilfeverhalten haben sich die eigene Notwehrerfahrung sowie das Geschlecht erwiesen. Daneben gilt es, auf einige weitere Besonderheiten zu verweisen:

- Betrachtet man zunächst diejenigen Personen, die über eigene Notwehrerfahrungen verfügen (diese sind in den Knoten eins bis fünf zusammengefasst), so zeigt sich, dass bei den Männern mit größerem Einkommen und bei den Frauen mit hoher Bildung (Abitur) jeweils auch die Notwehrhilfeerfahrungen zunehmen. Es kann angenommen werden, dass wir es hier jeweils mit besonders verantwortungsbewusst handelnden Personen zu tun haben, die durch ihr Verhalten dazu beitragen, das Rechtssystem zu stützen (vergleiche Schroeder 1972).
- Deutlich geringere Notwehrhilfeerfahrungen weisen Personen auf, die nicht über eigene Notwehrerfahrungen verfügen. Hier ist bei Frauen eine Einkommensabhängigkeit auszumachen: Bei mittleren und niedrigen Einkommen liegen die geringsten Notwehrhilfeerfahrungen vor.
- Komplizierter stellt sich die Situation bei männlichen Personen ohne Notwehrhilfeerfahrungen dar. Diese berichten insgesamt nur zu 28 Prozent über entsprechende Erlebnisse. Betrachtet man diesen Personenkreis jedoch näher, so stellt sich heraus, dass an dieser Stelle (und nur an dieser Stelle) ein West-Ost-Unterschied besteht: Männer ohne Notwehrerfahrungen, die in den westlichen Bundesländern leben, haben signifikant mehr Notwehrhilfeerfahrungen als ihre Geschlechtsgenossen im Osten. Falls erstere im Westen Deutschlands leben, so beträgt der Anteil immerhin fast 42 Prozent (vergleiche Knoten acht).
- Die CHAID-Analyse erlaubt ein Urteil über den Einfluss der einzelnen Prädiktoren. Eine Unterscheidung erfolgt vor allem a) aufgrund des Vorliegens von eigenen Not-

wehrerfahrungen, b) des Geschlechts sowie c) der Qualifikation beziehungsweise des Einkommens. Relativ gering bleibt der Einfluss der beiden Merkmale „Stadt“ sowie „Herkunft aus West- oder Ostdeutschland“. Diese vermögen es nicht, zu einer generellen Aufklärung des untersuchten Sachverhalts beizutragen und besitzen nur partielle Erklärungskraft bei einer bestimmten Personengruppe.

- Eine besonders starke Erklärungskraft geht von der Tatsache aus, bereits einmal Notwehr praktiziert zu haben. Ansatzweise könnten hier Lerntheorien (vergleiche Holland/Skinner 1961 und Opp 1972) zur Erklärung herangezogen werden. Personen, die erfahren haben, dass Notwehr zu positiven Handlungsergebnissen führt, sind auch stärker dazu bereit, Notwehrhilfe zu leisten. Dabei wird unterstellt, dass vorangegangene, eigene Notwehrerfahrungen tatsächlich zu positiven Handlungsresultaten geführt haben.

9.3 Multivariate Verfahren zur Datenauswertung

Multivariate Verfahren zur Datenauswertung geben Informationen über die Zusammenhänge zwischen mehr als zwei Variablen. In der empirischen Sozialforschung kommen dafür verschiedene Verfahren zum Einsatz. Es kann an dieser Stelle nur um einen allgemeinen Überblick zu diesen Verfahren gehen. Der Anwender wird an den entsprechenden Stellen auf die Spezialliteratur verwiesen.

9.3.1 Faktorenanalyse

Dieses Verfahren geht davon aus, dass für die ermittelten Ausprägungen verschiedener Variablen latente Sachverhalte verantwortlich gemacht werden können. Verdeutlicht werden soll diese Idee anhand eines Schulzeugnisses; ebenso könnten die Ergebnisse eines Intelligenttests[5] zur Veranschaulichung dienen. Es enthält eine Reihe an Noten, die die Leitung einer Person zum Ausdruck bringen. Der Gedanke ist nun, dass die einzelnen Noten nicht völlig unabhängig voneinander zustande kommen, sondern dass dahinter beispielsweise jeweils spezielle Begabungen stehen. So ist es dann auch zu erklären, dass die Noten in den Fächern Mathematik, Physik und Chemie untereinander besonders ähnlich sind. Das gleiche mag gelten für die Fächer Deutsch, Latein und Englisch. Wir haben es also mit einer bestimmten Struktur zu in den Daten tun. Die Faktorenanalyse deckt nun diese Struktur auf. Dabei sind zwei Vorgehensweisen voneinander zu unterscheiden: die explorative und die konfirmatorische.

Bei der explorativen Faktorenanalyse wird in den Daten nach Zusammenhängen (Faktoren) gesucht. Die so gefundenen Zusammenhänge müssen dann entsprechend inhaltlich sinnvoll interpretiert werden. Ein Beispiel dafür enthält bereits die Tabelle 4.4.7 im Abschnitt 4. Hier ist eine Rotierte Komponentenmatrix mit den Faktorladungen .100 und größer zu sehen. Die Analyse der 30 Variablen ergab zunächst acht Faktoren. Tabelle 9.3.1 zeigt einen Ausschnitt aus der von SPSS erstellten Übersicht zur erklärten Varianz. Daraus wird ersichtlich, dass die acht Faktoren über 70 Prozent der Varianz erklären.

---

5 Das Verfahren wurde Anfang des 20. Jahrhunderts ursprünglich zur Auswertung solcher Intelligenztest entwickelt.

Zugleich wird hier eine weitere Anwendungsmöglichkeit der Faktorenanalyse gezeigt. So sollte ursprünglich ein eindimensionaler Index gebildet werden, der die Einstellung zu sozialwissenschaftlichen Umfragen zum Ausdruck bringt. In diesen Index fließen nun lediglich jene Variablen ein, die stark auf dem ersten Faktor laden. Eine Wiederholung der Faktorenanalyse ergibt dann eine eindimensionale Lösung. Faktorenanalysen eignen sich damit für die Prüfung der Eindimensionalität von Indices.

Tabelle 9.3.1: SPSS-Ausgabe für die erklärte Gesamtvarianz (Ausschnitt)

Komponente	Anfängliche Eigenwerte			Rotierte Summe der quadrierten Ladungen		
	Total	% der Varianz	Kumulierte %	Gesamt	% der Varianz	Kumulierte %
1	9.56	31.85	31.85	4.35	14.50	14.50
2	2.56	8.54	40.39	3.67	12.22	26.73
3	2.30	7.67	48.06	2.78	9.27	36.00
4	1.97	6.57	54.63	2.74	9.13	45.13
5	1.49	4.96	59.59	2.48	8.27	53.40
6	1.34	4.47	64.06	2.09	6.97	60.37
7	1.19	3.98	68.04	1.68	5.60	65.96
8	1.03	3.43	71.47	1.65	5.51	71.47
9	.98	3.26	74.73			
10	.91	3.03	77.76			

Die konfirmatorische Faktorenanalyse geht von einer bestimmten vermuteten Struktur aus. Denkbar – wen auch etwas abwegig – wäre eine Theorie, der zufolge nicht die Intelligenz der Schüler, sondern die Person des Lehrers für die Schulleistungen verantwortlich ist. Somit müsste ebenfalls eine ganz bestimmte, theoretisch angenommene Struktur in den Daten vorhanden sein. Die konfirmatorische Faktorenanalyse prüft nun, inwieweit sich eine solche Annahme tatsächlich aufgrund der empirischen Daten halten lässt.

Das Programmpaket SPSS ermöglicht eine relativ einfache Berechnung der explorativen Faktorenanalyse (vergleiche Wittenberg/Cramer 2000:148ff.). Für die Erstellung einer konfirmatorischen Faktorenanalyse bieten sich die Programme EQS und LISREL aber auch SPSS an (vergleiche Bentler 2001, Jöreskog et al. 2000).

9.3.2 Clusteranalysen

Ein weiteres, in den Sozialwissenschaften ebenfalls relativ häufig genutztes multivariates Verfahren sind die Clusteranalysen. Auch dieses Verfahren kann dazu benutzt werden, Strukturen in den Daten aufzudecken. Dabei wird nach Ähnlichkeiten gesucht. Zu Clustern können sowohl ähnliche, homogene Untersuchungseinheiten (Zielpersonen) als auch ähnliche Variablen (Antworten auf Fragebogenfragen) zusammengefasst werden.

Nach der Festlegung, welche Variablen für die Überprüfung der Ähnlichkeit herangezogen werden sollen, muss ein Maß gefunden werden, das diese Ähnlichkeit numerisch auszudrücken vermag. Dafür steht in den Programmpaketen wie SPSS oder ClustanGraphics nun eine Fülle an Varianten zur Verfügung.

Der Anwender von Clusteranalysen findet in folgenden Quellen konkrete Hinweise: Wiedenbeck/Züll 2001, Backhaus et al. 2000 und Bortz 1999.

9.3.3 Regressionsanalysen

Im Abschnitt 3.8 wurden Regressionsmodelle bereits als ein für die quantitative Forschung charakteristischer Ansatz vorgestellt. Hier ging es darum, die Ursachen für das menschliche Glücksempfinden aufzudecken. Das Glücksgefühl fungierte als die abhängige Variable. Es sollte mithilfe der Höhe des Einkommens, des Zusammenleben mit einem Partner (als eine binäre Variable), des Gesundheitszustandes und ähnlichen Größen geschätzt werden. Da die abhängige Variable als intervallskaliert angesehen wurde, kam dafür eine lineare Regression zum Einsatz. Handelt es sich bei der abhängigen Variable jedoch um eine dichotome Größe, so muss eine binär logistische Regression für die Berechnung herangezogen werden.

Tabelle 9.3.2: Ergebnisse einer binär logistischen Regressionsanalyse – Exp(B) – zur Gewährung von Notwehrhilfe (ja=1, nein=2)

Konstante	2.12***
Anzahl an eigenen Notwehrerfahrungen	.55***
Geschlecht: Referenzkategorie männlich	1.98***
Einkommen gruppiert: Referenzkategorie: niedrig	.85***
Bildung gruppiert: Referenzkategorie: niedrig	.85***
Stadtbewohner: Referenzkategorie: nein	.87
Herkunft: Referenzkategorie: Westen	1.13
Nagelkerkes R^2	.23
n = 3.339	

**$p \leq 0.05$, ***$p \leq 0.01$; Gewichteter Datensatz

Wenn die gezeigten Werte kleiner als 1 sind, so steigt die Wahrscheinlichkeit, dass die betreffende Person bereits einmal Notwehrhilfe geleistet hat entsprechend. So ist beispielsweise zu sehen, dass Notwehrhilfe umso häufiger geleistet wird, je häufiger selbst bereits eine entsprechende Situation erlebt wurde.

Der Anwender dieser Prozedur findet weitere Informationen bei Andreß, Hagenaars und Kühnel (1997) und bei Backhaus et al. (2000).

9.4 Die Nutzung der Facettentheorie zur Datenauswertung

Die Datenauswertung erfolgt stets geleitet durch die Erkenntnisinteressen des Veranstalters der Untersuchung. Sie bedient sich dazu unterschiedlicher Methoden und Strategien, etwa des χ^2-Tests oder multivariater Ansätze. Im Folgenden wird anhand der Dresdner Notwehrstudie die Nutzung der Facettentheorie zur empirischen Bearbeitung bestimmter Fragestellungen beispielhaft gezeigt.

9.4.1 Grundprinzipien

Die Grundannahme der Studie lässt sich in Form eines Abbildsatzes zusammenfassen (vergleiche Abbildung 9.4.1). Danach erfolgt die Rechtfertigung einer mehr oder weniger gewaltsamen Verteidigungshandlung aufgrund von drei Kriterien. Entscheidend sind erstens das jeweils angegriffene Gut, zweitens die Überlegenheit des Angreifers und drittens der bei der Verteidigung verursachte Schaden.

Abbildung 9.4.1: Abbildsatz für die Rechtfertigung einer gewaltsamen Verteidigung

Eine Zielperson p_i bewertet einen Fall, bei dem ein <u>bestimmtes Gut</u> (a) von einer
(a1 = immaterielles Gut)
(a2 = Sachwert[e])
(a3 = Leib & Leben)

<u>bestimmten Person</u> (b) angegriffen wird und bei dessen Verteidigung der Angreifer
(b1 = die Person ist überlegen)
(b2 = die Person ist nicht überlegen)

einen <u>bestimmten Schaden</u> (c) nimmt → ob dieses Verhalten des Angegriffenen
(c1 = leichte Verletzung)
(c2 = schwere Verletzung)
(c3 = Tod)

gerechtfertigt ist oder nicht.
(1 = ja)
(2 = nein)

Wie bereits dargestellt enthält jeder zu bewertende Fall alle drei Facetten (a, b und c). Bei der empirischen Überprüfung dieser Vermutung wird so vorgegangen, dass im ersten Schritt alle Indikatoren miteinander korreliert werden und so eine Distanzmatrix erstellt wird (vergleiche Tabelle 9.4.2).

Bei Auswertungen, die sich der Facettentheorie bedienen, ist es üblich, die Verfahren der Multidimensionalen Skalierung (MDS) zu benutzen. Die entsprechenden Berechnungen wurden mit der Prozedur PROXSCAL von SPSS erstellt. Dadurch kann die Distanzmatrix (Tabelle 9.4.2) im zweidimensionalen Raum anschaulich grafisch dargestellt werden. Abbildung 9.4.3 zeigt das Ergebnis. Die Bezeichnung der Punkte in den so erstellten Konfigurationsplotts erfolgt analog zu den im Fragebogen verwendeten Bezeichnungen (q1 bis q12a).

Nach Borg (2000:3) könnte man sagen, dass dieses Bild mehr sagt als die 143 Zahlen aus der Tabelle 9.4.2. Während bei den Korrelationsanalysen zum Beispiel zwischen den Variablen q1 und q2 ein Wert für p von .00 ermittelt wurde, ergab sich für q12 und q12a ein Wert von .71. Damit wurden q1 und q2 mit einem entsprechend großen Abstand dargestellt, während q12 und q12a mit einem relativ geringen Abstand im Konfigurationsplott auftauchen.

Tabelle 9.4.2: Korrelationskoeffizienten der Variablen q1 bis q12a

	q2	q2a	q3	q3a	q4	q5	q6	q6a	q7	q7A	q8	q9	q9A	q10	q11	q12	q12a
q1	.00	-.01	.00	.00	.05	.02	.04	.02	.02	.03	.02	.01	.01	.03	.00	.00	.03
q2	-	.60	.23	.19	.11	.07	.17	.19	.11	.05	.00	.05	.04	.09	.25	.11	.07
q2a		-	.19	.13	.08	.06	.12	.19	.09	.06	.00	.04	.03	.08	.22	.07	.05
q3			-	.57	.12	.09	.19	.19	.,14	.07	.01	.06	.03	.10	.21	.08	.08
q3a				-	.11	.08	.18	.12	.16	.14	.02	.09	.05	.08	.18	.08	.12
q4					-	.18	.26	.13	.19	.11	.06	.06	.03	.23	.14	.10	.07
q5						-	.14	.08	.15	.11	.04	.11	.07	.08	.09	.03	.02
q6							-	.39	.31	.19	.02	.15	.09	.19	.26	.13	.12
q6a								-	.20	.09	.01	.10	.05	.12	.27	.10	.07
q7									-	.50	.06	.13	.07	.22	.19	.08	.10
q7a										-	.05	.09	.13	.14	.10	.06	.13
q8											-	.07	.06	.07	.00	.02	.01
q9												-	.51	.06	.09	.01	.02
q9a													-	.07	.05	.00	.03
q10														-	.17	.10	.09
q11															-	.16	.11
q12																-	.71

Alle Befragten

Abbildung 9.4.3: MDS-Lösung für alle Befragten

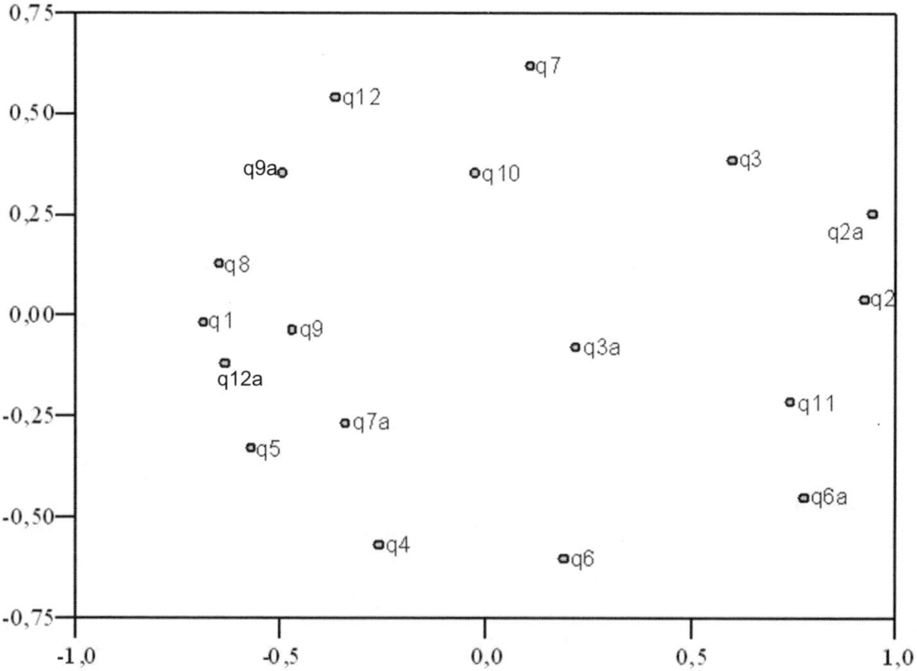

Nun wird versucht, die einzelnen Facetten (vergleiche Abbildung 9.4.1) in der gefundenen MDS-Lösung zu partitionieren. Eine erfolgreiche Zerlegung des durch die Antworten der Zielpersonen strukturierten zweidimensionalen Raumes würde auf eine Bestätigung der Ausgangsannahmen hindeuten. Dazu werden in einem ersten Schritt die einzelnen Facettenbezeichnungen in die MDS-Lösung eingetragen. Dann wird versucht, in den MDS-Lösungen die Facetten zu identifizieren, die dem Abbildsatz zufolge die Bewertung der Fälle als gerechtfertigt beziehungsweise als nicht gerechtfertigt bewirken. In den Abbildungen 9.4.4, 9.4.5 und 9.4.6 werden diese Befunde präsentiert.

Abbildung 9.4.4: MDS-Lösung für alle Befragten, Darstellung der Facette a) Bei der Verteidigung beschädigtes Gut, mit den Bezeichnungen: 1: leichte Verletzung; 2: schwere Verletzung und 3: Tod

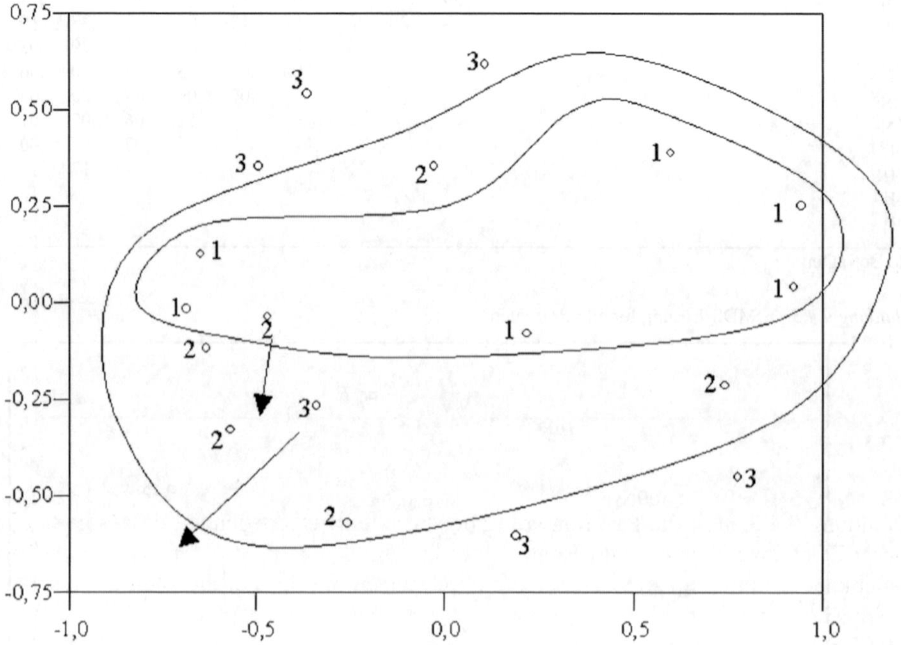

Die Abbildung 9.4.4 wendet sich der Facette a) Bei der Verteidigung beschädigtes Gut zu. Hier gelingt die Partitionierung eines modularen Musters, wobei zwei Fehler auftreten. (Diese werden jeweils mithilfe eines Pfeils, der in die eigentlich erwartete Region zeigt, verdeutlicht.) Ein modulares Muster verweist auf geordnete Facetten und war aufgrund des Skalenniveaus der unabhängigen Variable zu erwarten. Während im Zentrum die Fälle, bei denen es zu leichten Verletzungen gekommen ist (a1), liegen, sind am Rand jene angesiedelt, bei denen die Verteidigung eines Gutes zum Tod des Eingreifers (a3) führte. Dazwischen liegen (a2) – der Logik entsprechend – die schweren Verletzungen.

Abbildung 9.4.5: MDS-Lösung für alle Befragten, Darstellung der Facette b) Überlegenheit des Angreifers mit den Bezeichnungen 1: der Angreifer ist überlegen und 2: der Angreifer ist nicht überlegen.

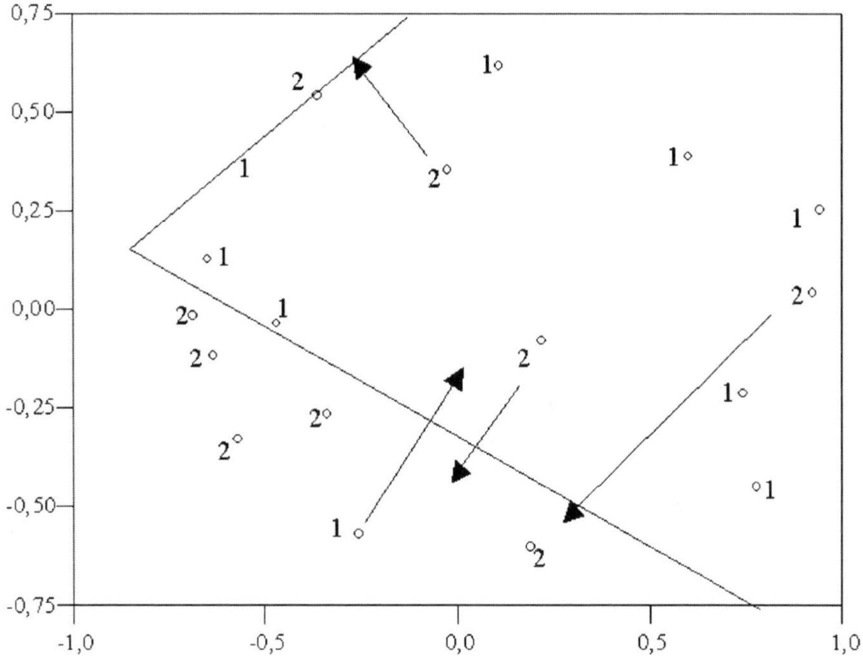

Abbildung 9.4.5 stellt die Partitionierung der Facette b) Überlegenheit des Angreifers dar. Hier ist der zweidimensionale Raum mithilfe einer polaren Struktur aufgeteilt worden. Dabei kam es immerhin zu vier Fehleingruppierungen. Infolge der dichotomen Ausprägung der unabhängigen Variablen war kein bestimmtes Muster zu erwarten gewesen. Kombiniert man die polare Darstellung der Facette Überlegenheit des Angreifers mit dem modularen Muster der Facette a) bei der Verteidigung beschädigtes Gut, so erhält man die bekannte Radex-Partitionierung (vergleiche Borg 2000).

Schließlich wird in Abbildung 9.4.6 die Facette c) angegriffenes Gut dargestellt. Die Partitionierung gelingt hier mithilfe eines axialen Musters wieder relativ gut. Der Raum wird so durch eine einfache Aufteilung zerlegt. Dabei kommt es lediglich zu zwei Fehlern.

Abbildung 9.4.6: MDS-Lösung für alle Befragten, Darstellung der Facette c) angegriffenes Gut mit den Bezeichnungen 1: immaterielles Gut, 2: Sachwerte und 3: Leib und Leben / Gesundheit

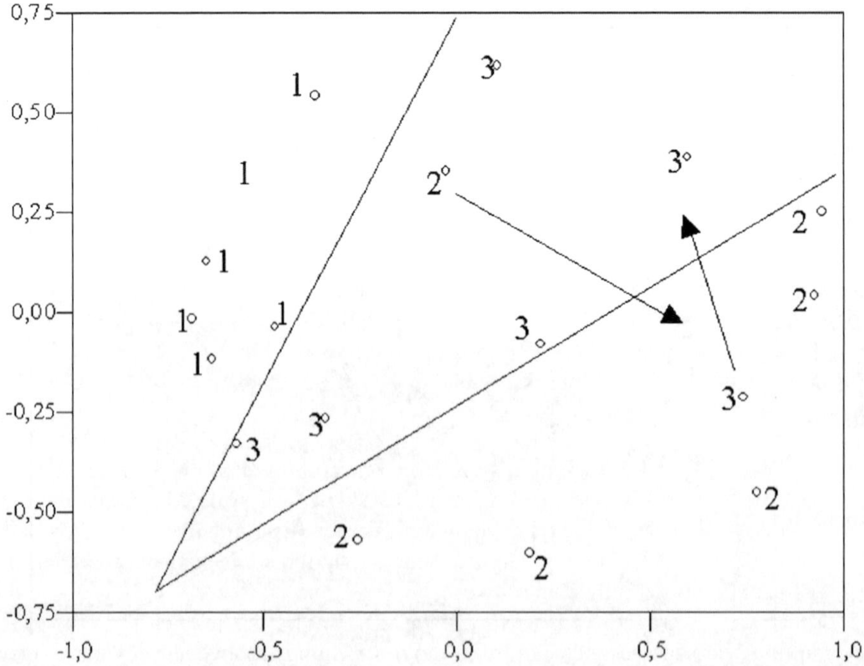

Zusammenfassend ist festzustellen: Die größten Probleme verursacht bei der Partitionierung die Facette b) Überlegenheit des Angreifers. Vier Variablen konnten nicht, wie vermutet, eingeordnet werden. Als Gründe dafür kommen entweder ein fehlerhaftes theoretisches Konzept oder dessen mangelnde empirische Umsetzung infrage. Beiden Annahmen soll nun weiter nachgegangen werden.

9.4.2 Suche nach Ursachen für die Fehlpartionierungen

Die Fälle q2 und q10 sind in die Region der überlegenen Angreifer eingeordnet worden. Das Konzept ging jedoch davon aus, dass es sich *nicht* um den Angriff einer überlegenen Person handelt. Die Frage lautete:

q2: Ein Mann beobachtet, wie ein anderer Mann sein Fahrrad stiehlt und damit davon fährt. Er verfolgt den Dieb und bringt ihn zu Fall.

Die Formulierung er „fährt damit davon" könnte bei den Zielpersonen unter Umständen den Eindruck erweckt haben, der Fahrraddieb sei aufgrund des inzwischen gewonnenen Abstands gegenüber dem Besitzer überlegen. Dies könnte die ermittelte abweichende Partitionierung begründen.

Auch im folgenden Fall ist nicht auszuschließen, dass die Einstufung entgegen den ursprünglichen Erwartungen aufgrund eines anderen Verständnisses der Situation durch die Zielpersonen zustande kam. Der Fall wurde so beschrieben:

q10: In ein Ferienhaus wurde bereits 13-mal eingebrochen. Der Besitzer stellt daraufhin ein mit Zündpulver versehenes Radio sowie Schilder, die vor Bomben warnen, auf. Bei einem erneuten Einbruch explodiert das Radio und der Einbrecher verliert dadurch seine Hand.

Erwartet wurde, dass es sich *nicht* um einen überlegenen Angreifer handelt. Der Eindruck einer Überlegenheit des Angreifers könnte bei den Zielpersonen jedoch aufgrund der 13 vorausgegangenen (und vermutlich erfolgreichen) Einbrüche zustande gekommen sein. Folgt man diesen Überlegungen, so kann das theoretische Konzept aufrechterhalten werden, nochmals zu prüfen wäre jedoch dessen Operationalisierung.

Der folgende Fall wird ebenfalls konträr zu den Erwartungen – in die Region der *nicht* überlegenen Angreifer eingeordnet:

q4: Ein Bauer beobachtet aus größerer Entfernung, dass ein Mann gerade dabei ist seine Scheune, in der die Ernte sowie wertvolle Maschinen lagern, in Brand zu setzen. Da der Mann auf Zurufen des Bauers nicht reagiert und der Bauer nicht schnell genug zur Scheune laufen kann, schießt er auf den Mann und verletzt ihn dabei schwer.

Die Vermutung war, dass es sich aufgrund der Entfernung und wegen des bereits relativ weit fortgeschrittenen Angriffs um einen überlegenen Angreifer handelt. Auch hier ist die Formulierung jedoch offenbar anders interpretiert worden. So mag es für die Befragten nicht einsichtig sein, weshalb der unbewaffnete Angreifer gegenüber dem bewaffneten Bauern überlegen sein soll.

Drei der angetroffenen vier Fehler bei der Partitionierung dürften damit durch ein divergierendes Verständnis der Situation des Angriffs zustande gekommen sind. Entsprechend wird die theoretische Ausgangsannahme aufrechterhalten.

Bei den beiden anderen Facetten gelingt es relativ gut, die Fälle in Analogie zum entwickelten theoretischen Konzept zu partitionieren. Wie gezeigt, ist eine Zuordnung lediglich bei jeweils zwei Fällen nicht möglich gewesen.

Naheliegend ist auch hier, dass die Zielpersonen ein abweichendes Verständnis des ihnen vorgelegten Falles hatten. So wurde die folgende Handlung anstatt – wie ursprünglich angenommen – als ein Angriff auf die körperliche Unversehrtheit, als ein Angriff auf Sachwerte – Eindringen in ein fremdes Lokal – verstanden.

q11: Ein Wirt hat schon länger Streit mit einer Gruppe Jugendlicher. Als diese in sein Lokal eindringen und ihn angreifen, fällt er rücklings und wehrt sich schließlich mit Hilfe einer Eisenstange, wobei er zwei Angreifer schwer verletzt.

Damit kommen für die Erklärung der Fehleinordnungen vor allem Mängel in der empirischen Umsetzung des Konzepts infrage. Das theoretische Konzept soll beibehalten werden, die Operationalisierung wäre zu überprüfen. Tabelle 9.4.7 gibt nochmals eine Übersicht zu den erfolgten Einordnungen.

Tabelle 9.4.7: Soll-Ist-Vergleich der Partitionierungen, leere Zellen deuten auf eine richtige Eingruppierung hin

Fall	a) bei der Verteidigung beschädigtes Gut	b) Überlegenheit des Angreifers	c) angegriffenes Gut
q1			
q2		statt in 2 in 1	
q2a			
q3			
q3a		statt in 2 in 1	
q4		statt in 1 in 2	
q5			
q6			
q6a			
q7			
q7a	statt in 3 in 2		
q8			
q9	statt in 2 in 1		
q9a			
q10		statt in 2 in 1	statt in 2 in 3
q11			statt in 3 in 2
q12			
q12a			

Basis: alle Befragten

Mit Borg (2000:10) ist festzustellen, dass diese Regionalisierungen nicht trivial sind. Dazu stellt er folgendes Gedankenexperiment an. Man nehme 18 Pingpongbälle. Jeden einzelnen beschrifte man mit den Ausprägungen der jeweiligen Facetten. Jeder Ball trägt dann drei Beschriftungen In unserem Beispiel etwa „immaterielles Gut", „der Angreifer ist überlegen" und „leichte Verletzung". Dann werfe man die Bälle in die Luft und versuche schließlich, die wieder aufgefangenen Bälle in Regionen zu partitionieren, wie es hier gelungen ist. Das ist im Allgemeinen nicht möglich, schon gar nicht mit derartig simplen Grenzlinien wie in den Abbildungen 9.4.4 bis 9.4.6 gezeigten Geraden und Kreisen.

9.5 Qualitative Analysen

Ein Anliegen der qualitativ ausgerichteten Sozialforschung besteht darin, möglichst der Einzigartigkeit jeder untersuchten Person beziehungsweise jedes Falles gerecht zu werden und dabei deren Typik herauszuarbeiten und schließlich auch strukturelle Regelmäßigkeiten zu erkennen (Friebertshäuser/Prengel 1996:148, vergleiche Abschnitt 3.8). Diese Prämissen bestimmen die Auswertung qualitativer Studien. Wie oben gezeigt, werden die Ergebnisse qualitativer Interviews in der Regel verschriftet und liegen so für die weitere Auswertung vor. Auch der qualitative Ansatz folgt bei der Auswertung zumeist bestimmten Regeln. Das Prinzip der Offenheit und das der Sequenzialität sind hier vor allem zu nennen.

Dies praktizierend, erfolgt in einem ersten Schritt eine Zerlegung des qualitativen Interviews beziehungsweise des Transkripts in zeitliche Abfolgen. Gut lässt sich dieses Vorgehen anhand einer biografischen Erzählung vorstellen, bei der eine Zielperson ihren Lebenslauf geschildert hat. Dem schließt sich dann beispielsweise die Suche nach nicht thematisierten Aspekten in der Erzählung an. Wichtig ist, dass Vorwissen und Theorien in diesem Kontext nicht genutzt werden sollen.

An anderer Stelle wurde bereits auf die ethnomethodologische Konversationsanalyse (vergleiche Abschnitt 6.1) sowie die objektive Hermeneutik (vergleiche Abschnitt 6.3) verwiesen. Bortz und Döring (2002:331ff.) heben die folgenden vier Auswertungstechniken hervor: die Globalauswertung, die qualitative Inhaltsanalyse, die Grounded Theory sowie sprachwissenschaftliche Auswertungsmethoden.

- Die Globalauswertung geht auf Legewie (1994) zurück. Sie umfasst folgende zehn Schritte: Erstens die Orientierung (das Überfliegen des Textes), zweitens das Aktivieren von Kontextwissen (die Entstehung und die Vorgeschichte des Textes sollen erkundet werden), drittens die Durcharbeitung des Textes (dazu werden Ideen und Fragen notiert sowie relevante Stellen markiert), viertens die Ausarbeitung von Einfällen (interessante Ideen werden auf Karteikarten notiert), fünftens das Anlegen eines Stichwortverzeichnisses (empfohlen werden pro Seite drei bis fünf Notizen), sechstens die Zusammenfassung (die wichtigsten Inhalte werden geordnet), siebentens die Bewertung des Textes (Stellungnahmen werden erstellt zur Glaubwürdigkeit, Verständlichkeit, Rollenverteilung, Lücken, Unklarheiten im Text und so weiter), achtens die Sammlung von Auswertungsstichwörtern (die Relevanz für die Fragestellung ist dabei zu beurteilen), neuntens die Bewertung der Konsequenzen für die weitere Arbeit (welche Analysen müssen noch folgen) und schließlich zehntens eine Ergebnisdarstellung (Zusammenfassung des Textes, bewertende Stellungnahme, Stichwortverzeichnis, weitere Auswertungspläne). Ein Vorteil der Globalauswertung ist, dass sie relativ kurzzeitig bewältigt werden kann.
- Die qualitative Inhaltsanalyse nach Mayring (1989, 1993) ist dagegen aufwändiger. Hier werden drei Formen der Inhaltsanalyse unterschieden: Erstens die zusammenfassende Inhaltsanalyse (eine Reduktion des Ausgangstextes auf eine Kurzfassung wird dabei vorgenommen), zweitens die explizierende Analyse (dazu wird zusätzliches Material für Erklärungen hinzu gezogen, zu Unklarheiten werden so zusätzliche Informationen gewonnen) sowie drittens die strukturierende Analyse (hier geht es um die Erstellung eines Kategorienschemas und um dessen Verfeinerung).
- Die Grounded Theory nach Glaser und Strauss (1967) beziehungsweise Strauss (1987, 1994) ist eine in den Daten verankerte Technik zur Entwicklung und Überprüfung von Theorien. Sie sieht ein vorurteilsfreies, offenes Kodieren des Textes vor. Dazu muss der Text mehrmals zeilenweise durchgearbeitet werden. Dies führt zu einem Kodierprotokoll. In einem solchen Protokoll wird vermerkt, welche Textmerkmale beziehungsweise Indikatoren auf welche latenten Sachverhalte beziehungsweise Konstrukte verweisen. Dem schließt sich das axiale Kodieren an, bei dem die Konstrukte weiter ausgearbeitet und miteinander verknüpft werden. Das führt dann wiederum zu Memos, den Grundbausteinen für eine Theorie. Für die Grounded Theory wird ein sogenanntes

theoretisches Sampling genutzt. Dies bedeutet, dass für die Forschung aufgrund individueller Überlegungen besonders interessante – dies können auch kontrastierende Fälle sein – ausgewählt werden.

- Zu den sprachwissenschaftlichen Auswertungsmethoden gehören die Textanalyse (Brinker 1997) und die Gesprächsanalyse (Brinker/Sager 1996). Während erstere die sprachliche Gestaltung eines Textes (zum Beispiel die E-Mail Kommunikation im Alltag, den Wortlaut eines Interviews oder die Eintragungen in einem Tagebuch) betrachtet, widmet sich die Gesprächsanalyse dem Dialog. Letztere gehen damit über die Gestaltung des Textes hinaus.

Neben diesen Ansätzen gibt es noch weitere Bemühungen, Auswertungstechniken zu etablieren. Zunächst soll die *Fotografie- und Filmanalyse* genannt werden.

9.5.1 Fotografie- und Filmanalyse

Nach Petermann (2001:230) baut diese qualitative Analyseart auf noch unverfälschten positivistischen Ansichten auf. Danach soll nicht das fertige Foto, sondern der „Vorgang des Fotografierens, der ein Subjekt/Objekt-Verhältnis ist, als *Methode sozialer Interaktion*“ (kursiv wie im Original) ausgewertet werden. Eine äußerst hilfreiche Anleitung dafür sowie zahlreiche Hinweise auf weiterführende Literatur finden sich bei Georg Peez (2003). Sie werden hier – stark verkürzt – wiedergegeben.

Regeln für Fotoanalysen (vergleiche auch Haupert 1994 und Haupert/Schäfer 1991) werden zunächst als interpretationsleitende Fragen verstanden, deren Ziel, in der Lenkung der Aufmerksamkeit der Interpreten liegt. Sie lauten:

- Was ist das eigentliche Thema der Interpretation?

Fotos weisen mehr Inhalte auf, die für eine Analyse prinzipiell geeignet sind, als bei einer einzelnen Untersuchung realisiert werden können. Damit ist der Fokus der Interpretation ein einem ersten Schritt genau zu bestimmen.

- Was sind die ersten Eindrücke? (bildhaftes Erleben)

Dies betrifft den Kontext des Bildes (der Ort, die Zeit, das jeweilige Wetter und so weiter) und die subjektiven Assoziationen des Betrachters. Das, was als erstes auffällt, weist auf bestimmte Relevanzen hin. Wichtig ist auch, ob es bei verschienen Interpreten einen Konsens bei diesen Eindrücken gibt.

- Was empfinden die Interpreten, wenn sie die Personen auf dem Bild selbst nachstellen? (Körperlichkeit)

Nicht nur vom Anschauen her soll die Körpersprache der abgebildeten Personen entschlüsselt werden, sondern die Interpreten sollen sie durch den eigenen Körper spüren und dann deuten. Auch hier ist wieder von Interesse, ob verschiedene Interpreten in diesen Empfindungen übereinstimmen.

- Bestimmung der Bildgattung

Handelt es sich um ein gestelltes Bild oder um einen Schnappschuss? Hochzeits- oder Kommunionfotos, Urlaubs- und auch Freundschaftsbilder sind häufig gestellt. Lassen sich bei der Interpretation der Bilder Strategien der Selbstdarstellung der abgebildeten Personen heranzuziehen?

- Wie kann das Bild verbal beschrieben werden?

Die Bildelemente und -gehalte sollen bei dieser Frage versprachlicht werden. Jede Fotointerpretation bedient sich schließlich der Sprache.

- Gibt es etwas, das auf dem Bild zu erwarten war, aber fehlt?

Welche Gründe könnte es für ein solches Fehlen geben? Welcher spezifische Sinngehalt drückt sich gegebenenfalls hierin aus?

- Wie ist das Bild aufgebaut? Was ist zentral? (optische Gewichtung)

Lässt sich an Hand des Fotos vermuten, dass vom Fotografen mit bestimmten Stil- und Betonungsmitteln gearbeitet wurde? Dies setzt Fotografen voraus, die entsprechend geschult sind. Welche Wirkung wurde damit angestrebt?

- Wie sehen die abgebildeten Personen aus und wie ist ihr Verhältnis zueinander?

Wie möchten sich die Personen darstellen, wie stellen sie sich die Interpreten dar und in welchem Verhältnis stehen diese Sinnebenen zueinander?
Hier handelt es sich nach Peez (2003) um die Kernfragen einer qualitativen Fotoanalyse, die sich an die Methodologie der objektiven Hermeneutik anschließt. Sie richten sich auch auf die dargestellte sächliche Realität.

- Welche Kontextinformationen können die Interpretierenden bei ihrer Analyse nutzen?

Kenntnisse über den Kontext eines Fotos sollten nicht dazu genutzt werden, mögliche Lesarten auszuschließen. Kontextinformationen sollten aber dann herangezogen werden, wenn sich durch sie neue Lesarten generieren lassen.

- Was ist die Intention des Fotografen? Drückt sich darin die persönliche Beziehung zum Objekt aus?

Folgt der Fotograf bestimmten Klischees im Bildaufbau sowie in der gewählten Perspektive und was drückt sich dann darin aus?

- Was ist der Zweck und wer sind die Adressaten des Bildes? (Interaktion)

Sind Zweck und Adressaten unbekannt, kann von den Interpreten versucht werden, plausible Kontexte gedankenexperimentell zu (re-)konstruieren.

- Lassen sich die gewonnenen Interpretationen zu einer Globalcharakteristik zusammenfassen? (Fallstruktur)

Bei dieser heuristischen Frage geht es um die Relation von subjektiv-intentionaler und objektiv-latenter Sinnstruktur.

- Bei konkurrierenden Interpretationen sollte entschieden werden, welche die wahrscheinlichste ist

Es sollten Kalküle darüber angestellt werden, welche der möglichen Lesarten der Interpreten in höherem oder geringerem Maße plausibel erscheinen.

- Mit welcher Technik wurde das Bild aufgenommen?

Auch die technische Seite (zum Beispiel Tele- oder Weitwinkelobjektiv) der jeweiligen Aufnahme ist herauszufinden und eventuell als Stilmittel zu begreifen.

- Um nichts zu übersehen, sollte man die Aufnahme abschließend systematisch-schematisch analysieren: von oben nach unten, von links nach rechts.

Was fällt dem Betrachter dabei dann noch auf?

Weitere Hinweise zu dieser Methode finden sich beispielsweise bei: Beck (2003), Mietzner/Pilarczyk (2003), Peez (2003), Sontag (1978) und Tenorth/Lüders (1994)

9.5.2 Analyse der Körpersprache

Die Analyse der Körpersprache wird seit den 1950-er Jahren als Teilbereich der Sozialpsychologie verstanden und hier als eine „Lehre von der sprechenden Bewegung" (Reutler 1988, 1993 vergleiche Wallbott 2001) definiert. Dabei geht es darum, die Indikatorenfunktion solcher Bewegungen wie die des Kopfes, der Augen der Hände und der Füße sowie schließlich auch des gesamten Körpers wissenschaftlich zu deuten.

Die Analyse der Körpersprache erfolgt derzeit zumeist im Kontext von Empfehlungen für Redeauftritte oder Bewerbungsgespräche sowie zur Untersuchung der Wirkung von Verkäufern auf deren Kunden. Aber auch der körpersprachliche Umgang bei Reklamationen, die Rolle dieser nonverbalen Kommunikation bei Streitgesprächen oder bei Konflikten wurden bislang thematisiert. Immerhin bleibt festzuhalten: „In der empirischen Sozialwissenschaft sind Wort und Schrift als Untersuchungsgegenstand anerkannt. Die Körpersprache befindet sich hingegen bis dato in einer wissenschaftlichen Sonderstellung" (Dieball 2004:2[6]).

Die Wurzeln dieses Ansatzes gehen bis auf Darwin (1872) zurück, der seine evolutionstheoretischen Betrachtungen „Ausdrucksmuster und physiologische Änderungen" (Wallbott 2001:233) heranzog. Darwin interessierte sich jedoch vor allem für Gemütsbewegungen beim Menschen und beim Tier.

Damit wird auch die Transkription der Körpersprache – beispielsweise im Verlauf einer Gruppendiskussion – mithilfe eines entsprechenden Regelwerkes erforderlich. Verweisen sei in diesem Zusammenhang beispielsweise auf ESMARaLDA[7].

6 Vergleiche auch: http://miami.uni-muenster.de/servlets/DerivateServlet/Derivate2011/03_einleitung_diss_dieball.pdf aufgerufen am 21.04.2009

7 Vergleiche (aufgerufen am 21.04.2009): http://books.google.de/books?id=JzazJZxCA50C&pg=PA168&lpg=PA168&dq=Sozialwissenschaftliche+Analse+der+K%C3%B6rpersprache&source=bl&ots=ZJrROXYNjv&sig=JkHs3uSSEMFbADceFUK0g3Iq0wY&hl=de&ei=CF_tScODAYfUQbE_YW6Dw&sa=X&oi=book_result&ct=result&resnum=3#PPA167,M1

Beispielhaft soll nun wieder eine Interpretationsanleitung[8] gezeigt werden, die vor allem bei der Betrachtung von Referenten angewendet werden soll:

- Das Lächeln

Von Personen, die lachen geht eine positive Ausstrahlung auf deren Umgebung aus. Jedoch ist zwischen echtem und falschem Lächeln zu unterscheiden: Das echte Lächeln ist meist von hochgezogenen Wangen, kleinen Hautverdickungen und Fältchen unter den Augen (Krähenfüße) sowie dem Senken der Augenbrauen begleitet. Beim vorgetäuschten Lächeln sind die Muskeln rund um die Augen nicht aktiv. Oft bricht ein falsches Lächeln abrupt ab oder verschwindet stufenweise vom Gesicht.

- Der Mund

Der Schmollmund ist darauf ausgerichtet, dass der andere ein schlechtes Gewissen bekommt. Es spielt sich hier ein Kampf um die Vorherrschaft innerhalb einer Beziehung ab. Ebenso wie das schiefe Lächeln wirkt ein schiefer Mund wenig glaubwürdig. Wird sogar nur ein Mundwinkel angehoben, so signalisiert diese Mimik immer auch Zynismus, Arroganz oder ein Überlegenheitsgefühl.

- Die Augen

Die wichtigsten Signale werden von den Augen gesendet. Ein freundlicher offener Blick stimmt den Zuhörer positiv. Wer den anderen keines Blickes würdigt, wird als arrogant und überheblich eingeschätzt. Doch wer zu lange und zu intensiv sein Gegenüber fixiert, wird schnell als bedrohlich und angriffslustig angesehen.

- Die Höhe der Hände

Für die Wirkung der Gestik ist entscheidend, in welcher Höhe sich die Hände befinden. Alle Gesten, die sich unterhalb der Taille abspielen, werden als negative Aussagen gewertet; Gesten in Höhe der Taille werden als neutral und oberhalb als positiv gewertet.

- Die Sichtbarkeit der Hände

Daneben ist die Sichtbarkeit der Hände ein wichtiges Kriterium. Versteckte Hände – in den Hosentaschen oder hinter dem Rücken – werden als negativ empfunden.

- Hand-Hals-Gesten

Grundsätzlich wird die Gestik oberhalb der Taille positiv gewertet. Davon ausgenommen sind jedoch die so genannten Hand-Hals-Gesten. Die Hand greift häufig dann zum Hals, wenn sie eigentlich ins Gesicht fassen will, an die Nase oder auf den Mund. Beides sind extrem negative Gesten.

Aber auch auf zahlreiche Missverständnisse ist zu verweisen. So handelt es sich zumeist um probabilistische Kodierungen, das heißt, dass ein bestimmtes Element der Körpersprache nur mit einer bestimmten Wahrscheinlichkeit auf eine bestimmte Bedeutung hinweist. Auch die Annahme, Charaktereigenschaften drückten sich im Ausdrucksverhalten aus, ist zu stark vereinfacht nicht in dieser Form mehr haltbar. Damit ist auch an dieser Stelle offenbar noch eine umfangreiche Forschungsarbeit zu leisten.

8 Vergleiche: Quelle: http://www.gilthserano.de/personality/body/0001.html, aufgerufen am 21.04.2009

10 Dokumentation empirischer Projekte

Wenn sich bei der empirischen Bearbeitung einer Hypothese herausstellt, dass die H_1-Hypothese beibehalten werden kann, so erfolgt dies stets mit einer bestimmten Irrtumswahrscheinlichkeit (vergleiche Abschnitt 9). Schließlich wird sich bei der (wiederholten) Replikation dieser zunächst einmaligen Studie herausstellen, ob der dort ermittelte Befund erneut eintritt und so die H_1-Hypothese weiter erhärtet wird. Auf diese Weise können dann Gesetze und Theorien entwickelt werden. Die Replikation empirischer Befunde ist also eine Voraussetzung, um wissenschaftlich arbeiten zu können. Eine Voraussetzung für die Replikation ist nun die Dokumentation des empirischen Projekts. Diesem wichtigen Schritt ist der folgende Abschnitt gewidmet.

10.1 Die Qualitätskriterien der Umfrageforschung und der Umgang mit empirischen Daten

Bei empirischen Forschungen gilt der Grundsatz, dass die Ergebnisse einer solchen Untersuchung ganz wesentlich auch von der dabei benutzten Methode mitbestimmt werden. An verschiedenen Stellen wurde bereits gezeigt (vergleiche insbesondere die Abschnitte 2 und 6), wie scheinbar unbedeutende Veränderungen im Design einer Befragung zu sehr deutlichen Verschiebungen in den Randverteilungen der Antworten führen. Erinnert sei beispielsweise an das Experiment von Schwarz und Bless (1992), welches Reihenfolgeeffekte bei der Beantwortung der Frage nach der allgemeinen Haltung zur CDU in Abhängigkeit von der jeweiligen Vorfrage nach Richard von Weizsäcker aufdeckte. Oder an ein Experiment von Schwarz et al. (1985), bei dem die Fernsehdauer erfragt wurde. Hier wurde die Antwort auf die Frage durch die den Zielpersonen präsentierten Skalen deutlich beeinflusst. Den gleichen methodischen Effekt stellte eine Studie des Instituts für Demoskopie Allensbach fest (vergleiche Petersen 2002:205), bei der es um unterschiedlich gestaltete Listenvorlagen bei einer Frage nach dem Erfolg im eigenen Leben ging. Oder auch jene Studie aus den USA, bei der das Wort „verbieten" durch den Ausdruck „nicht erlaubt" ersetzt wurde und es dadurch ebenfalls zu anderen Antwortverteilungen kam. Schließlich sei an Noelle-Neumann (1996) erinnert, die bei einer Frage nach der Gewerkschaftsmitgliedschaft eine balancierte („Sollten alle Beschäftigten Mitglied in der Gewerkschaft sein oder sollte dies jedem selbst überlassen bleiben?") und eine nicht balancierte („Sollten alle Beschäftigten Mitglied in der Gewerkschaft sein?") Version einsetzte und auf diese Weise zu recht unterschiedlichen Resultaten gelangt ist.

Da solche Effekte nicht verhindert werden können, wird es erforderlich, das jeweilige Vorgehen, also beispielsweise die Gestaltung des Fragebogens, genau zu dokumentieren. Die Maxime muss sein, dass ein Projekt so dargestellt wird, dass es prinzipiell aufgrund der Angaben zum Vorgehen replizierbar wird. Da man es nicht verhindern kann, dass von den Instrumenten Einflüsse auf das Ergebnis ausgehen, so muss man die eingeschlagene Vorgehensweise dokumentieren, um solche Einflüsse nachvollziehbar zu machen. Folgende Aspekte, die Einfluss auf die Ergebnisse nehmen können, sind bei einer solchen Dokumentation offen zu legen:

- Der Auftraggeber einer Untersuchung
- Das Ziel der Untersuchung
- Der Fragebogen beziehungsweise der jeweils benutzte Erhebungsstandard
- Die Population auf welche die Untersuchung ausgerichtet war
- Das Stichprobendesign, soweit keine Totalerhebung stattfand
- Das Vorgehen bei der Feldarbeit
- Die vorgenommenen Schritte bei der Datenbereinigung
- Die Art und Weise der Darstellung der Befunde

Der Auftraggeber beziehungsweise der Finanzier kann die Beantwortung von Fragen in einem bestimmten Sinn modifizieren. Dieses Phänomen, auch als Sponsorship bezeichnet, unterstellt, dass sich die Zielpersonen bewusst – und durchaus auch unbewusst – bei ihren Antworten vom Veranstalter der Untersuchung beeinflussen lassen. So könnte es bei den Zielpersonen zu unterschiedlichen Antworten führen je nachdem, ob die Interviewer im Auftrag der Regierung oder der Opposition, ob sie im Namen der wissenschaftlichen Sozialforschung oder im Auftrag einer Boulevard Zeitung ihre Fragen stellen.

Studien (zum Beispiel von Koch 2002), die den Nonresponse auswerten, haben ergeben, dass auch das mit der Feldarbeit beauftragte Institut Einfluss auf die Ergebnisse der Untersuchung haben kann. Handelt es sich um eine im ADM organisierte Einrichtung oder um ein Institut, welches noch relativ neu auf dem Markt agiert, wurde die Erhebung in Eigenregie eines Lehrstuhls ausgeführt, war es eine Exklusivstudie oder eine Mehrthemen-Befragung. Alle Aspekte können auf die Ergebnisse Einfluss ausüben und sollten deshalb dokumentiert werden. Aber auch das Verständnis darüber, was überhaupt Nonresponse ist und welche Ausfälle als systematischer Nonresponse zu verstehen sind, können von Institut zu Institut variieren (vergleiche auch Abschnitt 5.8).

Das Gleiche gilt für die mit der Untersuchung verfolgten Ziele. Denkbar wäre es, dass die Wissenschaft, ein Marktforschungsinteresse, der Journalismus oder einfach nur Neugierde Auslöser der empirischen Untersuchung sind.

Ein besonders sensibles Element der Versuchsanordnung stellt der Erhebungsstandard, zumeist also der Fragebogen, dar. Dieser sollte dem Konsumenten der Ergebnisse einer Studie vollständig zugänglich gemacht werden. Nur so sind etwa Reihenfolgeeffekte, der Halo-Effekt (die Position der Fragen), eine mögliche Ausstrahlung von Fragen auf die folgenden, unter Umständen eine Bevorzugung der Mittelkategorie (Gab es überhaupt eine?) und so weiter auszumachen. Auch die eventuelle Benutzung von Hilfsmitteln wie Kuverts, Vorlageblättern und Ähnlichem – beispielsweise um der Tendenz zu sozial erwünschten Antworten zu begegnen oder um die Antwortskala besser zu visualisieren – sind zu beschreiben.

Weiter ist wichtig zu fragen, ob sich eventuell Quellen nennen lassen, aus denen für eine Erhebung konkrete Fragen entliehen worden sind. Basieren diese Indikatoren auf bestimmten Theorien. Handelt es sich um Neuentwicklungen und falls dem so ist, wie war das konkrete Herangehen bei dieser Instrumentenentwicklung (vergleiche Abschnitt 4)?

Die Population, auf die sich die Erhebung bezieht, ist zu definieren. Der für eine Auswahl benutzte Stichprobenrahmen, etwa das Telefonbuch, die Register des Einwohnermeldeamtes, ein Personalverzeichnis eines Unternehmens und so weiter, sind ebenfalls anzugeben.

Das Stichprobendesign ist vorzustellen. Handelt es sich um eine Wahrscheinlichkeitsauswahl (Zufallsauswahl), um eine bewusste Auswahl (zum Beispiel nach dem Quotenverfahren) oder um eine willkürliche Auswahl, bei der die Stichprobenziehung nicht kontrolliert wurde. Welche Art von Wahrscheinlichkeitswahl kam zum Einsatz? Ist eine Schichtung der Stichprobe vorgenommen worden. Wie häufig sind die Zielpersonen kontaktiert worden.

Auch die Feldarbeit selbst gilt es zu beschreiben. Als Beispiel soll nochmals auf den Feldbericht der Dresdner Notwehrstudie verwiesen werden (vergleiche Tabelle 5.8.1). Hier können Angaben beispielsweise zu den Ausfällen, wichtige Hinweise zur Qualität der Daten liefern.

Das Vorgehen bei der Datenbereinigung ist zu schildern. Welche Veränderungen wurden in der Rohdatenmatrix vorgenommen, wie erfolgte die Behandlung fehlender Werte, welcher Umgang ist mit den Wild-Codes erfolgt (vergleiche Abschnitt 9.1), wurden Plausibilitätsprüfungen eingesetzt und was war deren Ergebnis.

Schließlich ist bei der Ergebnisdarstellung darauf zu achten, dass stets auch eine Replikation der Berechnungen erfolgen kann. Der Nutzer von Daten muss nach Möglichkeit Klarheit über folgende Fragen erlangen können: Wurde mit einer Gewichtung gearbeitet und falls ja, wie wurden die Gewichtungsfaktoren bestimmt. Erfolgte eine Indexbildung und nach welche Kriterien. Wie ist dabei mit fehlenden Werten umgegangen worden. Ist die Berechnung eines Stichprobenfehlers möglich, kann das Vertrauensintervall bestimmt werden. Schließlich sollte nicht zuletzt angegeben werden, ob und wo das Datenfile für Reanalysen zugänglich ist.

In Abbildung 10.1.1 wird der hohe Standard der Amerikanischen Gesellschaft für Meinungsforschung (AAPOR) für die Dokumentation von Umfragen gezeigt. Die Einhaltung der Standards der AAPOR sollte auch für sozialwissenschaftliche Studien in Deutschland Ziel sein.

Abbildung 10.1.1: Codes of Ethics der American Association for Public Opinion Research – AAPOR von 1991 (Kaase 1999:137f.)

Es müssen dokumentiert werden:

- der Auftraggeber einer Untersuchung und die Durchführenden
- der Zweck der Studie einschließlich bestimmter Ziele
- der Fragebogen und/oder der genaue Wortlaut aller Fragen einschließlich aller visuellen Vorlagen, ebenso wie der Wortlaut aller Anweisungen und Erläuterungen für die Interviewer und Befragten, von denen erwartet werden kann, dass sie die Antworten beeinflussen könnten
- die Definition der Population, für welche die Umfrage repräsentativ sein soll und eine Beschreibung des Stichprobenrahmens zur Identifikation dieser Population (einschließlich dessen Quellen und möglicher Verzerrungen)

- die Beschreibung des Stichprobenplans einschließlich der Klumpengröße, der Zahl der Kontaktversuche, Informationen zu den Auswahlkriterien und Screeningverfahren, der Methode der Bestimmung der Stichprobenelemente, des Modus der Datenerhebung und aller weiterer wesentlicher Informationen
- eine Beschreibung der Zielpersonenauswahl, die deutlich macht, auf welche Weise die Befragungspersonen durch die Forscher ermittelt wurden bzw. ob die Befragten vollständig durch Selbstselektion rekrutiert wurden, sowie andere Details der Stichprobenziehung, und zwar so ausführlich, dass eine angemessene Replikation möglich ist
- die Stichprobengröße und die Resultate der Stichprobenrealisierung einschließlich einer vollständigen Aufzählung aller Fälle: Anzahl der Kontaktierten, nicht eingesetzte Adressen, nicht erreichte Personen, Verweigerer, Abbrüche, neutrale Ausfälle und vollständige Interviews/Fragebögen
- soweit anwendbar, die Dokumentation und vollständige Beschreibung jeglicher Antwortraten (Response-Raten), die in Berichten angeführt werden (bei Quotenstichproben die Zahl der Verweigerer) und (wann immer vorhanden) Informationen über Unterschiede zwischen Teilnehmern und Nichtteilnehmern
- eine Beschreibung der Bildung aller speziellen Werte, der Datenbereinigung, der Datengewichtung oder der Indexbildung
- eine Darstellung der Genauigkeit der Ergebnisse einschließlich – soweit angemessen – der Schätzer des Stichprobenfehlers und Hinweise auf andere Fehlerquellen, damit keine irreführenden Vorstellungen über die Genauigkeit und Präzision entstehen können, sowie eine Beschreibung aller verwendeten Gewichtungs- und Schätzverfahren
- eine Beschreibung aller Prozentwerte, die als Basis für Schlussfolgerungen dienen
- eine eindeutige Abgrenzung der Ergebnisse, die nur auf Teilen der Stichprobe, nicht auf der gesamten Stichprobe beruhen
- Methode(n), Ort(e) und Datum der Interviews, Feldarbeit oder Datenerhebung
- Interviewermerkmale
- Kopien der Intervieweranweisungen oder –handbücher, Ergebnisse der Feldkontrolle, Kodebücher und andere wichtige Arbeitsunterlagen
- alle anderen wichtigen Informationen, die ein Laie benötigen würde, um eine angemessene Einschätzung der berichteten Ergebnisse vornehmen zu können

---

Verbindliche Regeln für den Umgang mit Umfrageergebnissen existieren in Deutschland vor allem für Wahlprognosen. Getragen von der Befürchtung, die Wähler aufgrund von Vorhersagen zu beeinflussen, dürfen diese am Wahltag erst nach dem Ende der Stimmabgabe publiziert werden (vergleiche kritisch dazu Donsbach 2001). Zu hoffen bleibt, dass für den Schutz auch des Verbrauchers von Umfragedaten entsprechende Regelungen – ähnlich wie etwa bei der Beschreibung des Inhalts eines Fruchtjoghurts in Deutschland – etabliert werden.

Spätestens bis zu dieser Stelle sollte (nochmals) klar geworden sein, dass sozialwissenschaftliche Umfragen einen hohen wissenschaftlichen Wert besitzen. Daneben geht von den dabei ermittelten Zahlen aber auch ein gewisser Reiz aus, der von den Medien beispielsweise für Unterhaltungszwecke genutzt wird. So kommt in den Befunden der Umfrageforschung – zwischen den Wahlen – nicht zuletzt auch der demokratische Wille der Bevölkerung zum Vorschein. Das Interesse der Medien in den USA an den Ergebnissen zum Beispiel von Umfragen zeigt Tabelle 10.1.2.

Tabelle 10.1.2: *Anzahl an Meldungen in den USA in Wahljahren bei denen die Wendungen „Umfragen sagen" beziehungsweise „Umfragen haben gezeigt" aufgetaucht sind (vergleiche Frankovic 2005)*

2004	2000	1996	1992
11.327	11.890	7.984	4.489

Ausgewertet wurden: U.S. Newpapers, Magazines, verschiedene TV sowie CNN am Wahltag

Im Folgenden (vergleiche Abbildung 10.1.3) werden einige Beispiele für den Umgang der Medien mit den Ergebnissen empirischer Erhebungen gezeigt.

Abbildung 10.1.3: Beispiele (I) für den Umgang mit empirischen Umfrageergebnissen in den Medien

'Focus': Ruf der Bahn laut Umfrage auf neuem Tiefstand
MÜNCHEN (dpa-AFX) - Der Ruf der Bahn hat nach einem Bericht des Nachrichtenmagazins "Focus" einen neuen Tiefstand erreicht. Unter Berufung auf eine Umfrage der Bahn berichtet "Focus", habe mehr als die Hälfte von 100.000 Befragten im vierten Quartal 2000 der Bahn Noten zwischen vier und sechs gegeben. Der Notendurchschnitt lag demnach Ende 2000 bei 3,6. 1997 habe er noch 2,8 betragen. Das Meinungsforschungsinstitut Infas führt laut "Focus" regelmäßig für den Bahnvorstand zur internen Information Umfragen durch.

Mit 17 Prozent habe laut Infas ein Rekordanteil der Befragten in der jüngsten Umfrage Verschlechterungen im Fernverkehr kritisiert. So viele wie nie zuvor bemängelten die Unpünktlichkeit der Züge. Die meisten Befragten übten Kritik an zu hohen Fahrpreisen. Bahnsprecher Dirk Große-Leege erklärte dazu, mit der Lichtung des Tarifdschungels, erneuertem Wagenpark und der Beseitigung der Baustellen werde alles wieder besser./ys/DP/rh/js
01.04.2001, 13:55 Uhr

Umfrage: Vertrauen der Deutschen in den Euro schwindet immer mehr
ALLENSBACH (dpa-AFX) - Der Euro, der im nächsten Jahr die D-Mark ablösen wird, verliert bei den Deutschen zunehmend an Ansehen. Nur noch 20 Prozent haben großes oder sehr großes Vertrauen in die europäische Währung, teilte das Institut für Demoskopie in Allensbach am Samstag mit. Vor zwei Jahren waren es noch 37 Prozent.

Gar kein oder kaum Vertrauen in den Euro äußerten in der im März abgeschlossenen Allensbach-Umfrage 26 Prozent der Bundesbürger (Januar 1999: 17 Prozent). Die Zahl derjenigen, die "weniger Vertrauen" in die europäische Währung setzen, stieg in diesem Zeitraum von 33 auf 47 Prozent. Der Rest war unschlüssig.

60 Prozent der Befragten sehen inzwischen in der Einführung des Euro keine gute Entscheidung. Dabei ist die Zahl der Skeptiker im Osten mit 69 Prozent deutlich größer als im Westen mit 58 Prozent. Nur noch 30 Prozent der Ostdeutschen und 40 Prozent der Westdeutschen meinen, dass langfristig der Nutzen des Euro überwiegt.

Die Demoskopen vom Bodensee zogen nach der Befragung von 2.094 Personen den Schluss: "Egal, von welcher Seite man mit demoskopischen Fragen das Thema Euro inzwischen beleuchtet – die Bevölkerung antwortet in ihrer Mehrheit nur noch negativ."/DP/as/jb 25.03.2001, 13:30 Uhr

Deutsche wissen über Euro deutlicher weniger als gedacht
BERLIN (dpa-AFX) - Die Deutschen wissen über den Euro deutlicher weniger, als sie selbst denken - und sie trauen der neuen Währung mehrheitlich noch nicht. Das sind zwei Ergebnisse einer am Freitag in Berlin veröffentlichten EMNID-Studie im Auftrag des Deutschen Sparkassen- und Giroverbandes (DSGV). Subjektiv seien die Deutschen der Meinung, den Abkauf der kommenden Bargeld-Einführung gut zu kennen, erklärte der DSGV; objektiv sei aber bloß ein kleiner Teil der Bevölkerung darüber gut informiert. Der Studie zufolge bekundeten nur 38 Prozent der 1.005 Befragten Vertrauen in die Einheitsdevise, die zum Jahreswechsel die D-Mark endgültig ablösen wird. 59 Prozent verneinten demnach die Frage, ob sie Vertrauen in den Euro hätten. Unter den Befragten mit Abitur gab es mit 59 Prozent mehrheitlich Vertrauen für die Gemeinschaftsdevise. Nach den von den öffentlich-rechtlichen Geldinstituten vorgelegten Daten meinten 53 Prozent der Befragten, das genaue Datum zu kennen, ab dem die Euro-Banknoten ausgegeben werden. Nur knapp ein Viertel nannte dazu aber den richtigen Termin 1. Januar 2002, ab dem Scheine zumindest an den Geldautomaten in der gesamten Euro-Zone zur Verfügung stehen sollen. Dass die Ausgabe der Münzen in Deutschland bereits am 17. Dezember dieses Jahres mit dem Verkauf so genannter Haushaltsmischungen für 20 Mark (10,23 Euro) in den Banken beginnt, wussten demnach sogar nur fünf Prozent. Information und Aufklärung müssten deutlich verstärkt werden, forderte der Branchenverband. Immerhin 51 Prozent der Befragten wissen demnach, dass sie Münzen und Scheine in D-Mark auch nach dem Jahreswechsel zunächst noch in Deutschland ausgeben können; die Frist dafür läuft am 28. Februar 2002 ab. Bei der Umfrage gaben 42 Prozent der Befragten zudem an, sie wollten an einer Sonder-Umtauschaktion der Banken in diesem Mai teilnehmen. Mit der Aktion wollen die Geldinstitute den Rückfluss von Milliarden Münzen und Scheinen zeitlich entzerren./pin/FP/js 23.03.2001, 16:07 Uhr

---

Die drei Beispiele wurden im Internet willkürlich ausgewählt. Immerhin enthalten alle beziehungsweise einige Texte neben inhaltlichen Befunden auch methodische Hinweise, etwa zum Stichprobenumfang, zur Einrichtung, welche die Erhebung veranstaltet hat, zum Erhebungszeitraum, zum Auftraggeber der Studie und – in einem Fall – sogar auch auf ein benutztes Trenddesign. Ganz offenbar geht es den Verfassern in ihren Meldungen jedoch vor allem darum, über inhaltlich interessante Resultate der jeweiligen Befragung zu berichten. Bei den Leser wird – wahrscheinlich zu recht – ein Interesse an solchen Zahlen vorausgesetzt (vergleiche auch Abschnitt 6.3.3). Immerhin unterstellen sie beim Rezipienten jedoch auch ein gewisses methodisches Verständnis und lassen entsprechende Hinweise nicht völlig außer Acht. Etwas anders sieht die Situation in der in Abbildung 10.1.4 beschriebenen Aktion aus.

Abbildung 10.1.4: Beispiel (II) für den Umgang mit Umfrageergebnissen in den Medien

Sächsische Zeitung Montag, 28. Juni 2004

Schuldenmauer gegen Waldschlösschenbrücke, Bürgerinitiative protestiert / Reges Echo auf SZ-Aktion, Von Thilo Alexe

Die geplante Waldschlösschenbrücke erhitzt nach wie vor die Gemüter. Bau-Gegner von der Bürgerinitiative Waldschlösschen wollen während der Stadtratssitzung am Donnerstag eine symbolische Schuldenmauer vor dem Rathaus errichten und so die drastische Finanzlage Dresdens veranschaulichen.
„Die aktuellen Schulden der Stadt betragen rund 850 Millionen Euro", betont die Initiative. Für den Bau werde die Kommune trotz staatlicher Förderung Geld zuschießen müssen – voraussichtlich im zweistelligen Millionenbereich. „Die Stadt müsste sich für dieses zweifelhafte Projekt zusätzlich noch weiter verschulden und würde damit die Zukunft verbauen", kritisiert die Initiative. Auch die Aktion der SZ, die die Leser zur Abstimmung über die Brücke aufgefordert hatte, löst ein reges Echo aus. Allein am Sonnabend erreichten mehr als **1.000 Wahl-Coupons** die Redaktion. Damit haben sich bislang rund **3.000 Dresdner an der Aktion** beteiligt.
Der Tenor ist nach wie vor eindeutig: 2.118 Leser sind für den Bau der Brücke, 861 dagegen. Die Abstimmung läuft noch bis zum Mittwoch. Gültig sind nur **die Coupons aus der SZ** vom 23. Juni.
Unterdessen verlangt der Dresdner Politologe Dietrich Herrmann, einst Roßberg-Unterstützer im Wahlkampf, eine Debatte über die Prioritätensetzung in der Stadt. Wer eine Brücke wolle, müsse auch wissen, dass für andere Aufgaben weniger Geld zur Verfügung stehe.

Aus der Sicht der Empirischen Sozialforschung muss (nachdem die Darstellung des Vorgehens positiv hervorgehoben wurde) an verschiedenen Aspekten dieser Aktion Kritik angemeldet werden. Unterstellt man einmal, dass mit dieser Umfrage ein gewisser Anspruch an Glaubwürdigkeit und Wissenschaftlichkeit verbunden wird, so widerspricht das Vorgehen verschiedenen methodischen Standards:

- Die Teilnahme an der Abstimmung erfolgt über eine Selbstselektion. Es ist zu vermuten, dass dann eine Teilnahme an der Befragung wahrscheinlicher ist, wenn es sich um besonders betroffene Personen handelt.
- Die Grundgesamtheit, über die eine Aussage getroffen werden soll, ist kaum definierbar. Es könnte sich um die Käufer beziehungsweise um die Bezieher der Zeitung an einem bestimmten Tag handeln. (Erscheint an diesem Wochentag eventuell auch der Immobilienmarkt in dieser Zeitung, sodass bestimmte Lesergruppen ein besonderes Interesse an dieser Ausgabe haben könnten?) Jedoch wurde pro Zeitung offenbar nur ein Coupon, der zur Wahl berechtigt, ausgegeben. Aber unter Umständen lesen mehrere in einem Haushalt lebende Personen die selbe Zeitung. Dann sind jedoch nicht alle Leser stimmberechtigt. Sollte eine Verallgemeinerung auf die Bürger Dresdens vorgenommen werden, so müsste das soziale Profil der Leser dieser Zeitung genauer hinterfragt werden.

- Allein eine Zahl von 3.000 Teilnehmern sagt nichts über die Qualität der Stichprobe aus. Ohne die Anzahl der an diesem Tag verkauften Exemplare exakt zu kennen, kann man auch nichts zur Response-Rate sagen. Unterstellt man einmal etwa 30.000 Stück verkaufter Exemplare, so hätte man es mit einer Teilnehmerrate von lediglich etwa zehn Prozent zu tun.
- Das benutzte Couponsystem erscheint geeignet, um die Abgabe von lediglich einer Stimme pro Person zu sichern: Wahrscheinlich darf man unterstellen, dass an diesem Tag nicht eine Reihe an Personen mehrere Zeitungen erworben hat, um damit das Ergebnis zu manipulieren. Allerdings ist die Verhinderung einer mehrfachen Stimmabgabe lediglich ein methodischer Aspekt von vielen.

Zusammenfassend bleibt festzustellen, dass es die relativ gute methodische Dokumentation der Aktion ermöglicht hat, deren wissenschaftliche Seriosität zu beurteilen und eventuelle Schwächen zu ermitteln. Aus der strengen Sicht der Empirischen Sozialforschung ist das Design nicht haltbar. Die Alternative wäre hier eine Zufallsauswahl der Zielpersonen, beispielsweise über das Einwohnerregister beziehungsweise eine ebenfalls zufällig gezogene Telefonstichprobe, gewesen.

10.2 Methodenberichte

Bestimmte Forschungsprogramme wie der ALLBUS oder das ESS (vergleiche Abschnitt 4.8) dienen dem Ziel, Daten für die Empirische Sozialforschung zu erheben und diese den Nutzern möglichst zeitnah allgemein zugänglich bereitzustellen. Die Verwendung solcher Datensätze in Sekundäranalysen und vor allem auch für Lehrzwecke erfordert es, jede Phase des Forschungsablaufs so transparent wie möglich zu machen. Damit die Nutzer den Prozess der Datenerhebung nachvollziehen und sich kritisch mit den gewonnenen Daten auseinandersetzen können, muss daher auch in den entsprechenden Methodenberichten die Konzeption und die Durchführung der Studie ausführlich dokumentiert werden. In Abbildung 10.2.1 soll beispielhaft das Inhaltsverzeichnis des Methodenberichts zur ALLBUS Studie des Jahres 2000 zitiert werden.

Abbildung 10.2.1: Der Inhalt des Methodenberichts für den ALLBUS 2000

1 Einleitung
2 Die Grundkonzeption der ALLBUS- und ISSP-Studien
    2.1 Die Grundkonzeption des ALLBUS
    2.2 Die Grundkonzeption des ISSP
    2.3 Überblick über die methodisch-technischen Charakteristika der ALLBUS-Studien
3 Das Fragenprogramm des ALLBUS 2000
    3.1 Überblick
    3.2 Auswahl der Replikationsfragen aus dem bisherigen ALLBUS-Programm
    3.3 Neue Themen im ALLBUS 2000
        3.3.1 Kinderwunsch
        3.3.2 Wirtschaftliche Befindlichkeiten und Wahrnehmungen
    3.4 Thematischer Überblick über die Fragen des ALLBUS 2000

3.5 Demographische Informationen im ALLBUS 2000
3.6 Sonstige Variablen des ALLBUS 2000
3.6.1 Abgeleitete Variablen
3.6.2 Regionalmerkmale
3.6.3 Informationen zur Interviewdurchführung
4 Das Frageprogramm der ISSP-Module "Soziale Ungleichheit" und "Umwelt"
5 Computerunterstützte Durchführung des ALLBUS 2000 (CAPI)
5.1 Das CAPI-Befragungsinstrument für den ALLBUS 2000
5.2 Entwicklung und Test des CAPI-Instrumentes
5.3 Methodenstudie zum CAPI-PAPI Vergleich
6 Das Stichprobenverfahren des ALLBUS/ISSP 2000
6.1 Die wichtigsten Informationen im Überblick
6.2 Die Grundgesamtheit
6.3 Die erste Ziehungsstufe: Auswahl der Gemeinden
6.4 Die zweite Ziehungsstufe: Auswahl der Zielpersonen in den Gemeinden
6.4.1 Die Anzahl der gezogenen Personenadressen
6.4.2 Das Ziehungsverfahren
6.4.3 Die Bildung der Stichprobe aus den gelieferten Personenadressen
6.4.4 Die Bildung der Ersatzstichprobe in extrem schlecht ausgeschöpften Points
6.5 Ost-West-Gewichtung bei Auswertungen für Gesamtdeutschland
7 Die Feldphase des ALLBUS/ISSP 2000
7.1 Überblick
7.2 Zeitlicher Ablauf
7.3 Ausschöpfung
7.4 Interviewereinsatz und -kontrolle
7.5 Interviewsituation
Literatur

Sicherlich wird nicht jede empirische Studie eine derart ausführliche Dokumentation vornehmen können. An dieser Stelle sollte jedoch gezeigt werden, welche Informationen prinzipiell für eine Replikation relevant sind.

Literatur

A

ADM, Arbeitskreis Deutscher Markt- und Sozialforschungsinstitute e.V. (1999) (Hrsg.): Stichproben-Verfahren in der Umfrageforschung. Eine Darstellung für die Praxis. Opladen: Leske + Budrich.

ADM, Arbeitskreis Deutscher Markt- und Sozialforschungsinstitute e.V. (2002) (Hrsg.): Jahresbericht 2001. http://www.adm-ev.de/.

Aichholzer, Georg (2000): Innovative Elemente des österreichischen Technologie-Delphi. In: Häder, Michael/ Häder, Sabine (Hrsg.): Die Delphi-Technik in den Sozialwissenschaften – Methodische Forschungen und innovative Anwendungen. Opladen: Westdeutscher Verlag, S. 67-94.

Ajzen, Icek (1985): From intension to action: A theory of planned behavior. In: Kuhl, Julius/ Beckmann, Jürgen (Hrsg.): Action-control: From cognition to behavior. Berlin Heidelberg: Springer.

Ajzen, Icek (1988): Attitudes, Personality and Behaviour. Milton Keynes: Open University Press.

Ajzen, Icek (1991): The theory of planned behavior. In: Organizational Behavior and Human Decision Processes (50) Heft 2, S. 179-211.

Ajzen, Icek/ Fishbein, Martin (1980): Understanding attitudes and predicting social behavior. Englewood-Cliffs, NJ: Prentice-Hall.

Albach, Horst (1970): Informationsgewinnung durch strukturierte Gruppenbefragung. In: Zeitschrift für Betriebswirtschaft (40) Ergänzungsheft, S. 11-26.

Albers, Ines (1997): Einwohnermelderegister-Stichproben in der Praxis. Ein Erfahrungsbericht. In: Gabler, Siegfried/ Hoffmeyer-Zlotnik, Jürgen H.P. (Hrsg.): Stichproben in der Umfragepraxis. Opladen: Westdeutscher Verlag, S. 117-126.

Albert, Hans (1956): Das Werturteilsproblem im Lichte der logischen Analyse. In: Zeitschrift für die gesamte Staatswissenschaft, Band 112, S. 410-439.

Albert, Hans (1960): Wissenschaft und Politik. Zum Problem der Anwendbarkeit einer wertfreien Wissenschaft. In: Topitsch, Ernst (Hrsg.): Probleme der Wissenschaftstheorie. Festschrift für Viktor Kraft. Wien: Springer, S. 201-232.

Albert, Hans (1964): Probleme der Theorienbildung. Entwicklung, Struktur und Anwendungen sozialwissenschaftlicher Theorien. In: Albert, Hans (Hrsg.): Theorie und Realität. Ausgewählte Aufsätze zur Wissenschaftslehre der Sozialwissenschaften. Tübingen: Mohr.

Albert, Hans (1965): Wertfreiheit als methodisches Prinzip. Zur Frage der Notwendigkeit einer normativen Sozialwissenschaft. In: Beckerath, Erwin von/ Giersch, Herbert (Hrsg.): Probleme der normativen Ökonomik und der wirtschaftlichen Beratung. Berlin: Duncker & Humbolt sowie in: Topitsch, Ernst (Hrsg.): Logik der Sozialwissenschaften. Köln Berlin: Kiepenheuer & Witsch, S. 183-210.

Alemann, Heine von/ Ortlieb, Peter (1975): Die Einzelfallstudie. In: Koolwijk, Jürgen von/ Wieken-Mayser, Maria (Hrsg.): Techniken der empirischen Sozialforschung, Band 2. München: Oldenbourg, S. 157-177.

Althoff, Stefan (1997): Quoten-Auswahlverfahren – Warum nicht? In: Gabler, Siegfried/ Hoffmeyer-Zlotnik, Jürgen H.P. (Hrsg.): Stichproben in der Umfragepraxis. Opladen: Westdeutscher Verlag, S. 19-32.

Amelung, Knut (2002): Der frühe Luhmann und das Gesellschaftsbild bundesrepublikanischer Juristen. Ein Beitrag zur deutschen Rechtsgeschichte im 20. Jahrhundert. In: Prittwitz, Cornelius/ Baurmann, Michael/ Günther, Klaus/ Kuhlen, Lothar/ Merkel, Reinhard/ Nestler, Cornelius/ Schulz, Lorenz (Hrsg.): Festschrift für Klaus Lüderssen. Zum 70. Geburtstag am 2. Mai 2002. Baden-Baden: Nomos Verlagsgesellschaft, S. 7-16.

Amelung, Knut (2003): Sein und Schein bei der Notwehr gegen die Drohung mit einer Scheinwaffe. In: Jura, Heft 2, S. 91-97.

Amelung, Knut/ Häder, Michael (1999): Vorstellungen über und potentielle Verhaltensintentionen bei Notwehr in der Allgemeinbevölkerung der Bundesrepublik Deutschland. Antrag an die VW-Stiftung im Rahmen des Förderschwerpunkts Recht und Verhalten: Entstehung, Wirkung und Fortentwicklung von Recht im Kontext menschlichen Verhaltens. Dresden Mannheim, unveröffentlichtes Manuskript.

Andreß, Hans-Jürgen/ Hagenaars, Jacques A./ Kühnel, Steffen (1997): Analyse von Tabellen und kategorialen Daten. Heidelberg: Springer.

Aquilino, William S. (1993): Effects of spouse presence during the interview on survey responses concerning marriage. In: Public Opinion Quarterly (57) Heft 3, S. 358-376.

Ardelt, Elisabeth (1989): Soziogramm. In: Roth, Erwin (Hrsg.): Sozialwissenschaftliche Methoden. Lehr- und Handbuch für Forschung und Praxis. München: R. Oldenbourg, S. 184-195.

Aries, Elizabeth F. (1973): Interaction patterns and themes of male, female, and mixed groups. PhD. Dissertation. Harvard University.

Aries, Elizabeth F. (1977): Male-female interpersonal styles in all male, female, and mixed groups. In: Sargent, Alice G. (Hrsg.): Beyond Sex Roles. St. Paul, MN: West, S. 292-299.

Atteslander, Peter unter Mitarbeit von Roland Buchheit (1984/2003): Methoden der empirischen Sozialforschung. 10. Auflage. Berlin: de Gruyter, Sammlung Göschen.

B

Baacke, Dieter (1995): Pädagogik. In: Flick, Uwe/ Kardorff, Ernst von/ Keupp, Heiner/ Rosenstiel, Lutz von/ Wolff Stephan (Hrsg.): Handbuch Qualitative Sozialforschung. Grundlagen, Konzepte, Methoden und Anwendungen. Weinheim: Beltz: Psychologie Verlags Union, S. 44-47.

Babbie, Earl (2002): The practice of social research. 9. Auflage. Blemont, CA: Wadsworth Thomson Learning.

Backhaus, Klaus/ Erickson, Bernd/ Plinke, Wulff/ Weiber, Rolf (2000): Multivariate Analysemethoden. Berlin Heidelberg: Springer.

Bales, Robert K. (1950): Interaction process analysis. A method for the study of small groups. Cambidge: Addison-Wesley Press.

Bandilla, Wolfgang (2003): Die Internet-Gemeinde als Grundgesamtheit. In: ADM Arbeitskreis Deutscher Markt- und Sozialforschungsinstitute e.V., Arbeitsgemeinschaft Sozialwissenschaftlicher Institute e.V. (ASI) und Statistisches Bundesamt, Wiesbaden (Hrsg.): Online-Erhebungen 5. Wissenschaftliche Tagung. Sozialwissenschaftlicher Tagungsband 7. Bonn, S. 71-82.

Bandilla, Wolfgang/ Bosnjak, Michael (2000): Perspektiven der Online-Forschung. In: Statistisches Bundesamt (Hrsg.): Neue Erhebungsinstrumente und Methodeneffekte, Band 15 der Schriftenreihe Spektrum Bundesstatistik. Wiesbaden: Metzler Pöschel, S. 166-174.

Bardecki, Michal J. (1984): Participants' response to the Delphi method: An attitudinal perspective. In: Technological Forecasting and Social Change (25) Heft 3, S. 281-292.

Bathelt, Harald/ Griebel, Katrin (2001): Die Struktur und Reorganisation der Zulieferer- und Dienstleisterbeziehungen des Industriepark Höchst (IPH). Forschungsbericht. Institut für Wirtschafts- und Sozialgeographie, Johann Wolfgang Goethe-Universität Frankfurt, Working Papers 02-2001, web.uni-frankfurt.de/fb11/ wi-geo/iwsg/bathelt_griebel0201.pdf.

Baumert, Jürgen/ Klieme, Eckhard/ Neubrand, Michael/ Prenzel, Manfred/ Schiefele, Ulrich/ Schneider, Wolfgang/ Stanat, Petra/ Tillmann, Klaus-Jürgen/ Weiß, Manfred (2001) (Hrsg.): PISA 2000. Basiskompetenzen von Schülerinnen und Schülern im internationalen Vergleich. Opladen: Leske und Budrich.

Baumert, Jürgen/ Stanat, Petra/ Demmrich, Anke (2001): PISA 2000: Untersuchungsgegenstand, theoretische Grundlagen und Durchführung der Studie. In: Baumert, Jürgen/ Klieme, Eckhard/ Neubrand/ Michael/ Prenzel, Manfred/ Schiefele, Ulrich/ Schneider, Wolfgang/ Stanat, Petra/ Tillmann, Klaus-Jürgen/ Weiß, Manfred (Hrsg.): PISA 2000. Basiskompetenzen von Schülerinnen und Schülern im internationalen Vergleich. Opladen: Leske und Budrich, S. 15-68.

Bayer, Klaus (1999): Argument und Argumentation. Logische Grundlagen der Argumentationsanalyse, Studienbücher zur Linguistik. Band 1. Opladen Wiesbaden: Westdeutscher Verlag.

Beck, Christian (2003): Fotos wie Texte lesen. Anleitung zur sozialwissenschaftlichen Fotoanalyse. In: Ehrenspeck, Yvonne/ Schäffer, Burkhard (Hrsg.): Film- und Fotoanalyse in der Erziehungswissenschaft. Ein Handbuch. Opladen: Leske + Budrich, S. 55-71.

Becker, Dirk (1974): Analyse der Delphi-Methode und Ansätze zu ihrer optimalen Gestaltung. Inaugural-Dissertation zur Erlangung der Würde eines Doktors der Wirtschaftswissenschaften der Universität Mannheim.

Beham, Martina/ Huter, Daniela/ Nowak, Vera (1998): Was machen Mütter, Väter und Kinder mit ihrer Zeit? Familienbezogene Auswertung der Zeitbudgeterhebung 1992, Forschungsbericht. Johannes Keppler Universität Linz.

Belson, William A. (1981): The design and understanding of survey questions. Aldershot, England: Gower.

Belson, William A. (1986): Validity in survey research. Aldershot, England: Gower.

Benninghaus, Hans (1998): Einführung in die sozialwissenschaftliche Datenanalyse. 5. Auflage. München Wien: Oldenbourg.

Bentler, Peter M. (2001): EQS 6: Structural equations program manual. Encino: Multivariate Software.
Berelson, Bernard (1952): Content analysis in communications research. Glencoe, Ill.: Free Press.
Berger, Fred (2006): Zur Wirkung unterschiedlicher materieller Incentives in postalischen Befragungen. Ein Literaturbericht. In: ZUMA-Nachrichten Heft 58, S. 81-100.
Berger, Horst/ Wolf, Herbert F. (1989): Handbuch der soziologischen Forschung. Methodologie Methoden Techniken. Berlin: Akademie Verlag.
Bergmann, Gustav (1966): Sinn und Unsinn des Operationalismus. In: Topitisch, Ernst (Hrsg.): Logik der Sozialwissenschaften. Köln Berlin: Kiepenheuer & Witsch, 3. Auflage, S. 104-112.
Bergmann, Jörg R. (1981): Ethnomethodologische Konversationsanalyse. In: Schröder, Peter/ Steger, Hugo (Hrsg.): Dialogforschung. Jahrbuch 1980 des Instituts für deutsche Sprache. Düsseldorf: Schwann, S. 9-51.
Bergmann. Jörg R. (1991): Deskriptive Praktiken als Gegenstand und Methode der Ethnomethodologie. In: Herzog, Max/ Graumann, Carl F. (Hrsg.): Sinn und Erfahrung: Phänomenologische Methoden in den Humanwissenschaften. Heidelberg: Asanger, S. 87-101.
Bergmann, Jörg R. (1993): Alarmierendes Verstehen: Kommunikation in Feuerwehrnotrufen. In: Jung, Thomas/ Müller-Dohm, Stefan (Hrsg.): Wirklichkeit im Deutungsprozess. Verstehen und Methoden in den Kultur- und Sozialwissenschaften. Frankfurt am Main: Surkamp, S. 283-328.
Bergmann, Jörg R. (1995): Konversationsanalyse. In: Flick, Uwe/ Kardorff, Ernst von/ Keupp, Heiner/ Rosenstiel, Lutz von/ Wolff, Stephan (Hrsg.): Handbuch Qualitative Sozialforschung. Grundlagen, Konzepte, Methoden und Anwendungen. 2. Auflage. Weinheim: Beltz, S. 213-218.
Biemer, Paul P./ Herget, Deborah/ Morton, Jeremy/ Willis, Gordon (2003): The feasibility of monitoring field interview performance using computer audio recorded interviewing (CARI). In: Proceedings of the Survey Research Methods Section. American Statistical Association. Washington, DC: American Statistical Association, S. 1068-1073.
Biemer, Paul P./ Lyberg, Lars (2003): Introduction to survey quality. Hoboken N.W.: Wiley.
Biernacki, Patrick/ Waldorf, Dan (1981): Snowball sampling: Problems and techniques of chain referral sampling. In: Sociological Methods and Research (10) Heft 2, S. 141-163.
Bishop, George F. (1987): Experiments with the middle response alternative in survey questions. In: Public Opinion Quarterly (51) Heft 2, S. 220-232.
Bittner, Jochen (2002): Deutschland: Wo jeder sich vor jedem fürchtet. In: DIE ZEIT vom 7. November.
Bjerstedt, Ake (1956): Interpretations of sociometric choice status. Lund Kopenhagen: Gleerup & Munksgaard.
Blanchflower, David G./ Oswald, Andrew J. (2002): Well-being over time in Britain and the USA, www.nber.org/papers/w9395.pdf.

Blasius, Jörg/ Reuband, Karl-Heinz (1996): Postalische Befragungen in der empirischen Sozialforschung. Ausschöpfungsquoten und Antwortqualität. In: planung & analyse (23) Heft 1, S. 35-41.

Blass, Wolf (1990): Theoretische und methodische Grundlagen der Zeitbudgetforschung. In: Schweitzer, Rosemarie von/ Ehling, Manfred/ Schäfer, Dieter (Hrsg.): Zeitbudgeterhebungen. Stuttgart: Metzler-Poeschel, S. 54-75.

Bless, Herbert/ Schwarz, Norbert (1999): Suffcient and necessary conditions in dualprocess models. In: Chaiken, Shelly/ Yaacov, Trope (Hrsg.): Dual-process theories in social psychology. New York: Guilford Press, S. 423-440.

Böcker, Franz (1988): Scale forms and their impact on rating's reliability and validity. In: Journal of Business Research (17) Heft 1, S. 15-26.

Böhme, Rainer (2003): Fragebogeneffekte bei Online-Befragungen. Wissenschaftliche Arbeit zur Erlangung des akademischen Grades Magister Artium im Fach Kommunikationswissenschaft an der Philosophischen Fakultät der Technischen Universität Dresden.

Bohnsack, Ralf (2003): Dokumentarische Methode. In: Bohnsack, Ralf/ Marotzki, Winfried/ Meuser, Michael (Hrsg.): Hauptbegriffe qualitativer Sozialforschung. Opladen: Leske + Budrich, S, 40-44.

Borg, Ingwer (1992): Grundlagen und Ergebnisse der Facettentheorie. Methoden der Psychologie. Band 13. Göttingen: Huber.

Borg, Ingwer (2003): Führungsinstrument Mitarbeiterbefragung. Theorien, Tools und Praxiserfahrungen. Göttingen Bern: Hogrefe.

Borg, Ingwer/ Staufenbiel, Thomas (1997): Theorien und Methoden der Skalierung. Eine Einführung. Bern Göttingen: Huber.

Borg, Ingwer/ Treder, Christian (2003): Item-Nonresponse in Mitarbeiterbefragungen. In: ZUMA-Nachrichten Heft 53, S. 58-76.

Borg, Ingwer/ Braun, Michael/ Häder, Michael (1993): Arbeitswerte in Ost- und Westdeutschland: Unterschiedliche Gewichte, aber gleiche Struktur. In: ZUMA-Nachrichten Heft 33, S. 64-82.

Bortz, Jürgen (1999): Statistik für Sozialwissenschaftler. Berlin Heidelberg New York: Springer.

Bortz, Jürgen/ Döring, Nicola (2002): Forschungsmethoden und Evaluation für Human- und Sozialwissenschaftler. 3. Auflage. Berlin Heidelberg New York: Springer.

Bosnjak, Michael (2001): Teilnahmeverhalten bei Web-Befragungen. Nonresponse und Selbstselektion. In: Theobald, Axel/ Dreyer, Marcus/ Starsetzki, Thomas (Hrsg.): Online-Marktforschung. Wiesbaden: Gabler, S. 79-95.

Bosnjak, Michael (2002): (Non)Response bei Web-Befragungen. Aachen: Shaker.

Braun, Michael/ Mohler, Peter Ph. (1991): Die Allgemeine Bevölkerungsumfrage der Sozialwissenschaften (ALLBUS): Rückblick und Ausblick in die neunziger Jahre. In: ZUMA-Nachrichten Heft 29, S. 7-25.

Bridgman, Percy W. (1927): The logic of modern physics. New York: MacMillan.

Brinker, Klaus (1996): Zur Analyse der narrativen Themenentfaltung am Beispiel einer Alltagserzählung. In: Hennig, Jörg/ Meier, Jürgen (Hrsg): Varietäten der deutschen Sprache. Festschrift für Dieter Möhn. Frankfurt am Main: Peter Lang, S. 279-289.

Brinker, Klaus (1997): Linguistische Textanalyse. Eine Einführung in Grundbegriffe und Methoden. Berlin: Erich Schmidt Verlag.

Brinker, Klaus/ Sager, Sven Frederik (1996): Linguistische Gesprächsanalyse: eine Einführung. Berlin : Erich Schmidt.

Brosi, Walter/ Krekel, Elisabeth M./ Ulrich, Joachim Gerd (1999): Delphi als ein Planungsinstrument der Berufsbildungsforschung? Erste Ergebnisse einer BIBB-Studie. In: Berufsbildung in Wissenschaft und Praxis (28) Heft 6, S. 11-16.

Brosius, Felix (2002): SPSS 11. Bonn: mitp Verlag.

Brückner, Erika (1985): Telefonische Befragungen – Methodischer Fortschritt oder erhebungsökonomische Ersatzstrategie? In: Kaase, Max/ Küchler, Manfred (Hrsg.): Herausforderungen der Empirischen Sozialforschung. Mannheim: ZUMA, S. 66-70.

Brüsemeister, Thomas (2000): Qualitative Forschung. Ein Überblick. Wiesbaden: Westdeutscher Verlag.

Burawoy, Michael/ Burton, Alice/ Ferguson, Ann Arnet/ Fox, Kathryn J./ Gamson, Joshua/ Gartrell, Nadine/ Hurst, Leslie/ Kurzman, Charles/ Salzinger, Leslie/ Schiffman, Josepha/ Ui, Shiori (1991) (Hrsg.): Ethnography unbound: Power and resistance in the modern metropolis. Berkeley: University of California Press.

C

Campbell, Donald Thomas/ Fiske, Donald W. (1959): Convergent und discriminant valididation by the multitrait-multimethod-matrix. In: Psychological Bulletin (56) Heft 2, S. 81-105.

Campbell, Donald Thomas/ Stanley, Julian C. (1963): Experimental and quasi-experimental designs for research. Chicago: Rand MacNally.

Cantril, Hadley (1944): Gauging public opinion. Princeton: University Press.

Carr, Leslie G. (1971): The srole items and acquiescence. In: American Sociological Review (36) Heft 2, S. 287-293.

Cartwright, Dorwin/ Zander, Alwin (1953) (Hrsg.): Group dynamics. New York: Harper & Row.

Cary, Charles D. (1976): Patterns of emphasis upon marxist-leninist ideology. A computer content analysis of Soviet school history, geography and social science textbooks. In: Comparative Education Review, Band 20, S. 11-29.

Chaiken, Shelly/ Yaacov, Trope (1999) (Hrsg.): Dual-process theories in social psychology. New York: Guilford Press.

Chalmers, Alan F. (2001): Wege der Wissenschaft. Einführung in die Wissenschaftstheorie. Berlin: Springer.

Chesler, David J./ van Steenberg, Neil J./ Brueckel, Joyce E. (1956): Effect on morale of infantry team replacement and individual replacement systems. In: Moreno, Jakob L. (Hrsg.): Sociometry and the science of man. New York: Beacon House, S. 331-341.

Church, Allan H. (1993): Estimating the effect of incentives on mail survey response rates: A meta-analysis. In: Public Opinion Quarterly (57) Heft 1, S. 62-79.

Clark, Andrew E./ Oswald, Andrew J. (2002): A simple statistical method for measuring how life events affect happiness. In: International Journal of Epidemiology (31) Heft 6, S. 1139-1144.

Clauphein, Erika/ Oltersdorf, Ulrich/ Walker, Georg (2001): Zeit fürs Essen – Deskriptive Auswertung der Zeitbudgeterhebung. In: Ehling, Manfred/ Merz, Joachim u.a. (Hrsg.): Zeitbudget in Deutschland – Erfahrungsberichte der Wissenschaft. Band 17 der Schriftenreihe Spektrum Bundesstatistik. Wiesbaden: Metzler Poeschel, S. 202-213.

Coates, Joseph F. (1975): In defense of Delphi: A review of Delphi assessment, expert opinion, forecasting and group process by H. Sackman. In: Technological Forecasting and Social Change (7) Heft 2, 193-194.

Cranach, Mario v./ Frenz, Hans-Georg (1969): Systematische Beobachtung. In: Graumann, Carl Friedrich (Hrsg.): Sozialpsychologie. Band 7/1. Göttingen: Hografe, S. 269-331.

Cuhls, Kerstin (2000): Wie kann ein Foresight-Prozess in Deutschland organisiert werden? Düsseldorf: Friedrich-Ebert-Stiftung.

Cuhls, Kerstin/ Breiner, Sybille/ Grupp, Hariolf (1995): Delphi-Bericht 1995 zur Entwicklung von Wissenschaft und Technik – Mini-Delphi. Karlsruhe: Fraunhofer-Institut für Systemtechnik und Innovationsforschung.

D

Dahrendorf, Ralf (1971): Homo Sociologicus. Opladen: Westdeutscher Verlag.

Dalkey, Norman C. (1969): The Delphi method: An experimental study of group opinion. RAND RM 5888-PR, June.

Dalkey, Norman C./ Helmer, Olaf (1963): An experimental application of the Delphi method to the use of experts. In: Management Science (9) Heft 3, S. 458-467.

Datenreport. Zahlen und Fakten über die Bundesrepublik Deutschland. Hrsg. vom Statistischen Bundesamt in Zusammenarbeit mit WZB und ZUMA und der Bundeszentrale für Politische Bildung (2002/2004), Bonn.

Dayton, Mitchell C. (1970): The design of educational experiments. New York: McGraw-Hill.

Delbecq, André L./ Van de Ven, Andrew/ Gustafson, David H. (1975): Group techniques for program planning: A guide to nominal group and Delphi processes. Glenview, Ill.: Scott, Foresman and Company.

Deppermann, Arnulf (1999): Gespräche analysieren. Eine Einführung in konversationsanalytische Methoden. Opladen: Leske + Budrich.

van Deth, Jan (2004): Deutschland in Europa: Ergebnisse des European Social Survey 2002 - 2003. Wiesbaden: VS Verlag für Sozialwissenschaften.

Deutschmann, Marc/ Häder, Sabine (2002): Nicht-Eingetragene in CATI-Surveys. In: Gabler, Siegfried/ Häder, Sabine (Hrsg.): Telefonstichproben. Münster New York: Waxmann, S. 68-84.

Dias de Rada, V. (2005): The effect of follow-up mailings on the response rate and response quality in mail surveys. In: Quality & Quantity, Heft 39, S. 1-18.

Dieball, Werner (2004): Körpersprache und Kommunikation im Bundestagswahlkampf: Gerhard Schröder versus Edmund Stoiber. Wissenschaftliche Schriften: Berlin München.

Diekmann, Andreas (2001/2004): Empirische Sozialforschung: Grundlagen, Methoden, Anwendungen. Reinbek bei Hamburg: Rowohlt.

Diekmann, Andreas/ Jann, Ben (2001): Anreizformen und Ausschöpfungsquote bei postalischen Befragungen. Eine Prüfung der Reziprozitätshypothese. In: ZUMA-Nachrichten (25) Heft 48, S. 18-27.

Diekmann, Andreas/ Wyder, David (2002): Vertrauen und Reputationseffekte bei Internet-Auktionen. In: Kölner Zeitschrift für Soziologie und Sozialpsychologie (54) Heft 4, S. 674-693.

Dillman, Don A. (1978): Mail and telephone surveys: The total design method. New York: Wiley.

Dillman, Don A. (1983): Mail and other self-administered questionnaires. In: Rossi, Peter H./ Wright, James D./ Anderson, Andy B. (Hrsg.): Handbook of survey research. New York: Academic Press, S. 359-376.

Dillman, Don A. (2000): Mail and internet surveys. The tailored design method. New York: Wiley.

Dillman, Don A./ Brown, T.L./ Carlson, J./ Carpenter, E.H./ Lorenz, F.O./ Robert, M./ John, S./ Sangster, R.L. (1995): Effects of category order on answers to mail and telephone surveys. In: Rural Sociology (60) Heft 4, S. 674-687.

Donsbach, Wolfgang (2001): Who's afraid of election polls? Normative and empirical arguments for freedom of pre- election surveys. Amsterdam: ESOMAR.

Dubben, Hans-Hermann/ Beck-Bornholdt, Hans-Peter (2004): Die Bedeutung der statistischen Signifikanz. In: Diekmann, Andreas (Hrsg.): Methoden der Sozialforschung. Kölner Zeitschrift für Soziologie und Sozialpsychologie, Sonderheft 44, S. 61-74.

Duffield, Christine (1993): The Delphi technique: a comparision of results obtaining using two expert panels. In: International Journal of Nursing Studies (30) Heft 3, S. 227-237.

E

Edwards, Allan L. (1957): The social desirability variable in personality assessment and research. New York: Holt Rinehart & Winston.

Ehlich, Konrad/ Switalla, Bernd (1976): Transkriptionssysteme. Eine exemplarische Übersicht. In: Studium Linguistik (2), S. 78-105.

Ehling, Manfred (2001): Zeitverwendung 2001/2002 – Konzeption und Ablauf der Zeitbudgeterhebung der amtlichen Statistik. In: Ehling, Manfred/ Merz, Joachim u.a. (Hrsg.): Zeitbudget in Deutschland – Erfahrungsberichte der Wissenschaft, Band 17 der Schriftenreihe Spektrum Bundesstatistik. Wiesbaden: Metzler Poeschel, S. 214-239.

Erffmeyer, Robert C./ Erffmeyer, Elizabeth S./ Lane, Irving M. (1986): The Delphi technique: An empirical evaluation of the optimal number of rounds. In: Group and Organization Studies (11) Heft 1-2, S. 120–128.

Ericsson, Anders K./ Simon, Herbert A. (1980): Verbal reports as data. In: Psychological Review (87), S. 215-251.

Ericsson, Anders K./ Simon, Herbert A. (1984): Protocol analysis: Verbal report as data. Cambridge, MA: The MIT Press.

Esser, Hartmut (1986a): Können Befragte Lügen? Zum Konzept des "wahren Wertes" im Rahmen der handlungstheoretischen Erklärung von Situationseinflüssen bei der Befragung. In: Kölner Zeitschrift für Soziologie und Sozialpsychologie (38) Heft 2, S. 314-336.

Esser, Hartmut (1986b): Über die Teilnahme an Befragungen. In: ZUMA-Nachrichten Heft 18, S. 38-47.

F

Faas, Thorsten (2003): Umfragen im Umfeld der Bundestagswahl 2002. Offline und Online im Vergleich. In: ZA-Information Heft 52, S. 120-135.

Faulbaum, Frank/ Deutschmann, Marc/ Kleudgen, Martin (2003): Computerunterstütztes Pretesting von CATI-Fragebögen: Das CAPTIQ-Verfahren. In: ZUMA-Nachrichten Heft 52, S. 20-34.

Faulbaum, Frank/ Prüfer, Peter/ Rexroth, Margit (2009): Was ist eine gute Frage? Die systematische Evaluation der Fragenqualität. Wiesbaden: VS Verlag für Sozialwissenschaften.

Feger, Hubert (1983): Planung und Bewertung von wissenschaftlichen Beobachtungen. In: Feger, Hubert/ Bredenkamp, Jürgen (Hrsg.): Datenerhebung. Enzyklopädie der Psychologie. Band 1. Forschungsmethoden. Göttingen: Hogrefe, S. 1–75.

Fest, Joachim (2003): Was wir aus der Geschichte nicht lernen. Die Verkettung von Vernunft und Verhängnis: Warum Historiker gut daran tun, die biografische Methode stärker zu achten. In: Die ZEIT vom 20. März, S. 38.

Fiedler, Fred E. (1954): Assumed similarity measures as predictors of team effectiveness. In: Journal of Abnormal and Social Psychology (49), S. 381-388.

Fink, Alexander/ Schlake, Oliver/ Siebe, Andreas (2001): Erfolg durch Szenario-Management: Prinzip und Werkzeuge der strategischen Vorausschau. Frankfurt am Main New York: Campus-Verlag.

Finkel, Steven E./ Guterbock, Thomas M./ Borg, Marian J. (1991): Race- of- interviewer effects in a pre-election poll, Virginia 1989. In: Public Opinion Quarterly (55) Heft 2, S. 313-327.

Fischer-Rosenthal, Wolfram (1996): Strukturale Analyse biographischer Texte. In: Brähler, Elmar/ Adler, Corinne (Hrsg.): Quantitative Einzelfallanalysen und qualitative Verfahren. Gießen: Psychosozial-Verlag, S. 147-208.

Florian, Michael (2000): Das Ladenburger „TeleDelphi": Nutzung des Internets für eine Expertenbefragung. In: Häder, Michael/ Häder, Sabine (Hrsg.): Die Delphi-Technik in den Sozialwissenschaften – Methodische Forschungen und innovative Anwendungen. Wiesbaden: Westdeutscher Verlag, S. 195-216.

Fowler, Floyd Jackson Jr. (2001): Why it is easy to write bad questions. In: ZUMA-Nachrichten (25) Heft 48, S. 49-66.

Frankovic, Kathleen A. (2005): Reporting 'The Polls' in 2004. In: Public Opinion Quarterly (69) Heft 5, S. 682-697.

Freedman, Davis/ Pisani, Robert/ Purves, Roger (1978): Statistics. New York: Norton.

French, Robert L./ Mensh, Ivan N. (1948): Some relations between interpersonal judgment and sociometric status in a college group. In: Sociometry, (11) Heft 4, S. 335-345.

Frey, James H./ Kunz, Gerhard/ Lüschen, Günther (1990): Telefonumfragen in der Sozialforschung. Methoden Techniken Befragungspraxis. Opladen: Westdeutscher Verlag.

Freyer, Hans (1928): Theorie des objektiven Geistes. Eine Einleitung in die Kulturphilosophie. Leipzig Berlin: Teubner.

Friebertshäuser, Barbara/ Prengel, Annedore (1996) (Hrsg.): Handbuch Qualitative Forschungsmethoden in der Erziehungswissenschaft. Weinheim München: Juventa Verlag.

Friedrichs, Jürgen (1990): Methoden empirischer Sozialforschung. 14. Auflage. Opladen: Westdeutscher Verlag.

Friedrichs, Jürgen (2000): Effekte des Versands des Fragebogens auf die Antwortqualität bei einer telefonischen Befragung. In: Hüfken, Volker (Hrsg.): Methoden der Telefonumfragen. Wiesbaden: Westdeutscher Verlag, S. 171-182.

Früh, Werner (2001): Inhaltsanalysen. Theorie und Praxis. 5. Auflage. München: Ölschläger.

Fürst, Dietrich/ Schubert, Herbert/ Rudolph, Ansgar/ Spieckermann, Holger (1999): Das Regionale Netzwerk Hannover. Erste Ergebnisse. Hannover.

G

Gabler, Siegfried (1992): Schneeballverfahren und verwandte Stichprobendesigns. In: ZUMA-Nachrichten Heft 31, S. 47-69.

Gabler, Siegfried (1994): Die Ost-West-Gewichtung der Daten der ALLBUS-Baseline-Studie 1991 und des ALLBUS 1992. In: ZUMA-Nachrichten Heft 35, S. 77-81.

Gabler, Siegfried (2004): Gewichtungsprobleme in der Datenanalyse. In: Diekmann, Andreas (Hrsg.): Methoden der Sozialforschung. Kölner Zeitschrift für Soziologie und Sozialpsychologie Sonderheft 44, S. 128-147.

Gabler, Siegfried/ Hoffmeyer-Zlotnik, Jürgen H.P./ Krebs, Dagmar (Hrsg.) (1994): Gewichtung in der Umfragepraxis. Opladen: Westdeutscher Verlag.

Gabler, Siegfried/ Häder, Sabine (1997): Überlegungen zu einem Stichprobendesign für Telefonumfragen in Deutschland. In: ZUMA-Nachrichten Heft 41, S. 7-18.

Gabler, Siegfried /Hoffmeyer-Zlotnik, Jürgen H.P. (1997) (Hrsg.): Stichproben in der Umfragepraxis. Opladen: Westdeutscher Verlag.

Gabler, Siegfried/ Häder, Sabine/ Lahiri, Partha (1999). A model based justification of Kish's formula for design effects for weighting and clustering. In: Survey Methodology (25) Heft 1, S. 105-106.

Gabler, Siegfried/ Häder, Sabine (2000): Über Design-Effekte. In: Mohler; Peter Ph./ Lüttinger, Paul (Hrsg.): Querschnitt. Festschrift für Max Kaase. Mannheim: ZUMA, S. 73-97.

Gabler, Siegfried/ Häder, Sabine (2002) (Hrsg.): Telefonstichproben. Methodische Innovationen und Anwendungen in Deutschland. Münster New York München: Waxmann.

Gabler, Siegfried/ Häder, Sabine (2006): Bericht über das zweite Treffen der Arbeitsgruppe Mobilsample. In: ZUMA-Nachtichten Heft 58, S. 120.

Geißler, Karlheinz A. (1993): Zeit leben. Vom Hasten und Rasten, Arbeiten und Lernen, Leben und Sterben. 5. Auflage. Weinheim Berlin: Beltz.

Gershuny, Jonathan (1990): International comparisons of time budget surveys. Methods and opportunities. In: Schweitzer, Rosemarie von (Hrsg.): Zeitbudgeterhebungen – Ziele, Methoden und neue Konzepte. Forum der Bundesstatistik. Band 13. Stuttgart: Metzler Poeschel, S. 23-53.

Geschka, Horst (1977): Delphi. In: Bruckmann, Gerhart (Hrsg.): Langfristige Prognosen. Möglichkeiten und Methoden der Langfristprognostik komplexer Systeme. Würzburg Wien: Physica-Verlag, S. 27-44.

Ghanbari, S. Azizi (2002): Einführung in die Statistik für Sozial- und Erziehungswissenschaftler. Berlin Heidelberg New York: Springer.

Gigerenzer, Gerd/ Hoffrage, Ullrich/ Kleinbölting, Hans (1991): Probabilistic mental models: A Brunswikian theory of confidence. In: Psychological Review (98) Heft 4, S. 506-528.

Glaser, Barney G./ Strauss, Anselm L. (1967): The discovery of grounded theory. Chicago, Illinois: Aldine Publ.

Glendall, Philip/ Hoek, Janet (1990): A question of wording. In: Marketing Bulletin (1), S. 25-36.

Glück, Gerhard (1971): Methoden der Beobachtung. In: Dohmen, Günther (Hrsg.): Forschungstechnik für die Hochschuldidaktik. München: Beck, S. 57-66.

Goode, William/ Hatt, Paul K. (1962): Die Einzelfallstudie. In: König, René (Hrsg.): Beobachtung und Experiment in der Sozialforschung. Köln: Kiepenheuer & Witsch, S. 299-313.

Gordon, Theodore J./ Helmer, Olaf (1964): Report on a long range forecasting study. Rand Paper P-2982, Santa Monica, Cal.

Götze, Hartmut (1992): Das Stichprobendesign der Empirisch-Methodischen Arbeitsgruppe (EMMAG): Darstellung und Bewertung. In: ZUMA-Nachrichten Heft 30, S. 95-108.

Gouldner, Alvin W. (1960): The norm of reciprocity: A preliminary statement. In: American Sociological Review (25) Heft 2, S. 161-178.

Goyder, John (1985): Face-to-face interviews and mail questionnaires: The net difference in response rate. In: Public Opinion Quarterly (49) Heft 2, S. 243-252.

Goyder, John (1987): The silent minority: Nonrespondents on sample surveys. Cambridge: Polity Press.

Graf, Christine/ Litzenroth, Heinrich (1991): Bringt mehr Werbung mehr Umsatz? Ökonomische Werbewirkungsmessung mit GfK-BehaviorScan. In: Media Perspektiven 11-12/1993 Information Resources Inc. (IRI) (Hrsg.): Brochure describing IRI BehaviorScan. Chicago, Illinois autumn.

Grau, Ina/ Mueller, Ullrich/ Ziegler, Andreas (2000): Die Verzerrung von Erinnerungen durch das Vorwissen der Befragten: Die Rolle impliziter Theorien. In: ZUMA-Nachrichten Heft 47, S. 20-35.

Graumann, Carl F. (1966): Grundzüge der Verhaltensbeobachtung. In: Meyer, Ernst (Hrsg.): Fernsehen in der Lehrerbildung. München: Manz, S. 86-107.

Greenwood, Peter W./ Rydell, C.Peter/ Abrahamse, A.F./ Caulkins, J.P./ Chiesa, J./ Model, Karyn E./ Klein, S.P. (1994): Three strikes and you're out: Estimated benefits and costs of California's new mandatory-sentencing law. Santa Monica, CA: Rand Corporation.

Greenwood, Peter W./ Rydell, C. Peter/ Model, Karyn (1996): Diverting children from a life of crime: Measuring costs and benefits. Santa Monica, CA: Rand Corporation.

Greve, Werner/ Wentura, Dirk (1997): Wissenschaftliche Beobachtung. Eine Einführung. Weinheim: Beltz Psychologie VerlagsUnion.

Gronlund, Norman E. (1955): Sociometric status and sociometric perception. In: Sociometry (18) Heft 2, S. 122-128.

Gross, Irene (1996): Tagesablauf 1981 und 1992. Ergebnisse des Mikrozensus. In: Statistische Nachrichten (51) Heft 2, S. 93-103.

Grossman, Beverly/ Wrighter, Joyce (1948): The relationship between selection-rejection and intelligence, social status, and personality among 6th grade children. In: Sociometry (11) Heft 4, S. 346-355.

Groves, Robert M./ Fultz, Nancy H. (1985): Gender effects among telephone interviewers in a survey of economic attitudes. In: Sociological Methods & Research (14) Heft 1, S. 31-52.

Groves, Robert M./ Couper, Mick P. (1998): Nonresponse in household interview surveys. New York Chichester Weinheim: Wiley.

Groves, Robert M./ Cialdini, Robert B./ Couper, Mick P. (1992): Understanding the decision to participate in a survey. In: Public Opinion Quarterly (56) Heft 4, S. 475-495.

Groves, Robert M./ Fowler, Floyd J.Jr./ Couper, Mick P./ Lepkowski, James M./ Singer, Eleanor/ Tourangeau, Roger (2004): Survey Methodology. New Jersey: Wiley Hoboken.

Grunert, K.G. (1981): Informationseffizienz und Möglichkeiten ihrer Verbesserung auf dem Automobilmarkt, unveröffentlichtes Arbeitspapier, zitiert nach Mohler/Frehsen (1989).

Grupp, Hariolf (1995): Der Delphi-Report: Innovationen für unsere Zukunft. Stuttgart: Deutsche Verlagsanstalt.

Guttman, Louis (1944): A basic for scaling qualitative data. In: American Sociological Review (9), S. 139-150.

Guttman, Louis (1947): The Cornell technique for scale and intensity analysis. In: Educational and Psychological Measurement (7) Heft 2, S. 247-279.

H

Häder, Michael (1998): Wird die DDR im Rückblick immer attraktiver? Zur retrospektiven Bewertung der Zufriedenheit. In: Häder, Michael/ Häder, Sabine (Hrsg.): Sozialer Wandel in Ostdeutschland. Theoretische und methodische Beiträge zur Analyse der Situation seit 1990. Opladen: Westdeutscher Verlag, S. 7-38.

Häder, Michael (2000): Mobilfunk verdrängt Festnetz. Übersicht zu den Ergebnissen einer Delphi-Studie zur Zukunft des Mobilfunks. ZUMA-Arbeitsbericht 2000/05, Mannheim: ZUMA.

Häder, Michael (2002): Delphi-Befragungen. Ein Arbeitsbuch. Wiesbaden: Westdeutscher Verlag.

Häder, Michael (2008a): Die Delphi-Methode. In: Bröchler, Stephan/ Schützeichel, Rainer (Hrsg.): Politikberatung. Stuttgart: Lucius & Lucius, S.33-46.

Häder, Michael (2008b): The use of scales. In: Donsbach, Wolfgang/ Traugott, Michael W. (Hrsg.): Handbook of public opinion research. Sage Publishing: Los Angeles, London, New Delhi, Singapore.

Häder, Michael/ Häder, Sabine (1995a): Turbulenzen im Transformationsprozess. Die individuelle Bewältigung des sozialen Wandels in Ostdeutschland 1990 – 1992. Opladen: Westdeutscher Verlag.

Häder, Michael/ Häder, Sabine (1995b): Delphi und Kognitionspsychologie. Ein Zugang zur theoretischen Fundierung der Delphi-Methode. In: ZUMA-Nachrichten Heft 37, S. 8-34.

Häder, Michael/ Häder, Sabine/ Hollerbach, Kerstin (1996): Methodenbericht zur Untersuchung "Leben Ostdeutschland 1996", ZUMA-Arbeitsbericht 1996/06. Mannheim: ZUMA.

Häder, Michael/ Häder, Sabine (1997): Adressvorlaufverfahren: Möglichkeiten und Grenzen. Eine Untersuchung am Beispiel der Erhebung Leben Ostdeutschland. In: Gabler, Siegfried/ Hoffmeyer-Zlotnik, Jürgen H.P. (Hrsg.): Stichproben in der Umfragepraxis. Opladen: Westdeutscher Verlag, S. 33-42.

Häder, Michael/ Häder, Sabine (1998) (Hrsg.): Sozialer Wandel in Ostdeutschland. Theoretische und methodische Beiträge zur Analyse der Situation seit 1990. Opladen: Westdeutscher Verlag.

Häder, Michael/ Klein, Sabine (2002): Wie wenig das Recht unser Verhalten regelt. In: ZUMA-Nachrichten Heft 50, S. 86-113.

Häder, Michael/ Häder, Sabine (2009) (Hrsg.): Telefonbefragungen über das Mobilfunknetz. Konzept, Design und Umsetzung einer Strategie zur Datenerhebung. Wiesbaden: VS Verlag für Sozialwissenschaften.

Häder, Michael/ Kretzschmar, Gerald (2005a): Mit welcher Zukunft darf die Dresdner Frauenkirche rechnen? In: Pastoral-Theologie Monatszeitschrift für Wissenschaft und Praxis in Kirche und Gesellschaft (94) Heft 9, S. 330-340.

Häder, Michael/ Kretzschmar, Gerald (2005b): Die ‚Religion' der Dresdner Frauenkirche. Empirische Befunde zur Bindung an ein schillerndes Phänomen. In: International Journal of Practical Theology (9), S. 4-24.

Häder, Michael/ Kühne, Mike (2009): Die Prägung des Antwortverhaltens durch die soziale Erwünschtheit. In: Häder, Michael/ Häder, Sabine (Hrsg.): Telefonbefragungen über das Mobilfunknetz. Konzept, Design und Umsetzung einer Strategie zur Datenerhebung. Wiesbaden: VS Verlag für Sozialwissenschaften, S. 175-186.

Häder, Sabine/ Gabler, Siegfried (2003): Sampling and estimation. In: Harkness, Janet/ van de Vijver, Fonds/ Mohler, Peter Ph. (Hrsg.): Cross cultural survey methods. New Jersey: Wiley Hoboken, S. 117-134.

Häder, Sabine/ Gabler, Siegfried/ Laaksonen, Seppo/ Lynn, Peter (2003): The sample. In: ESS 2002/2003: Technical Report, Kapitel 2, unter: http://www.europeansocialsurvey.com.

Häder, Sabine/ Glemser, Axel (2004): Stichprobenziehung für Telefonumfragen in Deutschland. In: Diekmann, Andreas (Hrsg.): Methoden der Sozialforschung. Kölner Zeitschrift für Soziologie und Sozialpsychologie Sonderheft 44, S. 148-171.

Häder, Sabine/ Gabler, Siegfried/ Heckel, Christiane (2009): Stichprobenziehung, Gewichtung und Realisierung. In: Häder, Michael/ Häder, Sabine (Hrsg.): Telefonbefragungen über das Mobilfunknetz. Konzept, Design und Umsetzung einer Strategie zur Datenerhebung. Wiesbaden: VS Verlag für Sozialwissenschaften, S. 21-49.

Halfmann, Jost (2001): Bad dreams. Technische Dyspotien von Ingenieuren. In: Wissenschaftliche Zeitschrift der Technischen Universität Dresden, 5-6, S. 78-82.

Hallworth, H.J. (1953): Sociometric relationships among grammar school boys and girls between the age of eleven and sixteen. In: Sociometry (16) Heft 1, S. 39-70.

Hartmann, Petra (1995): Response behavior in interview settings of limited privacy. In: International Journal of Public Opinion Research (8) Heft 4, S. 383-390.

Hartmann, Peter/ Schimpl-Neimanns, Bernhard (1992): Sind Sozialstrukturanalysen mit Umfragedaten möglich? Analysen zur Repräsentativität einer Sozialforschungsumfrage. In: Kölner Zeitschrift für Soziologie und Sozialpsychologie (44) Heft 2, S. 315-340.

Hasse, Jürgen (1999): Bildstörung: Windenergien und Landschaftsästhetik. Wahrnehmungsgeographische Studien zur Regionalentwicklung. In: Krüger, Rainer (Hrsg.): Bibliotheks- und Informationssystem der Universität Oldenburg: Oldenburg.

Hastie, Reid (1981): Schematic principles in human memory. In: Higgins, Edward Tory/ Herman, C. Peter/ Zanna, Mark P. (Hrsg.): Social cognition: The Ontario symposium. Hillsdale, NJ: Erlbaum, S. 39-88.

Hastie, Reid/ Park, Bernadette (1986): The relationship between memory and judgement depends on whether the judgement task is memory-based or online. In: Psychological Review (93) Heft 3, S. 258-268.

Haugg, Kornelia (1990): Die bisherige Erfassung des Zeitbudgets von Personen und Familien – Zielsetzungen und ausgewählte Forschungsergebnisse. In: Schweitzer, Rosemarie von/ Ehling, Manfred/ Schäfer, Dieter (Hrsg.): Zeitbudgeterhebungen – Ziele, Methoden und neue Konzepte. Band 13 der Schriftenreihe der Bundesstatistik. Stuttgart: Metzler-Poeschel, S. 76-87.

Haupert, Bernhard (1994): Objektiv-hermeneutische Fotoanalyse am Beispiel von Soldatenfotos aus dem Zweiten Weltkrieg. In: Garz, Detlef/ Kraimer, Klaus (Hrsg.): Die Welt als Text. Frankfurt a. M.: Suhrkamp, S. 281-314.

Haupert, Bernhard/ Schäfer, Franz .J. (1991): Jugend zwischen Kreuz und Hakenkreuz. Biografische Rekonstruktionen als Allgemeingeschichte des Faschismus. Frankfurt a. M.: Suhrkamp.

Heberlein, Thomas A./ Baumgartner, Robert (1978): Factors affecting response rates to mailed questionnaires: A quantitative analysis of the published literature. In: American Sociological Review (43) heft 4, S. 447-462.

Heckel, Christiane (2002): Erstellung der ADM-Telefonauswahlgrundlage. In: Gabler, Siegfried/ Häder, Sabine (2002) (Hrsg.): Telefonstichproben. Methodische Innovationen und Anwendungen in Deutschland. Münster New York München: Waxmann, S. 11-31.

Heckel, Christiane (2003): Online gewonnene Stichproben – Möglichkeiten und Grenzen. In: ADM Arbeitskreis Deutscher Markt- und Sozialforschungsinstitute e.V., Arbeitsgemeinschaft Sozialwissenschaftlicher Institute e.V. (ASI) und Statistisches Bundesamt, Wiesbaden (Hrsg.): Online-Erhebungen 5. Wissenschaftliche Tagung. Sozialwissenschaftlicher Tagungsband 7. Bonn, S. 83-94.

Hempel, Carl Gustav (1952): Fundamentals of concept formation in empirical science. International Encyclopaedia of United Science II, No. 7. Chicago: University pf Chicago Press.

Hempel, Carl Gustav/ Oppenheim, Paul (1948): Studies in the logic of explanation. In: Philosophy of Science (15) Heft 2, S. 135-175.

Henry-Huthmacher, Christine/ von Wilamowitz-Moellendorff, Ulrich (2005): Deutschland im Umbruch. Delphi-Studie 2004/2005. Befragung ausgewählter Expertinnen und Experten über die Zukunft Deutschlands. Bonn: Konrad Adenauer Stiftung.

Henken, V.J. (1976): Banality reinvestigated – Computer content analysis of suicidal and forced death documents. In: Suicide And life-threatening Behavior (6) Heft 1, S. 36-43.

Hertkorn, Georg/ Hertfelder, Claudia/ Wagner, Peter (2001): Klassifikation von Zeitverwendungstagebüchern. In: Ehling, Manfred/ Merz, Joachim u.a. (Hrsg.): Zeitbudget in Deutschland – Erfahrungsberichte der Wissenschaft. Band 17 der Schriftenreihe Spektrum Bundesstatistik, Wiesbaden: Metzler Poeschel, S. 78-90.

von der Heyde, Christian (2002): Das ADM-Telefonstichproben-Modell. In: Gabler, Siegfried/ Häder, Sabine (Hrsg.): Telefonstichproben. Methodische Innovationen und Anwendungen in Deutschland. Münster New York München: Waxmann, S. 32-45.

Higgins, E.T./ Rholes, W.S./ Jones, C.R. (1977): Category accessibility and impression formation. In: Journal of Experimental Social Psychology (13) Heft 2, S. 141-154.

Hippler, Hans-Jürgen (1985): Schriftliche Umfragen bei repräsentativen Bevölkerungsstichproben oder: Wie erreicht man 78%? In: Kaase, Max/ Küchler, Manfred (Hrsg.): Herausforderungen der empirischen Sozialforschung. Mannheim: ZUMA, S. 71-74.

Hippler, Hans-Jürgen (1988): Methodische Aspekte schriftlicher Befragungen: Probleme und Forschungsperspektiven. In: planung & analyse (6) Heft 6, S. 244-248.

Hippler, Hans-Jürgen/ Seidel, Kristiane (1985): Schriftliche Befragung bei allgemeinen Bevölkerungsstichproben - Untersuchungen zur Dillmanschen „Total Design Method". In: ZUMA-Nachrichten Heft 16, S. 39-56.

Hippler, Hans-Jürgen/ Schwarz, Norbert (1986): Not forbidding isn't allowing: the cognitive basis of the forbid – allow asymmetry. In: Public Opinion Quarterly (50) Heft 1, S. 87-96.

Hoffmann-Riem, Christa (1980): Die Sozialforschung einer interpretativen Soziologie. Der Datengewinn. In: Kölner Zeitschrift für Soziologie und Sozialpsychologie (32) Heft 2, S. 339-372.

Hoffmeyer-Zlotnik, Jürgen H.P. (1997): Random Route-Stichproben nach ADM. In: Gabler, Siegfried/ Hoffmeyer-Zlotnik, Jürgen H.P. (Hrsg.): Stichproben in der Umfragepraxis. Westdeutscher Verlag: Opladen, S. 33-42.

Hoffmeyer-Zlotnik, Jürgen H.P./ Hess, Doris/ Geis, Alfons J. (2006): Computergestützte Vercodung der International Standard Classification of Occupation (ISCO-88). Vorstellen eines Instrumentes. In: ZUMA-Nachrichten Heft 58, S. 101-113.

Holland, James G./ Skinner, Burrhus F. (1971): Analyse des Verhaltens. München Berlin: Urban & Schwarzenberg.

Holleman, Bregje (2000): The forbid/allow asymmetrie. On the cognitive mechanism underlying wording effects in surveys. Amsterdam Atlanta: Radopi.

Hollerbach, Kerstin (1998): Ranking oder Rating? Die Wahl der Skala in der Werteforschung. In: Häder, Michael/ Häder, Sabine (Hrsg.): Sozialer Wandel in Ostdeutschland. Theoretische und methodische Beiträge zur Analyse der Situation seit 1990. Opladen: Westdeutscher Verlag, S. 221-255.

Holm, Kurt (1974): Theorie der Frage. In: Kölner Zeitschrift für Soziologie und Sozialpsychologie (26) Heft 1, S. 91-114.

Holz, Erlend (2000): Zeitverwendung in Deutschland – Beruf, Familie, Freizeit. Band 13 der Schriftenreihe Spektrum Bundesstatistk. Wiesbaden: Metzler-Poeschel.

Hopf, Christel (1993): Soziologie und qualitative Forschung. In: Hopf, Christel/ Weingarten, Elmar (Hrsg.): Qualitative Sozialforschung. Stuttgart: Klett-Cotta, S. 11-37.

Hoppe, Michael (2000): Aufbau und Organisation eines Access-Panels. In: Neue Erhebungsinstrumente und Methodeneffekte. Band 15 der Schriftenreihe Spektrum Bundesstatistik, hrsg. vom Statistischen Bundesamt. Wiesbaden: Metzler Pöschel, S. 145-165.

Hox, Joop J./ de Leeuw, Edith D./ Vorst, H. (1996): A reasoned action explanation for survey nonresponse. In: Laaksonen; Seppo (Hrsg.): International perspectives on nonresponse. Helsinki: Statistics Finland, S. 101-110.

Huber, Günter L. (2001): Computergestützte Auswertung qualitativer Daten. In: Flick, Uwe/ Kardorff, Ernst v./ Keupp, Heiner/ Rosenstiel, Lutz v./ Wolff, Stephan

(Hrsg.): Handbuch Qualitative Forschung. Grundlagen, Konzepte, Methoden und Anwendungen. Weinheim: Beltz, S. 243-248.

Hüfken, Volker (2000): Kontaktierung bei Telefonumfragen. Auswirkungen auf das Kooperations- und Antwortverhalten. In: Hüfken, Volker (Hrsg.): Methoden in Telefonumfragen. Wiesbaden: Westdeutscher Verlag, S. 11-31.

Hüfken, Volker/ Schäfer, A. (2003): Zum Einfluss stimmlicher Merkmale und Überzeugungsstrategien des Interviewers auf die Teilnahme in Telefonumfragen. In: Kölner Zeitschrift für Soziologie und Sozialpsychologie (55) Heft 2, S. 321-339.

I

Information Resources Inc. (IRI) (1991) (Hrsg.): How advertising works: analyses of 400 Behaviorscan cases. Chicago, Ill.

Inglehart, Ronald (1977): The silent revolution: Changing values and political styles among western publics. Princeton, N.Y.: University Press.

Irwing, John/ Austin, James (1997): It's about time: America's imprisonment binge. Belmont, CA: Wadsworth.

J

Jacob, Rüdiger/ Eirmbter, Willy H. (2000): Allgemeine Bevölkerungsumfragen. München: Oldenbourg.

Jahoda, Marie/ Lazarsfeld, Paul/ Zeisel, Hans (1960): Die Arbeitslosen von Marienthal. Allensbach Bonn: Verlag für Demoskopie.

Jansen, Dorothea (2003): Einführung in die Netzwerkanalyse. Grundlagen, Methoden, Forschungsbeispiele. Opladen: Leske + Budrich.

Janssen, H. (1976): Die Notierung von geschätzten Gleichgewichtspreisen – Ein Beitrag zur Preisstabilisierung auf dem Obstmarkt. Schr. Ges. Wi. So. Landbau., Bd. 13. München Bern Wien: BLV-Verlag, S. 379–392.

Jenkel, Dorett/ Lippert, Susanne (1998): Politische Proteste in Leipzig von 1990 bis 1996. Befragungen und Dokumentenanalysen im Vergleich. In: Häder, Michael/ Häder, Sabine (Hrsg.): Sozialer Wandel in Ostdeutschland. Theoretische und methodische Beiträge zur Analyse der Situation seit 1990. Opladen: Westdeutscher Verlag, S. 256-285.

Jobe, J.B./ Herrmann, D.J. (1996): Implications of models of survey cognition for memory theory. In: Herrmann, Douglas J./ Johnson, M./ Herzog, Christopher/ Hertel, Paula (Hrsg.): Basic and applied memory research. Band 2. Practical applications. Hillsdale, NJ: Erlbaum, S. 193-205.

Jones, James H. (1981): Bad blood: The Tuskegee syphilis experiments. New York: Free Press.

Jöreskog, Karl G./ Sorbom, Dag/ du Toit, Stephen/ du Toit, Mathilda (2001): LISREL 8. Lincolnwood, Ill.: SSI Scientific Software Internat.

Juster, Thomas F. (1985): Conceptual and methodological issues involved in the measurement of time use. In: Juster, Thomas F./ Stafford, Frank P. (Hrsg.): Time, goods and well being. Survey Research Center Ann Arbor Michigan, S. 19-31.

Jütte, Wolfgang (2002): Soziales Netzwerk Weiterbildung: Analyse lokaler Institutionslandschaften. Bielefeld: Bertelsmann.

K

Kaase, Max (1986) unter Mitwirkung von Robert Schweizer und Erwin K. Scheuch: Stellungnahme zum Entwurf eines Gesetzes zur Änderung des Bundesdatenschutzgesetzes. In: ZUMA-Nachrichten Heft 18, S. 3-20.

Kaase, Max (1999) (Hrsg.): Qualitätskriterien der Umfrageforschung: Denkschrift. Berlin: Akademie-Verlag.

Kalton, Graham (1983): Compensating for missing survey data. Research Report Series, University of Michigan.

Kane, Emily W./ Macaulay, Laura J. (1993): Interviewer gender and gender attitudes. In: Public Opinion Quarterly (57) Heft 1, S. 1-28.

Kaynak, Erdener/ Bloom, Jonathan/ Leibold, Marius (1994): Using the Delphi technique to predict future tourism potential. In: Marketing Intelligence & Planning (12) Heft 7, S. 18-29.

Kelle, Udo/ Kluge, Susann (1999): Vom Einzelfall zum Typus. Fallvergleich und Fallrekonstruktion in der qualitativen Sozialforschung. Opladen: Leske + Budrich.

Kiesler, Sara/ Sproull, Lee S. (1986): Response effects in the electronic survey. In: Public Opinion Quarterly (50) Heft 3, S. 402-413.

Kinsey, Alfred C./ Pomeroy, Wardell B./ Martin, Clyde E. (1948): Sexual behavior in the human male. Philadelphia: Saunders.

Kirsch, Anke (2000): Delphi via Internet: Eine Expertenbefragung zu Trauma und Trauma(re)konstruktion. In: Häder, Michael/ Häder, Sabine (Hrsg.): Die Delphi-Technik in den Sozialwissenschaften – Methodische Forschungen und innovative Anwendungen. Opladen: Westdeutscher Verlag, S. 217- 234.

Kish, Leslie (1965): Survey Sampling. New York: Wiley.

Kish, Leslie (1988): A taxonomy of elusive populations. In: American Statistical Association. Proceedings of the section on Survey Research Methods, S. 44-46.

Kish, Leslie (1994): Multipopulation survey designs: Five types with seven shared aspects. In: International Statistical Review (62) Heft 2, S. 167-186.

Klein, Sabine/ Porst, Rolf (2000): Mail-Survey. Ein Literaturbericht. ZUMA-Technischer Bericht 10/2000, Mannheim.

Kleine-Brockhoff, Thomas: (2003): Der verwundete Krieger. In: Die ZEIT vom 11. September, S. 14ff.

Klemperer, Viktor (1968): LTI Notizbuch eines Philologen. Leipzig: Reclam.

Koch, Achim (1995): Gefälschte Interviews: Ergebnisse der Interviewerkontrolle beim ALLBUS 1994. In: ZUMA-Nachrichten Heft 36, S. 89-105.

Koch, Achim (1997): ADM-Design und Einwohnermelderegister-Stichprobe. Stichprobenverfahren bei mündlichen Bevölkerungsumfragen. In: Gabler, Siegfried/ Hoffmeyer-Zlotnik, Jürgen H.P. (1997) (Hrsg.): Stichproben in der Umfragepraxis. Westdeutscher Verlag: Opladen, S. 99-116.

Koch, Achim (2002): 20 Jahre Feldarbeit im ALLBUS: Ein Blick in die Blackbox. In: ZUMA-Nachrichten Heft 51, S. 9-37.

Koch, Achim/ Porst, Rolf (1998) (Hrsg.): Nonresponse in Survey Research. ZUMA-Nachrichten Spezial Band 4, Mannheim.

Koch, Achim/ Wasmer, Martina/ Harkness, Janet/ Scholz, Evi (2001): Konzeption und Durchführung der „Allgemeinen Bevölkerungsumfrage der Sozialwissenschaft“ (ALLBUS) 2000. ZUMA-Methodenbericht 2001/05. Mannheim: ZUMA.

Koch, Achim/ Wasmer, Martina (2004): Der ALLBUS als Instrument zur Untersuchung sozialen Wandels: Eine Zwischenbilanz nach 20 Jahren. In: Schmitt-Beck, Rüdiger/ Wasmer, Martina/ Koch, Achim (Hrsg.): Sozialer und politischer Wandel in Deutschland. Analysen mit ALLBUS-Daten aus zwei Jahrzehnten. Blickpunkt Gesellschaft, Band 7. Wiesbaden: VS Verlag für Sozialwissenschaften, S. 13-41,

Köhler, Gabriele (1992): Methodik und Problematik einer mehrstufigen Expertenbefragung. In: Hoffmeyer-Zlotnik, Jürgen H.P. (Hrsg.): Analyse verbaler Daten. Über den Umgang mit qualitativen Daten. Opladen: Westdeutscher Verlag, S. 318-332.

König, René (1957) (Hrsg.) unter Mitarbeit von Dietrich Rüschemeyer: Das Interview. Formen, Technik, Auswertung. 2., völlig umgearbeitete, verbesserte und erweiterte Auflage. Köln: Verlag für Politik und Wirtschaft.

König, René (1973): Die Beobachtung. In: König, René (Hrsg.): Handbuch der empirischen Sozialforschung. Band 2 Grundlegende Methoden und Techniken der empirischen Sozialforschung. Erster Teil. Stuttgart: Ferdinand Enke, S. 1-65.

König, René (1967): Handbuch der empirischen Sozialforschung. Band I. Stuttgart: Ferdinand Enke.

König, René (1969): Handbuch der empirischen Sozialforschung. Band II. Stuttgart: Ferdinand Enke.

Koolwijek, Jürgen von (1974): Das Quotenverfahren. Paradigma sozialwissenschaftlicher Auswahlpraxis. In: Koolwijk, Jürgen von/ Wieken-Mayser, Maria. (Hrsg.): Techniken der empirischen Sozialforschung. Band 6. München: Oldenbourg, S. 81-99.

Kops, Manfred (1984): Eine inhaltsanalytische Bestimmung von Persönlichkeitsbildern in Heiratsanzeigen. In: Klingemann, Hans-Dieter (Hrsg.): Computerunterstütze Inhaltsanalyse in der empirischen Sozialforschung. Frankfurt am Main: Campus, S. 54-97.

Kramer, Caroline (2001) (Hrsg.): FREI-Räume und FREI-Zeiten: Raumnutzung und Zeit-Verwendung im Geschlechterverhältnis. Baden-Baden: Nomos Verlagsgesellschaft.

Krausch, Stefanie (2005): Interviewerverzerrungen: Effekte auf die Antworten in Telefonbefragungen unter besonderer Berücksichtigung der Einstellung des Interviewers. Diplomarbeit. Institut für Soziologie. Technische Universität Dresden.

Krebs, Dagmar (1991): Was ist sozial erwünscht? Der Grad sozialer Erwünschtheit von Einstellungsitems. ZUMA-Arbeitsbericht Nr. 1991/18, Mannheim: ZUMA.

Kretzschmar, Gerald (2001): Distanzierte Kirchlichkeit. Eine Analyse ihrer Wahrnehmung. Neukirchen-Vluyn: Neukirchener.

Krieg, Sabine (2004): Wohnungslose in Dresden: Biographische Verläufe, Alltagsorganisation, Soziale Hilfssysteme. Diplomarbeit. Institut für Soziologie. Technische Universität Dresden.

Kromrey, Helmut (1998/2002): Empirische Sozialforschung. Modelle und Methoden der standardisierten Datenerhebung und Datenauswertung. Opladen: Leske + Budrich.

Krosnick, Jon A. (1991): Response strategies for coping with the cognitive demands of attitude measures in surveys. In: Applied Cognitive Psychology (5) Heft 3, S. 213-236.

Krosnick, Jon A. (1999): Survey research. In: Annual Review of Psychology (50), S. 537-567.

Krosnick, Jon A./ Alwin, Duane F. (1987): An evaluation of a cognitive theory of response-order effects in survey measurement. In: Public Opinion Quarterly (51) Heft 2, S. 201-219.

Krysan, Maria/ Schuman, Howard/ Scott, Lesli Jo/ Beatty, Paul (1994): Response rates and response content in mail versus face-to-face surveys. In: Public Opinion Quarterly (58) Heft 3, S. 381-399.

Kuckartz, Udo (2005): Einführung in die computergestützte Analyse qualitativer Daten. Wiesbaden: VS Verlag für Sozialwissenschaften.

Kühne, Mike/ Häder, Michael (2009): Das Kriterium Antwortlatenzzeiten. In: Häder, Michael/ Häder, Sabine (Hrsg.): Telefonbefragungen über das Mobilfunknetz. Konzept, Design und Umsetzung einer Strategie zur Datenerhebung. Wiesbaden: VS Verlag für Sozialwissenschaften. S. 185-190.

Kühnel, Steffen-M./ Krebs, Dagmar (2001): Statistik für die Sozialwissenschaften. Grundlagen Methoden Anwendungen. Reinbeck: rowolths enzyzklopädie.

L

Lamminger, Thomas/ Zander Frank E. (2002): Access-Panel als Grundlage für Online-Erhebungen. In: ADM Arbeitskreis Deutscher Markt- und Sozialforschungsinstitute e.V., Arbeitsgemeinschaft Sozialwissenschaftlicher Institute e.V. (ASI) und Statistisches Bundesamt, Wiesbaden (Hrsg.): Online-Erhebungen 5. Wissenschaftliche Tagung. Sozialwissenschaftlicher Tagungsband 7. Bonn, S. 95-108.

Lamnek, Siegfried (1995): Qualitative Sozialforschung. Band 2. Methoden und Techniken. Weinheim: Beltz Psychologie Verlags Union.

Lamnek, Siegfried (1998): Gruppendiskussion. Theorie und Praxis. Weinheim: Beltz Psychologie Verlags Union.

de Leeuw, Edith D. (1992): Data quality in mail, telephone and face to face surveys. Amsterdam: Univ. Diss.

de Leeuw, Edith D. (1999) (Hrsg.): Journal of Official Statistics. Special Issue on Survey Nonresponse. Band 15. Statistics Sweden.

Legewie, Heiner (1994): Globalauswetung von Dokumenten. In: Boehm, Andreas/ Mengel, Andreas/ Muhr, Thomas (Hrsg.): Texte verstehen. Konzepte, Methoden, Werkzeuge. Konstanz: Universitätsverlag, S. 177-182.

Lemann, Thomas B./ Solomon, Richard L. (1952): Group characteristics as revealed in socio-metric patterns and personality ratings. In: Sociometry (15) Heft 1, S. 7-90.

Levi-Strauss, Claude (1967): Strukturale Anthropologie. Frankfurt am Main: Suhrkamp.

Levin, H.M./ Glass, G.V./ Meister, G.R. (1986): Different approaches to improving performance at school: A cost-effectiveness comparisation. In: Zeitschrift für internationale erziehungs- und sozialwissenschaftliche Forschung (3) Heft 2, S. 155-176.

Lewin, Kurt/ Lippitt, Ronald (1938): An experimental approach to the study of autocracy and democracy. In: Sociometry (1) Heft 3, S. 292-300.

Lewis, Oscar (1953): Controls and experiments in field work. In: Kroeber, Alfred L. et al. (Hrsg.): Anthropology today: An encyclopedic inventory. Chicago: University of Chicago Press, S. 452-75.

Lienert, Gustav (1969): Testaufbau und Testanalyse. Weinheim: Beltz.

Likert, Rensis (1932): A technique for the measuremen of attitudes. In: Archives of Psychology to the Study of Functional Groups, No. 140. New York, S. 1-55.

Lindeman, Eduard C. (1924): Social discovery: An approach. New York: Republ. Publ. Co.

Linsky, Arnold S. (1975): Stimulating responses to mailed questionnaires: A review. In: Public Opinion Quarterly (39) Heft 1, S. 82-101.

Linstone, Harold A./ Turoff, Murray (1975) (Hrsg.): The Delphi method: Techniques and applications. London: Reading, Mass: Addison-Wesley Company.

Lockhart, Daniel C. (1986): Mailed questionnaire returning behaviour: A comparison of Triandis' and Fishbein's theories of the predictors. Dissertation Abstracts International (47) Heft 7, University Microfilms No. AAC 8622995.

Longmore, Wilson T. (1948): A matrix approache to the analysis of rank and status in a community in Peru. In: Sociometry (11) Heft 3, S. 192-206.

Loosveldt, Geert (1997): Interaction characteristics in some question wording experiments. In: Bulletin de Méthodologie Sociologique (BMS) (56), S. 20-31.

Lüttinger, Paul (1999) (Hrsg.): Sozialstrukturanalysen mit dem Mikrozensus. ZUMA-Nachrichten Spezial Band 6.

Lundberg, George A./ Steele, Mary (1937): Social attraction patterns in a rural village. In: Sociometry (1) Heft 1, S. 77-80.

Lunsford, Andrea A./ Ruszkiewicz, John J. (2000): The presence of others. Boston New York: Bedfort St. Martin's.

M

Magidson, Jay (1994): SPSS for Windows CHAID-Release 6.0. Chicago: SPSS inc.

Maisonneuve, Jean (1952): Selective choices and propinquity. In: Sociometry (15) Heft 2, S. 135-140.

Mangold, Werner (1960, 3. Auflage 1973): Gegenstand und Methode des Gruppendiskussionsverfahrens. In: König, René (Hrsg.): Handbuch der empirischen Sozialforschung. Band 2: Grundlegende Methoden und Techniken der empirischen Sozialforschung. Erster Teil. Stuttgart: Enke, S. 228-259.

Manns, Marianne/ Schultze, Jona/ Herrmann, Claudia/ Westmayer, Hans (1987): Beobachtungsverfahren in der Verhaltensdiagnostik. Eine systematische Darstellung ausgewählter Beobachtungsverfahren. Salzburg: Müller.

Marlowe, Douglas P./ Crowne, David (1960): A new scale of social desirability independent of psychopathology. In: Journal of Consulting Psychology (24) Heft 4, S. 349-354.

Marscher, Konstantin (2004): Partnerpräferenzen in homosexuellen Beziehungen. Eine Inhaltsanalyse von Kontaktanzeigen. Diplomarbeit. Institut für Soziologie. Technische Universität Dresden.

Marx, Karl (1971): Zur Kritik der politischen Ökonomie. In: Marx, Karl/ Engels, Friedrich Werke. Band 13. Berlin: Dietz, S. 7-160.

Mayer, Karl Ulrich/ Schmidt, Peter (1984): Allgemeine Bevölkerungsumfrage der Sozialwissenschaften – Beiträge zu methodischen Problemen des ALLBUS 1980. ZUMA-Monografien Sozialwissenschaftliche Methoden. Frankfurt/New York: Campus.

Mayring, Philipp (1989): Qualitative Inhaltsanalyse. In: Jüttemann, Gerd (Hrsg.): Qualitative Forschung in der Psychologie. Heidelberg: Asanger, S. 187-211.

Mayring, Philipp (1993): Qualitative Inhaltsanalyse. Grundlagen und Techniken. 4. Auflage. Weinheim: Deutscher Studienverlag.

Mayring, Philipp (2001): Qualitative Inhaltsanalyse. In: Flick, Uwe/ Kardorff, Ernst v./ Keupp, Heiner/ Rosenstiel, Lutz v./ Wolff, Stephan (Hrsg.): Handbuch Qualitative

Forschung. Grundlagen, Konzepte, Methoden und Anwendungen. Weinheim: Beltz, S. 209-213.

Mees, Ulrich/ Selg, Herbert (1977): Verhaltensbeobachtung und Verhaltensmodifikation. Stuttgart: Klett.

Meier, Gerd/ Schneid, Michael/ Stegemann, Yvonne/ Stiegler, Angelika (2005): Steigerung der Ausschöpfungsquote von Telefonumfragen durch geschickte Einleitungstexte. In: ZUMA-Nachrichten Heft 57, S. 37-55.

Merten, Klaus (1995): Inhaltsanalyse. Einführung in die Theorie, Methode und Praxis. Opladen: Westdeutscher Verlag.

Merton, Robert K. (1957): The self-fulfilling prophecy. In: Merton, Robert K.: Social theory and social structur. Glencoe, Ill.: Free Press.

Merton, Robert K. (1987): The focussed interview and focus groups. In: Public Opinion Quarterly (51) Heft 4, S. 550-566.

Merton, Robert K./ Kendall, Patricia L. (1979/1993): Das fokussierte Interview. In: Hopf, Christel/ Weingarten, Elmar (Hrsg.): Qualitative Sozialforschung. Stuttgart: Klett-Cotta, S. 171-204.

van Meter, Karl M. (1990): Methodological and design issues: Techniques for assessing the representatives of snowball sampling. The collection and interpretation of data from hidden population. NIDA Research Monograph, Nummer 98, Rockville.

Metschke, Rainer/ Wellbrock, Rita (2002): Datenschutz in Wissenschaft und Forschung. Im Internet zugänglich über: www.datenschutz-berlin.de/attachments/47/ Materialien28 .pdf?1166527077 aufgerufen am 21.04.2009

Mettler, Peter H./ Baumgartner, Thomas (1997): Partizipation als Entscheidungshilfe. PARDIZIPP – ein Verfahren der (Langfrist-)Planung und Zukunftsforschung. Opladen: Westdeutscher Verlag.

Meyer, Simone/ Weggemann, Sigrid (2001): Mahlzeitmusteranalyse anhand der Daten der Zeitbudgeterhebung 1991/92. In: Ehling, Manfred/ Merz, Joachim u.a. (Hrsg.): Zeitbudget in Deutschland – Erfahrungsberichte der Wissenschaft. Band 17 der Schriftenreihe Spektrum Bundesstatistik. Wiesbaden: Metzler Poeschel, S. 188-201.

Mietzner, Ulrike/ Pilarczyk, Ulrike (2003): Methoden der Fotografieanalyse. In: Ehrenspeck, Yvonne/ Schäffer, Burkhard (Hrsg.): Film- und Fotoanalyse in der Erziehungswissenschaft. Ein Handbuch. Opladen: Leske + Budrich, S. 19-36

Milgram, Stanley/ Mann, Leon/ Harter, Susan (1965): The lost-letter technique: A tool of social research. In: Public Opinion Quarterly (29) Heft 3, S. 437-438.

Mohler, Peter Ph. (1978): Abitur 1917-1971 – Reflektionen des Verhältnisses zwischen Individuum und kollektiver Macht in Abituraufsätzen. Europäische Hochschulschriften. Frankfurt a. Main: Lang.

Mohler, Peter Ph./ Frehsen, Katja unter Mitarbeit von Hauk, Ute (1989): cui Computerunterstütze Inhaltsanalyse – Grundzüge und Auswahlbibliographie zu neueren Anwendungen, ZUMA-Arbeitsbericht 1989/09. Mannheim: ZUMA.

Mohr, Hans-Michael (1986): Dritte beim Interview. Ergebnisse zu Indikatoren aus dem Bereich Ehe und Partnerschaft mit Daten des Wohlfahrtssurvey 1984. In: ZA-Information Heft 19, S. 52-71.

Moreno, Jakob L. (1934): Who shall survive? Washington, D.C.: Nervous and Mental Disease Publ.

Müller, Walter (1999): Der Mikrozensus als Datenquelle Sozialwissenschaftlicher Forschung. In: Lüttinger, Paul (Hrsg.): Sozialstrukturanalysen mit dem Mikrozensus. ZUMA-Nachrichten Spezial Band 6, S. 7-27.

Muhr, Thomas (1997): Atlas-ti: the knowledge workbench; visual qualitative data; analysis, management, model building; short user's manual; version 4.1 for Windows 95 and Windows NT / Scienitfic Software Development.

Murry, J.W. Jr./ Hammons, J.O. (1995): Delphi: A versatile methodology for conducting qualitative resarch. In: The Review of Higher Education (8) Heft 4, S. 424-436.

N

Namenwirth, J. Zvi (1986): The wheels of time and the interdependence of cultural change in America. In: Namenwirth, J. Zvi/ Weber, R.F. (Hrsg.): Dynamics of culture. Boston, Mass.: Allen & Unwin, S. 57–88.

Narayan, Sowmya/ Krosnick, Jon A. (1996): Education moderates some response effects in attitude measurement. In: Public Opinion Quarterly (60) Heft 1, S. 58-88.

Nederhof, Anton J. (1985): A survey on suicide: Using a mail survey to study a highly threatening topic. In: Quality and Quantity (19) Heft 3, S. 293-302.

Nehnevajsa, Jiri (1973): Soziometrie. In: König, René (Hrsg.): Handbuch der empirischen Sozialforschung. Band 2. Grundlegende Methoden und Techniken der empirischen Sozialforschung. Erster Teil. Stuttgart: Ferdinand Enke, S. 260-299.

Niemi, Iiris (1983): The 1979 time use study method. Central Statistical Office of Finland, Helsinki.

Nießen, Manfred (1977): Gruppendiskussion. Interpretative Methodologie – Methodenbegründung – Anwendung. München: Fink.

Noelle-Neumann, Elisabeth (1996): Öffentliche Meinung. Die Entdeckung der Schweigespirale. Frankfurt am Main Berlin: Ullstein.

Noelle-Neumann, Elisabeth/ Köcher, Renate (1997): Computer machen nicht einsam und Privatfernsehen bringt keinen Familienstreit. In: Allensbacher Jahrbuch der Demoskopie 1993-1997. Band 10. Demoskopische Entdeckungen. Allenbach München, S. 463-467.

Noelle-Neumann, Elisabeth/ Petersen, Thomas (1998): Alle, nicht jeder. Einführung in die Methoden der Demoskopie. München: Deutscher Taschenbuch Verlag.

Noelle-Neumann, Elisabeth/ Petersen, Thomas (2000): Das halbe Instrument, die halbe Reaktion. Zum Vergleich von Telefon- und Face-to-Face-Umfragen. In: Hüfken, Volker (Hrsg.): Methoden in Telefonumfragen. Wiesbaden: Westdeutscher Verlag, S. 183-200.

Northway, Mary L. (1940): A method for depicting social relations by sociometric testing. In: Sociometry (3) Heft 2, S. 144-150.

O

Obermann, Christof (1992): Assessmentcenter: Entwicklung, Durchführung, Trends. Wiesbaden: Gabler.

Oevermann, Ulrich/ Allert, Tilman/ Konau, Elisabeth/ Krambeck, Jürgen (1979): Die Methodologie einer ‚objektiven Hermeneutik' und ihre allgemeine forschungslogische Bedeutung in den Sozialwissenschaften. In: Soeffner, Hans Georg (Hrsg.): Interpretative Verfahren in den Sozial- und Textwissenschaften. Stuttgart: Metzler, S. 352-434.

Oevermann, Ulrich/ Allert, Tilman/ Konau, Elisabeth (1984): Zur Logik der Interpretation von Interviewtexten. In: Heinze, Thomas (Hrsg.): Hermeneutisch lebensgeschichtliche Forschung. Band 2. Interpretation einer Bildungsgeschichte. Hagen: Studienbrief der FernUniversität Hagen, S. 7–61.

Oksenberg, Lois/ Cannell, Charles (1988): Effects of interviewer vocal characteristics on nonresponse. In: Groves, Robert M. et al. (Hrsg.): Telephone survey methodology. New York: Wiley, S. 257-269.

Oksenberg, Lois/ Cannell, Charels/ Kalton, Graham (1991): New strategies of pretesting survey questions. In: Journal of Official Statistics (7) Heft 3, S. 349-366.

Ono, Ryota/ Wedemeyer, Dan J. (1994): Assessing the valididy of the Delphi technique. In: Futures (26) Heft 3, S. 289-304.

Opaschowski, Horst W. (1976): Pädagogik der Freizeit: Grundlegung für Wissenschaft und Praxis. Bad Heilbrunn: Klinkhardt.

Opp, Karl-Dieter (1999): Methodologie der Sozialwissenschaften. Einführung in Probleme ihrer Theorienbildung und praktischen Anwendung. Opladen: Westdeutscher Verlag.

Opp, Karl-Dieter (2004): Arten von Problemen, der Beitrag der Politikwissenschaft zur Lösung praktischer Probleme. http://www.politikon.org/ilias2/.

O'Shea, Ruth/ Bryson, Caroline/ Jowell, Roger (2003): European Social Survey, Comparative Attitudinal Research in Europe, European Social Survey Directorate National Centre for Social Research, London, unter: http://www.europeansocialsurvey.com/.

Otto, Birgit/ Siedler, Thomas (2003): Armut in West- und Ostdeutschland – Ein differenzierter Vergleich. In: DIW-Wochenbericht 4/03.

P

Patzelt, Werner J. (1986): Sozialwissenschaftliche Forschungslogik. Einführung. München Wien: Oldenbourg.

Payne, Stanley L. (1949): Case study in question complexity. In: Public Opinion Quarterly (13) Heft 4, S. 653-658.

Payne, Stanley L. (1951): The art of asking questions. Princeton: University Press.

Peez, Georg (2003): Kunstpädagogik und Biografie. Ein Seminarbericht und erste Ergebnisse zur Feldforschung nach Merkmalen einer Profession. Vortrag am 28.11.2003b zur Tagung "Wenn Kunstpädagogik Sinn macht". Frauen - Kunst - Pädagogik. Universität Paderborn, unter: http://www.georgpeez.de/texte/fkp03.htm.

Petermann, Franz (1996): Einzelfalldiagnostik in der klinischen Praxis. 3. Auflage. Weinheim: Psychologie Verlags Union.

Petermann, Werner (2001): Fotografie- und Filmanalyse. In: Flick, Uwe/ Kardorff, Ernst v./ Keupp, Heiner/ Rosenstiel, Lutz v./ Wolff, Stephan (Hrsg.): Handbuch Qualitative Forschung. Grundlagen, Konzepte, Methoden und Anwendungen. Weinheim: Beltz, S. 228-232.

Petersen, Thomas (2002): Das Feldexperiment in der Umfrageforschung. Frankfurt New York: Campus.

Petty, Richard E./ Cacioppo, John T. (1986): Communication and persuasion: Central and peripheral routes to attitude change. New York: Springer.

Pfleiderer, Rolf (2000): Methodeneffekte beim Umstieg auf CATI-Techniken. In: Statistisches Bundesamt (Hrsg.): Neue Erhebungsinstrumente und Methodeneffekte. Band 15 der Schriftenreihe Spektrum Bundesstatistik. Wiesbaden: Metzler Pöschel, S. 57-70.

Pollock, Friedrich (1955): Gruppenexperiment. Ein Studienbericht. Frankfurt am Main: Europäische Verlagsanstalt.

Popper, Karl R. (1971): Logik der Forschung. Tübingen: Mohr.

Porst, Rolf (2000): Praxis der Umfrageforschung. 2. Auflage. Stuttgart Leipzig Wiesbaden: Teubner.

Porst, Rolf/ Zeifang, Klaus (1987): Wie stabil sind Umfragedaten? Beschreibung und erste Ergebnisse der Test-Retest-Studie zum ALLBUS 1984. In: ZUMA-Nachrichten Heft 20, S. 8-31.

Porst, Rolf/ Briel, Christa von (1995): Wären Sie vielleicht bereit, sich gegebenenfalls noch einmal befragen zu lassen? Oder: Die Gründe für die Teilnahme an Panel-Befragungen. ZUMA Arbeitsbericht 04/1995. Mannheim: ZUMA.

Powell, Reed M. (1951): The nature and extent of group organization in a girls` dormitory. In: Sociometry (14) Heft 3, S. 317-339.

Presser, Stanley/ Blair, J. (1994): Survey pretesting: Do different methods produce different results? In: Marsden, P. (Hrsg.): Sociology Methodology (24). Washington DC: American Sociological Association, S. 73-104.

Proctor, Charles H./ Loomis, Charles P. (1951): Sociometry. In: Jahoda, Marie/ Deutsch, Morton/ Cook, Stuart W. (Hrsg.): Research methods in social relations. Band 2. New York: Holt, Rinehart & Winston, S. 561-584.

Prüfer, Peter/ Rexroth, Margit (1985): Zur Anwendung der Interaction-Coding-Technik. In: ZUMA-Nachrichten Heft 17, S. 2-49.

Prüfer, Peter/ Rexroth, Margit (1996a): Verfahren zur Evaluation von Survey Fragen: Ein Überblick. In: ZUMA-Nachrichten Heft 39, S. 95-116.

Prüfer, Peter/ Rexroth, Margit (1996b): Verfahren zur Evaluation von Survey Fragen: Ein Überblick. ZUMA-Arbeitsbericht 1996/05. Mannheim: ZUMA.

Prüfer, Peter/ Rexroth, Margit (1999): Zwei-Phasen-Pretesting. In: Mohler, Peter Ph./ Lüttinger, Paul (Hrsg.): Querschnitt. Festschrift für Max Kaase. Mannheim: ZUMA, S. 203-219.

Prüfer, Peter/ Rexroth, Margit (2005): Kognitive Interviews. In: ZUMA How-to Reihe Nr. 15, unter: http://www.gesis.org/Publikationen/Berichte/ZUMA_How_to/Dokumente/pdf/ How_to15PP_MR.pdf

Prüfer, Peter/ Vazansky, Lisa/ Wystup, Darius (2003): Antwortskalen im ALLBUS und ISSP. Eine Sammlung. ZUMA-Methodenbericht 2003/11. Mannheim: ZUMA.

R

Ramge, Hans (1978): Alltagsgespräche. Frankfurt am Main: Diesterweg.

Rammert, Werner (1994): Die Technik in der Gesellschaft. Forschungsfelder und theoretische Leitdifferenzen im Deutschland der 90er Jahre. Verbund Sozialwissenschaftliche Technikforschung. Mitteilungen Heft 13. Köln.

Redfield, Robert/ Villa Rojas, Alfonso (1934): Chan Kom: a Maya village. Washington: Carnegie Inst.

Reichertz, Jo (2001): Objektive Hermeneutik. In: Flick, Uwe/ Kardorff, Ernst v./ Keupp, Heiner/ Rosenstiel, Lutz v./ Wolff, Stephan (Hrsg.): Handbuch Qualitative Forschung. Grundlagen, Konzepte, Methoden und Anwendungen. Weinheim: Beltz, S. 223-228.

Reinecke, Jost (1991): Interviewer- und Befragtenverhalten – Theoretische Ansätze und methodische Konzepte. Opladen: Westdeutscher Verlag.

Reuband, Karl-Heinz (1990): Interviews, die keine sind. „Erfolge" und „Misserfolge" beim Fälschen von Interviews. In: Kölner Zeitschrift für Soziologie und Sozialpsychologie (42) Heft 4, S. 706-733.

Reuband, Karl-Heinz (1992): On third persons in the interview situation and their impact on responses. In: International Journal of Public Opinion Research (4) Heft 3, S. 269-274.

Reuband, Karl-Heinz (2003): Variationen der Permissivität: Wie Frageformulierungen unterschiedliche Antwortverteilungen erbringen, wenn von 'Erlauben' oder 'Verbieten' die Rede ist. In: ZA-Information Heft 53, S. 86-96.

Reutler, Bernd H. (1988): Körpersprache verstehen. München: Humboldt-Taschenbuch.

Reutler, Bernd H. (1993): Körpersprache im Bild. Die unbewussten Botschaften; ihre Merkmale und Deutung auf einen Blick. Augsburg: Weltbildverlag.

Richey, J.S./ Mar, B.W./ Horner, R.R. (1985): The Delphi technique in environmental assesssment. In: Journal of Environmental Management (21) Heft 2, S. 135-159.

Richter, Hans-Jürgen (1970): Die Strategie schriftlicher Massenbefragungen: ein verhaltenstheoretischer Beitrag zur Methodenforschung. Bad Harzburg: Verlag für Wissenschaft, Wirtschaft und Technik.

Riggs, Walter E. (1983): The Delphi technique, an experimental evaluation. In: Technological Forecasting and Social Change (23) Heft 1, S. 89-94.

Ritsert, Jürgen (1964): Inhaltsanalyse und Ideologiekritik. Ein Versuch über kritische Sozialforschung. Frankfurt: Athenäum.

Rogers, Theresa F. (1976): Interview by telephone and in person: Quality of responses and field performance. In: Public Opinion Quarterly (40) Heft 1, S. 51-65 (nachgedruckt auch in: Singer/Presser 1989).

Rösch, Günter (1994): Kriterien der Gewichtung einer nationalen Bevölkerungsstichprobe. In: Gabler, Siegfried/ Hoffmeyer-Zlotnik, Jürgen H.P./ Krebs, Dagmar (Hrsg.): Gewichtung in der Umfragepraxis. Opladen: Westdeutscher Verlag, S. 7-26.

Rosentahl, Gabriele (1987): „Wenn alles in Scherben fällt ..." Von Leben und Sinnwelt der Kriegsgeneration. Typen biographischer Wandlungen. Opladen: Leske + Budrich.

Rosenthal, Robert/ Jacobson, Leonore (1968): Pygmalion in the classroom. New York: Holt.

Rossi, Peter H./ Freeman, Howard E. (1993): Evaluation. Beverly Hills: Sage.

Rössler, Patrick (2005): Inhaltsanalyse. Konstanz: UVK Verlagsgesellschaft.

Roth, Erwin/ Holling, Heinz (1999): Sozialwissenschaftliche Methoden. Lehr- und Handbuch für Forschung und Praxis. München Wien: Oldenbourg Verlag.

Rottmann, Verana/ Strohm, Holger (1987): Was Sie gegen Mikrozensus und Volkszählung tun können. Ein Ratgeber. Berlin: Zweitausendeins.

Rowe, Gene/ Wright, George/ Bolger, Fergus (1991): Delphi. A reevaluation of research and theory. In: Technological Forecasting and Social Change (39) Heft 3, S. 235-251.

Roxin, Claus (1997): Strafrecht. Allgemeiner Teil I. 3. Auflage. München: Beck.
Rugg, Donald (1941): Experiments in wording questions. In: Public Opinion Quarterly (5) Heft 1, S. 91-92.

S

Sacks, Harvey (1971): Das Erzählen von Geschichten innerhalb von Unterhaltungen. In: Kjolseth, Rolf/ Sack, Fritz (Hrsg.): Zur Soziologie der Sprache. Ausgewählte Beiträge zum 7.Weltkongreß der Soziologie. Kölner Zeitschrift für Soziologie und Sozialpsychologie Sonderheft 15, S. 307-317.
Saris, Willem E. (1998): Ten years of interviewing without interviewers: The telepanel. In: Couper, Mick P./ Baker, R.P./ Bethlehem, J./ Clark, C.Z./ Martin, J./ Nicholls, W.L. II/ O'Reilly, J.M. (Hrsg.): Computer assisted survey information collection. New York: Wiley, S. 409-431.
Schaller, S. (1980): Beobachtungsverfahren in der Verhaltensdiagnostik. In: Wittling, Werner (Hrsg.): Handbuch der Klinischen Psychologie. Band 1. Methoden der klinisch-psychologischen Diagnostik. Hamburg: Hoffmann & Campe, S. 130-157.
Scharnberg, Torsten/ Wühler, Klaus/ Finke, H.-O./ Guski, Rainer (1982): Beeinträchtigung des Nachtschlafs durch Lärm. Berlin: Umweltbundesamt.
Scheffler, Hartmut (2003): Online-Erhebungen in der Marktforschung. In: ADM Arbeitskreis Deutscher Markt- und Sozialforschungsinstitute e.V., Arbeitsgemeinschaft Sozialwissenschaftlicher Institute e.V. (ASI) und Statistisches Bundesamt, Wiesbaden (Hrsg.): Online-Erhebungen 5. Wissenschaftliche Tagung. Sozialwissenschaftlicher Tagungsband 7. Bonn, S. 31-41.
Schegloff, Emanuel (1968): Sequencing in conversational openings. In: American Anthropologist (70) Heft 6, S. 1075-1095.
Scheuch, Erwin K. (1967/1973): Das Interview in der Sozialforschung. In: König, René (Hrsg.): Handbuch der empirischen Sozialforschung. Band 1. 3. Auflage. Stuttgart: Enke, S. 136-196.
Scheuch, Erwin K. (1967/1974): Auswahlverfahren in der Sozialforschung. In: König, René (Hrsg.): Handbuch der empirischen Sozialforschung. Band 1. 3. Auflage. Stuttgart: Enke, S. 309-347.
Scheuch, Erwin K./ Daheim, Hansjörgen (1970): Sozialprestige und soziale Schichtung. In: Glass, David W./ König, René (Hrsg.): Soziale Schichtung und soziale Mobilität. Kölner Zeitschrift für Soziologie und Sozialpsychologie Sonderheft 5. 4. Auflage, S. 65-103.
Schlinzig, Tino/ Schneiderat, Götz (2009): Teilnahmebereitschaft und Teilnahmeverhalten bei Telefonumfragen in der Allgemeinbevölkerung über das Mobilfunknetz. In: Häder, Michael/ Häder, Sabine (Hrsg.): Telefonbefragungen über das Mobilfunknetz. Konzept, Design und Umsetzung einer Strategie zur Datenerhebung. Wiesbaden: VS Verlag für Sozialwissenschaften, S. 83-97.
Schneid, Michael (1995): Disk-By-Mail: Eine Alternative zur schriftlichen Befragung? ZUMA-Arbeitsbericht 1995/02. Mannheim: ZUMA.
Schneid, Michael (1997): Einsatz computergestützter Befragungssysteme in Europa (Eine computerisierte Fax-Umfrage). ZUMA-Arbeitsbericht 1997/01. Mannheim: ZUMA.
Schneider, Steffen (1995): Optimale Randomized-Response-Designs-Techniken mit abhängiger Randomisierung. Hochschulschrift: Dortmund, Univ., Diss.

Schnell, Rainer (1991): Der Einfluss gefälschter Interviews auf Survey-Ergebnisse. In: Zeitschrift für Soziologie (20) Heft 1, S. 25-35.

Schnell, Rainer (1997): Nonresponse in Bevölkerungsumfragen. Ausmaß, Entwicklung und Ursachen. Opladen: Leske + Budrich.

Schnell, Rainer (2001): Notizen aus der Provinz. Eine Fallstudie zur Methodenforschung in der BRD anlässlich der Publikation „Möglichkeiten und Probleme des Einsatzes postalischer Befragungen" von Karl-Heinz Reuband in der KZfSS 2001, 2, S. 307-333. unter: www.uni-konstanz.de/FuF/Verwiss/ Schnell/NotizenausderProvinz.pdf.

Schnell, Rainer/ Hill, Paul B./ Esser, Elke (2005): Methoden der empirischen Sozialforschung. München Wien: Oldenbourg.

Schneller, Johannes (1997): Stichprobenbildung nach dem repräsentativen Quoten-Verfahren. In: Gabler, Siegfried /Hoffmeyer-Zlotnik, Jürgen H.P. (Hrsg.): Stichproben in der Umfragepraxis. Opladen: Westdeutscher Verlag, S. 5-18.

Schnepper, Markus (2004): Robert K. Mertons Theorie der self-fulfilling prophecy. Adaption eines soziologischen Klassikers. Frankfurt am Main: Europäische Hochschulschriften: Reihe 22, Soziologie, Bd. 392.

Schreiber, Dieter (1975): Skalierungsprobleme. In: Friedrich, Walter /Hennig, Werner (Hrsg.): Der sozialwissenschaftliche Forschungsprozess. Berlin: Deutscher Verlag der Wissenschaften, S. 277-334.

Schröer, Norbert/ Reichertz, Jo (1992): Polizei vor Ort. Studien zur empirischen Polizeiforschung. Stuttgart: Enke.

Schroeder, Friedrich-Christian (1972): Die Notwehr als Indikator politischer Grundanschauungen. In: Schroeder, Friedrich-Christian/ Zipf, Heinz (Hrsg.): Festschrift für Reinhart Maurach zum 70. Geburtstag. Karlsruhe: Müller, S. 127-142.

Schulz, Winfried (1970): Kausalität und Experiment in den Sozialwissenschaften. Methodologie und Forschungstechnik. Mainz: Hase & Koehler.

Schulz, Winfried (2003): Inhaltsanalyse. In: Noelle-Neumann, Elisabeth/ Schulz, Winfried/ Wilke, Jürgen (Hrsg.): Fischer Lexikon Publizistik / Massenkommunikation. Frankfurt: Fischer, S. 41-63.

Schuman, Howard (1966): The random probe: A technique for evaluating the validity of closed questions. In: American Sociological Review (31) Heft 2, S. 218-222.

Schuman, Howard (1992): Context effects: State of the past / State of the art. In: Schwarz, Norbert/ Sudman, Seymour (Hrsg.): Context effects in social and psychological research. New York: Springer, S. 5-20.

Schuman, Howard/ Presser, Stenley (1981): Questions and answers in attitude surveys. New York: Academic Press.

Schütze, Fritz (1977): Die Technik des narrativen Interviews in Interaktionsfeldstudien – dargestellt an einem Projekt zur Erforschung von kommunalen Machtstrukturen. Universität Bielefeld: Mimeo.

Schütze, Fritz (1983): Biographieforschung und narratives Interview. In: Neue Praxis (13) Heft 3, S. 283-293.

Schütze, Fritz (1987): Das narrative Interview in Interaktionsfeldstudien. Fernuniversität Hagen.

Schwarz, Norbert/ Bless, Herbert (1992): Assimilation and contrast effects in attitude measurement. An inclusion / exclusion model. In: Advances in Consumer Research (19), S. 72 – 77.

Schwarz, Norbert/ Hippler, Hans-Jürgen/ Deutsch, Brigitte/ Strack, Fritz (1985): Response scales: Effects of category range on reported behaviour and comparative judgements. In: Public Opinion Quarterly (49) Heft 3, S. 388-395.

Schwarz, Norbert/ Gryson, C.E./ Knäuper, Bärbel (1998): Formal features of rating scales and the interpretation of question meaning. In: International Journal of Public Opinion Research (10) Heft 2, S. 177-183.

Schwarz, Norbert/ Strack, Fritz (1991): Context effects in attitude surveys: Applying cognitive theory to social research. In: European Review of Social Psychology (2), S. 31-50.

von Schweitzer, Rosemarie (1990): Einführung in die Themenstellung. In: Statistisches Bundesamt (Hrsg.): Zeitbudgeterhebungen. Ziele, Methoden und neue Konzepte. Stuttgart: Metzler-Poeschel, S. 9-22.

Schweizer, Thomas/ Schnegg, Michael (1998): Die soziale Struktur der ‚Simple Storys': Eine Netzwerkanalyse, unter http://www.uni-koeln.de/phil-fak/voelkerkunde/doc/simple.html aufgerufen am 04.05.2009.

Seeger, Thomas (1979): Die Delphi-Methode. Expertenbefragungen zwischen Prognose und Gruppenmeinungsbildungsprozessen; überprüft am Beispiel von Delphi-Befragungen im Gegenstandsbereich Information und Dokumentation. Freiburg: HochschulVerlag, Dissertation.

Selting, Margret/ Auer, Peter et al. (1998): Gesprächsanalytisches Transkriptionssystem. In: Linguistische Berichte (173), S. 91-122.

Sibberns, Heiko/ Baumert, Jürgen (2001): Anhang A: Stichprobenziehung und Stichprobengewichtung. In Baumert, Jürgen/ Klieme, Eckhard/ Neubrand, Michael/ Prenzel, Manfred/ Schiefele, Ulrich/ Schneider, Wolfgang/ Stanat, Petra/ Tillmann, Klaus-Jürgen/ Weiß, Manfred (Hrsg.): PISA 2000. Basiskompetenzen von Schülerinnen und Schülern im internationalen Vergleich. Opladen: Leske und Budrich, S. 511-524.

Sievers, Helga (1994): Zeitbewusstsein, Handlungsintensionen und Eigenverantwortung. Eine Analyse der Zusammenhänge zwischen handlungsbestimmenden Orientierungen. In: ZUMA-Nachrichten Heft 42, S. 144-167.

Silbermann, Alphons (1974): Systematische Inhaltsanalyse. In: König, René (Hrsg.): Handbuch der empirischen Sozialforschung. Band 4. Stuttgart: Enke, S. 253-293.

Silver, Brian D./ Abramson, Paul R./ Anderson, Barbara A. (1986): The presence of others and overreporting of voting in American national elections. In: Public Opinion Quarterly (50) Heft 2, S. 228-239.

Singer, Eleonore/ Presser, Stanley (1998) (Hrsg.): Survey research methods. A reader. Chicago: University of Chicago Press.

Sirken, Monroe G./ Schechter, S. (1999): Interdisciplinary survey methods research. In: Sirken, Monroe G./ Herrmann, Douglas J./ Schechter, Susan/ Schwarz, Norbert/ Tanur, Judith M./ Tourangeau, Roger (Hrsg.): Cognition and survey research. New York: Wiley, S. 1-10.

Soeffner, Hans-Georg (1979): Interpretative Verfahren in der Sozial- und Textwissenschaften. Stuttgart: Metzler.

Sontag, Susan (1978): Über Fotografie. München Wien: Carl Hanser Verlag.

Spöhring, Walter (1989): Qualitative Sozialforschung. Stuttgart: Teubner.

Stadtler, Klaus (1983): Die Skalierung in der empirischen Forschung. München: Infratest.

Steinhäuser, Martin (2002): Gemeindliche Arbeit mit Kindern begleiten. Empirische Studien zur Entwicklung der Aufgaben und Strukturengemeindepädagogischer Fachaufsicht. Münster: Lit.

Stevens, Stanley S. (1959): Measurement, psychophysics and utility. In: Curchman, Charles West/ Ratoosh, Philburn (Hrsg.): Measurement: definitions and theories. New York: Wiley, S. 18-63.

Stocké, Volker (2002): Die Vorhersage von Fragereihenfolgeeffekten durch Antwortlatenzen: Eine Validierungsstudie. In: ZUMA-Nachrichten Heft 50, S. 26-53.

Stocké, Volker/ Becker, Birgit (2004): Determinanten und Konsequenzen der Umfrageeinstellung. Bewertungsdimensionen unterschiedlicher Umfragesponsoren und die Antwortbereitschaft der Befragten. In: ZUMA-Nachrichten Heft 54, S. 89-116.

Stoop, Ineke A.L. (2005): The hunt for the last respondent. Nonresponse in sample surveys. Social and Cultural Planning Office of the Netherlands.

Strack, Fritz (1992): Order effects in survey research: Activation and information functions of preceeding questions. In: Schwarz, Norbert/ Sudman, Seymour (Hrsg.): Context effects in social and psychological research. New York: Springer, S. 23-34.

Strack, Fritz (1994). Zur Psychologie der standardisierten Befragung. Kognitive und kommunikative Prozesse. Berlin: Springer.

Strack, Fritz/ Martin, Leonard L. (1988): Thinking, judging, and communicating: A process account of context effects in attitude surveys. In: Hippler, Hans-Jürgen (Hrsg.): Social information processing and survey methodology. 2. Auflage. New York: Springer,, S. 123-148.

Strauss, Anselm L: (1987): Qualitative analysis for social scientists. Cambridge: Cambridge University Press.

Strauss, Anselm L. (1994): Grundlagen qualitativer Sozialforschung. München: Fink.

Strauss, Anselm L./ Corbin, Juliet (1996): Grounded Theory. Grundlagen Qualitativer Sozialforschung. Weinheim: Psychologie Verlags Union.

Stroebe, Wolfgang/ Jonas, Klaus/ Hewstone, Miles (2002): Sozialpsychologie: Eine Einführung. 4. Auflage. Berlin: Springer.

Struck, Eckart/ Kromrey, Helmut (2002): PC-Tutor Empirische Sozialforschung. Version 2.0. Opladen: Leske + Budrich.

Sudman, Seymour/ Bradburn, Norman M. (1982): Asking questions: A practical guide to questionnaire design. San Francisco: Jossey-Bass.

Sudman, Seymour/ Bradburn, Norman M./ Schwarz, Norbert (1996): Thinking about answers. The application of cognitive processes to survey methodology. San Francisco: Jossey-Bass.

Suppes, Patrick (1957): Introduction to logic. Toronto Princton London: Van Nostrand.

T

Tack, Werner H. (1980): Einzelfallstudien in der Psychotherapieforschung. In: Wittling, Werner (Hrsg.): Handbuch der klinischen Psychologie. Band 6. Klinische Psychologie in Forschung und Praxis. Hamburg: Hoffmann & Campe, S. 42-71.

Tenorth, Heinz-Elmar/ Lüders, Christian (1994): Methoden erziehungswissenschaftlicher Forschung 1: Hermeneutische Methoden. In: Lenzen, Dieter (Hrsg.): Erziehungswissenschaft. Ein Grundkurs. Reinbek: Rowohlt, S. 519-542.

Terwey, Michael (1998): Analysen zur Verbreitung von ALLBUS. In: ZA-Information Heft 42, S. 44-52.

Thierau, Heike/ Wottawa, Heinrich (1998): Lehrbuch Evaluation. Bern: Huber.

Thoma, Michaela/ Zimmermann, Matthias (1996): Zum Einfluss der Befragungstechnik auf den Rücklauf bei schriftlichen Umfragen. Experimentelle Befunde zur ‚Total-Design-Methode.'" In: ZUMA-Nachrichten Heft 39, S. 141-157.

Thomas, William I./ Znaniecki, Florian (1918): The Polish peasant in Europe and America. Chicago: University of Chicago Press.

Thorpe, J.G. (1955): An investigation of some correlates of sociometric status within school classes. In: Sociometry (18) Heft 1, S. 49-61.

Thurston, Louis L./ Chave, Ernest J. (1929): The measurement of attitude. Chicago: University of Chicago Press.

Tourangeau, Roger/ Rips, Lance J./ Rasinski, Kenneth A. (2000): The psychology of survey response. Cambridge: University Press.

Trappmann, Mark/ Hummell, Hans J./ Sodeur, Wolfgang (2005): Strukturanalyse sozialer Netzwerke: Konzepte, Modelle, Methoden. Wiesbaden: VS Verlag für Sozialwissenschaften.

U

Urdan, James/ Lindzey, Gardner (1954): Personality and social choice. In: Sociometry (17) Heft 1, S. 47-63.

V

Vetter, Berndt (1975): Das Forschungsproblem. In: Friedrich, Walter/ Hennig, Werner (Hrsg.): Der sozialwissenschaftliche Forschungsprozess. Berlin: Verlag der Wissenschaften, S. 151-169.

W

Walker, Jeffry T. (1994): Fax machines and social surveys: Teaching an old dog new tricks. In: Journal of Quantitative Criminology (10) Heft 2, S. 181-188.

Wallbott, Harald G. (2001): Analyse der Körpersprache. In: Flick, Uwe/ Kardorff, Ernst v./ Keupp, Heiner/ Rosenstiel, Lutz v./ Wolff, Stephan (Hrsg.): Handbuch Qualitative Forschung. Grundlagen, Konzepte, Methoden und Anwendungen. Weinheim: Beltz, S. 232-236.

Wardlow, Mary E./ Greene, James E. (1952): An exploratory sociometric study of peer status among adolescent girls. In: Sociometry (15) Heft 3/4, S. 311-318..

Warner, Stanley L. (1965) Randomized response: a survey technique for eliminating evasive answer bias. In: Journal of the American Statistical Association (60) No.309, S. 63-66.

Waterplas, Lina/ Billet, Jean/ Loosveldt, Geert (1988): De verbieden versus niet toelaten asymmetrie. Een stabiele formuleringseffect in survey-onderzoek? In: Mens en Maatschappij (63), S. 399-417.

Watzlawick, Paul (1976): Wie wirklich ist die Wirklichkeit? München: Pieper.

Waxweiler, Richard (1980): Psychotherapie im Strafvollzug. Eine empirische Erfolgsuntersuchung am Beispiel der sozialtherapeutischen Abteilung in einer Justizvollzugsanstalt. Weinheim: Beltz.

Webb, Eugene T./ Campbell, Donald T./ Schwartz, Richard D./ Sechrest, Lee/ Grove, Janet Belew (1966): Nonreactive measures in the social sciences. Boston: Houghton Mifflin.

Weber, Max (1951): Gesammelte Aufsätze zur Wissenschaftslehre. In: Winckelmann, Johannes (Hrsg.): Gesammelte Werke. Tübingen: Mohr.

Weber, Robert Philip (1986): The long-term dynamics of cultural problem solving. In: Namenwirth, J. Zvi/ Weber, Robert Philip (Hrsg.): Dynamics of culture. Boston: Allen & Unwin, S. 57-88.

Whyte, William Foote (1951): Observational field work methods. In: Jahoda, Marie/ Deutsch, Morton/ Cook, Stuart W. (Hrsg.): Research methods in social relations. Band 2. New York: Dryden, S. 492-513

Whyte, William Foote (1967): Street corner society – The social structure of an Italian slum. Chicago: University Chicago Press.

Wiedenbeck, Michael/ Züll, Cornelia (2001): Klassifikation mit Clusteranalyse: grundlegende Techniken hierarchischer k-means-Verfahren. ZUMA How-to-Reihe Nr. 10, unter: http://www.gesis.org/fileadmin/upload/forschung/publikationen/gesis_reihen/howto/how-to10mwcz.pdf.

Wiegand, Erich (1998): Telefonische Befragungen: Datenschutz und Ethik. In: Gabler, Siegfried/ Häder, Sabine/ Hoffmeyer-Zlotnik, Jürgen H.P. (Hrsg.): Telefonstichproben in Deutschland. Opladen: Westdeutscher Verlag, S. 19-29.

Wiegand, Erich (2000): Chancen und Risiken neuer Erhebungstechniken in der Umfrageforschung. In: Statistisches Bundesamt (Hrsg.): Neue Erhebungsinstrumente und Methodeneffekte. Band 15 der Schriftenreihe Spektrum Bundesstatistik. Wiesbaden: Metzler Pöschel, S. 12–21.

Wiegand, Erich (2003): Qualitätsstandards und Standesregeln web-basierter Datenerhebungen. In: ADM Arbeitskreis Deutscher Markt- und Sozialforschungsinstitute e.V., Arbeitsgemeinschaft Sozialwissenschaftlicher Institute e.V. (ASI) und Statistisches Bundesamt, Wiesbaden (Hrsg.): Online-Erhebungen 5. Wissenschaftliche Tagung. Sozialwissenschaftlicher Tagungsband 7. Bonn, S. 61-70.

Wieseman, Frederick (1972): Methodological bias in public opinion surveys. In: Public Opinion Quarterly (36) Heft 1, S. 105-108.

Windelbrand, Wilhelm (1894): Geschichte und Naturwissenschaft. In: Windelbrand, E. (Hrsg.): Präludien, Aufsätze und Reden zur Philosophie und ihrer Geschichte. 2. Band. Tübingen: Mohr.

Wintzenberg, J.B. (2004): Wie geht es Deutschland? In: Stern, Nr. 18 vom 22. April, S. 46-62.

Wirth, Heike (1992): Die faktische Anonymität von Mikrodaten: Ergebnisse und Konsequenzen eines Forschungsprojekts. In: ZUMA-Nachrichten Heft 30, S. 7-65.

Wittemann, Frank (1997): Grundlinien und Grenzen der Notwehr in Europa. Europäische Hochschulschriften. Frankfurt am Main: Lang.

Wittenberg, Reinhard (1998): Grundlagen computerunterstützter Datenanalyse. Stuttgart: Lucius & Lucius.

Wittenberg, Reinhard/ Cramer, Hans (2000): Datenanalyse mit SPSS für Windows. Stuttgart: Lucius & Lucius, 2. Auflage.

Witzel, Andreas (1992): Das problemzentrierte Interview. In: Jüttemann, Gerd (Hrsg.): Qualitative Forschung in der Psychologie. Grundlagen, Verfahrensweisen, Anwendungsfelder. Weinheim: Beltz, S. 227-255.

Wolf, Christof (2004): Egozentrierte Netzwerke. Erhebungsverfahren und Datenqualität. In: Diekmann, Andreas (Hrsg.): Methoden der Sozialforschung. Kölner Zeitschrift für Soziologie und Sozialpsychologie Sonderheft 44. Wiesbaden: VS Verlag für Sozialwissenschaften, S. 244-273.

Wottawa, Heinrich /Thierau, Heike (1998): Lehrbuch Evaluation. 2. Auflage. Göttingen: Huber.

Wüst, Andreas M. (1998): Die Allgemeine Bevölkerungsumfrage der Sozialwissenschaften als Telefonumfrage. ZUMA-Arbeitsbericht 1998/04. Mannheim: ZUMA.

Z

Zapf, Dieter (1989): Selbst- und Fremdbeobachtung in der psychologischen Arbeitsanalyse: Methodische Probleme bei der Erfassung von Stress am Arbeitsplatz. Göttingen: Hogrefe.

Zeifang, Klaus (1987a): Die Test-Retest-Studie zum ALLBUS 1984 – Tabellenband. ZUMA-Arbeitsbericht 1987/01. Mannheim: ZUMA.

Zeifang, Klaus (1987b): Die Test-Retest-Studie zum ALLBUS 1984 – Abschlussbericht. ZUMA-Arbeitsbericht 1987/02. Mannheim: ZUMA.

Zeisel, Hans (1982): Disagreement over the evaluation of a controlled experiment. In: American Journal of Sociology (88) Heft 2, S. 378-389.

van Zelst, Raymond H. (1952): Validation of a sociometric regrouping procedure. In: Journal of Abnormal and Social Psychology (47) Heft 2, S. 299-301.

Zimmermann, Ekkart (1972): Das Experiment in den Sozialwissenschaften. Stuttgart: Teubner.

Zöfel, Peter (2003): Statistik für Psychologen. München: Pearson Studium.

Personenregister

Sachregister